이강국 연구

심지연 지음

2006
백산서당

책을 내면서

　우리의 현대사를 돌이켜 볼 때 고난과 환희, 그리고 열정과 좌절의 세월 속에서 치열한 삶을 살았던 인물이 한두 사람이 아니었겠지만, 그중에서도 이강국은 독특한 위상을 지닌다. 왜냐하면 식민지시대 대부분의 지식인이 민족의 고통을 단지 정신적인 차원에서 동조하는 데 그친 반면, 그는 실천적인 차원에서 이를 극복하기 위해 노력한 몇 안 되는 인물 가운데 한 사람이었기 때문이다. 더구나 이 같은 그의 실천운동은 해방 후에도 그대로 지속되었지만 월북을 계기로 잊혀지거나, 새롭게 정의되어 그는 남과 북 어느 곳에서도 거론되지 않는 기피인물로 되었기 때문이다.
　미군이 점령하고 있는 지역에서 자유민주주의체제를 부인했기에 이강국은 남한사회에 발을 붙일 수 없었다. 그렇다고 해서 소련군 점령 이후 실시된 사회주의적인 제반 개혁에 이념적인 친화성을 느꼈던 북한사회가 그를 따뜻하게 받아들인 것도 아니었다. 냉혹한 권력투쟁의 룰이 그를 포함하여 남로당 출신들이 식객 이상의 의미를 지니는 것을 허용하지 않았기 때문이다. 남한의 풍토와는 다른, 별도의 리더십이 구축되고 있는 북한의 현실정치 속에서 그들이 할 수 있는 일이라고는 극히 제한된 것뿐이었고, 제한된 역할마저도 과분한 것이었는지 그곳에서 그들은 도태되는 운명을 맞고 말았다.
　이러한 역사적 사실을 감안할 때 이강국에 관한 연구는 정치적인 논쟁을 불러일으킬 소지가 전혀 없지도 않다고 생각된다. 이념적 기준과 정치적 관점에 따라 평가를 달리하는 부분이 적지 않을 것이기 때문이다. 그럼에도 불구하고 오늘날의 시점에서 그가 현대사의 격동기에 온갖 박해를 무릅쓰고 실천했었고, 그리고 실현하고자 했던 일들을 있었던 그대로 밝히는 것은 필요하다고 생각한다. 이념적인 편견을 떠나 최소한 민족의 자존과 독립을 위해 기여한 부분이 그에게 있다고 한다면 최소한 이를 평가하는 것이 현대사 연구의 기본이자, 유행처럼 우리 사회를 풍미하고 있는 과거사 정리의 올바른 출발점이 되기 때문이다.

이와 동시에 한국공산주의운동사에 관한 연구가 이제는 그 대상을 사건 중심에서 인물 중심으로 옮길 정도로 성숙했다는 생각에서 이강국이라는 인물을 분석의 대상으로 삼았다. 기존의 사건 위주의 분석이 묻혀 있던 우리의 현대사를 복원하는 데는 기여했으나, 그 안에서 살며 투쟁하던 인물들의 정서와 고뇌까지를 그려내기에는 충분하지 않았기 때문이다. 그리고 이럴 경우, 민족해방운동의 한 수단으로 노동운동에 몰두했고 그 과정에서 공산주의이념에 심취하게 되었다는 사실은 누락된 채 코민테른의 지령만 따르는, 민족의식이 없는 단순한 공산주의자로 기록되고 한국공산주의운동은 파벌싸움으로 지샜다는 식의 정형화된 평가로 귀결될 가능성이 농후하기 때문이다.

바로 이 같은 문제의식에서 이강국의 생애를 밝히는 작업을 시도해 보았다. 필자로서는 현대사 연구의 부족한 부분을 보완한다는 차원에서 일차 자료를 중심으로 그가 걸어 나간 길을 분석한 것인데, 자료 부족과 능력 부족으로 미진한 부분이 적지 않다고 생각한다. 이에 대해 많은 비판과 질정을 기대하면서 여건이 허락한다면, 범위를 넓혀 다른 인물에 대해서도 실증적인 연구를 계속하고자 한다.

여러 차례 반복하는 말이지만 글을 쓰면서 정신적으로 그리고 물질적으로 여러 분들과 여러 기관의 도움을 받았고 또 많은 분들에게 적지 않은 폐를 끼쳤다.

이처럼 책을 낸다는 것이 필자 혼자만의 작업은 아니었기에 집필에 도움을 주신 분들의 이름을 모두 밝히는 것이 도리라고 생각하나, 독자로서는 감당하기 어려울 정도로 분량이 많아 개인적인 양해를 구하면서 이번에는 생략하려고 한다.

끝으로 돌아가신 어머님과 시간적으로 정신적으로 인색하게 굴었던 모든 분들에게 이 책을 바치면서 그 동안 소원하고 무심했던 것에 대해 너그러운 용서를 바라고 싶다.

2006년 3월 23일
심 지 연

이강국 연구

책을 내면서 · 3

제1장 서 론 ··· 15

제2장 출생과 시대적 배경 ··· 19
  1. 출생과 성장 · 19
  2. 독일 유학과 독서회사건 · 21
  3. 원산 민족해방전선사건 · 27
  4. 건국동맹 참여 · 31

제3장 해방과 건국활동 ··· 35
  1. 해방에 대한 인식 · 35
  2. 건국준비위원회와 8월테제 · 38
    1) 건국준비위원회의 결성과 확대 · 38
    2) 8월테제 작성 · 43
  3. 조선인민공화국 선포 · 46
  4. 38선과 미군정 · 51
    1) 38선 · 51
    2) 군정의 필요성 · 53
    3) 인공과 군정의 관계 · 55

제4장 인공의 부인과 해산명령 ·················· 57
　1. 인공 부인성명 · 57
　2. 인민위원회 대표자대회 · 63
　3. 인공 해산명령 · 66

제5장 이승만, 김구의 귀국과 통합운동 ·················· 71
　1. 이승만과 독립촉성중앙협의회 · 71
　　1) 이승만의 귀국 · 71
　　2) 독립촉성중앙협의회 결성 · 75
　2. 김구와 통합운동 · 81
　　1) 김구의 귀국 · 81
　　2) 통합운동 · 85

제6장 모스크바3상회의와 신탁통치 문제 ·················· 89
　1. 탁치문제의 대두 · 89
　2. 3상회의 결정과 반탁 결의 · 95
　　1) 모스크바3상회의 결정 · 95
　　2) 좌·우 양 진영의 반탁결의 · 97
　3. 인공과 임정의 통합논의 · 102
　4. 좌익진영의 노선변경과 논리 · 106
　　1) 노선변경 · 106
　　2) 노선변경의 논리와 통합운동 · 110
　5. 반탁논리 비판 · 114

제7장 미소공동위원회와 민주주의민족전선 ·················· 119
　1. 소련대표단의 입경과 미소공위 예비회담 · 119

1) 소련대표단의 입경 · 119
2) 미소공위 예비회담 · 122
2. 민주주의민족전선의 결성과 활동 · 127
1) 민전 결성 · 127
2) 민전의 활동 · 133
3. 미소공위 1차 회담과 민전의 정부수립 방안 · 139
1) 제1차 회담 · 139
2) 민전의 정부수립 방안 · 144
4. 5호 성명과 무기휴회 · 147
1) 5호 공동성명 · 147
2) 미소공위의 무기휴회 · 151
5. 민전의 공위 속개 요구와 단정 반대운동 · 158
1) 미소공위 속개 요구 · 158
2) 단독정부 수립 반대운동 · 161

제8장 좌우합작과 3당합당 ····· 167
1. 좌우합작의 추진 배경과 전개 · 167
1) 추진 배경 · 167
2) 전 개 · 173
2. 3당합당 제의와 추진 · 180
1) 3당합당 제의 · 180
2) 3당합당의 추진 · 183

제9장 월북과 재판 ····· 189
1. 체포령과 월북 · 189
1) 차관도입 반대와 체포령 · 189
2) 월 북 · 197
2. 북한에서의 활동과 재판 · 202

1) 북한에서의 활동 · 202
　　2) 재판과 사형 · 207

제10장 맺음말 ·· 213

자료편 : 이강국 관련 자료

제1부 민주주의 조선의 건설

제1장 군정과 인민위원회 · 223
1. 미국에의 메모란둠 · 224
2. 군정과 인민공화국 · 230
3. 아놀드 군정장관의 성명에 대하야 · 237
4. 전국인민위원회 대표자대회에 임하야 · 239
5. 하지 중장의 성명에 대하야 · 243
6. 하지 중장과 '데모크라씨' · 246

제2장 李박사와 임정 · 249
1. 李박사와 중앙협의회: 무원칙 통일론의 말로 · 250
2. 민족통일전선문제 · 255
3. 민족통일과 金九 선생에의 기대 · 260
4. 李박사와 보국기금 · 263
5. 파시슴의 대두와 李박사 · 265
6. 임정의 통일 거부 · 267

제3장 3상회의 결정과 탁치문제 · 271
 1. 3상회의 결정에 대하야 · 272
 2. '파씨슴'과 탁치문제 · 277
 3. 전국도인민위원회 대표대회의 성과 · 283

제4장 비상국민회의와 민주주의 · 286
 1. 비상국민회의의 정체와 그 말로 · 287
 2. 민주의원 성명에 대하야 · 295
 3. 반민주주의 제 악법과 민주의원의 책임 · 297
 4. 李박사의 칭병과 민주의원의 자멸 · 298

제5장 민주주의민족전선 · 300
 1. 민전 결성대회에서의 일반정세 보고 · 301
 2. 민족통일과 원칙 · 312
 3. 민주주의민족전선 결성대회의 성과 · 314
 4. 3·1운동 27주년 기념문 · 318

제6장 미소공동위원회와 세계평화 · 321
 1. 미소공동위원회와 우리의 기대 · 322
 2. 미소공동위원회 개최와 우리의 주장 · 326
 3. 미소공동위원회와 세계평화 · 327

제2부 각종 기고 및 인터뷰 자료

제1장 당면문제 및 국내정세 · 331
 1. 당면 긴급문제에 관한 견해 · 331
 2. 국내정세 보고 · 333
 3. 중앙 보고 · 345

제2장 반탁과 통일전선 · 347
1. 적극적 반탁 전개, 철시는 우리 경제생활의 자멸뿐 · 347
2. 통일은 밑으로부터 · 349
3. 遷延과 고집에 시종; 정당통일 회합에 임정의 태도 · 350

제3장 모스크바 3상회의 결정과 미소공위 · 352
1. 3상회의 결정과 제 해석론 · 352
2. 3상회의 결정을 엇지하야 지지하는가!: 미소공동위원회 속개를 위하야 · 359
3. 공동위원회 진전, 반동분자는 회담결렬을 획책 · 367
4. 반탁 과오 청산하라 · 368
5. 5호 성명에 감사 · 369
6. 정권욕이 난 궤변 · 370
7. 미소공위 휴회에 대하야 · 371
8. 어느 편이 3상 결정 준수; 공위 휴회 양국 견해의 판단 · 372
9. 自族전쟁 방지하라: 하 중장 · 러 장관에 제언 · 373

제4장 민주주의민족전선과 정부 수립방안 · 375
1. 민전 의장단 외신기자 회견 · 375
2. 민전의 신정부 설계(1): 주권은 인민에게 · 377
3. 중요 정책에 대한 보고 · 378
4. 중요 정책 보고 · 381
5. 통일 민주정부냐, 분열 전제정부냐 · 383
6. 反動陣의 獨裁夢 · 384
7. 위장 통일정부설을 분쇄 · 385
8. 李박사의 전쟁 도발은 동포상잔의 대죄악 · 386

제5장 정판사 위조지폐사건 · 387
1. 지폐사건 철저 규명 · 387
2. 발포를 합리화하고 오히려 推獎하다니 · 388

제6장 좌우합작 · 389
1. 합작회담 결과에 대한 문답 · 389
2-1. 편당적 조치에 반성 요청 · 391
2-2. 3상 결정의 전면적 지지만이 좌우합작 부동의 원칙이다. · 392
3. 민족통일총본부는 민족분열 초래 · 394
4. 통일 참칭 모략은 극우 반동세력 집결에 불과 · 395
5. 의사규정 위반 아니다 · 396
6. 민의 · 비상국민회의 상대 아니다 · 397
7. 우익의 합작 8원칙은 반동성 고백에 불과 · 398
8. 좌우 원칙 상반이나 결렬 속단은 금물 · 400
9. 5원칙 떠난 좌익 지도자는 존재할 수 없다 · 401

제7장 3당 합당 · 403
1. 모략을 분쇄 · 403
2. 민전의 절대한 발전 · 405
3. 합당 촉성에 매진 · 406

제8장 해방 1주년 · 407
1. 해방 1주년 기념행사는 거족적으로 · 407
2. 독립을 전취하자 · 408
3. 감격과 흥분의 첫돌, 독립의 결의 선양 · 409
4. 8·15 성과는 완전독립 염원 표현 · 410
5. 해방기념 경과와 그 의의 · 411

제9장 차관 도입 · 416
1. 정부도 수립되기 전에 차관 설정은 불가 · 416
2. 朝美 차관 설정 일방적 결정 부당 · 417
3. 하 중장 성명에 답함(하): 인민정치의 대원칙 '인위'만이 뚜렷한 成案 · 418

제10장 기 타 · 421
 1. 『지도자론』 서문 · 421
 2. 지도자군상(1): 呂運亨론 · 422
 3. 민심 현혹시키는 진퇴, 李박사와 민주의원의 무절조 · 424
 4. 포레 사절 견해에 감사 · 425
 5. 언론의 도덕성 · 426
 6. 시대역행적 착취, 2모작 소작료 징수 배격 · 427
 7. 재화동포 귀환에 재산몰수는 부당 · 428
 8. 대학 합동문제와 문교정책 · 429
 9. 民主主義와 外交 · 431

제3부 이강국 관련 자료

1. 성대 교수 미야케 시카노스케(三宅鹿之助)를 중심으로 한 조선 적화공작사건 검거에 관한 건 · 439
2. 함경남도 원산부(元山府)를 중심으로 한 조선민족해방전선 결성 및 지나(支那) 사변 후 후방 교란사건의 개요 · 447
3. 제국주의전쟁에서 전투적 노동자의 임무 · 460
4. 李康國론 · 469
5. 이강국 재판기록 · 474

제1장 서 론

　수많은 인물들이 다양한 철학과 정치노선에 입각하여 치열한 활동을 전개했던 것이 우리의 현대사이고, 그 중에서도 정부수립 방안을 놓고 백가쟁명(百家爭鳴)식으로 노선투쟁을 벌였던 시기가 바로 해방정국이었다. 이들이 미·소 양 점령군과 갈등 또는 협력관계 속에서 정국의 주도권을 장악하고 자신의 정치철학에 기초한 정부를 수립하기 위해 모든 자원을 총동원해 노선투쟁을 전개하던 바로 그 시기에 논쟁의 한가운데 있었던 인물 중의 한 사람이 이촌(耳村) 이강국(李康國)이다.
　이강국은 해방정국에서 좌익진영의 이론가로서, 그리고 조직가로서 탁월한 수완을 발휘했던 정치인이지만, 이론적 치밀성과 정치 일선에서의 활동경력에 비해 거의 잊혀지다시피 한 인물이 되고 말았다. 기본적으로 그의 출생을 비롯해서 학창시절이나 항일활동에 관해서는 단편적인 것을 제외하고는 남아 있는 자료가 거의 없을 뿐만 아니라, 1946년 9월 남한을 떠난 이후 북한에서의 행적은 거의 알려져 있지 않기 때문이다. 그리고 그가 동경해 마지않던 북한에서도 간첩혐의로 사형선고를 받고 처형되었기에, 남과 북 양쪽에서 한결같이 기피되는 인물로 되어 단편적으로밖에는 연구가 이루어지지 않았기 때문이다.[1]

---

1) 이강국에 관한 분석은 다음 3편을 들 수 있다. 金午星, "李康國論," 『指導者群像』(大成出版社, 1946), 155-165쪽; 沈之淵, "李康國의 政治路線 硏究: 南韓에서의 활동을 중심으로," 『社會科學硏究』(경남대학교 사회과학연구소, 1994), 3-25쪽; 고지수, "이강국은 CIA 대북공작단에 고용되었다," 『민족 21』(2001년 11월), 116-121쪽.

일제 식민통치를 종식시키기 위한 투쟁에 동참했음에도 불구하고 그는 독립운동사에서 전혀 언급되지 않고 있으며, 치열하게 맞이했던 해방정국에서도 그가 남긴 족적을 찾아보려는 작업은 거의 이루어지지 않고 있다. 이념적 제약과 자료부족으로, 그리고 '미제 고용간첩'이라는 혐의로 인해, 한 시대를 풍미했던 인물이 흔적도 없이 잊혀져 가고 있는 것이다. 이로 인해 현대사의 한 부분이 공백으로 남아 있을 수밖에 없는 것, 이것이 오늘 우리의 현대정치사 연구의 현주소라 할 수 있다.

격동기를 거치면서 우리의 기억 속에서 사라져 버린 인물이 이강국 한 사람만은 아니겠지만, 그를 비롯해서 이들 잊혀진 인물에 관한 자료를 수집하고 연구하는 작업은 반드시 필요하다고 생각한다. 긍정적 의미에서건 부정적 의미에서건 그들의 정치노선과 활동이 역사의 거대한 흐름의 일부를 이루고 있는 것이 틀림없는 이상, 그들이 배제된 상태에서의 현대사 연구는 객관성이 결여될 가능성이 높기 때문이다. 그리고 냉전의 종식과 시대의 진전에 보조를 맞추어 이제는 좌우 양 진영의 노선투쟁이라는 단순 논리에 입각한 역사인식이 아니라, 그 이면에 잠재해 있는 다양한 시각과 방법론에 대해서도 눈을 돌릴 줄 아는 종합적인 역사인식을 갖추어야 할 때가 되었기 때문이다.

이러한 인식에 입각할 때 우리의 역사는 더욱 풍부해지고, 논란이 되고 있는 친일파나 해방전후사, 과거사의 문제도 자연스럽게 정리될 수 있을 것으로 생각한다. 종래 이단시되었던 인물을 현대사에 포함시킴으로써 나름대로 교훈을 찾을 수 있을 것이고, 이것이 사고의 폭을 넓히며 우리의 역사를 풍부하게 해 줄 것이기 때문이다. 그리고 이러한 학술적 차원의 접근은 현대사 전반에 대한 일반의 이해를 깊게 해 주고 정치적이고 정략적 차원의 접근을 배제할 수 있게 해 줄 것이기 때문이다.

이런 의도에서 이강국에 관한 분석을 시도해 보았다. 단편적으로나마 그와 관련해서 남아 있는 자료를 수집하고 그가 소속돼 있던 단체의 활동을 시대상황과 관련시켜 살펴본다면, 정확하다고까지 할 수는 없지만 어느 정도의 윤곽은 잡을 수 있을지도 모른다는 생각에서 착수한 것이다.
  이를 위해 그가 당시의 신문이나 잡지에 기고했던 각종 글을 비롯해서2) 그에 관해 언급한 2차자료와 당시의 정치상황을 알 수 있는 문헌에 대한 접근을 통해 그의 생애와 함께 정치노선과 활동상을 분석해 보았다. 그러나 그의 신상에 관해서는 그가 직접 남긴 글이 없는 데다 지금 이 시점에서 그의 생애를 증언할 수 있는 인물도 없기 때문에 상당 부분 공백으로 처리될 수밖에 없는 한계가 있었다. 일제시대에 작성된 검사의 기록이나3) 북한에서 발간된 재판기록이4) 있긴 하지만, 그들이 필요로 하는 증거를 확보하기 위해 진술이 강요됐을 가능성도 부인할 수 없기 때문이다. 그리고 강압적인 상황에서 작성된 것이므로 실체적 진실과는 거리가 멀 수도 있어, 기록돼 있는 그대로 받아들이기에는 무리가 있기 때문이다.

---

2) 李康國이 집필한 저서나 잡지에 기고한 글에는 다음과 같은 것이 있다. 『民主主義 朝鮮의 建設』(朝鮮人民報社 厚生部, 1946); "國內情勢 報告," 全國人民委員會 書記局, 『全國人民委員會 代表者大會議事錄』(朝鮮精版社, 1946), 49-63쪽; "三相會議 決定과 諸解釋論," 『大潮』 1권 2호(1946년 4월), 15-20쪽; "三相會議決定을 엇지하야 支持하는가!," 『新天地』 1권 7호(1946년 8월), 64-72쪽; "民主主義와 外交" 『人民』(1947년 4월). 國史編纂委員會, 『北韓關係資料集』 XIII(1992), 385-391쪽에서 재인용.

3) 일제시대 李康國이 관련된 사건에 관한 기록으로는 京城地方法院檢事局, "城大敎授 三宅鹿之助中心トスル鮮內赤化工作事件檢擧ノ件," 金俊燁·金昌順 『韓國共産主義運動史: 資料篇 II』(高麗大學校出版部, 1980), 717-772쪽(이하 "공작사건"으로 약칭)과 高等法院檢事局思想部, "帝國主義戰爭にあって戰鬪的勞動者の任務," 『思想彙報』 第18號(1939년 3월), 209-220쪽(이하 "전투적 노동자의 임무"로 약칭) 및 高等法院檢事局思想部, "咸鏡南道元山府を中心ごせる朝鮮民族解放統一戰線結成並支那事變後方攪亂事件の槪要," 『思想彙報』 第21號(1939년 12월), 179-192쪽(이하 "원산 민족해방전선사건"으로 약칭)이 있다.

4) 李康國이 포함된 남로당계에 대한 북한의 재판기록은 조선민주주의인민공화국 최고재판소, 『미제국주의 고용간첩 박헌영 리승엽 도당의 조선민주주의인민공화국 정권전복음모와 간첩사건 공판문헌』(평양: 국립출판사, 1956) 참조(이하 『공판문헌』으로 약칭).

제2장 출생과 시대적 배경

일제의 강압적인 식민통치 하에서 장년기까지 보낸 이강국은 공산주의 이론의 실천을 통해 노동해방과 민족의 독립을 동시에 실현하기 위해 끊임없이 투쟁한 인물 중 한 사람이었다. 대학에 들어가면서 접하게 된 공산주의가 그로 하여금 쉬지 않고 투쟁의 대열로 내몬 것이다. 그는 공산주의 이론에 대한 천착과 국제정세의 정확한 인식을 위해 유학길에 오르는 학자적인 모습을 보였고, 독일에서 체득한 인민전선운동 이론을 조선의 현실에 적용하는 이론가적인 면모를 보이기도 했다. 그렇다고 해서 그가 학문이나 이론운동에만 머물렀다는 것은 아니다. 적색노동조합 조직이라든지 인민전선운동의 통일 등과 같은 실천운동도 게을리하지 않음으로써 이론과 실천을 겸비하려는 자세를 해방이 될 때까지 견지했던 것이다.

1. 출생과 성장

이강국의 출생 및 성장과 관련해서는 대한제국이 일제에 외교권을 빼앗기고 위임통치를 받게 된 다음해인 1906년 2월 7일 경기도 양주군에서 이기태의 2남으로 태어났다는 것[1] 외에는 그다지 알려져 있지 않다. 생년

---

1) 李康國은 사족(士族)의 후예, 즉 선비 집안이었다고 金午星은 주장했는데(金午

월일이나마 알려진 것도 재판 도중 신원을 확인하는 과정에서 그가 간략하게 언급했기 때문인데, 그 이상의 인적 사항은 언급하지 않아 현재로서는 알 수 있는 길이 없다. 그가 언제 누구와 결혼을 했으며 가족관계는 어떻게 되는지, 그리고 청소년 시절은 어떻게 보냈는지에 관한 자료가 없어 공백으로 남아 있는 실정이다.

단지 그가 세 살 되던 해 그의 부친은 토지의 일부를 팔아 서울로 이사를 왔다는 것과 서울로 이사한 다음에는 대한제국의 국운이 쇠퇴해 가는 것처럼 그의 집안도 파산지경에 이르렀다는 것 정도이다. 이 바람에 그는 한군데 머무르지 못하고 충남 예산을 비롯해서 친척집을 전전하며 생활하는 어려운 시절을 보냈던 것으로 알려져 있다.2)

이처럼 집안형편이 어려웠기 때문에 그는 제때에 학교에 진학하지 못하고 있다가, 서울에 있는 보성중학교에 편입해서 다니게 되었다. 가정형편이 어려운 가운데서도 공부를 잘했기 때문에 그는 학비를 면제받는 면비생으로 학교를 다닐 수 있었다. 중학교를 졸업한 후에는 다시 집에 경제적인 여유가 생겼는지 아니면 주변의 도움을 받아서인지는 알 수 없으나3) 경성제국대학(이하 경성대학) 예과에 입학하게 된다.

星, "李康國論," 155쪽), 일본 검사의 기록이나 북한에서 재판을 받으면서 그가 한 진술에 의하면 봉건적 양반의 2남("원산 민족해방전선사건," 183쪽) 또는 지주의 아들(『공판문헌』, 275쪽)로 돼 있다.

2) 1934년 8월에 일본 검사가 작성한 기록에 의하면 이강국의 본적은 '京城府 社稷洞 65'로, 주소는 '京城府 崇三洞 54-1'로 돼 있어 그가 서울로 이사온 다음 본적을 옮겼거나, 아니면 본적은 서울인데 출생만 경기도 양주에서 한 것인지 확실치 않다. "공작사건," 738쪽.

3) 이강국의 처가는 자산 300만 圓의 부호였다는 기록으로 보아 아마 결혼 후 처가의 도움을 받지 않았나 생각된다. "원산 민족해방전선사건," 186쪽.

20

2. 독일 유학과 독서회사건

대학에서 이강국은 법학을 전공하게 되는데, 여기서 그는 인생의 진로를 바꾸게 될 일본인 교수 미야케 시카노스케(三宅鹿之助)를 만나 많은 영향을 받게 된다. 그를 통해 마르크스·레닌주의를 배웠고, 그의 지도 하에서 마르크스의 『자본론』 같은 공산주의 서적을 읽고 토론했고, 조선의 실정을 연구하는 모임을 만들어 활동했으며, 그리고 이 모임에서 후일 흉금을 털어놓고 정치활동과 노선을 같이하는 동지로까지 관계가 발전하게 될 친구이자 동지들을 만날 수 있었기 때문이다.

이강국의 스승 미야케는 타이완(臺灣)의 타이베이(臺北)중학을 졸업한 후 나고야(名古屋)에 있는 제8고등학교를 거쳐 동경제국대학 경제학부에 입학한 입지전적인 인물로, 1924년에는 동경제국대학을 졸업하고 법정대학(法政大學) 경제학부 강사로 근무했다.[4] 거기서 1년 정도 강사로 지내다가 1927년 4월 경성대학 조교수로 부임했는데, 바로 그 해가 이강국이 경성대학에 입학한 해였다. 여기서 감수성이 한창 예민한 나이의 식민지 청년과 공산주의를 신봉하며 피압박민족의 독립과 피지배계급의 해방에 많은 관심을 갖고 있던 일본인 교수의 운명적인 만남이 이루어졌고, 이 만남이 그로 하여금 조국의 현실에 눈을 뜨게 만들었던 것이다. 그리고 이러한 자각은 그를 상아탑 속에 안주하도록 내버려두지 않고 실천운동에 나서게 만들었는데, 이로 인해 그의 삶은 치열한 투쟁의 연속으로 일관하게 되었다.

조교수로 재직하던 시절 미야케는 해외연구를 위해 1929년 2월부터 2년

---

4) 미야케는 고등학교 재학 중 가와가미(河上肇) 박사가 발간하는 『社會問題硏究』라는 잡지를 구독하고 공산주의에 공감하게 되었다. "공작사건," 752쪽.

여를 독일, 프랑스, 영국, 미국 등에 유학했으며[5] 독일공산당을 추종했던 그는 독일 적색구원회에[6] 가입해 활동을 벌이기도 했다. 1931년 4월 귀국 후 미야케는 법문학부에서 재정학 담당교수로 재정학을 강의하는 한편, 공산주의사상의 보급에도 직접 나서 1931년 9월 10일 이강국을 비롯해서 최용달(崔容達), 박문규(朴文圭) 등 자신을 따르는 학생들을 중심으로 '조선사회사정연구소'를 만들었다.[7] 이들은 미야케의 지시로 조선의 정치, 경제, 문화 각 부문에 관한 자료를 수집하고 그에 관한 연구를 진행했다. 이와 동시에 이들은 근로대중의 조직에도 힘썼는데, 이강국은 이러한 조직활동 덕분에 해방 후 여러 조직사업에서 남다른 수완을 발휘할 수 있었던 것으로 분석된다.

강원도 양양군 양양면 사천리 출신으로 이강국보다 3살 위인 최용달은 1925년 함흥공립고등보통학교를 졸업하고 경성대학 예과를 거쳐 1930년 3월 경성제대 법문학부를 졸업했다. 졸업 후 그는 경성제대 사법연구소(私法研究所) 조수(助手)로 있다가 1932년 4월 보성전문학교로 옮겨가 강사로 근무하고 있던 중 미야케가 지도하는 연구소에 동참했다. 여기서 사회과

---

[5] 독일 유학 중 미야케는 공산주의가 실현될 것으로 믿고 독일공산당이 주최하는 데모나 집회에 참석하며 공산주의에 관한 문헌을 두루 섭렵했다. 독일적색구원회에 가입해 활동한 것 말고도 그는 독일에 있던 일본인들을 중심으로 혁명적 인텔리그룹을 조직했으며, 조선의 정세나 공산주의 운동현황 등에 관한 자료를 수집해 독일공산당 기관지에 기고하기도 했다. "공작사건," 752-753쪽.

[6] 적색구원회는 국제혁명전사후원회 또는 국제계급투쟁희생자후원회를 말하는 것으로, 원래 백색테러에 대항하고 계급투쟁에 희생된 투사들을 계급적 사법(司法)으로부터 방위할 목적으로 독일에서 처음 결성된 것이 점차 국제적으로 발달한 단체이다. 조선에서는 1926년경 지하에서 조직되어 민족해방운동자 구출운동을 했고, 1927년에는 간도에서 혁명후원회가 조직되었으며, 1930년에는 일본 유학생 중 진보적 분자가 여름방학에 귀국해 조직을 준비하다가 발각된 일이 있다. 李錫台 編, 『社會科學大辭典』(文友印書館, 1948), 569쪽.

[7] 金午星은 연구소의 명칭이 '조선사회실정연구소'라고 주장, 어느 것이 정확한 명칭인지는 불분명하다. 金午星, "李康國論," 156쪽.

학, 특히 마르크스경제학 연구에 몰두하다가 공산주의사상을 갖게 되었고, 여러 방면의 실천운동에도 종사하게 되는 경력의 소유자였다.8)

경상북도 경산군 압량면 조영동 출신인 박문규는 이강국과는 동갑으로, 대구고등보통학교를 졸업하고 경성대학 예과를 거쳐 역시 1930년 3월 법문학부를 졸업했다. 졸업 후부터 1932년 4월까지 법문학부의 조수로, 5월부터는 부수(副手)가 되어 경성제대 만몽문화연구회(滿蒙文化硏究會) 촉탁을 겸하고 있었다. 이미 공산주의사상을 신봉하고 있던 그는 연구소에서 미야케의 지도 아래 마르크스경제학 연구에 몰두하면서 장차 조선에 공산주의사회를 실현할 것을 다짐했던 인물이다.9)

최용달, 박문규와 같이 1930년 3월 대학을 졸업한 이강국은 대학에 남아 이들과 함께 연구소를 창립하고, 열성적으로 연구소 활동에 임했다.10) 연구소에서 이들은 조선 실정을 과학적으로 연구하는 한편 혁명세력의 집결에 노력한 것으로 알려져 있는데, 이러한 활동은 사상적 추구의 영역에서 한 걸음 더 나아가 대중적 투쟁으로 옮긴 것으로 분석되기도 했다.11) 이들이 연구소에서 배우고 토론한 공산주의이론을 실천하기 위해 조직활동에 나선 것이었는데, 그 일환으로 이루어진 것 중의 하나가 이강국의 독일 유학이었다. 미야케의 지시가 있었을 뿐 아니라12) 이들도 실천운동의

---

8) "공작사건," 748쪽. 그러나 최용달의 고향이 양양면 화천리로 돼 있는 자료("원산 민족해방전선사건," 183쪽)도 있다.
9) "공작사건," 748-749쪽.
10) 金午星은 이강국이 대학을 졸업하고 대학원에 눌러 있으면서 연구소를 만들었다고 했으나, 당시 경성제국대학에는 대학원이 없었기 때문에 이는 잘못된 기록인 것으로 생각된다. 金午星, "李康國論," 156쪽.
11) 金午星, "崔容達論," 『指導者群像』, 179쪽.
12) 미야케는 독일에서 활동하고 있던 구니사키(國埼定洞)를 통해 국제공산당 및 독일공산당에 조선정세를 보고하고, 국제정세를 수집해 자신에게 통지하라고 이강국에 지시했다. 당시 구니사키는 동경제국대학 교수였으나, 해외 체재 중 독일공산당과 관계를 맺었다는 이유로 파면돼 독일에 체류하고 있었다. "공작사건,"

목표와 방향을 설정하기 위해서는 국제정세에 대한 정확한 파악과 국제적인 연계가 필요하다고 인식했기 때문이었다.

1932년 2월 이강국은 처남 조준호로부터 재정적인 지원을 받아 독일로 유학을 떠났다. 약 3개월의 항해 끝에 1932년 5월 독일에 도착한 그는 이론과 실천, 양쪽으로 많은 노력을 기울였다. 베를린대학에서 독일 계통의 사회주의에 관해 공부하는 한편, 프롤레타리아과학동맹에 가담하고 혁명사상을 가진 아시아인들의 회의에도 참석했으며, 또 그 해 10월에는 독일공산당에 가입해 일본인 그룹의 책임자로 있으면서 독일 내에서 실천활동을 전개하면서 지냈다.[13]

그는 또한 독일공산당에 입당해 조선의 실정을 알리는 한편 독일공산당의 출판활동과 해외연락을 맡아 활약한 것으로 알려졌는데, 이는 당시 독일공산당이 나치의 탄압을 받아 대외활동이 어려웠기 때문에 그가 외국인이란 신분을 이용해 독일공산당의 대외연락 및 문서교환을 도와준 것이다.[14] 이와 동시에 그는 독일에서 발간되는 각종 자료를 입수·번역해서 이를 최용달 등에게 우송해 국제정세 흐름을 알리는 한편 코민테른의 결의와 동향을 파악해 그 이론을 조선에 적용하는 문제에 대해서도 많은 연구를 했다. 그리고 독일공산당 내에 지인을 만들어 그가 귀국한 다음에도 좌익문헌 등 자료를 우송해 줄 것을 당부해 이를 성사시키기도 했다.[15]

이강국이 이처럼 독일에서 이론과 실천활동에 한참 열중하고 있을 무렵인 1934년 국내에서 미야케 교수가 지도하는 독서회가 경찰에 발각돼 대대적인 검거사태가 발생했다.[16] 제4차 공산당사건 관계자인 이재유(李載

752-753 및 755쪽.

13) 『공판문헌』, 276쪽.
14) 金午星, "李康國論," 156쪽.
15) "원산 민족해방전선사건," 186쪽.
16) 미야케의 감화를 받아 당시 법문학부 3년생인 鄭泰植과 2년생인 李鍾玉, 경성대학 조수 李明新 등이 1933년 4월 조직한 것으로, 이들은 매주 한 차례씩 만나 공

裕)의17) 활동을 주시하던 경찰이 그와 연관돼 활동하던 경성대학 조수 정태식(鄭泰植)을 검거했고, 정태식을 취조하는 과정에서 미야케가 조직 지도한 독서회를 비롯해서 여러 반일 및 공산주의 단체가 발각된 것이다.18)

민족주의 성향의 학생들이 주를 이루었던 독서회는 1938년 1월 예과생과 본과생을 분리해 별도의 조직으로 만들 정도로 규모가 커지기도 했는데, 이러한 조직 개조는 최용달의 제언에 의해 이루어진 것이었다.19) 이강국의 경우 당시 독일에 있었기 때문에 체포되지는 않았지만, 이 사건을 계기로 그는 나치스의 탄압과 일본영사관의 박해를 받게 되고 이로 인해 귀국길에 오르지 않을 수 없게 되었다. 귀국길에 그는 뉴욕에 들렀는데, 여기서 미국인 공산주의자라고 자처하는 사람 2명을 만나 조선해방 문제에 대

산주의 서적을 탐독하고 토론했다. 이들은 2달 후인 6월에는 연구를 중단하고 실천운동으로 나아가기로 결의했다. 그리하여 경성법학전문대학 내에 반제서클을 비롯해서 보성전문학교, 용곡여학교, 경성전매지국과 각 공장이나 상점 등에 독서회나 반일단체를 조직하는 일에 적극 참여했다. "공작사건," 770-772쪽. 독서회가 조직된 해인 1933년에 정태식은 경성대학을 졸업하고 법문학부 조수로 근무했다는 기록도 있어("공작사건," 746쪽) 앞으로 보다 면밀한 조사가 필요하다고 생각된다.

17) 함경남도 삼수군 별동면 선소리 출신인 이재유는 이강국보다는 한 살 위로, 1922년 고향에서 보통학교를 졸업하고 4월에는 사립 경성고등예비교에 입학했다. 그는 1925년 3월 경기도 개성에 있는 송도고등보통학교로 전학했으나, 교칙위반으로 퇴학처분을 받자 1926년 12월 고학을 목적으로 일본으로 갔다. 동경에서 그는 신문 배달을 하면서 노동운동에 흥미를 느껴 동경 조선노동조합 일을 맡았고, 한편 신간회 동경지회 간부로 활동한 것 등으로 경찰의 요시찰대상이 되어 구류처분을 받기도 했다. 1928년 7월 귀국해 활동하던 그는 4차 조선공산당사건 관계자로 경기도 경찰부에 체포돼 3년형을 받았다. 1932년 12월 만기출소 후에도 활동을 계속했는데, 1934년 1월 치안유지법 위반 등의 혐의로 체포돼 조사를 받던 중 감시가 소홀한 틈을 타 경찰서를 도망쳐 나와, 미야케 교수의 집 마루 밑에 굴을 파고 27일 동안을 숨어 지내기도 했다. "공작사건," 740쪽.

18) "공작사건," 717쪽.
19) "원산 민족해방전선사건," 192쪽.

해 이야기를 나누기도 했다.[20]

독서회사건으로 검거된 정태식은 충북 진천군 진천면 출신으로 이강국보다 5살이나 아래였다.[21] 정태식은 1929년 3월 청주 공립고등보통학교를 졸업하고 경성대학 예과를 거쳐 1933년 3월 법문학부를 졸업했고, 졸업 후에는 법문학부 조수가 되어 시가다 히로시(四方博) 교수[22] 등이 있는 경제연구실에 근무하고 있었다. 그는 대학 1년 때부터 사회과학, 특히 마르크스주의에 흥미를 갖고『자본론』등 많은 좌익서적을 섭렵하고 공산주의사상을 갖게 되었는데, 이때 경성대학 재정학 담임교수인 미야케로부터 공산주의사회의 실현을 위해서는 이론과 실천의 결합·통일이 중요하다는 말을 듣고, 1933년 11월경부터 직접 반제활동과 공산주의운동에 투신한 인물이다.[23] 정태식은 또한 프로핀테른[24]의 지시를 받고 활동하던 권영태

---

20) 이강국은 뉴욕에서 첩보기관에 근무하는 미국인을 만나 미국과 연계를 맺을 것을 희망했다고 진술한 것으로 돼 있다.『공판문헌』, 278쪽.
21) 정태식은 이강국이 해방 후 집필한 많은 글을 편집해『民主主義 朝鮮의 建設』이라는 제목으로 펴낼 정도로 그를 따른 인물이었다. 편집자 서문에서 정태식은 8·15 이후 이강국이 민주주의 조선을 건설하기 위해 전 심신을 바쳤고, 어떠한 위기와 곤란에도 굴하지 않고 과감하게 민주주의를 수호한 전사 중의 한 사람이라고 높이 평가했다. 李康國,『民主主義 朝鮮의 建設』, 3쪽.
22) 시가다 히로시는 인구통계 전문가로 조선시대 인구수와 양반계급의 수를 각종 자료를 사용해 분석했다. 그가 분석한 조선조 양반의 숫자에 관해서는 Gregory Henderson, *Korea: The Politics of the Vortex* (Cambridge: Harvard University Press, 1978), p.41 참조.
23) "공작사건," 746쪽.
24) 적색노동조합 인터내셔널의 약칭으로 1920년 코민테른 집행위원회의 제창으로 조직됐다. 프로핀테른은 자본주의국가에서 노동자계급의 해방을 위해 광범한 노동대중을 총망라하고 혁명적 계급운동을 위해 광범한 선전선동 활동을 하며, 만국 노동자계급의 투쟁의 협동과 통일을 도모하며, 특히 중요한 투쟁이 있을 때 국제적으로 행동하고 대쟁의가 있을 때 기부금을 수집하는 것 등을 목적으로 했다. 프로핀테른은 코민테른이 해산한 직후인 1943년 6월에 해산됐다. 李錫台 編,『社會科學大辭典』, 733쪽.

(權榮台)를25) 미야케에 소개해 미야케로 하여금 조선의 적화공작에 협력할 것을 약속받기도 했다.

미야케의 구속으로 독서회 관련자를 포함해서 반제활동에 참여했던 청년과 학생들이 대거 체포됐으나, 이강국은 독일에 있는 바람에 체포를 면할 수 있었다. 미야케의 체포소식은 독일에도 전해졌는데, 독일 주재 일본영사관의 박해와 나치스의 도저히 배겨날 수 없을 정도의 탄압이 이를 말해 준 것이다. 여기서 그는 어떤 고난이 있더라도 고국에서 활동해야겠다는 굳은 각오와 함께 귀국길에 올라, 미국을 거쳐 1935년 11월 귀국했다.26) 기소중지 중이었던 그는 귀국과 동시에 경찰에 체포됐으나, 1935년 12월 28일 증거불충분으로 기소유예 처분을 받고 석방됐다.

3. 원산 민족해방전선사건

기소유예로 풀려난 이강국은 처남이 경영하는 증권회사의 사무원으로 지내면서 생활했다. 그러나 이는 표면적인 것에 불과했고 이면적으로는 이주하(李舟河),27) 최용달 등과 함께 1936년 10월부터 원산에서 결성된 적

---

25) 함경남도 홍원군 포청면 송평리 출신인 권영태는 이강국보다 두 살 아래로, 홍원공립보통학교 졸업 후 좌익서적을 탐독하면서 공산주의사회를 실현하기 위해 노동조합 활동을 하다가 1930년에 검거되기도 했다. 1931년 4월에는 소련으로 밀입국해 모스크바 동방노력자공산학원 속성과에 입학했고 1932년 5월에 졸업했다. 그는 조선 내에 적색노동조합을 조직하고 노동대중을 획득하라는 프로핀테른의 지령을 받고 1933년 1월 입국했으며, 입국 후 대전 등에서 활동하다가 검거됐다. "공작사건," 750쪽.
26) 金午星, "李康國論," 157쪽. 귀국의 이유에 대해 이강국은 처남 조준호가 3년 반 동안 학비를 지원해 주기로 약속한 기간이 지난 데다 국내에서 운동을 하겠다는 생각에서 귀국한 것이라고 진술했다. 『공판문헌』, 276쪽.

색노동조합운동 지원을 통해 민족해방전선을 통일하는 문제에 간여하고 있었다. 이들 3명이 처음 만난 것은 이주하가 최용달과 연락하기 위해 서울에 왔을 때인 1937년 6월 한강변에서였다. 이때 이강국은 독일에서 알게 된 인민전선운동의 신이론을 설명하면서 이 노선에 따라 반파쇼운동을 전개하며, 이를 통해 조선민족해방전선을 통일해야 할 것임을 역설했는데 3인 모두 이에 동의했다.[28]

이 자리에서 이강국과 최용달은 주위환경 때문에 적색노조운동의 표면에 나서는 것이 부적절하므로 이주하를 내세워 실천운동을 하게 하고, 나머지 두 사람은 그에게 좌익문헌 및 자금을 제공하고 출판물 원고를 작성하는 등 측면 지원하기로 결정했다.[29] 또한 이강국은 원고와 함께 이주하에게 코민테른 제7회 대회 결의문도[30] 전달했는데, 이러한 것들은 이강국과 최용달이 집필한 원고와 함께 유인물에 실리는 자료로 활용됐다. 즉 원산에서 발간된『신호기』나『노동자신문』이라든지 각종 선전물 등에 실려 적색노조운동을 통한 민족의식 각성에 크게 기여한 것이다.

---

27) 1905년 함경남도 화전민의 둘째아들로 태어난 이주하는 원산총파업이 종결된 후 원산 부두에서 막노동을 하며 노동운동의 재건을 위해 활동하던 중인 1928년 趙斗元의 소개로 조선공산당에 입당했다. 1929년에 그는 조선공산당 원산시 책임자가 되었고 동해안 지역을 중심으로 태평양노동조합을 조직했는데, 이 사건으로 5년간 복역하기도 했다. 1936년 출옥한 이주하는 이강국 최용달 등과 함께 원산을 중심으로 적색노동조합을 결성해 다시 노동운동을 전개했다. 金午星, "李舟河論,"『指導者群像』, 103-106쪽 참조.
28) "원산 민족해방전선사건," 185-186쪽.
29) 이강국은 1937년 7월과 10월 2차례에 걸쳐 최용달을 통해 이주하에게 2,200圓을 전달했다. "원산 민족해방전선사건," 186쪽.
30) 1935년에 소집된 코민테른 7회 대회는 국제정세와 노동운동에 나타난 변화가 각 지부가 직면한 임무를 결정하는 데 민활성과 독립성을 필요로 한다는 점을 감안해 집행위원회에 대해, 노동운동의 모든 문제를 결정할 때는 각국의 국제적 상황과 특수성을 고려해 원칙적으로는 각국 공산당 내부의 조직사업에 직접 간섭해서는 안 된다고 결정했다. 李錫台(編),『社會科學大辭典』, 584쪽.

이러한 종류의 유인물에서 이들은 제국주의전쟁에 반대하는 투쟁을 전개해야 하며, 일단 전쟁이 발발했을 경우에는 이를 내란으로 전환시켜야 한다고 주장했다. 이를 위해 무장봉기를 준비해야 하며, 무장봉기는 공산당에 의해 지도돼야 한다고 말했다.[31] 그리고 일제가 소련을 침공할 때에는 소련의 승리를 위해 투쟁해야 한다고 역설했다. 이는 소련이 전세계 프롤레타리아트의 조국이라고 생각했기 때문에, 소련을 사수하지 않으면 안 된다고 강조한 것이다.

한편 이강국으로부터 인민전선운동에 관한 설명을 들은 이주하는 원산으로 돌아가자마자 지금까지의 운동방침을 변경하고 새로운 지령을 내렸다. 새 지령은 코민테른의 인민전선 운동방침을 그대로 따른 것으로[32] 일제 식민지로서 자본주의적 발전이 저지된 조선은 반봉건적이고 기형적인 형태로 성장해 자본계급은 3·1운동 이후 자신의 계급적 임무를 포기했으며, 노동계급은 혁명적으로 성장해 자본민주주의혁명의 제창자가 되었다고 전제하고 출발했다. 그리고 중일전쟁으로 인해 일제가 약화되는 정세에 놓여 있으므로 이들을 조선으로부터 구축하는 것을 당면과업으로 삼아야 하며, 이를 위해 조선 공산주의자는 반일적인 모든 요소를 결합해 광범한 민족해방전선을 결성해야 한다고 주장했다.

이주하는 또한 민족해방투쟁을 성공적으로 수행하기 위해서는 일제의 중국침략의 파괴성을 대중에게 폭로하고 이를 반전여론으로 집중시키며, 혁명적 노동자들은 조직을 강화하고 노동자대중을 주위에 집결시켜야 한다고 역설했다. 그러나 조직활동은 조합원에 국한하지 말고 각 산업부문으로 확대해 민족해방전선의 결성 및 강화로 이어져야 한다고 주장했다. 그리고 공산주의자들은 '일본제국주의 타도'라는 구호를 높이 들고 이 목표 아래 노동자뿐 아니라 농민, 소부르주아, 학생, 인텔리, 각종 종교단체,

---

31) "전투적 노동자의 임무," 213쪽.
32) 이강국으로부터 설명을 들은 이주하는 운동방침을 변경해 새로운 지령을 내렸는데, 지령의 내용은 "원산 민족해방전선사건," 186-190쪽 수록.

심지어는 민족개량주의나 반동단체 속에도 침투할 것을 강조했다. 이들을 중심으로 민족해방 통일전선을 결성, 결정적 시기에 반일폭동으로 동원해 조선독립의 목적을 달성하자는 것이 그가 내린 새 지령의 골자였다.

여기서 한 가지 주목할 만한 것은 일제 군대 내에 있는 조선인의 존재를 부정해서는 안 된다고 하는 부분이다.[33] 조선은 국가적 자주성을 상실한 식민지로 전락했기 때문에 조선민족은 군사훈련을 받을 수 없고 또 일제 군대와 같은 훈련이 있는 군대조직을 갖는다는 것은 불가능한 실정임을 이주하는 우선 들었다. 그리고 점증하는 일제의 군사정책과 군사시설에 의해 조선인의 군사적 요소도 필연적으로 성장하고 있으므로, 이들의 존재를 부정할 필요는 없다는 것이었다. 민족해방군이 반일행동에 나서서 일제의 군사시설과 여러 기관을 점령하게 된다면, 훈련된 군대가 필요할 것이라고 생각했기 때문이다.

그는 또한 전투적 노동자들은 부르주아 군대를 보이콧하지는 않는다고 주장했는데, 이는 군대 내에는 노동자·농민, 근로대중의 병사들이 있기 때문에 이들을 일률적으로 보아서는 안 된다는 것이었다. 제국주의의 선전에 끌려 군에 간 것이기 때문에 정세가 필요한 때에는 결정적인 투쟁에 이들을 내세울 수 있다는 이유에서였다.[34] 결정적인 시기가 되면 어느 정도는 일본군 내에 있는 조선인들도 역할을 할 것이라고 판단했기 때문에 이 같은 지령을 그가 내렸던 것으로 분석된다.

이처럼 이주하, 이강국, 최용달 3인을 지도자로 하여 원산의 철도, 화학, 금속, 목재 등 각 분야와 각 공장을 중심으로 조직돼 민족해방을 목표로 활발한 노동운동을 전개하던 적색노조는 1938년 10월 그 전모가 드러나게 됐다.[35] 당시 이들의 민족해방운동이 1, 2년간 계속된다면 원산철도국 내

---

33) "원산 민족해방전선사건," 189-190쪽
34) "전투적 노동자의 임무," 220쪽.
35) 崔昌益은 노농운동의 앙양과 동시에 1928년 해체된 조선공산당을 재건하기 위한 투쟁이 계속적으로 전개됐는데, 그러한 투쟁의 하나로 원산 적색노조사건을

의 2천 명이 넘는 종업원은 물론이고 원산에 있는 금속·화학부문 노동자들도 대부분 포섭해서 어느 때고 무장봉기에 나설 수 있는 조직을 갖추었을 것으로 전망되기도 했다.36)

이와 같이 원산에서 조직돼 활동 중이던 민족해방전선운동이 발각되자 이강국은 1938년 12월 다시 체포됐다. 체포 후 1년여의 예심과정에서 고문과 취조로 몸이 극도로 쇠약해진 그는 1940년 보석으로 석방됐으며, 1942년 열린 1심에서 징역 2년형을 언도받았다. 이에 불복한 이강국은 항소했는데, 1943년의 2심에서 증거불충분으로 5년의 집행유예를 선고받았다.37)

4. 건국동맹 참여

이처럼 독서회사건과 적색노동조합사건으로 온갖 고생과 옥고를 치렀음에도 이강국은 전혀 실천활동을 멈추지 않았다. 비밀리에 학생을 조직하는 일을 하는 한편 여운형(呂運亨)의38) 권고로 건국사업에 다시 참여한

들었다. 그는 이러한 무산계급운동은 일본제국주의의 군사적 지배체제와 야만적 테러에도 불구하고 불굴의 영웅적 투쟁성을 발휘한 것이라고 높이 평가했다. 崔昌益, "反帝鬪爭의 全國的 昂揚과 抗日武裝鬪爭," 白南雲·朴時亨 외, 『朝鮮民族解放鬪爭史』(金日成綜合大學, 1949), 373-375쪽 참조.

36) "원산 민족해방전선사건," 191-192쪽.
37) 金午星, "李康國論," 157쪽. 이 부분에 관해 이강국은 1941년 5월 예심이 종결되자, "공산주의 실천운동에서 손을 뗀다. 그러나 마르크스주의는 포기할 수 없다"는 전향문을 쓰고 보석으로 석방됐다가 다시 체포돼 1942년 5월 징역 2년에 집행유예 5년을 선고받고 석방됐다고 진술했다. 『공판문헌』, 276-277쪽.
38) 이강국은 후일 여운형만큼 일제의 포학한 위협과 교묘한 회유 속에서 권위와 절조를 유지하면서 지상의 신사로, 지하의 투사로 생활을 겸비한 인물은 없다고 평가했다. <朝鮮人民報>, 1946년 4월 10일.

것이다. 그는 최용달, 박문규 등과 더불어 학생층에 손을 뻗어 학생의 조직과 훈련에 나섰는데, 이들은 해방 후 각 방면에서 진보적인 지식인으로 활동하면서 이강국과 정치적으로 같은 노선을 걷게 됐다.39)

일제의 강압적 통치가 극도에 달하던 1944년 8월 여운형은 국제정세를 투시하고 해방을 맞이할 준비에 착수, 동지들과 함께 비밀리에 조선건국동맹을 조직했다. 민족적 양심이 있는 인사들을 중심으로 공장, 회사, 학교, 대중단체에 세포조직을 만들어 독립을 도모키로 한 것인데, 건국동맹은 국내뿐만 아니라 해외 독립운동 단체와도 연락을 취하면서 조직을 확대했다. 건국동맹은 다음과 같은 강령을 내걸었는데, 이 강령은 후일 여운형이 조선총독부 당국자와 교섭하는 데 활용되기도 했다.

1. 각인각파를 대동단결하여 거국일치로 일본제국주의 제세력을 구축하고 조선민족의 자유와 독립을 회복할 일.
2. 반추축 제국과 협력하여 대일 연합전선을 형성하고 조선의 완전한 독립을 저해하는 일체 반동세력을 박멸할 일.
3. 건설부면에 있어서 일체 시위(施爲)를 민주주의적 원칙에 의거하고 특히 근로대중의 해방에 치중할 일.40)

강령의 작성을 끝낸 여운형은 각 부서의 인선과41) 함께 지방조직에도

---

39) 이들을 세칭 성대파(城大派)라고 불렀는데, 성대파란 일제시대 경성대학의 미야케 교수와 같이 공산주의를 연구하고 그의 지도로 실천운동에 나섰던 이강국, 최용달, 박문규 등과 그 영향 아래 있던 경성대학 학생들을 가리키는 말이다. 성대파는 해방 후 각 방면에서 진보적 지식인으로 활동했는데, 이들은 해방 후 이강국의 정치적 성장에 크게 기여한 것으로 분석된다. 金午星, "李康國論," 164쪽.
40) 李萬珪, 『夢陽 呂運亨鬪爭史』(叢文閣, 1946), 170쪽.
41) 여운형이 각 분야별로 인선한 명단의 내용은 다음과 같다. 식량대책: 李貞九 부녀운동: 李珏卿. 청년·노동자: 全馹玉, 崔鉉國, 卞在哲, 李仁奎. 학생: 金鍾煥 鄭○○, 文奎榮. 철도: 曺允煥 徐在弼, 呂容九, 洪性哲. 공장: 白○○, 李仁奎. 군사위원회: 趙東祜, 李錫玖, 李傑笑, 崔元鐸, 鄭載達, 李承燁 李萬珪, 『夢陽 呂運亨鬪爭史』, 175-

나섰는데, 철저한 점조직으로 이루어져 맹원 상호간에도 모를 정도였다. 일제 식민통치를 종식시키기 위해 건국동맹이 국내외적으로 조직을 확대해 나가는 과정에서 이강국과도 연결돼 그가 참여하게 된 것이다.[42]

이강국은 사상적으로 전향하고 운동선상에서 탈락한 많은 좌익 지식인들이나[43] 자치론으로 나아간 민족개량주의자들과 달리 해방될 때까지 쉬지 않고 실천운동에 참여했다. 사상전향자들의 모임인 대화숙 회의에 참가하거나 신사에 참배하는 일 없이,[44] 일제의 식민통치에 협조하는 일 없이 지낸 것이다. 밖으로 크게 드러나지는 않았지만, 한편으로는 학생들을 조직하고 다른 한편으로는 건국동맹에 참여하면서 민족의 독립을 위해 조용히 노력했던 것이다.

176쪽 참조
42) 李萬珪, 『夢陽 呂運亨鬪爭史』, 176쪽.
43) 사회주의자들에 대한 일제의 단속과 탄압이 집요하게 강화돼 중일전쟁이 발발한 1937년 이후에는 전향자의 숫자가 꾸준히 증가했다. 좌파 지식인의 전향현상과 그들의 논리에 대해서는 전상숙, 『일제시기 한국 사회주의 지식인 연구』(지식산업사, 2004), 280-308쪽 참조
44) 이와 동시에 이강국은 술과 마작으로 세월을 보냈다고 진술하고 있어, 어느 것이 사실인지 알 길이 없다. 『공판문헌』, 277쪽.

제3장 해방과 건국활동

　미야케 교수의 지도로 처음 접하게 된 공산주의이념을 식민지 조선에 적용하고 이를 실천에 옮기기 위해 이강국은 일제의 가혹한 탄압에도 굴하지 않고 투쟁을 계속했다. 연구모임을 만들어 조선의 실정을 파악하는가 하면, 원산에서 적색노동조합을 조직하여 반파시즘운동과 민족해방전선의 통일을 꾀했고, 일제의 패망에 대비해 몽양(夢陽) 여운형이 주도하는 건국동맹 결성에 참여하기도 했다. 이러한 그의 활동이 일제 패망의 직접적인 원인으로 작용한 것은 아니었지만, 노동해방과 민족독립을 위해 노력했다는 점에서 일제에 협력을 아끼지 않은 다른 지식인들과는 크게 대조가 된다. 이와 같은 차별성은 해방이 되자마자 그가 건국운동에 앞장선 데서 더욱 확연히 드러나게 된다.

1. 해방에 대한 인식

　기본적으로 이강국은 해방이 민족적 역량에 의해 이루어진 것이 아니라 연합국의 승리에 의해 이루어졌다는 생각을 갖고 있었다. 우리 민족이 일제로부터의 해방과 독립을 위해 투쟁하지 않은 것은 아니지만, 그러한 투쟁이 일제를 구축하는 데까지 이르지 못해, 외부적이고 국제적인 힘에 의존할 수밖에 없었다는 것이다. 즉 민주주의 연합국이 독일 및 일본 같은 국제적 군벌파쇼에 대해 승리한 결과 우리 민족이 해방되었고, 또 국제문제의 민주주의적 해결에 의해 민족의 독립이 약속된 것이라고 그는 인식했다.[1] 이러한 인식에서 그는 조선의 해방은 국제적 성질, 즉 국제성을 띠고 있다고 주장하고, 이로 인해 국제적인 제약을 받지 않을 수 없다고 다음과 같이 주장했다.

> 朝鮮民族은 그 果敢하고도 執拗한 反日帝鬪爭에도 不拘하고 自力으로써 自己自身을 解放하지 못하였다. 植民地 朝鮮이 日本帝國主義의 癌이였으면서도 日本帝國主義 倒壞의 決定力이 되지 못하고 民主主義 聯合國의 劃期的인 戰勝에서 그 解放의 幸福을 享受하였다는 것은 朝鮮民族의 無上의 歡喜이면서도 朝鮮民族에게는 또 千秋의 遺恨이 아닐 수 없다. 朝鮮解放의 이러한 國際性은 朝鮮問題 解決에 있어서 모든 國際的 制約을 받게 하는 것이다.[2]

민족 스스로의 힘으로 일제를 타도한 결과 해방을 쟁취한 것이 아니라 2차 세계대전에서 미·영·중·소 등 연합국이 승리했기 때문에 해방된 것이므로, 한반도문제는 자연적으로 국제적인 관련을 맺지 않을 수 없다는 논리였다. 여기서 국제적 관련이라는 것은 국제적인 제약을 받는 것을 의미했는데, 처음에 이강국은 군정의 실시를 국제적 제약의 범주에 넣었다. 민주주의 연합국들의 국제적 후원에 의해 자주독립 국가를 건설할 수 있는 것이며, 이로 인해 연합국이 실시하는 군정도 필요하다는 논리가 바로 그것이었다. 그리하여 그는 연합군이 조선에 진주해 일본군의 무장을 해제하고 그 잔재를 소탕함으로써 완전독립의 길을 열어 주는 것이 군정의 본질이며 사명이라고까지 주장했던 것이다.[3]

---

1) 李康國, "國內情勢 報告," 全國人民委員會 書記局, 『全國人民委員會 代表者大會 議事錄』(朝鮮精版社, 1946), 55쪽(이하 "國內情勢 報告"로 약칭).
2) 李康國, 『民主主義 朝鮮의 建設』(朝鮮人民報社, 1946), 110쪽.
3) 李康國, "國內情勢 報告," 55-56쪽.

연합국의 승리 덕분에 해방됐다고 해서 이강국이 과거에 전개한 우리 민족의 독립운동을 과소평가한 것은 결코 아니었다. 과거 50여 년간에 걸친 독립투쟁이 결국은 일본제국주의를 구축하고 일제의 잔재를 자력으로 청산할 수 있었으리라고 예상하는 것도 역사적 이론의 견지에서 볼 때 과히 망발된 추단이라고는 할 수 없다고 단언할 정도로 그는 민족의 독립투쟁을 높이 평가하기도 했다.4) 이러한 평가는 그 자신이 두 차례 옥고를 치르면서 투쟁을 전개했기 때문에 나온 것이기도 했지만, 이러한 민족의 투쟁이 해방의 직접적인 원인으로 작용한 것은 아니라는 분석이었다.

단지 민족의 독립운동이 토착지주와 자본가의 반동으로 인해 완전한 통일전선을 형성하지 못하고 전개되는 바람에 분열되었고, 이처럼 민족적 역량이 집결되지 못한 탓에 일제를 붕괴시키지 못하고 독자적으로 해방을 맞이하지 못했다는 것이 그의 생각이었다.5) 그리고 연합국의 군대가 우리 민족을 대신해서 피를 흘렸기 때문에 우리 민족은 피 없는 해방을 얻었고, 또 세계평화를 재건하려는 민주주의 국가들이 카이로선언이나 포츠담선언에서 우리 민족의 독립을 미리 약속했기 때문에 민족적 역량이 미약한 것에 비추어 볼 때 독립의 달성이 조속히 실현됐다는 것이었다.

해방에 대한 이러한 인식은 이강국 한 사람에만 국한된 것은 아니었다. 이는 좌익진영 전반의 공통된 인식이기도 했는데, 해방 직후 그가 박헌영(朴憲永) 등과 함께 초안을 마련한 "현정세와 우리의 임무"라는 제목의 8월 테제에서도 이 같은 인식은 그대로 드러났다. 8월 테제는 8·15해방에 대해 "그것은 우리 民族의 主觀的 鬪爭的인 힘에 의해서보다도 進步的 民主主義 國家 蘇·美·英·中 등 聯合國 勢力에 의하여 實現된 것"6)이라고 주장한 바 있는데, 여기에 나오는 연합국에 의한 해방, 즉 해방의 국제성은 해방에

---

4) 李康國, 『民主主義 朝鮮의 建設』, 20쪽.
5) 李康國, "民族統一戰線問題," 『人民評論』창간호(1946년 3월), 29쪽.
6) "現情勢와 우리의 任務," 金南植 編, 『南勞黨硏究 資料集』 第1輯(高麗大學校亞細亞問題硏究所, 1974), 8쪽(이하 "現情勢와 우리의 任務"로 약칭).

관한 좌익진영 인식의 기본지침이 된 것이다.

이강국은 8월테제 초안을 놓고 박헌영과 함께 토론에 참여했기 때문에7) 어느 누구보다도 이 문제에 대해 정교하고 세련된 논리를 개발할 수 있었다. 그리하여 그는 자력으로 해방되지 못했다는 사실에서 조선해방의 국제성이 존재하는 것이며, 이로 인해 자주독립에는 국제적 제약이 수반된다는 논리를 전개한 것이다.8) 이러한 논리는 후일 신탁통치 문제가 제기됐을 때 그에 의해 다시 한번 제시되는데, 이때의 국제성은 군정의 수용에서 한 걸음 더 나아가 탁치의 수용으로까지 발전하게 된다.

2. 건국준비위원회와 8월테제

1) 건국준비위원회의 결성과 확대

1945년 8월 15일 오전 6시 조선총독부 정무총감은 여운형에게 일본의 항복선언이 임박했음을 알리고 치안유지 의뢰와 동시에 일본인의 생명을 보호해 줄 것을 요구했다.9) 치안유지를 의뢰받은 여운형은 치안유지와 건국운동 등 5개 항의 전제조건을 내세워 정무총감의 동의를 받자,10) 치안대

---

7) 『공판문헌』, 282쪽.
8) 李康國, "三相決定을 엇지하야 支持하는가?," 『新天地』(1946년 8월), 65쪽.
9) 일제의 패망이 예견되자 조선총독부는 조선인에게 치안유지를 의뢰하기로 하고 이를 담당할 만한 인물로 呂運亨, 宋鎭禹, 安在鴻 3인을 고려하고 있었다. 이들 세 사람은 공산계열을 제외하고는 조선 민족운동의 대표적인 인물이라고 생각했기 때문인데, 당시 여운형은 총독부의 치안유지 의뢰를 받아들인 반면 송진우는 받아들이지 않았다. 森田芳夫, 『朝鮮終戰の記錄』(巖南堂書店, 1979), 68-71쪽.
10) 여운형이 제시한 다섯 개 항의 전제조건은 다음과 같다. 1. 전국적으로 정치범과 경제범을 즉각 석방할 것. 2. 3개월간의 식량을 보장할 것(8, 9, 10월). 3. 치안

를 조직해 치안유지에 나섰다. 그리고 8월 17일에는 정무총감에게 제시한 5개 항을 해결하기 위해 조선건국준비위원회(이하 건준)를 결성했다.[11] 여운형이 이처럼 총독부로부터 치안유지 의뢰를 받자마자 즉각적으로 행동에 나설 수 있었던 것은 앞서 언급한 바와 마찬가지로 일제의 패망을 예견하고 1944년 8월 건국동맹을 조직하는 등 독립을 위한 제반 준비를 사전에 해 놓았기 때문이다.

서대문형무소에서 있었던 정치범과 경제범의 석방에 입회하기도 했던 여운형은 치안업무를 비롯해서 제반 업무를 차질 없이 추진하기 위해 각 부문별 조직에 착수하는 한편 지방조직에도 힘썼다. 그 결과 8월 말까지 전국에 145개의 건준 지부가 결성됐는데,[12] 건준이 이처럼 급속도로 조직을 확대하는 과정에서 이강국의 활동이 기대됐고 또 그러한 기대에 부응해 그는 적지 않은 역할을 한 것으로 분석된다.

우선 건준의 확대 강화를 위해 8월 22일에 개편·발표된 중앙위원회 집행위원(건설부)으로 이강국의 이름이 올라 있는 데서,[13] 건준이 그를 필요

유지와 건국운동을 위한 모든 정치운동에 대하여 절대로 간섭치 못할 것. 4. 학생과 청년을 훈련 조직하는 일에 절대로 간섭 못할 것. 5. 노동자와 농민을 우리 건국사업에 조직하는 데에 간섭 못할 것. 民主主義民族戰線 編,『朝鮮解放年報』(文友印書館, 1946), 80쪽.

11) 건준의 부서와 위원은 다음과 같다. 위원장: 呂運亨, 부위원장: 安在鴻, 총무부: 崔謹愚, 선전부: 趙東祜, 崔容達 무경부: 權泰錫, 재정부: 李奎甲, 民主主義民族戰線 編,『朝鮮解放年報』, 80쪽.

12) 李萬珪,『夢陽 呂運亨鬪爭史』, 210쪽.

13) 1945년 8월 22일 11부 1국으로 확충된 건준 중앙위원회 명단은 다음과 같다. 위원장: 呂運亨, 부위원장: 安在鴻, 총무부: 崔謹愚, 조직부: 鄭栢, 尹亨植, 선전부: 權泰錫, 洪起文, 재정부: 李奎甲, 鄭珣容, 식량부: 金教英, 李珖, 문화부: 李如星, 咸尙勳, 치안부: 崔容達, 劉錫賢, 李丙學, 張權, 鄭宜植, 교통부: 李昇馥, 權泰彙, 건설부: 李康國, 梁在廈, 식량부: 金俊淵, 朴文圭, 후생부: 李容卨, 李義植, 조사부: 崔益翰, 金若水, 서기국: 高景欽, 李東華, 李相燾, 崔星煥, 鄭和濬, 民主主義民族戰線 編,『朝鮮解放年報』, 82쪽.

로 했다는 것을 알 수 있다. 여운형이 주도적으로 작성한 선언에서 건준은 그 사명을 치안을 자주적으로 유지하며 한 걸음 더 나아가 완전한 독립국가 조직을 실현하기 위해 새 정권을 수립하는 한 개의 산파적 역할을 하는 것이라고 밝혔는데,14) 이러한 일을 집행하는 적임자 중의 하나로 이강국이 천거된 것이다. 당시 이강국뿐만 아니라 박문규도 집행위원(식량부)으로 발표됐는데, 이미 참여하고 있던 최용달까지 포함하면 세칭 '성대파'라 불리는 미야케 교수의 제자 3인이 모두 건준 중앙위원회 집행위원으로 활약하게 된 것이 건준 확대과정에서 나타난 하나의 특징이라고 할 수 있다.

이외에도 건준을 확대 개편해야 한다는 건준 내외의 요구에 따라15) 초청대상으로 확정된 각계 인사 135명 중에도 이강국의 이름은 들어 있다.16) 어찌 보면 이는 확대된 집행위원 명단에 그가 들어 있었기 때문에 자동적으로 포함된 것이라고 할 수도 있다. 그러나 명단 작성이 당시 우파의 입장을 대변하고 있던 부위원장 안재홍의 주도로 이루어진 것임을 감안하면17) 좌우를 불문하고 그를 건국에 필요한 인물이라고 인정한 것만은 틀

---

14) 李萬珪,『夢陽 呂運亨鬪爭史』, 212쪽.
15) 가장 대표적인 것으로는 후일 한민당 창당멤버로 참여하게 될 金炳魯와 白寬洙가 8월 20일 건준을 방문하고 "政權을 政務摠監에게서 받는 形式을 버리고 各界 有志를 網羅하여 그 자리에서 公論하여 治安을 維持하는 程度로 하여 名稱도 治安維持會 같은 것을 採用하라"고 제의한 것을 들 수 있다. 金俊淵,『獨立路線』(時事時報社, 1959), 7쪽.
16) 李康國, 朴文圭, 崔容達 외에도 135명의 명단에는 金性洙, 趙炳玉, 李仁, 宋鎭禹, 張德秀, 金俊淵 등 우익진영의 인사도 다수 포함돼 있다. 135명의 명단은 <每日新報>, 1945년 9월 1일 수록.
17) 8월 18일 건준 위원장인 呂運亨이 테러를 받아 요양하고 있는 동안 건준의 업무를 관장하고 있던 부위원장 安在鴻이 건준을 확대하라는 내외의 요구를 수용해 135명의 명단을 확정·발표했다. 이에 대해 여운형이 이들에게는 의견 제출권만 인정하고 결의권은 주지 말자고 제동을 걸었는데, 이것이 두 사람 사이의 불화의 원인이 되어 안재홍의 사퇴로 이어졌다. 李萬珪,『夢陽 呂運亨鬪爭史』, 216-217쪽. 당시 呂運亨의 개인 입장은 이에 반대할 이유가 없었지만, 일부 좌익계의 반발로

림이 없는 사실이라고 할 수 있다.

당시 건준을 대폭적으로 확대하는 문제를 놓고 위원장과 부위원장 사이에 의견이 충돌하는 사태가 발생하기도 했는데, 이는 건준의 주도권 장악과 연관된 문제였다. 이러한 사태는 부위원장 안재홍의 사퇴로 일단락되는데, 안재홍 탈퇴를 계기로 건준은 좌경화의 길로 들어서게 된다.[18] 이는 안재홍을 대신해 허헌(許憲)이 부위원장으로 추대된 것과, 정백(鄭栢)을 대신해 이강국이 조직부 집행위원이 된 것에서도 분명히 알 수 있다. 이런 현상을 우익진영은 건준 내부에서 존속파와 해소파로 나뉘어 내분이 일어난 것이라고 보았으나,[19] 이강국은 이와 반대로 다음과 같이 분석했다.

> 日本帝國主義의 暴壓的 時代에 地下에서 그 潛行行動을 繼續하든 革命勢力은 ― 主로 共産主義者그룹과 建國同盟 ― 日本帝國主義의 無條件 降伏 이후 共産主義者와 進步的 民主主義者와의 民族統一戰線으로 建國準備委員會를 組織하여 自主的으로 秩序維持와 物資確保에 努力하였다. 必然的 混亂에 自主的으로 對處하며 新秩序建立을 爲하여 朝鮮民族을 全國的으로 組織 統一하여 갔다.[20]

기구가 확대되면서 이강국이 조직업무를 담당하게 된 것은 일제시대

의결권을 제한하는 타협안을 제시한 것이었다는 분석도 제시되고 있다. 丁相允, "建準 天下 20日," 『月刊中央』(1968년 8월), 119쪽.

18) 安在鴻은 자신이 제안한 건준 확대안이 받아들여지지 않자, 자신은 건준이 초계급적 초당파적 입장을 견지하도록 하기 위해 노력해 왔으나 자신의 노력이나 의도와는 배치되는 결과를 빚고 있기 때문에 부위원장직에서 물러난다고 말하고, 중경 임시정부를 중심으로 질서를 확립하고 국가를 건설해야 한다고 주장하는 내용의 성명서를 발표했다. 성명서 전문은 國史編纂委員會, 『資料 大韓民國史』 I (1968), 79-80쪽 수록. 후일 민주주의민족전선은 安在鴻의 건준 확대안은 안재홍의 독단으로 마련된 것이며, 소부르주아층이 다수를 차지하게 하려는 것이라고 비판했다. 民主主義民族戰線(編), 『朝鮮解放年報』, 84-85쪽.

19) 韓國民主黨, 『韓國民主黨小史』(韓國民主黨宣傳部, 1948), 6쪽.

20) 李康國, 『民主主義 朝鮮의 建設』, 3쪽.

때 각종 단체를 결성하며 실천운동에 나섰던 그의 경험을 높이 평가했기 때문인 것으로 판단된다.21) 해방으로 모든 것을 새로 건설해야 하는 상황이었기에, 일제의 모진 감시와 탄압에도 굴하지 않고 학생과 노동자의 조직에 열중했던 것과 같은 정신이 필요하다고 건준 지도부가 생각했기 때문에 그가 조직부의 업무를 맡게 된 것으로 분석된다. 이와 동시에 일제시대 때 결성된 여러 반일운동단체를 재가동시켜 건국운동에 동원하는 것이 좋겠다는 판단도 어느 정도 작용했으리라 생각된다.

건준은 강령에서 완전 독립국가의 건설, 민주주의 정권의 수립, 그리고 질서의 자주적 유지와 대중생활의 확보를 다짐하고 건국을 위한 준비에 나섰다. 이처럼 건준이 결성되고 건준 주도로 치안유지와 물자확보가 이루어지는 현상을 이강국은 자연발생적으로 일어난 인민대중의 건국운동이라고 주장했다. 애국지성에 불타는 전국의 남녀노소가 자연적으로 건준 산하에 운집해 개인적으로 또는 단체적으로 집결했다는 것이다.22)

3천만 인민대중이 한 덩어리로 뭉친 유일한 현실적 형태로서, 그리고 실천부대로서 나타난 것이 건준이라고 주장한 이강국은 건준의 지도적인 역할 세 가지를 들었다. 첫째, 건준은 전국적으로 치안을 유지하고 일본 패잔병의 음모와 준동을 분쇄하면서 물자를 확보했으며, 둘째, 지방조직을 확립하고 중앙과 지방 간의 연락 강화로 전국의 진보적 분자를 규합해 건준에 대한 협력기관을 조직했으며, 셋째, 사회・경제・문화 제단체와 연락

---

21) 김남식은 李康國이 鄭栢을 대신한 것을 朴憲永 계열의 세력부식으로 분석했다. 김남식, 『南勞黨研究』(돌베개, 1984), 46쪽. 安在鴻 사퇴 후 12부 1국으로 개편된 건준 중앙위원회 명단은 다음과 같다. 위원장: 呂運亨, 부위원장: 許憲. 조직부: 李康國, 李相燾. 선전부: 李如星, 梁在廈. 치안부: 崔容達, 劉錫賢, 鄭宜植, 張權, 李丙學. 문화부: 咸秉業, 李鍾洙. 건설부: 尹亨植, 朴容七. 조사부: 崔益翰, 高景欽. 양정부: 李珖, 李貞九. 후생부: 鄭求忠, 李庚鳳. 재정부: 金世鎔, 吳載一. 교통부: 金炯善, 權泰彙. 기획부: 朴文圭, 李舜根. 서기국: 崔星煥, 鄭處默, 鄭和濬. 民主主義民族戰線 編, 『朝鮮解放年報』, 85쪽.

22) 李康國, "國內情勢 報告," 50쪽.

을 강화하고 이를 통해 새로운 국가는 근로대중을 중심으로 하는 전 인민 대중의 이익과 행복을 위한 진정한 민주주의 국가를 실현하는 것을 알려주었다고 그는 주장했다.23)

2) 8월테제 작성

건준의 조직업무를 맡아 보면서 이강국은 다른 한편으로는 박헌영과 함께 조선공산당 재건준비위원회 명의로 발표된 8월테제 작성에도 깊이 관여했다. 공산주의를 조선의 현실에 적용하는 데 있어 코민테른 7회 대회의 결의라든지 인민전선운동 이론 같은 공산주의이론의 국제적 동향에 대해 이강국이 잘 알고 있었기 때문에 그가 참여하게 된 것으로 분석된다. 이강국이 독일 유학에서 습득한 공산주의에 관한 이론과 지식이 조선공산당의 정치노선을 결정하는 데 그 어느 때보다도 필요하다는 박헌영의 현실적 판단에서 그가 테제 작성에 참여하게 됐다는 것이다.

조선공산당의 잠정적인 정치노선으로 규정된 테제는 미·영·중·소 등 연합국을 진보적 민주주의국가로 규정했다. 그리고 혁명의 현단계를 부르주아 민주주의혁명 단계로 설정했는데, 이는 이강국이 독일에서 연구한 이론을 적용한 것으로 분석된다.24) 그리고 부르주아 민주주의혁명의 중심이 되는 과업으로 '민족적 완전독립'과 '토지문제의 혁명적 해결'을 들었고, 부르주아 민주주의혁명의 동력으로는 노동자·농민·도시소시민

---

23) 李康國, "國內情勢 報告," 51-52쪽.
24) 조선혁명의 현단계를 부르주아 민주주의혁명 단계로 규정한 것은 1937년 6월 이강국이 이주하에게 설명했던 '자본민주주의혁명'과 동일한 것으로 판단된다. 당시 이강국은 조선의 부르주아지는 계급적 임무를 포기했기 때문에 노동자계급이 자기 문제의 해결을 위해 자본민주주의혁명의 제창자로 태어났다고 역설했었다. "원산 민족해방전선사건," 187쪽.

과 인텔리겐차를 열거했다.25)

8월테제는 또한 공산당의 당면임무로 노동자·농민·청년·부녀 등 대중운동을 전개하며, 조직사업을 철저히 하고, 옳은 정치노선을 위한 양면전선 투쟁을 벌이며, 프롤레타리아의 헤게모니와 인민정권을 위한 투쟁을 적극 전개할 것 등을 들었다. 여기서 민족적 완전독립이란 일제잔재를 완전히 구축하는 동시에 모든 외래자본에 의한 세력권 결정과 식민지화 정책을 반대하고 근로인민의 이익을 옹호하는 혁명적 민주주의정권을 수립하는 것이며, 토지문제의 혁명적 해결이란 민족반역자와 대지주의 토지를 몰수해 토지가 없거나 적게 가진 농민에게 분배하며 모든 토지는 국유화를 목적으로 하나 국유화가 실현되기 전에는 농민위원회나 인민위원회가 이를 관리하는 것이라고 풀이했다.

8월테제의 이 같은 내용에 대해 주목해야 할 점은 사회주의 국가인 소련뿐만 아니라 미국, 영국, 중국까지 포함해서 모든 연합국을 진보적 민주주의국가로 호칭한 것을 들 수 있다. 이는 2차대전의 추축국인 독일 및 일본과 구별하기 위해 연합국을 그렇게 표현한 것이라고도 볼 수 있으나, 프롤레타리아 국제주의와 세계혁명을 추구하는 공산주의자의 입장에서는 적합한 표현이라고는 할 수 없다. 당시 진보적 민주주의라는 용어는 대체로 자본주의가 아닌 사회주의를 지향하는 과도적 단계의 체제개념으로 쓰였을 뿐만 아니라26) 조선공산당 스스로도 자신의 정견은 진보적 민주주의의 실현이라고 주장했기 때문이다.27)

---

25) "現情勢와 우리의 任務", 10쪽.
26) 김남식·심지연 편, 『박헌영노선 비판』(세계, 1986), 32쪽.
27) 조선공산당은 자신의 정견을 생활의 변화가 형식에 그치는 것이 아니라 그 내용까지 향상된 질적 개혁을 의미하는 '진보적 민주주의의 실현'이라고 규정했다. 이를 보더라도 미·영·중까지를 진보적 민주주의국가로 규정한 것은 오류라고 판단된다. 朝鮮共産黨, "進步的 民主主義의 實現", 『우리 公論』 1권 1호 (1945년 12월), 45쪽.

그리고 혁명의 단계를 부르주아 민주주의혁명이라고 규정하면서도 그 대한 근거를 들지 않고 있는 점도 문제라 할 수 있다. 해방 후 조선의 현실에서 부르주아혁명도 아니고 사회주의혁명도 아닌 부르주아 민주주의혁명을 추진할 수밖에 없는 이유를 분명히 밝혔어야 했는데, 8월 테제에서는 그 점이 누락된 것이다. 이강국으로서는 일제시대 이와 유사한 자본민주주의혁명을 제창했고 급박한 정세로 인해 이유를 밝힐 여유가 없었을 것이라고 이해할 수도 있으나, 이를 누락한 것이 과오인 것만은 틀림이 없는 사실이었다.

한편 부르주아 민주주의혁명에서 민족적 완전독립과 토지문제의 혁명적 해결을 기본과업으로 설정한 것은 당시 일반대중의 정치·경제적 요구를 정확히 반영한 것이라고 볼 수 있다. 그러나 토지문제의 해결에서 전 토지의 국유화를 목적으로 하고 있는데, 국유화는 부르주아 민주주의혁명 단계를 훨씬 벗어난 보다 높은 단계의 과업이기 때문에, 극좌적 과오를 범한 것이라 할 수 있다. 부르주아 민주주의혁명이 부르주아혁명보다는 진보적이고 발전된 형태이기는 하나, 그에 대한 정의에서[28] 알 수 있듯이 토지라는 생산수단의 소유형태까지 개혁하는 것은 아니기 때문이다. 이와 동시에 몰수한 토지를 농민에게 분배한다고 하면서도 농민위원회, 인민위원회가 토지를 관리한다고 한 것은 논리적으로 모순된다고 할 수 있다.

8월테제에서 또 하나 문제로 지적할 수 있는 것은 혁명의 동력에서 민족부르주아지를 배제한 점이다. 부르주아 민주주의혁명은 기본적으로 사회주의혁명이 아니며, 생산수단의 사적 소유를 전제로 한 부르주아혁명의

---

[28] 북한은 부르조아 민주주의혁명을 "착취받는 근로대중이 민주주의적인 정치 경제적 요구를 들고 적극적으로 참가한 부르조아혁명을 말한다. 부르조아 민주주의혁명은 근로대중이 적극적으로 참가하므로 부르조아혁명보다는 철저한 민주주의적 개조가 실시된다. 그러나 부르조아 민주주의혁명은 착취를 낳게 하는 사적 소유 일반을 없애는 것을 자기의 직접적인 목적으로 내세우지는 않는다"고 정의했다. 『정치용어사전』(평양: 사회과학출판사, 1970), 293쪽.

범주에 속하는 것인 만큼 민족부르주아지는 당연히 혁명의 동력에 포함됐어야 했다. 당시 민족부르주아지는 대부분 토지와 관련돼 있으며, 그들 중 일부만이 일제와 협력했기 때문에 소수의 친일지주를 제외한 대다수는 혁명의 동력이 될 수 있었다. 그럼에도 불구하고 이들 민족부르주아지를 배제함으로써 스스로의 입지를 좁히는 결과를 빚고야 말았다.29)

잠정적인 정치노선이라고 전제했지만, 이강국이 관여한 8월테제에는 이와 같이 앞뒤가 맞지 않는 구절이 들어 있어 공산당은 해방정국이 전개되는 과정에서 적지 않은 시행착오를 겪게 된다. 미군정과의 관계설정이라든지 민족부르주아지 및 중도진영과의 통합이라든지, 총파업과 항쟁 같은 첨예한 정치문제를 대처하는 데 있어 편협성과 혼란상을 보였던 것이다. 바로 이러한 점이 빌미가 되어 후일 그는 박헌영과 함께 해방 후 명확한 정세를 파악하지 못했으며, 테제의 내용이 반당적이고 기회주의적이고 당을 소부르주아 정당화하는 노선이었다는 진술을 하지 않을 수 없었다.30) 8월테제는 공공연하게 우경적이고 종파주의적이며 반당적이라는 것이다.

3. 조선인민공화국 선포

1945년 9월 6일 오후 9시 경기여고 강당에 모인 1천여 명은 인민대표자대회를 개최, 여운형을 임시의장으로 선출하고 조선인민공화국(이하 인공)을 선포했다. "비상한 때에는 비상한 인물만이 비상한 일"을 할 수 있다는 여운형의 개회사에 이어, 대회 참석자들은 정부를 수립하기로 결의하고 국호를 조선인민공화국으로 결정했다.31) 정부 수립안이 통과되고 국호가

---

29) 김남식·심지연 편, 『박헌영노선 비판』, 37쪽.
30) 『공판문헌』, 282쪽.
31) 여운형은 국호의 결정과정에서 처음에는 대한, 고려, 대진 등이 있었으나 결국

결정되자 허헌은 주권은 인민에게 있다고 선언했다. 대회는 또한 55명의 인민위원과 후보위원 20명, 고문 12명을 선출했는데, 이강국은 인민위원의 한 사람으로 선출돼 건준에 이어 다시 정계의 핵심부에 자리잡게 됐다.

9월 6일의 인공 선포는 당시 전국 각지에서 자주정부가 수립되기를 요망했고, 북한에서는 소련군의 진주와 더불어 인민위원회가 조직돼 행정·사법을 운영하고 있어 중앙정부의 수립이 더욱 요구됐기 때문에 이루어진 것이며, 대회는 건준의 지정 추천으로 소집된 것이라고 발표됐다.[32] 그러나 사실은 대회의 소집 자체가 건준의 내부 인사들도 모르는 사이에 박헌영, 허헌, 여운형, 정백 4명이 모여 일방적으로 결정한 것인 데다[33] 건준 조직을 동원한 것이 아니라 공산당이 당의 역량을 총동원해 영등포 지역의 노동자들과 철도노조를 움직여서 소집한 것이어서[34] 대표성을 인정받기 어려운 상황이었다.

그러나 이강국의 견해는 이와 달랐다. 이날 대회에 참석한 대표는 약 1,500명에 달했으며, 비상한 시기인 만큼 완전한 민주주의적 방법에 의해 선출되지는 못했으나, 투쟁경력으로 보나 민족적 신망으로 보나 이들은 충분히 민족의 총의를 반영할 수 있으며, 해내 해외 각계각층의 혁명세력을 대표할 수 있는 민족해방운동의 진정한 투사들이라고 단언했다.[35] 그

조선으로 결정됐다고 기자회견에서 밝혔다. 즉 조선은 단군 이래 이 땅의 고유명사였으며, 민중에 친숙한 이름인 데다 임시정부가 명칭을 대한으로 한 것은 대한이란 이름으로 잃어버린 것이니 역시 그 이름으로 찾는 것이 좋겠다고 하는 취지에서 나라를 찾기 전에 임시로 사용하기로 한 것이었기 때문에, 대한을 택하지 않고 조선을 채택했다고 말했다. 그리고 처음에는 '조선공화국'으로 하려 했으나 인민의 나라이니 '조선인민공화국'으로 하자고 하여 그렇게 최종 결정됐다고 말했다. <朝鮮人民報>, 1945년 10월 3일.

32) 民主主義民族戰線(編), 『朝鮮解放年報』, 85-86쪽.
33) 朴馹遠, 『南勞黨 總批判』(極東情報社, 1948), 32쪽.
34) 양한모, 『마르크스에서 그리스도에로』(日善出版社, 1992), 69쪽.
35) 李康國, 『民主主義 朝鮮의 建設』, 3쪽.

리고 여기서 민주주의적 방법으로 인공이 탄생하고 중앙인민위원회가 구성됐다고 주장했다.

인공수립 선포에 대해 한국민주당(이하 한민당)은 이를 정부를 참칭하고 광복을 모독하는 행위이며 '방약무인한 민심 혹란의 광태'로 규정하고, 이를 타도할 것을 선언했다.36) 이에 대해 이강국은 인공의 탄생은 "조선해방운동의 필연적 소산이며 정치적 진공시대에 있어서 당연한 귀결"이라고 반박했다.37) 그가 이처럼 인공의 정통성을 역설했음에도 불구하고 민의를 수렴하려는 아무런 노력도 없이 인공을 선포한 데 대해 적지 않은 비판이 제기될 수밖에 없었다.38)

1945년 9월 8일 오후 4시 개최된 제1회 중앙인민위원회(이하 중앙인위)는 이강국의 개회선언과 호명으로 시작됐는데, 회의에는 안재홍, 허헌, 이만규, 정태식 등 37명의 인민위원이 참석했다.39) 이날 각부 위원의 인선은 여운형, 허헌 2인에게 위임하기로 했고, 인공의 선언 및 정강의 기초위원으로 이강국, 박문규 정태식 3인이 선임됐다.40) 이 외에도 이강국은 9월 14일에 발표된 각료명단에 인공의 서기장으로, 그리고 체신부장 신익희(申翼熙)의 임시대리로 이름이 올라 있어, 인공 내에서 커다란 영향력을 발휘할 수 있는 직책을 차지하고 있음이 판명됐다.

이강국 등이 기초한 정강과 시정방침 역시 9월 14일에 발표됐는데, 4개 항의 정강에는 노동자·농민 및 기타 일체 대중생활의 급진적 향상을 기한다는 것이, 27개 항의 시정방침에는 일제와 민족반역자들의 토지를 몰수하여 국유화하고 이를 농민에게 무상 분배한다는 조항 등이 들어 있다.41)

---

36) 韓國民主黨,『韓國民主黨小史』, 11-12쪽.
37) 李康國,『民主主義 朝鮮의 建設』, 4쪽.
38) 인공이 비정상적으로 출현한 것을 빗대 '자궁외 임신'이라는 비판도 제기됐다.
   李榮根, "통일일보 회장 李榮根 회고록 下,"『月刊朝鮮』(1990년 9월), 428쪽.
39) <朝鮮人民報>, 1945년 9월 9일.
40) <每日新報>, 1945년 9월 9일.

시정방침에는 또한 일제와 민족반역자들의 광산·공장·철도·항만·선박·통신기관·금융기관 등 일체의 시설을 몰수하여 국유로 한다는 조항도 들어 있어, 인공이 공산주의사회 실현을 목표로 하고 있음을 알 수 있는 하나의 단서가 된다. 그가 대학시절부터 신봉하고 있던 공산주의이념이 인공의 정강과 시정방침에 그대로 반영된 것이라 할 수 있다.42)

선언과 정강 및 시정방침을 발표한 인공은 10월 2일 중앙인위를 개최하고, 제2차 전국인민대표대회를 1946년 3월 1일 소집한다고 발표했다. 이들은 9월 6일 대회를 건준 주최로 소집된 1차 전국인민대표대회라고 규정하고, 인공은 선포 이래 민족의 자주독립을 위해 노력했다고 주장했다. 그리고 한민당 등 여러 정당이 창당되는 것과 같은 정세의 변화가 생겼기 때문에 변화된 정세에 따라 새로 광범위한 민주주의적 기초 위에서 자유로운 선거를 통해 대표를 선출하고 이들 대표로 2차 대회를 소집하려 한다고 밝혔다. 여기서 중앙인위는 선거에서 승리한 정당에 정권을 내주는 것도 마다하지 않겠다고 단언했는데, 인민의 다수가 자신들을 지지한다면 민족해방의 열정으로 자주독립국가 건설에 매진할 것이라고 주장했다.43)

대회 소집을 위해 중앙인위는 각계각층으로 위원회를 구성하기 위해 필요하다면서 전형위원과 소집요강 작성위원 명단을 발표했다. 우선 전형위원은 여운형, 허헌, 홍남표(洪南杓), 이영성(李如星), 최용달(崔容達), 강진(姜進), 김세영(金世泳), 이승엽(李承燁), 이기석(李基錫), 하필원(河弼源) 등 10명이었고, 초집 요령작성위원은 허헌 이강국, 김용암(金龍岩), 서중석(徐重錫), 김계림(金桂林), 조위상(李靑相), 정진태 등 7명이었다.44) 이강국이 대회소집에

---

41) 정강 및 시정방침 전문은 民主主義民族戰線 編,『朝鮮解放年報』, 88-89쪽 수록.
42) 이에 대해 李康國, 李承燁, 朴文圭 3인은 기자회견에서 시정방침에 대해서는 전혀 언급하지 않고, 인공이 좌익이 아니라는 것은 정강을 보면 알 수 있다고 답변했다. <自由新聞>, 1945년 10월 9일.
43) <朝鮮人民報>, 1945년 10월 4일.
44) <朝鮮人民報>, 1945년 10월 4일.

관한 방침을 결정하는 위원이 된 것은 인공의 행정사무를 관장하는 서기장이었기 때문인 것으로 판단되는데, 이들은 인민대중의 적극적인 지지와 협력을 기대했다.

인공 선포에 산파의 역할을 한 건준은 9월 26일 인공과의 연석회의를 갖고 건준을 해소하기로 결정했다.45) 이 결정에 따라 10월 7일 오후 중앙인위 사무실에서 열린 건준 중앙집행위원회는 14 대 7로 해소를 결의했는데, 이는 인공이 선포되고 인민위원이 선출됐으므로 건준의 사명은 끝났다는 판단에서였다. 이에 대해 건준은 인공의 선포 즉시 해소될 성질의 존재였으나 지방과의 연락관계도 있고 위원장인 여운형이 병중에 있어 미뤄졌고, 그 동안 지방에서 건준 지부가 인민위원회로 많이 개편됐고 해소 요청도 있어 해소키로 결정을 보았다고 보도됐다.46)

그러나 해소과정이 인공이 언급한 것처럼 간단하게 이루어진 것은 아니다. 몇몇의 의식적인 책동이 개재되어 건준과 인공 사이에 대립이 있는 것 같은 인상을 주고 있기 때문에 건준의 존속은 유해무득이라고 단언하기까지 했다는 것과, 총 33명의 건준 중앙집행위원 중 25명이 참석했고 도중에 3명이 퇴장해 22명이 표결에 참가한 결과 14 대 7로 해소됐다는 것을 사실 그대로 보도한 것을 보아도,47) 건준 내부에서 해소에 적지 않은 반발이 있었음을 알 수 있다.

건준 중앙집행위원이기도 한 이강국이 이날의 표결에 참가했는지에 관해서는 알 수 있는 자료가 없다. 그러나 회의 자체가 그가 서기장으로 있는 중앙인위 사무실에서 열렸기 때문에 당연히 참석했을 것이고, 건준의 해소에도 찬성했을 것으로 생각된다. 왜냐하면 그는 인공이 선포되고 중

---

45) 건준 자체가 직접 투쟁이 아닌 임기응변의 소산이며, 외력으로 해방된 국내 대중의 혁명기세를 추진시키는 데 유약하며, 일재잔재 숙청공작을 과소평가한 점 등이 건준의 해소 이유로 거론됐다. 民主主義民族戰線 編, 『朝鮮解放年報』, 81쪽.
46) <朝鮮人民報>, 1945년 10월 9일.
47) 퇴장한 3인은 高景欽, 崔景煥, 崔謹愚이다. <朝鮮人民報>, 1945년 10월 9일.

앙인위가 조직되자 전국에서 지방인민위원회가 결성되고 이에 대해 절대 지지를 표명하는 수가 늘어나고 있으며 전국적인 통일은 더욱 유기적으로 강화돼 왔다고 주장했고, 그리고 건준이 발전적으로 해소되고 각종 단체 대부분이 인공을 지지하게 됐다고 주장했기 때문이다.48)

4. 38선과 미군정

1) 38선

이강국은 38선을 미·소 양 군정의 현실화로 인식했다. 해방의 국제성으로 인해 한반도에 연합군이 진주해 군정을 실시하게 되어 남쪽에 미국 군정이 있고, 북쪽에 소련군정이 있는데, 38선은 바로 이 두 개의 군정이 있다는 것을 현실적으로 나타내는 증거라는 것이다.49) 그리고 국제적으로도 조선문제에 대한 발언권은 양군이 동등하기 때문에, 38선 운운하며 실지회복을 주장하는 것은 국제분쟁을 일으키려는 악질적인 음모라고 비난했다. 그는 이러한 음모는 조선의 평화와 민주주의적 건국을 방해하려는 반동진영의 세력만회 기도에서 생기는 것으로 파악했다.50) 이 38선으로 인해 교통, 통신, 물자유통이 곤란해져 민족의 생활이 어려워진 것은 사실이라고 시인했지만, 그는 이를 일시적인 것으로 간주했다. 일정 기간이 지나면 군정이 철수할 것이라고 생각했기 때문이다.51)

이강국뿐만 아니라 당시 대부분의 정치인들은 이처럼 38선문제를 일시

---

48) 李康國, "國內情勢 報告," 52쪽.
49) 李康國, "國內情勢 報告," 56쪽.
50) 李康國, "國內情勢 報告," 56쪽.
51) 李康國, 『民主主義 朝鮮의 建設』, 26쪽.

적인 현상으로 여기고 이 문제를 경시했다.52) 그리하여 38선이 철폐되기 전에는 자주독립을 기대할 수 없을 뿐만 아니라 민족의 분열과 대립을 조장하며 미·소 충돌의 도화선이 될 것이라고 자각했을 때에는 시기적으로 너무 늦어 적절한 대응책을 마련할 수 없었다. 남과 북에서 실시된 군정이 중립적 입장에 선 것이 아니라 자국의 체제에 우호적인 정치세력과 결탁해 별도의 체제를 구축해 나가는 전략을 취했기 때문이다.

이처럼 순수하게 군사적인 성격으로 출발했다고는 하지만, 38선이 정치적인 분계선으로 변질돼 갈 것이 분명함에도 불구하고 이강국은 이에 대해 초기에는 별반 관심을 두지 않았다. 단지 38선으로 인해 일어나는 생활상의 곤란을 이용해 민족반역자들이 일제와 한 패가 되어 소련군이 조선민중을 강탈하고 독립을 방해한다고 역선전하고, 인민과 소련을 이간하려 했으나 실패로 돌아갔다고 그는 지적했을 뿐이다.53)

이강국은 또한 소련군과의 이간책이 실패로 끝나자 민족반역자들은 다시 인공이 미군정을 방해한다면서 인공과 미군정을 이간시키려 하고, 나아가서는 미국과 소련의 세계적 친선을 방해하려는 국제적인 음모까지 꾸미고 있다고 비난했다. 이와 같은 행위에 대해 그는 민족반역자들이 자기의 정체를 감추기 위한 은폐술책이라고 주장했을 뿐, 38선이 갖고 있는 국제정치적 의미에 대해서는 분석하려 하지 않았다. 38선 무조건 철폐를 외치는 것은 반동집단이 세력을 만회하려고 기도하는 술책일 뿐이라는 견해에서54) 한 걸음도 더 나아가지 못한 것이다.

---

52) 여운형조차 38선을 작전상의 경계이며 정치적으로는 하등 관계가 없는 것이라고 단언할 정도로 38선의 의미를 깊이 생각하지 않았고, 이러한 인식은 당시 정치인들 사이에 보편적인 것이었다. 呂運亨, "우리나라의 政治的 進路,"『學兵』1호 (1946년 1월), 8쪽.
53) 李康國, "國內情勢 報告," 58쪽.
54) 李康國, "國內情勢 報告," 59쪽.

2) 군정의 필요성

앞서 언급한 바와 같이 이강국은 우리 민족의 해방이 민족해방전쟁에 의해 이루어진 것이 아니라 연합국의 반파쇼전쟁 승리에 의해 이루어진 것이라고 인식했다. 연합국의 군대가 우리를 대신해서 피를 흘렸기 때문에 민족의 역량이 작고 보잘것없는 것에 비해 비교적 빨리 독립하기에 이르렀다는 것이다. 이러한 해방의 국제성으로 인해 국제적인 제약을 받지 않을 수 없고 국제적인 제약 또는 후원의 일환으로 군정이 실시될 수밖에 없다고 하여 그는 군정의 필요성을 인정했다.55)

이강국은 또한 독립을 완성하기 위해서는 국제적 후원도 필요하지만, 민족의 자주적인 노력도 마찬가지로 중요하다고 주장했다. 그가 말하는 자주적인 노력이란 일제의 주구가 되어 민족을 착취하고 억압했던 일제의 잔재인 친일파와 민족반역자를 소탕하고 매장하는 것에 의해 민족통일을 완성하는 것이었다.56) 연합국이 조선으로부터 일제를 구축함으로써 민족해방의 외적 조건을 지어 주었기 때문에, 민족통일이라는 내적 조건을 우리 스스로가 만들어야 완전한 자주독립 국가를 건설할 수 있다고 본 것이다. 바로 이런 의미에서 이강국은 한반도에 진주한 미·소 양군에 대해 감사하는 마음을 가졌고, 이들이 독립국가 건설을 위한 인공의 노력을 성원해 줄 것을 기대했다.57)

이런 기대를 가졌기에 그는 미군정과 인공은 결코 대립되는 존재가 아니며, 인공이 미군정 자체를 반대해서 대립해서도 안 된다고 주장했다. 군정이 조선의 자주독립사업과 모순되지 않고 또 조선의 독립국가 건설을

---

55) 李康國, 『民主主義 朝鮮의 建設』, 5쪽.
56) 李康國, "國內情勢 報告," 57쪽.
57) 李康國, "國內情勢 報告," 58쪽.

후원은 할지언정 방해하지 않을 것이라는 이론적 결론에서 그러하다고 그는 단언했으나, 정치현실은 그의 예측과는 반대로 나아갔다. 그럼에도 불구하고 그는 인공과 미군정이 대립하고 있는 것처럼 말하는 것은 모략이라고 주장하고, 그러한 모략은 용서할 수 없는 죄악이라고 강조했다. 그리고 군정이 조선의 자주독립을 원조하며, 중앙과 지방의 인민위원회는 군정에 협력해 자주독립의 완성, 즉 인공의 확립에 노력하는 모습을 보이는 것, 이것이 양자의 본질적인 관계이고 호상적 연관이라고 그는 보았다.[58]

이강국은 한 국가가 국제적으로 활동하기 위해서는 국제적인 승인을 받아야 하는 것은 말할 필요도 없다고 하여 승인의 필요성을 인정했다. 그러나 국제적 승인이라는 것은 종속적이고 부차적인 조건이며, 또 시간적으로도 승인을 받기 전에 국가가 성립되는 것이 역사상 늘 있는 일이므로, 국제적 승인을 국가존재의 유일한 근거로 삼을 필요가 없다고 강조하고, 이는 논리상으로도 당연하다고 주장했다.[59] 예를 들어 1917년 러시아 볼셰비키혁명에 의해 탄생한 소련이 1924년에 가서야 승인을 받았음에도 불구하고 그 이전에 엄연히 국가로서 존재했으며, 1935년에 성립된 외몽고를 열국이 승인하지 않았다고 해서 중국의 속국이라고 보는 사람은 없었다는 것이다. 국제적 승인이 없다는 것을 이유로 인공을 부인하는 것은 타당치 않다는 주장이었다.

이에서 더 나아가 이강국은 인공이 인민의 총의로 탄생해 인민의 절대적인 지지를 받고 있음을 근거로 들어, 인공 역시 객관적으로 엄연한 국가의 자격을 가졌고 또 충분히 자기의 존재를 주장할 권리를 가졌다고 주장했다. 그리고 비록 열국의 승인을 받았다고 하더라도 1895년의 대한제국이나 1932년의 만주국처럼 민중의 지지 없이는 진정한 국가가 될 수 없었다는 것을 예로 들면서, 인공은 인민 속에 뿌리박고 있고 또 그에 대한 인민

---

58) 李康國, 『民主主義 朝鮮의 建設』, 16쪽.
59) 李康國, 『民主主義 朝鮮의 建設』, 22쪽.

의 지지는 날로 높아 가고 있으므로 세계에 당당히 자기 존재의 승인을 요구할 자격을 가졌다고 강조했다.60) 국제적 승인이 없더라도 국가로서 존재할 수 있으며, 설령 승인이 있다고 하더라도 인민의 지지가 없으면 국가로서 기능할 수 없다는 것을 여러 가지 사례를 들어 설명한 것이다.

3) 인공과 군정의 관계

미군정이 존재하고 있는 상황에서 인공은 군정과 대립되는 존재일 뿐이라는 한민당을 비롯한 외부의 비판적 시각에61) 대해서도 이강국은 강하게 반론을 폈다. 세계혁명사를 보더라도 사회가 변혁되는 시기에는 한 사회나 국가에 늘 2중정부가 존재했다는 것을 들어, 그는 군정과 인공과는 아무런 모순도 있을 수 없다고 주장했다. 1871년 3월 파리콤뮨정부와 베르사이유정부가 그러했고, 1917년 3월부터 11월까지 러시아의 소비에트정부와 케렌스키정부가 그러했으며, 중국에서 1912년 손문정부와 淸朝정부가, 그리고 1926년 武漢정부와 北京정부가 그러하였고, 최근 일본의 맥아더정부와 幣原정부가 일종의 2중정부라는 것이다. 이 때문에 남한에서 군정과 인공이 동시에 존재하는 것이 하등 이상할 것이 없으며, 북한에서도 소련 군정부와 인민정부가 아무런 모순과 대립 없이 양립하고 있지 않느냐고 그는 반문했다.62)

이에 덧붙여 이강국은 군정은 일시적이며 일정 기간 후에는 철퇴할 것이 기정사실인 이상, 독립국가 건설을 위한 혁명정부로서 인공이 군정과

---

60) 李康國, 『民主主義 朝鮮의 建設』, 24쪽.
61) 인공 타도를 선언하고 창당한 한민당의 수석총무 宋鎭禹는 하지 사령관을 만나 미군정의 공식성명으로 이를 부인해 줄 것을 요청했다. 李敬南, 『雪山 張德秀』(東亞日報社, 1981), 315쪽.
62) 李康國, 『民主主義 朝鮮의 建設』, 25-26쪽.

병립하는 것이 아직도 남아 있는 일제잔재의 소탕이나 자주독립을 촉성시키기 위해 당연한 것이라고까지 주장했다. 따라서 군정과 인공의 병립을 모순이나 대립으로 보는 것은 속견적인 환상이거나 고의적인 악선전이라고 주장했다.63)

  이강국은 또한 미군정만 볼 것이 아니라 북한에 소군정이 있다는 사실도 이해하는 것이 필요하다고 역설했다. 서울에 미군정이 있는 현상에 사로잡혀 군정이 오직 미군정만 있다고 생각하는 것은 현실을 전체적으로 파악하지 못하는 착오라는 것이다. 미·소 양 군정이 철퇴하면 전국적인 조직을 갖고 있는 인공이 남북을 통일한 후 민중의 국가로서 위상을 지닐 것이기 때문에 미군정과 소군정을 연관시켜 관찰하는 태도를 가져야 한다는 것이 그의 입장이었다. 이에 따라 그는 반소·친미적인 태도가 반동적인 것과 마찬가지로 반미·친소적인 태도 역시 극좌적인 반동이라고 비난했다. 두 가지 견해가 다 같이 민족을 위하는 것이 되지 못하고, 나아가 연합국 전체를 해롭게 하는 국제적 해독이며 죄악이라는 것이다.64)

  결론적으로 이강국은 인공이 미군정을 방해한다는 것은 조선민중과 미군정을 이간시키려는 민족반역자들의 음모이며, 민족의 통일을 파괴하고 독립을 방해하는 행위라고 강하게 비판했다. 그리고 조선민족이 민족반역자들의 이러한 모략에 기만되고 동요된다면 천추의 한이 될 것이라고 주장하며, 인공 존재의 정당성을 대내외적으로 입증하기 위해 많은 노력을 기울였다.

---

63) 李康國, 『民主主義 朝鮮의 建設』, 26쪽.
64) 李康國, 『民主主義 朝鮮의 建設』, 27쪽.

제4장 인공의 부인과 해산명령

해방이 되자 이강국은 건준 중앙집행위원으로 활동하며 건준의 확대와 강화를 위해 노력하는 한편, 박헌영과 함께 공산당의 정치노선인 8월테제 작성에도 깊이 관여했다. 그리고 인공이 선포되자 인공이 미군정과 배치되지 않는 존재라고 주장하며, 인공의 정당성을 입증하는 논리의 개발과 보급에 열중했다. 그러나 미군정의 생각은 그와 달랐다. 인공이 여러 차례 군정에 협조할 의사를 나타냈음에도 불구하고, 38도선 이남에서는 미군정만이 유일한 정부이며 어떠한 정당이나 단체에 대해서도 정통성을 인정할 수 없다는 입장이었다. 이로 인해 인공과 미군정은 갈등관계에 놓이게 되는데, 이런 상황에서 이강국은 군정에 맞서 인공의 사수를 독려하며 이를 지키기 위한 노력을 아끼지 않았다.

1. 인공 부인성명

이강국은 해방의 국제성에 비추어 어느 정도 기간의 군정이 필요하다고 인식하고 있었고, 이러한 인식에 따라 그는 미군정과 충돌할 의사는 전혀 없다고 단언했다. 이는 인공이 군정과 결코 모순 대립되는 존재가 아니며, 군정이 있는 한 군정의 의사를 존중해 정부로서의 기능과 행동을 보류하고 군정의 정책에 적극 협력하겠다는 것이 중앙인위의 태도라고 그가 주장한 데서도 잘 나타났다.1) 그로서는 군정이 본연의 사명을 완수해 유종의 미를 거두도록 하는 데 성의를 다해 돕겠다는 것을 밝힌 것이었다. 그러나 미군정은 이를 수용하지 않고 별도의 조치를 취했고, 이로써 양자는 갈등을 빚게 된다.

우선 인공의 존재에 아랑곳하지 않고, 하지 사령관은 38선 이남에 군정을 선포한 태평양주둔 미육군총사령부 포고 제1호에 따라2) 아놀드 소장을 군정장관으로 임명하고 군정을 실시하기 위한 제반 준비에 나섰다. 진주 직후 군정은 총독부에 근무하던 일본인 고위관리를 고문으로 임명해 활용하려고 했다. 그러나 이러한 계획이 한인들의 강한 반발에 부딪치게 되자, 미군정은 1945년 10월 5일 사리사욕을 초월해 조선의 복리만을 생각하는 애국심에 불타는 사람들의 솔직한 진언과 충고를 듣기 위해서라고 말하며, 11명의 한인을 군정장관 고문으로 임명했다.3)

군정장관 고문의 임명은 1945년 9월 22일 개최된 한민당 중앙집행위원

---

1) 李康國, 『民主主義 朝鮮의 建設』, 6쪽.
2) 태평양사령부 포고 제1호 중 38선 이남의 군정과 관련된 부분은 다음과 같다.
   "오랫동안 朝鮮人의 奴隷化된 事實과 適當한 時期에 朝鮮을 解放 獨立식힐 決定을 考慮한 結果 朝鮮의 占領目的이 降服文書 條項 移行과 朝鮮人의 人權 及 宗教上의 權利를 保護함에 있음을 朝鮮人은 認識할 줄로 確信하고 이 目的을 爲하야 積極的 援助와 協力을 要求함.

   本官은 本官에게 附與된 太平洋 美國陸軍 最高 指揮官의 權限을 가지고 이로부터 朝鮮 北緯 三十八度 以南의 地域과 同地의 住民에 對하야 軍政을 確立함."
3) 11명의 군정장관 고문의 명단은 다음과 같다. 金性洙, 全用淳, 金東元, 李容卨, 吳泳秀, 宋鎭禹, 金用茂, 姜炳順, 尹基益, 呂運亨, 曺晩植. 당시 曺晩植은 평양에 있었기 때문에 모임에는 10명밖에 참석할 수 없었다. <自由新聞>, 1945년 10월 7일. 고문들의 성향에 대해 당시 미국의 한 기자는 "이 中心人物은 日政時代에도 日本人의 顧問으로 活躍한 일이 있었으며, 모든 韓國人들에게 反目과 無視를 받고 있는 사람이다. 하지 사령관이 이 人物의 經歷도 모르고 起用하였다는 것은 到底히 믿지 못할 일이었다"고 주장했다. Richard E. Lauterback(國際新聞社 譯), 『韓國美軍政史』(國際新聞社 出版部, 1947), 43쪽.

회의 건의에 따른 것이었다. 이날 한민당은 미군정에 대해 행정과 인사에 공정을 기하기 위해 명망과 식견을 구비한 인사들로 중앙위원회를 구성해 군정에 자문하게 할 것을 건의하기로 결의했는데,4) 이러한 건의가 받아들여져 고문들이 임명된 것이다. 고문으로 임명된 이들 11명 중에서 여운형 한 사람을 제외하고는 인공과 아무 관계가 없는 사람들이었는데, 고문회의가 이런 인적 구성을 보이자 여운형은 항상 9 대 1로 의견이 대립될 것으로 생각해 고문직을 사퇴했다.5) 이러한 인선은 인공이 협조의사를 밝혔음에도 불구하고 미군정은 인공과 거리를 두겠다는 것을 나타낸 것이라고 할 수 있다.

인공관련 인사를 배제한 것과는 반대로 군정장관 고문 11명 중 6명이 한민당 발기인 출신일 정도로 미군정은 한민당과는 아주 긴밀한 관계를 맺었다.6) 이로써 한민당은 미군정과 공식적인 대화통로를 갖게 됐는데, 이 것 말고도 비공식적으로 한민당 수석총무인 송진우는 하지 사령관과 잦은 접촉을 하고 있었다.7) 이는 군정이 한민당을 각계각층의 지도자들이 망라된 교양 있고 전문적인 지식을 갖춘 사람들로 구성된 정당이라고 간주하고 있었기 때문이다.8) 이와 같은 공식 또는 비공식적인 접촉을 통해 한민당은 자당의 견해를 군정의 정책에 반영시킬 수 있게 됐는데,9) 그 첫 번째

---

4) 沈之淵『韓國民主黨 研究』I(풀빛, 1982), 138쪽에서 재인용.
5) 呂運弘, 『夢陽 呂運亨』(靑廈閣, 1967), 175쪽 및 宋南憲, 『韓國現代政治史』第1卷 (成文閣, 1986), 111쪽.
6) 고문 중에서 金性洙, 全用淳, 金東元, 宋鎭禹, 金用茂, 姜炳順 6명은 한민당 발기인 출신이었다.
7) 古下先生傳記編纂委員會, 『古下 宋鎭禹先生傳』(東亞日報社, 1965), 322쪽.
8) U.S. Department of State, *Foreign Relations of the United States: Diplomatic Papers* 1945 Vol.VI (USGPO,1969), P.1062(이하 *FRUS*로 약칭).
9) 이러한 현상에 대해 "美軍政이 庇護해 주는 安全한 環境 속에서 獨善的인 派黨形成에 狂奔"한 것이라는 비판이 제기되기도 했다. 崔興朝, 『民主國民黨의 內幕』 (新聞의 新聞社, 1952), 18쪽.

조치로 나타난 것이 인공 부인성명이었다.

1945년 10월 10일 아놀드 군정장관은 기자회견 석상에서 '명령의 성질을 가진 요구'라고 하면서 38선 이남에는 오직 군정만 있을 뿐이며, "自稱 朝鮮人民共和國이든가 自稱 朝鮮共和國 內閣은 權威와 勢力과 實在가 全然 없는 것"10)이라고 말하고, 인공의 존재를 인정할 수 없으므로 정부 행세를 하는 괴뢰극을 그만두라는 말도 덧붙였다. 이에 대해 중앙인위는 인공의 탄생은 인민의 총의이며 국제문제의 민주주의적 해결의 일환이라고 주장하고, 군정의 반인민정책에 반대하며 유감스럽다는 뜻을 표명하는 성명을 발표했다.11)

중앙인위의 이 성명은 이강국이 작성한 것이었는데,12) 그는 민족을 해방시켜 준 연합국에 대해 감사하고 해방의 국제성으로 인해 군정도 불가피한 것이라고 생각하고는 있었지만, 인공문제에 대해서는 군정과 생각을 달리했다. 독립국가 건설은 해방된 조선인민에게 부여된 자유이며, 이는 또한 국제헌장의 정신이며 사명이라는 것이다. 이런 의미에서 그는 인민의 총의로 되고 국제헌장 정신에 근거를 둔 인공은 엄연한 존재이며, 해방 이후 걸어온 유일하게 정당한 길이며, 앞으로도 이 길만 있을 뿐이라고 주장하며13) 군정과 맞섰다.

군정이 이처럼 인공을 부인하는 성명을 낸 것은 창당도 하기 전부터 공산당과의 투쟁을 선언한 한민당의 견해가 어느 정도 반영된 것으로 분석된다.14) 이와 동시에 10월 2일 소집된 중앙인위가 선거를 실시해 1946년

---

10) <每日新報>, 1945년 10월 11일.
11) 성명의 전문은 <每日新報>, 1945년 10월 14일 수록.
12) 이 성명은 李康國의 저서인 『民主主義 朝鮮의 建設』에 그대로 실려 있어(29-32쪽) 그가 집필한 것임이 확인됐다.
13) 李康國, 『民主主義 朝鮮의 建設』, 32쪽.
14) 한민당은 군정에 대해 성심성의로 진언·협력했으며 인공이 민족의 반역자인 것으로 지적·배격하여 일반민중의 각성을 촉구하고 독립의 촉성에 전력을 다했다고 주장했다. 韓國民主黨, 『韓國民主黨小史』, 16쪽.

3월 1일에 제2차 전국인민대표대회를 소집하기로 결정한 사실도[15] 상당한 영향을 미쳤을 것으로 판단된다. 이는 군정장관이 선거는 정부가 지도하는 방법과 시기에만 행사할 수 있는 것이라고 주장한 것에서, 그리고 개인이나 단체가 비법적인 선거를 제안하는 것은 군정에 대한 가장 중대한 방해물이며, 민중이 자유를 귀중히 여긴다면 어리석고 악질적인 인물들로 하여금 자유를 유린치 못하게 할 것이라고 강조한 데서도 분명히 알 수 있다.[16]

군정이 인공을 부인하는 성명을 발표한 것에 대해 이강국은 반동분자들의 반민족적 책동과 음모의 결과라고 주장했다. 일제시대 민족의 착취와 억압을 원조하던 친일파 민족반역자들이 미군의 주위를 포위하고 진보적이고 혁명적인 애국인사의 접근을 고의로 막고 현실과 민의의 소재를 왜곡하여 미군의 성의와 총명을 흐리게 했기 때문에 '군정장관의 괴이한 성명'이 나왔다는 것이다.[17]

이강국은 인공이 군정과 협력할 것을 강조했음에도 불구하고 상황이 이렇게 된 것은 민족통일전선을 방해해 완전독립과 진정한 민주주의의 실현을 지연시키는 동시에 민족과 연합군 사이를 이간하고, 나아가서는 연합군 상호간을 이간시키려는 반동진영의 음모 때문이라고 분석했다. 그렇기 때문에 그는 민족반역자들을 배격하고 매장함으로써만 민족통일은 완성되고 완전독립의 기원을 성취할 수 있는 것이라고 주장했다. 그리고 인민대표자대회는 완전독립에의 거보이며, 진정한 민주주의원칙에 입각한

---

15) 중앙인위는 소련과 미국에 의해 분할 점령당하고 있는 현실에서 통일적 민주주의 정권의 확립과 자주 독립국가 완성이 일차적인 목표라고 주장하고, 이를 위해 새로운 광범위한 민주주의적 기초에서 남녀 18세 이상의 선거권 및 피선거권의 자유를 통한 선거로 대표를 뽑아, 오는 3월 1일 역사적 의의 깊은 날을 택해 제2차 전국인민대표대회를 소집하기로 결정했다고 발표했다. <朝鮮人民報>, 1945년 10월 4일.

16) <每日新報>, 1945년 10월 11일.

17) 李康國, "國內情勢 報告," 62쪽.

인민을 위한 인민의 정부를 수립하려는 애국정신의 발로이며, 민족통일을 위한 노력이라고 단언했다.18)

이처럼 이강국은 군정장관의 인공 부인성명이 군정의 본의에서 나온 것이 아니라, 군정 주위에 포진하고 있는 친일파와 민족반역자 같은 반동세력의 준동 때문에 나온 것으로 분석했다. 그리고 미·소 양군은 민족해방과 민주주의 확립에 절대적인 역할을 하는 존재이므로, 지방인민위원회가 군정과 대립을 야기하는 것은 중앙의 의사와 배치되는 것이라고 지적했다. 그는 10월 11일 중앙인위가 발표한 "미군정에 대한 태도 방침"을 상기시키면서, 군정에 대항적 태도를 취하지 말고 될 수 있는 대로 군정과 인민의 마찰이 없도록 노력할 것을 당부하기도 했다.19)

그가 이렇게 나온 것은 군정에 대해 조선사정을 설명하는 동시에 민족반역자의 음모를 물질적인 증거를 갖고 폭로하고, 어느 편이 진정으로 군정에 유익한 친구가 될 것인가를 인식시키면, 인공과 군정의 협력관계가 복원될 것이라고 생각했기 때문이었다. 반동진영의 모략으로 인해 군정이 일시적으로 오해를 하고 있는데, 이러한 오해는 진지하게 설명하면 풀릴 수 있을 것이라고 생각한 것이다. 그러나 이는 지나치게 낙관적인 견해였음이 곧 판명됐다. 그 자신도 여러 차례 인공이 군정과 대립되는 존재가 아니며 그럴 필요도 없다는 것을 강조했고, 군정에 대한 협력 선언과 지방

---

18) 李康國, "國內情勢 報告," 63쪽.
19) 이강국이 요약한 중앙인위의 미군정에 대한 방침은 다음과 같다. 1. 美軍政과 對抗的 態度를 取치 말고 美軍政으로 하여금 人民委員會의 正當性을 認識식히며 人民委員會를 通하야 地方行政을 執行하도록 行政機關의 全面 接收에 基本的으로 努力할 것. 1. 美軍政에 對하야 朝鮮事情을 認識식히는 同時에 美軍政機關에 積極的으로 參加하야 美軍政과 結託하고 있는 民族叛逆者의 實體와 그들의 陰謀를 物的 證據로써 暴露하야 어느 편이 美軍政의 益友가 될 것인가를 認識식힐 것. 1. 美軍政과 人民과의 摩擦이 될 수 있는 대로 없도록 努力할 것이며 萬一 不幸히 이러한 事件이 惹起하얏을 時에는 極力 調停에 努力할 것 等을 特別히 高調하고 싶다. 李康國, "國內情勢 報告," 60쪽.

인민위원회에 대해 군정과 마찰을 피하라고 당부했음에도 불구하고 미군정은 인공을 해산하라는 명령을 내렸기 때문이다.

2. 인민위원회 대표자대회

　인공 부인성명으로 미군정과 인공의 관계가 불편해진 1945년 11월 20일부터 23일까지 천도교강당에서 전국인민위원회 대표자대회가 열렸다. 대회에 앞서 이강국은 미군정이 인공에 행정권을 위임하지 않는 것을 유감으로 생각하나 원망하지는 않는다고 했다. 군정이 조선인민을 위한 것이며 완전독립을 촉성하는 한 군정에 적극 협력하는 한편 완전독립이 실현되는 날 자주적 정부를 준비하려는 것이라고 말하고, 그렇다고 해서 정권을 전횡하려는 의도는 아니라고 주장했다.[20] 그리고 군정에 대해 최대한 협력하겠다는 의사를 밝힘과 동시에 군정이 존재하는 한 정부로서 행세하지 않겠다고 그는 분명히 말했다.
　대회는 천도교 대강당에서 이강국의 사회로 진행됐는데, 허헌은 개회사에서 연합국에 의해 해방됐기 때문에 연합국에 대해 감사하고 군정에 협력할 것을 강조했다. 그리고 인공과 군정 사이에 어두운 공기가 있었던 것을 일소하고 지방에 돌아가 군정에 협조하기를 바란다면서 해방의 조건에 비추어 연합국에 기대를 걸지 않을 수 없는 상황이라고 말했다.[21]
　허헌에 이어 아놀드 군정장관이 축사를 했는데, 그는 군정이 남한에서 유일한 정부임을 강조하고 외부의 도움을 거부한다면 국가건설에 장애가 생길 것이며 연합국 감시 아래 있다는 것을 이해해야 한다고 주장했다.[22]

---

20) 李康國,『民主主義 朝鮮의 建設』, 37쪽.
21) 全國人民委員會 書記局,『全國人民委員會 代表者大會議事錄』(朝鮮精版社, 1946), 3쪽.

그리고 연합국의 도움으로 진정한 정부를 수립할 때까지 독립할 의지와 능력이 있다는 것을 보여주어야 한다고 역설했는데, 이는 군정에 반대할 경우 국가건설이 지연되므로 군정에 협조하라는 것을 의미한 것이었다.

개회사와 축사가 끝난 후 대회는 의장단을 선출했는데, 이강국은 의장단의 일원으로 선출됐다. 그는 강진(姜進)의 국제정세 보고에 이어 국내정세를 보고했는데, 보고에서 8·15 이후 전개된 정세 전반에 대해 자세하게 언급하고, 결론적으로 인공의 탄생은 전국 인민의 총의의 결과이며 국제문제의 민주주의적 해결과 세계평화 건설의 일환이라고 역설했다.23) 현재는 인공이 비록 정부로서 행세는 하지 못하고 있으나, 인공이 정부를 수립하는 데 앞장설 것임을 단언한 것이다.

한편 군정은 이 대회에서 인공해체 결의를 유도하려 했고, 이러한 의도는 사전에 허헌을 통해 대회장에 전달됐다. 대회 이틀째인 11월 21일 하지 사령관이 허헌을 불러, 20일의 대회에서 인공을 해체하라는 군정의 권고를 무시하고 도리어 인공을 선전했으며, 군정에 협력한다는 것은 말뿐이고 구실에 불과하다는 식으로 대회를 진행했다면서 허헌을 추궁한 것이다. 이에 대해 허헌은 인공의 해체나 명칭변경 여부는 자신이 결정하는 것이 아니라 대회에서 결정하는 것이라고 답변했다. 허헌은 대회 3일째인 11월 22일 대회장에서 나와 군정의 인공 해체권고에 관한 내용을 설명하고 다음과 같이 말했다.

> 만일 여기에 모인 人民의 代表들이 國號의 取消를 贊成한다면 不得已 取消될 것이다. 그것을 不肯한다면 우리 幹部들은 어떤 彈壓이 온다 하더라도 人民의 뜻대로 人民共和國을 死守할 수밖에 없다.24)

---

22) 全國人民委員會 書記局, 『全國人民委員會 代表者大會議事錄』, 4쪽.
23) 李康國, "國內情勢 報告," 63쪽.
24) 金午星, "許憲論," 『指導者群像』(大成出版社, 1946), 43쪽.

허헌의 이 같은 발언이 끝나자 이강국은 인공 해체는 조선 독립에 직면한 사활의 문제라고 주장하면서 몇 가지 내용을 첨부했다. 군정의 요구사항은 "인민공화국의 國자를 黨으로 고치라," "해체하라," "군정만이 유일한 정부이니 정부 행세를 말라" 이 세 가지가 뒤섞여 있는데, 11월 10일 자신이 군정장관을 만났을 때 "이 같은 內幕은 發表치 말라. 干涉이 있어서 人民共和國을 解體하는 것이 아니고 自發的으로 한다는 形式을 取하여 달라"25)고 말했으므로 이를 감안해서 의견을 제시해 달라고 말했다.

군정의 인공부인 성명으로 동요됐던 대표들은 허헌과 이강국의 발언이 끝나자 크게 고무돼 인공을 사수할 것을 제의하는 내용의 의견들을 제시했다. 그리하여 결국 미국정부는 인공을 원조할 의무는 있어도 국호를 변경할 권리는 없으며, 국호를 변경할 권리는 오직 3천만 민중에게 있을 뿐이고 1946년 3월 1일에 소집되는 전국인민대표대회를 기다리지 않으면 안 된다는 조항을 결의문에 삽입하기로 했다. 결의에 이어 3개 항의 부대결의도 했는데, 이 중에는 미군정만이 유일한 군정은 아니라는 것을 알기 바란다는 조항도 들어 있었다.26) 한 나라에 두 정부가 있을 수 없으며, 조선의 독립이 약속돼 있지만 통치는 군정이 하고 있으므로 인공의 명칭은 취소

---

25) 全國人民委員會 書記局, 『全國人民委員會 代表者大會議事錄』, 81쪽.
26) 대회 폐막일인 11월 22일 채택된 결의문 및 부대결의는 다음과 같다.
<決議文> 1. 美國政府는 人民共和國을 援助할 義務는 있어도 國號 變更할 權利는 없다. 國號 變更의 權利는 오즉 三千萬 民衆에게 權利가 있을 뿐이다. 1. 明年 三月 一日에 人民의 總意를 集結할 全國人民代表會議를 기다리지 않으면 안 된다. 1. 萬一 條件에 反對하면 彈壓을 意味한다. 1. 그 結果로 最大多數의 勤勞大衆은 滿洲, 西伯利亞로 쫓겨갈 수밖에 없는데, 그 責任은 軍政이 져야 한다. <附議> 1. 우리는 地方에 있어서 美軍政을 協力하려고 努力해 왔다. 그러나 美軍政은 그때마다 協力을 拒否하였다. 우리는 各道에서 積極的으로 軍政에 協力할 用意가 있으니 軍政廳에서도 잘 諒解해 주기 바란다. 2. 美軍政만이 唯一의 軍政이 아니라는 것을 알기 바란다. 3. 朝鮮問題는 聯合國理事會에서 決定될 問題임으로 맥아더 將軍 밑에 있는 美軍政이 解消할 權利는 없을 것이다. 全國人民委員會 書記局, 『全國人民委員會 代表者大會議事錄』, 101쪽.

하라는 군정의 권고가 오히려 역효과를 내고 만 것이다.

대회가 끝날 무렵 이강국의 사회로 결의문에 포함될 내용이 취합됐고, 이를 취합해 중앙인위는 6개 항으로 요약한 결의문을 군정에 제출했다. 결의문의 내용은 인공이 인민의 총의에 의해 성립된 것이므로 명칭의 변경이나 해체는 인민의 죽음을 의미하는 것이며, 인공은 남북을 통일한 것으로 소련이 아무런 통첩을 하지 않음에도 불구하고 미군정이 해체를 요구하는 것은 남북을 분열시키고 대립시키려는 것이어서 도저히 수락할 수 없다는 것 등으로 군정의 요구와는 정반대되는 것들이었다.27)

이처럼 이강국을 비롯해서 인공으로서는 군정과의 협력을 강화하기 위해 최대한 노력했지만, 대회기간 중 군정과 마찰을 빚는 결과만 낳고 말았다. 그러나 미군정의 인공해체 요구를 거부하기는 했지만, 인공은 군정의 가장 친한 벗이라는 것을 공언하고 인민에게 이익이 되는 정책의 실시를 위해 군정에 적극 협력하고 군정이 유종의 미를 거둘 수 있도록 확약하겠다는 조항을 넣는 것을 잊지 않았다.

3. 인공 해산명령

대표자대회의 사회를 맡아보면서 인공사수 결의를 유도한 인물 중 하나인 이강국은 기본적으로 인공이 연합군을 진정으로 환영하며 군정에 반대하려는 의도가 추호도 없음에도 불구하고 군정이 인공에 행정권을 일임하지도 않고 또 인공을 통해 행정하지 않는 것은, 인공의 진의를 군정이

---

27) <朝鮮人民報>, 1945년 12월 1일. 이러한 내용의 결의에 대해 한민당은 "軍政部에 人民共和國을 取消하겠다 言明하고도 自己네들끼리 모인 會場과 新聞에는 依然히 人民共和國을 稱하며 未久에 政權이 自己네게 올 것을 宣傳하는 奸惡한 手段은 正히 默過할 수가 없다"고 비판했다. 韓國民主黨, 『韓國民主黨小史』, 20쪽.

오해한 것에서 비롯된다고 생각했다. 그는 이러한 오해는 군정 자체의 방침에 기인한 것이 아니라 군정 주위에 있는 친일파와 민족반역자의 도량(跳梁)에서 나온다고 분석했다. 이들이 허위보고와 중상모략으로 군정의 총명을 흐리게 하고 변혁기에 따르는 필연적인 혼란을 인공의 책임으로 돌려, 군정이 인공을 오해하게 됐고, 오해가 깊어져 오해는 간섭으로, 간섭은 다시 탄압으로 진출돼 10월 10일의 군정장관 성명이 나오게 됐다는 것이다.28)

군정의 이와 같은 방침에 대해 이강국은 인공은 인민이 동경하는 국호이며 의욕의 국체라고 주장하고, 인공이 군정과 대립 모순되지 않는 이상 군정이 간섭할 이유는 없다고 단언했다. 그러나 군정의 의사를 존중해 '인민공화국'이라는 문자를 사용하지 않고 그 사용을 피해 왔으며, 인공은 군정이 존재하는 한 정부로서 기능과 행동을 할 수 없고 또 하려고도 하지 않는다는 것을 분명히 한다고 밝혔다.29)

군정의 정책에 호의적으로 협력하려 한다는 중앙인위의 결의와 이강국의 발언이 있었지만, 인공을 인정하지 않겠다는 군정의 입장에는 하등의 변화도 없었다. 그리고 마침내 군정은 인공을 해산하라는 명령까지 내리게 됐다. 1945년 12월 12일 하지 사령관은 인공은 실제로 조선 독립촉성을 지연시켰고 경제안정에도 지연을 초래하고 있다고 말하고, 그 자체가 채택한 여하한 명칭에도 불구하고 어떤 의미에서든 '정부'가 아니며 그러한 직무를 집행할 아무런 권리도 없다고 선언한 것이다. 그리고 남한의 유일한 정부는 군정뿐이며, 앞으로 어떠한 정당이든 정부로 행세하려는 행동이 있다면, 이를 불법적인 행동으로 간주할 것이라고 밝히고,30) 인공을 해체하라고 명령했다.

여기에는 한민당이 상당한 영향을 미친 것으로 분석된다. 우선 한민당

---

28) 李康國, 『民主主義 朝鮮의 建設』, 38-39쪽.
29) 李康國, 『民主主義 朝鮮의 建設』, 40쪽.
30) <朝鮮人民報>, 1945년 12월 13일.

총무 출신으로 군정 경무부장에 발탁된 조병옥(趙炳玉)은 지속적으로 인공 해체를 건의했다. 한민당 당원신분을 유지한 채 치안을 담당하던 그는 1945년 10월 21일 경무부장에 취임한 이래 각 지방을 순회하며 살펴본 결과, 인공과 인민위원회라는 단체를 불법화해야 한다는 것을 절실하게 느끼고 이를 하지 사령관과 군정장관에 강력하게 건의했다고 밝힌 데서 저간의 가정을 알 수 있다.[31]

한민당 역시 인공의 해체를 정식으로 결의했다. 1945년 12월 6일 한민당은 중앙집행위원회를 열고 "독립완성을 방해하는 참칭 조선인민공화국에 대하여 즉시 해산명령을 발할 것"을 결의했다.[32] 송진우를 포함한 한민당 간부들은 12월 7일 임시정부 요인들과 면담하는 자리에서 자신들의 결의를 전달하고 인공의 해산을 다시 한번 강조했는데,[33] 한민당의 이러한 입장은 군정에도 전달돼 인공해체 명령이 나온 것이다.

처음에 하지 사령관은 인민위원회는 인공과 달리 정당의 성격을 갖고 있으므로 불법화시킬 수 없다는 입장을 취했으나, 조병옥의 건의로 이마저 해체명령을 받게 됐다. 결사의 자유는 보장돼야 하기 때문에 정당의 성격을 띤 인민위원회는 불법화시킬 수 없다는 견해를 밝힌 하지에 대해, 조병옥은 인민위원회가 행정관서나 학교에 간판을 붙이고 행정관서와 같은 행세를 하고 있기 때문에 이를 그대로 두어서는 군정의 운영상 또는 치안 유지상 커다란 방해가 초래된다고 건의했다.[34] 한민당과 조병옥의 해체

---

31) 趙炳玉은 지방을 순회하면서 미국은 한반도에 대한 영토적 야심이 없으며, 태평양의 안전정책상 한반도를 공산 치하에 넣는 것을 절대로 방치하지는 않을 것이라고 단언했다. 그리고 미국민은 한민족의 자유독립이 완성되도록 적극 협력할 동맹국이 될 것이라고 믿고 있으므로, 미군정에 협력해 주권국가가 수립되고 미군정이 발전적으로 해체되도록 노력해야 될 것이라고 연설했다. 趙炳玉,『나의 回顧錄』(民敎社, 1959), 154쪽.
32) <東亞日報>, 1945년 12월 7일.
33) <東亞日報>, 1945년 12월 9일.
34) 지방을 순시할 때 조병옥은 자신이 직접 인민위원회의 간판을 뗀 적도 있다고

건의로 인해 인공은 물론이고 인민위원회마저 해체되는 운명에 처하게 되고 말았다.

1945년 10월 10일에 나온 인공부인 성명과 마찬가지로 이강국은 12월 12일의 해산명령 역시 친일파와 민족반역자의 책동에서 비롯된 것으로 파악했다. 이들의 이간과 모략으로 군정과 인민이 유리되며, 이로 인한 인민의 불평불만을 군정에 대한 전면적 반대로 오인하게 하고, 객관적 실정에 대한 정당한 규명 없이 인공의 존재와 인민위원회의 사주로 의심하게 만들고 있기 때문에 오해가 생겼다는 것이다. 이어 그는 이미 인민위원회 대표자대회가 앞으로 인민위원회는 군정에 협력하며 인공은 군정이 존재하는 동안 정부로서의 모든 행동을 중지하겠다는 약속을 했음에도 불구하고 그러한 명령을 내린 것에 대해 유감스럽다고 주장했다. 그리고 이것이 결과적으로 민중의 의혹을 유발하며 인심의 혼란을 초래할 것이라고 단언했다.35)

이와 같은 이강국의 유감표명과 달리 한민당은 군정의 해산명령은 당연하다고 주장하고, 보다 강력한 조치를 발동해서 실제와 배반되는 일이 없도록 해 줄 것을 요구했다.36) 이로써 인공은 선포된 이래 정부로서의 기능과 활동을 전혀 하지 못하고 역사 속으로 사라지고 말았다.37)

  회고했다. 趙炳玉, 『나의 回顧錄』, 155쪽.
35) 李康國, 『民主主義 朝鮮의 建設』, 47-48쪽.
36) <東亞日報>, 1945년 12월 13일.
37) 재판과정에서 이강국은 박헌영이 자신의 정치적 야욕을 충족시키기 위해 '인민공화국'을 조작했다고 증언함으로써 인공은 남북 모두에서 환영받지 못하는 존재가 되고 말았다. 『공판문헌』, 82쪽.

제5장 이승만, 김구의 귀국과 통합운동

인공을 부인하는 미군정의 성명이 발표되자, 이강국은 이것이 인공에 대한 미군정의 오해에서 비롯된 것으로 파악하고, 군정과 협력관계를 수립하기 위해 노력했다. 그로서는 군정의 본의와 달리 군정 주변에 있는 반동진영의 이간책으로 그와 같은 성명이 나왔다고 보고 진상의 설명과 설득을 통해 이를 시정하려 했으나, 별다른 성과를 거두지는 못했다. 이와 동시에 그는 해외에서 귀국한 망명인사들과도 통합을 모색하기 위해 노력했는데, 그 중 가장 대표적인 인물이 이승만과 김구였다. 이들과의 통합을 통해 인공의 위상을 강화한다는 전략에서 나온 것인데, 통합운동은 성공을 거두지 못했다. 이념 및 노선상의 차이를 극복할 수 없었기 때문이다.

1. 이승만과 독립촉성중앙협의회

1) 이승만의 귀국

1945년 10월 16일 오후 5시 미 군용기편으로 김포비행장에 도착한 이승만은 17일 오전 군정청 회의실에서 기자회견을 가졌다. 33년 만에 귀국한 그는 무엇보다도 민족의 통일이 급선무라고 말하고, 자신은 개인자격으로 온 것이지 임시정부의 대표로 온 것이 아니고, 군정과 무슨 연락을 갖고 있는 것도 아니며, 또 어떤 단체와도 아무런 관계가 없음을 밝히고, 단지 연합국의 협조를 받아 건국의 초석이 되려 한다고 말했다.[1])

귀국소감을 간략하게 밝힌 이승만은 38선문제에 대한 질문을 받고 누가 작성한 것인지는 알지 못하나, 대동단결해서 한 덩어리가 된다면 난관이라 할 수 없을 것이라고 주장했다. 그는 또한 통일정부 수립문제에 대해 이를 위해서는 전국 인민의 선거가 있어야 하는데, 남북으로 분단된 현상에서 볼 때 이는 불가능한 일이라고 단언, 극히 현실주의적인 시각에서 이 문제에 접근했다.

이승만은 또한 한반도문제는 조선인의 뜻에 의해 해결될 것이라고 함으로써, 해방의 국제성을 주장하며 국제적인 해결을 강조했던 좌익진영과는 다른 입장을 취했다. 그는 민족이 단결해서 적절한 요구를 하면 연합국의 방침이 결정될 것이라고 말하면서 국제적 연관성 대신 민족적 단합에 의한 해결을 제시하고, 이런 의미에서 민족의 일치단결을 역설했던 것이다.[2]) 국제적 해결이 아닌 민족적 해결을 주장함으로써 좌익진영의 인식과는 차별성을 나타낸 것인데, 이러한 인식상의 차이는 머지않아 상호비방을 낳게 된다.

당시 우익진영뿐만 아니라 인공도 이승만의 귀국을 환영할 정도로 그는 거족적인 환영을 받았고, 각 진영은 그를 자기 진영으로 끌어들이려고 노력했다. 그를 앞세워 정국의 주도권을 장악하려는 전략을 세워 놓고 있었기 때문이다. 이는 한민당에서 그를 영수로 추대한 사실과, 그리고 인공에서도 그를 주석으로 추대한 사실을 보더라도 쉽게 알 수 있다. 그리고 일반 국민들은 미국정부가 주선해서 그가 귀국했다고 믿었기 때문에, 개인자격으로 귀국했다고 선언했음에도 불구하고 미국의 지지와 원조를 얻어 정부를 이끌어 갈 것이라고 추측하고 있었기에[3]) 각 진영은 앞을 다투

---

1) <朝鮮人民報>, 1945년 10월 18일.
2) <朝鮮人民報>, 1945년 10월 18일.
3) 이승만의 귀국에 즈음하여 맥아더는 하지 사령관에게 그를 국민적 영웅으로 환

어 그를 영입하려 했던 것이다.

인공은 이승만을 환영하는 담화를 발표했는데, 여기서 인공은 그가 해방운동에 위대한 공을 세웠음은 두말할 필요조차 없다고 말하고, 그가 인공의 주석으로 추대된 것은 인민의 총의이며 이런 의미에서 위대한 지도자에게 충심으로 감사와 환영의 뜻을 표한다고 선언했다. 환영담화 발표 후 인공 부주석인 여운형은 이강국, 최용달과 함께 숙소인 조선호텔로 가서 이승만을 예방하고, 8·15 이후의 경과를 설명하는 문서와 자료를 전달하기도 했다. 인공은 또 그를 환영하는 환영회를 개최하기로 결정하고 홍남표, 최용달, 이강국, 이여성, 홍봉유(洪鳳裕), 조동우(趙東祐), 이상훈(李相薰) 등 7명을 준비위원으로 선출하기도 했다.4)

이승만 환영준비위원으로 선출된 이강국은 이승만에 대한 민중의 기대가 절대적이고 환영이 열광적인 것은 그가 독립운동에 전 생애를 바쳤고 인공의 주석으로 추대됐기 때문이라고 분석했다.5) 이강국은 또한 오랜 망명생활로 이승만이 조선의 실정에 어두울 것이므로 불순분자의 포위책동을 뚫고 나올 수 있도록 조력해야 한다고 주장하고 그런 의미에서 그의 명찰을 기대한다고 말했으나, 그에 대한 기대와 열정은 무참히도 유린됐다는 결론을 내리게 된다.

한민당도 이승만을 영입하려는 노력을 게을리하지 않았다. 그가 경제력을 가진 친척이 전혀 없다는 점에 유의해 그가 묵을 숙소를 마련해 주었고,6) 또 매달 15만 원의 정치자금을 지원하는 등 적극적인 후원을 아끼지

영할 것을 시사하는 전문을 보냈다. Robert T. Oliver, *SYNGMAN RHEE: The Man behind the Myth* (New York: Dodd Mead and Company, 1955), p.213쪽.
4) <每日新報>, 1945년 10월 18일.
5) 李康國, 『民主主義 朝鮮의 建設』, 56쪽.
6) 한민당 수석총무인 송진우는 한민당 간부들과 상의해서 돈암동에 있는 한민당원 張震燮의 집을 이승만의 거처로 제공했는데, 이것이 세칭 돈암장으로 불렸다. 仁村紀念會 『仁村 金性洙傳』(仁村紀念會, 1976), 483쪽.

않았다.7) 그러나 독자적인 정치기반의 구축을 원했던 그는 한민당과는 직접적인 관련을 맺지 않았다.

이승만의 귀국으로 정계는 단연 활기를 띠게 됐다. 좌우로 나뉘어 대립과 갈등을 반복하던 양상이 그의 리더십으로 극복될 수 있을지도 모른다고 많은 사람들이 생각했기 때문이다. 실제로 통일전선을 결성하기 위한 모임인 정당통일기성회는 각 정당이 행동을 같이하고 통일적으로 합심하여 독립을 촉진하는 독립촉성운동을 건의하기로 결의하고, 이러한 내용을 그에게 보고하기도 했다.8)

귀국 이후 이승만은 여러 정계 인사들과 만나 시국에 관한 의견을 교환했는데, 이 과정에서 그는 어느 단체에도 소속되지 않는 초월적 입장에서 민족의 통일을 위해 노력하겠다는 뜻을 밝혔다. 과거의 친분관계로 자주 접촉하는 인물이 있는 것 같은 인상을 줄 수도 있으나 공인으로서 그 자신은 과거의 관계를 완전히 떠나 3천만을 상대로 통일국가 수립만을 위해 노력하는 중이며, "一黨一派에는 어느 것을 勿論하고 超然한 地位를 지키고 나아간다"고 말함으로써 기성 단체와는 거리를 두었다.9) 이는 자신은 특정 정당이나 정파의 지도자가 아닌, 민족 전체의 지도자라고 하는 생각을 드러낸 것이라고 볼 수 있다.

한편 인공과의 관계를 묻는 질문에 대해 이승만은 주석으로 추대됐다고 하나 알지 못하는 일이며, 주석으로 취임하겠다는 의사를 표시한 적도 없다고 중립적인 태도로 말했다.10) 그러나 10월 21일 오후 방송연설을 통해서는 공산당과 공산주의에 대해 호감을 갖고 있으며 경제대책을 세울

---

7) <東亞日報>, 1982년 5월 4일.
8) 10월 19일 소집된 정당통일기성회에 참석한 인물들은 呂運亨(건국동맹), 安在鴻(국민당), 李鉉相(공산당)과 한민당의 元世勳, 金若水 등이었다. <朝鮮人民報>, 1945년 10월 21일.
9) <朝鮮人民報>, 1945년 10월 22일.
10) <自由新聞>, 1945년 10월 23일.

때 채용할 점이 많다고 생각한다고 말함으로써 그에 대한 공산당의 기대를 저버리지는 않았다. 이날 그는 공산주의를 두 부류로 나누어서 설명했다. 하나는 경제부문에서 근로대중에 복리를 주자는 것이고, 다른 하나는 공산주의를 수립하기 위해 무책임하게 각 방면으로 선동하는 것이라고 분류하고, 전자에 대해서는 호감을 나타낸 반면 후자에 대해서는 신랄하게 비판했다. 후자에 속하는 과격한 분자들이 농민의 추수를 못하게 하고 공장에 파업을 선동하고 있는데, 이를 방치하면 국제적으로 영향을 미칠지도 모르므로 사리사욕을 버려야 한다면서 대동단결을 당부했다.11) 대동단결에 대한 그의 의지는 머지않아 구체성을 띠게 된다.

2) 독립촉성중앙협의회 결성

각종 정당과 단체의 영입 제의를 거부한 이승만은 독자적인 조직 구축에 나섰는데, 이는 1945년 10월 23일 독립촉성중앙협의회(이하 독촉)를 결성하기로 함으로써 구체화됐다. 이날 오후 2시 조선호텔에 모인 한민당, 국민당, 공산당, 학병동맹 등 50여 정당 단체의 대표 2백여 명은 건국의 구체적인 방안을 마련하기 위해 독촉을 조직하기로 하고, 만장일치로 이승만을 회장으로 추대하기로 했다. 이날 모임은 각 정당과 단체에서 대표 1명씩을 선출하여 회합하기로 하고 그 소집은 이승만에게 일임하고, 민족의 진정한 요구를 결의문으로 발표하여 세계에 선전하기로 결의했다.12)

이로써 귀국 후 이승만이 일관되게 주장하던 민족의 대동단결은 이루어지는 듯했으나, 공산당을 비롯한 좌익진영의 불만은 적지 않았다. 공산당의 이현상은 모두가 통일을 부르짖으면서도 통일되지 못한 것은 행동과 이상이 다르기 때문이라고 말하고, 문제는 중경에 있는 대한민국임시정부

---

11) <每日新報>, 1945년 10월 26일.
12) <朝鮮人民報>, 1945년 10월 24일.

(이하 임정)를 옹립하느냐 아니면 인공을 강화시키느냐 두 가지 중 하나를 선택해야 한다고 주장했다.13) 학병동맹의 대표는 민족반역자와 매국노 때문에 자주독립과 대동단결이 되지 않는다고 주장하고 이러한 요구에 귀를 기울여 줄 것을 당부했다. 그러나 이러한 문제는 대표들로 구성되는 독촉에 일임해서 결정하자는 안재홍의 제안에 묻혀 더 이상 논의되지 못하고 말았다.14)

이승만이 주도하는 독촉의 결성이 확정됨으로써 정당·사회단체의 통합이 무르익어 가는 듯한 분위기가 조성되는 상황에서 박헌영이 이에 제동을 걸었다. 그는 10월 30일 오전 기자회견을 갖고 민족의 통일에는 목표와 원칙이 있다면서 덮어놓고 뭉칠 수는 없다고 주장했다.15) 친일파를 근절시킨 다음 옥석을 완전하게 구분하여 순수한 애국자와 진보적 민주주의 요소들만 뭉쳐 통일하지 않으면 안 된다고 강조하며, 이승만의 대동단결론에 반기를 든 것이다.

박헌영의 이러한 주장은 이승만의 입장과는 정반대되는 것이었다. 박헌영이 회견하기 하루 전날인 10월 29일 오후에 가진 기자회견에서 이승만은 공산당을 염두에 두고, 통합을 논의하는데 자아를 주장하는 경향이 없지도 않다고 지적했다. 그리고 전체를 살리기 위해서는 개인의 생명을 버려야 하는 것처럼 아무리 큰 정당이라 하더라도 전체의 구성 밑에 융합통일시키지 않으면 안 될 것이라고 주장,16) 간접적이고 우회적인 방식으로 공산당의 자제를 촉구했다.

통합의 원칙문제를 놓고 이승만과 박헌영 사이에 견해차이가 발생한 것이라고 할 수 있는데, 1945년 10월 31일 오후 이들 두 사람은 이견 해소를 위한 회합을 가졌으나 합치점을 찾지는 못했다. 이 자리에서 박헌영은

---

13) <每日新報>, 1945년 10월 25일.
14) <每日新報>, 1945년 10월 25일.
15) <自由新聞>, 1945년 10월 31일.
16) <自由新聞>, 1945년 10월 30일.

통일에는 반드시 원칙이 있어야 하며 그 원칙이란 친일파와 민족반역자를 제외하는 것이라고 주장한 반면, 이승만은 건국사업에 이들을 제외한다는 데는 원칙적으로 동의하나 바쁜 때인 만큼 지금 처단할 수는 없는 것이라고 주장,17) 견해차이를 좁히지 못했다. '선숙청 후통일론'과 '선통일 후숙청론'이 아무런 접합점도 찾지 못하고 평행선을 달린 결과인데, 이처럼 가장 중요하다고 할 수 있는 통합원칙에 합의를 보지 못함으로써 이승만이 주도하는 정당·사회단체의 통합은 난관에 처하게 된다.

이승만, 박헌영 두 사람 사이의 견해차이는 11월 2일에 있었던 독촉 결성을 위한 두 번째의 정당·사회단체 대표회의에서도 그대로 나타났다. 이날 연합국에 발송하기로 한 결의문의 내용 중 연합국에 대해 불온한 문구가 들어 있다고 박헌영이 이의를 제기하는 바람에 결의문을 수정하기로 했으며,18) 독촉 집행위원 구성문제를 놓고 이견이 제시되기도 했다.

결국 이러한 문제의 해결을 이승만에 일임하기로 하자는 중재안이 제시돼 대회를 마치기는 했지만, 좌익진영은 반발을 멈추지 않았다. 공산당은 성명에서 독촉이 친일파 민족반역자 제외라는 원칙을 거부하고 있으며, 연합국의 그릇되지 않은 처치에 대해 질의를 하는 것은 경솔한 처사라고 비난했다. 그리고 결의문에는 북한에서와 같이 남한에서도 연합군은 진보적 민주주의 단체들을 지지할 것 등의 내용이 반드시 포함돼야 한다고 주장했다.19)

공산당의 반론 제기에도 불구하고 이승만은 이를 수용하지 않고 결의

---

17) <每日新報>, 1945년 11월 2일.
18) 李承晩이 기초한 결의문 중에는 민족이 원하지 않았음에도 불구하고 38선으로 조선을 분단했다는 것을 밝히지 않을 수 없으며, 우리 민족의 생활을 통일하는 기회가 부여되기를 단연코 요구한다는 구절이 들어 있었다. 이에 대해 여운형은 문구를 보다 중립적인 내용으로 수정하자고 제안했고, 그의 제안에 따라 李承晩, 安在鴻, 呂運亨, 朴憲永, 李甲成 등 5명이 수정위원으로 선정됐다. <自由新聞>, 1945년 11월 3일.
19) 성명의 전문은 <每日新報>, 1945년 11월 4일 수록.

문을 원안 거의 그대로 연합국에 발송했다. 이승만으로서는 전체가 찬동해 가결된 마당에 뒤에서 반대하는 것은 옳지 않으며, 민족반역자나 친일파는 일소돼야 한다는 것은 인정하나 힘을 뭉치는 것이 급선무이므로 우리의 강토를 찾은 후에 우리 손으로 처리해도 늦지 않다고 말했다.[20] 그리고 그는 공산당이 반론을 제기하기는 했지만 독촉에 참여한 것에 대해, 공산당이 자신의 주의·주장을 버리고 대동단결하는 데 나온 것이라 보고, 고맙게 생각한다고 덧붙였다.

이승만은 또한 11월 7일의 방송연설에서 각 정당이 하나의 단체를 이루어 자치능력이 있는 것을 보이기 위해 만든 것이 독촉이라고 주장했다. 여기서 그는 공산당까지도 이에 뭉치기로 결의했다고 말함으로써 공산당의 독촉 참여 사실을 재확인했다. 그러나 자신을 인공 주석으로 생각해 준 것은 고마우나 공식적이건 비공식적이건 주석직을 결코 수락하지 않았으며, 자신은 임정의 일원이기 때문에 임정이 귀국하기 전에는 아무 곳에도 간여할 수 없다고 말했다.[21] 독촉이 결성되자, 인공과는 거리를 두겠다는 의사를 처음으로, 그리고 분명하게 밝힌 것이다.

이승만이 주석 취임을 거부하자 중앙인위는 그를 비난하기 시작했고, 이강국도 그를 비난하는 대열에 합류했다. 중앙인위는 민족반역자를 제외함으로써만 통일운동이 가능함에도 불구하고 "우선 뭉치자"는 무원칙한, 민의와는 거리가 먼 방법으로 통일을 성취하려 한다면서 독촉의 결성방식을 비판했고, 그가 인공 주석 취임을 요구하는 청년대표의 진정을 무시함으로써 초당파적인 행동을 하지 않았다고 비판했다. 그리고 이러한 행위는 통일전선의 결성과 완전독립의 촉성을 위해 슬퍼하지 않을 수 없는 일이라 지적하고, 중앙인위는 이승만의 태도 여하에도 불구하고 민족통일과 완전독립을 위해 매진할 것임을 선언했다.[22] 이는 이승만과 인공이 각각

---

20) <每日新報>, 1945년 11월 6일.
21) <自由新聞>, 1945년 11월 8일.
22) <自由新聞>, 1945년 11월 10일.

상대방에 대해 공식적으로 결별을 선언한 것이라고 볼 수 있다.

이강국은 이승만이 독립에 기여하며 통일운동에 공헌할 수 있는 최선의 방도는 한편으로는 인공 주석에 취임하여 민족통일을 기하면서, 다른 한편으로는 혼란한 민주진영을 조직 정비하는 것이라고 주장했다.23) 그런데 그가 이를 인식하지 못하고 독자적으로 통일운동을 전개하는 것은 애석한 일이라 지적하고 독촉의 문제점을 비판했다. 독촉이 군소 사이비정당과 대중적 지반을 가진 대정당을 동격으로 참가시킨 것이 비민주적이라고 지적한 것이다. 대중적 지지기반의 대소나 구성의 질 여하를 불문하고 균등하게 '1단체 1대표 1표결권' 원칙을 적용하고 있는데, 이런 방식으로 조직된 독촉이 중요 문제를 다수결로 결정한다면 그보다 더한 악질의 민주주의는 없을 것이라는 논리였다. 그리고 반대의견을 진술하는 발언자를 퇴장을 명하거나 경관을 시켜 끌어내려는 추태를 보였다고 비난했다.

이강국은 또한 이승만의 국제적 시야가 협애하다고 비판했다. 반소반공적인 태도로 인해 해방의 국제성을 인식하지 못하고 조선문제를 고립적으로 해결하려 하고 있으며, 38선의 존재를 역용하여 미·소를 이간시키려 하고 있다는 것이었다. 그리고 결의문에서 민족의 애국열을 역용하여 배타적으로 나아가게 하며, 해방의 은인인 연합국에 대해 배은망덕한 태도를 보이는 것은 예의를 존중하는 조선민족에 치욕을 안기는 것이라고 비판했다.24) 한편 국내정세에 대한 판단도 편파적이고 독선적이어서 민족통일전선의 표현형태인 인공을 부인하고 민중과 거리가 먼 임정을 영입해 이를 민중에 강요하려 했다고 비난했다.

이승만의 대동단결론에 대해서도 이강국은 친일파 민족반역자의 배제를 법적 처단과 혼동하고 있다고 비판하고, 태산 같은 기대와 열광적 환영을 받으면서 민족통일운동의 최고지도자로서 '국부'라는 존칭까지 누렸던

---

23) 李康國, 『民主主義 朝鮮의 建設』, 58쪽.
24) 李康國, 『民主主義 朝鮮의 建設』, 61쪽.

그가 불순분자의 포위로 인해서 현실과 동떨어지고 민중과 유리됐기 때문에 이러한 일이 발생했다고 분석했다. 결론적으로 말해서 이승만은 무원칙 통일론을 내세움으로써 최고지도자의 지위에서 혼란의 책임자라는 나락으로 떨어지고 말았다는 것이 이강국의 주장이었다.25)

인공 주석 취임을 거부하자 공산당은 본격적으로 이승만에 대한 비난에 나섰고, 이강국 또한 그를 비판하기 시작했다. 이승만이 민중 속에 깊이 들어가 민중과 같이 호흡하며 민중과 더불어 민족의 진두에 용감하게 서주기를 기대했는데, 이러한 희망과 기대를 그가 저버렸다는 것이다. 이것이 계기가 되어 이승만은 공산당을 더욱 강하게 비판했고,26) 공산당도 독촉과의 결별을 공식적으로 선언했으며,27) 이강국은 이승만의 노선과 활동을 비판하는 데 앞장서게 된다.

'최고지도자'를 '분열과 혼란의 책임자'로 매도하는 데 필요한 논리적 근거를 제공하는 일에 이강국이 전면에 나선 것인데, 여기서 그가 동원한 것은 독일 유학시절 목격했던 파시즘이론이었다. 그는 독촉의 비민주적 구성, 독재적 의사진행, 반동분자를 사주하여 불상사를 일으키는 모략, 테러단과 연계하여 정당한 정치활동을 봉쇄하는 행위 등등이 이승만의 본질을 웅변으로 설명하는 것이라고 주장했다. 그리고 이승만이 인민의 불평불만에 대해 국수주의적 호소로 "나를 따르라," "국토를 먼저 찾자"고 외치며, 뒤로는 대지주 자본가와 야합하며 좌익을 사갈시하는 모습은 히틀

---

25) 李康國, 『民主主義 朝鮮의 建設』, 63쪽.
26) 이승만은 공산주의자 중에 공산정권 수립을 위해 무책임하게 선동하고 국사에 손해를 끼치는 분자들이 있는데, 이것은 일인의 모략에 빠지는 것이라고 비난했고(<서울신문>, 1945년 11월 23일), 방송연설을 통해 지금 우리의 형편으로는 공산당을 원치 않는다는 것을 세계 각국에 대해 선언한다고 주장했다(<서울신문>, 1945년 12월 18일).
27) 공산당은 12월 24일 독촉이 반민주주의적이며 통일을 방해하는 단체가 됐으므로 일체의 관계를 단절한다는 내용의 성명을 공식 발표했다. <朝鮮人民報>, 1945년 12월 25일.

러나 무소리니를 방불케 한다고 비판했다.28)

한마디로 이강국은 이승만을 일제 잔존세력과 제휴하여 새로이 대두하려는 파시즘의 화신으로 묘사함으로써 그가 주도하는 독촉의 영향력을 차단하기 위해 노력한 것이다. 이처럼 독촉 결성에 대한 좌익진영의 반발이 이어지는 이러한 시점에 김구를 비롯한 중경 임정요인들이 귀국함으로써 일반의 관심은 독촉으로부터 임정에 집중되게 됐다.

2. 김구와 통합운동

1) 김구의 귀국

중국 중경에서 일제의 패망 소식을 들은 임정요인들은 개탄을 금치 못했다. 임정으로서는 본격적인 참전을 위해 오랜 기간 준비해 온 것이 허사로 돌아갔을 뿐만 아니라, 전쟁에서 두드러진 공을 세우지 못했기 때문에 장차 국제적 발언권이 약해질 것으로 내다보고 개탄한 것이었다.29) 이같이 임정의 앞날을 예견한 임정 주석 김구는 1945년 9월 6일 장제스(蔣介石)와 면담하고, 그가 미국정부와 협의해서 임정을 최소한 비공식 혁명 과도정권으로라도 묵인해서 환국케 하고, 정식 정부를 수립하는 데 주도적인 역할을 하게 해 줄 것을 요구하기도 했다.30) 그러나 이미 한반도에 군정이 실시되고 있는 데다 군정은 어떠한 단체에 대해서도 정통성을 인정하지 않는다는 방침을 세워 놓고 있었기 때문에 이들은 개인자격으로 귀국하는 수밖에 없었다.31)

---

28) 李康國, 『民主主義 朝鮮의 建設』, 86-87쪽.
29) 鮮于鎭, "臨時政府 還國: ① 8·15를 맞은 重慶臨政," <朝鮮日報>, 1981년 1월 5일.
30) 鮮于鎭, "臨時政府 還國: ② 金九-蔣介石 面談," <朝鮮日報>, 1981년 1월 7일.

김구는 1946년 11월 23일 오후 임정요인 13명과 함께 김포공항을 통해 귀국했다. 이들의 귀국은 하지 사령관의 발표에 의해 처음으로 알려졌는데,32) 다음날인 24일의 기자회견에서 김구는 개인자격으로 귀국했음을 밝히고 정당의 대표들과 만나 정당 간의 통일을 성취시킬 것을 기대한다고 말했다. 친일파 민족반역자 처리문제에 대한 질문을 받은 그는 통일전선을 결성하는 데 불량분자가 섞이는 것을 원할 사람은 없을 줄로 아나, 우선 통일하고 불량분자를 배제하는 것과 배제해 놓고 통일하는 것이 결과적으로는 동일할 것이라고 주장함으로써33) 이승만의 대동단결론과 유사한 입장을 견지했다.

이러한 김구의 발언에 대해 이강국은 강하게 반론을 제기했다. 그는 우선 뭉치고 처단은 나중에 하자고 하는 것은 무원칙한 통일론으로, 이러한 입장이 통일을 분열로, 정돈을 혼란으로 유도했다는 것은 모두가 다 아는 사실이라고 비판했다. 그리고 친일파 배제를 "먼저 하는 것이 옳다면, 뒤에 하는 것은 반드시 그른 것"이라고 말하고, 이들을 먼저 배제할 것을 강력히 주장했다.34)

한편 임정의 선전부장인 엄항섭(嚴恒燮)은 개인자격으로 귀국했다고 해서 임정이 해체되는 것은 아니며 해체문제는 인민의 결정에 따를 것이라고 말했다.35) 이는 비록 임정이 정부로서의 기능과 역할을 수행하지는 못하고 있지만, 임정이 중심이 되어 정당·사회단체의 통합운동을 전개할

---

31) 군정장관 아놀드 소장은 임정의 김구가 다년간 독립을 위해 싸워 왔고 또 귀국하면 조국의 발전을 위해 노력할 것이므로 그 일행을 환영하나, 이승만의 경우와 같이 개인자격으로 입국하는 것이라고 밝혔다. <中央新聞>, 1945년 11월 14일.
32) 하지 사령관은 11월 23일 오후 6시 "오랫동안 亡命中이든 愛國家 金九先生 一行은 個人의 資格으로 서울에 돌아왔다"고 짤막하게 발표했다. <朝鮮人民報>, 1945년 11월 24일.
33) <自由新聞>, 1946년 11월 25일.
34) 李康國, 『民主主義 朝鮮의 建設』, 79쪽.
35) <朝鮮人民報>, 1945년 11월 25일.

의향이 있음을 암시한 것이라고 할 수 있다.

임정요인의 귀국을 계기로 또다시 통합논의가 활발하게 전개됐는데, 이를 먼저 제기한 것은 중앙인위의 홍남표였다. 인민위원회 대표자대회 의장 중 한 사람인 그는 대회를 마무리하는 담화를 발표했는데, 담화에서 그는 임정의 귀국을 환영한다고 밝혔다. 그리고 그간 발표된 임정의 정치노선이 자신들과 완전히 일치하므로 임정이 아무런 모순 없이 민족통일에 협력할 것을 기대한다고 말했다.36)

이러한 담화 내용을 뒷받침이라도 하듯이 대표자대회에 참석했던 지방대표 일부는 임정을 예방하고, 자신들의 견해를 전달하기도 했다.37) 이들은 민족역량의 집중 통일이 가장 시급한 일임은 물론이나, 통일전선을 결성하기에 앞서 우선 친일파와 민족반역자를 제거하는 것이 필요하다고 건의했다. 그리고 정권은 반드시 전국 인민의 요망을 토대로 출발해야 한다고 주장했다.

1945년 11월 27일 김구는 국내정세를 보다 정확하게 파악하기 위해 각 정당의 대표들과 만났다. 김구는 이날 오전에는 국민당의 안재홍과 한민당의 송진우를 만났고, 오후에는 인민당의 여운형과 인공의 허헌을 만났다. 한민당과 국민당은 이미 임정 지지를 선언한 상태였고 임정이 중심이 되어 정국을 수습해야 한다는 데 아무런 이견이 없었기 때문에, 임정으로서는 부담 없이 만날 수 있었고 이들도 그러한 내용으로 건의를 한 것으로 알려졌다.38) 한민당의 경우 처음부터 임정 봉대를 내세우며 창당됐고, 해외에서 귀국한 인사들을 재정적으로 후원하기 위해 환국지사후원회를 조직할 정도였기에 더욱 그러했다.39)

---

36) <朝鮮人民報>, 1945년 11월 26일.
37) 이들 지방대표 9명의 명단은 다음과 같다. 徐重錫(중앙), 金光洙(서울), 張俊(충북), 權寧珉(충남), 崔興烈(전북), 尹一(경남), 宋彥弼(황해), 韓鴻霆(함남). <朝鮮人民報>, 1945년 11월 27일.
38) <中央新聞>, 1945년 11월 28일.

임정 지지문제에 대해 이강국은 임정이 정통성을 주장하나 해외 혁명세력의 일부를 대표하는 데 불과하며 민중과 유리돼 있는 것은 엄연한 사실이라고 말해, 한민당이나 국민당과는 정반대되는 입장을 취했다. 그러나 임정이 독립에 기여한 공로는 정확하게 인식해야 하므로 김구를 위시한 임정요인들에 대해서는 경의를 표한다고 언명하고, 그렇다고 해서 임정이 곧 인민이 희구하는 정권은 될 수 없다고 그는 단언했다.[40]

인공을 선포하는 데 주도적인 역할을 했던 여운형과 허헌도 한민당이나 국민당의 입장과는 달랐다. 이들 역시 임정의 정통성을 인정하지 않는 입장이었기 때문에, 이들과 임정의 만남은 만남 자체가 화제가 될 정도였다. 이날 허헌은 혼란을 수습하기 위해, 그리고 여러 가지 사정으로 임정의 귀국이 지연될 것 같아 인공을 조직할 수밖에 없었다고 설명하고, 인공 단독적으로 조직한 것은 아니며 전력을 다해 민심수습에 노력할 것이므로 지도해 달라고 부탁했다고 말한 것으로 보도됐다.[41]

이와 같은 보도내용과 달리 이날의 면담에서 김구와 김규식(金奎植)은 자신들이 각각 인공의 내정부장과 외교부장으로 선출된 것을 거부한 것으로 전해졌다.[42] 이러한 내용의 보도가 나가자 엄항섭은 다음날인 11월 28일에는 통일 촉성과정에서 발표되지 않아야 할 사항이 발표됐다면서 허헌을 불러 문책했고, 이에 대해 인공 측은 "지도자와 혁명가에게는 무엇보다도 먼저 인격적으로 겸허가 요청된다"는 반응을 보인 것으로 알려졌다.[43] 이로써 통일전선 주도권 문제를 놓고 임정과 인공 사이에 긴장관계가 조성됐음을 알 수 있는데, 이 사건을 계기로 임정과 인공은 별도로 통합운동

---

39) 한민당은 일차로 900만원의 정치자금을 모금해 이를 임정에 전달했다. 仁村紀念會, 『仁村 金性洙傳』, 485쪽.
40) 李康國, 『民主主義 朝鮮의 建設』, 73쪽.
41) <中央新聞>, 1945년 11월 28일.
42) <朝鮮人民報>, 1945년 11월 29일.
43) <朝鮮人民報>, 1945년 12월 1일.

을 전개하게 된다.

2) 통합운동

국내정세 파악을 위해 정계 인사들과 면담하는 과정에서 정당·사회단체 통합의 필요성을 절감한 임정은 1945년 12월 2일 제2진이 귀국하자 본격적인 통합운동에 돌입했다. 이들은 일차로 군정청을 방문해 개인자격으로 귀국한 만큼 군정과는 절대 협력할 것임을 분명히 하는 한편,44) 정계 동향 파악에 나섰다. 그리고 민족통일 문제에 관한 구체적인 방침을 마련하기 위해 12월 3일에는 제1차 전원회의를 개최했고 12월 5일과 6일, 7일에도 연달아 회의를 개최했다.45)

임정이 주도한 통합운동을 가장 적극적으로 지지한 정당은 한민당이었다. 한민당은 12월 6일 중앙집행위원회를 개최하고, 임시정부를 절대 지지하는 국민운동을 전개해 국제적인 승인을 촉진할 것을 결의했다. 이와 동시에 임정에 대해 임정의 개조는 혼란을 초래할 우려가 있으므로 현 상태대로 국제적인 승인을 받도록 할 것과 인공이 독립을 방해하고 있으므로 해산명령을 발할 것 등을 건의했고,46) 당의 수석총무 송진우도 김구를 면담하는 자리에서 인공에 대해 해산명령을 내릴 것을 강조했다.47)

한민당은 또한 미군이 진주하면 자신들에게 행정권을 맡길지도 모른다는 몽상에서 좌익진영이 인공을 조직한 것이라고 보고, 이들은 어떻게 해서든 임정의 법통 존중을 거부하고 있다고 비난했다.48) 안재홍의 국민당

---

44) <東亞日報>, 1945년 12월 5일.
45) <朝鮮人民報>, 1945년 12월 9일.
46) <東亞日報>, 1945년 12월 7일.
47) <서울신문>, 1945년 12월 10일.
48) 韓國民主黨, 『韓國民主黨小史』, 22쪽.

도 임정이 중심이 돼야 한다면서 임정을 지지했다. 그러나 통합운동을 전개하는 데 있어서는 임정을 보강 확충해 보다 넓게 국내외 혁명세력을 포용해야 한다고 주장했다.49)

한민당과 국민당 등이 임정을 지지하는 현상에 대해 이강국은 몹시 비판적인 입장을 취했다. 인공을 말살하려는 집단이 임정 지지의 간판을 들고 나온 것이며, 이로 인해 임정은 반동세력 내지 친일파·민족반역자를 통해 민중의 지지를 요구하는 결과에 이르렀다고 분석했다. 그는 이러한 사실을 임정은 정확하게 파악해야 한다고 주장하고, 이들 반동세력에 현혹되지 말고 이들을 주위에서 완전히 청소할 것을 당부했다. 그리고 이러한 원칙을 지키는 데서만 임정과 국내 혁명세력의 악수가 가능하며, 이럴 경우 위로부터의 통일이 실현되어 민족통일에 기여할 수 있고 완전독립을 달성할 수 있을 것이라고 강조했다.50)

여운형도 이강국과 비슷한 생각으로 임정의 리더십을 인정하지 않겠다는 입장이었다. 임정이 독선적인 경향을 취하고 있다고 지적한 그는 인민당으로서는 임정에 협력할 수 없다고 선언했다. 민족통일은 공정한 태도와 상호 양보하는 정신을 갖는 데서만 이루어질 수 있는 것인데, 그렇지 않기 때문에 투쟁할 수밖에 없고, 투쟁하다 지면 야당으로 남으면 그만이라는 식으로 아주 냉담하게 여운형은 말했다.51)

박헌영도 같은 입장이었다. 그는 공산당이 발표한 담화를 통해 이미 좌우가 반반의 균형으로 합작하자고 제의했는데 우익이 반대해서 통합이 되

---

49) <서울신문>, 1945년 12월 10일.
50) 李康國, 『民主主義 朝鮮의 建設』, 74쪽.
51) 여운형이 임정요인을 만나러 갔을 때 임정 경호원이 그의 손을 들게 하고 몸을 수색하자, 그는 일제 관헌으로부터도 당하지 않은 일이며 그런 모욕을 당하면서까지 그들을 만날 필요가 없다고 말하면서 임정과 협력하지 않겠다고 선언했다. <朝鮮人民報>, 1945년 12월 11일. 이러한 분위기를 반영해 임정은 좌익 내지 민주세력이 결합한 인공을 냉대하는 한편 일부 우익세력과의 접촉에 시종하고 있다는 지적이 나왔다. <朝鮮人民報>, 1945년 12월 12일.

지 않고 있다고 주장하고, 임정이 귀국한 지 여러 날이 지났음에도 불구하고 할 일은 하지 않고 쓸데없는 일에만 몰두하고 있다고 비판했다.52) 그리고 망명정객들이 일종의 임시정부처럼 활동하고 있는데, 이는 통일을 위한 것이 아니라 도리어 분열을 조장하는 행동이라고 비난했다.

이처럼 통합운동의 주도권 문제로 정계가 좌우로 양분되는 양상을 보이자 임정의 이론가인 조소앙(趙素昻)은 좌우 중에서 누가 헤게모니를 잡느냐 하는 문제가 대두되면 과거 신간회처럼 통일이 실패할지도 모른다고 우려를 표했다. 그는 임정은 이미 레닌이 절대 지지한 바 있으며 중국의 장제스, 미국과 프랑스 등도 인정하고 있는 만큼 국내에서 이를 지지하지는 못할망정 부인하는 것은 안 된다고 주장했다.53) 그리고 통일을 위해서는 허심탄회하게 임해야 하며 5 대 5와 같은 기계적인 평등을 거론하는 것은 사리에 맞지 않는다고 반대했는데, 이는 임정이 국제적으로 승인받은 정부이므로 임정을 주축으로 통합해야 한다는 것을 의미한 것이라고 볼 수 있다. 그는 또 공산당이 임정을 부인한 것에 대해, 임정은 3·1운동 당시 대중의 지지에서 탄생한 것이고 소련을 위시하여 각 열강과의 역사적 사실이 있다는 것을 스스로 망각하지 말기를 바란다고 반박했다.54)

공산당을 비롯한 좌익진영의 부인과 반발에도 불구하고 한민당, 국민당 등 우익진영은 임정이 중심이 되어 통합운동을 전개해야 한다는 생각을 바꾸지 않았다. 그리하여 이들은 1945년 12월 19일 임시정부 개선 환영대회를 개최했다. 환영사에서 한민당의 송진우는 임정이 주축이 되어 모든 정파를 응집하여 국내통일을 영도하는 동시에 자주독립 능력을 국외에 선양하여 연합국의 승인을 받도록 해 줄 것을 당부했다.55)

이날의 답사에서 김구는 임정은 3·1운동에서 산출된 유일무이한 정부

---

52) <朝鮮人民報>, 1945년 12월 13일.
53) <自由新聞>, 1945년 12월 14일.
54) <東亞日報>, 1945년 12월 15일.
55) <東亞日報>, 1945년 12월 20일.

였으며, 결코 일 계급, 일 당파의 정부가 아니라 전 민족, 각 계급, 각 당파의 공동 이해에 입각한 단결의 정부라고 주장했다. 그리고 자주독립을 실현하는 것이 무엇보다 중대한 임무이며 이를 위해서는 좌우와 남녀노소가 단결해야 한다고 말하고, 임정이 자신과 용기를 갖고 전 민족 각 당 각파의 단결을 완성하기 위해 분투할 것임을 다짐했다.56)

김구의 이 발언은 임정이 통합운동을 주도하겠다는 것을 대외적으로 공식 천명한 것이라고 할 수 있는데, 이강국은 임정 주도의 통합운동에 반대하는 입장이었다. 임정에 대해 판단은 공정하게 하고 행동은 신중하게 할 것을 요구하고 환영 기분에 도취하지 말 것을 당부한 바 있던 그로서는, 김구의 발언이 '도취'된 기분에서 나온 것으로 분석한 것이다. 임정이 아부하는 도배에 쌓여 민중의 소리를 듣지 못한다면 임정에 대한 민중의 기대는 실망으로 돌아갈 것이라고 말했었는데,57) 이강국의 입장에서 볼 때 그것이 바로 현실로 나타난 것이라고 할 수 있다.

---

56) <東亞日報>, 1945년 12월 20일.
57) 李康國, 『民主主義 朝鮮의 建設』, 80쪽.

제6장 모스크바3상회의와 신탁통치 문제

모스크바 3상회의에서 한반도에 최고 5년간 신탁통치를 실시하기로 했다는 외신보도가 발표되자, 정치권은 물론이고 민족 전체가 이를 반대했다. 해방이 자주독립국가의 수립과는 정반대되는, 식민통치와 유사한 개념인 신탁통치로 귀결됐다고 생각했기 때문이다. 신탁통치에 대해 거족적인 반발이 일자 모든 정치세력은 반탁운동 대열에 합류할 것으로 예상됐다. 그러나 공산당이 돌연 이를 수용하는 쪽으로 방향을 전환함으로써 정국은 또다시 분열하게 된다. 탁치문제에 대해 정치권이 공감대를 형성할 수 없었기 때문이다. 이런 상황에서 이강국은 탁치를 규정한 3상회의 결정을 전면적으로 지지해야 한다고 역설했다. 해방의 국제성으로 인해 국제적인 제약을 받지 않을 수 없다는 것이었는데, 이는 해방 직후 군정의 불가피성을 역설했을 때 제시했던 것과 똑같은 논리였다.

1. 탁치문제의 대두

2차대전 기간에 스탈린과 루스벨트 사이에 합의했던 신탁통치 문제가 해방 후 처음 공개적으로 거론된 것은 1945년 10월 20일 미 국무성 극동부장인 빈센트가 미국의 극동정책을 설명하는 자리에서였다. 그는 미국외교정책협의회에서의 연설을 통해 조선은 오랫동안 일본의 식민통치를 받았기 때문에 당장 자치를 할 준비가 돼 있지 않으므로 신탁관리를 실시해야 한다고 밝혔다. 그리고 미국으로서는 신탁관리제를 실시할 수 있도록 준비를 진행할 것이고 이를 위해 소련과 협의할 것이며, 될 수 있는 대로 속히 조선을 독립한 민주주의 국가로 만들 작정이라고 덧붙였다.1)

신탁관리를 거친 후 정부를 수립하도록 하겠다는 미국의 방침이 알려지자 정계는 좌우를 불문하고 한 목소리로 이를 반대했다. 이승만은 자세한 내용은 알 수 없으나 탁치라는 것은 자주독립할 실력이 없을 때 나오는 것이므로, 시급히 실력을 갖추고 독립을 위해 모든 역량을 집중시키지 않으면 안 된다고 주장했다.2) 탁치문제가 대두된 것을 계기로 자신이 제창했던 대동단결론의 필요성을 강조한 것이다.

한민당도 탁치를 절대 반대한다고 결의했다. 이들은 10월 25일 긴급 간부회의를 개최하고, 신탁관리제는 조선인을 모욕하는 것이며 어디까지나 절대 자주독립을 주장한다고 결의했다. 이와 동시에 한민당은 이러한 내용의 결의문을 갖고 이승만, 인공, 국민당, 공산당 등 각 정당 대표들을 방문하며 모든 정당을 망라해 신탁관리 반대운동을 일으킬 것을 제의하기도 했다.3) 국민당의 안재홍도 정치현상이 비록 혼란하다고 할지라도 민족의 자주적인 능력으로 해결될 것이며, 신탁관리라는 선의의 간섭이 도리어 자주적 성장을 저해하는 것이라 주장하며 탁치를 반대한다는 내용의 담화를 발표했다.4)

---

1) 한반도문제에 관해 그가 언급한 부분은 다음과 같다. "朝鮮에 對하여서는 同國에 信託管理制를 樹立함에 앞서 于先 蘇聯과의 사이에 意思를 疏通한 後 許多한 政治問題를 解決식히고 싶다. 朝鮮은 多年間 日本에 隸屬됐던 關係로 只今 當場 自治를 行할 準備는 되어있지 않다. 따라서 美國은 于先 信託管理制를 實施하야 그間 朝鮮民衆이 獨立한 統治를 行할 수 있도록 準備를 進行할 것을 提唱한다. 美國은 朝鮮을 될 수 있는 대로 速히 獨立한 民主主義의인 國家로 만들 作定이다."
<朝鮮人民報>, 1945년 10월 23일.
2) <自由新聞>, 1945년 10월 23일.
3) <自由新聞>, 1945년 10월 27일.

중앙인위에서도 10월 25일 탁치를 반대한다는 담화를 발표했다. 담화는 이강국이 중앙인위의 서기장으로 있었기에 그가 주도적으로 작성했을 것으로 분석되는데, 여기서 중앙인위는 조선이 자주독립할 능력이 없다는 것은 일제가 식민통치를 합리화하려는 악선전에서 나온 것이라고 주장하고, 전국 각지에 인민위원회 조직이 완성돼 있고 완전한 통일체가 수립돼 있으므로 정권을 넘기기만 하면 된다고 강조했다. 그리고 속히 민주국가로 만들 작정이라는 것이 진정이라면 탁치를 실시한다는 것은 역효과만 날 뿐이며 불필요하다고 역설하고, 다른 나라에 종속적인 관계를 갖게 되는 탁치를 실시하려 한다면 비록 민족 전체가 생명을 부정당하는 일이 있다 할지라도 배격하지 않을 수 없다고 다음과 같이 단언했다.

　　뉴욕 二十日發 通信에 依하면 美國務省 極東部長 '빈센트'氏는 二十日 美國外交政策協議會 會合에서 極東政策에 對한 談話中 朝鮮問題에 言及하였는데, 그것이 事實이라면 絶對로 看過할 수 없는 바이다. 그 말에 依하면 朝鮮을 信託管理한다는 理由가 "日本에 隸屬됐던 關係로 只今 當場 自治를 行할 準備가 되어 있지 않다"는 것이다. 그것은 朝鮮事情을 모르는 탓이라고 생각한다. 事實에 있어서 北緯 三十八度 以北에 있는 北朝鮮에서는 朝鮮人의 自主力만으로 充分히 統治해 나아갈 뿐만 아니라 政治的 力量을 遺憾없이 發揮하고 있다. 政治的 經濟的 文化的 各 部面에 있어 新建設이 벌써 急速히 進行되고 있다. 이는 五千年의 歷史를 가진 朝鮮民族은 自主獨立이 完成되는 날 飛躍的 發展을 할 수 있다는 것을 證明하는 바이다. 다만 只今까지 日本帝國主義의 野蠻的 壓迫에 依하여 朝鮮民族의 政治的 力量을 發揮할 機會를 얻지 못하였다는 것을 알아야 한다.
　　朝鮮人이 自主獨立할 能力이 없다는 것은 日本帝國主義가 八月十五日까지 世界 民主主義 諸國을 欺瞞하여 朝鮮에 對한 植民統治를 合理化하려는 惡宣傳에 不過한 것이라는 것을 美政府가 認識하지 못하면 美國의 朝鮮에 對한 政策

---

4) <每日新報>, 1945년 10월 24일.

은 完全히 失敗하리라고 斷言한다. 北緯 三十八度 以南의 우리나라 一帶에서는 村·面·郡·道를 莫論하고 人民委員會의 組織이 完成되어 있고 完全한 統一體가 樹立되어 있는 것이다. 언제나 우리 民族自主인 國家行政을 할 수 있는 國家體制는 準備되어 있다. 問題는 南朝鮮 一帶의 政權이 朝鮮人의 손으로 넘어오는 것만 남아 있는 것이다.

　美國은 "朝鮮을 될 수 있는 대로 速히 獨立한 民主主義的인 國家로 만들 作定이다"란 말이 眞情이라면 朝鮮에 信託管理制를 樹立시킨다는 것은 오히려 逆效果가 있을 뿐이고 絶對로 不必要한 일이다. 우리 全民族은 日本軍을 武裝解除한 오늘에 있어서는 하루라도 빨리 軍政을 撤廢하고 모든 國力을 朝鮮人에게 돌려보내기를 바라고 있다. 朝鮮問題는 朝鮮人의 손으로 能히 解決할 수 있고 他國家의 干涉을 絶對로 必要視하지 않는다. 他國家에 政治的으로나 經濟的으로나 다시금 從屬的인 關係를 갖는 信託管理制를 만일 美國이 朝鮮에 樹立시키려고 한다면 朝鮮民族은 全民族의 生命을 否定當하는 일이 있다 할지라도 絶對 排擊치 않을 수 없다.5)

　정당이나 단체가 이처럼 개별적으로만 탁치를 반대한 것은 아니었다. 정당들의 모임인 정당행동통일위원회에서도 행동통일을 모색하기 위해 10월 26일 오후 전체회의를 갖고 탁치 반대를 결의하고 이를 성명서로 발표했다. 이날 국민당, 건국동맹, 공산당 등 정당·사회단체의 대표 100여 명이 참석했는데, 이 자리에서 이른바 '성대파'로서 이강국과 호흡을 같이 해 온 것으로 알려진 공산당의 정태식은 탁치는 절대로 찬성할 수 없으며 민족 전체가 반대한다는 것을 표시하자고 제안했고,6) 그의 제안은 만장일

---

5) <每日新報>, 1945년 10월 26일.
6) 鄭泰植은 "信託管理問題의 事實與否는 확실치 않다 하더라도 이것은 조선민족으로서는 절대로 찬성치 못하는 것이다. 우리는 각 정당이 통일된 보조로서 이 문제에 대한 조선민족의 총의를 대표하여 반대성명을 하는 동시 美大統領 '트루만'과 '하지' 중장에게도 조선의 실정을 충분히 인식시키는 동시에 조선민족은 절대로 반대한다는 것을 表示하지 않으면 안 된다. 그리고 동시에 민족반역자에

치로 통과됐다. 정태식의 이 같은 제안을 토대로 이날의 모임에서 신탁통치는 4천 년의 장구한 역사와 혁혁한 문화를 가지고 완전한 독립국가를 유지하며 세계평화에 기여할 수 있는 실력과 열의를 가진 민족에 대한 모욕과 기만이라고 주장하는 내용의 성명서를 채택했다.

이와 같이 모든 정당과 단체가 미국이 구상하고 있는 신탁관리제를 반대하자, 미군정은 현지 정세에 비추어 볼 때 신탁통치 구상을 철회하는 것이 바람직하다고 본국 정부에 건의했다. 한민족은 일제 식민통치 35년을 제외하고는 독립적인 국가로 존재해 왔으며, 아시아와 중동의 기준에 비추어 판단해도 높은 문자해독률과 높은 문화 및 생활수준을 유지해 왔기 때문에 탁치는 잘못된 것이라고 생각하고 있다는 것이었다. 그리고 한민족이 탁치를 수용하지 않을 것이므로 강제로 탁치를 실시한다는 것도 비실용적이라고 분석했기 때문에 그러한 건의문을 제출한 것이었다.7)

신탁통치에 대한 한민족의 일치단결된 반대와 현지 군정의 철회 건의에도 불구하고 미국무성은 탁치야말로 한반도문제 해결을 위한 가장 좋은 방안이라고 생각하고 있었다. 미국으로서는 한반도 점령 이전에 이미 소련과 두 차례에 걸쳐 탁치를 실시하기로 합의했으며, 그렇게 하는 것만이 38선을 제거할 수 있는 유일한 방안이라고 생각했기 때문이다. 그리고 탁치를 통해 정치적·행정적인 훈련을 받음으로써 한민족이 완전독립에 대한 책임을 떠맡을 수 있으며, 동시에 한반도에 대한 최소한의 외부개입만으로도 통일 독립된 국가를 출현시킬 수 있다고 생각했기 때문이다.8)

신탁관리를 거쳐 독립할 수 있는 능력을 갖추도록 한 다음 독립정부를

의한 조선통일의 분열이 이러한 문제를 일으키는 한계가 되는 것이니 여기에 대하여 민족반역자를 철저히 규탄하는 운동을 일으키자"고 제안했다. <每日新報>, 1945년 10월 29일.

7) 미군정의 정치고문인 랭던이 국무성에 보낸 전문은 FRUS 1945 Vol.VI, pp. 1130-1133 수록.

8) FRUS 1945 Vol.VI, pp.1137-1138.

구성하도록 한다는 미국의 방침에 대해 정치권은 좌우를 불문하고 반대했다. 한민족이 자치할 수 있는 능력을 충분히 갖추고 있다고 자신했기 때문에 반대한 것이었다. 그러나 탁치를 반대하는 좌우의 입장에는 미묘한 차이가 감지됐다. 이승만을 중심으로 한 우익진영은 대동단결론의 입장에서 민족의 통합과 단결이 이루어지지 않아 독립에 대한 민족의 의지가 대변되지 못하고 있기 때문에 탁치문제가 제기된 것으로 파악하고, 민족단결을 강조하며 탁치를 반대했다. 반면에 인공을 중심으로 한 좌익진영은 전국적으로 인민위원회가 조직돼 있고 언제라도 행정을 맡을 준비가 돼 있으므로 인민위원회에 정권을 넘기기만 하면 된다는 입장에서 탁치를 반대했던 것이다.

이처럼 좌우를 불문하고 정치권 전체가 반대하고 나섰던 탁치문제는 더 이상 논의가 진전되지 않았다. 빈센트 발언 이후 미국에서 그에 관한 후속적인 조치나 발언이 전혀 나오지 않았고 미군정도 그에 관해 아무런 언급도 하지 않았기에, 정치권은 자신들의 반대의사가 관철된 것으로 알고 관심을 다른 곳으로 돌렸기 때문이다. 그리고 정치권으로서도 난립해 있는 정당·사회단체의 통합을 실현시켜 정국의 주도권을 장악하는 것이 더 중요하다고 판단하고 이를 위한 경쟁에 본격적으로 나섬으로써 탁치문제가 정치권의 관심의 대상에서 멀어진 것이다.

이강국은 빈센트의 발언에 대해서는 아무런 언급을 하지 않았다. 이미 신탁관리제에 대해 정태식이 반대한다는 견해를 밝혔기 때문이었는지, 아니면 서기장으로서 중앙인위의 성명에 실질적으로 관여했기 때문에 개인적인 의사를 밝힐 필요가 없었는지, 인공 수호문제로 바빴기 때문이었는지 분명하지는 않다. 그러나 만일 그가 자신의 의사를 개인적으로 밝힐 기회가 있었다면 그 역시 틀림없이 신탁관리제의 부당성을 주장했을 것이라고 생각된다.

2. 3상회의 결정과 반탁 결의

1) 모스크바3상회의 결정

 1945년 12월 27일 미국, 영국, 소련 세 나라의 외상이 모스크바에 모여 한반도에 신탁통치를 실시하기로 결의했다는 소식이 외신을 통해 알려지자, 정국은 또다시 커다란 소용돌이에 휩싸였다. 정치권 전체가 반대했고 미군정도 그 문제에 관해서는 아무런 언급도 하지 않았기에 입안단계에서 취소된 것으로 간주됐던 신탁관리제가 국제적인 결정으로 악몽과도 같이 다시 나타났기 때문이다. 그런데다 당시 3상회의 결정의 구체적인 내용이 아니라, 3국이 평화조약 준비에 관해 의견이 일치됐다는 막연한 내용만 보도돼 탁치에 대한 의구심은 더욱 가중될 수밖에 없는 실정이었다.[9]

 탁치문제에 대해 가장 먼저 자신의 견해를 밝힌 정치인은 이승만이었다. 그는 12월 26일 밤 방송을 통해, 아직도 신탁통치를 주장하는 사람이 있는 것으로 전해지는데 조선으로서는 이를 거부하고 완전독립 이외에는 아무 것도 용인할 수 없다는 것을 알리고 싶다고 말했다. 그는 또 만일 탁치를 강요한다면 3천만 민족은 차라리 싸우다 죽을지언정 이를 절대로 용납할 수 없다고 선언하고, "줏대 없는 국민이 아니라는 것을 밝히기 위하여 죽음을 결의하고 투쟁"해야 한다고 주장했다.[10]

 이승만의 뒤를 이어 12월 27일에는 좌우의 구분 없이 정치인들이 나서

---

9) 3국 외상회담의 1회 공동성명서가 12월 24일 발표됐다는 제목의 기사에는 한반도에 신탁통치를 실시한다는 내용은 단 한 줄도 없었다. 성명서의 전문은 <서울신문>, 1945년 12월 27일.
10) <東亞日報>, 1945년 12월 28일.

서 탁치에 반대한다는 내용의 담화나 성명을 발표했다. 나중에 가서 사실이 아닌 것으로 밝혀지기는 했지만, 처음에는 소련이 탁치를 주장했다는 근거 없는 부정확한 소문이 나돌아 정치권은 소련에 대해 유감을 표하는 일이 발생하기도 했다.

예를 들어 임정은 카이로선언과 포츠담회담에서 조선독립이 당당하게 선언됐음에도 불구하고 탁치문제를 다시 재연시킨다면, 이는 2차대전의 목적에 위배되는 것이며 한민족의 총의에 어긋나는 것이라고 말하고, 소련이 탁치를 주장하였다 하니 의외라고 소련에 대해 서운함을 토로했다. 그리고 약소민족 해방을 위해 노력해 온 소련을 위해 그러한 보도가 풍설로 사라지기를 바란다고 밝혔으며, 인민당도 소련이 그러한 주장을 했다는 것이 사실이라면 단호히 반대하지 않으면 안 된다고 주장했다.11)

막연하게만 알려졌던 3상회의 결정이 요점이나마 보도된 것은 정치인들이 탁치를 반대한다는 담화를 발표한 다음날인 12월 28일이었다.12) 이미 이때는 대부분의 정파가 반탁대열에 합류한 뒤인 데다 자주정부 수립을 고대하고 있던 일반 민중들도 탁치가 실시된다는 데 대해 적지 않은 충격을 받은 상태였기 때문에 어느 누구도 "독립이 아니면 죽음을 달라"는 식의 격앙된 분위기를 반전시킬 수는 없었다.

더군다나 빈센트의 신탁관리제 발언이 나왔을 때 정계 전체가 이를 결코 받아들일 수 없다고 선언했고, 그러한 방향으로 여론을 몰아갔기 때문

---

11) <東亞日報>, 1945년 12월 28일.
12) 당시 보도된 3상결정의 조선에 관한 부분은 다음과 같다. "朝鮮에 駐在한 美蘇 兩國軍 司令官은 二週間 以內에 會談을 開催, 兩國의 共同委員會를 設置 朝鮮 臨時民主政府 樹立을 援助한다. 또 美 英 蘇 華 四國에 의한 信託統治制를 實施하는 同時에 朝鮮臨時政府를 樹立케 하여 朝鮮의 將來 獨立에 備할 터인 바 信託統治期間은 最高 五年으로 한다. 美蘇共同委員會는 臨時政府와 朝鮮 各種 民主的 團體와 協力하여 同國의 政治的 經濟的 發達을 促進하고 獨立에 寄與하는 手段을 講究한다. 이 信託統治制에 關한 外相理事會의 提案을 檢討키 爲하여 美 蘇 英 華 各國 政府에 廻附된다." <東亞日報>, 1945년 12월 29일.

에 자연스럽게 그 연장선상에서 관성적으로 탁치를 반대하는 것 말고는 달리 방도가 없기도 했다. 그리고 탁치문제에 대한 관심이 정치권에 국한됐던 10월 중순의 분위기와 달리, 12월 말에는 대중적인 차원으로까지 확대돼 정치권은 대중심리에 추수할 수밖에 없는 상황이 전개됐다.

상황이 여기까지 이르게 된 것은 일종의 자업자득이라고 할 수 있는데, 이로 인해 만일 탁치문제로 정치권이 분열할 경우 이는 정치권만이 아니라 민족적 대립 분열로까지 진전될 소지를 지니게 된다. 이러한 기우는 머지않아 현실로 드러났고, 이러한 정계 대립으로 인한 암울한 분위기는 최고조에 달하게 됐다.13)

2) 좌·우 양 진영의 반탁결의

신탁통치에 대한 반대여론이 비등하고 정계 전체가 강력히 반발하자, 하지 사령관은 1945년 12월 29일 정오 한민당, 공산당, 인민당, 국민당, 신한민족당 등 정당의 영수들을 초청해 신탁통치는 주권의 침해가 아니라는 것을 강조했다. 그는 탁치는 일제의 통치처럼 압박과 착취가 아니라, 정치적·경제적 발전을 위해 원조하는 것이라는 설명과 함께 3상회의 결정 중 조선에 관한 조항 전문을 공개했다.14) 탁치에 관한 군정의 설명과 내용의

---

13) 朝鮮通信社,『朝鮮年鑑』1947年版(1946), 24쪽.
14) 미군정이 공개한 3상결정의 조선에 관한 부분은 다음과 같다. 1. 조선을 독립국가로 재건하여 민주주의 원칙 하에 발전시키는 동시에 일본의 가혹한 정치의 잔재를 급속히 청소하기 위하여 조선민주주의 임시정부를 수립하여 이로써 조선의 산업 교통 농업의 발전과 민족의 문화 향상을 도모케 할 것이다. 2. 조선에 임시정부 수립을 실현하며 이에 대한 방침을 강구하기 위하여 남조선의 미군사령부 대표와 북조선의 소련군사령부 대표로써 공동위원회를 설치한다. 이에 대한 제안을 준비하기 위하여 공동위원회는 조선 민주주의 정당과 사회단체와 협의할 것이다. 동 위원회의 결정은 미 소 양국 정부의 최후 결정에 앞서 중국 미국 급

공개에도 불구하고 정치권과 일반 대중의 반탁 열기는 좀처럼 식을 줄 몰랐다.

3상결정이 발표된 후 가장 활기를 띤 정치세력은 단연 임정이었다. 귀국 후 정세를 관망하던 자세에서 벗어나 본격적인 정치활동을 할 수 있는 공간이 마련됐기 때문인데, 여기에는 몇 가지 원인이 작용했다고 볼 수 있다. 우선 전국적으로 일고 있는 자연발생적인 반탁 열기를 결집할 조직이 필요했는데, 임정이 제일 먼저 그 필요성을 역설한 데 대해 아무도 이의를 제기하지 않았던 것을 들 수 있다. 둘째, 임정요인들은 개인자격으로 귀국했다고 말했지만 하나의 정부로서 기구와 인원을 갖추고 있었고, 또 실제로 정부로 행세했기에 당사자의 입장에서 탁치를 반대할 수 있는 근거를 갖고 있었던 것을 들 수 있다. 마지막으로 군정의 해체명령을 받은 인공과 달리 군정으로부터 별다른 제재를 받지 않았기 때문에, 객관적 입장에서 볼 때 정부로서의 위상에 아무런 손상도 입지 않았던 것을 들 수 있다.

이런 상황을 이용해 임정은 1945년 12월 28일 오후 긴급 국무회의를 열고 4개국 원수에게 보내는 반탁결의문을 채택했다. 이날 임정은 신탁통치를 철저히 반대하고 불합작운동을 전개할 것이며 미·영·중·소 4개국에 탁치를 반대하는 결의문을 급히 발송할 것 등을 결정했다. 결의문에서 임정은 탁치는 민족자결원칙을 고수하는 한민족의 총의에 위반되며, 2차대전 중 여러 차례 한국을 독립시키기로 선언한 약속에 위반되고, 유엔헌장에 규정된 탁치적용 조례의 어디에도 부합되지 않으며, 탁치 실시는 극동

영국에 제출하여 검토를 받을 것이다. 3. 공동위원회는 조선민주주의 임시정부 기타 각 민주주의 단체와 협력하여 조선을 정치적 경제적 급 사회적으로 발전시키며 민주주의적 자치정부를 수립하여 독립국가로 육성시키는 데 그 사명이 있다. 공동위원회의 제안은 조선임시정부와 타협한 후 미국 소련 영국 중국정부에 제출하여 최장 5개년간의 4개국 조선 신탁통치에 관한 협정을 할 것이다. 4. 미소 양국 조선주둔군 사령관 대표는 앞으로 2주일 이내에 회합하여서 남북조선에 공통된 긴급문제와 행정 경제방면의 영구적 조정방침을 강구할 것이다. <東亞日報>, 1945년 12월 30일.

의 안전과 평화를 파괴할 것이라는 이유를 들어 반대한다고 밝혔다.15)

회의를 마친 임정은 12월 28일 밤 각 정당·사회단체 대표자회의를 소집했다. 이 자리에서 한민당의 원세훈(元世勳)은 탁치를 반대하기 위한 기구로 신탁통치반대국민총동원위원회(이하 반탁위원회)를 조직해 임정 국무위원회의 지도를 받도록 할 것을 제안해 이를 만장일치로 통과시켰다.16) 다음날인 29일 오후 2시 소집된 반탁위원회에 각 정당과 사회단체 및 종교단체 대표 150여 명이 참석했는데, 이날 참석자들은 임정에 즉시 주권을 행사할 것을 건의하기로 결의하기도 했다.17) 이와 동시에 이들은 일반 국민이 반탁위원회의 지령에 복종할 것과 좌·우익이 협력하고 정당·사회단체 시민 각계각층을 총망라해 12월 31일 오후에 반탁시민대회를 개최할 것을 결의했다.

이와 같이 탁치문제가 대두된 후 임정은 힘들이지 않고 반탁운동을 조직하고 지도하는 위치에 오를 수 있게 됐는데, 임정은 이러한 기회를 이용해 주권 회복에 나선다는 방침을 세웠다. 반탁위원회의 건의가 있었을 뿐 아니라 군정청에 근무하는 한인 직원들과 서울 시내의 경찰서장들도 회의에서 탁치반대를 결의할 정도로 반탁위원회의 결정을 지지했기 때문에, 반탁운동을 주도하는 위치에서 한 걸음 더 나아가 주권을 접수하려고 한 것이다. 그리하여 임정은 국자(國字) 제1호를 공포하고 군정청 소속 경찰기구 및 한인 직원은 임정 지휘 하에 예속케 하라고 지시했다.18) 전국적으로 반탁위원회가 조직되고 파업 및 철시와 함께 대규모 반탁운동이 전개되는 것을 계기로 임정은 주권을 탈환하려 한 것이다.

이처럼 우익진영이 임정과 긴밀한 관계를 맺으며 임정의 지도 아래 반

---

15) <東亞日報>, 1945년 12월 30일.
16) <東亞日報>, 1945년 12월 30일.
17) <東亞日報>, 1945년 12월 31일.
18) <東亞日報>, 1946년 1월 2일 및 宋南憲, 『韓國現代政治史』 第1卷(成文閣, 1986), 207쪽.

탁운동을 전개한 데 반해, 좌익진영은 임정의 단독적인 주도권을 인정하려 하지 않았다. 인공과 임정이 통일전선을 결성해 공동으로 반탁운동을 전개해야 한다는 입장이었기 때문이다. 중앙인위의 경우 1945년 12월 27일 오후 긴급회의를 개최하고, 각 정당 및 대중단체와 협력해 전국적인 반탁운동을 전개하기로 했다. 그리고 신탁통치는 민족의 운명에 관한 문제이므로 모든 것을 초월해 임정과 공동행동을 단행하기로 하고,[19] 이 문제를 협의하기 위해 이미 개인자격으로 탁치를 절대 반대한다는 의견을 표명한 바 있는 정태식을[20] 교섭위원으로 선정, 임정에 파견하기로 결정했다.

중앙인위는 다음날인 12월 28일 오후 7시에 긴급회의를 개최하고 신탁통치 반대를 결의하고 이를 담화로 발표했으며, 1945년 12월 29일 오후 2시에는 임정과의 교섭위원으로 정태식 대신 이강국, 최익한, 정백 3인을 새로 뽑아 임정으로 보냈다. 정태식보다는 이들 3인이 교섭에 능할 것이라는 판단이 섰기 때문인 것으로 분석된다. 이들은 임정의 김성숙(金星淑), 조완구(趙琬九), 김원봉(金元鳳), 조소앙(趙素昻) 등과 만나 탁치문제가 제기된 것은 민족통일의 미완성 때문이라고 주장하고, 인민위원회와 임정이 공동보조를 취해 통일전선을 출발시키자고 제의했다.

담화에서 중앙인위는 3상회의 결정은 추상적인 약속을 한 카이로, 포츠담선언에 비해 독립의 방법과 기간을 구체적으로 제시했지만 조선인이 원하는 즉시 완전독립이 아니라는 이유를 들어 반대한다고 결의했다. 중앙인위는 탁치가 초래된 원인으로 민족의 통일이 이루어지지 않은 것과 경제가 침체된 것 두 가지를 들었다. 탁치에 대한 소극적인 반대에 그치지

---

19) <朝鮮人民報>, 1945년 12월 30일.
20) 鄭泰植은 공산당은 3상결정에 관한 정확한 자료가 나온 후 공식입장을 발표할 것이라고 말하고 자신은 공산주의자로서 개인의견을 발표하겠다면서, 탁치가 사실이라고 한다면 5년은커녕 5개월이라도 절대 반대하며 하루바삐 통일전선을 완성해 완전 자주독립국가를 건설하지 않으면 안 된다고 주장했다. <서울신문>, 1945년 12월 29일.

말고 완전독립을 실현하기 위해 통일전선 결성운동을 활발히 전개하자고 주장했다.21)

한편 12월 29일 오후에는 공산당, 인민당, 중앙인위, 전평, 청총, 과학자동맹, 국군준비대, 문학가동맹 등 좌익진영의 40여 단체가 모여 목표는 완전독립이므로 신탁통치는 절대 반대한다고 결의했다. 이들은 현재 자주독립을 쟁취하지 못한 것은 통일전선을 결성하지 못한 데 기인한다고 보고, 통일전선을 결성하면 탁치를 배격할 수 있다고 주장했다. 그리고 진보적인 집단은 통일전선을 열렬하게 주장하나 일부 완고한 인사의 선동으로 분열됐다고 단언하고, 통일전선 결성을 방해하는 일제잔재를 소탕하는 투쟁을 개시할 것을 만장일치로 결의했다.22)

이강국을 비롯한 중앙인위의 3인과 임정요인의 만남은 12월 29일 오후 2시에 이어 그날 밤 8시와 12월 30일 오후 1시 모두 세 차례에 걸쳐 이루어졌는데, 이들 세 사람은 좌익진영의 결의에 따라 통일전선 결성방안을 보다 구체적으로 제시하기도 했다. 그리고 파업과 철시는 국민경제의 자멸을 의미할 뿐이며, 경제적으로 자멸하는 것은 탁치를 반대하는 방법이 절대로 아니므로 철회해야 한다고 주장하기도 했다. 12월 31일 중앙인위는 이들 3인이 임정과 회담한 내용을 담화형태로 발표,23) 자신들은 통일전선 결성에 모든 노력을 경주하고 있다는 것을 대외적으로 과시했다.

이처럼 중앙인위를 비롯한 좌익진영이 임정에 통일전선 결성을 제의한 것은 임정 주도 아래 반탁운동이 전개되고 이것이 임정의 정국 주도로 이어질지도 모른다는 생각에서 이를 견제할 필요를 느꼈기 때문인 것으로 분석된다. 통일전선의 미완성과 더불어 중앙인위는 경제침체로 인해 탁치 문제가 제기됐다고도 생각하고 있었기 때문에, 경제를 더욱 침체하게 만드는 파업과 철시를 철회하라고 임정에 제안하기도 했다. 그리고 그러한

---

21) <朝鮮人民報>, 1946년 1월 1일.
22) <朝鮮人民報>, 1945년 12월 30일.
23) 담화 전문은 <朝鮮人民報>, 1946년 1월 1일 수록.

제안과 교섭을 할 수 있는 적임자의 하나로 이강국을 선출했는데, 이를 보더라도 그는 여러 가지 면에서 좌익진영에서 매우 필요로 하는 인물이었다는 것을 알 수 있다.

빈센트 발언 당시와 마찬가지로 3상회의에서 결정된 탁치문제에 대해 이강국이 개인 명의로 담화나 성명을 발표한 적은 없는 것으로 알려진 상태지만, 그도 탁치에 반대하는 입장임에는 틀림없었던 것으로 생각된다. 좌익진영을 포함하여 정치권의 전반적인 분위기가 신탁통치를 절대로 수용할 수 없다는 입장이었던 데다, 거족적으로 전개되는 반탁운동을 보다 효율적으로 조직하고 지도하기 위해 좌익진영을 대표하여 그가 임정과의 교섭에 나선 것만 보아도 이를 알 수 있다.

3. 인공과 임정의 통합논의

통합문제를 논의하기 위한 임정과 인공 양측의 협상은 1945년 12월 31일 밤에도 있었다. 이때 중앙인위를 대표해서 이강국과 홍증식, 홍남표, 정백이 참석했고, 임정을 대표해서 최동오, 성주식, 장건상 3인이 참석했다. 이 자리에서 임정측이 중앙인위의 제안을 공문형식으로 제출해 줄 것을 요구하자, 중앙인위는 1946년 1월 1일 오전 10시 임정에 인공과 임정의 동시 해체를 제의하는 내용의 공문을 보냈다. 인공과 임정, 두 개의 정부로 나뉘어 있는 관계로 민족이 통일되지 않는다고 생각한 중앙인위는 양측이 동수의 위원으로 통일위원회를 구성해 통일정부 수립문제를 토의하자고 공문에서 다음과 같이 제의했다.

朝鮮을 圍繞한 內外情勢는 至極히 急迫하고 있으며 民族의 統一은 時刻을 다투고 있읍니다. 萬一 此際에 우리의 自力으로서 統一치 못하고 外力에 依하야

不得已 統一케 된다면 이것은 民族萬代의 恥辱이오 千秋의 遺恨이 안일 수 없읍니다. 賢明한 民衆은 이 危機에 處하야 民族의 絶對統一을 强烈하게 要請하며 나아가서 貴政府와 本政府의 同時 解體를 要求하고 있지 않읍니까. 現在 朝鮮民族統一을 沮害하고 있는 原因은 兩 政府의 竝立으로 나타나고 있읍니다. 따라서 朝鮮人民共和國 中央人民委員會는 實로 兩 政府의 統一이 民族統一의 唯一 最善의 方法이라고 認定하고 그 具體的 方法으로서 다음의 諸 條件을 大韓民國臨時政府 國務委員會에 提示합니다.

一. 兩方에서는 各各 若干名의 委員을 選出하고 交涉에 關한 一切 全權을 委任하야 統一委員會를 形成할 것.

一. 該委員會는 每日 緊密하게 會合하야 統一政府 樹立에 관한 具體案을 討議할 것.

一. 右 任務의 達成은 美蘇共同委員會 開催 以前에 完成할 時急한 必要로서 一月 五日까지 成案에 到達하도록 努力할 것.

本 提案에 對하야 一九四六年 一月二日 午前 十時까지 回答하야 주시기를 바랍니다.[24]

이에 대해 임정은 공문을 형식상 접수하기 어렵다는 이유를 들어 이를 반송했다. 이처럼 임정이 서식상의 이유를 들어 접수하지 않고 반송함으로써 인공과 임정의 통일전선 결성은 불가능하게 되고 말았다. 이에 대해 이강국은 임정의 처사가 독선적이고 군림적이며 관료주의적이라고 비난했다. 객관적 현실을 정확히 파악하고 민족이 당면한 과업을 완수하려고 하기보다는 탁치문제를 계기로 임정이 자파 세력 신장에 급급하고 민족통일에 대해서는 완전히 무성의한 태도를 보이고 있다는 것이었다.[25]

한편 탁치문제에 대해 공식적인 견해를 발표하지 않던 공산당은 1946년 1월 1일 탁치를 반대하는 것으로 해석해도 무리가 없는 내용의 담화를 발

---

24) <朝鮮人民報>, 1946년 1월 2일.
25) 李康國,『民主主義 朝鮮의 建設』, 89쪽.

표했다.26) 담화에서 공산당은 탁치문제는 무계획적이고 흥분한 행동으로는 해결할 수 없으며 국제정세를 냉정하게 비판하고 인식해야 한다고 주장하고, 해결방법은 오직 민주주의적인 민족통일전선을 결성하는 데서만 가능하다고 단언했다. 통일전선 결성에 의해서만 탁치반대가 가능하다는 논리였다. 그리고 철시, 파업 등의 방법으로 민중을 선동하는 것은 시민의 생명을 질식시키는 것이라고 지적, 임정의 반탁운동 방식을 비판했다.

좌익진영이 이처럼 통일전선 결성을 강조하고, 최종적으로는 중앙인위를 통해 임정과 인공의 동시 해체를 통한 통일정부 수립을 제의한 것은 민족분열로 탁치문제가 대두됐다고 분석했기 때문이다. 정당·사회단체의 난립과 분열로 민족의 총의가 형성되지 못했으며, 이로 인해 일치된 목소리로 자주독립을 주장할 수 없었기에 탁치가 초래됐다고 생각한 것이다.

이와 동시에 반탁 이슈를 선점하고 반탁운동을 주도하고 있는 임정을 견제할 필요를 느꼈기 때문에 인공과 임정의 통합을 제의한 것이기도 했다. 거족적인 반탁열기에 편승해 주권을 회복하려고 노력하는 임정의 시도에 어떤 방식으로든 제동을 걸지 않을 경우 임정이 정권을 장악하는 사태가 발생할지도 모른다고 생각했기 때문이다. 이런 분위기를 반영해 문화·학술단체 대표회의는 신탁통치와 민족통일 촉진에 관한 성명서를 발표했던 것이다.27)

---

26) 공산당이 발표한 반탁성명 전문은 다음과 같다. "우리 黨은 過去에도 그러했고 現在에도 自由獨立을 위하야 싸우고 있다. 民族 全體의 絶對的인 希望이고 '포쓰담'宣言에도 約束한 바임에도 不拘하고 託治制가 나오게 됨에 대하야 無計劃的 昂奮的 行動으로는 解決할 수 없다. 朝鮮을 싸고도는 國際 現狀勢를 가장 冷靜하게 批判하고 認識하야 이 問題에 大略하여야 한다. 이 問題를 乙巳條約 云云하야 撤市 罷業 等 方法으로 民衆을 煽動 指導하는 것은 市民의 生命을 窒息化하는 것이며, 더욱이 勤勞大衆의 生活을 破滅시키는 것이다. 우리는 이러한 指導者들을 究明 排擊하여야 한다. 다만 解決方法은 오직 民主主義의인 民族統一戰線을 다 鞏固히 結成하는 데서만 可能하다고 본다. 託治問題의 解決은 民族統一戰線 結成으로." <朝鮮人民報>, 1946년 1월 2일.

한편 공문 접수를 거부하고 독자적인 반탁운동에 나선 임정의 행동에 대해 이강국은 조선의 완전독립보다는 임정이라는 간판이 더 소중하며 민족통일보다는 임정의 법통과 체면에 미련이 있는 것이라고 지적하고, 인민의 애국심을 역용하여 지지기반을 구하려는 파쇼적 경향을 나타낸 것이라고 비난했다. 그리고 임정과 통합하기 위해 기울인 최대한의 성의와 노력이 수포로 돌아갔다면서, 민족의 분열을 획책하며 파쇼화하는 임정을 배제하고 민주적인 방법으로 민족통일을 완성하겠다고 다짐했다.28) 여기서 그가 말한 민주적 방식의 통일이란 '위로부터의 통일'이 아닌 '밑으로부터의 통일'을 의미하는 것이었다.29) 단지 통일의 완벽을 기하기 위해 부차적 의의를 갖는 위로부터의 통일을 추진한 것이었는데, 임정과의 제휴 단념으로 그럴 필요가 없어졌다는 것이다.

그러나 이러한 주장은 곧 설득력을 잃게 된다. 효율적인 반탁운동을 위해 통합해야 한다는 기존의 입장과는 정반대로 공산당과 중앙인위를 포함한 전 좌익진영이 탁치를 수용하는 쪽으로 노선을 변경함으로써 임정과 행동을 같이할 수 있는 근거를 스스로 없애 버렸기 때문이다. 구조적으로 인공과 임정은 탁치문제에 대해 공동의 대응방안을 마련할 수 없는 환경이 조성되고 만 것이다.

---

27) 1945년 12월 30일 오후 1시에 조선학술원, 과학자동맹, 공업기술자협회, 교육혁신동맹, 조선생물학회, 진단학회, 산업노동조사소, 사회과학연구소, 조선문화협회, 조선어학회 등 단체의 대표들이 회의를 열고 성명서를 발표했다. 성명에서 이들은 신탁통치는 민족에 대한 중대한 모욕이며 민족의 노예상태를 연장하는 것이므로 이를 반대하며 투쟁하는 것은 민족의 숭고한 의무라고 주장하고, 이러한 투쟁은 민족 전원의 일치단결로 수행하지 않으면 안 된다면서 탁치문제를 계기로 통일하지 못하면 임정과 인공은 책임을 져야 한다고 주장했다. <朝鮮人民報>, 1945년 12월 31일.
28) 李康國, 『民主主義 朝鮮의 建設』, 90쪽.
29) <朝鮮人民報>, 1946년 1월 4일.

4. 좌익진영의 노선변경과 논리

1) 노선변경

　1946년 1월 2일 공산당은 3상회의 결정 내용을 신중히 검토한 결과 민주주의 발전에 있어 또 하나의 진보라고 주장하고 이에 대한 지지를 표명, 기존의 반탁노선에서 벗어났다. 3상결정이 조선을 독립국가로 부흥시키고 민주주의적 기초 위에서 발전할 조건을 만들어 주며, 민주주의적 정부를 조직하는 국제적 결정으로 조선을 위해 가장 정당한 것임을 인정한다는 것이었다.30) 공산당은 또한 탁치 결정의 책임을 의식적으로 미·영·소 3국에 돌리고, 이들의 우의적 원조와 협력을 흡사 제국주의 위임통치라고 왜곡하며 대중을 기만하는 반탁운동은 극히 위험천만한 결과를 나타낼 것이라면서 임정을 강하게 비난했다. 그리고 카이로선언에 '적당한 시기'에 조선에 독립을 부여한다는 구절이 있는데, 이 '적당한 시기'라는 것이 3상회의에서 5년 이내로 규정된 것이라고 주장했다.

　공산당이 노선을 변경하자, 중앙인위도 1월 2일 모스크바3상회의 결정이 민주적인 해결이라는 것을 인정하고 절대 지지한다는 내용의 메시지를 미·영·중·소 4개국에 보냈다.31) 그리고 3상결정을 전적으로 지지하며, 이를 실천하기 위해 적극적으로 투쟁하며, 이를 대중에게 이해시키고 보급시키며, 연합국의 호의적 원조에 반대하고 민족을 분열시키는 김구 일파를 단호히 배격한다고 결의했다. 3상결정이 조선민족의 해방을 확보하

---

30) <朝鮮人民報>, 1946년 1월 3일.
31) 메시지 전문은 <朝鮮人民報>, 1946년 1월 4일 수록.

는 진보적인 결정일 뿐 아니라, 민주적 정권 수립과 민주주의적 발전을 원조하여 자주독립을 완성해 주는 것이며, 현재 국내외 정세에 비추어 볼 때 민족의 이익을 존중해 주며 세계평화 유지를 위한 가장 적절한 결정이라는 것이었다.

중앙인위는 다시 1946년 1월 4일 "모스크바會談의 朝鮮問題에 對한 中央人民委員會의 解釋과 態度"라는 제목의 담화를 발표하고,[32] 신탁통치는 위임통치와는 판이하게 다른 것이며 독립을 획득하기 위해 거쳐야 하는 진보적인 단계라고 주장했다. 담화문은 전후의 문맥으로 보아 이강국이 작성했을 것으로 분석되는데, 여기서 조선해방은 연합국의 원조 및 국제문제 해결과 관련해서 진행된 것이므로 완전독립에는 허다한 국제적 제약이 따른다고 분석하고 3상결정의 의의를 세 가지로 설명했다.

첫째, 카이로·포츠담선언을 구체화한 것이며, 둘째, 신탁제도 역시 제국주의적인 식민통치나 위임통치와는 아주 다른 진보적 의의를 갖는 것이며, 셋째, 탁치의 책임이 3국에 있는 것이 아니라 우리 민족 자신이 일제잔재를 소탕치 못하고 분열돼 있기 때문에 3국으로서는 하는 수 없이 탁치를 통해 완전독립을 천연시켰다는 것이다. 그리고 정보부족으로 인해 전일에 범한 오류, 반신탁의 태도를 솔직히 극복하고 세계 민주주의원칙과 합치되는 강력한 민주주의적 민족전선 조직에 집중할 것임을 다짐했다.

공산당과 중앙인위가 이처럼 공식적으로 3상결정을 지지하자, 좌익진영의 정당과 사회단체들은 그 뒤를 이어 탁치를 지지하는 내용의 담화나 성명을 발표했다. 전국농민조합총연맹을 위시하여 조선부녀총동맹, 조선노동조합전국평의회 등의 단체가 3상회의 결정 지지를 선언했으며, 인민당은 신탁통치라는 문구에 구속되어 그 정신을 이해하지 못하고 맹목적인 반대는 하지 말 것을 당부하기도 했다. 이들은 처음에는 전국적으로 조직된 인민위원회의 존재를 근거로 조선민족이 자치할 능력을 충분히 갖추었

---

32) 담화 전문은 <朝鮮人民報>, 1946년 1월 5일 수록.

기 때문에 탁치를 반대한다던 입장에서 완전독립을 위해 반드시 거쳐야만 하는 단계로 탁치에 대한 해석을 바꾼 것이다.

이처럼 노선과 입장을 바꾼 이유에 대해 공산당은 신중히 검토를 거듭한 결과라고만 설명했고,33) 중앙인위는 3상결정의 내용을 토의한 결과라고 주장했다.34) 그러나 인민당의 총무국장 이여성은 "그 후 자세한 정보에 의하여" 탁치가 독립을 제약하는 것이 아니라 건전한 발전을 원조하는 것임을 알게 됐기 때문이라고 밝혀,35) 외부로부터 뒤늦게 탁치를 지지하라는 지시가 왔거나 별도로 탁치문제에 관한 정보가 제공됐으리라는 것을 암시하는 듯한 발언을 했다.

실제로 탁치문제에 관한 지시가 온 것은 공산당이 1946년 1월 3일로 예정된 반탁대회를 위해 한참 준비하고 있던 무렵이었다. 당원들이 '신탁통치 결사반대'라는 문구를 플래카드에 쓰고 있는 순간 북으로부터 연락원이 밀서를 갖고 도착했고, 그 안에 탁치를 지지하라는 내용이 들어 있었다는 것이다.36) 그러나 뒤늦게 도착한 명령이 공산당 조직 말단에까지 충분히 전달되지 않았기 때문에, 1월 3일의 대회에서는 당원들이 반탁 플래카드를 들고 있다가 간부들에게 뺏기고 찢기는 소동이 발생하기도 했던 것이다.37)

신탁통치를 수용하는 쪽으로 갑자기 노선을 바꾼 공산당의 박헌영은 1946년 1월 5일 기자회견을 갖고 3상결정을 절대 지지한다고 주장했다. 그는 3상결정이 조선을 민주주의적 원칙 아래 발전시키고 완전한 독립국가로 만들어 주기 때문에 지지한다고 노선변경의 이유를 설명하고, 민주주

---

33) <朝鮮人民報>, 1946년 1월 3일.
34) <朝鮮人民報>, 1946년 1월 4일
35) <朝鮮人民報>, 1946년 1월 6일.
36) Charles W. Thayer, *Hands across the Cavier* (New York: J.B. Lippincott Company, 1952), p.240.
37) 양한모, 『마르크스에서 그리스도에로』, 80-81쪽.

의 국제협조의 정신 밑에서 국제문제가 해결되는 시기이므로 조선도 세계의 일부분으로서 국제적으로 옳은 노선에 순응해야 독립이 가능하다고 단언했다. 그는 또 임정이 주도하는 반탁운동은 정치적으로 커다란 과오를 범한 것이며, 탁치를 일제의 위임통치와 혼동해 반미·반소의 방향으로 이끌어 민중을 극도로 혼란하게 하는 것이라고 비난했다. 그리고 군정청 한인 직원은 임정의 지시를 받으라고 했던 사실을 염두에 둔 듯, '쿠데타'를 감행해 일시에 정권획득의 야욕을 채우려는 것이라고 임정의 주석 김구를 강하게 비난했다.38)

박헌영의 기자회견이 노선변경에 대한 자기변명과 합리화에 그친 반면, 이강국은 그와 달랐다. 그는 1946년 1월 23일 방송연설을 통해 혼선을 초래한 데 대해 잘못을 솔직하게 시인했다. 연설에서 그는 1945년 12월 28일 아무런 내용도 없이 3상회의가 조선에 신탁통치를 결정했다고 보도되어 전 민족이 흥분하고 격앙한 것도 결코 무리가 아니라고 생각하며, 그 순수한 애국심에 경의를 표한다고 말하고 다음과 같이 사과했다.

> 中央人民委員會로서는 當時 情報가 不足한 남어지 興奮한 民衆에게 그대로 追隨하고 말었든 것입니다. 그러나 우리는 漸次로 三相會議의 내용이 뚜렷하여지자 이것을 깊이 分析한 結果 그것이 朝鮮獨立을 援助하고 促進식힌다는 것을 認識하게 됐읍니다. 그리하여 中央人民委員會는 이미 一月 三日 新聞紙上에 發表한 바와 같이 自己誤謬를 率直하게 是正 淸算하는 同時에 三相會議를 支持하는 態度를 表明하게 되였읍니다. 우리는 좀더 迅速하게 三相會議의 內容을 究明하여 그 態度를 明確히 하지 못하고, 따라서 民衆에게 一時 混亂을 일으키게 한 데 對하여 三千萬 民衆에게 깊이 謝過하는 바입니다.39)

노선변경으로 인해 초래된 혼란에 대해 이강국이 사과한 것은 한민당

---

38) <朝鮮人民報>, 1946년 1월 6일.
39) 李康國, 『民主主義 朝鮮의 建設』, 94-95쪽.

을 비롯한 우익진영의 비난이 끊이지 않았기 때문이다. 한민당은 좌익진영이 1월 3일 반탁대회를 개최한다고 선전하고 현장에서는 3상회의 결정 지지를 결의함으로써 군중들이 장내에서 탈퇴하고 시위행렬에서 이탈하는 등 혼란을 일으켰고, 이로 인해 공산당이 대중의 신망을 잃고 세력이 실추되는 계기가 됐다고 비난했었다.[40]

좌익진영이 3상결정 지지로 선회함으로써 인공과 임정의 통합은 영영 이루어질 수 없게 됐다. 탁치문제에 대한 인식이 다른 상황에서 통합을 논하는 것 자체가 원천적으로 불가능해졌기 때문이다. 이런 상황을 반영이라도 하듯이 통합위원으로서 임정과의 교섭에 나섰던 중앙인위의 홍남표는 임정이 없더라도 민족의 통일은 가능하다는 내용의 담화를 발표하기도 했다.[41]

2) 노선변경의 논리와 통합운동

노선변경으로 인해 좌익진영의 인식체계에 대해 적지 않은 혼란이 초래되자 공산당은 이를 해명할 필요성을 절실하게 느꼈다. 1945년 10월 빈센트에 의해 탁치문제가 처음 대두됐을 때 적극적으로 이를 반대했을 뿐만 아니라 3상결정 발표 이후 온 민족이 일치단결해서 반대하고 있는 마당에 구체적인 설명도 없이 갑자기 지지하는 쪽으로 노선을 바꾸어 혼란을 자초했기 때문이다. 그리하여 공산당은 1946년 1월 7일 당중앙위원회를 개최하고 탁치를 설명하는 내용의 담화를 발표했다.[42]

당중앙위원회 선전부 명의로 발표된 담화에서 공산당은 신탁통치란 미·영·소 3국의 원조와 협력을 의미하는 것으로 인식해야 한다고 주장

---

40) 韓國民主黨,『韓國民主黨小史』, 23쪽.
41) <朝鮮人民報>, 1946년 1월 6일.
42) 담화 전문은 <朝鮮人民報>, 1946년 1월 8일 수록.

하고, 3상결정은 국제적인 성공이라고 단언했다. 가장 진보적인 국가인 소련의 이니셔티브로 회의가 잘 진행되어 민주주의 국가 사이에 연합체계가 더욱 견고해짐으로써 전쟁위험이 제거되고 세계 민주주의 건설에 거대한 전진을 이루었으며, 극동에서는 중국과 일본이 민주주의 국가로 발전하기 위한 조건이 성립됐기 때문에 국제적으로 진보적 의의를 갖는다는 것이었다.

한반도문제에 관해 공산당은 우리 민족의 손으로 일제를 구축하지 못하고 미·소의 힘으로 성취된 만큼 국제적 제약을 받는 것이라고 말하고, 3상결정이 비록 즉시 독립은 허용하지 않았다고 하더라도 문제 해결을 위해서 커다란 진전을 보인 것이라고 주장했다. 한편으로는 식민지화의 위험을 제거했고, 다른 한편으로는 민족의 실력 여하에 따라 단기간 내에 자주독립이 성립될 수 있다는 보장을 한 것이기 때문에 진정한 의미에서 독립을 촉성하는 진보적인 방법이라는 것이었다.

이런 이유를 들어 공산당은 "信託에 反對하지 않을 뿐 아니라, 이번 決定에 民族的으로 絶大 協力하기를 宣傳"43)하여 독립이라는 큰 목표에 도달해야 한다고 주장했다. 그리고 기본적으로 민족통일이 이루어지지 않았기 때문에 연합국이 탁치를 실시하기로 결정한 것이므로 탁치문제를 계기로 해서 민주주의적인 통일전선을 조직해야 하며, 반탁운동을 민족통일전선 결성운동으로 전환시키고 3상결정을 절대 지지하는 운동을 전개해야 할 것이라고 강조했다.

공산당의 이러한 내용의 담화가 계기가 되어 "3상결정 절대지지"라는 구호가 나오게 됐고, 이후 좌익진영은 신탁지지라는 말 대신에 "3상결정을 총체적으로 지지하자"는 문구를 주로 사용했다. 신탁통치는 위임통치나 식민통치와는 전혀 다른 것이라고 여러 차례 설명했음에도 불구하고 용어 자체가 대중에게 주는 이미지가 좋지 않다고 판단했기 때문이다. 그리고

---

43) <朝鮮人民報>, 1946년 1월 8일.

좌익진영은 3상결정을 해설할 경우 탁치는 '후원,' '후견' 또는 '원조'라는 용어로 번역해야 한다고 계속해서 강조했다.

노선을 바꾼 공산당은 통일전선 결성 차원에서 1946년 1월 6일 한민당, 국민당, 인민당과 함께 신탁통치에 관한 공동 행동대책을 토의하는 모임을 가졌다. 3상결정의 진의를 파악하고 민족통일의 적극적인 계기를 만들어 진정한 독립을 실현하기 위한 방안을 모색하자는 취지에서 4개 정당이 모인 것이었다.44) 이들 4당 대표들은 7일에도 만나 통합문제에 관한 구체적인 방안을 협의한 끝에 탁치문제에 대해서는 3상결정의 의도를 전면적으로 지지한다는 데 합의하고, 1월 8일 다음과 같은 내용의 공동성명을 발표했다.

> 朝鮮問題에 對한 莫斯科 三國 外相會議의 決定에 對하야 朝鮮의 自主獨立을 保障하고 民主主義의 發展을 援助한다는 精神과 意圖는 全面的으로 支持한다. '信託' 國際憲章에 依하야 疑懼되는 信託制度는 將來 樹立될 우리 政府로 하여금 自主獨立의 精神에 基하야 解決케 함.45)

3상회의가 비록 탁치를 실시하기로 결정했지만, 탁치의 의도와 정신은 조선의 자주독립을 보장하고 민주주의적 발전을 원조하는 것이므로 이를 전적으로 지지한다는 것이다. 그리고 탁치 실시의 문제는 장차 수립될 정부가 자주독립 정신에 기초해서 해결토록 한다는 데 의견의 일치를 본 것이다. 3상결정을 두 부분으로 나누어 독립을 보장하고 원조키로 한 부분에 대해서는 전적으로 지지하나, 탁치를 실시하는 문제는 임시정부가 수립된 후 그 정부가 자주독립 정신에 입각해서 결정토록 한다는 것이었다.46) 이

---

44) <朝鮮人民報>, 1946년 1월 8일.

45) 4당 대표회의에는 인민당에서 李如星, 金世鎔, 金午星이, 한민당에서 元世勳, 金炳魯가, 국민당에서 安在鴻, 白弘均, 李承馥이, 그리고 공산당에서 李舟河, 洪南杓가 각각 참석했다. <朝鮮人民報>, 1946년 1월 9일.

같은 공동성명이 나오게 되자, 인민당은 해방 이후 주장을 달리하는 정당인들이 모여 진지하게 토의한 결과 통일의 단서를 잡았다고 그 의의를 매우 높이 평가했다.47)

그러나 한민당의 생각은 달랐다. 전국적으로 반탁운동이 전개되고 있는 상황에서 나온 4당 공동성명이 3상결정을 지지하는 인상을 일반에게 주는 것 같자, 이를 취소하고 종전의 반탁태도를 일관해야 한다고 생각한 것이다. 그리하여 한민당은 공동성명이 발표된 당일인 1946년 1월 8일 긴급 간부회의를 개최하고, 공동성명의 탁치에 관한 조항이 반탁정신을 몰각했기 때문에 탁치에 관한 조항을 승인하지 않기로 결정하며 일관되게 반탁을 주장한다고 밝혔다.48)

4당 공동성명이 한민당의 반대로 그 의의를 상실하게 되자, 신한민족당이 포함된 5당 회담이 1월 9일 임정과 중앙인위가 참석한 가운데 다시 개최됐다. 이 자리에서 공동성명의 취지를 살리기 위한 방안과 미·소 양국 위원들이 임시정부를 수립해 주기에 앞서 우리 손으로 통일을 이루고 정부를 수립하는 문제 등이 논의됐지만,49) 탁치문제에 관한 인식의 차이로 합의를 볼 수 없었다. 우익진영의 한민당, 국민당, 신한민족당은 임정에서 제창한 비상정치회의를 소집해 '민족자주적인 입장'에서 반탁운동에 매진할 것을 주장한 반면,50) 인민당과 공산당은 보수진영의 군림하려는 태도를 비난하

---

46) 3상결정을 이처럼 두 부분으로 나누어 해석한 공동성명이 나오자 좌익진영의 한 신문은 "民族統一에 曙光"이라고까지 표현했고 인공의 중앙인위도 "統一의 前途 有望"이라고까지 언급했으나(<朝鮮人民報>, 1946년 1월 9일), 이강국은 1946년 1월 23일의 방송연설을 통해 이를 비판하게 된다. 3상결정은 전체적으로 수용하는 것이지, 두 부분으로 나누어 마음에 드는 것은 취하고 마음에 들지 않는 것은 버리는 식으로 해석해서는 안 된다는 것이었다.
47) <朝鮮人民報>, 1946년 1월 9일.
48) <東亞日報>, 1946년 1월 9일.
49) <朝鮮人民報>, 1946년 1월 10일.
50) <東亞日報>, 1946년 1월 11일.

며 '국제민주주의적인 정당한 노선'에 설 것을 주장했기 때문이다.51)

5. 반탁논리 비판

3상결정을 설명하면서 이강국은 탁치, 즉 후원제는 조선의 완전독립을 확보하는 과정이고, 그것을 완전히 민주주의적으로 진행하며 연합국이 공동으로 원조하는 것이라고 단언했다. 그러므로 이에 반대하는 것은 독립을 확보할 필요가 없다고 하는 사람이거나 연합국의 원조를 배제하는 사람뿐이라고 말하고, 후원제는 민족의 역량이 성숙하지 못한 데 기인하며 그러한 현실 위에서 결정된 3상결정은 현단계에서 가장 옳은 해결방안이라고 주장했다.52) 그리고 좌익진영을 대표해서 반탁논리에 대한 비판에 나섰다.

3상결정의 전모가 밝혀짐에 따라 그 진보성과 역사적 의의가 분명해졌다고 주장한 이강국은 반탁논리의 비판에 앞서, 반탁진영의 논리를 세 가지 범주로 유형화했다. 첫째는 원조는 지지하나 탁치는 반대한다는 것이고, 둘째는 반탁운동을 전개한 결과 탁치 실시의 가능성을 없앨 수 있다는 것이며, 셋째는 탁치가 결국은 실행될 터이므로 구태여 이를 지지할 필요가 없다는 이른바 지지무용론 등 세 가지로 반탁논리를 분류했다.53)

첫 번째 범주에 속하는 반탁논리(민주주의적 자주독립국가 건설을 원조하는 것은 지지하나 신탁통치를 실시하는 것은 반대한다)는 3상결정 제3조의 의의를 정확히 파악하지 못하고 전반부와 후반부를 분리하는 데서 출발한 것이라고 그는 지적했다. 3조는 임시정부가 수립된 후 그 임시정부와 공동

---

51) <朝鮮人民報>, 1946년 1월 11일.
52) 李康國, 『民主主義 朝鮮의 建設』, 102-103쪽.
53) 李康國, "三相會議決定과 諸解釋論," 『大潮』 1권 2호(1946년 4월), 15쪽.

위원회의 관계, 즉 공동위원회의 임무를 규정한 것이므로 분리될 수 없다는 것이 그의 해석이다. 임시정부와 타협한 후 '신탁에 관한 협정'을 한다는 구절을 마치 신탁을 실시할지, 하지 않을지를 협정할 수 있는 것처럼 판단하는 것은 환상이라는 것이다.54) 그는 공동위원회가 연합국으로부터 원조할 것을 위탁받았기 때문에 형식에 있어 신탁이요, 내용에 있어서는 원조 또는 후견임을 3상결정의 전문을 분석하면 명료하게 알 수 있다고 주장하고, 반탁진영의 분리 지지론은 기회주의적 정권욕에서 나온 것이라고 비판했다.

두 번째 범주로 반탁운동을 전개한 결과 탁치를 실시하지 않을지도 모른다는 발언에 대해, 이 역시 환상이나 곡해에 불과한 것이라고 이강국은 비판했다. 3상결정의 3조에 있는 '임시정부와 상의한 후에'라는 문구를 마치 신탁 자체를 임시정부와 상의해서 결정한다는 것으로 곡해하고 있다는 것이다. 그는 문제의 신탁, 즉 후견은 3상회의에서 이미 결정된 것이므로 임시정부가 이를 공동위원회에 제안하거나 동의할 수 있는 성질의 것은 아니라고 강조했다. 그리고 이러한 곡해는 무식의 소치거나, 반탁운동의 기세를 올려주고 반탁운동을 조장하여 민족의 통일을 분열시켜 우리 민족을 더욱 불리하게 할 뿐이라고 주장하고, 하지 사령관이 반탁운동은 신탁을 초래한다고 말한 경위를 연구해 볼 필요가 있다고 제의했다.55)

세 번째 범주로 이강국은 3상결정을 지지한다는 말을 하지 않는다고 해서 연합국이 민주주의원칙을 버리고 비민주주의원칙을 적용할 리가 없으므로, 지지 운운하는 것은 쓸데없는 일이라고 하는 주장에 대해 비판했다. 과거 카이로선언이나 포츠담선언에 지지를 표명하지 않았던 것은 전 민족이 이를 반대하지 않고 그 노선에서 묵묵히 실천에 노력했기 때문이지만, 현재의 3상결정은 이를 반대하는 반동적 조류가 있으므로 이를 지지하는

---

54) 李康國, "三相會議決定과 諸解釋論," 16-17쪽.
55) 李康國, "三相會議決定과 諸解釋論," 17쪽.

노선을 분명히 내세워야 민중을 정당하게 지도할 수 있고 진보적 노선이 승리할 수 있다는 것이 그의 분석이었다.56) 3상결정을 지지하지 않고 방임한다면 민중은 반동진영에 오도되어 자멸의 길을 걸을 것이기 때문에 민주주의 승리를 위한 실천이 필요하며, 이러한 실천 없이 민주주의는 승리하지 못할 것이므로, 민주주의원칙의 실천과정의 일부로서 3상결정에 대한 지지표명은 절대로 필요하다는 것이었다.

결론적으로 이강국은 3상결정의 지지만이 한반도문제를 해결하는 유일한 길이라고 생각했다. 그리하여 탁치를 반대하는 것은 세계정세에 대한 몽매에서 온 것이거나 자신의 오해를 솔직하게 자기비판할 성의와 용기가 없이 오히려 이를 합리화시키려는 도박에 불과한 것이라고 비판하고,57) 3상결정에 대한 지지를 확산시키기 위해 노력했다.

반탁논리를 비판하기 위해 이강국이 즐겨 제시한 주장의 논리적 근거는 조선해방의 국제성이었다. 우리 민족이 독립을 위해 꾸준하게 투쟁해 왔지만 자력으로 일제를 몰아내지 못했기 때문에 해방의 국제성이 존재하는 것이며, 이로 인해 조선의 자주독립에는 국제적 제약이 수반되지 않을 수 없다는 데서 그의 논리는 출발한다. 그리고 민주주의를 수호하기 위한 미·소 양국의 공고한 협조를 기초로 2차 세계대전에서 승리한 것이므로, 세계문제의 해결도 이 원칙에서 이루어지며 조선문제도 세계적인 연관의 일환으로 제기되고 해결되는 것이기 때문에 고립성은 절대로 용인되지 않는다는 논리로 이어졌다.58)

이와 같은 논리는 군정의 필요성을 주장하면서 제시했던 논리의 반복이라고 할 수 있다. 해방 직후 그는 자력으로 해방을 달성하지 못했기 때문에 군정이 불가피하다고 주장한 바 있는데, 이러한 논리가 탁치문제가

---

56) 李康國, "三相會議決定과 諸 解釋論," 19쪽.
57) 李康國, "三相會議決定과 諸 解釋論," 20쪽.
58) 李康國, "三相會議決定을 엇지하야 支持하는가!," 『新天地』 1권 7호(1946년 8월), 65쪽.

대두되면서 탁치를 수용하는 논리로 다시 활용된 것이다. 즉 연합국의 승리로 해방된 만큼 국제성은 더욱 농후해지며 세계적 관련성은 한층 긴밀해지기 때문에 조선문제는 세계문제와의 관련 하에서만 해결될 수 있다는 것이고, 이 때문에 3상결정을 적극적으로 지지해야 한다는 주장으로 이어진 것이다.

  자력으로 해방됐다고 하더라도 조선이 세계의 일부분을 구성하고 있는 한 국제적 제약은 불가피한데, 하물며 스스로 일제를 구축하지 못한 이상 조선문제를 고립적으로 해결할 수는 더욱 없다는 것이었다. 그러므로 그는 3상결정을 지지하는 것은 세계정세를 내다보고 냉정하게 자신을 돌아본다면 누구나 수긍할 수 있는 진리이며 엄연한 현실이라고 주장한 것이다.59)

---

59) 李康國, "三相會議決定을 엇지하야 支持하는가!," 69쪽.

제7장 미소공동위원회와 민주주의민족전선

　모스크바 3상회의에서 탁치문제가 제기되자 공산당을 비롯한 좌익진영의 정당·사회단체들은 탁치를 반대하던 입장에서 표변, 이를 수용하는 쪽으로 선회했다. 이를 계기로 해방정국은 찬탁진영과 반탁진영으로 나뉘어 대립과 갈등을 반복하게 되는데, 이 과정에서 이강국은 해방의 국제성에 비추어 볼 때 3상결정을 지지하지 않으면 안 된다는 논리를 개발하고 집필과 연설 등의 활동을 통해 이런 논리의 확산에 앞장섰다. 이와 동시에 그는 미소공동위원회(이하 미소공위)의 성공적 개최와 찬탁진영의 규합을 위해서도 적지 않은 노력을 기울여, 좌익진영의 통일전선체인 민주주의민족전선(이하 민전)을 출범시키는 데 산파적인 역할을 하기도 했다. 민전이 결성된 후 그는 사무국장이 되어 우익진영을 비판하며 이론과 실천 양면에서 찬탁진영을 이끌어 가는 핵심적인 역할을 했다.

1. 소련대표단의 입경과 미소공위 예비회담

1) 소련대표단의 입경

　미소공위 개최문제를 협의하기 위한 소련군 대표단 연락장교 일행 4명이 비행기 편으로 서울에 도착한 것은 1946년 1월 8일 오후였다. 이들이 서울에 온 것은 하지 사령관이 서울 주재 소련영사관을 통해 북한 주둔 소련군사령관에게 예비회담 개최에 관해 협의하자고 제안한 데 따른 것이었는데,1) 이들의 도착을 계기로 탁치문제를 둘러싼 좌우의 대립은 본격화되게 된다. 막연하게만 거론되던 신탁통치가 현실적인 문제로 대두됐기 때문인데, 이러한 대립과 갈등에서 이강국은 좌익을 대표하는 이론가로서 좌익진영이 지향해야 하는 노선을 제시하는 역할을 했다.

선발대 격인 소련군 연락장교가 서울에 도착하고 미·소 양군 사이에 미소공위를 개최하는 문제가 논의되기 시작하자, 중앙인위는 1월 10일부터 3일간 전국인민위원대표대회를 열고 3상결정 지지문제, 통일전선 결성 문제, 지방인민위원회 정비·강화문제 등을 토의했다. 이날 중앙과 지방의 대표 30여 명이 참석했는데,2) 안기성(安基成)의 개회사로 시작된 대회에서 이강국은 중앙정세 보고를 했다.3)

보고에서 이강국은 미군정과 인민위원회와의 관계에 대해 인공이 정부로 행세하지 않겠다고 서약했음에도 불구하고 인민위원회에 대한 비민주주의적 탄압이 격심해지고 있다고 지적했다. 그리고 임정 귀국을 전후해서 탄압의 강도가 높아진 것으로 보아 군정과 임정의 관계가 의심스럽다고 주장하고, 반탁운동을 지지하며 통일전선 결성을 거부한 임정에 민족 분열의 책임이 있다고 비난했다. 그는 임정이 역사적 법통을 가진 유일한 정부라고 주장하고 있으나 해외 혁명세력의 일부일 뿐이라고 반박하고, 그 문제에 관한 한 임정보다 국내 혁명세력의 집결체인 인공이 월등히 정당한 근거를 갖고 있기 때문에 장차 인공을 과도정권으로 승인받도록 노력할 것이라고 단언했다. 그는 또한 지방인민위원회가 지방자치정권으로

---

1) <朝鮮人民報>, 1946년 1월 10일.
2) 이날 중앙에서는 李康國, 崔益翰, 安基成, 河弼源 등이 참석했고 지방별로 참석한 대표의 수는 서울 5, 경기 5, 강원 4, 충북 2, 충남 3, 전북 4, 전남 4, 경남 3, 경북 2명이었다. <서울신문>, 1946년 1월 11일.
3) 보고 전문은 <朝鮮人民報>, 1946년 1월 11일 수록.

서의 근거를 갖고 있지만, 독선적 고집이 민족분열을 초래할 위험이 있기 때문에 통일정권 수립에 적극적으로 협조하려 한다고 밝혔다.

이강국의 보고를 듣고 난 다음 대회는 반탁위원회 주도로 1월 12일 개최되는 반탁국민대회를4) 반대한다는 내용의 성명서를 만장일치로 채택했다. 반탁위원회가 3상회의의 내용을 제대로 이해하지 못했을 뿐만 아니라 고의로 이를 왜곡하고 대중을 속이며, 자신들의 추악한 정권욕을 채우기 위해 민족분열을 음모하고 조선의 완전독립을 방해하고 있으므로 절대 배격하지 않을 수 없다는 것이었다.5) 이어 대회는 3상결정 절대 지지가 민족통일의 구체적인 방향이라고 주장하고, 이 국제노선에 입각하여 중앙과 지방의 인민위원회가 주체가 되어 민족통일운동을 전개하기로 한다는 데 의견의 일치를 보았다.6)

미소공위 개최에 즈음하여 이 같은 대회가 열린 것에 대해 이강국은 <조선인민보>의 사설을 통해 대회의 개최가 시의적절한 것이라고 그 의의를 높이 평가했다. 탁치문제가 전국적으로 왜곡 선전되어 민중의 격분을 야기하고 통일운동을 지리멸렬케 하는 불행을 초래하고 있는 마당에 대회가 개최되어 이 문제를 분석·검토하여 정당한 지침을 결론적으로 내릴 수 있게 됐다는 것이었다. 그리고 자주독립은 '반탁 절규'나 데모에서 오는 것이 아니라, 안으로 민족통일을 완수하고 밖으로 국제적 민주주의노선을 준수하는 곳에서만 이룩되는 것이라고 단언했다.7)

---

4) 반탁위원회는 1946년 1월 12일 오후 서울운동장에서 반탁국민대회를 개최하고, "내정간섭에 인과적 관계를 맺으려는 3국 외상의 탈선적 호의를 반대"한다는 내용의 성명서를 내고 "이유 여하를 불문하고 국제신탁통치를 거부한다"면서 즉시 독립을 요구한다는 내용의 결의문을 채택했다. <東亞日報>, 1946년 1월 13일.
5) <朝鮮人民報>, 1946년 1월 12일.
6) <朝鮮人民報>, 1946년 1월 13일.
7) <朝鮮人民報>, 1946년 1월 13일.

2) 미소공위 예비회담

1946년 1월 15일 오후 스티코프 중장을 비롯한 소련군 대표단 일행 73명이 서울에 도착해 다음날인 1월 16일부터 예비회담을 갖게 되자, 중앙인위는 1월 17일 소련대표단을 환영하는 환영사를 발표했다.[8] 환영사에서 중앙인위는 3상결정이 조선의 민주주의적 발전을 육성하는 민주주의적 국제노선이라 규정하고, 신탁이라는 문구에 구애되어 반탁운동이 치열했는데 그 배후에는 모략도 없지 않았다고 지적했다. 그리고 민중생활이 도탄에 빠져 있어 이에 대한 대책을 급속히 마련할 필요가 있는 시점이기에 소련 대표단에 대한 환영과 희망은 절대적이라고 주장했다. 전체적인 맥락을 보지 못하고 부분적인 문구에 구애돼 반탁운동을 전개했다고 하는 것은 이강국이 자주 언급했던 내용으로, 이를 미루어볼 때 환영사는 그가 작성했을 것으로 생각된다.

이처럼 중앙인위를 비롯한 찬탁진영이 예비회담 개최에 커다란 기대를

---

8) 중앙인위가 발표한 환영사 전문은 다음과 같다. "莫斯科 三相會議의 朝鮮問題에 關한 決定에 依하여 開催되는 蘇美 兩軍司令部 協議會에 出席하기 爲하여 入京한 蘇聯代表團을 衷心으로 歡迎하는 바이다. 朝鮮問題에 관한 莫斯科會議 決定은 朝鮮의 自主獨立을 保障하고 民主主義의 發展을 育成하여 經濟的 文化的 建設을 援助하여 朝鮮으로 하여금 日本帝國主義의 殘滓에서 벗어나 世界的 水準에 到達케 하려는 劃期的 決定으로서 三千萬 朝鮮民族은 이에 滿腔의 謝意를 表하여야 할 것이며 이 民主主義的 國際路線 下에서 國際的 好意의 援助로 新朝鮮建設에 努力하여야 할 것이다. 信託이라는 文句에 拘碍되어 民族的 感動을 激動시킴으로써 反託運動이 熾烈하였던 것은 그 背後의 謀略도 있거니와 朝鮮民族으로써 聯合國에 對하여 未安하여 마지않는 바이다. 朝鮮의 民衆生活은 現在 塗炭의 深淵에 빠져있다. 이러한 意味에 있어서 今次 協議會에 對한 우리의 期待, 蘇聯代表團에 대한 우리의 歡迎과 希望은 實로 巨大한 것이다. 簡單히 數語로 歡迎의 人事를 드린다." <朝鮮人民報>, 1946년 1월 18일.

갖고 이것이 성공적으로 진행되기를 바란 것과는 정반대로 반탁진영은 이에 대해 회의적인 시각을 갖고 있었다. 이들은 공산분자의 기만적 모략에 빠지지 말자는 담화를 발표하는가 하면, 반탁과 임정 지지를 결의하는 집회를 개최했으며, 탁치를 지지하는 박헌영을 비난한다는 결의문을 채택하기도 했다. 또 반탁 시위대의 일부는 인민당사와 조선인민보사, 서울시 인민위원회 등을 습격해 기물을 파괴하고 폭력을 행사하기도 했다.

이와 같이 폭력을 동반한 반탁운동이 일어나는 것에 대해 러치 미 군정장관은 조선사람은 자신들에게 불리한 일을 하고 있다고 지적하고, 반탁운동이나 시위는 오히려 신탁통치를 초래하는 원인이 될 것이라는 내용의 성명을 발표하기도 했다.9) 성명에서 그는 반탁을 부르짖고 시위를 하는 것을 볼 때 과연 이들이 경제부흥에 관심을 가지고 있는지 의심하지 않을 수 없다고 주장하고, 탁치를 진정으로 원하지 않는다면 첫째, 정치적 마찰을 중지하고, 둘째, 경제부흥을 위해서는 말로만이 아니라 실제로 노력해야 할 것이라고 충고했다.

중앙인위도 반탁시위와 테러가 횡행하고 있는 데 대해 성명을 발표하고 이를 강력히 비난했다. 미소공위에 대해 막대한 기대를 갖고 그 성공을 열망하는 것만이 조선민족이 취해야 할 유일한 길임에도 불구하고 완명한 보수주의자와 몽매한 국수주의자들이 애국심과 민족감정을 악용해 반탁운동으로 민족을 분열시키며 독립을 방해하고 있다는 것이었다. 그리고 이들은 민주진영에 대해 온갖 폭력을 행사하고 반탁의 미명 아래 독립을 방해하고 미소공위의 결렬을 획책하고 있다고 비난했다.10)

이와 동시에 중앙인위는 미·소 양군 대표에 반탁분자에 대한 국제적 처단을 기대하는 메시지를 보냈으며, 군정청에는 폭력행위가 발생한 데 대해 책임자의 처벌을 요구하는 결의문을 발송하기도 했다.11) 중앙인위는

---

9) 군정장관 성명 전문은 <朝鮮人民報>, 1946년 1월 20일 수록.
10) <朝鮮人民報>, 1946년 1월 21일.
11) <朝鮮人民報>, 1946년 1월 22일.

메시지에서 폭력행사는 미소공위를 결렬시키고 나아가 미·소의 제휴를 방해하는 국제적 모략에서 나온 것이므로, 이들을 숙청해야 미소공위가 원만하게 진행될 것이라고 주장했다. 그리고 결의문에서는 경무국장을 포함한 경찰 책임자 전부를 인책 사퇴시키고 치안권 일체를 인민위원회에 양도할 것 등을 요구했다.

예비회담이 진행되면서 탁치문제를 놓고 찬탁진영과 반탁진영의 반목이 한참 심화돼 가던 무렵인 1946년 1월 23일 이강국은 방송을 통해 3상회의 결정을 지지할 것을 강력히 호소했다.[12] 이날 오후 7시 15분부터 약 20분간에 걸쳐 "모스크바 三相會議決定에 對하야"라는 제목으로 한 연설에서 그는 3상결정은 조선민족을 위한 것이므로 이를 지지해야 한다고 역설했다. 그리고 항간에 3상결정을 지지하는 것이 마치 조선독립을 부인하는 것처럼 오해하는 사람이 있으나, 3상결정은 독립을 부인하는 것이 아니라 막연하고 추상적으로 약속한 독립을 재확인한 것이며 독립국가 건설의 구체적 방법까지 명시한 것이므로 지지해야 한다고 주장했다. 또한 그는 3상결정이야말로 조선문제 해결을 위한 가장 옳은 방법이므로 중앙인위는 일제의 탄압에도 굴하지 않고 싸우던 정열과 성의로 독립을 위해 꾸준히 노력할 것이라고 다짐했다.

찬·반탁진영의 대립과 갈등이 폭력사태로 이어지고 반탁진영의 소련 비난이 지속되는 상황에서 소련대표단의 스티코프 대장은 조선의 신문이 소련의 정책을 곡해하며 옳지 않게 보도하고 있다고 지적했다.[13] 1946년 1월 26일 오전에 가진 기자회견에서 그는 소련은 해방된 인민들을 부흥시키고 그들을 독립적 자유생활로 신속히 돌아오게 하는 동정심을 갖고 있으며, 이에 대해서는 더 말할 필요조차 느끼지 않을 정도라고 말했다. 그리고 현정세에서 정당한 방향을 제시하며 조선문제에 대한 소련의 입장을

---

12) 방송연설 전문은 <朝鮮人民報>, 1946년 1월 24·25일 2회에 걸쳐 수록.
13) <朝鮮人民報>, 1946년 1월 27일.

정확하게 이해할 수 있는 근거가 된다는 3상회의에 관한 타스통신의 보도문을 공개했다.

타스통신은 남한에서 발간되는 신문은 3상회의에서 소련이 탁치를 강요하고 미국은 이에 반대하는 입장을 취한 것처럼 보도하고 있는데, 이러한 오해를 반박하고 사실을 밝힐 목적에서 보도하는 책임을 부여받았다고 전제하고 출발했다.14) 이에 의하면 미국은 탁치를 실시하기 전에 임시정부를 수립하는 문제를 전혀 예견하지 않았는데 소련의 제안으로 이 문제가 토의되게 된 것이며, 임시정부를 수립하는 데 있어 민주주의 정당 및 사회단체와 협의하도록 한 것도 소련의 제안으로 이루어진 것이고, 필요할 경우 탁치기간을 5년 더 연장할 수 있도록 한 것이 소련의 제안으로 5년으로 단축됐다는 것이다.15)

이와 같은 내용이 보도되자 중앙인위는 3상결정의 진상이 판명된 이상, 반탁진영은 과거의 잘못을 솔직히 청산하고 3상결정을 지지해야 한다는 내용의 성명을 발표했다. 타스통신이 발표됨으로써 "反託을 指導하던 金九 李承晩 一派가 얼마나 非愛國的이고 自己들 一派의 政權 獲得慾에만 사로잡혀 民族統一을 妨害하였는가를 알 수 있을 것"16)이라면서 반동분자들이 동포의 애국열을 역용해 얼마나 사실을 왜곡 선전했는가를 알아야 한다고 주장한 것이다. 그리고 3상회의에서 논의됐던 미국 안과 소련 안의 차이점을 비교하면서, 3상결정만이 조선의 완전 자주독립을 빨리 가져오게 할 방법임을 알아야 한다고 거듭 강조했다.17)

---

14) <朝鮮人民報>, 1946년 1월 27일.
15) <東亞日報>, 1946년 1월 28일.
16) <朝鮮人民報>, 1946년 1월 28일.
17) 중앙인위는 타스통신 보도를 요약해 미국안과 소련안의 차이점을 다음과 같이 비교했다. <미국안> 1. 조선을 통일한 미·소 군정을 행할 것. 군정기간은 5년, 그리고 실적 여하에 따라 다시 5년을 갱신할 수 있다. 2. 미·소·영·중 4국 군정관을 서울에 주재시킬 것. 3. 조선인은 고문으로 채용할 것. <소련안> 1. 남북의 군정은 즉시 철폐할 것. 2. 조선 민주주의정부를 수립할 것. 3. 연합국은 조선의

타스통신 보도로 찬탁진영의 공세가 강화되자 하지 사령관은 1946년 1월 29일 성명을 발표했다. 성명에서 그는 미·소 연합국을 불신하는 것은 독립을 방해하는 것이라 단언하고 좌우 양 진영 중 어느 한편만이 100% 옳다고 할 수는 없으므로 투쟁하지 말 것을 당부했다. 그리고 미국은 조선 독립을 지연시키려 했다는 타스통신 보도를 염두에 둔 듯, 미국으로서는 조선에 대한 영토적 야심도 없고 카이로선언에서 연합국이 공약한 조선의 완전독립에만 관심이 있다고 주장했다.[18]

소련대표단 도착 이후 비공개로 진행되던 예비회담의 내용이 제1차 공동성명의 형태로 처음 공개된 것은 회담 개최 15일 만인 1월 30일이었다. 회담에서 양측 대표가 번갈아 사회를 보았으며, 양측이 제의한 내용을 개별적으로 협의하기 위해 분과위원회를 설치하기로 했고, 총 8회에 걸쳐 친선적인 분위기 속에서 회의가 진행됐다는 간략한 내용이었다.[19] 2차 공동성명은 2월 6일에 발표됐는데, 이에 의하면 1개월 이내에 임시정부 수립을 원조하는 사업에 착수하며, 3상회의 결정내용을 구체적으로 실천하기 위해 양군 대표 각 5명으로 구성되는 공동위원회를 서울에 설치한다는 것이었다.[20] 1차와 2차 공동성명을 발표한 소련대표단은 1946년 2월 7일 평양으로 출발함으로써 예비회담은 막을 내리게 됐다.

소련대표단이 도착해 예비회담이 진행되는 동안 이강국은 방송연설을 통해 3상결정 지지를 호소했다. 그리고 미소공위의 성공적인 개최를 위한 작업에 착수했는데, 일차적으로 그가 한 것은 찬탁진영을 규합하는 일이었다. 민전의 결성이 바로 그것이었다. 찬탁진영을 하나의 조직으로 묶음으로써 3상결정을 실현하고, 미소공위를 순조롭게 진행시키며, 최종적으로는 정부 수립의 주도권을 장악한다는 목적 아래 좌익세력 전체를 망라

독립을 원조할 것. <朝鮮人民報>, 1946년 1월 28일.
18) <朝鮮日報>, 1946년 1월 29일.
19) <朝鮮人民報>, 1946년 1월 31일.
20) <朝鮮人民報>, 1946년 2월 7일.

하는 조직사업에 본격적으로 나선 것이다.

2. 민주주의민족전선의 결성과 활동

1) 민전 결성

임정과 인공의 통합으로 탁치문제를 극복하려 했던 좌익진영은 임정이 인공의 통합제의를 거부하자 정당 차원에서 행동통일을 모색하는 방향으로 나아갔다. 정당 간 행동을 통일하고 이를 토대로 민족통일을 실현한다는 의도에서 나온 것이었는데, 이 논의에는 한민당, 국민당, 인민당, 공산당 등 4개 정당이 참여했다. 그러나 앞서 살펴본 바와 같이 이들은 1946년 1월 8일에는 4당 공동성명을 발표할 정도로 의견의 일치를 보이기도 했으나, 한민당의 취소로 원점으로 돌아가고 말았다.

4당 회담은 신한민족당이 추가로 참가함으로써 5당 회담으로 확대됐는데, 1946년 1월 14일 오후에 개최된 회담에 이강국은 공산당을 대표해서 이주하, 홍남표와 함께 참석했다.[21] 이날 3상결정에 대한 행동통일 문제가 주로 논의됐지만 합의를 보지 못했고, 16일 속개된 회담에서도 견해차이를 좁히지 못해 4당 회담과 마찬가지로 5당 회담도 결렬되고 말았다. 이 자리에서 공산당과 인민당은 3상결정 지지를 주장한 반면, 우익정당들은 3상결정 지지는 조선을 외국에 예속화시키는 것이므로 배격하지 않을 수 없다고 주장해 행동의 통일을 기할 수 없게 된 것으로 알려졌다.[22]

---

21) 각 정당의 참석자는 다음과 같다. 한민당: 張德秀, 徐相日. 국민당: 安在鴻, 李義植. 인민당: 李如星, 金午星. 신한민족당: 權泰植, 金一成. 공산당: 李舟河, 洪南杓, 李康國. <朝鮮人民報>, 1946년 1월 16일.
22) <朝鮮人民報>, 1946년 1월 19일.

5당 회담의 결렬로 정당의 행동통일이 무산된 것에 대해 인민당은 한민당과 국민당 때문이라고 비난했다. 한민당은 참석하기로 약속해 놓고도 참석하지 않았으며, 국민당은 의견의 불일치를 해소하기 위해 제시한 인민당의 타협안을 거부함으로써 결국 행동의 통일을 기할 수 없게 됐다는 것이었다.23) 이에 대해 한민당 수석총무 김성수는 정견 방송을 통해 공산당과 인민당이 임정과 인공의 초청문제를 5당 회담에 일임하자고 주장하고 임정의 존재를 전연 무시하는 태도를 취했기 때문에, 임정을 절대 지지하는 한민당으로서는 대의명분을 무시할 수 없었다고 주장했다.24)

5당 회담의 결렬로 좌우 정당의 행동통일이 불가능해지게 되자, 양 진영은 별도로 자파 세력의 규합에 나섰다. 반탁진영의 비상정치회의 소집과 찬탁진영의 민전 결성이 그것이었는데, 양 진영이 경쟁적으로 세력 확대에 나서는 바람에 향후 중도노선의 입지는 축소될 수밖에 없었다. 이 과정에서 이강국은 민전의 준비위원으로 참여해 찬탁진영을 하나의 조직으로 묶어 내는데 산파적인 역할을 했다.

찬탁진영의 규합에 가장 적극적으로 나선 것은 공산당과 인민당이었다. 양당은 5당 회담이 결렬되자 모든 진보적 민주주의 요소를 결집해 강력한 민족통일전선인 민전을 결성하기로 하고 1946년 1월 19일 오후 공동으로 회의를 소집했다.25) 29개 정당·사회단체의 대표 60명이 참석한 이날의 준비모임에서 공산당의 홍남표는 임정의 완고하고 독선적인 태도로 인해 민족통일이 이루어지지 못했다고 보고했고, 인민당의 김오성은 4당 회담과

---

23) 인민당은 '신탁'이라는 용어가 문제가 되므로 그 내용을 객관적으로 상세히 조사하고 연구하기 위해 5당 공동전문위원회를 구성하고, 위원회의 보고가 완료되기 전에는 그에 대한 일체의 반대행위를 중지하며, 위원회의 보고에 따라 공동행동을 취하기로 약속할 것 등을 타협안으로 제시했었다. 朝鮮人民黨, 『人民黨의 路線』(新文化硏究所, 1946), 41-42쪽.
24) <東亞日報>, 1946년 1월 17일.
25) <朝鮮人民報>, 1946년 1월 20일.

5당 회담이 우익 일부의 반민주주의적인 반탁주장으로 결렬됐다고 보고했다.26) 이에 대해 다시 한민당의 김성수는 회담 결렬의 책임이 한민당에 있다는 주장은 사실이 아니라고 반박했다.27)

이들의 보고가 끝난 후 참석자들은 민전 결성 준비위원회를 조직하기로 하고 선언, 강령의 기초 같은 구체적인 문제는 준비위에 일임하기로 결정했으며, 준비위원 인선을 위한 전형위원회를 구성했다. 다음날인 1월 20일에는 남한의 공산당과 인민당, 북한의 독립동맹과 조선민주당 4당이 모여 민족통일전선 결성이 필요하다는 데 의견의 일치를 봄으로써 남북을 망라해 찬탁진영의 통일전선이 결성되는 것으로 예측되기도 했다.28)

공산당과 인민당을 중심으로 찬탁진영이 결집되는 것과 궤를 같이해 임정과 한민당도 반탁진영을 집결하는 작업에 착수했다. 1946년 1월 20일 소집된 비상정치회의주비회에 반탁진영의 21개 정당·사회단체가 참석하여 과도정권을 수립하는 문제를 논의했다.29) 21일 속개된 회의에서 조직에 관한 조례와 의사 및 회원에 관한 규정을 마련할 기초위원을 선정하는 등 결성작업에 박차를 가했으나, 임정요인의 일원인 김성숙은 좌익을 제외한 우익만의 회합과 통일은 민족분열을 초래할지도 모른다면서 탈퇴를 선언했다.30)

이러한 일이 발생하자 민의를 가장한 우익진영이 주도하는 비상정치회

---

26) <서울신문>, 1946년 1월 21일.
27) 金性洙가 1946년 월 22일 발표한 담화 가운데 회담 결렬에 관한 부분은 다음과 같다. "某報에 四黨 分裂의 責任이 本黨에 있다고 하였는데 全然 誤報다. 共同 코뮤니케 第一項은 人民黨에서도 反託의 意義가 分明치 않다 하여 修正을 提議하였는데, 共産黨 李舟河가 朝共은 信託을 絶對 支持하므로 修正할 수 없다고 固執하여 필경 決裂된 것으로 分裂의 責任이 本黨에 있다는 것은 全然 誤報이다." <東亞日報>, 1946년 1월 23일.
28) <朝鮮人民報>, 1946년 1월 22일.
29) <朝鮮日報>, 1946년 1월 21일.
30) <朝鮮日報>, 1946년 1월 22일.

의가 분열되기 시작했다는 기사가 보도됐다.31) 실제로도 김성숙의 뒤를 이어 임정요인인 김규식, 김원봉, 김상덕, 성주식 등 4인이 우익편향이라고 지적하고 탈퇴함으로써 비상정치회의는 분열의 위기를 맞았다고 보도되기도 했다.32)

민전 전형위원회는 1월 20일에 이어 22일에도 모임을 갖고 광범위한 민족통일을 기하기 위해 준비위원을 각 분야로 확대·선출한다는 방침을 세웠고,33) 1월 31일에는 이강국이 포함된 24명의 준비위원 명단을 확정 발표했다.34) 이처럼 이강국이 남북의 중요 정당과 진보적인 대중단체의 대표 및 지도적인 지위에 있는 개인을 총망라했다는 준비위원회의 위원으로 선출됨으로써,35) 그는 인공에 이어 찬탁진영의 노선과 활동에 커다란 영향을 미칠 수 있는 위치에 있게 됐다.

민전 준비위는 1946년 2월 1일 선언을 발표했는데, 여기서 민전은 3상결정은 조선의 국제적 지위와 완전독립을 구체화하는 노선이기 때문에 지지하며, 이 국제적 노선에서 조선의 역사적 전통을 부흥하는 것은 오로지 민족통일에 있다고 주장했다. 그리고 공산당의 성의 있는 노력에도 불구하고 임정을 중심으로 한 반동진영의 반민주적인 행동으로 민족통일이 실패에 돌아갔다고 단언하고, 민전의 역사적 사명은 과도적 임시국회의 역할과 과도정부 수립에 유일한 발언권을 갖는 것이라고 밝혔다.36)

민전 준비위는 1946년 2월 4일 모임을 갖고 2월 15일에 결성대회를 개최

---

31) <朝鮮人民報>, 1946년 1월 23일.
32) <朝鮮人民報>, 1946년 1월 24일.
33) <朝鮮人民報>, 1946년 1월 23일.
34) 24명의 준비위원 명단은 다음과 같다: 金枓奉, 韓斌, 李如星, 金世鎔, 金日成, 許憲, 崔昌益, 呂運亨, 金午星, 朴憲永, 李舟河, 洪南杓, 崔益翰, 金轍洙, 孫在基, 崔鏞健, 鄭魯湜, 劉英俊, 李康國, 李敦化, 都相祿, 金策, 康基德, 李泰俊 <朝鮮人民報>, 1946년 1월 31일.
35) <朝鮮人民報>, 1946년 2월 2일.
36) <朝鮮人民報>, 1946년 2월 4일.

하기로 하고, 대회 개최에 따르는 제반 사무를 총괄하기 위해 사무국을 두며 과도정부의 기초를 준비하도록 하기 위해 민전 산하에 7개 전문위원회를 설치할 것 등을 결정했다. 이날 발표된 사무국 진용에서 이강국은 김두봉(金枓奉)을 사무국장으로 하는 조직부에 소속됐다.37) 당시 김두봉이 북한에 있어 민전의 제반 업무를 관장할 수 없는 상태였음을 감안하면 사실상 이강국의 주도로 민전이 조직되고 있다는 것을 드러낸 것이라 할 수 있다. 또한 민전 준비위 전원위원회에서 민전의 선언 및 강령 기초위원으로 그가 선출된 것만 보아도 사실상 그가 민전 결성을 주도했다는 것을 알 수 있다.38)

민전을 조직하면서 이강국은 단체의 경우 비례대표제 원칙을 채택했다. 개인이나 각 도의 대표가 아닌 정당과 각종 단체의 경우 그 규모에 비례해서 결성대회에 참석할 대표를 할당해 총 550명의 대표를 확정한 것이다.39) 이는 이승만이 주도했던 독촉이 세력이나 규모와 관계없이 '1단체 1대표 원칙'을 내세워, 그를 비롯한 좌익진영의 반발을 샀던 것과는 크게 대조가 된다.

민전 준비위는 결성대회를 앞둔1946년 2월 11일 임정과 한민당, 국민당 등 우익진영에도 참여를 요청하는 초청장을 발송했으나40) 이들은 참석하지 않았다. 우익진영의 불참이 확실시됐음에도 불구하고 공산당은 민전

---

37) 이날 발표된 민전 사무국진용은 다음과 같다. 사무국장: 金枓奉. 조직부: 李康國, 金世鎔, 李基錫. 선전부: 李如星, 李泰俊, 林和, 梁在廈, 金起林, 李源朝, 朴致祐, 趙重玉. 재정부: 崔鏞健, 安基成, 河弼源, 李林洙. 조사부: 金午星, 鄭和溶, 李貞九, 宋乙秀. 연락부: 韓斌, 鄭魯湜, 趙漢用. <朝鮮人民報>, 1946년 2월 6일.
38) 기초위원은 李康國 외에 李如星, 金午星, 鄭和溶, 崔益翰 등 모두 5명이다. <朝鮮人民報>, 1946년 2월 10일.
39) 민전은 5개 항의 원칙을 세우고 각 정당과 단체를 심사했는데, 그 첫 번째 원칙은 "名實相符한 民主主義의 政黨 團體를 審査하야 그 代表數는 比率制로 할 것"이었다. 民主主義民族戰線 編, 『朝鮮解放年報』, 129쪽.
40) <朝鮮人民報>, 1946년 2월 12일.

결성 하루 전인 2월 14일 민전을 좌편향으로 보는 것은 부당하다고 주장하는 성명을 발표했다.41) 성명에서 공산당은 친일파 민족반역자를 옹호하는 반동적인 집단에 맞서 민주주의진영이 결집한 것이 민전이라고 주장하고, 중도파는 주저하지 말고 민전에 참가해 줄 것을 요청했다.

허헌의 개회사와 박헌영의 인사 등으로 시작된 1946년 2월 15일의 민전 결성대회에서 이강국은 임시집행부 15명의 의장 가운데 한 사람으로, 그리고 9명의 전형위원 중 한 사람으로 선출됐다.42) 결성대회에서 의장과 전형위원 두 직책에 동시에 선출된 사람은 이강국과 이태준 두 사람뿐이었는데, 이는 민전에서 그가 차지하는 비중은 매우 컸다는 것을 알 수 있는 증거가 된다.

이날 이강국은 국제정세와 국내정세에 대해 보고했다. 국제정세 보고에서 그는 전후의 세계적 방향은 전체적으로 민주주의 발전에 유리한 조건을 성숙시키고 있으나 파쇼의 잔존세력이 세계를 다시 반민주주의의 방향으로 이끌고 가려는 것 또한 사실이라고 지적하고, 3상회의 결정은 반민주주의적 국제모략에 대한 국제협조의 재승리이며 국제 민주주의노선의 거보이며 전진이라고 주장했다.43) 그리고 세계는 민주주의노선으로 돌진하고 있다는 사실을 깊이 인식해야 한다고 말하고, 막연한 반탁구호로 민심의 혼란를 초래할 수는 있으나, 그것으로 국제결정을 번복할 수는 없다고 단언했다. 한편 국내정세에 관한 보고에서 그는 해방의 국제성에 비추어 볼 때 조선문제가 고립적으로 해결될 수 없다는 것은 그다지 난해한 문제

---

41) <朝鮮人民報>, 1946년 2월 14일.
42) 15명의 임시의장과 9명의 전형위원은 각각 다음과 같다. 임시의장: 呂運亨, 朴憲永, 許憲, 金元鳳, 李克魯, 張建相, 劉英俊, 洪南杓, 李如星, 李康國, 韓斌, 白南雲, 吳智泳, 李泰俊, 白庸熙. 전형위원: 李泰俊, 金世鎔, 許成澤, 李康國, 金午星, 李鉉相, 吳載一, 柳赫, 金鍍洙. 民主主義民族戰線 宣傳部, 『民主主義民族戰線 結成大會議事錄』(朝鮮精版社, 1946), 22 및 25쪽.
43) 李康國, 『民主主義 朝鮮의 建設』, 150-152쪽.

가 아니라고 강조하고, 반동세력은 애국심이나 자존심에서 탁치를 반대하는 것이 아니라 조선문제의 민주주의적 해결 때문에 반대하는 것이라고 비난했다.44)

대회 이틀째인 2월 16일의 집행부 선출에서 이강국은 여운형, 허헌, 박헌영 등과 함께 47명의 상임집행위원으로 선출됐으며,45) 다시 2월 18일 개최된 1회 상임위원회에서 사무국장으로 선출돼 찬탁진영의 총집결체라 할 수 있는 민전을 명실상부하게 이끌어 가는 역할을 맡게 됐다.46) 한편 2월 21일 개최된 2회 상임위원회에 이강국은 강령과 규약을 제출해 약간의 수정을 거친 후 통과시켰는데,47) 이로써 민전의 조직은 완성됐다고 할 수 있다. 조직 완성을 계기로 이강국은 민전의 강령에 규정된 이념과 노선의 실현에 적극 나섰으며, 반탁진영에 대한 공격에도 앞장서게 된다.

2) 민전의 활동

민전을 성공적으로 결성한 이강국은 1946년 2월 24일 방송을 통해 민전

---

44) 李康國, 『民主主義 朝鮮의 建設』, 162-163쪽.
45) <朝鮮人民報>, 1946년 2월 18일.
46) 사무국장으로 선출되기 전에 李康國은 李泰俊, 崔益翰과 함께 강령·규약수정 전형위원으로 선출됐으며, 사무국장으로서 선출된 후에는 지방조직에 관한 요강을 작성하며 그에 관한 구체적인 활동을 하도록 위임받았다. <朝鮮人民報>, 1946년 2월 20일.
47) <朝鮮人民報>, 1946년 2월 23일. 강령은 전민족의 이익을 대표하여 당면한 민주주의 제과업을 광범히 그리고 충실히 수행할 것을 다짐했으며, 3상결정에 협찬하여 최단기간 내에 완전독립을 획득할 것을 주창하고, 38개 항에 이르는 행동슬로건을 제시했다. 규약은 완전독립 달성과 민주정권 수립을 위시하여 민생문제 해결에 이르기까지 현단계에 부여된 역사적 임무를 수행하는 것을 민전의 목적으로 한다고 규정했다. 민전의 강령과 규약 전문은 民主主義民族戰線 編, 『朝鮮解放年報』, 96-105쪽 수록.

결성의 의의와 성과를 연설하기 위한 준비를 했다. 그러나 미군정의 허가를 받지 못하는 바람에 그의 연설은 불발로 끝나고 말았다. 준비했던 연설 원고에서 그는 우리 민족은 3상결정을 적극적으로 실천하기 위해 민족 최대의 역량을 집중해야 할 의무가 있다고 강조하고, 그 의무를 다하기 위해 민전이 결성된 것이라고 밝혔다. 이어 그는 조선을 다시 봉건시대로 돌리려 하고 새로운 독재를 꿈꾸는 반민주적 세력과 인연을 끊고, 민주적 제단체와 개인 및 광범한 대중을 총망라해 민전을 결성한 것이라고 주장했다.48)

그는 또 민전이야말로 진정한 통일의 기초가 되며 독립의 토대가 된다고 말하고 민주정부 수립은 일부 정치가에만 맡길 문제가 아니라 3천만 민족 모두가 힘을 합해야만 하는 문제라고 단언했다. 즉 돈 있는 사람은 돈을, 노력 있는 사람은 노력을, 기술 있는 사람은 기술을, 지혜 있는 사람은 지혜를 있는 대로 내고 모아 민족적 총역량을 발휘해야만 민주정부가 이루어지는 것이라고 주장하고 민전의 깃발 아래 모여 새나라를 건설하자고 호소했다.

한편에서 찬탁진영이 민전으로 결집되는 동안, 다른 한편에서 반탁진영은 이에 맞서 임정을 중심으로 하는 비상정치회의를 소집하고 이를 토대로 비상국민회의를 결성했다. 이에 대해 이강국은 신랄하게 비판했다. 민주주의 국제노선을 떠나서는 조선문제의 진정한 해결을 기할 수 없다는 것을 충분히 이해할 수 있음에도 불구하고 반탁진영이 3상회의 결정 문구의 말단에 구애돼 공허한 호언장담으로 민족감정에 호소하며, 독립의 숙원을 이용해 반탁운동으로 민족자멸에 들어가며, 진실한 우국애족의 혁명가를 매국노로 모함함으로써 민족분열을 꾀하는 죄악을 저지르고 있다는 것이었다. 그리고 반탁운동의 선봉은 애국자로 표변한 친일파와 민족반역자 도배임은 부인할 수 없는 사실이라 주장하고, 민전이 좌익만의 집결이

---

48) 방송연설 초고의전문은 李康國,『民主主義 朝鮮의 建設』, 173-181쪽 수록.

라고 하는 것은 현상에 현혹된 피상적 관찰이라고 반박했다.49)

이강국의 분석에 의하면 비상국민회의는 한편으로는 반민주적 경향에서 소집되는 비원칙적 회합이며, 다른 한편으로는 임정을 추대하는 정치적으로 투기적인 성격을 가진 음모적 회합이라는 것이었다. 이러한 이유로 인해 공산당이나 독립동맹, 전평, 전농, 청총, 부총 등 민주적인 세력이 비상국민회의를 공동으로 거부했다고 그는 주장했다.50) 그리고 비상국민회의에 참가한 단체는 한민당을 위시해서 종교계의 분립단체나 폭력단 등이며, 지방대표로 지명된 사람들도 한민당이나 국민당 간부가 아니면 고향에서 추방된 인물이라고 폄하했다. 한마디로 비상국민회의는 조선의 자주독립과 민주적 발전을 저해하며 민족분열을 촉진하는 집단이라는 것이었다.51)

한편 1946년 2월 1일 소집된 비상국민회의는 과도정부 수립 및 긴급한 조치를 취하기 위해 28명의 최고정무위원을 선출했다.52) 이들의 지도 하에 과도정부 수립을 추진해 나가고 제반 정치적인 문제를 해결한다는 목적에서 최고정무위원회를 설치한 것인데, 이 위원회가 2월 14일 미군정의 자문기관인 남조선대한국민대표 민주의원(이하 민주의원)으로 개편되는 일이 발생했다. 하지 사령관이 조선사람을 대표해서 국가의 현재와 장래에 관한 가장 중대한 문제에 자신을 보좌해 줄 것을 요구했기 때문이다.53)

---

49) <朝鮮人民報>, 1946년 1월 29일.
50) 李康國, "非常國民會議의 解剖," 『新世代』 1권 2호(1946년 5월), 21쪽.
51) 李康國, "非常國民會議의 解剖" 22쪽.
52) 28명의 최고정무위원 명단은 다음과 같다: 李承晚, 金九, 金奎植, 趙素昻, 趙琬九, 金朋濬, 崔益煥, 咸台永, 張勉, 鄭寅普, 金俊淵, 金度演, 金法麟, 金善, 金麗植, 金昌淑, 權東鎭, 吳世昌, 李義植, 呂運亨, 白象圭, 白寬洙, 白南薰, 朴容羲, 元世勳, 黃鎭南, 黃賢淑, 安在鴻, 宋南憲, 『韓國現代政治史』 第1卷, 229쪽.
53) 민주의원 결성식에서 하지 사령관은 각종 정당과 정치·종교·문화단체의 지도자, 여성대표 등을 추천하여 조직된 민주의원의 사명은 중차대하다고 밝혔다. <朝鮮日報>, 1946년 2월 15일.

이처럼 최고정무위원회가 군정의 자문기관으로 바뀐 것에 대해 민전은 하지 중장 개인의 자문위원회라는 것이 별안간 민주의원이라는 명칭으로 나타나 민주주의적으로 선출된 대표자회의 같은 인상을 갖게 하는 것은 명실이 상부하지 않음을 나타내는 것이라고 비판했다.54) 이강국도 비상국민회의가 민중의 기대를 버리고 군정의 자문위원으로 타락해 군정의 연장을 획책하는 처참한 운명에 빠진 것이라고 지적했다. 그리고 "국민의 총의를 결집하고 반영하였다"는 비상국민회의의 목적이 외력에 의존해서 정권을 독점하려는 것이냐고 강력히 비난했다.55) 이강국의 비난에 앞서 임정 요인조차 임정의 민주의원 참여를 반대하는 성명을 발표하고 임정 탈퇴를 선언하는 일이 발생하기도 했다.56)

비상국민회의 비판에 이어 민전이 착수한 것은 정당등록법 반대운동이었다. 군정은 이른바 정당등록법으로 알려진 "정당에 관한 규칙"을 군정법령 제55호로 공포했는데, 이에 의하면 정치적 활동을 목적으로 조직된 3인 이상의 단체는 정당으로 등록해야 하며 당헌과 당원명부 및 당의 재정 등에 관해 보고하도록 했다. 그리고 등록하지 않고 비밀리에 정치활동을 하는 단체를 금지하며 이를 위반하는 경우 형벌에 처한다고 규정했다.

이러한 내용의 법이 공포되자 공산당, 인민당 독립동맹, 전평, 전농 등을 비롯한 정당과 대중단체들은 모임을 갖고 대책 마련에 나섰다.57) 이들

---

54) <朝鮮人民報>, 1946년 2월 15일.
55) 李康國, "非常國民會議의 解剖," 23쪽.
56) 임정 국무위원인 金星淑은 임정의 주석과 부주석이 민주의원에 가담한다는 것은 정치적 위신과 대의명분을 보더라도 도저히 찬성할 수 없는 일이라 지적하고, 민주의원에 가담하기로 결정하려면 무엇보다 먼저 임정의 자진 해산을 만천하에 공포해야 할 것이라고 주장했다. 金星淑, "嗚呼! 臨政 30年만에 解散하다,"『月刊 中央』(1968년 8월), 94쪽.
57) 일차로 1946년 2월 22일 정당·대중단체 대표 30여 명이 인민당사에 모여 대책을 토의했다. 이날 金龍岩, 朴文圭, 李源朝, 羅東旭, 金時榮 5명을 선출해 군정청에 법의 본질과 영향에 대해 질의한 후 태도를 정하기로 결의했다. <朝鮮人民報>,

은 2월 26일 정당등록법이 정치활동의 자유에 대한 거대한 제한을 의미하는 내용을 규정한 것이므로, 이의 민주적 실시와 운용을 요구한다는 성명서를 각 단체 연명으로 제출했다.58) 이처럼 민전에 참여한 정당과 대중단체들이 정당등록법이 정당의 발전을 저해한다는 내용의 성명을 발표하자, 민전도 이 문제를 협의하기 위해 2월 27일 제3회 상임위원회를 개최했다. 회의가 끝난 후 민전은 정당등록법이 정치적 자유를 근본적으로 봉쇄 또는 구속하는 일제시대의 치안유지법 같은 악법과 동일하다고 지적하고, 그 실시에 대해 재고를 요청하는 성명을 발표했다.59)

민전은 1946년 3월 1일 탑골공원에서 3·1운동 27주년 기념식을 거행했는데, 기념식은 이강국의 개회선언과 허헌의 식사 순으로 진행됐다.60) 이날 민전 명의로 발표된 기념문에서 이강국은 민주의원을 염두에 두고 반민주진영이 민족통일을 저해하여 분열을 촉진하며 민족적 기념사업을 특권독재 수립의 도구로 역용하려 한다고 비난했다.61) 한편 남산에서도 기념식이 열렸는데, 이 자리에서 참석한 시민들은 정당등록법의 정신이 반민주적일 뿐만 아니라 자유로운 정치활동을 저해하고 자주독립국가 건설을 불가능하게 하는 것이므로 즉시 철폐할 것을 요구한다는 결의문을 채택했다.62)

민전 결성 이후 이강국은 이처럼 민전의 노선을 정립하는 한편 반탁진영의 구심체인 민주의원 비판에 앞장섰다. 국제노선에 따라 성립된 3상결정을 적극 지지해야 하며, 이를 반대하는 반탁진영은 특권독재를 꿈꾸는

1946년 2월 24일.
58) 인민당 외 40개 정당·단체의 명단과 성명서 전문은 <朝鮮人民報>, 1946년 2월 27일 수록.
59) 성명서 전문은 <朝鮮人民報>, 1946년 2월 28일 수록.
60) <朝鮮人民報>, 1946년 3월 2일.
61) 李康國,『民主主義 朝鮮의 建設』, 184쪽.
62) <朝鮮人民報>, 1946년 3월 3일.

집단이라고 인식한 결과였다. 그리하여 정당등록법을 비롯해서 반민주적인 법이 나오는 것은 정권에 눈이 어두워 민중의 기대를 배반한 민주의원의 책임이라고 비판했던 것이다.63)

이강국은 이러한 생각을 갖고 있었기에 미소공위 회담이 본격적으로 개최되자 국제노선에 부합되는 정부 수립을 역설하고 이를 실현하기 위한 방안의 다각적인 모색에 나섰다. 이런 의미에서 그는 대중조직의 특성상 정당등록의 필요성을 느끼지 않는다면서 다시 한번 정당등록법의 부당성을 지적했고,64) 이러한 지적에 동조하는 정당과 사회단체들은 대책위원회를 구성했다. 민전도 포함된 대책위는 3월 21일 정당등록법이 필요 이상으로 민족자결 원칙을 제한하며 3상회의 결정과 유엔헌장에 보장된 자유를 억압하고 있다는 내용의 성명을 발표했으며,65) 3월 23일에는 정당등록법은 민중의 정치활동을 제한하는 것이므로 수정할 것을 요구한다고 했다.66)

이처럼 민전을 비롯한 여러 정당과 사회단체들이 이의를 제기하자, 미군정당국은 정당등록법 수정에 나서 독소조항이라고 할 수 있는 3조 '나'항은 준수하는 데 많은 곤란을 야기하므로 이를 폐지한다고 발표했다.67) 군정의 이러한 발표에 대해 이강국은 인민의 여론을 존중해 3조 '나'항을 철폐한 것에 감사한다고 말하고, 정당등록법이 민주적 정치운동을 불필요하게 제약하게 될 점을 고려해서 선처해 줄 것을 바랐다.68) 정당등록법의

---

63) <朝鮮人民報>, 1946년 3월 16일.
64) <朝鮮人民報>, 1946년 3월 23일.
65) <朝鮮人民報>, 1946년 3월 23일.
66) <朝鮮人民報>, 1946년 3월 24일.
67) <朝鮮人民報>, 1946년 4월 17일. 정당등록법 3조 '나'항은 다음과 같다. "各 政黨은 黨員 居住地 各 道知事에게 黨員의 正確한 住所를 記入함. 該道 居住 黨員의 正確한 名簿를 書留郵便으로 提出할 事. 此 名簿에는 各 黨員이 書名 捺印할 事. 此 提出은 一千九百四十六年 三月 三十一日 以內에 書留로 郵送할 事."
68) 李康國의 발언 전문은 다음과 같다. "當局이 人民의 眞正한 異論을 尊重하여 第三條 나項을 全的으로 撤廢한 데 對하여 感謝한다. 앞으로 政黨登錄法이 民主的

일부 폐지는 민전이 처음으로 거둔 부분적인 승리라고 할 수 있다.

3. 미소공위 1차 회담과 민전의 정부수립 방안

1) 제1차 회담

민전은 미소공위 본회담이 임박했음을 감안해[69] 1946년 2월 27일 제3회 상임위원회를 개최했다. 이날 미소공위에 관한 대책을 마련하기 위해 미소공위대책위원회를 두기로 하고, 대책위는 13명의 의장과 각계를 대표하는 인사들을 전형해서 구성하기로 결의했다.[70] 그리고 미소공위 개최에 대비해 조직을 강화하는 차원에서 상임위원과 중앙위원을 증원하는 조치를 취하기도 했다. 민전은 또한 임시정부 수립에 필요한 헌법 초안을 마련하기 위해 임시헌법기초위원회와 정부수립의 구체적인 대안 마련을 위해 행정연구위원회를 두기로 했는데, 이강국은 10명으로 구성되는 헌법기초 위원으로 선출됐다.[71]

미소공위 1차 회담이 3월 14일 이전에 개최되는 것으로 군정에 의해 발표되자[72] 민전의 움직임은 바빠졌다. 사무국 명의로 성명을 발표하고 38

政治運動을 不必要하게 制約하게 될 點을 再考慮하여 善處하여 주길 바란다."
<朝鮮人民報>, 1946년 4월 27일
69) 1946년 2월 6일 발표된 미소공위 2차 공동성명에서 1개월 이내에 사업에 착수한 다고 했기 때문에 민전은 늦어도 3월 초순에는 회담이 열릴 것으로 판단했을 것으로 분석된다.
70) <朝鮮人民報>, 1946년 3월 1일.
71) 10명의 헌법기초위원은 다음과 같다. 許憲, 金若山, 成周寔, 趙平載, 鄭鎭泰, 李康國, 金應燮, 韓吉彦, 鄭庚謨, 金龍岩. <朝鮮人民報>, 1946년 3월 5일.
72) <朝鮮人民報>, 1946년 3월 8일

선문제의 해결을 비롯해서 통일정부 수립이 선결돼야 한다고 주장했고,73) 의장단은 3월 8일에는 의장단회의를 개최했으며,74) 3월 9일에는 외신기자단과 회견을 가졌다.75) 이강국도 참석한 이 자리에서 의장단은 민주의원이 국제 민주주의노선을 반대하고 있다는 등의 이유를 들어 민주의원이 비민주주의적이라고 비판했다. 또한 회담을 앞두고 하지 사령관이 미국은 임시정부 수립에 민주적 정당과 사회단체들과 협의하여 결정하고 다시 연합국의 승인을 받을 방침이라고 밝히자,76) 민전은 민주 조선 실현에 충실하려는 미국의 태도에 만족한다고 지지를 보면서 대책을 마련하기 위해 노력했다.77)

예정보다 늦은 1946년 3월 18일 오전 미소공위에 참석하는 소련대표단 일행 1백여 명이 특별열차 편으로 서울역에 도착하자, 민전은 이들을 진심으로 환영한다는 내용의 성명을 발표했다. 사무국 명의로 발표된 것으로 보아 이강국이 작성한 것으로 판단되는데, 성명에서 민전은 미소공위는 조선의 장래에 대해서만 중대한 회의가 아니라, 세계사적 견지에서 회의의 중대성을 인식하지 않으면 안 된다고 강조했다. 그리고 3상회의 결정을 반대하는 사람은 이 회의에 참가하거나 발언할 수 없을 것으로 분석하고, 경제·교통·운수 같은 문제는 지엽말단적인 것이므로 보다 긴급한 문제는 임시정부 수립이라고 주장했다.78)

소련대표단에 대한 환영성명 외에도 민전은 자신만이 정부수립을 추진할 수 있다고 주장하는 담화를 발표했다. 일제의 앞잡이 또는 그들과 결부

---

73) <朝鮮人民報>, 1946년 3월 9일.
74) <朝鮮人民報>, 1946년 3월 10일.
75) 이날의 참석자는 許憲, 朴憲永, 金若山, 洪南杓, 李康國, 張建相, 李如星 등이다. <朝鮮日報>, 1946년 3월 9일.
76) <朝鮮日報>, 1946년 3월 12일.
77) <朝鮮人民報>, 1946년 3월 13일.
78) <朝鮮人民報>, 1946년 3월 20일.

된 봉건적 지주, 반동적 자본가들의 결합으로 이루어진 반민주진영이 정권을 독점하려고 민심을 오도하고 있는 현실에서 참다운 민주주의적 정부 수립을 강력히 추진하는 것은 오직 민전뿐이라는 것이었다.79) 이러한 민전의 성명이나 담화가 사무국 명의로 발표된 것으로 보면 민전 내에서 이강국의 역할은 미루어 짐작할 수 있다고 생각한다.

1946년 3월 20일 미·소 양측 대표의 발언으로 미소공위 1차회담이 시작되자, 좌익진영은 전반적으로 이를 환영하고 성공을 바랐다. 회담 개최 당일 이강국은 <朝鮮人民報>에 "美蘇共同委員會와 世界平和"라는 제목으로 사설을 썼다. 사설에서 그는 미소공위에 대한 기대는 절대적이며 미소공위의 성공을 축하한다고 말하고, 3상결정의 실천은 조선민족에게만 행복의 길을 열어 주는 것이 아니라 전 인류에게 평화를 보내는 길이라고 주장했다.80)

다음날인 3월 21일 이강국은 민전 사무국 명의로 담화를 발표했다. 담화에서 그는 조선의 장래를 위해 경사스러운 날이라는 하지 사령관의 개회사에 대해 사의를 표하고, 임시정부는 3상결정을 지지하는 정당·사회단체를 망라한 대중단체의 토대 위에서 창설될 것이라는 스티코프 소련대표의 발언에 대해 평소 자신의 주장과 완전 일치되는 데 만족을 느낀다고 밝혔다. 친일파와 민족반역자는 임시정부 수립에서 엄격하게 배제해야 하며 3상결정에 반대해 반탁운동을 전개한 정당과 단체도 임시정부 수립에 발언할 수도 참가할 수도 없다는 것을 그는 다시 한번 강조했다.81)

양측 대표의 발언 이후 1차회담이 순조롭게 진행되자, 민전은 임시정부 수립을 앞두고 전 인민의 성의를 집중시킬 필요가 있다고 판단했다. 그리하여 4월 1일부터 1주일간을 '민주정권 수립 촉진기간'으로 결정하고 민전 산하 각 정당, 사회단체, 예술·문화단체들을 총망라해 전국적인 선전행사

---

79) <朝鮮人民報>, 1946년 3월 20일.
80) 李康國, 『民主主義 朝鮮의 建設』, 199쪽.
81) 李康國, 『民主主義 朝鮮의 建設』, 197쪽.

를 갖기로 결정했다.82) 반민주진영이 3상회의를 반대하며 독립을 방해하려는 책동으로 순진한 학생을 조정하고 있으므로 이를 분쇄할 필요가 있다는 것이었다. 이를 위해 민전은 영화·음악·연극·강연회의 개최, 신문·포스터·삐라 등 모든 선전기관을 총동원하고 다채로운 행사를 통해 국민을 민주진영에 결집한다는 계획을 수립했다.83)

또한 3월 23일에는 의장단이 기자회견을 갖고 민전이 반탁진영의 반동적 본질을 폭로하고, 3상결정의 내용을 선전·해석·교양하는 사업을 전국적으로 전개한 덕분에 인민이 3상결정을 이해할 수 있게 됐다고 주장했다. 민전이 미소공위가 해야 할 사업의 기초를 닦아 주었고 미소공위의 위신을 세워 주었다는 것이었다. 이로 인해 민중은 미소공위에 대해 커다란 기대를 갖게 됐는데, 이 모든 것이 민전의 공로라고 주장했다.84)

민전을 비롯한 한 찬탁진영의 미소공위에 대한 기대가 날로 커져 가고 있는 시점인 3월 26일 이강국은 "미소공동위원회와 우리의 기대"라는 제목으로 방송연설을 했다. 연설에서 그는 탁치반대라는 구호는 언뜻 보기에는 애국적인 것 같으며 민족자주적인 것 같지만 사실에 있어서는 국제 고립의 민족 자멸책이며 골육상쟁의 민족 분열책이라 지적하고, 반탁운동을 조직한 것은 애국심이나 민족적 자존심에서 출발한 것이 아니라 일제잔재의 숙청 결정에서 전율을 느끼는 친일파 민족반역자의 최후의 발악이라고 비난했다.85) 그리고 미소공위와 협의하는 데는 애국을 가장하고 친일파·민족반역자를 토대로 한다든가 국제평화 노선에서 일탈하거나 반

---

82) <朝鮮人民報>, 1946년 3월 25일.
83) 이를 위해 민전이 강조한 6개 항은 다음과 같다. 1. 反民主主義 要素 排除 2. 民主主義運動 彈壓 反對. 3. 食糧問題의 急速한 解決. 4. 一切의 惡法 撤廢. 5. 人民主權 確立 6. 戰爭 挑發行爲의 撲滅을 目標로 臨時政府 樹立促進의 강력한 民族的 運動 展開. <朝鮮人民報>, 1946년 3월 30일.
84) <朝鮮人民報>, 1946년 3월 27일.
85) 李康國,『民主主義 朝鮮의 建設』, 189쪽.

대하는 정당과 단체는 엄격하게 배제해야 하며, 정권에 눈이 어두운 무책임한 지도자들과 연합국을 반대·공격하는 인물들은 개인의 역량 대소를 막론하고 절대로 정부에 참가시켜서는 안 된다고 강력히 주장했다.[86]

이강국과 민전의 이러한 기대에 부응이라도 하듯이 개회 이래 토의를 계속하던 미소공위는 3월 30일 임시정부 수립에 관한 구체적인 방침과 순서를 밝힌 3호 성명을 발표했다. 즉 미소공위 내에 3개 분과를 설치하며, 각 분과는 민주주의 정당 및 사회단체와 협의할 조건 및 순서, 임시정부의 기구 및 조직원칙과 임시헌장에 의해 조직될 각 기관, 임시정부의 정강 및 적절한 법규에 관해 토의하도록 한다는 내용이었다.[87]

3호 성명이 나오자 민전은 사무국 명의의 담화를 통해 민주주의원칙 수행에 있어 구체적인 발전을 보인 것이라고 높이 평가했다. 여기서 민전은 미소공위가 순조롭게 진행되고 있음에도 불구하고 반탁진영은 자신들의 언론기관을 동원해 순조로운 미소공위의 진행을 결렬시키기 위해 온갖 책동을 다하고 있다고 비판했다. 그리고 3상결정에 반대하는 이들 반민주진영이 표방하는 것이 아무리 그럴듯해도 실천에 있어 미소공위의 결렬을 희망하고 책동하는 것이 객관적으로 엄연한 사실이며, 임시정부 수립을 지연시키며 군정을 연장하려는 기도라고 주장했다.[88]

이러한 담화에서 한 걸음 더 나아가 민전은 3호 성명을 민주주의 성공의 새로운 선포로 파악했다. 사무국 명의로 발표된 것이어서 이강국이 집필한 것으로 분석되는데, 담화는 3호 성명을 계기로 반탁진영이 반탁운동을 조직·지도한 책임을 회피하기에 급급하고 있다고 지적하고, 반탁진영은 자기반성과 자기비판의 성의와 용기를 갖고 반탁과오를 청산해야 한다고 주장했다. 3상결정에 반대하면 정부수립에 발언권이 없고, 반탁운동의 과오를 청산하자니 민중 앞에 설 면목이 없어 진퇴양난의 딜레마에 빠진

---

86) 李康國, 『民主主義 朝鮮의 建設』, 192쪽.
87) <서울신문>, 1946년 3월 31일.
88) <朝鮮人民報>, 1946년 4월 2일.

반탁진영으로서는 속죄를 하지 않으면 안 된다는 것이었다.[89]

2) 민전의 정부수립 방안

3호 성명이 발표되자, 찬탁진영의 핵심이라고 할 수 있는 중앙인위와 민전은 정부수립이 목전에 다가온 것으로 판단하고 대책 마련에 착수했다. 우선 중앙인위는 1946년 4월 23, 24일 이틀간 전국인민위원회 대표자대회를 개최해 미소공위 대책을 포함하여 식량대책, 토지개혁 문제, 산업부흥 문제 등의 안건을 토의하기로 결정했다.[90] 1945년 11월 1차 대회가 개최된 이후 국내정세가 자못 복잡다단하게 발전해 그간의 정치활동을 비판하고 새로운 정세에 대처하겠다는 의도에서 대회를 소집한 것이었다. 중앙인위를 대표해서 허헌은 미소공위에 적극 협력할 것이며, 조선의 민주주의 건설을 위해 끝까지 싸울 것이라는 내용의 담화를 4월 5일 발표하기도 했다.[91]

민전도 대책 마련을 위해 중앙위원회를 개최하기로 했다. 결성 이후 민전은 일반대중에게 민주주의의 본질을 옳게 이해시키며 반민주진영을 분쇄하는 데 전력을 기울이는 한편, 정권을 담당할 경우 시행할 헌법을 위시해서 경제·문화·행정기구 기타 구체적인 시책을 준비해 온 것이 획기적인 성과를 거두고 있다고 판단했다. 이러한 성과를 기초로 1946년 4월 20, 21일 이틀에 걸쳐 제2회 중앙위원회를 개최하여 새로운 정세에 대처하며 정부수립 원칙이나 정권형태, 중요 정책이 포함된 임시정부 수립문제를 비롯해서 토지개혁, 식량대책문제 등을 토의하기로 한 것이다.[92]

---

89) <朝鮮人民報>, 1046년 4월 4일.
90) <朝鮮人民報>, 1946년 4월 4일.
91) <朝鮮人民報>, 1946년 4월 6일.
92) <朝鮮人民報>, 1946년 4월 5일.

이처럼 인공과 민전이 정부수립이 임박했다고 판단하고 이에 관한 준비에 착수하자 이강국 역시 정부수립에 따르는 제반 대책의 마련에 나섰다. 그 자신이 인공의 서기장으로서, 그리고 민전의 사무국장으로서 정치정세의 변화에 따라 찬탁진영의 활동과 노선을 재점검하고 확정하는 막중한 위치에 있었기 때문이다. 이런 상황을 반영하였음인지 그는 <朝鮮人民報>에 연재된, 임시정부 수립에 관해 민전의 입장을 밝히는 기획 시리즈인 "民戰의 新政府 設計"의 첫 번째 필자로 등장했다.[93]

이 글에서 이강국은 우선 3상결정을 민주주의 국제평화 노선이라고 강조했다. 그렇기 때문에 임시정부를 수립하는 데는 3상결정을 지지하고 실천하는 정당과 사회단체만 미소공위와의 협의대상이 될 수 있다고 그는 주장했다. 그리고 3상결정 지지는 말이나 강령뿐만 아니라 실천으로 입증해야 하며, 진정한 애국자만이 민족을 대표해 임시정부 수립에 참가할 수 있다고 단언했다. 주권의 형태로 그는 인민위원회 형태를 주장했다. 인민위원회가 조선혁명의 필연적 소산으로 조선민족이 만들어 낸 것이기 때문에, 인민위원회가 주권형태로 계승될 역사적 이유와 현실적 근거를 충분히 갖고 있다는 것이 그의 설명이었다.

임시정부가 당면한 임무 중에서 가장 중요한 것으로 그는 첫째, 정치·경제·문화·사회 모든 방면에서 뿌리 깊게 남아 있는 일제의 유독과 잔재를 철저하게 숙청하는 것, 둘째, 토지를 무상으로 몰수해 토지 적은 농민에게 무상으로 분배하는 것, 셋째, 통화안정·물가조정·생산확충으로 급속히 경제를 부흥하여 민중의 생활을 안정시키는 것, 넷째, 8시간 노동제·최저임금제 등으로 노동자의 생활을 향상시키는 것, 다섯째, 언론·집회·결사·출판·신앙 등의 자유를 보장하며 민주적 훈련 발전을 촉성할 것, 여섯째, 민주주의적인 민족문화를 건설할 것, 일곱째, 남녀동권과 청소

---

[93] 이강국의 글은 <朝鮮人民報>, 1946년 4월 1일 수록. 이 시리즈는 7회에 걸쳐 연재됐는데, 朴文圭(4월 2일), 朴克采(4월 3일), 姜進(4월 5일), 崔益翰(4월 6일), 金元鳳(4월 8일), 林和(4월 9일) 등이 집필했다.

년의 보호를 실시할 것 등 7가지를 들었다. 그리고 임시정부는 사대주의적이고 의타주의적인 괴뢰정부가 되지 않아야 하며, 보통선거에 의해 정식 정부를 수립하는 쪽으로 매진하는 열정과 성의를 가져야 한다고 주장했다.

한편 외신이 "미군정당국이 남한만의 정부수립에 착수하였다"고 보도하자,94) 중앙인위와 민전은 미소공위를 절대 신임한다면서 단정설은 모함이라고 주장했다. 중앙인위는 임시정부 수립의 구체적인 방안이 논의되고 있는 상황에서 일부 반동진영이 갖은 모략으로 미소공위를 파괴시키려고 음모를 꾸미고 있는데, 대중은 이에 현혹되지 말고 미소공위를 지지·격려하여 정부수립에 매진해야 할 것이라고 주장했다.95) 민전도 허위보도를 무비판적으로 신뢰했다가 큰 타격을 받은 경험이 있으니만큼 경계해야 한다고 지적하고, 이를 민족분열의 자료로 악용하고 과장하는 악질 언론기관을 배척하지 않으면 안 된다고 주장했다.96)

1946년 4월 1일부터 1주일간을 임시정부 수립 촉진기간으로 정한 바 있던 민전은 단정설이 대두하자 대중집회를 계획했다. 반동분자들의 미소공위 결렬선전을 분쇄하는 동시에 공위의 성공과 임시정부 수립을 촉진하기 위해서라며, 4월 11일 오후 2시 서울운동장에서 '미소공동위원회 환영 임시민주주의 정부 수립촉진 시민대회'를 개최하기로 결정한 것이다. 민전이 주최하고 이강국이 사회를 본 이 대회에 공산당, 인민당, 신민당, 조선민족혁명당을 비롯한 각 정당과 전평, 전농, 청총, 부총 등의 단체가 참가했으며, 여운형, 박헌영, 허헌 등이 연설을 했다.97)

---

94) AP통신은 "當地 情報에 依하면 現在 朝鮮 서울에서 開催中인 美蘇共同委員會에서 南北統一의 朝鮮自治政府樹立案이 卒然히 解決되지 아니하여 美占領軍當局은 南朝鮮만에 限하여 朝鮮政府樹立에 着手하였다고 한다"고 보도했다. <서울신문>, 1946년 4월 7일.
95)「朝鮮人民報」, 1946년 4월 8일.
96) <朝鮮人民報>, 1946년 4월 9일.
97) <朝鮮人民報>, 1946년 4월 12일.

이날 이강국은 미소공위 대표단을 환영하는 환영문을 낭독했는데, 환영문 낭독이 끝난 후 대회는 임시정부 수립에 관한 결의문과 식량대책에 관한 결의문을 채택했다. 정부수립에 관한 결의문에서 이들은 3상회의 결정대로 정부를 수립할 것, 반동분자를 배격할 것, 각층 각 계급의 평등한 정부라야 할 것, 남북이 통일된 정부가 돼야 한다고 주장했고, 정부형태는 이강국이 이미 주장한 것처럼 인민위원회 형태로 해 줄 것을 요구했다.98)

미소공위가 순조롭게 진행돼 임시정부 수립이 임박했다고 생각한 이강국은 민전을 중심으로 정부수립에 대한 대책 마련에 나섰다. 여기서 그가 가장 중점을 둔 것은 정부형태였는데, 그는 인민위원회 형태를 주장했다. 해방 직후 결성된 인민위원회야말로 조선민족이 자기 손으로 직접 만든 것이기 때문에 정부형태로 계승될 역사적 이유와 현실적 근거가 충분하다는 것이었는데, 미소공위가 무기휴회에 들어감으로써 그의 구상은 실현될 수 없었다.

4. 5호 성명과 무기휴회

1) 5호 공동성명

1946년 4월 18일 미소공위는 3상회의 결정의 목적을 지지하고 이를 실현하기 위해 협력하겠고 서약한 선언서를 제출한 정당 및 사회단체만을 미소공위의 협의대상으로 하겠다는 내용의 공동성명 제5호를 발표했다.99)

---

98) <朝鮮人民報>, 1946년 4월 12일.
99) 5호 성명에 제시된 선언서는 다음과 같다. "우리는 모스크바 三相會議 決議文 中 朝鮮에 關한 第一節에 陳述한 바와 같이 그 決議의 目的을 支持하기로 宣言함. 즉 朝鮮의 獨立國家로서의 再建設 朝鮮이 民主主義原則으로 發展함에 對한 條件

이는 반탁운동을 전개한 정당 및 사회단체는 협의대상이 될 수 없다고 한 것과 마찬가지였다. 이러한 내용의 5호 성명은 3상결정을 지지했던 찬탁진영으로부터는 크게 환영을 받았으나, 이를 반대했던 반탁진영으로서는 커다란 타격이 아닐 수 없었다. 3상결정을 거부하며 반탁운동을 전개했던 지금까지의 노선을 수정하지 않으면 안 되게 됐기 때문이다.

5호 성명이 발표되자 찬탁진영은 한결같이 이를 지지했다. 민전은 민주진영의 위대한 승리라고 하는 내용의 담화를 의장단 명의로 발표했다. 5호 성명은 진정으로 민주적인 정당과 사회단체만을 협의대상으로 한다는 것인데, 이는 민전과 그 산하 단체들이 일치단결하여 주장한 바와 같다는 것이다.100) 그리고 우익 완고파의 쓸데없는 고집과 반동이 없었다면 민주주의원칙 하에 조선의 통일은 이미 실현됐을 것이라고 단언했다. 중앙인위도 5호 성명에 찬동을 표하고 조선문제의 정당한 해결을 위해 적극 노력한 미소공위의 성의에 감사한다는 성명을 발표했으며, 공산당의 박헌영도 5호 성명이 나옴으로써 인민대중은 공산당의 노선이 가장 옳았다는 것을 알게 됐을 것이라고 주장했다.101)

이처럼 축제분위기에 쌓여 있는 찬탁진영과 달리 반탁진영은 충격에서 벗어나지 못했다.102) 반탁진영의 본산인 민주의원의 경우 4월 20일 오전

의 設置와 朝鮮에서 日本이 오래 동안 統治함으로 생긴 損害 莫大한 結果를 速히 淸算할 것. 다음으로 우리는 朝鮮民主主義臨時政府 組織에 관한 三相會議 決議文 第二節 實現에 對한 共同委員會의 決議를 固守하기로 함. 다음으로 우리는 共同委員會가 朝鮮民主主義臨時政府와 같이 三相會議 決議文 第三節에 表示한 方策에 關한 提案을 作成함에 協力하기로 함." <東亞日報>, 1946년 4월 19일.

100) <朝鮮人民報>, 1946년 4월 19일.
101) <朝鮮人民報>, 1946년 4월 19일. 공산당은 3상결정을 전적으로 지지·실천함에는 과거나 현재나 다름이 없다는 내용의 성명을 발표하고, 총비서 박헌영이 서명한 선언서를 가장 먼저 미소공위에 제출했다. <朝鮮人民報>, 1946년 4월 20일.
102) 이러한 분위기를 반영하듯 <朝鮮人民報>는 5호 성명은 "朝鮮人民의 根本的 利益과 符合되는 暫定 後見制에 協力하는 民主主義 諸政黨과 社會團體만을 相對로

회의를 갖고 대책을 협의했으나, 의견의 일치를 보지 못할 정도였다. 5호 성명은 신탁통치를 전제로 한 것이라고 하는 해석과, 미소공위와 협의하여 임시정부를 수립한 후 신탁통치를 배제할 수 있는 단계를 규정한 것이라는 해석으로 나뉘어 최종 결론을 내리지 못했기 때문이다.103) 이처럼 5호 성명을 놓고 우왕좌왕하던 반탁진영은 하지 사령관의 두 차례에 걸친 담화가 발표된 후 결의문을 제출하게 되는데, 이는 미소공위 무기휴회의 원인으로 작용하게 된다.

5호 성명에 크게 고무된 민전은 1946년 4월 19일 상무위원회를 열고 이를 지지하는 성명을 발표하고 결의문을 제출했으며,104) 20일에는 예정대로 제2회 중앙위원회를 개최했다. 이강국의 개회선언으로 시작된 대회에서 성주식은 임시정부의 조직원칙을, 이여성은 정권형태의 내용을, 이강국은 중요정책을 보고했다. 중요정책에서 그는 경제의 민주주의적 발전의 첫 번째 전제조건은 농촌에서 반봉건적인 토지소유제의 청소와 반농노적 고용제의 철폐라고 주장하고, 이러한 기초 위에서만 농업의 발달이 보장되고 공업의 비약적인 발전이 약속될 것이라고 말했다. 경제체제에 대해 그는 전인민의 소유이며 전인민의 재산인 국영사업을 중심으로 하는 가장 진보적인 민주주의체제의 채용을 강조하고, 중소산업에 대해서는 조합경영 또는 개인경영을 허락하여 자유로운 발전을 보호하고 조장한다는 견해를 밝혔다.105)

민전에 이어 중앙인위도 정부수립 대책과 정강·정책을 구체적으로 성

하여 政府 組織工作을 推進시킨다는 것을 具體的으로 再確認한 點이다. 이리하여 共同委員會가 本格的으로 進陟되고 있을 뿐 아니라 三相會議 決定을 反對하여 온 反民主主義 反動 政治集團에 致命的인 衝擊을 주었다고 할 수 있다"고 보도했다. <朝鮮人民報>, 1946년 4월 19일.

103) <서울신문>, 1946년 4월 21일.
104) <朝鮮人民報>, 1946년 4월 21일.
105) <朝鮮人民報>, 1946년 4월 22일.

안하기 위해 예정대로 제2차 전국인민위원회 대표자대회를 4월 23일 개최했다. 홍남표의 사회와 이승엽의 축사로 시작된 대회에서 허헌은 중앙보고를 했다. 보고에서 허헌은 민전은 반민주적 요소에 대한 연합 투쟁기관이고 이로써 민주정권이 수립될 수 있게 됐으며, 인민위원회는 행정기관형태로 출발한 것이라고 말하고, 인민위원회 형태를 활용해 본래의 사명을 수행할 수 있을 것이기 때문에 양자는 모순되는 것이 아니고 상호 보완적인 것이라고 설명했다. 이어 그는 인민위원회는 중앙과 지방을 통해 미소공위 사업에 협력해 왔고 앞으로도 전력을 다해 협력·성원할 것이라고 말하고, 이 덕분에 인민의 지지를 받고 있는 인민위원회가 강대한 발언권을 갖고 있다고 주장했다.106) 이틀째인 4월 24일 대회는 38선을 초월한 전국적인 통일체이며 인민의 의사를 충실히 체현하고, 인민 속에서 생성·발전하여 인민의 지지를 받고 있는 인민위원회가 유일한 정권형태로 돼야 한다는 결정서를 채택했다.107)

공산당을 필두로 민전, 중앙인위, 인민당, 부총, 청총 등 5호 성명을 적극 환영해 마지않던 찬탁진영의 정당과 사회단체들은 4월 27일까지 미소공위에 선언서 제출을 모두 완료했다.108) 민전은 산하단체 조직인원을 합하면 국내만 해도 8백만에 달하는 거대한 세력이며, 재일본조선인연맹 120만 명을 합하면 1천만에 육박해 전체 인구의 3분의 1을 자신들이 동원·집결할 수 있다고 단언했다. 그렇기 때문에 민전은 조선의 정치를 영도하고 조국 부흥의 빛나는 역사적 사명을 담당하는 데 손색이 없는 실력을 구비하기에 이르렀다고 자부했다.109)

5호 성명에 이어 1946년 5월 1일 미소공위는 임시정부의 조직과 원칙,

---

106) <朝鮮人民報>, 1946년 4월 24일.
107) <朝鮮人民報>, 1946년 4월 25일.
108) <朝鮮人民報>, 1946년 4월 29일.
109) 민전에 가담한 정당 및 사회단체와 그 조직원 수에 대해서는 <朝鮮人民報>, 1946년 4월 30일 참조

임시정부의 정강에 관한 견해를 묻는 공동성명 제7호를 발표했다. 7호 성명이 발표되자, 민전은 임시정부 수립이 구체적인 단계에 들어섰다는 것을 증명하는 것이라고 판단하고, 설문의 문항에 관해 전문가의 자문을 받아 답신안을 제출하겠다고 밝혔다. 그리고 설문에서 '인민의 권리'를 명기한 것이 주목된다면서 인민의 권리를 존중하는 것은 민전뿐이라고 주장했다.110)

한편 5월 1일 서울운동장에서 개최된 메이데이 기념식에 참석한 이강국은 7호 성명이 발표됐음을 알리고 그 내용을 설명한 다음 긴급동의로 7호 성명을 절대 지지한다는 결의 표명을 유도하기도 했다.111) 또한 이날 대회는 김구, 이승만을 두목으로 하는 반민주주의 분자의 철저한 배제 없이는 우리의 민주주의적 진보와 세계평화는 기대하기 어렵다는 내용의 메시지를 미소공위에 보냈다.112) 반탁진영의 정국 주도는 말할 것도 없고 정부수립 참가도 받아들일 수 없다는 입장이었다.

2) 미소공위의 무기휴회

5호 성명을 환영하고 일사불란하게 선언서를 제출한 찬탁진영의 활기찬 움직임과 달리 반탁진영은 갈피를 잡지 못하고 있었다. 5호 성명에 규정된 대로 3상결정을 지지한다는 선언서를 제출할 경우 지금까지 전개했던 반탁운동이 잘못됐다는 것을 시인하는 것이 되어 정치인으로서 가장 중요한 명분을 잃게 될 것이고, 선언서를 제출하지 않을 경우 미소공위의 협의대상에서 배제되어 정부수립 과정에 참여할 수 없어 실리를 놓치게 될 것이 분명해졌기 때문이다.

---

110) <朝鮮人民報>, 1946년 5월 2일.
111) <朝鮮人民報>, 1946년 5월 2일.
112) 『解放日報』, 1946년 5월 6일.

반탁진영이 이처럼 명분과 실리 사이에서 갈피를 잡지 못하고 있는 상황에서 이들을 구해 준 것은 하지 사령관의 1946년 4월 22일 담화였다. 그가 5호 성명의 해설과 함께 3상결정의 내용을 면밀히 검토할 것을 요구하는 내용의 담화를 발표했기 때문이다. 여기서 그는 3상결정에 나오는 '신탁'의 의미는 "조선인의 정치·경제 및 사회적 진보와 민주주의적 자치정부 발전과 조선 독립국가 수립을 원조할 방안"이라고 규정한 것에 유의할 것과, 일부 정객들이 정치적인 이유로 5호 성명의 목적이 '신탁'을 받아들이도록 하는 데 있다고 말하나, 이는 허언(虛言)에 불과하며, 5년이라는 기간은 조선인의 통치능력에 따라 줄어들 수도 있는 것이라고 말했다.113)

한편 남한 각지를 다니며 시국 강연을 하던 이승만도 같은 날인 4월 22일 하지와 유사한 내용으로 5호 성명을 해설했다. 5호 성명은 탁치를 반대하는 개인이나 단체는 미소공위에 참가할 수 없다는 것이 아니라, 탁치를 반대하거나 지지하거나를 불문하고 참가할 수 있게 한 것이라고 풀이했다.114) 5호 성명에 대한 이러한 해설은 찬탁진영의 해설과는 정반대되는 것인데, 아마도 이는 미군정당국과 사전조율을 거친 것으로 분석된다. 왜냐하면 하지 사령관의 담화가 발표되기 하루 전인 4월 21일 이승만이 있는 유성으로 하지의 고문 굿펠로우가 찾아가 5호 성명에 대해 의견을 교환한 것으로 보도됐기 때문이다.115)

4월 23일 대구에서 가진 기자회견에서 이승만은 다시 탁치문제는 임시정부 수립 후에 해결한다고 했으니 원하는 대로 된 것으로 본다고 주장했다. 그리고 미소공위와의 협의에 참가해야 제반 문제에 대한 의견을 제시할 수 있다고 말함으로써,116) 선언서를 제출하고 협의에 참가해야 한다는 견해를 간접적으로 피력했다.

---

113) <東亞日報>, 1946년 4월 24일.
114) <朝鮮日報>, 1946년 4월 24일.
115) <朝鮮日報>, 1946년 4월 23일.
116) <朝鮮日報>, 1946년 4월 26일.

한편 민주의원과 비상국민회의는 하지 사령관의 담화가 발표된 다음날인 4월 23일 신탁관리가 불필요하게 될지도 모른다는 희망을 갖고 대책을 논의했으나, 이날도 최종적인 결론을 내리지는 못했다.117) 이에 따라 한민당도 태도를 결정하지 못하고 민주의원의 해석과 결정을 기다려 행동을 같이하겠다고 발표하는 수밖에는 달리 도리가 없었다.118)

이와 같이 찬탁진영과 달리 반탁진영이 대책 마련에 부심하는 모습을 보이자, 하지 사령관은 1946년 4월 27일 다시 특별담화를 발표했다. 특별담화에서 그는 선언서를 제출한다고 해서 탁치를 지지 또는 찬성한다는 것을 의미하는 것은 아니라고 말하고, 선언서를 제출하지 않으면 협의대상이 될 수 없다는 것을 분명히 했다.119) 이는 선언서 제출은 찬탁을 의미하는 것이며 반탁을 고집하면 선언서를 제출할 수 없다는 찬탁진영의 선전에 대한 반탁진영의 우려를 불식시키기 위해 의사발표의 자유를 특별히 언급한 것으로 분석된다.

하지의 특별담화가 발표되자 반탁진영은 단연 활기를 띠었다. 반탁운동과 선언서 제출은 전연 별개의 것이라는 확신을 갖게 됐기 때문이다. 그리하여 4월 30일 비상국민회의 소속 정당과 단체는 회의를 갖고 미소공위에 참가하되 탁치를 전제로 하는 것은 배격한다고 결의했고, 민주의원도 5월 1일 선언서 제출은 미소공위와 협의해 임시정부 수립에 참가해서 탁치를 반대할 수 있는 것임을 확인했기 때문에 미소공위에 참가하는 것이 바람직하다는 견해를 밝혔다.120) 한민당도 탁치를 반대할 수 있는 계기라고 생각하기 때문에 선언서를 제출하고 협의에 참가하겠다고 주장했다.121)

이처럼 반탁진영은 하지의 특별담화에 자극을 받아 대거 선언서를 제

---

117) <서울신문>, 1946년 4월 24일.
118) <東亞日報>, 1946년 4월 27일.
119) <서울신문>, 1946년 4월 28일.
120) <朝鮮日報>, 1946년 5월 3일.
121) <朝鮮日報>, 1946년 5월 1일.

미소공동위원회와 민주주의민족전선 _ 153

출하고 미소공위에 참여하겠다고 발표했다. 그리하여 이승만은 독촉의 대표로, 김구는 한독당의 대표로, 김규식은 조선기독교청년연합회 대표로 서명하기로 했으며 한민당은 원세훈을, 국민당은 안재홍을, 신한민족당은 김여식(金麗植)을, 신한민주당은 김붕준(金朋濬)을, 전국국민대회준비회는 김준연을 미소공위와의 협의에 참여할 대표로 내정한 것으로 알려졌다.122)

하지 사령관의 담화 이후 반탁진영의 대거 참여라는 예상치도 않던 사태가 발생하자 찬탁진영은 크게 당황했다. 자신들만이 미소공위와 협의하여 정부를 수립하는 것으로 확신하고 있던 차에 반탁진영도 참여할 수 있게 됐을 뿐만 아니라, 이들이 의사표현의 자유를 내세워 반탁운동을 지속할 것을 다짐했기 때문이다.

이런 현상에 대해 민전은 사무국 명의의 담화를 통해 정권욕이 낳은 궤변이라고 강력히 비난했다. 5호 성명에 대해 의구심을 금할 수 없다던 사람들이 선언서 제출이 "신탁통지를 반대할 수 있는 계기"라고 하는 것은 졸렬한 궤변이 아닐 수 없다는 것이었다. 그리고 3상결정은 믿지 않으면서 하지의 담화를 신뢰하는 것에 대해 "국제결정에 대해 회의하는 것을 명예로 생각한다고 자랑하는 정객이 개인의 성명에 대해서는 신뢰를 보내니 그 근거를 미루어 짐작할 길이 없다"고 비판했다.123) 그러므로 반탁운동을 한 것도 정권욕에서 한 것이고, 선언서를 제출한 것도 정권욕에서 했다는 것을 도저히 가릴 수 없을 것이라고 반탁진영의 선언서 제출을 규탄했다.

반탁진영의 태도변화를 비난한 민전의 담화 역시 전후 문맥으로 보아 이강국이 쓴 것으로 생각된다. 그는 의사표현의 자유는 보장돼야 한다는 것을 부인하지는 않았다. 그러나 표현의 자유가 있다고 해서 긍정과 부정의 의사를 동시에 표시할 수는 없다는 것이 그의 반론이었다. 3상결정을 지지한다는 5호 성명에 서명을 해 놓고 반탁을 하겠다는 것은 찬성과 반대

---

122) <서울신문>, 1946년 5월 3일.
123) 『朝鮮人民報』, 1946년 5월 5일.

를 동시에 나타내는 것으로, 이러한 경우에는 의사표현의 자유원칙이 적용될 수 없다는 것이었다.124) 탁치를 규정한 3상결정을 지지한다는 선언서를 제출하면서, 표현의 자유를 구실로 탁치를 반대하는 것을 이율배반적인 모순이라고 지적한 것이다.

이처럼 이강국은 반탁진영의 모순된 행동을 비판하면서 다른 한편으로는 7호 성명에 제시된 설문에 대한 답신안을 최종 점검하는 일에 착수했다. 민전은 그 동안 마련한 시안의 최종심의를 위해 대책위원회와 3개 소위원회를 구성했는데, 그는 임시정부와 지방행정기구의 조직과 원칙에 관한 사항을 심의하는 대책위원회의 위원으로 선정됐다.125) 이로써 그는 주권형태는 인민위원회 형태여야 한다는 자신의 지론을 관철시키게 된다.

찬탁진영뿐 아니라 반탁진영도 대거 선언서를 제출한 상황에서 미소공위는 1946년 5월 3일 본회의를 개최하고 정당·사회단체와의 협의순서에 관해 토의하는 것으로 보도됐다.126) 그러나 그에 관한 구체적인 내용은 발표되지 않고, 단지 미국대표단이 5월 7일 협의대상으로 남한에 있는 25개 정당과 사회단체의 명단을 소련대표단에 제안했다고 보도됐을 뿐이다.127)

---

124) 『青年 解放日報』, 1946년 6월 28일.
125) 민전의 7호 성명 대책위원회 및 분과위원회 명단은 다음과 같다. 대책위원회: 李康國, 金龍巖, 成周寔, 李泰鎭 정치대책소위원회: 姜進, 李如星, 金時榮. 경제대책소위원회: 朴文圭, 李貞求, 尹行重. 문화대책소위원회: 金台俊, 都相祿, 崔應錫, 崔成世, 李泰俊, 咸鳳石. <서울신문>, 1946년 5월 7일.
126) <서울신문>, 1946년 5월 4일.
127) 미국대표단이 제시했다는 25개 정당·사회단체의 명단과 대표자는 다음과 같다. 비상국민의회, 한국독립당(金九), 한국민주당(元世勳), 민전, 조선공산당, 조선신민당, 신한민족당(崔益煥), 조선인민당, 한국농민총연맹(金尙德), 천주교(張勉), 대종교(趙琬九), 독촉부인회(朴承浩), 여자국민당(任永信), 국민대회준비회(金俊淵), 독촉(李承晚), 국민당(安在鴻), 독촉국민회(吳夏泳), 신한민주당(金朋濬), 대한노총(金山), 기독교남부대회(咸台永), 천도교(吳世昌), 조선기독교청년회전국연합회(金奎植), 중앙불교총무원(金法麟), 유교회(鄭寅普), 한국홍십자사(白象圭). <朝鮮日報>, 1946년 5월 7일.

사실 여부를 알 수는 없지만 명단에는 협의에 참여하는 단체가 좌익진영은 4개(공산당, 신민당, 인민당, 민전)밖에 되지 않는데도 불구하고 우익진영은 한민당, 한독당 등 21개나 되는 것으로 나타나자, 찬탁진영은 크게 당황했다. 수적인 우세를 확신하고 있던 상황에서 소수파로 전락할지도 모른다는 우려가 들었기 때문이다. 이에 대해 이강국은 보도가 잘못된 것이라고 다음과 같이 말했다.

> 그러한 事實이 아닌 '所聞'과, 社會와 民衆에 害毒을 주는 '風聞'을 함부로 傳播하는 것은 新聞의 社會的 罪惡의 하나이 아니라고 할 수 없다. 美蘇共同委員會 招請團體에 關한 記事는 新聞記者의 常識과 權威에 關한 記事라고 생각한다. 그 記事는 朝鮮의 民主主義的 政府樹立을 爲하여 努力하는 美蘇共同委員會에 對해서 一種 侮辱이고 失禮이다.[128]

이처럼 참가단체의 수를 놓고 찬탁진영과 반탁진영이 한참 신경전을 벌이고 있을 즈음인 1946년 5월 9일 하지 사령관은 특별성명으로 미소공위의 무기휴회를 발표했고, 뒤를 이어 소련대표단이 본국의 훈령에 의해 평양으로 귀환한다고 보도됐다. 특별성명에서 하지는 미소공위가 무기휴회에 이르게 된 배경을 설명했다.[129] 여기서 소련대표는 3상결정을 반대한 정당과 사회단체는 임시정부 수립에서 배제하자고 주장한 반면, 미국대표는 이는 의사발표의 자유를 거부하는 것이라고 생각해 반대했다고 말하고, 이러한 의견의 불일치로 휴회를 제의하게 됐다고 밝혔다.

하지는 또한 공산당을 겨냥해 절대다수의 조선인이 탁치를 반대하고 있음에도 "어디서 교사를 받은 소수당이 태도를 돌변하여 반탁을 탁치 지지로 전도했다"고 지적하고, 5호 성명은 탁치 지지를 요구한 것이 아니라 그에 관한 대책을 제시하라고 한 것이므로 정당과 단체는 마음대로 반탁

---

128) <朝鮮人民報>, 1946년 5월 9일.
129) 하지의 특별성명 전문은 <서울신문>, 1946년 5월 10일 수록.

의사표시를 할 수 있는 것이라고 주장했다. 이에 대해 소련은 휴회의 원인은 3상결정의 엄격한 시행을 거부한 미국 측에 있다고 주장했다.130)

미소공위가 무기한 휴회된 데 대해 찬탁진영은 우익진영의 반연합국적 행동에서 비롯된 것으로 간주하고 강력히 비난했다. 공산당은 우익반동 거두들이 3상결정의 본의를 곡해 또는 고의로 왜곡하고 반소반공적인 태도를 취했기 때문에 공위사업에 지장이 생겼다고 주장했다.131) 민전도 국제정세에 암매(暗昧)한 도배가 세계사의 방향에 역행하는 무모한 책동을 벌이고, 3상결정 반대와 선언서 제출의 모순을 궤변으로 호도하면서 정권에 대한 야욕을 기만적으로 채우려 했기 때문에 휴회에 이르렀다고 비난했다. 그렇지만 이러한 난관은 미·소의 공고한 협조정신으로 극복될 것이며 반동진영이 선전하는 것 같은 균열은 생기지 않을 것이므로, 미소공위가 속회되는 방향으로 노력하지 않으면 안 된다고 주장했다.132)

미소공위의 무기휴회가 발표된 지 사흘 만인 5월 12일 반탁진영은 서울운동장에서 독립전취국민대회(이하 국민대회)를 개최했다. 국민대회는 선언을 통해 미소공위가 소련의 번복으로 시일을 허비한 채 휴회됐으며 38선도 소련의 거부로 철폐되지 못하고 있다고 주장하고, 민족적 독자성을 무시하고 타력에 추종하며 외모(外侮)를 유치한 공산계열의 언동을 적(敵)으로 규정했다.133) 그리고 자주정부의 자율적 접근을 촉진하며 공산계열의 반역적 언동을 일소해 민족의 기강을 바로 새울 것을 결의했다.

국민대회가 미소공위 휴회의 원인을 소련과 찬탁진영에 돌리고 자주정부 수립이라는 명분 아래 단독정부를 수립하려는 것에 대해, 민전은 사무국 명의로 담화를 발표하고 이에 반박했다. 즉 국민대회는 친일파, 민족반역자, 대지주, 자본가의 이익을 테러로 옹호하면서 민족분열을 유도하고

---

130) <朝鮮人民報>, 1946년 5월 17일.
131) <朝鮮人民報>, 1946년 5월 10일.
132) <朝鮮人民報>, 1946년 5월 11일.
133) <東亞日報>, 1946년 5월 13일.

극소수의 이익을 위한 정부를 세우려는 음모에서 나왔다는 것이다.134) 그리고 우리 민족은 통일된 민주정부를 세워 공존공영을 누리느냐, 분열된 전제정부를 세워 상잔(相殘) 상학(相虐)의 비운에 빠지느냐 하는 가장 위험한 기로에 처해 있으므로 냉철하게 이 중에서 하나를 취해야 할 것이라고 민전은 주장했다. 이강국의 평소 지론이 그대로 반영된 것이다.

이러한 상황에서 민전은 미소공위의 속개만이 현재의 난관을 극복할 수 있는 유일한 길이라고 판단했다. 그리하여 미·소의 공고한 협조와 진지한 성의로 인해 반드시 미소공위가 단기간 내에 실현되리라 확신하고, 또 그 방향으로 최대한의 노력을 경주할 것이며 이를 촉진하지 않으면 안 된다고 하는 민전 의장단 성명을 발표했다.135)

5. 민전의 공위 속개 요구와 단정 반대운동

1) 미소공위 속개 요구

이강국 역시 미소공위의 속개가 시급하다고 생각했다. 그리하여 사무국 명의의 담화에서 그는 휴회에 관한 미·소 양측의 설명에 커다란 차이가 있다고, 보고 어느 편이 3상결정 원칙을 준수했는지를 면밀히 비교 검토해서 공위의 속개를 요청할 방침이라고 밝혔다. 그러나 양측 모두 조선민족의 해방자로서 단지 원조 협력의 방법에서만 견해의 대립이 있을 뿐이므로 다른 한편을 공격하거나 타도한다고 떠드는 경거망동을 해서는 결코 안 될 것이라고 주장하고, 오직 3상결정의 충실한 실천만이 정당하다고 강

---

134) <朝鮮人民報>, 1946년 5월 15일.
135) <朝鮮人民報>, 1946년 5월 16일.

조했다.136) 이강국으로서는 3상결정에 입각해 국제적 원조를 받는 것만이 민주주의적이고 완전한 자주독립국가를 수립할 수 있는 길이라고 판단했고, 이럴 경우 자신들의 정권장악이 가능할 것이라고 확신했기 때문에 미소공위 속개를 주장한 것이었다.

바로 이러한 생각을 갖고 있었기에 이강국은 1946년 5월 29일 민전 의장인 허헌, 김원봉, 장건상과 함께 군정청을 방문, 러치 군정장관과 미소공위 속개 등 당면문제에 관해 의견을 나누었다.137) 이 자리에서 러치는 미소공위는 반드시 재개되므로 단독정부 수립은 절대 있을 수 없다고 말한 것으로 보도됐는데, 5월 30일 민전은 이들 의장단이 미군정에 제언한 내용을 발표했다.

여기서 민전은 공위 휴회의 실질적 원인은 민족의 분열이라 지적하고, 이러한 분열을 제휴와 통일로 인도하는 것이 근본적인 해결책이라고 주장했다. 그리고 과거의 분열은 평화적인 데 반해 공위 휴회 이후의 분열은 폭력적으로 되고 말았으며, 이는 이승만과 그 측근 정객들이 국제정세에 대한 처방을 잘못 내린 데서 기인하는 것이라고 지적했다. 그리고 미소공위의 속개와 임시정부 수립 촉진을 위해 군정에 대해 "후견제는 조선에 대한 주권침략이나 식민지화가 아니고 자유독립을 원조하는 것임을 명백히 해명하여 반탁운동의 모략선동을 방지할 것" 등 5개 항을 요구했다.138)

민전은 다시 5월 31일에는 의장단 명의로 산하단체에 미소공위 재개를 촉진하는 운동을 전국적으로 전개하라고 지시했다.139) 지시에서 민전은

---

136) <朝鮮人民報>, 1946년 5월 18일.
137) <朝鮮人民報>, 1946년 5월 30일.
138) <朝鮮人民報>, 1946년 5월 31일.
139) 민전의 지시문은 다음과 같다. "1. 美蘇共同委員會 再開의 促進運動을 일으키자. 朝鮮의 臨時 民主主義政府 樹立은 오직 '共委'만이 實現할 수 있는 課題이다. '共委'의 進展을 妨害하는 者는 朝鮮의 政府樹立을 妨害하는 者이며 따라서 朝鮮의 自主獨立을 妨害하는 背族行爲다. 우리는 '共委'의 再開를 妨害하고 南朝鮮 單獨政府 또는 僞裝 統一政府를 만들어 내려는 一切의 反動的 陰謀를 斷乎 排擊하고

임시정부 수립은 오직 미소공위만이 할 수 있는 과제라고 단언하고, 민전 산하 각 단체는 직장 또는 지역별로 '공위 촉진대회' 같은 대중집회를 개최할 것을 요구했다. 그리고 단독정부 수립음모를 단호히 배격하고, 공위 휴회는 3상결정을 반대하는 반동정객들에 의해 초래된 것임을 인민대중에게 선전 교양시킬 것을 당부했다.

이처럼 미소공위 속개를 요구하며 휴회가 단정수립으로 이어지는 것을 경계했던 민전은 전국을 순회하며 유세하던 이승만이 1946년 6월 3일 정읍에서 남한 단독정부 수립 필요성을 주장하자,140) 반동진영의 독재를 꿈꾸는 것이라고 강력히 비난했다. 사무국 명의의 담화에서 민전은 단정수립 주장은 갖은 모략으로 공위를 무기휴회에 이르게 하고, 그것도 모자라 민족의 분열을 영구화하고 자주독립을 무망에 빠뜨리는 것이라고 반박했다. 그리고 이는 독재의 꿈을 실현하기 위해 사투를 감행하는 것이므로 인민의 힘으로 철저히 분쇄해야 하며, 미소공위의 재개를 요망하여 민주적인

美蘇共同委員會를 再開케 하여 統一的 臨時政府의 樹立에 邁進하지 않으면 안 된다. 그러기 위해서는 民戰 傘下의 各 團體는 職域 또는 地域別로 '共委' 促進大會 같은 大衆的 集會를 開催하여 '共委' 再開에 對한 人民大衆의 熱意를 顯現하기 바란다. 2. 三相決定은 朝鮮의 自主獨立을 達成하는 唯一한 國際的 決議인 同時에 國際平和를 促進시키는 重大한 關鍵임을 人民大衆에게 徹底히 認識시켜야 한다. 따라서 美蘇共同委員會는 三相決定을 忠實히 實薦하기 爲한 會合으로서 여기서 三相決定을 變更하거나 破壞할 수는 全혀 不可能한 것이니 이번 '共委'의 休會가 三相決定을 反對하는 反動政客들에 依해서 招來된 것임을 人民大衆에게 宣傳 敎養시켜야 할 것이다. 따라서 '共委'의 一時的 休會를 完全히 決裂된 것처럼 宣傳하며 그 決裂의 責任을 蘇聯 또는 우리 民主主義陣營에 지우려는 行爲가 全혀 惡質的 謀略임을 人民에게 널리 理解시키기에 努力하기 바란다." <朝鮮人民報>, 1946년 6월 1일.

140) 李承晩의 정읍 발언 요지는 다음과 같다. "無期休會된 共委가 再開될 氣色도 보이지 않으며 統一政府를 苦待하나 如意케 되지 않으니 우리는 南方만이라도 臨時政府 惑은 委員會 같은 것을 組織하여 三八以北에서 蘇聯이 撤退하도록 世界公論에 呼訴하여야 될 것이다." <서울신문>, 1946년 6월 4일.

정부가 수립되도록 하지 않으면 안 된다고 주장했다.[141]

미소공위 휴회를 계기로 반탁진영을 중심으로 자율정부 수립이라는 명분 하에 단독정부를 수립하려는 움직임이 구체화되자, 이강국이 이에 강력히 대처할 필요를 느껴 담화를 발표한 것으로 분석된다. 이와 동시에 민전 의장단과 이강국은 단순히 미소공위 속개를 요구하는 소극적 차원을 넘어 어떻게 해서든 단정수립만은 막아야 한다고 생각했고, 이를 위해 대중적인 운동을 전개하기로 결의한 것이다. 그리하여 1946년 6월 10일을 기해 단정을 반대하는 대규모 대중집회를 개최하게 된다.

2) 단독정부 수립 반대운동

미소공위 무기휴회를 계기로 단독정부 수립설이 나오고 있는 것에 대해 처음에 민전은 이것이 정권욕에 급급한 일부 반동정객과 막다른 골목에 들어선 민족반역자들의 발악으로 간주했다. 그리하여 단독정부가 실현될 수 없다는 것은 국제정치에 상식을 가진 사람은 누구라도 알 수 있는 일이라고 주장할 정도였다.[142] 민전으로서는 단정수립이 민족분열을 영구화하고 인민을 반동정권 밑에 예속시키려는 모략이므로 철저히 분쇄해야 한다고 강조했지만, 현실화될 것이라고까지 생각하지는 않았다.

그러나 이승만의 정읍 발언을 계기로 단정설이 구체화되자 민전을 비롯한 찬탁진영은 긴장하지 않을 수 없었다. 그리하여 민전은 1946년 6월 10일 '6·10만세운동 20주년 기념식 및 미소공동위원회 속개 시민대회'를 개최하기로 결정하고, 산하단체의 참가를 독려했다. 공위속개 운동으로 단정수립 분위기를 제압한다는 전략에서였다.

대회를 하루 앞둔 6월 9일 민전 의장인 허헌과 김원봉은 기자회견을 가

---

141) <朝鮮人民報>, 1946년 6월 5일.
142) <朝鮮人民報>, 1946년 5월 26일.

졌으며, 사무국도 담화를 발표했다.143) 기자회견에서 민전 의장단은 단정수립을 말하는 사람은 민족분열을 꾀하는 것 외에 아무 것도 아니며 국제공약을 모르는 무식한 사람이라고 하지 않을 수 없다고 주장했다. 민전 사무국은 담화에서 민전의 당면임무를 이강국의 평소 지론대로 일제 잔존세력을 철저하게 숙청할 것, 3상결정을 지지하는 운동과 공위속개를 요망·촉진하는 운동을 전국적으로 광범위하게 전개할 것, 단독정부 수립음모를 철저하게 분쇄할 것, 테러와 반동언론의 도량을 인민의 힘으로 봉쇄할 것 등 6개 항을 열거했다.144)

이강국의 사회로 진행된 6월 10일의 시민대회에서 허헌은 독립운동을 전개했던 선열들의 유지를 계승하며 조선의 완전독립을 위해 미소공위의 재개를 바라마지 않는다는 요지의 개회사를 했고, 김원봉은 조선의 독립은 3상결정을 지지하는 데 있다는 것을 강조하는 기념사를 했다. 이날 시민대회는 3상결정에 의해서만 통일된 임시정부가 수립될 수 있는 것이기 때문에 공위속개를 요망하는 운동을 강력히 전개할 것, 단정수립 음모를 철두철미 분쇄할 것, 테러와 반동 언론기관의 도량을 인민의 힘으로 완전히 봉쇄할 것 등 6개 항의 결의문을 채택했다.145)

미소공위의 속개를 이처럼 강력하게 주장한 시민대회 결의문은 그 내

---

143) <朝鮮人民報>, 1946년 6월 10일.

144) 민전은 대회를 주최하면서 행동강령으로 다음 6개 항을 제시했다. ㉮ 各 團體 及 町會는 所屬機關의 事務所 及 附近 廣場에 集合하여 所屬旗를 先頭로 하여 四列 縱隊를 짓고 大會場까지 秩序 있는 行動을 하실 것. ㉯ 트럭을 사용하는 團體 及 町會는 大會場 入口에 集合하여 隊列을 진 後 入場하시도록 할 것. ㉰ 市民大會에 參加하시는 全員은 모두 團旗를 들고 나오시도록 할 것. ㉱ 行列을 짓고 大會場까지 行進하시는 各 隊는 團體旗 外에 프랑카드 등은 그대로 갖고 와 大會場에서 펴시도록 할 것. ㉲ 行進하실 때 交通에 妨害를 가져오는 行動은 絶對로 삼가하도록 할 것. ㉳ 入場時는 案內係와 整理係의 引導를 받고 規定 場所에 隊列을 지어 주실 것. <朝鮮人民報>, 1946년 6월 10일.

145) <朝鮮人民報>, 1946년 6월 11일.

용이 민전 사무국 명의의 담화와 일치하는 부분이 많은데, 이를 보면 결의문 역시 이강국이 작성했을 것으로 판단된다. 각종 글에 그가 주장한 내용이 그대로 들어 있기 때문이다. 단지 차이가 있다면 문장의 길이로, 다음의 비교에서 알 수 있듯이 사무국 담화는 짧고 시민대회 결의문은 길다는 것 뿐이다.

 1항: 시민대회의 의의
 담화: 이 운동의 반일제정신을 계승하여 일본제국주의 잔존세력을 철저하게 숙청할 것.
 결의문: 조선은 민주주의 연합국의 기반 하에서 해방됐으나, 40년간 일본제국주의가 뿌리박은 해독은 심혹한 바 있다. 우리는 6·10운동의 반일제정신을 계승하고 앙양하며 그 교훈을 살리여 일본제국주의 잔존세력을 철저하게 소청하여야 한다.

 2항: 3상결정 지지문제
 담화: 3상회의 결정의 진의를 천명 선전하여 3상회의 결정 지지운동을 전국적으로 전개하며 반탁운동을 단호 배격할 것.
 결의문: 조선의 자주독립은 3상회의 결정을 충실하게 이행하는 길에서만 실현되는 것이며 보장되는 것이다. 조선의 자주독립을 원조하며 조선의 민주주의화에 협력하여 신생 조선으로 하여금 민주주의 세계 재건과 영구평화 보장에 참열케 하는 이 3상회의 결정의 진의를 깊이 인식하고 널리 천명하여 3상회의 결정 지지운동을 전국적으로 전개하지 않으면 안 된다. 동시에 우리는 기만적인 무모한 반탁운동의 정체를 여지없이 폭로하고 그것을 단호히 배격하여야 한다.

 3항: 미소공위 속개문제
 담화: 미소공동위원회 속개를 요망 촉진하는 운동을 광범 강력하게 전개할 것.

결의문: 미소공동위원회가 속개되어 3상회의 결정을 준수 실천함으로써만 조선에 통일적인 민주주의 임시정부가 수립될 수 있는 것이며 이러한 통일정부 수립에서만 조선문제는 그 해결의 관건을 찾을 수 있는 것이다. 그러므로 우리는 미소공동위원회의 속개를 요망 촉진하는 운동을 강력하게 전개하여 조선민족의 숙원을 반영시켜야 한다.

4항: 반연합국 언동 방지문제
담화: 반연합국적 언동, 반소선전, 전쟁도발적 선동을 방지할 것.
결의문: 미·소 양국의 협조에 의하여서만 전후 세계문제는 해결될 수 있는 것이며 따라서 인류에게 평화와 자유가 약속될 수 있는 것이다. 그뿐 아니라 조선의 해방이 국제적인 힘의 은사(恩賜)인 것같이 조선의 자주독립은 또한 국제적 원조에 의하여서만 완수되는 것이다. 이러한 점에 비추어 우리는 반연합국적 언동, 반소선전, 전쟁도발적 선동을 절대로 배격하여야 한다.

5항: 단정 반대문제
담화: 남조선 단독정부 내지 위장 통일정부 수립의 음모를 철저하게 분쇄할 것.
결의문: 이승만 박사를 선두로 하고 친일파 민족반역자를 토대로 하는 남조선 단독정부 내지 위조 통일정부를 수립하려는 공공연한 음모를 우리는 민주주의의 위력으로써 철두철미 분쇄하지 않으면 안 된다. 그들은 민족을 분열하고 38선을 영구화하려 하며 나아가서는 미·소 양국을 이간하려는 것이다. 그들은 독재 전제정권을 위하여서는 민족의 상쇄(相殺)도, 남북의 분열도, 국제의 분요(紛擾)도 불사하는 도당이다.

6항: 반동언론 봉쇄문제
담화: 테러와 반동언론의 도량(跳梁)을 인민의 위력으로 봉쇄할 것.
결의문: 신국가 건설과 민주주의 발전을 방해하는 테러와 반동 언론기관의 도량을 인민의 힘으로 완전히 봉쇄하지 않으면 안 된다. 조선의 반동진영은

한편으로는 테러를 조직 구사하여 폭행과 습격과 파괴를 자행하여 온갖 중상 모략으로 사건을 허구 날조하여 민주주의진영의 위신 추락에 필사의 노력을 다하고 있다. 이러한 곳에서 유래한 미군정당국의 오해로 검거 투옥이 층생첩출(層生疊出)하고 있나니 민주주의자의 석방과 아울러 앞으로 민주주의진영에 대한 착호(搾護)가 보장되기를 우리는 굳게 요청하는 바이다.

반탁진영이 단정수립을 주장하고 이에 찬탁진영이 강력히 비판함으로써 정국의 혼란이 가중되자, 하지 사령관과 러치 군정장관은 단정수립을 부인했다. 하지는 성명을 통해 공위 재개 가능성에 대해 여러 가지 오해가 있으나 미국의 의도는 3상결정을 실천함으로써 조선의 자주독립을 실현시키는 데 있다고 밝혔고, 러치는 6월 11일 기자회견을 통해 군정장관으로서 단정수립에 절대 반대한다고 말했다.146)

미군정 당국자에 의해 단정이 부인되자 민전은 사무국 명의로 성명을 발표했다.147) 성명에서 민전은 미소공위 속개로만 정부가 수립될 수 있다는 것을 군정이 거듭 성명했음에도 불구하고 이박사가 단정수립을 공언하며 북벌을 선동하고 있는데,148) 이는 민족상잔의 선동이요 동포살육의 권장이라고 비난했다. 그리고 연합국 상호간을 중상·이간하여 조선을 전쟁터로 몰아넣으려는 전쟁 도발적 언동은 민족적으로 용서할 수 없을 뿐만 아니라 국제적으로도 처벌되지 않으면 안 될 것이라고 단언, 단정수립 주장이 민족의 분열뿐만 아니라 국제적인 전쟁으로 이어질지도 모른다고 우려했다.

이후 민전은 사무국 또는 선전부 명의로 민족분열을 영구화하는 단정

---

146) <서울신문>, 1946년 6월 11일.
147) 성명의 전문은 <朝鮮人民報>, 1946년 6월 13일 수록.
148) 李承晩은 1946년 6월 12일 독촉 각도대표협의회에 참석해 "국민운동을 총지휘하는 기관을 중앙에 설치하여 중앙에서 내리는 지령이 전민족에게 철저히 전달되게 하겠다"고 제의, 민족통일사령부를 중앙에 설치해 독립전취운동, 즉 단정수립운동을 전개하겠다고 밝힌 바 있다. <서울신문>, 1946년 6월 13일.

수립 음모를 철저히 분쇄해야 한다는 성명이나 담화를 여러 차례 발표하고, 미소공위 속개를 위해 많은 노력을 기울였다. 이 과정에서 이강국은 담화나 성명, 기자회견 등의 형식을 통해 미소공위의 소집을 요구하고 단독정부 수립을 강력히 반대했다.

제8장 좌우합작과 3당합당

임시정부 수립문제를 논의하기 위해 개최됐던 미소공위가 무기 휴회되면서 정국은 경색될 대로 경색됐는데, 이런 상황에서 정계는 크게 세 갈래의 흐름으로 나뉘었다. 첫째는 반탁진영이 주도한 단독정부 수립운동이고, 이에 맞서 찬탁진영이 전개한 미소공위 속개운동이 두 번째이고, 세 번째는 중도진영이 미군정의 알선으로 추진한 좌우합작운동(이하 합작운동)이었다. 좌익과 우익의 합작으로 경색된 정국의 돌파구를 마련해 보려는 합작운동에 이강국도 처음에는 많은 관심을 갖고 좌익측의 대변인으로 참여하기도 했다. 그러나 합작의 원칙을 놓고 견해차이가 나타나자 반대하는 입장으로 돌아섰다. 그리고 합작운동이 추진되는 과정에서 좌익진영 3당의 합당문제가 제기되자 이강국은 좌우합작보다는 3당합당을 성사시키기 위해 많은 노력을 기울이게 된다.

1. 좌우합작의 추진 배경과 전개

1) 추진 배경

미소공위 무기휴회가 발표된 지 2주일 만인 1946년 5월 23일 러치 군정장관은 민전 의장인 허헌, 여운형 두 사람을 초청해 대화하는 자리에서 김규식, 원세훈과 4인 회담을 가질 것을 권고했다.[1] 5월 24일 여운형은 다시 러치의 초청으로 그와 만나 공위 휴회에 따라 발생한 여러 문제에 관해 격의 없는 대화를 나누기도 했는데,[2] 러치는 이들 외에도 김규식, 원세훈과도 별도로 만나 허헌, 여운형과 회견할 필요성을 역설한 것으로 알려졌다.[3]

미군정으로서는 미소공위의 휴회상태가 지속되는 것이 바람직하지 않기 때문에 이를 해소해야 했고, 그러기 위해서는 좌우 양 진영이 만나 논의할 필요가 있다고 생각했던 것이다. 그리하여 양 진영이 제휴해 휴회 중에 있는 미소공위 재개를 촉진하도록 함으로써 당면한 난국을 타개한다는 방침을 세웠고, 이런 의도에서 미군정은 양 진영의 만남을 알선한 것이다.

이러한 군정의 제의에 대해 허헌, 여운형, 김규식, 원세훈 네 사람이 공감을 했고, 이것이 계기가 되어 합작운동으로까지 발전하게 된다. 일차로 1946년 5월 25일에는 여운형, 황진남, 김규식, 원세훈과 하지의 고문인 버치 중위 및 아펜셀러 6인이 처음으로 만나 합작문제를 논의했는데, 이날 참석키로 예정됐던 허헌은 신병으로 참석하지 못했다.[4]

합작의 필요성을 절감한 여운형은 6월 11일 기자회견에서 좌우합작이 돼야 통일정부 수립이 가능하다고 합작문제에 대한 자신의 소신을 밝혔다. 그는 좌우 양 진영 사이에 존재하는 모든 이해관계와 감정을 초월한 대표적인 기관을 설치하여 미소공위 재개를 위해 노력하는 것이 필요하며, 진실한 통일정부는 좌우의 완전한 합작에서 수립될 것이라고 주장했다. 그

---

1) <朝鮮人民報>, 1946년 5월 26일.
2) 이 자리에서 여운형은 우익진영의 반대로 항상 민족이 분열됐으며 자신은 통일을 위한 노력을 계속해 왔다고 말하고, 우익이라고 해서 전부 거부하는 것이 아니라 그 중 민족반역자와 친일파만을 거부하며 3상결정을 곡해하는 것은 우익이니 이들을 교육해 달라고 요청한 것으로 알려졌다. <獨立新報>, 1946년 5월 26일.
3) <獨立新報>, 1946년 5월 29일.
4) <獨立新報>, 1946년 5월 29일.

리고 좌나 우, 단독으로는 통일정부가 수립되지 못할 것이며, 설사 수립된 다고 할지라도 지속성이 없을 것이라고 단언했다.[5]

러치가 애초에 의도했던 4인 회담은 1946년 6월 14일 신당동에 있는 버치 중위의 집에서 이루어졌다. 이날 처음으로 자리를 함께한 4인은 버치가 참석한 가운데 합작에 관해 신중하게 논의했으며, 민전 의장단도 합작문제에 관해 토의한 것으로 보도됐다.[6] 이날 있었던 모임에 대해 원세훈은 6월 18일 기자들에게 합작원칙에 대해 의견의 일치를 보았다고 밝혔다. 즉 대내적으로 부르주아공화국을 수립할 것, 외교정책으로는 불편부당한 선린외교정책을 취할 것, 좌우를 막론하고 진정한 애국자와 혁명가를 배격하지 말 것, 그리고 남북합작의 선결조건으로 북한에도 남한과 같이 언론·결사·집회의 자유가 허용돼야 한다는 것 등에 대해 의견의 일치를 보았다는 것이다.[7]

원세훈이 합작원칙에 관해 의견의 일치를 보았다고 밝히자, 이강국은 6월 20일 기자회견을 갖고 이는 개인적인 견해에 불과하다고 반박했다. 이들이 미소공위 속개 촉진방안을 모색하기 위해 개인자격으로 여러 차례 만났으나 하등 결정한 바는 없다고 말한 그는 좌우합작과 남북통일의 원칙은 3상결정 지지라고 주장했다. 그리고 이 원칙이 승인되지 않는 한 미소공위 속개를 위한 국내통일은 의미가 없으며, 공위가 속개되지 않는 한 임시 민주주의정부는 수립되지 못할 것이라고 단언했다.[8] 그는 그렇다고 해서 원세훈의 발언이 좌우합작의 실패라고는 보지 않는다면서 앞으로 일치점을 찾을 때까지 계속 노력해야 할 것이라고 말했다. 회담에 참석하지 않았던 이강국이 기자회견을 갖고 합작에 대한 기대감을 표시하고 합작원칙을 밝힌 것이다.

---

5) <朝鮮人民報>, 1946년 6월 12일.
6) <獨立新報>, 1946년 6월 16일.
7) <獨立新報>, 1946년 6월 19일.
8) <獨立新報>, 1946년 6월 21일.

원세훈의 발표와 이에 대한 이강국의 반박이 이어지는 가운데 합작을 위한 회담은 계속됐다. 6월 22일에는 덕수궁 석조전에서 김규식, 원세훈, 허헌, 여운형 4인 외에 옵서버로 러치 미군정장관과 버치 중위가 참석해 합작문제를 논의했으며,9) 6월 26일에는 김규식과 여운형이 버치 중위의 집에서 만나 장시간 합작에 관해 논의하기도 했다.10)

4인 회담에서 원칙의 제시 없이 합작논의가 계속되자 이강국은 6월 27일 기자단과의 회견에서 다시 한번 합작원칙을 강조했다. 그는 3상결정의 전면적 지지를 합작원칙으로 해야 하며, 미소공위의 속개를 촉진하는 방향으로 행동을 통일해야 한다고 말했다. 그리고 합작이 실패로 돌아가면 책임을 좌익에 전가할 우려가 있다는 지적에 대해, 합작의 실패는 원칙의 일치를 보지 못하는 데 있는 것이지 누구의 책임이라고 할 수는 없다고 단언했다.11) 그리고 이승만을 중심으로 민족통일총본부가 결성되고 있는 데 대해 좌우합작이 논의되고 있는 시점에서 민족통일을 참칭하는 것은 분열공작에 불과하다고 사무국 명의의 담화를 통해 비판했다.12)

김규식과 여운형이 중심이 되어 합작문제에 관한 논의가 이루어지는 것에 대해 6월 30일 하지 사령관은 방송을 통해 이들의 통일공작을 지지한다는 성명을 발표했다.13) 이처럼 하지가 성명을 통해 김규식, 여운형 두 사람이 남한의 중요 정당 사이의 협동과 통일을 위해 노력하는 것에 대해 전적으로 시인하고 지지한다고 밝힘으로써 합작운동은 단연 활기를 띠게 됐다. 일차로 여운형이 합작에 대한 구상을 밝혔고, 뒤이어 민전도 이를 지지한다는 성명을 발표했다.

하지의 성명에 고무된 여운형은 1946년 7월 1일 3상결정 지지를 원칙으

---

9) <朝鮮人民報>, 1946년 6월 23일.
10) <獨立新報>, 1946년 6월 28일.
11) <獨立新報>, 1946년 6월 28일.
12) <獨立新報>, 1946년 7월 1일.
13) <서울신문>, 1946년 7월 2일.

로 좌우남북을 망라하고, 미소공위와 보조를 맞추어 정부를 수립하겠다는 내용의 담화를 발표했다. 그는 합작공작의 첫 단계에서는 각 정당과 단체의 주요 책임자가 개인자격으로 협의체를 구성하고, 그것이 격의 없는 이해와 성의를 보임으로써 합작의 두 번째 단계인 남한의 주요 정치세력을 포괄할 수 있는 범위로 구성하고, 나아가 북한의 주요 정치세력까지 포함될 수 있는 구성으로 확대한다는 자신의 구상을 밝혔다.[14]

민전은 성명에서 하지의 성명은 좌우합작의 기운을 농숙(濃熟)하게 하여 미소공위 속개에 서광을 보여주는 것으로 그 의의는 자못 중대하다고 말하고, 조선문제 해결을 위한 하지의 열성을 높이 평가했다. 그러나 3상결정을 전면적으로 지지하는 원칙 밑에서 공위속개를 위한 국내적 조건을 성숙시키는 데 좌우합작의 의의가 있는 것이라고 강조함으로써[15] 3상결정의 지지가 합작의 전제조건임을 분명히 했다. 이는 이강국이 제시했던 합작원칙을 넘어서지 않는 범위 내에서 미군정의 합작구상을 지지한 것이라고 볼 수 있는데, 이강국은 좌우합작 자체보다는 미소공위 속개에 더 관심이 있었기에 그러한 원칙을 내세웠던 것으로 분석된다.

이처럼 합작에 대한 관심이 높아지고 있는 상황에서 러치 군정장관이 남한만의 입법기관 설치가 필요하다고 하지 사령관에게 건의하는 사건이 발생했다. 러치는 6월 29일 하지에게 보낸 서한에서 입법기관을 설치하면 조선인의 희망이 무엇인지 알 수 있으며, 중요 정당을 대표하는 인물들로 구성된 입법기관에서 조선인이 원하는 법률을 제정하도록 하는 것이 군정장관의 직무이행에 커다란 도움이 될 것이라고 주장했다.[16] 그는 또한 입법기관이 생김으로써 정치지도자들은 미소공위를 통해 형성될 임시정부가 장차 당면하게 되는 모든 중대 문제에 정통할 수 있으며, 실제적인 정치경험을 얻을 수 있어 좋은 기회가 될 것으로 생각한다고 밝혔다.

---

14) <朝鮮人民報>, 1946년 7월 2일.
15) <朝鮮人民報>, 1946년 7월 3일.
16) 러치의 서한 전문은 <서울신문>, 1946년 7월 2일 수록.

러치가 제안한 입법기관 설치문제에 대해 민전은 인민의 기대와 희망은 오직 미소공위 속개에 집중되어 있으며, 통일적인 임시정부 수립에서 모든 문제의 해결을 찾으려 한다면서 부정적인 견해를 피력했다.17) 설사 입법기관의 설치가 단독정부 수립을 의미하는 것은 아니라고 하더라도 통일정부 수립 지연과 단독정부로의 발전을 재촉하는 인상을 받게 될 것이므로 반대한다는 것이었다. 공산당도 입법기관 설치를 반대한다는 성명을 발표했다.

입법기관의 설치가 단독정부 수립으로 이어질지도 모른다는 우려가 일자 러치는 7월 2일 기자회견을 갖고 입법기관은 단독정부와는 전연 연관성이 없다고 단언했다.18) 민전도 7월 11일 의장단 기자회견을 갖고 좌우합작과 입법기관은 전연 별개의 문제라고 밝힘으로써 러치의 해명을 그대로 받아들였다. 회견에서 의장단은 좌우합작은 미소공위 속개를 위한 행동통일 공작으로 3상결정을 실천하려는 데 목적이 있는 것이며, 입법기관은 임시정부가 수립될 때까지 잠정적인 조치로서 군정이 제안한 문제라고 양자를 분리해서 해석했다. 그리고 입법기관 설치를 위해 합작공작이 전개되고 있는 것도 아니며, 합작공작을 위해 입법기관이 문제되고 있는 것도 아니라고 주장했다.19) 이로써 군정의 주장을 합리화하는 발언을 하기는 했으나, 입법기관 설치 자체에 대해서는 반대의견을 굽히지 않았다.

그러나 결과적으로 볼 때 좌우합작의 연장선상에서 입법기관이 창설되게 됐기 때문에 좌우합작과 입법기관 사이에는 전연 연관성이 없다고만 할 수는 없게 됐다. 그리고 그 입법기관의 구성원들이 단독정부 수립을 적극 추진하는 방향으로 나아갔기 때문에, 결과적으로 좌우합작은 후일 좌익진영이 그렇게 반대했던 단독정부 수립과 연관이 있었던 것으로 판명됐다. 바로 이러한 이유로 해서 미군정으로서는 좌우합작을 성사시키기 위

---

17) <朝鮮人民報>, 1946년 7월 3일.
18) <朝鮮人民報>, 1946년 7월 3일.
19) <朝鮮人民報>, 1946년 7월 12일.

해 적극적인 성원과 지지를 아끼지 않았던 것이다. 그럼에도 불구하고 좌익진영은 초기에는 좌우합작 추진에 대해서는 의구심을 나타내지 않고 적극 협력하기까지 했다.

7월 7일 오후 버치 중위와 만나 합작문제를 논의했던 여운형은 7월 8일 합작문제에 대해 김규식과 대체적인 의견의 일치를 보았다고 밝혔으며,20) 민주의원과 비상국민회의는 연석회의를 개최하고 우익진영을 대표해 합작문제에 대해 좌익진영과 협의할 위원으로 김규식, 원세훈, 안재홍, 최동오, 조소앙 5인을 선정했다.21) 우익측 합작위원으로 선출된 최동오는 합작을 위해 좌우에서 5인씩 대표를 선정, 합작위원회를 구성하기로 했으며, 합작은 찬탁·반탁의 협정이 아니라 대내적으로 민족단결과 대외적으로 미소공위를 재개해 임시정부를 수립하는 데 있다고 밝혔다.22) 한편 좌익진영의 경우 여운형, 허헌, 김원봉 3인과 공산당과 신민당에서 각각 한 사람씩을 대표로 선출하기로 한 것으로 알려졌다.23)

2) 전 개

좌우합작과 입법기관은 별개의 문제라는 민전 의장단의 판단이 있고 나서 합작에 관한 논의는 본격화되기 시작했다. 민전은 1946년 7월 11일 상임위원회를 개최하고 여운형에게 좌우합작 교섭경과에 대한 보고를 들

---

20) <獨立新報>, 1946년 7월 9일.
21) <獨立新報>, 1946년 7월 10일. 좌우합작에 우익측 비서로 참여했던 宋南憲은 趙素昻 대신 金朋濬을 우익측 대표로 기록하고 있다. 宋南憲, 『韓國現代政治史』第1卷, 300쪽.
22) <獨立新報>, 1946년 7월 11일.
23) <東亞日報>, 1946년 7월 11일. 宋南憲은 좌익측 대표는 呂運亨, 許憲, 鄭魯湜, 李康國, 成周寔이라고 기록하고 있다. 宋南憲, 『韓國現代政治史』第1卷, 300쪽.

었으며,24) 7월 12일에는 버치 중위의 예방을 받고 여운형, 성주식, 장건상, 김원봉 등 의장단이 합작문제와 입법기관 설치문제에 관해 의견을 나누기도 했다.25)

다음날인 7월 13일 오후에는 여운형, 안재홍, 김원봉, 최동오, 성주식, 이강국 등이 만나 의견을 나누었다. 이날 버치 중위는 옵서버로 참석했고, 김규식과 원세훈은 신병 때문에 불참했고 백남운은 개인적인 사정이 있어 참석하지 못한 것으로 보도됐으나,26) 이는 허헌을 잘못 기록한 것으로 생각된다.27) 비록 공식적인 회담은 아니었지만, 이날 이강국은 합작문제를 논의하는 자리에 처음으로 참석한 것으로 기록된다.

민전 사무국장인 이강국이 합작문제에 관심을 갖고 참여하면서 합작논의가 본격화되는 징후를 보이자, 좌익진영은 합작의 원칙문제를 거론하기 시작했다. 우선 공산당의 이주하는 좌우합작의 원칙으로 3상결정의 총체적 지지, 친일파·민족반역자의 배제, 일체의 테러행위 중지와 테러단체 해산 세 가지를 주장했다.28) 이러한 원칙은 박헌영의 연설에도 그대로 반복되고29) 이강국이 제시한 견해에도 똑같이 나와 있는 것으로 보아30) 좌익진영의 일치된 방침인 것으로 분석된다.

7월 16일에는 신당동에 있는 버치 중위의 집에서 좌익측의 여운형, 허헌, 정노식, 이강국, 성주식 5인과 우익측의 원세훈, 김붕준, 최동오, 안재홍 등 9명이 회합하고 합작문제를 본격적으로 논의했다.31) 민전 의장단도

---

24) <朝鮮人民報>, 1946년 7월 13일.
25) <獨立新報>, 1946년 7월 13일.
26) <獨立新報>, 1946년 7월 15일.
27) 백남운은 합작위원이 아니었기 때문에 이날 불참한 사람은 백남운이 아니라 허헌이었다. <서울신문>, 1946년 7월 24일.
28) <서울신문>, 1946년 7월 11일.
29) <朝鮮人民報>, 1946년 7월 14일.
30) <東亞日報>, 1946년 7월 30일.
31) <獨立新報>, 1946년 7월 17일.

기자회견에서 좌우합작은 미소공위 속개를 촉진하기 위한 것이라고 밝혀 합작운동을 적극 지지했다.

좌우합작을 성사시키기 위한 회담은 다음날인 7월 17일에도 계속됐는데, 다른 한편에서는 이를 파탄시키기 위한 움직임이 나타나기도 했다. 당시 입원 중이던 김규식과 연락을 취하기 위해 밖에 나섰던 여운형이 테러를 당하는 사건이 발생한 것이다.[32] 이에 대해 민전 의장단은 긴급회견을 갖고 민족통일과 좌우합작을 파괴하려는 계획적인 음모로 규정하고 경찰 책임자의 인책과 독촉 해산을 요구했으며,[33] 입원 중인 여운형은 병상에서 합작을 거부하거나 방해하는 것은 통일정부 수립을 반대하고 방해하는 것이라는 견해를 밝히기도 했다.[34]

김규식의 입원과 여운형의 피습으로 지체됐던 합작회담은 7월 22일 오후 7시 김규식과 여운형을 비롯한 좌우의 대표들이 참석한 가운데 정식으로 예비회담을 개최함으로써 좌우합작은 비로소 구체적인 형태를 띠게 됐다. 이는 예비회담이 끝난 후 김규식·여운형 명의로 회의는 매주 2회 개최할 것, 미·소 양군의 연락장교 1명씩의 파견을 요청할 것 등 4개 항의 공동성명이 발표됨으로써 그 신빙성을 더해 갔다.[35]

1차 회담은 7월 25일 개최됐는데, 이는 이날 예비회담이 일찍 끝나는 바람에 다음날로 예정된 정식회담을 앞당겨 연 것이다. 회담에는 우익측 전원과 미군 연락장교로 버치 중위가 참석했으나, 좌익측은 허헌이 참석하지 않았고 소련군 연락장교는 결정되지 않아 참석하지 않았다. 양측은 토의사항에 들어가기 전에 14개 조에 달하는 의사규정을 통과시켰고 우익측

---

32) <獨立新報>, 1946년 7월 19일.
33) <獨立新報>, 1946년 7월 20일.
34) <朝鮮人民報>, 1946년 7월 22일.
35) 공동성명 4개 항은 다음과 같다. 1. 회의장소는 덕수궁으로 할 것. 2. 회의는 매주 2회로 할 것. 3. 의장에는 김규식 여운형 양씨를 선거함. 4. 미소 양방의 연락장교 1인씩 파견하기를 요청할 것. <서울신문>. 1946년 7월 24일.

대변인에 김붕준, 좌익측 대변인에 이강국을 각각 선정했다.

이로써 좌우합작의 '급속한 진전이 기대'된다고 일부 신문은 보도하기도 했으나,36) 사실은 그와 정반대였다. 대변인으로 선정된 김붕준과 이강국은 7월 26일자 공동성명을 통해 정식회담 개최와 의사규정 통과를 발표했지만,37) 실질적인 진전은 아무 것도 없었기 때문이다. 1차 회담에서 좌익측 대변인인 이강국이 5개 항의 합작원칙을 비공식적으로 제출하고 "원칙이 합의된 후 회의를 진행하자"면서 퇴장했는데, 이로 인해 그날의 정식회담은 유회됐고 7월 29일 2차 회담을 갖기로 하는 선에서 산회하는 수밖에 없었다.38) 다음날인 7월 26일 민전은 이강국이 1차 회담에서 제시한 합작 5원칙을 일방적으로 발표했다.39)

1. 조선의 민주독립을 보장하는 3상회의 결정을 전면적으로 지지함으로써 미쏘공동위원회 속개 촉진운동을 전개하여 남북통일의 민주주의 임시정부 수립에 매진하되 북조선민주주의민족전선과 직접 회담하여 전국적 행동통일을 기할 것.
2. 토지개혁(무상몰수 무상분배), 중요산업 국유화, 민주주의적 노동법령 급 정치적 자유를 위시한 민주주의 제기본과업 완수에 매진할 것.
3. 친일파, 민족반역자, 친파쇼 급 반동거두들을 완전히 배제하고 테러를 철저히 박멸하며 검거 투옥된 민주주의 애국지사의 즉시 석방을 실현하여 민주주의적 정치운동을 활발히 전개할 것.
4. 남조선에 있어서도 정권을 군정으로부터 인민의 자치기관인 인민위원회

---

36) <獨立新報>, 1946년 7월 26일.
37) 李康國과 金朋濬이 발표한 공동성명 1호의 전문은 다음과 같다. "二十五日 午後 二時半 德壽宮에서 金奎植博士 司會 下에 右翼側代表 金奎植 元世勳 安在鴻 崔東旿 金朋濬 五氏와 左翼側代表 呂運亨 成周寔 鄭魯湜 李康國 四氏 參席으로 正式會談이 開催됐다. 議事規定이 通過됐고 美側 聯絡將校 삐취 中尉가 參席하였다." <獨立新報>, 1946년 7월 27일.
38) 宋南憲,『韓國現代政治史』第 1卷, 300쪽.
39) <朝鮮人民報>, 1946년 7월 27일.

에 즉시 이양하도록 기도할 것.
5. 군정 고문기관 혹은 입법기관 창설에 반대할 것.

이는 발표할 사항이 있을 경우 양측이 합의하여 공동으로 발표하기로 한 의사규정에 어긋나는 것이었다.[40] 이런 비판에 대해 민전은 좌익대표와는 전연 별개의 입장에서 민전의 원칙을 민중 앞에 명료하게 제시한 것으로, 합작위원회의 의사(議事)와 민전의 5원칙은 별개라고 주장했다.[41] 한편 우익위원 원세훈이 좌익측이 합작위의 의사규정을 무시했다고 비판하자, 이강국은 민전의 원칙과 좌익합작위원이 제시한 원칙이 동일하다 할지라도 그 내용이 동일할 뿐 의견 발표기관이 동일한 것은 아니라는 것을 알아야 한다고 다음과 같이 반박했다.[42]

民戰에서 合作 五原則을 發表함에 對하여 左翼側에서 合作議事規定을 違反하였다고 二十七日 記者團에 發表한 元世勳씨의 談話는 自我矛盾을 表示하는 것이다. 合作委員의 議事規定과 政黨 및 社會團體의 그것과는 何等의 關聯이 없으므로 民戰에서 合作에 대한 如何한 意思를 發表한다 해도 合作委員의 議事規定을 違反함이 아니다. 合作原則은 神經의 操作에서 나오는 것이 아니고 朝鮮의 現段階에 놓여있는 路線에서 規定된 原則이니만치 民戰의 原則과 合作委員의 原則이 同一할 境遇라도 그 內容이 同一하다 할 뿐이지 意見發表機關이 同一한 것은 아니라는 것을 알아야 한다.

좌익측의 5원칙 발표에 대한 우익측의 비판에 이강국이 반론을 펴며 정당성을 주장하자, 우익측은 회의를 열어 8개 항의 원칙을 확정짓고 이를 2차 회담에 정식으로 제시한다는 방침을 세웠다. 그러나 좌익측이 비서를 보내 회담 불참을 통보함으로써 7월 29일로 예정된 2차 좌우합작회담은

---

40) 宋南憲, 『韓國現代政治史』 第1卷, 300쪽.
41) <朝鮮人民報>, 1946년 7월 28일.
42) <朝鮮人民報>, 1946년 7월 28일.

열리지 못하게 됐다. 이에 우익측은 7월 29일 언론에 합작 8원칙을 공개했다.43)

1. 남북을 통한 좌우합작으로 민주주의임시정부 수립에 노력할 것.
2. 미소공동위원회 재개를 요청하는 공동성명을 발할 것.
3. 소위 신탁문제는 임정수립 후 동 정부가 미소공위와 자주독립 정신에 기(基)하여 해결할 것.
4. 임정 수립 후 6개월 이내에 보선(普選)에 의한 전국국민대표회의를 소집할 것.
5. 국민대표회의 구성 후 3개월 이내에 정식 정부를 수립할 것.
6. 보선을 완전히 실시하기 위하여 전국적으로 언론, 집회, 결사, 출판, 교통, 투표 등 자유를 절대 보장할 것.
7. 정치, 경제, 교육의 모든 제도 법령은 균등사회 건설을 목표로 하여 국민대표회의에서 의정(議定)할 것.
8. 친일파, 민족반역자를 징치하되 임시정부 수립 후 즉시 특별법정을 구성하여 처리케 할 것.

우익측이 8원칙을 제시하자, 민전은 8원칙이 발표된 바로 그날인 7월 29일 우익의 합작원칙은 반동성을 고백하는 것이라고 비판하는 담화를 발표했다. 민전 사무국 명의로 발표된 것으로 보아 이 역시 이강국이 작성했을 것으로 추측되는데, 담화에서 민전은 8원칙은 민주주의정책에 대해 열성이 없을 뿐만 아니라 인민을 위한 진보적 개혁을 게을리 하고 방해하려는 반동적 기도를 명시한 것이라고 반박했다. 그리고 당연히 수행해야 할 민주과업을 포기하고 현 반동세력을 그대로 유지 발전시켜 그 기초 위에 반동정부를 수립하려는 것이라고 비난했다.44)

---

43) <獨立新報>, 1946년 7월 30일.
44) <朝鮮人民報>, 1946년 8월 1일.

양측이 합작원칙을 일방적으로 발표한 상황에서 8월 2일로 예정된 정식 회담 역시 좌익측 대표인 여운형의 신병으로 연기된다고 발표됐다.45) 이로써 좌우합작의 앞날은 순탄치 않을 것으로 예측됐다. 그럼에도 불구하고 이강국은 8월 1일의 기자회견에서 합작원칙이 상반된다고 해서 반드시 결렬이라고 속단해서는 안 된다고 말했다.46) 이는 우익진영 내에 5원칙을 승인하며 실천하는 진보적인 민주주의자를 환영한다는 내용의 7월 30일자 민전 사무국 명의의 담화를 확인하는 차원에서 발언한 것으로 분석된다.47)

이처럼 좌우 양측에서 제시한 합작원칙에 상반되는 내용이 있는데도 이를 결렬로 보아서는 안 된다면서 좌우합작에 대한 기대를 버리지 않았던 이강국은 북한에서 공산당과 신민당의 합당으로 북조선노동당(이하 북로당)이 발족하자, 합작보다는 좌익진영의 합당에 더 관심을 갖게 된다. 그로서는 좌익진영의 합당을 추진하는 것이 더 시급한 문제라고 생각하여, 합당을 통한 좌익진영의 역량집결을 꾀한 것이다.

이강국은 좌우합작은 미군정이 인민의 지지를 받은 듯 과시하기 위한 목적에서 강행한 것이라고 해방 1주년을 기념하는 글에서 지적하고, 합작문제를 미군정과 연관시키면서 비판했다. 그의 비판은 다섯 가지로 요약된다. 첫째, 입법기관에 좌익 요인을 참가시킴으로써 형해화한 민주의원을 부활시키려는 것이며, 둘째, 인민의 총의를 위장하는 동시에 군정 실정의 책임을 조선인에게 전가하려는 것이며, 셋째, 우익 영도 하에 반동적인 통일을 강행시킴으로써 미국의 발언권을 강화하려는 것이며, 넷째, 여운형·허헌 같은 지도자를 회유 매수하여 민전을 분열시키자는 것이며, 마지막으로 모든 수단과 방법을 병행하여 공산당을 고립시키려는 의도에서 나왔다는 것이다.48)

---

45) <獨立新報>, 1946년 8월 2일.
46) <朝鮮人民報>, 1946년 8월 2일.
47) 민전 사무국 담화 전문은 <朝鮮人民報>, 1946년 7월 31일 수록.
48) <朝鮮人民報>, 1946년 8월 22일.

이강국은 또한 우익측이 민주건국을 위한 최소한의 고려와 성의가 없는 8원칙을 제시한 조건 하에서 합작회담은 무의미한 것이고 성과도 기대할 수 없다고 주장했다. 그리고 5원칙을 떠난 좌익 지도자는 존재할 수 없다는 것을 강조, 좌익진영 인사들로 하여금 좌우합작을 논의하는 과정에서 있을지도 모르는 5원칙에 대한 타협은 절대로 용납할 수 없는 것임을 분명히 했다.49)

이강국으로서는 합당에 매진해야 할 좌익진영의 역량이 합작운동 때문에 분산되는 것을 원치 않았기에 5원칙은 타협의 대상이 아님을 분명히 한 것으로 판단된다. 나아가 그는 좌우합작이 민전을 분열시키려는 미군정의 의도에서 나왔지만, 5원칙이 민전의 주장으로 제시됐고 민전은 분열되지 않았다고 강조했다. 좌익진영의 단결을 꾀하고 이를 통해 합당을 실현시키려 한 것이라고 볼 수 있다.

2. 3당합당 제의와 추진

1) 3당합당 제의

남한에서 합작에 임하는 좌우 양측이 각각 5원칙과 8원칙을 비공식적으로 제시했을 뿐, 합작회담이 뚜렷한 진전을 보지 못하고 있을 즈음 북한에서 공산당과 신민당의 합당으로 북로당이 발족했다. 이에 대해 공산당의 박헌영은 1946년 8월 1일 기자들에게 북한의 합당운동은 옳은 일이라고 지적하고 남한에서 근로대중의 이익을 옹호하는 몇 정당이 대정당으로 합동 통일했으면 하는 의도가 정당 지도자들 사이에서 논의된 일까지 있었는데,

---

49) <朝鮮人民報>, 1946년 8월 24일.

이를 먼저 실현하지 못한 것이 유감이라고 밝힐 정도로 합당에 커다란 관심을 나타냈다.50)

이강국도 합당문제에 대해 남한에서도 있을 수 있는 일이며, 개인적으로는 찬성이지만 각 당 내부의 의견을 들어야 할 것이라고 말하고, 각 당 내부에 합당 여론이 비등하고 있는 것은 사실이라고 밝혔다.51) 북로당의 발족에 대해서는 박헌영과 이강국뿐만 아니라 신민당 선전부장인 고찬보(高贊輔)와52) 인민당 선전국장인 김오성(金午星)도53) 큰 관심을 나타내며 남한에서도 합당이 이루어져야 한다는 데 원칙적으로 동의하는 입장이었다.

합당문제에 대해 공산·인민·신민 3당은 내부적으로 토의를 거듭했는데, 먼저 합당을 공식적으로 제의한 것은 인민당이었다. 인민당은 8월 3일 오후 중앙집행위원회를 개최하고 합당문제를 토의한 결과, 만장일치로 인민당에서 공산·신민 양당에 합당을 제안하기로 결의했다. 합당 제안문에서 인민당은 민주주의 건설을 현단계의 과업으로 하고 있는 이상 그 세력을 분산시키고 때로는 쓸데없는 마찰을 가져올 우려가 있는 "정당의 별립(別立)은 무의미하다"고 생각한다면서 좌익진영이 한 개의 거대한 정당으

---

50) <朝鮮人民報>, 1946년 8월 2일.
51) <朝鮮人民報>, 1946년 8월 2일.
52) 신민당의 高贊輔는 합당문제에 대해 "아직 具體的인 報告는 없다. 그러나 兩黨이 合黨함으로 北朝鮮勞動黨으로써 新發足키로 됐다는 것은 南朝鮮에 있어서도 考慮하여 오든 터이다. 그러나 아직 決定的인 對答은 避한다. 急速히 中央委員會를 열어 討議한 後 具體的 成案을 갖이고 共産黨과 協議한 後에야 비로서 있을 것이다"고 말했다. <朝鮮人民報>, 1946년 8월 2일.
53) 인민당의 金午星은 "合黨문제는 우리 黨이 벌써부터 考慮해 온 것으로 말하자면 北朝鮮보담 率先치 못한 것이 遺憾이다. 오늘의 民族的 課業이 民主主義의 實現에 있으니 이 같은 目的을 갖인 民主政黨이 分立해 있는 것은 그 勢力을 分散할 뿐이다. 또한 때로는 摩擦을 가져올 憂慮가 없지 않다. 그러므로 民主政黨의 合黨은 必至의 事實이다. 우리黨에서는 아직 具體的 決定은 없으나, 首腦部가 여기에 熱意를 갖이고 討議하고 있음은 事實이다. 具體的 決定이 있는 대로 發表하겠다"고 말했다. <朝鮮人民報>, 1946년 8월 3일.

로 통합돼야 한다고 주장했다.54)

인민당의 제안에 대해 공산당은 근로대중의 급속한 생활향상과 민주개혁의 실시, 자주독립 완수를 위한 투쟁의 강화·발전을 목적으로 3당이 합동하는 것이 필요하므로 합당 제안을 받아들인다고 회답했다.55) 신민당도 남한 근로대중의 권익을 대표하는 3당의 합당은 민주역량을 총집결할 수 있고, 민주독립을 위한 해방정치의 기동성을 일층 더 발휘할 만한 구체적인 조건을 갖추게 될 것이라면서 원칙적으로 찬성한다고 회답했다.56)

인민당의 합당 제안에 대해 공산당과 신민당이 원칙적으로 동의함으로써 좌익진영의 합당은 본격적으로 추진되게 된다. 이처럼 합당문제가 제기되고 3당 모두 합당교섭위원을 선임하기로 하는 등 합당이 당면과제로 부상되면서 좌우합작은 이들의 관심에서 멀어지게 됐다. 좌우가 서로 상반되는 원칙을 제시해 놓고 회담이 정체돼 있는 상황에서 3당 합당문제가 대두되자, 좌익진영으로서는 좌우 양 진영의 합작보다는 이념적 친화성이 있는 정당끼리 합치는 문제에 우선순위를 두었기 때문이다.

박헌영은 합당은 현정세에서 필연적이며 정당한 것이기 때문에 대국적인 견지에서 합당제안을 수락했다고 말했다. 그러나 그는 3당합당이 좌익진영 내에 있는 모든 정당을 다 묶어서 하나의 정당으로 만드는 단일당화는 아니라고 분명히 밝혔다.57) 그는 또한 합당이 시각을 다투는 신속히 해결돼야 할 문제라고 주장하면서 당대회를 개최해 합당문제를 논의하자는 주장은 합당을 지연 내지는 방해하는 반당행위라고 규정했다.58) 그리고 이를 주장한 간부들을 제명하거나 정권처분을 내림으로써 자신을 중심으

---

54) 인민당이 공산·신민 양당에 보낸 합당 제안문 전문은 <朝鮮人民報>, 1946년 8월 5일 수록.
55) 공산당의 회답 전문은 <朝鮮人民報>, 1946년 8월 6일 수록.
56) 신민당의 회답 전문은 <朝鮮人民報>, 1946년 8월 8일 수록.
57) <朝鮮人民報>, 1946년 8월 7일.
58) <朝鮮人民報>, 1946년 8월 9일.

로 하는 합당을 추진했다.

　민전 의장단도 성명을 통해 민전의 질적·양적 강화를 초래할 3당합당을 전면적으로 지지한다고 주장했다.[59] 그리고 합당을 계기로 민주진영은 비약적 발전을 보여줄 것이며, 이는 남북을 연결하는 민족통일의 기초를 이룰 것이라고 단언하고, 민전 산하에 있는 3당이 합동하는 것을 지지·찬동할 뿐 아니라 온갖 편의와 원조를 제공하여 아무런 지장 없이 합당이 실현되도록 노력할 것이라고 밝혔다.

　합당문제에 대해서는 이강국도 이를 적극 지지했다. 그는 1946년 8월 8일 기자들에게 3당합당은 민주주의 정당으로서 반동측의 모략과 이간을 봉쇄하고 투쟁의 기동성을 가지려는 데서 출발한 것이며, 이것이 실현될 경우 민전은 참가단체 수는 줄어들지 모르나 질적으로는 강화되는 것이라면서 인적 확충으로 역량의 강화를 기할 수 있을 것이라고 밝혔다.[60] 그리고 합작문제에 대해서는 5원칙에 대한 우익측의 성의 있는 고려가 없는 이상 회담은 무의미하며, 보수진영의 좌우합작에 대한 파괴공작에 변화가 없는 한 합작회담을 계속하는 것은 곤란하다고 말했다. 이로써 합당문제의 대두로 좌우합작에 대한 그의 태도가 바뀌었다는 것을 알 수 있다.

2) 3당합당의 추진

　이강국이 커다란 관심을 갖고 지지했던 3당 합당이 그렇게 순탄하게 진행된 것만은 아니다. 합당의 주도권 문제가 제기됐기 때문인데, 처음 이 문제를 제기한 것은 여운형이었다. 여운형은 1946년 8월 12일 발표한 "民主政黨 活動의 路線"이라는 장문의 글을 통해 민주과업을 확실히 그리고 능률적으로 수행하기 위해 주도세력을 광범한 인민의 정당으로 일원화할 필

---

59) <獨立新報>, 1946년 8월 7일.
60) <朝鮮人民報>, 1946년 8월 9일.

요가 있다는 것은 인정했다.61) 그러나 합당의 구체적인 추진은 준비기간을 두고 규정과 경위를 당원 전체에 제시하고 지방단위에서부터 결의하고 대표가 모인 전체 대표회의에서 민주주의적으로 해야 할 것이라고 주장, 중앙의 지시에 의한 하향식 결정에 대해서는 반대한다는 입장을 분명히 했다.

여운형은 또한 타당 진영에 대해서도 성의를 갖고 제휴의 손을 내밀며 비민주주의적인 분야까지 가능한 방법을 다해 민주노선에 가담하도록 꾸준한 인내와 노력이 있어야 한다고 주장, 민전에 가담하지 않은 집단을 비민주세력으로 매도한 박헌영이나 이강국과는 다른 입장을 견지했다. 반민주적 요소는 일거에 구축하거나 타도한다고 해서 극복되는 것이 아니라 장구한 세월에 걸쳐 그들을 교화하고 이해시킴으로써만 가능하므로, 지나친 적대적 배타적 태도는 삼가야 한다는 것이 여운형의 생각이었다.

합당의 방법론을 놓고 이견을 제시한 여운형과 반대로, 인민당 부위원장인 장건상은 합당문제에 대해 당내 의견이 분분하다는 것은 개인적으로는 있으나 표면적인 사실은 없다고 부인했다.62) 이를 입증이라도 하듯이 인민당은 8월 16일 확대위원회를 개최하고 기정 방침대로 합당을 가결했다. 합당이 결정된 후 인민당 서기국장 이만규(李萬珪)는 합당을 실현하자는 제안이 다수결로 채택됐다고 밝혔다.63)

점진적이고 민주적인 방식의 합당을 주장한 여운형과 반대로 이강국은 합당은 서둘러야 한다는 입장이었다. 그는 민주역량의 급격한 성장에 공포를 느낀 반동진영에서 민주진영의 내부교란을 책동하기 위해 갖은 모략과 술책을 다하고 있기 때문에, 완전한 자주정부를 수립하는 데 민주역량의 총집결이 절대로 요청되는 것이라고 단언하며 합당의 급속한 실현을 주장했다.64) 파쇼분자들과 민족반역자들을 철저히 숙청하고 민족의 완전

---

61) 여운형이 발표한 글의 전문은 <朝鮮人民報>, 1946년 8월 12일 수록.
62) <朝鮮人民報>, 1946년 8월 13일.
63) <朝鮮人民報>, 1946년 8월 18일.

자주민주정부를 수립하려면 민주역량의 총집결이 절대로 필요하기 때문에 서둘러서 합당을 추진해야 한다는 것이었다.

전반적으로 좌익진영 내에서 합당이 필요하다는 데 대해서는 이견이 없었다. 그러나 여운형과 이강국의 글에서 나타나는 것처럼 그 시기와 방법을 놓고 견해차이가 있었으며, 그러한 차이가 표면화되면서 좌익진영은 적지 않은 내분에 휩싸이게 된다.

공산당 내에서 반박헌영파는 당중앙을 민주적으로 개선한 후 대표를 선정해 합당을 추진해야 한다는 주장을 굽히지 않고 당대회 소집을 준비했으며, 인민당과 신민당도 합당 지지파와 반대파로 나뉘어 당이 양분되는 사태가 발생했다.65) 이로 인해 좌익 3당이 6개 파로 갈라졌다는 분석이 나올 정도였다.66) 이를 반영이라도 하듯이 당시 한 신문은 "합당문제의 추이가 복잡 미묘하다"고 분석하고, 이 문제를 논하기 위해 민전 의장단은 8월 26일 정오부터 회의를 개최했다고 보도하기도 했다.67)

이러한 상황에서 이강국은 "3당합당은 급속히 실현해야 할 것"이라고 주장한 박헌영의 말대로68) 신속한 합당추진을 강력히 지지했다. 1946년 8월 29일 기자단과의 회견에서 이강국은 민전 산하단체는 합당이 필요할 뿐 아니라 시급하다는 것을 깊이 인식하고 이를 촉진시키고 있다고 주장했다.69) 그는 합당하는 3당의 내부에 약간의 동요와 잡음이 있는 것은 부인할 수 없는 사실이나, 그다지 큰 문제는 아니라고 단언했다. 각 당의 기본부대는 동요도 주저도 없이 합당추진에 매진하고 있다는 것이 그의 주

---

64) <朝鮮人民報>, 1946년 8월 18일.
65) 3당합당 과정에서 발생한 각 당의 내분에 대해서는 張福成, 『朝鮮共産黨派爭史』 (大陸出版社, 1949), 60-69쪽 참조.
66) 김남식, 『南勞黨硏究』, 255쪽.
67) <獨立新報>, 1946년 8월 27일.
68) <朝鮮人民報>, 1946년 8월 16일.
69) <朝鮮人民報>, 1946년 8월 30일.

장이었다. 그러나 내부적으로 동요가 전혀 없는 것은 아니었다. 인민당 당수인 여운형은 당수직의 사임을 발표한 바 있었고,70) 인민당은 간부회의를 열고 그의 사임을 수리하지 않기로 결의하는 사태까지 발생했기 때문이다.71)

박헌영을 중심으로 한 합당을 지지했던 이강국은 민전 주최로 열린 8월 29일의 국치기념식에서 사회를 보았다. 이날의 대회에서 7개 항의 결의문을 채택했는데, "3상결정의 총체적 지지"라든지 "정권을 즉시 인민위원회로 넘기라"는 이강국이 평소 주장하던 내용이 그대로 나와 있는 것으로 보아 이 역시 그가 작성했을 것으로 분석된다. 특히 합당문제에 대해서는 다음과 같이 민주세력의 발전을 의미하는 합당은 급속히 실현해야 한다고 한 것으로 보아 더욱 그러한 판단을 갖게 한다.

民主主義陣營의 三黨合同은 우리 朝鮮民族의 完全獨立과 民主主義的 發展을 위하여 絶大한 意義를 가지는 것이다. 그것은 다만 民主主義勢力의 量的 發展을 意味할 뿐 아니라 質的 飛躍을 意味하는 것이다. …… 우리는 人民의 이름으로 三黨合黨 急速 實現을 促進하기를 바라는 바이다.72)

이처럼 합당 추진방법을 놓고 좌익진영의 내분이 발생하자, 북로당은 남한에서 전개되는 사태가 심상치 않다고 판단했다. 그리하여 북로당은 3당합당에 반대하는 행위는 유감이며 합당에 반대하는 것은 반동진영을 원조하는 행위라고 비난하는 결정서를 채택했다.73) 결정서에서 북로당은 반

---

70) 여운형은 합당이 자신의 의도대로 추진되지 않자 8월 27일 당중앙위원회 회의 석상에서 당수직을 사임하고 일개 노병정으로 참여할 것이라고 밝혔다. <獨立新報>, 1946년 8월 30일.
71) <獨立新報>, 1946년 9월 2일.
72) <朝鮮人民報>, 1946년 8월 30일.
73) 결정서 전문은 <獨立新報>, 1946년 9월 2일 수록.

동파와의 투쟁에서 민주역량의 단결은 거대한 의의를 갖는 것이며 민전을 더욱 튼튼히 하는 것임에도 불구하고 이를 지연시키고 방해한 반당분자를 제명한 공산당 중앙위원회의 결정은 정당하다고 인정한다면서 합당의 신속한 추진을 촉구했다. 합당 추진문제에서 박헌영의 손을 들어 준 것이다.

이에 대해 공산당에서 제명된 강진, 김철수(金錣洙)를 비롯한 6인은 성명을 내고, 북로당의 결정 내용이 이주하 김삼룡(金三龍) 등에 의해 왜곡되고 있다고 주장하고, 별도의 합당원칙을 제시하며 박헌영의 리더십에 반기를 들었다.74) 그러나 북로당이 내린 결정을 되돌릴 수는 없었다. 3당 내의 합당 추진파들이 북로당의 결정을 자신들에게 유리하게 선전하며 3당합동준비위원연석회의를 열어 합당할 것을 정식으로 결정하고 남조선노동당준비위원회를 구성했기 때문이다.

이로써 3당합당은 박헌영과 이강국이 주장했던 방식대로 신속하게 추진되는 방향으로 나아갔고, 이러한 방식에 반대했던 세력들은 정치적 입지가 줄어들게 됐다.75) 예를 들어 여운형은 좌우합작과 합당공작을 단념한다는 성명을 발표했으며,76) 백남운은 정계은퇴 성명을 발표했고,77) 강진은 남로당과 합류하는 것이 지당하다는 성명을 발표했다.78) 박헌영의 남로당에 맞서 사로당 창당에 앞장섰던 세 사람 모두 자기비판이나 정계은퇴를 하지 않으면 안 될 정도로 정치적 입지가 크게 축소된 것인데, 이에 비례해 좌익진영 내에서 박헌영의 입지는 더욱 굳어졌다.

---

74) 이들은 합당은 평등한 입장에서 각 당 내의 자색(自色)주의를 완전히 청산하고 화학적 연합이 돼야 하며, 합당은 각 당 내의 전부를 들어 전체로서 결합돼야지, 그룹 간의 합당이 돼서는 안 되며, 합당은 위로부터의 합당지도와 합당공작에 의해서가 아니라 아래로부터 통일되어 올라가야 한다는 등 8개 항의 합당원칙을 제시했다. <獨立新報>, 1946년 9월 4일.
75) 이에 관해서는 沈之淵, 『朝鮮革命論 硏究』(실천문학사, 1987), 85-88쪽 참조
76) <獨立新報>, 1946년 12월 5일.
77) <獨立新報>, 1946년 12월 8일.
78) <獨立新報>, 1947년 1월 29일.

제9장 월북과 재판

좌우합작위원회에 참여해 5원칙을 제시했던 이강국은 북로당이 발족되자, 합작보다는 좌익진영의 합당에 더 큰 관심을 나타냈다. 그로서는 우익측의 8원칙이 제시된 이후 미군정이 위협과 회유의 수단을 병행하며 좌우합작을 강행하고 있다고 생각한 반면, 3당합당은 민전에 기동성을 부여하고 인적 확충을 기할 수 있는 것이라고 평가했기 때문이다. 그리하여 그는 좌우합작에 대해 환상을 갖거나 군정과 타협하려는 것은 기회주의적인 태도라고 비판하면서 군정에 대해 전면적인 대결도 불사하겠다는 입장을 취했다. 이는 물론 박헌영의 신전술노선을 반영한 것이지만, 이로 인해 미군정은 그에 대한 체포령을 내리게 됐고, 결국 그는 체포령을 피해 북한으로 피신하게 된다.

1. 체포령과 월북

1) 차관도입 반대와 체포령

5원칙과 8원칙이 제시된 이후 일시적인 정체상태에 빠진 좌우합작 회담과는 대조적으로 좌익정당 사이의 합당논의는 활발하게 이루어지고 있었다. 바로 이 무렵 미국정부는 남한에 2,500만 달러에 달하는 차관(크레디트)

을 제공하기로 결정했다. 미국정부의 차관 제공은 태평양 주둔 미군사령관인 맥아더의 요청에 의해 이루어지는 것으로, 미군의 전쟁 잉여물자를 미군정이 구매하는 형식을 취하고 후일 정부가 수립되면 이양된다고 발표됐는데,[1] 이에 대해 좌우는 상반된 반응을 보였다.

민전의 경우 정부도 수립되기 전에 차관을 설정하는 것은 있을 수 없는 일이라며 즉각적으로 반대했다. 사무국 명의로 담화를 발표한 것으로 보아 이강국이 작성했을 것으로 판단되는데, 이에 의하면 차관 설정은 자주독립을 위해 바람직스럽지 않다는 것이었다.[2] 완전한 자주독립은 명목만의 독립이 아니라 경제적 독립이 있어야 하는 것임은 세계사가 증명하는 바인데, 정부가 서기 전에 차관을 설정하는 것은 있을 수 없는 일이며, 이는 국제독점자본의 반(半)식민지화 정책의 구체적인 표현에 불과하다는 주장이었다. 그리고 외국무역과 차관에 의해 이익을 얻는 자는 다만 민족반역자와 지주·자본가 모리배뿐이므로, 민족의 자주독립은 고사하고 국제독점자본에 예속되고 말 것이라는 이유에서 반대한 것이었다.

이 외에도 민전은 8·15 1주년기념대회에서 채택한 결의문을 통해서도 인민의 의사를 불문에 부치는 차관도입에 강력히 반대한다고 주장했다. 무역과 차관 등은 당연히 임시정부가 수립된 후 제기될 문제임에도 불구하고, 미군정이 일방적으로 결정하는 것은 식민지화의 제1보로서 절대 배격하지 않으면 안 된다는 것이었다.[3] 그리고 차관도입을 반동진영이 자신들의 계급전제를 위해 외래 독점자본국가의 식민지화를 꾀하는 행위로 분석함으로써[4] 차관을 제국주의에 의한 식민지 수탈과 동일한 것으로 파악했다.

민전의 입장과 반대로 민주의원은 차관도입에 적극 찬성이었다. 1946년

---

1) <朝鮮人民報>, 1946년 8월 10일.
2) 담화 전문은 <朝鮮人民報>, 1946년 8월 11일 수록.
3) <朝鮮人民報>, 1946년 8월 16일.
4) <朝鮮人民報>, 1946년 8월 17일.

8월 17일 하지는 군정장관을 민주의원에 보내 차관의 내용을 설명하고 동의를 구했는데,5) 민주의원은 정례회의에 이를 상정하여 통과시켰다. 차관도입에 대해 이승만은 우리나라에 없는 물자를 시가의 4분의 1이라는 저가로 구입하게 된 것은 대단히 유리한 것이라고 말하고 차관이 성립된 것은 경하할만한 일이라고 주장했다.6)

민주의원의 가결로 2,500만 달러의 차관이 도입되는 것으로 결정됐는데, 이에 대해 민전은 일방적인 결정이라며 크게 반발했다. 민주의원이 인민들과는 하등 관계가 없는 군정의 자문기관임에도 불구하고 정부수립 후 결정해야 할 중대한 문제를 일방적으로 결정한 것은, 군정과 이를 배경으로 하는 반동분자들이 누구의 이익을 위하는가를 명백히 증명하는 것이라고 비난하는 성명을 발표한 것이다. 그리고 차관도입은 국제적으로는 민족을 외국 독점자본의 노예화·식민지화하려는 것이며, 국내적으로는 인민대중의 희생 위에서 지주와 자본가들의 특권전제를 실현하려는 것이라고 분석했다. 따라서 민전으로서는 식민지화정책을 절대 반대하는 동시에 이를 결정한 매국노를 즉시 국외로 추방할 것을 요구한다고 주장했다.7)

미군정과 이승만을 겨냥한 이와 같은 신랄한 내용의 비판은 민전 어느 부서에서 발표한 것인지 밝혀져 있지 않다. 그러나 이 역시 이강국이 작성한 것으로 분석된다. 왜냐하면 후일 북한에서 재판을 받는 과정에서 이강국은 "하지의 정책을 폭로 규탄하는 내용의 성명을 발표한 관계로 체포령"이 내려 1946년 9월 입북하게 됐다고 진술한 것으로 보아8) 그가 집필한

---

5) 차관의 구체적인 내용은 2차대전 중 생산된 물자를 신흥국가의 산업부흥을 위해 제공하는 것으로 물자는 의약품, 기타 화학품과 통신·기계·운수용품, 철도용품, 자동차·트럭 등인데, 시가의 28%로 제공하며 이자는 년 2.375%로 5년 거치 25년 상환으로 돼 있었다. <東亞日報>, 1946년 8월 18일.
6) <서울신문>, 1946년 8월 20일.
7) <朝鮮人民報>, 1946년 8월 20일.
8) 『공판문헌』, 277쪽.

것이 분명한 것으로 생각된다.

한편 이강국은 민전이 주최한 8·15해방 1주년 기념대회가 30만을 헤아리는 군중이 참가해 성대하게 끝난 반면, 미군정과 우익진영이 주최한 기념대회는 강제 동원된 군중에 의해 활기와 감격 없이 무기력하게 치러졌다고 주장하는 글을 발표하기도 했다.9) 이 글에서 그는 해방 기념대회의 의의를 요약했는데, 군정에 협조를 역설했던 초기와 달리 투쟁을 특히 강조했다. 이 부분은 박헌영이 1946년 7월 26일을 기해 택한 "수세에서 공세로, 퇴거에서 진격으로" 돌진하라는 신전술과 궤를 같이하는 것이라고 할 수 있는데,10) 이 또한 그에 대한 체포령과 무관하지 않은 것으로 판단된다.

마치 신전술을 대변이라도 하는 것처럼 이강국은 타협은 굴종을 초래하나 투쟁은 승리를 결과하게 한다고 단언했다. 그는 자신을 포함해서 민전이 군정과 타협하고 군정이 주최하는 8·15기념행사에 참가했더라면 인민대중의 투쟁의식을 마비시키고 전투력을 거세시켰을 것인데, 타협을 거부함으로써 해방기념의 자유라는 정당한 주장을 관철시켜 민중의 요구에 응하게 됐다고 단언했다. 그리고 투쟁의 결과는 좌우합작에 대한 환상 및 군정과의 타협에 미련을 갖는 기회주의적 지도자로 하여금 민중의 요구에 대한 정확한 판단을 얻게 했다고 분석했다. 이강국은 또한 불요불굴의 투쟁만이 승리를 약속한다면서 민전 주최의 8·15기념행사가 성대하게 치러진 것은 민중으로서는 더 이상 탄압을 감수할 수 없으며 반동의 공세를 참을 수 없어 역공세로 용감하게 진출하겠다는 결의와 기개를 명시한 것이라고 주장, 신전술에 나오는 '역공세'라는 용어를 그대로 사용했다.

---

9) 이강국의 글은 "解放記念 經過와 그 意義"라는 제목으로 4회에 걸쳐 연재했다. 이는 각각 <朝鮮人民報>, 1946년 8월 22·23·25·26일 수록.

10) 박헌영은 우익진영과 미군정에 대한 전투를 준비하기 위해 조직을 수습·정비한 후 진격명령과 마찬가지인 신전술을 채택했다. 이후 전국적으로 반미운동과 각종 테러, 총파업, 살인방화, 폭동사건이 계속적으로 발생했다. 신전술에 대해서는 박일원, 『남로당의 조직과 전술』(世界, 1984), 30-32쪽 참조

이강국의 이러한 인식은 미군정의 그것과는 정반대되는 것이었다. 하지는 해방 1주년 기념행사를 마친 후 발표한 특별담화에서 전세계를 통해 공동으로 축하하는 국제적인 중요한 기념일을 다 같이 성대하게 축하해야 하는데, '반대정당'이 동포 다수와 결합하는 것을 불명예스러운 것으로 알고 별도로 기념행사를 치러 미국사람과도 협력할 수 없다고 생각한 것에 대해 심히 유감으로 생각한다고 말했다.11) 이어 하지는 외부에서 잠입한 불순분자가 불쾌하고 그릇된 소동을 일으킨 것을 유감으로 여기며, 이들의 활동과 좌우합작 반대지령의 출처를 잘 알고 있다고 주장, 신전술을 비롯한 이강국의 주장이 북한과 소련의 지시에 의한 것임을 암시하는 듯한 발언을 했다.

이처럼 차관도입 문제와 8·15 1주년 기념행사로 이강국과 미군정 사이에 날카로운 대립이 지속되는 가운데, 1946년 8월 21일 러치 군정장관은 군정에 대한 정당한 비판은 환영하지만 군정의 활동을 방해하면 처벌하겠다는 내용의 성명을 발표했다. 군정이 관할하고 있는 행정에 대한 건설적이며 공평한 비판은 환영하나, 개인이나 단체가 공적 혹은 사적으로 근거 없이 군정을 훼손하거나 군정을 방해하도록 사주하는 것에 대해서는 철저히 조사해서 처벌하겠다는 것이었다.12) 그리고 고의로 군정활동을 방해하고자 계획한 개인이나 단체가 발각됐을 때는 군법회의에 부쳐 태평양사령부 포고 2호13) 위반죄로 처벌하겠다는 방침을 밝혔는데, 이는 신전술을 지

---

11) <朝鮮日報>, 1946년 8월 22일.
12) <朝鮮人民報>, 1946년 8월 22일.
13) 태평양사령부 포고 제 2호는 다음과 같다. "本官은 本官 指揮 下에 有한 占領軍의 保全을 圖謀하고 占領地域의 公衆治安, 秩序의 安全을 期하기 爲하야 太平洋 美國陸軍 最高指揮官으로서 左와 如히 布告함. 降服文書의 條項 또는 太平洋 美國陸軍 最高指揮官의 權限 下에 發한 布告, 命令, 指示를 犯한 者, 美國人 또는 其他 聯合國人의 人命 또는 所有物 또는 保安을 害한 者, 公衆治安秩序를 攪亂한 者, 正當한 行政을 妨害하는 者 또는 聯合軍에 對하야 故意로 敵對行爲를 하는 者는 占領軍 軍律會議에서 有罪로 決定한 後 同會議의 決定되는 대로 死刑 또는 他 刑罰

시한 박헌영과 신문 등을 통해 이를 전파한 이강국 등을 겨냥한 것으로 분석된다.

좌우합작 반대가 외부의 지령에 의한 것이라는 하지의 지적에 대해 이강국은 민전 사무국 명의로 발표한 담화에서 민주진영에 대한 간섭, 탄압, 폭력, 검거, 투옥 등의 환경을 만들면서 합작을 강요하는 것은 합작의 본의가 될 수 없을 뿐 아니라 인민이 원하는 합작이 아니라고 반박했다. 그리고 검거·투옥된 민주인사의 석방 없이 좌우합작의 성의를 독점하는 듯 선전하는 것은 무성의의 고백이며, '일방의 지령이나 사주' 운운하는 것은 좌우합작을 사실상 포기하면서 합작을 가장하려는 의도라고 비난했다.14)

이강국이 소속된 민전이 반대하고 박헌영을 중심으로 한 공산당이 좌우합작과 입법기관 설치를 강력히 반대했음에도 불구하고 하지와 러치는 이를 추진할 의사임을 다시 한번 분명히 밝혔다. 하지 사령관은 1946년 8월 24일 김규식과 여운형 두 사람에게 편지를 보내면서까지 합작의 달성을 희망한다고 말하고, 합작에 반대하는 "비애국적 소수자를 무시"하고 협력할 것을 당부했다.15) 한편 러치 군정장관은 늦어도 10월 중순까지는 입법기관이 설치되기 바라며 입법기관의 기능은 다 갖도록 하고 싶다고 밝혔다.16)

하지의 편지와 러치의 발언에 대해 이강국은 1946년 8월 29일 기자회견을 갖고 이를 강하게 비판했다. 이강국은 합작론의 자체가 입법기관 창설을 목적으로 이루어지는 것으로 보고, 그것은 옳지 않다고 주장했다. 그리

에 *處함*."
14) <朝鮮人民報>, 1946년 8월 24일.
15) 편지에서 하지는 조선의 애국적이고 애족적인 지도자들이 정치적 융합과 협력을 달성하려고 해 온 노력에 대하여 심심한 관심과 찬의를 갖고 있다고 말하고, 비애국적 소수자를 무시하고 국민의 위대한 외침에 귀를 기울여 서로 협력하여 완전한 성공을 달성하기를 희망한다고 밝혔다. <獨立新報>, 1946년 8월 28일.
16) <朝鮮人民報>, 1946년 8월 28일.

고 우익진영의 사대주의적 태도로 보아 자주(自主)합작의 정신이 전혀 결여돼 있다고 지적하고, 정권을 인민에게 넘겨야 할 시점에 군정의 확대강화와 연장을 의미하는 입법기관의 창설은 부당하며, 진행되고 있는 양상으로 보아 입법기관은 민주의원의 재판(再版)이 될 것이 분명하다고 했다.17)

차관도입이라든지 좌우합작 실현과 입법기관 창설 등 미군정이 추진하는 사안에 대해 박헌영과 이강국이 중심이 된 공산당과 민전이 사사건건 반대하자, 하지 사령관은 8월 31일 공보부를 통해 "조선민중에게 보내는 말"이라는 제목으로 장문의 성명을 발표했다.18) 성명에서 하지는 '어떤 정당'이 악질의 선전을 계속하고 있는데, 이는 조선의 재건을 원조하는 미국의 노력을 불신케 하려는 데 목적이 있는 것이라고 지적했다. 이어 그는 조선을 원조하는 미국의 노력에 부당한 공격을 가하며 미국의 그러한 노력에 협조하는 애국자에 대해 허위선전을 하고 있는데, 이는 언론·출판·집회의 자유의 근본원칙을 위반하는 것이며 포고 2호 위반이라고밖에는 달리 간주할 수 없다고 단언했다. 끝으로 그는 폭력주의, 난폭한 혁명, 계급투쟁, 계급증오심을 주장·실천하며 무상으로 큰 것을 약속하는 그런 류의 지도자를 경계해야 한다고 말해, 신전술을 지시한 박헌영과 이를 선전하고 있는 이강국에 대해서 어떤 식으로든지 조치를 취할 것임을 암시했다.

하지의 담화를 뒷받침이라도 하듯이 장택상(張澤相) 수도경찰청장도 성명을 발표했다. 성명에서 그는 지하 공작음모로 '남조선정권'과 민중 사이를 이간시키려고 하는 개인이나 단체는 경찰을 총동원해 9월 중으로 단호하게 타도하겠다고 언명했다. 성명 발표 후 가진 기자회견에서 그는 '남조선정권'이란 군정을 의미한다고 밝히고, 폐단이 많은 단체를 숙청·정화

---

17) <朝鮮人民報>, 1946년 8월 30일.
18) 하지의 메시지 전문은 <朝鮮日報>, 1946년 9월 1일 수록.

하겠다고 보충설명을 했다.19) 이러한 발언은 군정과 보조를 맞추어 박헌영을 중심으로 한 세력을 겨냥하고 한 것으로, 무슨 수를 써서라도 이들을 제거하겠다는 방침을 표명한 것이라고 할 수 있다.20)

민전은 하지의 성명이 조선의 실정을 알지 못하는 오해에서 나온 것이라고 반박하는 담화를 다시 발표했다. 사무국 명의로 나온 것으로 보아 이강국이 작성한 것으로 분석된다. 담화에서 조선민중은 누구든지 진실하게 원조해 준다면 고맙게 접수하겠지만, 원조가 아니고 민주독립과 먼 행동이나 정책을 취할 때는 고맙다고 하지 못할 것이고, 통치기관에서 친일파와 민족반역자를 등용할 때에는 찬성할 수 없을 것이라고 말했다.21) 그리고 미군과 미군정은 조선민족의 이익을 표준으로 하여 모든 정책을 감행해야 한다고 말하며 기존에 견지했던 방침에서 조금도 물러서지 않았다. 끝으로 그는 정판사사건으로 보아 경찰이 민족의 이익을 위해 충실하다고 할 근거가 없다고 단언하고, 미군은 정권을 인민위원회로 넘기고 철퇴를 단행해야 할 것이라고 주장했다.22) 미군은 정권을 넘기고 철수하라는 식으로 정면에서 군정과 대항하는 자세를 취한 것이다.

이처럼 군정과 박헌영·이강국이 사사건건 대치하는 상황에서 군정은 1946년 9월 6일 <朝鮮人民報>를 포함하여 <中央新聞>과 <現代日報>에 대해 무기 정간조치를 내렸다. 3개 신문이 포고령 2호에 저촉되는 기사를 실었다는 이유로 이들 신문사의 간부들이 체포된 것으로 알려졌는데,23) 이와 때를 같이하여 박헌영, 이강국, 이주하 3인에 대한 체포령도 내려졌다. 이

---

19) <朝鮮人民報>, 1946년 9월 4일.
20) 張澤相은 기자간담회에서 이 사건에 대해 자신에게 묻지 말라고 말하고, 자신에게도 함구령이 내려졌으며 경찰에서 단독으로 하는 것이 아니라 상부의 명령으로 경찰이 움직이고 있는 것이라고 밝혔다. <東亞日報>, 1946년 9월 10일.
21) <서울신문>, 1946년 9월 4일.
22) <朝鮮人民報>, 1946년 9월 5일.
23) <서울신문>, 1946년 9월 10일.

중 이주하는 9월 8일 오전에 체포됐는데,24) 박헌영과 이강국의 행방은 알려지지 않았다. 당시 군정을 통하지 않고 미군이 직접 사건에 관여해 검거에 나선 것은 처음 있는 일이라고 보도될 정도로,25) 미군은 박헌영과 이강국 검거에 총력을 기울였으나 이들을 체포하는 데는 실패하고 말았다.

2) 월 북

1946년 9월 8일 미군 상륙 1주년을 맞아 하지 사령관은 특별성명을 발표했다.26) 특별성명에서 그는 미국이 강조하는 것은 조선인이 희망을 자유로이 표현하는 데 있어 하등의 지장이나 위협이 없어야겠다는 것이라고 말함으로써 미소공위가 결렬되는 데 하나의 원인으로 작용했던 '의사표현의 자유'를 다시 강조했다. 그리고 소수파나 사욕이나 매수된 일부 분자가 비열한 세력을 무리하게 펴려고 하는 것을 수수방관할 의사가 아니라고 밝히고, 자신들이 혈해(血海)를 건너 가져온 자유가 그렇게 폐기되거나 쉽게 정지되도록 하지는 않겠다고 단호한 어조로 말했다. 체포령이 내려진 박헌영과 이강국, 이주하를 '소수파나 사욕이나 매수된 일부 분자'로 규정하고 이들을 용납하지 않을 것임을 분명히 한 것이다.

이런 상황에서 박헌영과 이강국이 취할 수 있는 유일한 길은 미군의 체포령이 효력을 미치지 못하는 지역, 즉 북한으로 탈출하는 것 외에는 다른 방도가 없었다. 미군헌병이 동원되고 경찰이 비상경계령을 내려 가두(街頭)는 물론 일반 가정까지 수색하는 '전무후무한 활동'이 전개되고 있다고 보도될 정도였으므로,27) 이들로서는 남한 내에 더 이상 피신할 곳이 없었던

---

24) <朝鮮人民報>, 1946년 9월 9일.
25) <朝鮮人民報>, 1946년 9월 11일.
26) 성명 전문은 <朝鮮日報>, 1946년 9월 10일 수록.
27) <朝鮮人民報>, 1946년 9월 11일.

것이다.

박헌영의 경우 영구차에 누워 38선을 통과한 것으로 알려지기도 했다. 1946년 9월 5일 박헌영의 경호원들이 영구차를 동원, 38선 접경지역의 어느 선산에 매장하러 가는 듯 장례행렬을 위장하고 그를 태워 서울 탈출을 도왔다는 것이다.28) 그러나 북한에서의 재판과정에서 그는 "미군정의 체포령을 피해 도망한 것같이 꾸미고 10월 초순 길 안내자를 따라 월북"했다고 진술하고 있어,29) 그가 월북하게 된 경위와 과정에 대해서는 보다 면밀한 연구가 필요한 것으로 생각된다. 이강국의 경우 재판과정에서 체포령이 내리자 김수임의 집에 숨어 있다가 박헌영의 지시에 따라 월북했다고 진술한 것으로 알려졌다.30)

박헌영과 이강국이 부재중인 1946년 9월 14일 민전은 의장단 전원이 참가한 가운데 비밀리에 긴급회의를 열었다. 회의 내용은 알려지지 않았으나, 체포령에 대한 대책을 포함해서 좌우합작과 입법기관 창설문제 등에 관해 토의한 것으로 관측됐다.31) 군정은 또한 민전이 입주해서 사무실로 쓰고 있는 건물이 적산(敵産)이라는 이유로 9월 18일까지 건물을 군정에 명도(明渡)하라는 명령을 내림으로써32) 민전 사무국장 이강국에 대한 체포령

---

28) 박갑동, 『朴憲永』(인간사, 1983), 167쪽.
29) 『공판문헌』, 59쪽.
30) 『공판문헌』, 279쪽. 그의 월북과정에는 극적인 요소가 많아 자주 화제에 오르내리는 소재가 되고 있는데, 공교롭게도 그의 애인이었던 김수임이 미군 헌병대장 베어드 대령과 동거를 하고 있었는데, 그녀의 도움으로 그가 포위망을 벗어났다고 해서 화제가 됐다. 이에 관해 쓴 가장 대표적인 것으로는 전숙희의 소설을 들 수 있다. 전숙희, 『사랑이 그녀를 쏘았다: 한국의 마타하리, 여간첩 김수임』(正字社, 2002). 김수임은 후일 간첩죄로 사형선고를 받고 처형됐다. 김수임과 이강국의 관계에 대해서는 吳制道, 『思想檢事의 手記』(昌新文化社, 1957), 9-23쪽 및 金哲, 『이것이 北傀다』第1卷 (反共敎育文化社, 1975), 197-212쪽 참조.
31) <朝鮮人民報>, 1946년 9월 15일.
32) <朝鮮人民報>, 1946년 9월 19일.

은 민전 활동에도 막대한 영향을 미치게 됐다.

박헌영과 이강국의 공개적인 활동이 중지되면서 중단상태에 빠졌던 좌우합작 회담은 재개됐는데, 이때부터 좌익측을 대표하여 여운형이 회담을 이끌어 가게 된다. 이들에 대한 체포령이 내려진 직후인 9월 11일 오전 여운형이 좌우합작 회담장소인 덕수궁에 들렀는가 하면, 좌우합작의 산파역인 버치 중위는 좌우합작을 통해 입법기관이 등장하면 미군정은 국제법에 의거해 조선정부 수립을 원조할 것이라고 말하기도 했다.33)

한편 1946년 10월 1일 평양 방문을 마치고 돌아온 여운형은 김규식을 방문하고 합작문제를 논의했으며, 10월 2일과 3일에는 인민당 긴급회의를 소집해 당면문제를 토의했다. 이 자리에서 그는 좌우합작이 여러 가지 사정으로 정체된 것은 유감이라고 말하고, 민족 공동의 이익을 위해 좌우의 협의가 필요하므로 그 자신이 협의에 나설 것이라고 말했다.34)

이후 합작회담은 급진전을 보여 10월 4일에는 김규식의 집에서 좌우 대표들이 만나 5원칙과 8원칙을 절충한 7원칙에 합의를 보았으며, 여운형은 10월 6일 인민당 확대위원회를 개최해 이를 당에 보고하고 승인받는 절차를 밟았다.35) 합작 7원칙은 다음날인 10월 7일 우익측 대표 5인 전원과, 좌익측에서 박건웅(朴建雄)과 여운형의 대리로 장건상이 참가한 가운데 최종 합의를 보고 발표됐다.36) 이같이 7원칙이 나오게 된 상황과 이 7원칙에 입

---

33) <東亞日報>, 1946년 9월 12일.
34) <獨立新報>, 1946년 10월 4일.
35) <朝鮮日報>, 1946년 10월 8일.
36) 합작 7원칙은 다음과 같다. 1. 朝鮮의 民主獨立을 保障한 三相會議 決定에 依하야 南北을 通한 左右合作으로 民主主義 臨時政府를 樹立할 것. 2. 美蘇共同委員會 續開를 要請하는 共同聲明을 發表할 것. 3. 土地改革에 있어 沒收, 有條件 沒收, 遞減買上 等으로 土地를 農民에게 無償으로 分與하며 市街地의 基地 及 大建物을 適正 處理하며 重要 産業을 國有化하며 社會勞動法令 及 政治的 自由를 基本으로 地方自治制의 確立을 速히 實施하며 通貨 及 民生問題 等等을 急速히 處理하야 民主主義 建設課業 完遂에 邁進할 것. 4. 親日派 民族叛逆者를 處理할 條例를 本合作

법기관 창설 조항이 들어 있는 것을 보면, 미군정이 좌우합작을 성사시키기 위해 박헌영과 이강국 등에 대한 체포령을 내렸을지도 모른다는 의혹이 들게 되기도 한다.

공석이 된 민전 사무국장에는 이강국과 동갑으로 경북 경산군 출신인 박문규가 취임했다. 그는 대구고등보통학교를 졸업하고 경성대학 예과를 거쳐 1930년 3월 법문학부를 졸업했으며, 졸업 후에는 법문학부 조수로 있으면서 이강국, 최용달, 유진오, 신남철 등과 함께 대학 내에 조선사회사정연구소를 창설하고 미야케 교수의 지도 아래 활동하다가 기소유예처분을 받은 경력의 소유자였다.37) 공산주의를 신봉하며 공산사회의 실현을 동경했던 그는 해방 후 건준 기획부장, 인공 재정부장 대리, 민전 중앙상임위원 겸 선전부장으로 활동하다 이강국의 후임으로 민전 사무국장이 된 것이다.

민전의 신임 사무국장이 된 박문규는 기자회견에서 이강국의 평소 생각과 같은 견해를 피력했다. 입법기관 설치는 남북통일과 민주독립을 지연시키는 것이므로 전과 마찬가지로 반대한다고 말하고, 좌우합작은 민족의 독자적 입장에서 민주주의적 요소를 총집결해 남북통일과 민주독립을 달성하기 위한 것이라야 하는데, 현재 진행되고 있는 합작은 본래의 사명을 떠나 남한 단독의 입법기관 설치문제를 중심으로 전개되고 있으므로 반대한다고 밝혔다. 그리고 좌우합작을 위해서는 민전 5원칙이 있을 뿐이며 합작 7원칙에 대해서는 전혀 아는 바 없고, 여운형도 참석하지 않은 가운데 몇몇 개인이 자칭 대표로 참가했기 때문에 그들이 진정으로 좌익을

委員會에서 立法機構에 提案하야 立法機構로 하야금 審理 決定하야 實施케 할 것. 5. 南北을 通하야 現 政權下에 檢擧된 政治運動者의 釋放에 努力하고 아울러 南北 左右의 테로의 行動을 一切 卽時로 中止토록 努力할 것. 6. 立法機構에 있어서는 一切 其 機能과 構成方法 運營 等에 關한 代案을 本 合作委員會에서 作成하야 積極的으로 實行을 企圖할 것. 7. 全國的으로 言論 集會 結社 出版 交通 投票 等의 自由를 絶對 保障되도록 努力할 것. 鄭時遇 編, 『獨立과 左右合作』(三義社, 1946), 55-56쪽.

37) "공작사건," 748-749쪽.

대표했다고 할 수는 없다고 주장했다.38)

　박문규는 해방 1주년 기념대회에서 민전을 대표해서 "過去 1年間의 民主主義事業 報告"를 할 정도로 민전의 이론가 중 하나였다.39) 보고에서 그는 건준 결성과 인공 수립 및 중앙인민위원회의 조직을 높이 평가하고, 민전 결성 이후 민전이 전개한 활동과 노선을 민주주의노선으로 규정했다. 좌우합작을 민주주의노선으로 이끌기 위해 제시한 것이 5원칙이며, 5원칙이 실천되지 않고는 좌우합작도, 남북통일도, 민주독립의 길도 열리지 않는다고 단언한 그는 북한은 민주개혁이 진행되어 정치적 안전과 경제적 발전을 이루고 있는 반면, 남한은 그 반대라고 주장했다. 바로 이러한 상황에서 민주진영이 남북의 실체를 비교하여 정권을 군정에서 인민위원회로 넘기라고 요구하게 됐다고 말했다. 그런데 이러한 요구에 대한 반동진영의 공세가 강화되고 있기 때문에 이에 대처하고 민주과업을 실천하기 위해 민주진영은 주체를 재정비할 것이 요구됐고, 이러한 요청에서 이루어진 것이 3당합당이라고 그는 설명했다.

　보고에서 그는 또한 민주건설은 반동세력과의 투쟁을 격화함으로써 준비되는 것이며, 자주독립은 반동진영과의 타협에서 오는 것이 아니라 이를 분쇄함으로써 실현되는 것이기 때문에, 국내외 반동세력과의 과감하고 집요한 투쟁을 전개해야 한다고 주장했다. 이는 신전술의 당위성을 설파한 것으로, 체포령이 내려 이강국이 활동할 수 없는 상태에서 그를 대신해서 그와 똑같은 주장을 한 것이라고 볼 수 있다. 이로써 민전은 이강국 없는 이강국 체제로 운영되리라는 것은 쉽게 짐작할 수 있다.40)

---

38) <獨立新報>, 1946년 10월 9일.
39) 보고 전문은 <朝鮮人民報>, 1946년 8월 17, 18, 19, 20일 4회에 걸쳐 수록됐다.
40) 예를 들어 박문규는 "美蘇共委 促開와 나의 提言 ④"이라는 글에서 미소공위는 3상회의 결정의 충실한 실천에서 성공하는 것이라고 주장하고, 오직 이 길만이 남북통일과 민주독립을 가져온다고 단언, 이강국의 주장을 그대로 반복했다. <獨立新報>, 1946년 12월 8일.

2. 북한에서의 활동과 재판

1) 북한에서의 활동

　체포령을 피해 월북한 이강국은 1946년 9월 18일 개최된 북한의 민주주의민족통일전선 6차 회의에 참석했다. 회의에서 이강국은 남한의 정세에 관한 보고를 했는데, 보고에 앞서 그는 로마넨꼬와 협의한 것으로 알려졌다.[41] 보고에서 그는 북한에서 실시된 것과 같은 민주적인 제반 개혁이 남한에서도 실시돼야 하는데 그렇지 못한 실정이라고 말하고, 미군정이 좌익을 탄압하며 권력을 남한 인민들에게 넘기지 않고 교활한 식민지화 정책을 쓰고 있다고 비판했다.[42] 그의 보고가 끝난 후 12명이 토론에 참여했는데, 이날 회의는 "미군정의 반동정책 반대투쟁에 대한 표어"를 채택했다.[43]

---

41) 국사편찬위원회 편, 『쉬띄꼬프 일기: 1946-1948』(국사편찬위원회, 2004), 10쪽(이하 『쉬띄꼬프 일기』로 약칭).

42) 『쉬띄꼬프 일기』, 12쪽. 후일 이강국은 남한사회를 다음과 같이 기술했다. "南朝鮮에 있어서는 八·一五「解放」은 오직 日本帝國主義 隸屬으로부터의「解放」을 意味할 뿐이요 日本帝國主義의 殘宰는 封建遺制와 함께 그대로 維持 發展되고 있는 것이다. 親日派 民族叛逆者 親 팟쇼分子들은 國際反動에 連結하고 依據하여 反人民的 反民主的인「民主議院」「立法議院」 等의 人形劇을 꾸며 가면서 人民을 籠絡하려 하며 抑壓과 搾取를 强化하려 한다. 成長하는 南朝鮮 人民大衆의 民主主義的 民族解放運動은 日本帝國主義下에서도 일찍이 보지 못하던 公公然한 테로 手段으로써 피비린내 나는 彈壓을 當하고 있다. 이에 對한 人民의 公情은 마침내 저 英雄的인 人民抗爭으로써 爆發하였던 것이다." 李康國, "民主主義와 外交"『人民』(1947년 4월), 386쪽. 원문을 구할 수 없어서 1992년에 國史編纂委員會가 펴낸 『北韓關係史料集』 XIII에 수록(385-391쪽)된 것을 재인용했다(이하 "民主主義와 外交"로 약칭).

월북한 이강국은 로마넨꼬에게 자신의 거처와 관련해서 북한으로 활동공간을 옮기고 싶으니 허락해 줄 것과, 3당합당이 이루어지지 않는다면 3당을 그대로 존속시킬 것을 요청한 것으로 알려졌다.44) 그로서는 인민당 당수인 여운형과 남조선신민당 당수인 백남운이 반대한다면 합당은 불가능할 것으로 생각했기 때문에 이같이 요청한 것으로 분석된다. 이강국의 이러한 요청이 있어서였는지, 로마넨코는 북한을 방문한 강진에게 합당사업이 결렬된 것에 대한 책임을 추궁하고 분파행동을 하지 말 것을 강력히 요구했고, 이에 대해 강진은 남로당과 사로당을 통합시키도록 하겠다고 대답했다.45) 이러한 분위기가 남한에 전달돼 사로당 내에서 남로당과 통합해야 한다는 주장이 제기됐고, 사로당을 추진했던 여운형과 백남운이 정계은퇴 성명을 발표하는가 하면, 강진은 사로당을 해체하고 남로당과 합당하는 것이 타당하다는 성명을 발표하기도 했다.46)

당시 북한에 주둔하고 있던 소련군은 이강국에 대해서는 비교적 호의를 가지고 있었던 것으로 판단된다. 이는 그를 차장으로 임명하려고 했지만 김두봉이 반대했다는 것으로 보아 짐작할 수 있다.47) 김두봉이 이강국의 차장 임명을 반대한 이유는 나와 있지 않으나, 아마도 3당합당 과정에서 발생한 주도권 문제로 여운형과 백남운을 배제한 채 박헌영과 이강국이 자파 위주로 합당을 추진하려 했기 때문인 것으로 판단된다. 백남운은 김두봉이 위원장으로 있던 조선신민당의 남한 지부격인 남조선신민당의

---

43) 柳文華, 『해방후 4년간의 國內外 重要 日誌』(民主朝鮮社, 1949), 79쪽.
44) 『쉬띄꼬프 일기』, 13쪽.
45) 『쉬띄꼬프 일기』, 28-29쪽.
46) 3당합당 과정에서 남로당 결성을 반대하며 사로당을 창당하는 데 중심적 역할을 했던 여운형, 백남운, 강진은 자아비판의 형식으로 각각 성명을 발표했다. 呂運亨, "左右合作 合黨工作을 斷念하며," <獨立新報>, 1946년 12월 5일. 白南雲, "隱退聲明," <獨立新報>, 1946년 12월 8일. 姜進 "南勞黨과의 合流가 至當," <獨立新報>, 1947년 1월 29일.
47) 『쉬띄꼬프 일기』, 27쪽.

위원장이기 때문에,48) 김두봉으로서는 백남운에 호의적이고 이강국에 대해서는 비판적일 수밖에 없었던 것은 어찌 보면 당연한 일일지도 모른다.

1947년 2월 20일 북한의 최고정권기관인 북조선인민회의가 창설됐고, 인민회의는 인민회의 규정 11조에 의해 최고집행기관인 북조선인민위원회를 구성했다.49) 이처럼 입법부와 행정부가 갖춰짐으로써 북한에는 실질적인 단독정부가 형성됐다고 할 수 있다. 차장 취임이 거부된 이강국은 월북 이후 박헌영의 신변인으로 지내다가50) 북조선인민위원회의 외무국장으로 임명됐다. 국제사회로부터 정식 정부로 인정받지 않아 외국과 외교관계가 수립되지 않은 상황에서 외무국장이란 북한에 주둔해 있는 소련군과 교섭하는 업무를 관장하는 것과 외교관계 수립에 대비해 외교정책을 구상하는 것이었으리라 추측된다.

외무국장으로 재직하고 있는 동안 이강국은 "民主主義와 外交"라는 글을 북조선인민위원회 기관지인 『人民』에 실었는데, 이를 통해 그의 국제정세에 관한 견해와 외교관을 엿볼 수 있다고 생각된다. 우선 8·15해방에 대해 그는 해방의 국제성을 인정하기는 했지만 소련의 영도와 결정적 역할 아래 이루어진 것이라고 주장, 남한에 있을 때와는 전혀 다르게 분석했다. 미국과 소련을 비롯한 민주주의 연합국에 의해 해방됐다는 종전 주장에서 "偉大한 民主先鋒 쏘베트聯邦의 領導 및 決定的 役割"51)에 의해 일제가 타도됐다는 것으로 바뀐 것이다. 북한에 체재하고 있는 한계로 인해 친소적 성향이 더욱 강해진 것이라고 할 수 있다.

---

48) 남한에서 신민당이 결성되는 과정에 대해서는 심지연, 『朝鮮新民黨 研究』(동녘, 1988), 76-80쪽 참조.
49) 朝鮮中央通信社, 『朝鮮中央年鑑』1949年版(朝鮮中央通信社, 1948), 95쪽.
50) 『공판문헌』, 277쪽. 신변인으로 무엇을 했는지 나와 있지 않으나, 박헌영의 심리에 증인으로 출선한 자리에서 이강국은 해주의 제일인쇄소에서 지도하는 책임을 맡아 보면서 출판사업을 한 일도 있다고 증언했다. 『공판문헌』, 83쪽.
51) 李康國, "民主主義와 外交", 386쪽.

한편 남한과 북한에 대한 분석에서 그는 상반된 시각을 나타냈다. 남한은 일제잔재가 봉건유제와 함께 유지되고 있으며 친일파와 민족반역자들이 국제반동과 연결하며 반인민적 착취를 강화하고 있는 반면, 북한은 인민대중이 정권을 장악하고 친일파와 민족반역자를 철저하게 숙청했으며, 진보적 민주제도를 도입했다는 것이다. 북한이 이처럼 된 것은 약소민족의 해방을 위해 영웅적으로 투쟁하는 소련군대가 주둔해 있는 유리한 국제적 조건 덕택이라고 그는 주장했다.52)

남·북한을 비교 분석한 데 이어 그는 국제정세에 대해서도 분석했다. 제국주의자들의 전쟁도발 노선과 소련을 선봉으로 하는 민주진영의 국제 평화 노선, 이 두 개의 노선이 첨예하게 대립하고 있다고 분석한 그는 조선에서도 두 노선이 충돌하고 있다고 주장했다. 즉 극소수의 친일파 민족반역자들이 외부 침략세력의 반동노선에 호응해 국제적 고립과 미·소 양국의 이간을 꾀함으로써 자주독립국가 수립을 방해하고 세계를 전쟁의 참화에 몰아넣으려는 음모를 계속하고 있는 반면, 김일성을 중심으로 뭉친 전체 조선인민은 이러한 음모를 분쇄하며 국제적 후원을 획득함으로써 민주·독립·평화를 달성하기 위해 노력하고 있다는 것이었다. 여기서 그는 김일성을 "民族의 英明한 領導者 金日成 將軍"53)으로 호칭하고, 그를 중심으로 뭉친 인민은 반동진영의 음모적 외교를 분쇄해 나갈 것이라고 언명, 북한체제에 적응해 나가는 모습을 보이기도 했다.

그는 또한 남한에서의 항쟁이나 북한에서의 건설이 지향하는 바는 오직 3상회의 결정을 정확히 실천하는 기초 위에서 임시정부를 수립하는 방법으로 남북통일을 촉진하는 것이며, 민주외교가 목적하는 것도 바로 이 것이라고 주장했다. 그리고 이러한 외교의 원동력은 단결한 인민의 힘이며 충실한 국력이라고 말하고, 이를 위해 김일성의 영도 하에 사상적·정

---

52) 李康國, "民主主義와 外交" 386-387쪽.
53) 李康國, "民主主義와 外交" 388쪽.

치적으로 튼튼하게 결속되고, 이를 바탕으로 북조선인민공화국을 창건할 것이라고 강조했다.54) 그는 1946년 11월에 실시된 인민위원회 위원 선거 및 1947년 2월 북조선인민회의 수립, 북조선인민위원회 구성 등을 예로 들어 북한의 인민정권 및 민주제도는 인간적이며 법적인 기초 위에 확립되고 강화됐다고 했는데, 이는 북한에 단독정부가 수립될 것임을 암시한 것이라고 할 수 있다.

끝으로 3상결정의 실현을 위해 모든 민주외교 역량을 집중할 것이라고 강조한 그는 미소공위가 속개되기를 기대했다. 3상결정에 규정된 민주정부가 수립되지 못해 여러 가지 난관이 조성됐다고 생각했기 때문이다. 여기서 그는 소련정부가 3상회의 결정을 신속히 실현하기 위해 최선을 다할 것이라고 말하고, 소련정부의 이러한 노력이 "朝鮮人民에게 信念과 希望과 勇氣의 無限한 源泉이 되고 있는 것"55)이라고 말함으로써 외교문제에서 소련에 대해 높은 기대를 갖고 있음을 드러냈다.

북한에서 1948년 9월 9일 조선민주주의인민공화국 정부가 수립되면서 이강국은 외무국장직에서 물러났다. 그가 맡았던 외무국장은 정부수립 이후 외무상으로 격상되면서 부수상이 된 박헌영이 겸직했다. 외무국장을 그만두면서 이강국은 상업성 법규국장으로, 1950년 12월 이후에는 인민군 제69호 병원 원장으로,56) 1951년 11월부터는 무역성 산하기관으로 일반제품을 수입하는 회사인 조선상사회사 사장으로 재직하다가 체포됐다.57)

---

54) 李康國, "民主主義와 外交" 390쪽.
55) 李康國, "民主主義와 外交" 391쪽.
56) 김일성은 한국전쟁에서 후퇴하는 도중 임춘추, 이강국, 최원택 세 사람을 불러 이들에게 후송병원을 세우고 전쟁 부상자들을 치료하는 과업을 맡겼다. 김일성의 지시에 따라 임춘추는 신의주에, 이강국은 두만강 부근에, 최원택은 강계에 병원을 세우고 후송되는 인민군 환자들을 치료했다. 전세가 불리해지면서 이강국은 만주 봉천으로 가서 다시 병원을 세웠다. 후일 이들 병원은 소속이 보건성 산하로 되면서 명칭도 전상자병원으로 바뀌었다. 심지연, 『山頂에 배를 메고: 노촌 이구영선생의 살아온 이야기』(개마서원, 1998), 169-170쪽.

2) 재판과 사형

휴전회담이 시작되어 한국전쟁이 교착상태에 들어간 1952년 12월 15일 조선노동당(이하 노동당) 중앙위원회는 5차 전원회의를 개최했다. 1951년 11월의 4차 전원회의가 '관문주의적 경향'과 '책벌주의의 오류'를 시정하기 위해 열린 것이었지만 조직담당이었던 허가이를 비판하는 것으로 막을 내린 것과 마찬가지로, 5차 전원회의는 당을 조직·사상적으로 강화하는 것이 모든 승리의 기초가 된다는 문제를 토의하기 위한 것이었지만 결과적으로 박헌영을 비롯한 남로당계에 대한 숙청을 알리는 회의가 되고 말았다.58)

물론 5차 전원회의가 남로당계에 대한 숙청만을 목적으로 한 것은 아니었다. 사상과 조직 양면에서 당을 강화하자는 것이 주목적이었다. 그러나 이를 계기로 각 정당과 단체들로 하여금 '당성 검토'라는 것을 벌이게 하고 박헌영과 이승엽을 비롯한 남로당계에 대한 체포와 구속 숙청이 시작됨으로써,59) 이강국도 숙청의 대상이 되지 않을 수 없었다. 5차 전원회의에서 김일성은 다음과 같이 보고했다.

> 우리 당내에는 종파는 없다고 하지만 종파주의의 잔재는 남아 있읍니다. 이 종파주의 잔재는 우리 당의 통일과 단결을 방해할 수 있읍니다.
>
> 종파주의 잔재의 표현은 과거의 무원칙한 파벌투쟁의 버릇을 계속하며 지

---

57) 『공판문헌』, 277쪽. 조선상사 사장으로 있으면서 이강국은 金壽任을 통해 대남공작을 했다는 주장도 있다. 吳制道, 『思想劍士의 手記』, 21쪽.
58) 남로당 숙청작업에 관해서는 서동만, 『북조선 사회주의체제 성립사: 1945-1961』 (선인, 2005), 436-447쪽 참조
59) 김남식, 『南勞黨研究』, 478-479쪽.

방주의적 경향이 있는 분자들과 직위에 불만을 가진 자, 당에서 처벌받은 자들을 규합하여 아무런 근거도 없이 <당이 너를 신임하느니 안 하느니> 하면서 성분이 비교적 순결치 못한 당원들을 동요시켜 자기편에 끌어당기는 데서 나타나고 있습니다.60)

우리는 미제의 침략으로 인하여 우리나라에 조성된 특수한 정세를 반드시 고려하여야 합니다. 벌써 평화적 건설시기에 미제국주의자들과 리승만 괴뢰도당은 우리의 인민민주주의 제도를 파괴할 목적으로 공화국 북반부에 간첩, 암해분자들을 계속 파견하였습니다. 전쟁을 도발한 후 미국놈들은 이 비렬하고 더러운 암해공작의 범위를 더욱 확대하였습니다. 미제와 리승만 매국도당의 간첩들은 전시의 난관들과 관련하여 일부 동요하는 건전치 못한 분자들을 파괴공작에 리용하려고 시도하고 있습니다. 이러한 분자들에게 반동사상을 침투시키기 위하여 미제와 리승만 역도는 자기들의 온갖 선전수단을 동원하고 있습니다. 우리가 원쑤들을 반대하여 가렬한 전쟁을 하고 있는 조건에서 적대적 부르죠아사상의 영향은 우리 당내에까지 스며들지 않을 수 없습니다. 그렇기 때문에 우리는 사상사업을 반드시 강화하여야 하며 이 사업에 전당의 관심을 집중하여야 하겠습니다.61)

5차 전원회의가 끝난 후 박헌영, 이승엽, 이강국 등이 체포·구속됐는데, 이들이 정식 기소된 것은 휴전협정 조인 사흘 뒤인 1953년 7월 30일이었다. 북한 최고검찰소 검사총장 리송운 명의로 된 기소장은 사건을 "피소자 리승엽, 조일명, 림화, 박승원, 리강국, 배철, 윤순달, 리원조, 백형복, 조용복, 맹종호, 설정식 들의 조선민주주의인민공화국 정권 전복음모와 반국가적 간첩 테로 및 선전선동 행위에 대한 사건"이라고 명명했는데, 기소장에 제시된 이강국의 '죄명'은 다음과 같이 요약된다.62)

---

60) 김일성, "당의 조직사상적 강화는 우리 승리의 기초," 『김일성 저작집』 7권 (조선로동당출판사, 1980), 414쪽.
61) 김일성, "당의 조직사상적 강화는 우리 승리의 기초," 423쪽.

ㄱ. 1946년 9월 미국 정탐기관에 간첩활동을 서약한 후 1947년 1월부터 북조선 인민위원회 외무국장 직위에 잠입하여 1948년 8월까지 5차에 걸쳐 정치 군사 경제 부문에 대한 비밀 등을 수집하여 계통적으로 미국 정탐기관에 제공한 것.
ㄴ. 1950년 5월경에는 미국에서 파견한 간첩분자와 공화국에 대한 간첩행위를 할 것을 약속한 것.
ㄷ. 1951년부터 이승엽 지도 하에 있는 간첩망과 연계를 맺고 4차에 걸쳐 군사 정치비밀을 수집, 제공한 것.
ㄹ. 조선을 미제국주의자에게 예속시킴으로써 자기의 정치적 야망을 실현하려는 목적에서 미국 정탐기관의 지도 밑에 이승엽과 결탁하여 인민의 통일을 약화시키며 민족을 분열시키는 등의 정치적 모략활동 감행한 것.

이강국에 대한 심리는 1953년 8월 4일 오후 4시 40분부터 시작됐는데,[63] 심리에서 그는 자원적(自願的)인 미제의 주구이며, 1946년 6월 김수임이 미 헌병사령관 베어드와 연계가 됐다는 것을 알고서 베어드와 상면하며 상호 협력하기로 약속했다고 말했다. 그리고 자신은 미군정이 획책한 좌우합작에 순응했고, 3당합당 문제가 제기되자 표면적으로는 지지했으나 내막으로는 이를 지연시켰으며, 미군정을 규탄하는 선언서를 발표해 체포령이 내려지게 되자 베어드가 소개한 차로 서울에서 개성까지 와서 입북하게 됐다고 진술했다.

북한에 온 후 이강국은 5차에 걸쳐 입수한 정보자료를 자신의 비서를 통해 김수임에게 전달했고, 그녀가 다시 이것을 베어드에게 전달했다고 말함으로써 자신이 국제간첩과 연계를 맺었다는 것을 시인했다. 그는 일제시대 이주하와 함께 적색노동조합에 가담한 목적은 혁명을 위해서가 아니라 공명심과 정치적 야망을 위해서였다고 말했다. 그리고 8월테제의 내

---
62) 『공판문헌』, 166쪽.
63) 이강국에 관한 심리는 『공판문헌』, 275-285쪽 수록.

용이 반당적이고 기회주의적이며 당을 소부르주아 정당화하는 노선이라는 것을 알았음에도 불구하고 출세주의적 욕망 때문에 지지했다고 말했다.

이강국에 대한 심리를 마친 후 검사는 이강국이 일제시대부터 미제의 고용간첩으로 활동했다는 것이 입증됐으며, 해방 후에는 정치적 야망을 달성하기 위해 공산주의자로 가장했으며, 미군이 진주하자 자신의 애첩인 김수임을 미군 정탐배 베어드의 애첩으로 넘겨주어 미국간첩으로 만들었고, 38선까지 베어드의 자동차로 와서 북반부로 잠입한 것이 판명됐고, 외무국장의 요직에 있으면서 수차에 걸쳐 주요한 간첩자료들을 미국 정탐기관에 넘겨주었으며, 이승엽의 간첩단에 가담해 여러 차례 간첩자료를 제공했고, 반국가적인 선전선동과 인민의 정치적 통일을 약화시키는 등 모략적 행위를 감행했다고 논고했다.64) 검사의 이와 같은 논고에 대해 이강국은 다음과 같이 진술한 것으로 돼 있다.65)

> 저는 조국과 인민을 배반한 극악한 죄인임에도 불구하고 당과 조국의 특별한 배려에 의하여 예심과 공판심리를 통한 자기비판의 기회를 준데 대하여 감사를 드립니다. 조국과 인민이 주는 벌을 감수하겠읍니다. 죽기 전에 자기의 죄과를 인민 앞에 자비함으로써 옳은 사람이 되어 죽을 수 있는 기회를 준 데 대하여 조국과 인민 앞에 다시금 감사를 드립니다.

최후진술에 이어 내려진 판결에서 이강국은 간첩활동 및 국가전복활동을 한 혐의가 인정돼 사형 언도와 전 재산 몰수처분을 받았다. 빼앗긴 주권을 되찾기 위한 방편으로 택했던 공산주의가 결국은 그의 존재를 송두리째 말살하는 도구가 됐고, 그가 미워해 마지않았던 미제의 간첩으로 전락시키는 멍에로 변해 버린 순간이었다. 이로써 이강국은 한국현대사에서 더 이상 언급되지 않는 존재가 되고 말았다.

---

64) 『공판문헌』, 361-362쪽.
65) 『공판문헌』, 401쪽.

남로당계에 대한 재판이 진행되는 것과 비슷한 시기인 1953년 8월 5일부터 9일까지 노동당은 6차 전원회의를 개최했다. 전원회의는 "박헌영의 비호 하에서 리승엽 도당들이 감행한 반당적 반국가적 범죄적 행위와 허가이의 자살사건에 관하여"라는 제목의 결정서를 채택했는데,66) 여기서 박헌영, 이승엽, 이강국 등이 당내에 '혁명자'로, '공산주의자'로 교묘하게 가장하고 숨어 있으면서 온갖 반국가적 반당적 범죄행위를 저질렀다고 주장했다. 이들이 당과 국가의 기밀을 미국 정탐기관에 제공했으며, 대남사업을 지도한다는 명목 하에 남한에 대한 당의 사업을 파괴하고 말았고, 심지어는 남한 빨치산 투쟁에 막대한 피해를 주고 파괴했다고 비난했다. 이로써 이들의 모든 투쟁경력이 공식적으로 말소되는 결정이 내려진 것이나 다름없게 되었다.

일제시대에 전개했던 반일운동과 노동운동이 모두 기회주의적인 생각에서 한 것이었고, 해방 후 출세를 위해 공산주의자로 가장했으며, 북한에 온 이후에는 북한체제를 전복하기 위해 간첩활동을 했다는 이강국의 진술이 어디까지가 사실인지 지금으로서는 알 길이 없다. 강압과 고문 또는 회유에 의한 것이었는지,67) 아니면 일부에서 제기하는 것처럼 미군정과의 사이에 모종의 관계가 있었는지,68) 어느 누구도 확정적인 판단을 내릴 수 있는 근거가 없기 때문이다. 그러나 한 가지 확실한 것은 이강국에게 주어졌던 "과감하게 민주주의를 수호한 전사의 한 사람"이라는 칭호는69) 어디론가 사라지고, "괴뢰정권의 초대 외무국장"70)과 "조국과 인민을 배반한

---

66) 결정서 전문은 國史編纂委員會,『北韓關係史料集』30(國史編纂委員會, 1998), 386-396쪽에서 재인용.
67) 박갑동,『朴憲永』, 272-273쪽.
68) 고지수, "이강국은 CIA 대북공작단에 고용되었다,"『민족 21』(2001년 11월), 116-121쪽.
69) 鄭泰植, "編輯者 序," 李康國,『民主主義 朝鮮의 建設』, 3쪽.
70) 金哲,『이것이 北傀다』第1卷, 206쪽.

극악한 죄인"71) 사이에서 남·북한 어느 곳에서도 자신의 존재의의를 찾을 길이 없다고 하는 사실이다.

이강국은 또한 1955년 12월 15일 10시에 개정된 박헌영의 심리에 증인으로 출석하기도 했다.72) 이 자리에서 그는 박헌영이 자신의 정치적 야욕을 충족시키기 위해 미군이 상륙하기 전에 조선인민공화국 조작을 기도했으며, 미군 상륙 후 하지와 접촉하면서 미군정에 아첨하는 길로 나아갔고, 1945년 11월에 소집된 인민위원회 대표자대회를 강제로 해산하려 한 사실도 있다고 증언했다. 그리고 1946년 9월에 박헌영의 지시로 미국차관 도입 반대성명서를 민전 명의로 발표하라는 지시를 받고 그렇게 한 결과 미군정의 체포령이 내렸는데, 이때 박헌영이 월북하라는 지시를 내려 월북하는 문제를 베어드와 상의하는 과정에서 체포령이 박헌영과 미군 사이에 꾸며진 정치적 모략이라는 것을 알았다고 말했다. 북한에 들어온 후 박헌영의 비호와 보장에 의해 외무국장으로 등용돼 간첩활동을 계속할 수 있었는데, 자신의 범죄 수행에 유리한 모든 조건은 박헌영이 지어 준 것이라고 증언했다.

이강국의 증언에 대해 재판장은 박헌영에게 이강국의 진술에 대해 질문하거나 논박할 것 또는 부정확한 점이 있다고 생각하면 말하라고 한 바, 박헌영은 이강국의 진술이 틀림없기에 말할 것이 없다고 진술한 것으로 기록에는 나와 있다.73) 진심으로 존경하며 온갖 충성을 다 바쳤던 인물을 간첩이라고 증언해야 했던 이강국의 심정이 어떠했는지는 알 길이 없다. 단지 이와 같은 재판기록은 모두 꾸민 것으로, 고문과 협박, 회유, 심지어는 개를 풀어 고문을 가해 조작한 것이라는 주장이 제기되어,74) 그에 대한 인간적 연민의 정을 금치 못하게 하고 있다.

---

71) 『공판문헌』, 401쪽.
72) 이강국의 증언은 『공판기록』, 82-84쪽 수록.
73) 『공판문헌』, 83쪽.
74) 박갑동, 『朴憲永』, 276-279쪽.

제10장 맺음말

1906년에 태어나 1955년에 생을 마감할 수밖에 없었던 이강국은 식민지 시대와 해방정국을 온몸으로 살다 간 인텔리이자 정치인의 한 사람이었다. 대학에 다니며 식민지 조국의 암울한 현실에 눈을 떴던 그는 기본적으로 공산주의이념 속에서 이상향을 찾으려 했다. 그리하여 독서회에 가입해 공산주의이론을 천착하기도 했고 실천방안을 모색하기 위해 독일 유학을 떠나기도 했다. 보다 깊은 학문적 축적과 국제적 연대를 통해 노동해방과 동시에 조국해방의 접합점을 찾으려 했던 것이다.

귀국 후 독서회사건으로 고초를 겪은 그는 노동운동에 관심을 갖고 최용달과 함께 이주하가 중심이 되어 벌이고 있던 적색노조운동을 지원했다. 그는 노동운동이 장기적으로는 민족해방과 연결된다는 확신을 갖고 적색노조운동에 물질적·정신적 후원을 아끼지 않았는데, 이로 인해 다시 구속되어 옥고를 치르기도 했다. 이 과정에서 그는 자신이 독일에서 보고 배우고 실천한 마르크스의 이론과 코민테른의 전략·전술을 약소민족의 해방 차원으로 승화시켜 식민지 조선의 현실에 적용시키기 위해 많은 노력을 기울였다.

해방이 되자 그는 본격적으로 공산주의운동에 투신했다. 이 과정에서 건준 조직에 간여했고, 박헌영과 함께 8월테제 작성에 참여했으며, 인공선포와 민전 결성에 중심적인 역할을 하는 등 좌익진영의 대표적인 이론가로서, 그리고 현실 정치인으로서 두각을 나타내기 시작했다. 그러나 그의 이념과 노선은 남한에 진주한 미군과는 공존할 수 없는 구조적 한계를 지닌 것이었기에 그의 정치역정이 순탄할 수만은 없었다. 이로 인해 미군정과 사사건건 충돌, 결국 그는 박헌영의 지시로 남한을 떠나지 않으면 안 되는 신세가 되고 말았다.

　이로써 이강국은 평소 이상적인 사회라고 여겼던 북한에 몸을 의탁하는 신세가 됐는데, 북한에서의 생활이 그에게 이상적인 것만은 아니었을 것으로 생각된다. 집단적 사고가 횡행하고 개인숭배가 권장되며 남로당 출신에 대한 보이지 않는 차별이 존재하는 사회로 굳어져, 자유분방하게 활동했던 인텔리로서는 적응하기 힘든, 한없이 답답하기만 한 세월을 보냈을 것으로 분석되기 때문이다.

　이러한 인고(忍苦)의 세월은 비단 이강국뿐만 아니라 남로당 출신 거의 대부분에 해당되는 것이었으리라는 것도 쉽게 상상할 수 있다. 이러한 상황이 남로당 출신들끼리 잦은 모임을 갖도록 했을 것이고, 이런 모임이 으레 그렇듯이 현실에 대한 불평·불만을 토로하는 자리로 바뀌었으리라는 것도 짐작하고 남음이 있다. 그리고 동서고금을 불문하고 주류 사회에 대해 불만을 품은 비주류집단에 공통적으로 나타나는 현상인 내부분열이 남로당계에 나타났으리라는 것도 전혀 근거가 없지는 않을 것으로 생각된다.

　불만의 표출과 동시에 이를 해소하는 방안을 놓고, 현상타파를 통해 불만을 해소하려는 무리와 현상영합으로 보상을 받으려는 무리로 나뉘는 것인데, 이러한 내부적인 분열이 남로당계의 몰락을 부채질하는 하나의 요인으로 작용했을 가능성이 컸으리라는 것이다. 이 시점에서 구체적으로 누가 현상타파를 주장했고, 누가 현실에 영합했는지 밝힐 길은 없다. 그러나 남로당계 몰락의 배후에는 이와 같은 남로계의 분열이 있었다는 것도 부인할 수 없는 사실이라고 생각된다. 그리고 남로당계의 몰락은 곧바로 박헌영, 이강국의 몰락을 의미한다는 것은 분명한 사실이었다.

　그리하여 이강국의 생애 중 노동해방과 민족해방을 위해 바쳤던 세월은 미국 정탐기관의 지도자와 만나 범죄적 연계를 맺기로 밀약한 것으로, 건준에서 인공을 거쳐 민전에 이르는 조직활동 시기는 정치적 야욕을 달성하기 위해 미제와 연계를 가지려는 행위로, 북한으로의 도피는 간첩단 가담과 반국가적인 선전선동을 위한 음모로 귀결되고 말았다. 제국주의자라고 그 자신이 그렇게도 미워해 마지않던 미국의 간첩으로 연계된 채 죽음을 맞이한 그의 심정이 어떠했는지 알 길은 없지만, 아마도 그 부분에 대해 가장 커다란 모멸감과 함께 자괴심을 느꼈을 것이라고 분석된다.

남과 북, 좌와 우, 모두에서 배척당하고 자신을 변명할 어떠한 근거나 자료도 남기지 못한 이강국을 역사적으로 평가한다는 것은 더할 수 없는 가혹한 처사로 생각된다. 지금 이 시점에서 어느 누구도 그를 위한 변명에 나서려고 하지 않을 뿐만 아니라, 패자(敗者)에 대한 관용이 그 어느 때보다도 요구되는 시대에 우리는 살고 있기 때문이다.

이와 같은 상황에서 후한(後漢)시대 용맹과 인격이 뛰어나 많은 사람들의 찬사를 받으며 복파(伏波)장군으로 이름을 날린 마원(馬援)이 남긴 "자고로 사내대장부란 마땅히 변방에서 죽어 말가죽에 싸여 돌아와야 한다"(男兒要當死於邊野 以馬革尸還葬)는 말을 되새겨보는 것도 나름대로 의미 있는 일이라고 생각한다. 모름지기 장수(將帥)란 싸움터에서 죽어야 영광이지 살아서 편히 지내려고 해서는 치욕스럽게 된다는 뜻인데, 이는 해방정국에도 그대로 적용되기 때문이다.

당시 북한에서의 생활이 남한보다 반드시 안락하고 순탄했으리라는 보장은 없다. 근거지를 떠난 식객으로서의 생활이었기 때문에 그 나름대로의 고충이 있었으리라는 것은 짐작하고도 남음이 있다. 그러나 북한으로 가지 않고 남로당의 현장이었던 남한에 그대로 남아 박헌영이 지시한 신전술대로 치열하게 투쟁하다 최후를 마친 김삼룡이나 이주하, 이현상의 삶과 대조되는 것만은 사실이다.

본의는 아니었다고 하지만 투쟁현장을 떠나 상대적으로 편한 생활을 하다가 명예롭지 못한 말로(末路)를 맞은 박헌영이나 이강국, 이승엽의 생애를 돌이켜볼 때, 2천 년 전 마원의 고사는 너무나도 정곡을 찌른 말이라 아니할 수 없다.

자료편

이강국 관련 자료

자료편 일러두기

자료편은 크게 세부분으로 나누었다. 제1부는 『民主主義 朝鮮의 建設』로 해방 후 그가 집필한 글들을 그의 대학 후배인 동시에 정치적 동지라고 할 수 있는 鄭泰植이 해설을 덧붙여 엮은 것으로, 여기에는 해방 직후 각종 집회에서 이강국이 한 연설이나 보고, 그리고 중앙인민위원회나 민주주의민족전선을 대표해서 발표한 성명 또는 『朝鮮人民報』 등 당시의 신문과 잡지에 실린 글들이 수록되어있다. 1946년 4월에 출판되었기 때문에 그 이후 발표된 글들은 수록되어 있지 않으나, 그때까지의 정치상황에 대한 이강국의 인식을 일목요연하게 알 수 있는 자료이다.

제2부는 1946년 4월 이후 이강국이 신문과 잡지에 발표한 글과 그 이전에 발표한 것이라도 『民主主義 朝鮮의 建設』에 수록되지 않은 글들을 이슈별로 정리한 것이다. 이 중에는 이강국 이름으로 발표된 것도 있지만, 민전 사무국 명의로 나온 성명이나 담화, 그리고 인터뷰도 포함되어 있다. 그가 민전 사무국장으로 있었기 때문에 사무국 명의로 된 성명은 그가 작성했다고 보아도 무리는 없다고 생각된다. 뿐만 아니라 당시 상황을 가장 잘 아는 鄭泰植이 이강국의 책에 민전 사무국 명의로 발표된 글을 수록하고 있는 것으로 보아, 사무국 명의로 된 담화는 이강국이 집필한 것으로 간주해도 틀림없다고 분석된다. 그리고 당시 같은 내용을 보도하더라도 신문에 따라 이강국의 이름을 명기한 것이 있는가 하면, 그냥 사무국이라고 한 것이 있는 것을 볼 때, 사무국 명의로 발표된 글은 그가 쓴 것으로 분류해도 무방하다고 생각한다.

제3부는 이강국과 직접, 간접으로 관련된 사건 위주로 정리한 것이다. 일제시대 그가 연관된 독서회사건이라든지, 원산사건 및 그리고 그가 작성했으리라고 생각되는 노동자의 임무에 관한 글과 함께 그에 관한 인물평과 북한에서 있었던 그의 재판기록을 발췌하여 첨부했다. 일제가 남긴 자료를 통해 이강국의 일제시대 활동을 평가하고, 해방 후 그의 동지가 남긴 인물평과 북한의 자료에 실린 인물평을 비교·분석함으로써 이강국 개인은 물론 한국공산주의운동의 일단을 엿볼 수 있다고 판단된다.

원래 자료는 원문에 충실하게 있는 그대로 수록하는 것이 원칙이라고 생각한다. 그러나 당시의 맞춤법과 문법이 오늘날과 너무나 차이가 많이 나는데다가, 한 문장 내에서도 같은 단어를 서로 다르게 표기하고 있는 부분이 적지 않아, 제목은 그대로 싣고 본문은 독자의 편의를 위해 현대적인 맞춤법으로 바꾸었다. 그리고 활자가 없어 발생하는 문제겠지만 한 단어에서 한글과 한자를 섞어 쓴 경우(예를 들어 魏량, 身양에는 한글(괄호 안에 한자 병기)로 썼으며, 당시 대부분의 문장이 그렇듯이 한자를 많이 쓰고 있는데 의미전달에 지장이 없는 범위 내에서 한글로 적었다. 그러나 이는 어디까지나 맞춤법에 국한된 것이기 때문에 이로 인해 원문의 의미가 왜곡되거나, 손상되는 일은 없었다고 생각한다.

부록 1

민주주의 조선의 건설

편집자 서

  3천만 조선민족은 민주주의적 자주정부 수립의 희망을 안고서 미소공동위원회의 성공적 진행을 기대할 수 있게 되었고 3천리강산은 도탄의 구렁 속에서도 해방의 서광을 찾을 수 있게 되었다.
  그러나 우리가 만일 다만 열린 열매를 맛있게 따먹음으로써만 만족을 느끼고 만다면 그 어찌 의식을 가진 인간이라 할 수 있으리오 결과를 받아들이는 민중은 모름지기 그 결과의 소자출(所自出)을 인식하고 민족이 걸어온 자취를 살펴야 할 것이다. 그럼으로써만 소여의 결과를 옳게 소화하여 자기의 것을 만들고 자기의 의식과 역량을 성장시켜 전민중이 다같이 사회의 모든 발전에 적극적으로 참여할 수 있을 것이다.
  건국의 대업은 결코 탄탄한 대로가 아니다. 더구나 우리 민족이 자력으로 해방되지 못한 조건이 크면 클수록 그 전도는 더욱더 복잡할 것도 또한 당연한 일이다. 우리의 앞에는 현재의 몇 배 가는 곤란한 문제가 닥쳐올 것을 예상하여야 한다. 물론 우리 민족은 국제적 압력 밑에서 급속하게 정치적 성장을 보이고 있는 것이 은폐할 수 없는 사실이며 이 정치적 실력의 앙양이야말로 비약적 발전을 약속하는 것이다. 그러나 우리는 헌신적 실천활동과 동시에 확고한 정치이론으로 강력하게 무장하여 복잡하고 미묘한 국제정세와 곤란하고 다단한 국내문제에 대처하여야 한다. 그럼으로써만 우리의 민족역량은 더욱더 급속하게 집결되고 발전할 것이다. 이러한 목적을 위하여 우리는 과거의 족적을 상세히 검토하여 그것을 엄정하게 비판하고 정확하게 규정할 필요가 있으며 그리하여 얻은 확고한 역사적 파악을 기초로 하여 장래에 대한 정당한 전망을 세우고 기민하게 그 대책을 수립할 수 있어야 한다.
  지난해 8월 15일 전민족이 해방의 환희 속에 잠기었을 때 닥쳐올 곤란한 사태를 예상하고서 꾸준한 준비에 불분주야(不分晝夜)하던 여러 선각자들 중에 우리의 선배 李康國씨가 그 한사람으로 들어있던 것은 이제는 세인이 주지하는 사실이다. 건준, 중앙인민위원회, 민전이 민주주의 조선을 건설하여 간 발자취 위에 李康國씨의 발자국이 새겨지지 않은 곳이 있는가? 실로 씨는 8·15 이후 민주주의 조선의 건설을 위하여 전 심신을 바쳤고 여하한 위기와 곤란에도 굴함이 없이 과감하게 민주주의를 수호한 전사의 한 사람이라고 하여 틀림이 없을 것이다.

그러나 씨는 정력에 넘치는 실천활동가일 뿐만 아니라 우수한 이론가이다. 모든 문제는 실천을 통하여 이론적으로 정리되었고 필봉 그 자체가 또한 일종의 무기였다. 해결키 곤란한 문제가 나타날 때마다 씨의 붓이 요구되었고 또 씨는 꾸준히 이에 응하였던 것이다. 따라서 우리가 여기에 씨의 집필한 성명서, 상론(詳論), 논설을 수록하는 것은 그것이 현실문제를 옳게 파악하고 해결하는 한 개의 구체적 지침이 된다는 점에 그 가치가 있다. 이러한 의미에서 이 일서(一書)는 확실히 8·15 이후의 조선 건국과정의 산 기록이며 생생한 조선정치사의 일관(一貫)이라 하여도 과언이 아닐 것이다.

그럼에도 불구하고 동시에 씨의 논봉(論鋒)의 위력은 오로지 민중 자체에 뿌리박은 것이며 적을 압도하는 박력의 추이는 즉 그대로 민중 성장의 반영인 것이다. 원래 민중을 떠나서 씨는 생명이 없고 민중이 없는 곳에 씨의 존재는 불요하고 무가치한 것이다. 따라서 씨는 언제나 민중을 사랑할 수 있는 행복을 누리고 민중의 손이 되고 입이 되는 것을 스스로 영광이라 여기는 것이다.

말할 것도 없이 씨는 2인분, 3인분의 임무를 즐겨 담당하여 동분서주하기 짝이 없다. 그러나 객관적 현실에 대한 정확한 관찰과 일반 노선에 대한 정당한 인식 및 충실한 준수 위에 입각한 과학적 확신은 명쾌한 단안을 가지고 단시간 동안에 용이히 논전과 필진을 가능케 하였다. 또 천부의 문재(文才)와 넘치는 정력은 유려한 문체에다가 풍부한 해학, 신랄한 풍자를 엮어 자신만만한 예술품을 만들고 만다.

그러나 또한 동시에 뜨거운 민족적 정열, 숭고한 애국적 정신, 창일(漲溢)하는 인간애, 육박하는 정의감 이 모든 것이 가지가지 논문의 자자구구에 굽이쳐 크게 파동하고 있는 것을 충분히 느낄 수 있다.

원래 이 정론집(政論集)은 사변적 구상에 의거한 것이 아니고서 그때그때의 현실문제를 해결하기 위한 것이기 때문에 체제가 서지 못하고 이론적으로 순서 정연치 못한 것은 도리어 당연한 일일 것이다. 그러므로 문제에 따라서는 중복된 점도 없지 않고 또 분석이 미진한 점도 없지 않다. 그러나 그것은 또한 동일한 문제를 여러 각도에서 취급할 필요를 느껴 수차 붓을 잡게 된 관계이며, 급급하게 긴급한 문제의 해결을 위함에만 끌린 탓이다. 그러나 중복된 점은 그만큼 중복한 점이라는 것을 부인할 수 없고, 미진한 문제도 연구하는 자에게 해명의 실마리는 제공되어 있으니 이러한 것이 이 논집의 가치를 조금도 감소시키지는 않을 것이다.

편자는 민주주의 조선의 토대를 닦는 일우(一隅)에서 이 일서(一書)를 편집하여 세상에 보내면서 그것이 반드시 조선건국사의 현실과 함께 빛나는 금자탑이 되고 또한 동시에 조선의 현대정치사, 민족해방사를 연구하는 후학에게 불후의 문헌이 될 것을 확신하며 무한한 영광을 느끼는 바이다.

최후로 이 책을 편집하는 수다한 수고를 받쳐주신 민전 사무국원 제형에게 깊이 감사의 뜻을 드리고, 또 출판에 있어 가지가지의 희생을 감행하신 鄭昺燮씨에게 삼가 뜨거운 경의를 표하는 바이다.

편자는 천학비재를 돌보지 않고 이 논집에 이해를 용이하게 할까 하여 각 장에 다 다소의 주해와 해설을 첨부하여 문제를 연관시켜 보았으나, 오히려 사족일까 우려되고 훼손일까 두려워하는 바 없지 않다. 다행히 독자 제현의 엄중한 질정이 있기를 절망한다.

또 논문의 집필일자가 순서 전도된 것은 당해 문제를 일반 인식에서 구체적 분석으로 향하게 하여 이론 파악을 용이하게 하는데 도움이 될까 하는 정사론적(政史論的) 체계를 꾀한 것이다.

1946년 3월 일
鄭 鎭 泰 識

제1장 군정과 인민위원회

　일본제국주의가 패퇴함으로써 조선민족은 해방되었다. 그리고 그와 동시에 자력으로 일본군대의 무장을 해제치 못하는 조선민족은 필연적으로 연합군의 진주를 맞이하게 되였다. 그러나 조선민족과 연합군은 일본제국주의의 완전 구축이라는 동일한 사명을 가졌다. 그러므로 군정과 조선민족, 군정의 존재와 자주정부의 수립이 본질적으로는 통일성을 가졌다. 그러면서도 현실적으로는 이 두 계기가 부분적으로는 마찰을 일으키고 모순을 나타냈든 것이 사실이다. 그리하여 이 군정문제는 조선문제의 초점이 되었으니 그 본질과 현상, 원칙과 부분을 과학적으로 분석하고 파악하여 이 문제를 가장 옳게 처리하기 위하여 신축성 있는 전술과 시기에 적절한 정책을 세우고 기민한 태도를 취함으로 조선문제는 옳게 해결되는 것이다.
　3상회의결정이 발표되기까지 중앙인민위원회와 지방의 각 인민위원회는 실로 이 문제를 전면적으로 조선의 민족과 민주주의를 대표하여 전임 담당하고 있었다. 저간에 수다한 곤란, 유형무형의 장해, 공연 은연(隱然)한 위협, 이러한 모든 것을 뚫고서 감연히 조선민족의 긍지를 수호하고 민족적 권리를 부르짖는 조선 민주주의자, 인민대표자들의 진모(眞貌)를 본장의 구석구석에서 찾아 볼 수 있다. 그와 동시에 일자일구(一字一句)에 표현된 논전을 연관적으로 관찰하고 분석함으로써 전술과 정책의 추이를 엿볼 수 있다. 특히 10월 10일 군정과 인민위원회의 문제가 표면화한 이후 12월 20일에 이르기까지의 정치이론을 충분히 저작(詛嚼)함으로써 당시의 정치정세의 본질적 추이를 파악하는 데 많은 도움이 될 것이다. 　　　　　　　　— 편집자

1. 미국에의 메모랜둠

1

조선민족은 과거 40년간 일본제국주의의 야수적 억압 착취에 대하여 불요불굴 그 투쟁을 계속하여 왔으나, 그 혁명세력이 일본제국주의 붕괴의 결정력이 되지 못하였음을 천추의 유한으로 생각하고 있다. 민주주의 연합국의 획기적 승전으로 조선의 해방이 실현되고 국제헌장에 의하여 조선의 독립이 약속됨에 연합국에 대한 조선민족의 감사와 숭경은 최대의 것이었다. 그리고 잔학 일본제국주의의 기반으로부터 이탈하게 된 조선민족의 환희도 또한 절정의 것이었다.

일본제국주의의 폭압적 시대에 지하에서 그 잠행운동을 계속하던 조선의 혁명세력은 —주로 공산주의 제 그룹과 건국동맹—일본제국주의의 무조건 항복 이후 공산주의자와 진보적 민주주의자와의 민족통일전선으로 건국준비위원회를 조직하여 자주적으로 질서유지와 물자 확보에 노력하였다.

필연적 혼란에 자주적으로 대처하며 신질서 건립을 위하여 조선민족을 전국적으로 조직 통일하여 갔다. 9월 6일 조선건국준비위원회의 주최로 전국혁명자대회가 '서울'시에서 소집되었다.

이 대회에 참가한 대표는 약 천 오백 명에 달하였으며 그러한 비상시기인 만큼 완전한 민주주의적 방법에 의하여 선출되지는 못하였으나, 그 투쟁 열력(閱歷)으로 보나, 그 민족적 신망으로 보나 충분히 조선민족의 총의를 반영할 수 있으며 해내 해외 각층 각계의 혁명세력을 대표할 수 있는 조선해방운동의 진정한 투사들이었다. 이 대회에서 민주주의적 방법으로 중앙인민위원회가 구성되었다. 조선의 해방이 자주적으로 자력으로 실현되지 못하였으나 해방된 조선민족이 자주정부를 요청하는 것은 당연한 일이며, 38도 이북에 내원(來援)한 소군의 처치는 이 기운을 촉성하였던 것이다.

이와 같이 조선인민공화국의 탄생은 조선해방운동의 필연적 소산이며 정치적 진공상태에 있어서의 당연한 귀결이었다. 인민을 위한, 인민으로 된, 인민의 정권이 되려는 중앙인민위원회의 민주주의적이오, 평화 애호적이며 국제친선적인 선언, 정강, 시정방침이 발표되자 전국은 이에 향응하여 불과 2개월간에 전국 13도에는 도인민위원회, 21시에는 시인민위원회, 220군에는 군인민위원회, 2,282면에는 면인민위원회가 민주주의적 방법으로 조직되고 심지어 2만 8천 5백을 세는 부락에까지 예외 없이 인민위원이 선출되었다. 이리하여 조선민족은 그 자치능력을 표현하며 또한 실천에 옮기려 하였다.

조선인민공화국은 이렇게 종적으로 질서정연하게 중앙집권적이며 민주주의적인 조직체계를 완성하게 되어 11월 20일에 '서울'시에서 전국인민위원회 대표자대회를 소집하게 되었다. 전국 방방곡곡에서 38도선의 장애를 넘어서 650명의 대표자가 참집한 이 대회에서는 당면문제를 토의하고 조선의 완전독립 촉성책을 강구하였으며 조선인민공화국 사수를 결의하였던 것이다.

중앙인민위원회는 세계의 그 어느 혁명정권에서도 유례를 볼 수 없을 만큼 단기간에 조선민족 대부분의 지지를 획득하였으며, 민중 토대 위에 튼튼히 서게 되었다. 그 실례는 오직 전국인민위원회 대표자대회에서만 표명된 것이 아니라 그와 전후하는 노동조합전국평의회(조직원수 50만), 전국농민조합총연맹(조직원수 400만), 전국청년총동맹(맹원총수 백만), 전국부녀총동맹(맹원수 2백만) 결성대회에서 그 실증을 명시하였으며 전국신문기자대회, 제 문화단체, 과학자단체, 학생단체까지 조선인민공화국 지지 사수의 기치를 높이 들게 되었다. 이 모든 사실은 조선인민공화국의 탄생과 성장이 조금도 과장이 없이 조선민족의 총의라는 것을 가장 웅변으로 설명하는 것이다.

2

우리는 조선해방의 국제성에 비추어 약간 기간의 군정의 필연성을 깊이 인식하고 있으며 따라서 전면적으로 이에 충돌할 의사는 추호도 없다.

조선의 민주주의적 발전을 육성하며 조선의 완전독립을 지원하는 것이 군정의 본질적 사명일 것이므로, 그것은 조선민족의 역사적 사명과 완전히 일치되는 것이다. 조선에 있어서 군정이 최고통치권을 당연히 갖는다고 하더라도 조선인민의 자주적 정부의 존재를 허용할 수 없는 것은 아니다. 군정은 그 행정을 이 정부에 일임할 수도 있으며 또는 이것을 통하여 행할 수도 있는 것이다.

38도 이남 조선에 있어서 미군정이 이러한 방법을 취하지 않고 독자로 일반 행정에 당하고 있어 조선인민공화국은 실제로 정부로서의 기능과 행동을 취할 수 없게 되었으나, 조선인민공화국은 조선민족의 동경의 국호이며, 의욕의 국체이므로 그 존재는 결코 군정과 하등 모순 대립되는 것이 아니다. 더구나 군정의 의사를 존중하며 군정이 존재하는 동안 정부로서의 기능과 행동을 보류하고 조선인민을 위한 군정의 정책에 협력하며 군정으로 하여금 그 본연 사명 완수에 있어 유종지미를 얻게 하려고 한다. 그 성의를 피력하며 또 실천하고 있는 것이 인민위원회의 태도이다. 조선인민공화국의 정당성에 간섭하며 그 존재를 저주하는 근거를 우리는 의심하지 않을 수 없다.

군정의 조선인민공화국에 대한 간섭은 10월 10일 아놀드 군정장관의 조선민족에 대한 모욕적 설명에서 효시한다. 10월 27일 민정장관 프레스코트 대좌는 '조선인민공화당'이라고 개명하라고 요구하는 통첩을 발하였고 그후 하지 중장, 아놀드 군정장관은 누차에 긍하여 중앙인민위원회에 대하여 조선인민공화국의 개명 내지 해체를 강요하였다. 이 강요는 명령의 형식으로 또는 종용의 형식으로 상술, 11월 20일 전국인민위원회 대표자대회를 전후하여 그 절정에 달하였으나, 우리는 실질적으로 그 요구에 응하였으며 해체나 개명 요구는 중의(衆議)가 이를 거부하는 것이고 또 정당한 근거가 없으므로 군정의 양해를 구하여 타협점을 발견하기에 노력하였다. 그럼에도 불구하고 12월 12일 하지 중장은 그 성명서에서 중앙위원회의 배신을 책하는 과오를 범하였다.

군정이 그 본연의 사명에 충실치 못하면서 민중의 지지를 기대하는 것은 일종의 환상이다. 조선민족은 미군을 해방의 천사로 환영하였으며 군정 시책에 소호(少毫)의 의혹도 갖지 않았으니 만일 조선인민의 미군에 대한 열의가 감퇴되고 군정이 인민의 지지를 받지 못하는 것이 현실이라면 자기반성을 하는 것이 위정자로서 당연한 태도일 것이다.

3

군정이 일본제국주의가 남기고 간 친일파 관리를 그대로 또는 더 일층 등용하며 그 통치방법을 의연 답습함으로 인하여 국제적으로는 전쟁범죄자이며, 국내적으로는 민족반역자인 도배의 아첨과 모략에 포위되어 군정과 민중은 유리된다. 이러한 군정의 조치에 대한 인민의 불평과 불만을 군정 자체에 대한 전면적 반대로 오인하며 불법검거, 비공개 무신문(無訊問)의 암흑재판, 비무장 평화군중에 대한 발포 등등 반민주주의적 반인민 정책은 더욱 충돌과 혼란을 결과하는 것이 엄연한 현실이다. 이 객관적 실정(實情)을 정당하게 파악하려는 성의와 그 진인(眞因)을 구명하려는 반성이 없이 막연히 인민공화국의 존재를 저주하며 인민위원회의 사주로 의심하는 군정당국의 태도는 유감스러운 것이다.

조선경제의 혼란은 패전 일본제국주의의 지폐남발 물자파괴에서 기인하며, 일본인 재산에 대한 군정의 무정견한 처치에 의하여 조장되며, 민중의 건강한 헌책

(獻策)에도 불구하고 경제안정책 수립이 없이 수수방관하는 군정당국의 무능으로 인하여 그 절정에 달하고 있다. 민족자본가의 애국심 결여, 투기모리배의 준동은 경제혼란의 틈을 타서 민중의 생활을 도탄에 빠지게 하는데 박차를 가하고 있다. 일터를 찾아 방황하는 노동자를 파업한다고 하며, 불면불휴 추수에 정진하는 농민을 태업한다고 하며, 자기의 식량도 획득하지 못하는 빈농에게 곡물판매를 거부한다고 책하며, 이것을 선동하며 경제를 혼란케 하는 책임을 인민위원회에 있다고 오인하는 것이 실정(實情)에 눈을 가리는 군정당국의 주장이다. 천문학적 수자(8월 15일에 비하여 30배)로 상승하는 물가, 생활필수품의 결핍 등등으로 민중의 생활은 도탄의 구렁으로 일로 타락하고 있으며, 아유(阿諛)와 모략만 능사로 하는 친일파 민족반역자 내지 반동세력에 포위되어 있는 군정당국은 그 본래의 사명을 망각하고 민주주의 발전을 억압하며, 반동세력의 대두를 조장하고 있다. 언론 집회 결사에 대한 편파적인 제한은 막론하고라도 단순히 친일파 시장 임명에 반대성명을 하였다는 이유로 '서울'시 인민위원회위원장에 대한 체형과 벌금 병과를 위시하여 악질 경찰부장의 음모로 검거된 인민위원회의 석방을 탄원하는 평화적 군중에게 발포하여 다수의 살상을 낸 남원사건, 일본인 통역을 통하여 기부를 강도로 몰고 일차의 신문도 없이 최고 5년 징역에 7만 5천 원의 벌금을 병과하는 판결을 내린 암흑재판의 이리사건 등 그 실례는 매거하려면 한이 없다. 군산, 옥구, 마산, 부산, 고성, 당진, 아산, 예산, 홍성, 대전, 수원, 서산, 대천, 강릉, 천안, 울산, 합천, 울진 등지에서 대동소이의 불상(不祥) 사건이 발생되고 있으며 확대되고 있다.

사건의 성질과 그 진전도 대동소이하거니와 그 원인도 대개 일치하다. 일본제국주의 학정시대에 있어서 더구나 그 침략전 강행 기간을 통하여 그 첨단기관인 군청과 경찰서가 인민의 원부(怨府)가 되었음은 누구나 이해할 수 있는 간단한 사실일 것이다. 일본제국주의와 야합하고 그에 아부하여 그 지위와 재산을 유지 확대하며 민중에게 전쟁 협력을 강요하고 조선민족의 일본 '황민화'를 창도하던 친일파 민족반역자가 인민의 증오의 적(的)이 될 것도 또한 누구나 얼른 수긍할 수 있는 사실일 것이다. 그들이 8월 15일 이후 민중의 정의의 손으로 응징과 재판을 받게 되는 것도 또한 당연한 운명이 아닐 수 없다.

최초에는 지방에 의하여서는 이들 친일파 관리를 민중의 요구에 응하여 민중의 전면에서 파면시킨 일도 있으나, 조선 실정에 암매한 군정관들은 친일파 민족반역자의 아유와 모략에 포위되어 친일관리를 그대로 등용하며 자기 손으로 파면시킨 자를 다시 영진시키게 되니 군정부는 민족반역자의 소굴로 화하게 되고 조선해방의 은인, 조선독립의 원조자인 군정부는 인민의 원부로 화하려 하고 있다.

친일파 민족반역자의 등용은 이와 병행하는 반동세력의 대두와 아울러 진보적 진영에 대한 보복공격을 결과하게 되었다. 가택수색, 고문, 악형은 항다반(恒茶飯)의 사실로 되어 야수적 일본제국주의를 저주하며 민주주의를 구가하던 조선인민은 해방이 안재(安在)하냐고 의혹하게 된 것이다.

4

李承晩박사의 귀국은 조선정계에 일층 혼란의 도를 가하게 되었다. 친일파 민족반역자를 제하고 진보적 민주주의 요소를 결집하여 광범하게 민족통일전선을 결성하는 것이 조선독립 달성의 방도라는 것은 조선민족의 통일된 정론이며 천하의 상식이 되어있다. 李박사는 그 협애한 국제적 시야와 그 몽매한 국내정세 지식에서 "덮어놓고 뭉치자"는 무원칙 통일론을 독단적으로 주장하며, 자신이 일본제국주의의 연장을 꾀하고 있다는 것을 의식하지 못한다. 인식의 착오와 판단의 공정을 잃은 하지 중장 이하 군정당국의 방침을 비판하며 시정할 성의와 노력조차 없이 이에 아부하여 그 충실한 대변자로 자처하며 반동세력의 영수로 추대되는데 만족하고 있다.

민족적 환영에 도취되어 유아독존적 태도에서 출발한 것은 고사하고 소위 '독립촉성중앙협의회'의 비민주주의적 구성, 그 독재적 진행, 통일 성공을 자과(自誇)하려는 그 매국적 행동, 보국기금운동을 중심으로 하는 그 상고적(商賈的) 협잡, 지방의 반동분자를 사주하여 사건을 발생시키는 모략, 테러단과 연락하여 정당한 정치운동을 봉쇄하려는 추태 등등의 모든 사실은 여온(餘蘊) 없이 李박사의 본질을 폭로하였다. 李박사는 조선민중의 요구와는 전연 관련이 없는 존재이며 그의 태도와 행동은 통일을 분열로, 정돈을 혼란으로 유도하였다. 11월 7일 조선인민공화국에 대한 그 월권적 독단적 판정과 12월 20일 좌익에 대한 그 폭론(暴論)은 이것을 단적으로 표현하는 것이다.

만일 미 국무성 내지 미군정당국이 조선문제 해결에 있어서 李박사가 일조가 되기를 기대하였다면 그 오산의 불명(不明)을 자각하여야 할 것이다.

재중경 소위 대한민국임시정부의 귀국은 조선정계에 또다시 파문을 일으키고 있다. 이 정부의 성격을 엄정하게 규정한다면 그것은 망명정부도 아니오, 해외 혁명세력의 일부를 대표하는 망명객의 집단에 불과하는 것이다. 그러나 그것은 그 자체의 지리멸렬한 단속에도 불구하고 역사가 긴 만큼 조선민중 속에 관념적으로 다소 영향을 가지고 있다. 임시정부를 위하여 불행한 일은 그가 국내 민주주의적 세력의 총집결체인 인민공화국의 존재를 말살하려는 반동세력 내지 친일파 민족반역자를 통하여 민중의 지지를 기대하고 있는 사실에 있다.

상술한 바와 같이 아래로부터의 민족통일전선은 거의 완성의 역(域)에 도달하려고 하고 있으나, 조선의 현실은 부차적 의의를 갖는 위로부터의 통일도 요청하고 있다. 이러한 의미에 있어서 임시정부와 인민공화국과의 제휴는 무조건적으로 기대되며 또 진전되리라고 확신된다. 신중하고 현명한 임시정부 요인의 태도로 추단(推斷)하여 그들이 李박사의 전철을 밟지 않으리라는 것을 우리는 기대할 수 있다.

그러나 이 통일을 방해하는 것은 국내 반동세력의 준동뿐이 아니라 개인자격으로 귀국하였다고 자처하던 그들을 정부로서 추대, 환영, 선전하는 반동세력의 범람을 묵인하며, 이것을 옹호하기 위하여 진보적 진영에 대한 습격을 자행하며, 혁명적 지도자의 암살을 공언하는 테러단의 존재를 용허하는 군정당국의 태도와 처치를 우리는 지적하지 않을 수 없다.

다른 한편 인민공화국에 대한 군정의 탄압은 더 가혹하여 가고 있다. 중앙인민위원회의 청사를 수색하고 간판을 박거(剝去)하며 청사에서 가두로 내어 몰았다. 신조선 건설에 있어서 가장 발언권이 많아야 할 공산당과 인민당(건국동맹의 발전)에 대하여서도 탄압의 불덩이가 튀고 있다. 이러한 군정의 불공정한 태도와 처치는 조선민족의 통일을 분열시키며 민주주의적 발전을 위축시키고 '파시즘'을 대두시키는 군정의 본의 아닌 결과를 초래하게 되는 것이다.

조선실정에 암매함으로써 또는 그 인적 구성의 결함으로써 오도되는 군정에 그대로 맹종하며 그 처치를 감수하는 것은 우리가 우리의 은인 미국에 대하여 보은하는 소이(所以)가 아니다. 군율의 불엄(不嚴)으로 인하여 각지에서 야기되는 불행과 아울러 군정의 실책은 미국과 조선민족과의 거리를 멀게 하는 유감스러운 사태를 양성하고 있다. 엄준한 반성과 급속한 시정에 의하여 조선의 민주주의적 발전을 육성하고 조선독립 달성을 지원하는 그 본연의 사명에 돌아가기를 조선민족은 갈망하여 마지않는다. 그리하여 하루라도 속히 그 임무를 완수하고 만민 환송리에 고국으로 돌아갈 수 있게 되기를 미군에게 기대한다. 그럼으로써만 조선인민은 완전독립의 환희에 잠기면서, 미국은 조선민족의 영세불망의 은인이 될 것이다.

(1945년 12월 23일)

2. 군정과 인민공화국

1

최근 항간에서는 조선인민공화국의 존재가 군정과 대립되는 것과 같은 오해와 군정을 방해한다는 모략이 떠돌고 있다.

우리는 그러한 견해가 오류이며 그러한 모략이 용허할 수 없는 죄악이라는 것을 이하 간단히 설명하고자 한다.

2

조선의 자주독립 완성을 그 본질적 사명으로 하는 조선인민공화국은 이미 중앙인민위원회에서 누차 발표 성명한 바와 같이 그 존재가 객관적으로 연합국의 군정과 대립되거나 모순되는 것이 아니고, 주관적으로 군정을 방해하려는 의사도 없고 또 사실상 방해되는 일을 한 일도 없다.

그것은 마치도 군정이 조선의 자주독립의 사업과 모순되지 않고 또 조선의 독립국가 건설을 후원은 할지언정, 방해하지 않는 것과 동일한 관계에 있다. 즉 일방에 있어서 군정은 조선의 자주독립을 원조하며, 타방에 있어서 중앙 급 지방의 인민위원회는 군정에 협력하여 자주독립의 완성, 따라서 인민공화국의 확립을 목표로 하고 그 달성에 노력하는 것이다.

이것이 즉 양자의 본질적 관계이며, 호상적 연관이다.

3

원래 조선은 민주주의 연합국의 승전의 결과 해방되었고 그 독립이 약속되었다. 즉 연합국 군대가 일본제국주의를 조선으로부터 구축함으로써 조선민족 해방의 외적 조건을 지었고, 이제부터도 조선민족은 이 민주주의 제국의 국제적 후원에 의하여 완전한 자주독립국가를 건설할 수 있는 것이다. 그러나 또 타방 조선민족은 갑오동란(甲午動亂) 이래 50년을 넘는 민족해방투쟁의 오랜 역사를 통하여 완전히 자주독립할 능력을 체득하였고 독립국가를 건설할 자격을 획득하였던 것이다. 카이로회담이나 포쓰담선언은 이러한 능력과 자격의 국제적 승인에 불과하다고 보아야 할 것이다.

따라서 조선민족은 자기의 힘으로써 거두고 지닌, 이러한 능력과 자격을 주관적 조건으로 하고, 국제적 제 협정을 기초로 한 열국의 원조를 객관적 조건으로 하여, 독립국가를 건설할 정당한 권리와 신성한 의무를 행사하고 또 이행하는 것이다. 실로 조선인민공화국은 이러한 역사적 필연성의 결과로서 탄생된 것이며 나아가서 그것은 생탄 후 꾸준히 국제헌장에 의거하고 그 정신에 충실하도록 모든 행동을 신중히 한 것은 세인이 다 같이 긍정하는 바이다.

4

본래 연합군은 조선 땅에 진주함에 있어서 일본제국주의의 무장을 해제하고 그 잔재를 청소함으로써 조선의 완전독립에 새로운 길을 열어주는 것이 그 본질이며 사명이오, 또 그들 자신은 '책임'이라고까지 말한다. 따라서 이러한 군정부 밑에서 독립국가를 건설하는 사업은 군정에 조금도 모순되는 것이 아니며 또 모순 대립되어서는 그 임무가 완전히 수행되지 못하는 것이다. 다만 우리는 조선의 완전독립을 방해하는 일부 모략분자의 허위보고, 이권책동, 매국음모에 끌리고 빠져 군정이 그 본질을 망각하고서 극히 비민주주의적인 반인민적인 정책을 씀으로써 조선민족 전체를 모멸하고 우롱하는 사실을 종종 보게 된다. 10월 10일 아놀드 군정장관의 성명은 그 대표적인 것이다. 저 가증한 민족반역자들은 조선민중의 엄연한 역사와 현실을 호도하고 군정관 특히 미국 군정관들로 하여금 조선의 정당한 인식을 불능케 하고, 나아가서는 그들을 유인하여 의식적 무의식적으로 비본질적인 정책을 쓰게 하나니 이것은 조선민족을 위하여서나 미국 자체를 위하여서나, 다 같이 백해무익한 것이다. 실로 이러한 파렴치한 매국노들의 행위가 조선독립을 천연시키고 연합국 특히 미국과 조선민중 사이의 친선우호를 소격(疏隔)케 함을 생각할 때 우리는 민족적 치욕을 참을 수 없는 동시에 현명한 군정관들이 이 같은 천예(賤穢)분자의 모략에 빠져 가지고 인민공화국에 대하여 오해를 품는 것을 심히 유감으로 생각하는 바이다.

5

어떠한 국가를 물론하고 그 국가의 생성은 그 사회 내부의 내재적인 힘(力)에 의하여서만 되는 것이다. 이 진리는 어떤 국가형태가 다른 국가형태로 교체되는 곳(宗主國)에서나 제국주의국가 영역으로부터 종속민족이 독립되는 곳(植民地)에서나 다 같이 통용된다. 결코 국가는 어떤 외적인 힘이나, 위로부터의 명령에 의하여 덧부쳐지는 것도 아니요, 강제되는 것도 아니다. 다만 외적인 힘이 내재적인 역량과 운동을 환기, 조장시키는 작용을 할 수 있을 따름이다.

조선에 있어서도 이 문제는 다를 것이 없다. 조선의 독립은 다른 어느 누가 가져다 줄 성질의 것이 아니다. 미국이 주는 것도 아니며 소련이 주는 것도 아니다. 조선의 독립은 조선민족의 내부에서 솟아오르는 혁명적 역량의 집결에 의하여서만 완성되는 것이다.

더구나 오늘날 조선의 해방이 우리의 힘 우리의 피를 갖고 일본제국주의를 넘어뜨림으로 인하여 시작되지 못하고서 도리어 외부적인 힘에 의하여 즉 연합군의 피투성이 된 반파쇼 투쟁이 승리한 결과로서 개시된 이때에 있어서 그러면 그럴수록 우리의 독립이 자력에 의하여서만, 내재적인 힘의 결집에 의하여서만 완성될 이유와 요청은 몇 배나 더 큰 것이다. 그러므로 만일 카이로선언이나, 포쓰담선언에 조선독립 승인의 약속이 없는 채로 일본제국주의가 패망하였더라도 조선민족의 과거 50여 년간의 혈투의 결과는 반드시 일본제국주의를 자력으로 구축하고 일본제국주의의 잔재 숙청운동을 자력으로 일으키고야 말았으리라고 보는 것은 역사적 논리의 견지에서 과히 망발된 추단이 아닐 것이다. 다만 민주주의 제국의 군대가 우리 민족을 대신하여 피를 흘렸기 때문에 우리는 피 없는 해방을 얻었고 또 세계의 평화를 재건하려는 민주주의 제국의 외교가 조선독립의 국제적 승인을 미리 약속하였기 때문에 조선독립의 달성은 우리 힘의 미약함에 비하여 조속히 달성되는 것이다.

조선독립의 이러한 특수성을 그릇 인식하여 사대의존적 오류에 빠지는 것은 조선민족해방운동사에 대한 무식에 기인한 어리석은 환상이다. 나아가서 조선의 현정세를 악용하여 외래의 세력에 의존함으로써 자기의 과거 죄악을 재활하여 특별 이윤, 전쟁 소득의 유지에 급급하고 새로운 특권의 창설을 꾀하는 모리와 책략은 민족을 멸망케 하는 매국적 행위이며 쓰러져 가는 일본제국주의의 잔재와 봉건 유독의 최후 발악적 반역이다. 이러한 오류에 대한 철저한 비판이 없이는, 또 이러한 매국노 민족반역자를 소탕함이 없이는 조선의 완전독립은 있을 수 없다. 거기에는 다만 조선의 새로운 식민지화 내지 반식민지화의 길이 있을 따름이다.

말할 것도 없이 우리는 연합군에 대하여 무한한 감사와 심심한 경의를 표하는 점에서 누구보다도 떨어지지 않는다. 그러나 감사는 아부가 아니오, 경의는 예속이 아니다. 언제나 자기를 존중하고 자기 존재를 고수하면서 국제예의를 갖춤으로써 족하다. 그러므로 인민공화국이 자기를 고수하는 것은 조선의 독립을 위함이며 따라서 군정을 방해하려는 것이 아니요, 도리어 군정의 정신에 가장 충실하기 위함이라고 보아야 할 것이다.

6

국가는 그 활동이 내부적일 뿐 아니라 외부적 국제적인 반면이 있다. 즉 다른 국가와 접촉하고 공동으로 세계 인류의 행복과 평화에 공헌하는 여러 가지 활동이 있다.

따라서 국가는 열국이 그 존재를 승인함으로써 이러한 역할을 행할 수 있는 것이다. 특히 식민지 민족이 독립국가를 형성할 때에는 선진 제국에게 국제적으로 승인을 얻음으로써만 완전한 국가로서 국제무대에 등장할 수 있고 충분한 활동을 할 수 있는 것은 말할 것도 없다.

그러나 그럼에도 불구하고 국가의 존재에 있어서 승인이라는 것은 어디까지나 종속적인 부차적인 조건이며 또 시간적으로 보아 승인받기 전에 국가가 성립되는 것이 역사상의 항례이며 논리상 당연하다. 1917년 러시아혁명에 의하여 탄생된 R.S.F.S.R가 1924년 영국 맥도날드 정부를 위시하여 이태리, 불란서 등 열국이 속속 승인하게 된 외교적 승리에 이르기까지 아무런 나라에게도 승인을 받지 못하였음에 불구하고 엄연한 국가로서 존재하였던 것은 누구나 시인하는 사실이다. 또 1935년에 성립한 외몽고 인민공화국을 열국이 승인치 않았다고 해서 중국의 속국이라고 보는 사람은 아무도 없을 것이다.

그러므로 인민공화국은 그것이 인민의 총의로써 탄생하였고 민중의 절대한 지지를 받고 민중 속에서 성장 강화되어 가는 한, 객관적으로 엄연한 존재이며 국가로서의 자격을 가졌다고 보아야 한다. 따라서 그것은 군정 밑에서도 충분히 자기의 존재를 주장할 권리를 가졌나니, 조선의 자주독립과 국가건설을 원조하는 군정 밑에서 그 존재를 부인 받을 여하한 국가법상의 이유도 없다.

뿐만 아니라 국가, 정부의 승인은 그 국가, 정부가 민중을 토대로 하고 민중에 뿌리박음으로써만 그것을 요구할 자격이 있고 또 그것을 달성할 수 있는 것이다. 그것은 일부 외교가의 술책에 의하여서 성취되는 것이 아니며, 이미 민주주의가 세계적으로 승리한 오늘에 있어서는 더구나 그 국가가 얼마나 민중의 지지를 받는가에 의하여 국제적 결정을 얻는 것이다.

제2차 대전 중에 미크라이치크를 수반으로 한 파란(波蘭) 망명정권은 강대국인 영국이 육성하고 승인까지 하였음에도 불구하고 국내에 들어와서 행세치 못하고 도리어 국내 민중에게 지지된 해방위원회를 모체로 한 정부가 드디어 열국의 승인을 얻고 말았다. 이 사실은 금후에 탄생될 모든 약소민족국가의 성립과 그 국제적 승인에 관한 좋은 범례로서 전후문제의 민주주의적 해결의 당연한 귀결이다.

또 민중의 지지가 없는 독립국가는 비록 열국의 승인을 받더라도 진정한 독립국가가 될 수 없는 것이다. 1895년의 대한국(大韓國), 1932년의 만주국(滿洲國)은 비록 열국의 승인이 있음에 불구하고 모두 일본의 반식민지였던 것은 만인이 주지하는 사실이 아닌가?

유시관지(由是觀之)컨대 주권을 조선인민에 두고 그 생명을 조선인민 속에 뿌리박고 있는 인민공화국은 세계에 당당히 자기 존재의 승인을 요구할 자격을 가졌고, 나날이 높아가는 민중의 지지는 그것을 기어이 달성시키고야 말 것을 확신케 한다.

따라서 국가에 대한 국제적 승인을 국가존재의 주위적(主位的) 조건으로 하거나 유일 최고조건으로 하는 것은 국가에 대한 완전한 무지의 폭로이며, 조선민족이 정치적으로 무능력하다고 역선전하여 조선의 독립국가 건설을 방해하는 패잔 일본제국주의의 음모와 연결되는 것이며, 조선독립을 외력에 의존시키려는 사대적 매국적 견해이며, 조선민중의 통일된 단결된 힘의 집결을 파괴하는 것이요, 이야말로 군정의 사명을 방해하는 것이다. 즉 국제적 승인이 아직 없는 것을 이유로 하여 인민공화국의 엄연한 국가적 존재를 말살하려는 것은 조선의 자주독립 완성을 방해하고 천연시키는 것이며, 따라서 군정의 본질적 사명을 저해하는 것이 될 수밖에 없다.

7

다음으로 인민공화국 정부가 설령 정부로서의 기능을 하더라도 군정, 군정부와 하등 대립되지 않는다는 것을 논증하고자 한다.

우리가 세계혁명사를 들추어 보면 사회가 변혁되는 시기에 있어서는 한 사회, 한 국가에 2중정부가 존재하는 것은 항용 볼 수 있는 일이다. 멀리 1871년 3월 파리 콤뮨 정부와 베르사이유 정부가 그랬고, 1917년 3월부터 11월까지 러시아의 쏘베트 정부와 케렌스키 임시정부, 1912년의 중국 손문(孫文)정부와 청조(淸朝)정부, 1926년의 무한(武漢)정부와 북경 정부가 그러하였고, 또 가장 비근한 예로서는 일본 국내의 맥아더정부와 幣原정부가 역시 2중정부의 일종이다. 조선에도 군정부와 인민정부가 동시에 병립하는 것은 조금도 괴이할 것이 없다. 보라! 북조선에도 소련 군정부와 인민정부의 지방정권이 아무 모순 없이 엄연히 양립되어 있지 아니한가?

하물며 군정은 본질적으로 일시적이요, 일정한 기간 후에는 철퇴할 것이 기정사실인 바에 독립국가의 건설 확립을 위한 혁명정부로서의 인민공화국 정부는 군정부와 병립하는 것이 일본제국주의의 잔재 소탕이라는 공동 사명을 달성하기 위하여서는 또 조선의 자주독립을 하루빨리 촉성시키기 위하여서는 오히려 당연한 일이다. 따라서 이 두 정부의 병립을 모순이나 대립으로 보는 것은 속견적(俗見的) 환상이거나 고의의 악선전일 뿐이다.

8

최후로 우리는 현재 조선에 두 나라의 군정이 존재한다는 것을 잊어서는 안 된다. 즉 남쪽에 미국 군정이 있는 동시에 북쪽에 소련 군정이 있다. 우리는 이 두 군정을 연관적으로 이해하는 것이 극히 필요하다. 중앙인 경성에 미국 군정이 퍼져 있는 현상에 사로잡혀 조선 군정이 즉 미국 군정인 것 같이 생각하는 망상은 완전히 현실을 전체적으로 파악하지 못한 착오이다.

그러므로 우리는 조선인민공화국이 남북을 통일한 후 조선민중의 국가라는 것을 깊이 인식하는 동시에 이 두 가지 군정에 대하여 항상 연관적으로 관찰하는 태도를 가져야 한다. 따라서 또 현단계에 있어 조선인민은 한편으로 반소 친미적인 태도가 반동적인 것과 마찬가지로, 반미 친소적인 태도도 역시 극좌적 따라서 반동적인 것이며 다 같이 조선민족을 위하는 것이 되지 못하며 나아가서 연합국 전체를 해롭게 하는 국제적 해독이요, 죄악이다.

민족반역자들은 쫓겨 가는 일본제국주의의 여진과 한속이 되어 지난날 소련이 조선민중을 강탈하고 조선독립을 방해한다고 역선전하여 조선민중과 소련을 이간하려다가 급기야 그것이 민중의 현실적 폭로로써 실패에 돌아가자, 이제는 인민공화국이 미군정을 방해한다고 역선전하여 조선민중과 미군정을 이간하려고 든다. 더구나 소련이 인민공화국을 사주한다는 허무맹랑한 모략선전은 미소 양국의 피로써 맺어진 국제친선을 방해하고 전쟁위기까지를 초래하려는 최악질의 음모이다. 그 죄악은 실로 새로운 전쟁범죄자로서 세계적 심판을 받아야 할 것이다.

이러한 것은 조선민족의 통일을 파괴하고 조선독립을 방해하는 해충적 행위이니, 이러한 해충들의 위계에 의하여 현명한 미소 양 군정이 조선문제 해결을 천연시킨다면 이에 더한 유감이 없으며 동시에 조선민족이 이러한 모략에 기만되고 동요된다면 유한을 천추에 남기고 말 것이다.

이러한 해충 민족반역자들은 실로 '내지인 세화회(世話會)' 경성일보 등등의 일본인 음모단의 교란 암약과 연결되어 있는 일본제국주의의 최후 잔재인 것이니,

군정부와 인민공화국 정부는 상호 제휴하고 협력 원조하여 조선의 자주독립의 완성을 위하여서 이러한 공동적과 싸워야 될 것이다. 이제야 일본 군대의 무장을 해제한 미국 군정부로서는 하루 속히 인민공화국 정부와 긴밀한 관계를 맺어 제2단으로 민족반역자, 일본인 음모단의 섬멸에 공동 행동을 취하여 세계 약소민족해방의 사도로써 혁혁한 공적을 세울 것을 우리는 기대하고 확신한다.

(<中央新聞>, 1945년 11월 4일)

3. 아놀드 군정장관의 성명에 대하야

1

조선민족은 일본제국주의 질곡으로부터의 해방을 위하여 40년 동안 혈투를 계속하여 왔다. 일본제국주의의 악독은 세계사상에서 그 유례를 볼 수 없으나 우리는 신음의 구렁에서도, 형극의 길에서도, 반제반전투쟁을 감행하여 왔다. 조선은 일본제국주의의 암(癌)이 되었다. 그러나 우리가 오늘의 조선민족의 해방을 우리의 자력만에 의한 것으로 생각한다면 그것은 자신의 과대평가이다. 민주주의 연합국의 승전의 결과임을 우리는 명기하여야 하며 우리의 해방을 위하여 용전한 연합군에 대하여 우리는 언제나 감사의 염(念)과 경의를 가져야 한다. 민주주의의 승리에 의하여 우리는 해방되었으며 국제문제의 민주주의적 해결에 의하여 조선의 독립 약속은 된 것이다. 그러나 독립은 자주적이어야 한다. 조선의 완전독립, 독립국가의 건설은 국제적 후원을 기대할지언정 조선민족의 손으로만 우리의 힘으로만 달성되는 것이다. 사대주의적 타방 의존은 우리가 자신의 과대평가를 삼가야 하는 이상으로 배격되어야 한다.

이러한 의미에 있어서 조선에 진주한 미소 양군에 대하여 우리는 그 공(功)과 그 노(勞)를 충심으로 감사하며 독립국가 건설을 위한 우리의 노력에 성원이 있기를 기대한다.

민주주의를 위하여 연합국, 특히 미소 양국의 진보적 사명이 이곳에 있을 것이며 그 진력의 유종지미도 또한 이곳에서 결실될 것을 우리는 확신한다.

2

조선의 완전독립을 위하여서는 조선민족의 통일이 절대로 요청된다. 일본제국주의의 주구가 되어 조선민족의 착취와 압박을 강화시키며 일본제국주의의 강탈전을 동양민족 해방을 위한 '성전'이라 하여 조선청년을 전장으로 채찍질하며 몰아내던 친일파 민족반역자들의 그 관천지(貫天之) 죄악은 결코 용서할 수 없는 것이다. 오늘날 그들은 또다시 조선민족의 희생에서 저들의 생명 재산을 유지하려고 조선민족진영을 분열시키며 통일정부 수립을 저해하고 있다. 그들은 또다시 외력에 의존하여 민중을 억압하려고 한다. 이 민족반역자들을 배격하고 타도하여 매장함으로써만 우리 민족의 통일은 완성되며 완전독립의 소원은 달성될 것을 조선의 인민은 깨달아야 한다. 민족반역자의 존재와 그 도량을 허용하는 것은 조선민족의 치욕이며, 우리에게 가하여 오는 민족적 모멸은 이 도배의 음모로 생기는 민족통일의 분열에 기인한다는 것을 명기하라.

3

　조선인민공화국의 탄생은 조선인민의 총의이며 국제문제의 민주주의적 해결의 일환이다. 제2차 전국인민대표자대회의 소집은 완전독립에의 거보이며 진정한 민주주의원칙에 기한 인민을 위한, 인민에 의한, 인민의 정부를 확립하려는 우리 성의의 표현이며 우리 민족통일을 위한 노력이다. 우리 독립국가 건설은 해방된 조선인민에게 부여된 자유이며 이것이 또한 국제헌장의 정신이요, 사명일 것이다.
　이러한 의미에 있어서 군정은 우리와 대립하는 존재가 아니다. 군정은 모름지기 우리의 완전독립을 후원할 것이요, 우리의 통일정부 수립을 조성하여야 할 것이다. 그러므로 우리는 될 수 있는 대로 속한 기간 내에 군정 철폐를 요구하며 기대하나, 군정 일반을 반대하여 이에 대립하려고 하지도 아니하며, 또 그러할 필요도 없는 것이다.
　그러나 그 반인민적 정책에는 절대로 반대한다. 조선인민공화국에 대한 아놀드 군정장관의 우롱적 모욕적 성명은 이 반인민적 정책의 집중적 표현인 것이다. 이에 대하여 우리는 이미 우리의 유감의 뜻을 표명하였거니와, 조선인민의 총의로 되고 국제헌장의 정신에 근거를 둔 조선인민공화국은 엄연한 존재이다. 일본제국주의에 대한 혈투로부터 8월 15일의 해방 이후 우리가 걸어온 길은 유일 정당한 길이었으며, 앞으로도 오직 이 길뿐이 있으며, 이 길만이 정당한 것이다.
　조선인민공화국의 건전한 발전, 조선의 완전독립을 위하여 조선민족은 완전히 통일되어야 하며 조선민족의 역량을 집중하여야 한다.
　민족반역자의 배제에 의하여서만 이 목적은 달성되는 것이다. 민족의 통일만이 우리에게 가하여진 민족적 모욕에 대한 유일의 회답이다. 과도한 흥분은 삼가라. 무용(無用)의 마찰은 피하라. 그리고 조선인민은 오직 그에게 지향된 길을 굳세게 걸어가는 동시에 그에게 부여된 사명을 다하라.

(1945년 10월 16일. <中央人民委員會 文獻> 소수)

4. 전국인민위원회 대표자대회에 임하야

1

제2차 세계대전은 민주주의 연합국의 승리로 그 종막을 고하게 되어 전화 중에서 신음하던 인류는 세계평화의 봄을 다시 맞게 되었다. 40년 동안 일본제국주의의 질곡 밑에서 그 야수적 탄압과 강탈적 착취를 당하던 식민지 조선에도 일본제국주의의 타도로 인하여 해방의 날이 오게 되었으며 조선의 완전독립은 국제적으로 엄숙하게 약속되었다.

1945년 8월 15일은 세계사적으로 획기적 의의를 갖는 환희의 날이며 대망의 날이었다. 그러나 일본 소화(昭和)의 항복방송을 신호로 조선에 있어서의 일본제국주의 기구는 완전히 그 기능이 마비되고 조선은 문자 그대로 무정부 상태에 빠지게 되었다.

이 혼란을 수습하며 질서를 유지하며 신국가 건설 준비의 대임을 띠고 조선건국준비위원회는 탄생하였으며 현실적 지지로 육성되었던 것이다.

일본제국주의 기반에서 해방의 날을 맞게 된 조선은 조선의 완전독립이 국제헌장에 의하여 약속됨을 아는 조선민중은 인민을 위하는, 인민으로 된, 인민의 정부를 요망하게 되었으며 이 요망의 도는 날로 높아가게 되었다. 때마침 38도 이북에 내원(來援)한 소련군은 모든 행정권을 조선인민에게 일임하게 되니, 38도 이남에 내원할 미군에게도 이러한 방침을 기대하는 것은 우리로서는 당연한 예측이었으며, 연합군에 대한 정당한 예의였다. 결과론적으로 오산의 불명을 책하는 것은 비판을 위한 비판에 불과한 것이다.

이러한 정세 하에서 자기 자신의 자주적 정부 수립을 희구하는 전 조선민중의 요망에 응하여 조선인민공화국은 탄생되었으며, 중앙인민위원회는 구성되었던 것이다. 이것은 정치적 진공시대에 있어서의 필연적 귀결이며 조선인민이 그 정치적 자주 능력을 마침내 세계에 선전한 것이다. 우리는 장래에 올 정권을 유독이 전횡하려거나, 기성적 사실로써 정식 정부라고 자처하려는 것과 같은 정치적 책동이 아니었다. 우리의 정당성과 겸허성은 과거 그 실천에서 표명되었고 조선 인민대중의 지지에서 확인되었으며, 현금 우리가 주장하는 민주주의원칙을 엄수하는 민족통일전선의 결성과 그 토대 위에 유일한 통일정권 수립운동에서 더욱 명백히 증명되고 말았다.

2

　중앙인민위원회의 선언 정책이 발표되자 전국은 이에 호응하여 그 객관적 조건을 달리하는 북부는 막론하고, 남부에 있어서도 방방곡곡 부락에까지 인민위원회가 조직되어 오늘의 전국인민위원회 대표자대회를 맞게 되었다. 조선인민공화국을 사수 지지하자는 근로자단체, 사회단체, 문화단체 급 청년단체의 수와 열(熱)은 일로 증가의 도를 올리고 있다. 조선인민공화국의 탄생과 육성이 조선인민의 일치된 소리이며, 그 갈망이라는 것은 부인할 수 없는 엄연한 사실이다.
　조선의 해방이 조선 자체의 힘으로 된 것이 아니요, 연합군의 전승한 결과이며 조선 내에 있어서의 일본제국주의 군대의 무장해제와 일본제국주의 잔존세력의 소탕이 내원 연합군에 의하여서 수행된다는 점에 있어서 조선의 인민은 연합군에 대하여 만강의 사의를 표하며, 내원 미소 양군을 진정으로 환영하는 것이다. 조선의 완전독립을 조성하기 위하여 실시되는 군정에 우리가 대립될 리 만무하며, 그러므로 인민위원회가 이에 반대하려는 의도는 추호도 없다.
　38도 이남에 내원한 미군의 방침이 우리의 기대와는 상위나, 그러나 미군정이 일본제국주의의 잔재를 숙청하고 조선의 완전독립에 기여하는 것이라는 점을 우리는 의심하지 않았다. 우리가 전에도 누누이 언명한 바와 같이 중앙인민위원회 내지 조선인민공화국의 존재는 미군 진주 이전의 기성사실이며, 또 법리론적으로나 국제적 관례로 보나 군정과 모순 대립되는 것이 아니다. 조선에 있어서의 최고 통치권을 가진 연합군의 군정이 조선인민정부에 행정권을 일임할 수도 있고, 혹은 이것을 통하여 행할 수도 있는 것이다.
　그러므로 조선인민의 자주적 정부가 존재한다 하여도 군정 하에서 그것은 군정과 동격으로 병립 내지 대립하는 것은 아니다. 군정을 협조하는 한, 그것은 기관으로서 존재할 수 있을 것이다.
　이런 의미에서 우리는 38도 이남의 조선에 있어서의 미군정이 우리에게 행정권을 일임하지 않으며, 또는 우리를 통하여 행정하지 않는다는 것을 유감으로 생각한다. 그러나 결단코 그것을 원망하지는 않는다. 우리는 도리어 군정이 조선인민을 위한 것이며 조선의 완전독립을 촉성하고 있는 것인 한, 군정에 적극적으로 협력하는 한편 완전독립이 실현되는 날을 위하여 자주적 정부를 준비하려는 것이다. 그리고 절대로 우리는 장래 정권을 전횡하려는 의도가 아니며, 도리어 우리의 진정한 노력으로써 민주주의원칙 하에서 민족통일전선 기초 위에 수립될 보다 더 완전한 통일정권의 확립에로 발전될 것을 소원하며 또 기대하는 것이다. 즉 우리는 유일하게 옳은 이 방향으로 매진하고 있는 것이다.

3

이러한 우리의 충정에도 불구하고 우리의 진의는 군정에 오해되고 있는 것이 엄폐할 수 없는 사실이다. 이 오해는 군정 자체의 방침에 기인하는 것이 아니며, 따라서 이 오해로부터 결과되는 우리에 대한 처치가 군정의 본질적 사명이 아니라는 것을 우리는 확신하며 또 희망한다. 이것은 오로지 군정을 싸고도는 친일파 민족반역자의 도량에서 초래되는 것이며, 그들의 반민주주의적 반소적 책략과 재중경 임시정부를 그대로 영립(迎立)하여 조선인민에게 이것을 강제하려는 음모에서 나오는 것이다.

아무도 그 책임을 질 수 없는 변혁기에 있어서 필연적 혼란의 모든 책임을 그들은 우리에게 전가하는 반면, 건준 이래 우리가 활동하여 온 질서유지, 물자확보 등 적극면(積極面)을 몰염치하게도 말살하려 한다. 군정과 조선인민 사이에 그들이 개재하는 때문에 군정은 민중으로부터 유리되고 군정의 정책이 그 본연의 사명을 떠나 반인민적으로 왜곡되어 급기야 군정은 난관에 봉착하고 있는 현상이다.

일본제국주의의 잔존세력인 친일파 민족반역자는 그 천부적인 아유와 모략으로 군정을 싸고돌아 그 총명을 엄폐하고 있다. 모든 종류의 허위보고와 무근한 중상과 무고로 군정과 우리 미국과 조선인민을 이간하며 일보 더 나아가 미소 양국을 소격(疏隔)하려 한다. 일자리를 달라고 부르짖으며 방황하는 노동자가 파업을 한다고 하며, 공출제도 철폐와 소작료 감액으로 즐겨 추수에 정진하고 있는 농민이 태업한다고 보고한다. 일부 악덕지주에 대한 농민의 응징, 친일관리 등용에 대한 인민의 반대를 폭동이라고 선전한다. 그리고 이 모든 것의 책원지는 인민위원회에 있다고 그들 친일파 민족반역자는 무고한다. 이리하여 군정의 우리에게 대한 오해는 점점 깊어가고 오해는 간섭으로, 그리고 탄압으로 진출되고 있다. 10월 10일의 아놀드 군정장관의 우리에게 대한 성명을 비롯하여 서울시를 위시한 각지 인민위원의 검거, 가형, 인민공화국을 '인민공화당'으로 개명하라는 요구는 통첩으로 내지 중앙인민위원회 요인과 군사령관 군정장관과의 회담을 통하여 엄중하게 반복되고 있다.

이 개명 요구는 李承晚박사의 입국 이래 재중경 임시정부 요인의 환국을 앞에 두고 점점 더 심하여 가고 있다. 우리는 이곳에서 재중경 임시정부라는 조선인민과 떠난 지 수십년이나 되는 정부를 우리 조선인민의 총의를 무시하고 이것을 유일한 정부라고 조선인민에게 강제적으로 덮어씌우려는 음모가 복재(伏在)하고 있다는 것을 지적하고 경계하지 않을 수 없다.

언론 집회자유의 제한이라든가, 세계에 그 유례를 볼 수 없는 종류의 법률의 포고라든가, 이 모든 점에 있어서 우리는 군정에 지워진 과업 그것에 비추어 유감의 뜻을 표명하지 않을 수 없다. 조선인민공화국은 조선인민의 동경의 국호이며, 의욕의 국체이다. 이것이 상술한 바와 같이 군정과 하등 모순 대립되지 않는 것인 이상 군정이 이에 간섭할 아무러한 정당한 이유도 근거도 없는 것이다. 그러나 우리는 미군정의 의사를 존중하며 그에 협조하는 의미에서 이 개명 교섭이 있는 이래 될 수 있는 대로 '인민공화국'이라는 문자의 사용을 피하여 왔던 것이다.

38도 이남에 있어서의 미군정이 행정권을 우리에게 일임하거나, 또는 우리를 통하여 행정하지 않고 직접 자신이 행정하고 있으므로 38도 이남의 조선에 있어서는 미군정만이 유일한 정부로서 존재하는 것이다. 따라서 조선의 민주주의적 발전을 육성하며 조선의 완전독립을 지원하는 미군정의 조선인민을 위한 정책에 우리는 호의적으로 협력하여야 한다. 우리 중앙인민위원회 내지 조선인민공화국은 미군정이 존재하는 동안에는 정부로서의 기능과 행동을 할 수도 없으며 또 하려고도 하지 않는다는 것을 다시 명언하여 둔다.

4

인민위원회는 본래 민족통일전선의 표현 형태이나, 그러나 우리는 우리의 저간의 노력에도 불구하고 우리 인민위원회로서 민족통일전선이 완성되었다고 자처하려고 하지 않는다. 우리 중앙인민위원회는 조선인민의 대부분의 지지를 받고 있음을 알고 있으며, 또 이에 감사하고 이에 고무되고 있으나 그러나 우리가 완전한 통일정부라고 자부하지도 않는다. 친일파 민족반역자를 배제하고 민주주의 강령을 엄수하는 원칙 하에서 더 광범하고 공고한 민족통일전선 결성에 적극적으로 참가하여 이에 노력하려 한다. 조선의 완전독립이 하루라도 속히 달성되기만 기원하며 그 방향으로 사심갈력(事心竭力)하고 있을 뿐이다.

(1945년 11월 22일. <中央人民委員會 文獻> 소수)

5. 하지 중장의 성명에 대하야

1

12월 12일 하지 중장의 성명은 우리로 하여금 군정과 조선인민공화국과의 관계에 대하여 또 미군정당국과 중앙인민위원회와의 교섭 전말에 대하여 천하에 성명할 필요를 느끼게 한다. 중앙인민위원회가 군정과 조선인민공화국과의 관계에 대하여 누차 특히 11월 22일 그 성명서에서 성명한 바 있으므로 이곳에서 다시 상세하게 중복하려고는 하지 않는다. 우리는 조선해방의 국제성에 비추어 군정의 필연성을 깊이 인식하고 있다. 일본제국주의의 잔존세력을 소탕하며 조선의 민주주의적 발전을 육성하여 조선의 완전독립을 지원하는 것이 군정의 본질적 사명이므로 그것은 조선민족의 역사적 사명과 일치하는 것이다.

조선인민공화국의 탄생은 조선해방운동의 필연적 소산이므로 그리고 조선인민공화국은 조선민족의 동경의 국호이며 의욕의 국체이므로 군정과 하등의 모순 대립되는 것이 아니다.

그러므로 우리는 우리의 정당성을 주장하면서 군정의 조선인민을 위한 정책에 협력하여 군정으로 하여금 그 본연의 사명을 완수케 하되, 특히 민중생활에 관계되는 현실문제 해결에 노력하는 것을 급무로 하고 있다. 군정의 친일파 등용, 민족반역자의 이간모략으로 인하여 군정과 인민은 유리되며 이러한 군정 처치에 대한 인민의 불평불만을 군정 자체에 대한 전면적 반대로 오인케 하며 불법 검거, 비공개 무심문 재판의 반민주주의적 반인민 정책은 충돌과 혼란을 결과하는 것이 엄연한 현실이다. 이 객관적 실정의 정당한 파악과 그 진인의 규명이 없이 막연히 인민공화국의 존재에 그 원인을 돌리며 인민위원회의 사주로 의심하는 것은 유감으로 생각하는 바이다. '조선독립 달성을 실지로 지연시키는 것'이 우리의 소치가 아님은 물론이려니와, '경제안정 수립의 지연'과 경제혼란의 책임을 우리에게 전가하려는 것은 공정한 판단이 아니다.

2

미군정당국과 조선인민공화국과의 교섭은 10월 10일 아놀드 군정장관의 성명에 효시한다. 이에 대하여 중앙인민위원회는 담화의 형식으로 또 성명서로 아놀드 군정장관의 오해를 지적하였다. 10월 27일 민정장관 육군대좌 푸레스코트가 서명하고 '인민공화당 귀하'라고 하여 "…… 사실상 통치권을 갖지 아니한 정당인 귀 단체가 일개의 정부와 여(如)히 감히 국(國)자를 붙이는 것은 불가하외다. 현재 조선의 군정청은 미국군이 점령한 지역의 정부입니다. 고로 '국'자는 불필요한 것이오니 귀당의 명칭에서 차(此)를 삭제할 것이외다. ……"라는 내용의 통첩을 간접의 길로 받았다. 그 내용도 부득요령이요, 그 전달도 비공식이므로 우리는 이에 대하여 회답할 도리가 없었다.

그후 수차에 긍한 하지 중장, 아놀드 군정장관과 呂運亨·許憲 양 씨와의 면담에서 또 여론조사과장 내담(來談)에서 이 개명 내지 해체의 요구가 반복되었으며 동시에 신문을 통한 그 성명을 촉촉하였던 것이다. 이에 대하여 우리는 시종일관 이 문제는 우리 자의로 결정할 수 없는 것이므로 11월 20일 개최 예정인 전국인민위원회 대표자대회에서 이것을 상정하여 토의 결정하겠다고 말하였으나, 대회를 허가하면 이것을 가결시키겠다는 것을 교환조건적으로 공약한 일은 없으며, 또 공약할 수도 없는 성질의 것이다. 여론조사과장이 "그러면 대회에서 부결되면 어떻게 하는가"고 반문하였던 사실, 19일 許憲씨가 아놀드 군정장관을 대회에 초청차 방문하였을 기회에 대회에서 개명 내지 해체 결의가 곤란하겠다는 것과 그러한 결의의 강요는 오히려 군정 협력에 역효과를 초래하리라는 주장에 대하여 아놀드 군정장관은 "인민위원회는 군정에 전적으로 협력하며 조선인민공화국은 38도 이남에 있어서 군정이 존재하는 동안 정부로서의 모든 행동을 중지하겠다"는 정도의 결의를 할 수 없는가고 명시한 사실, 동 21일 하지 중장이 許憲씨에 대하여 개명 결의를 명령의 형식으로 요구한 사실로 보아 중앙인민위원회가 배신한 일이 없다는 것은 자명한 일이다. 중앙인민위원회는 11월 22일 그 성명서를 통하여 그 태도를 천하에 발표하는 동시에 대회에 이 문제를 상정하여 신중 토의한 결과, 이미 발표된 것과 같은 결의에 이르렀다. 대회도 중앙의 태도를 양해하여 군정 협력문제에 성의로 대하였으며 정부로서의 기능과 행동을 할 수 없다는 것을 깊이 인식하였으나, 개명이나 해체는 할 수 없다고 결의한 것이다.

하지 중장의 말과 같은 "지도자와 대표자들은 그 대회를 이리저리 이용하여 자기네의 단체가 조선정부인 것 같이 일층 더 자기네를 확대시킨 것이다. 그리고 군정청은 자기네의 단체가 정부로 행세하려고 하는데 조장하고 교사한다는 암시를 주었다"는 사실은 전연 없다.

3

하지 중장은 그 성명에서 대회 이후의 교섭에 대하여서는 무슨 이유인지 언급하지 않았다. 대회 종료 익일인 11월 23일 許憲씨가 대회에 대한 보호에 사의를 표하며 겸하여 대회경과를 보고하며 중장을 방문하였을 기회에 중장은 중앙인민위원회에 서약서 제출을 요구하였으며 그 익일 그 원안이 전달되었다.

그 내용은
1. 조선인민공화국은 38도 이남 조선에 있어서 군정의 주권을 승인한다.
2. 조선인민공화국은 미군사령관의 의사에 반대하여 정부를 주장하거나 행동하지 않는다.
3. 조선인민공화국은 모든 가능한 방법으로 군정에 협력하겠다.
4. 조선인민공화국은 조선인민의 오해를 피하기 위하여 조선인민공화국이 정부라고 암시되는 용어의 공적 사용을 않겠다는 것을 맹약하라는 것이었다.

그 수일 후 교섭의 결과로 니스트 대좌는 "하지 중장이 11월 22일 중앙인민위원회의 성명서에 만족하나 신뢰의 표현으로 문서로의 회답을 희망한다는 것과 '주권'을 '관할권'으로 대치하는 데 동의하였다"는 서한을 우리에게 보내었다.

그러므로 우리는 별지와 같은 회답을 제출하고 원안 제4항은 그 책임을 감내할 수 없고 사실 중복되는 것이므로 이것을 제외하였다고 양해를 구하였다. 이에 대하여 그 당일 중앙인민위원회 회의 출석 회원의 서명을 요구하므로 그에 응하여 다시 전원 서명으로 제출하였다. 군정과 중앙인민위원회와의 교섭 전말의 대개는 이러하다. 하지 중장의 성명은 중앙인민위원회로 하여금 하게 하려던 계획을 자행한 것이다. 대한민국임시정부라는 용어가 공공연히 광범하게 사용되고 있으며, 각의가 보도되는데 대하여서는 일언반사(一言半辭)의 언급이 없는 점이라든지, 한국민주당이 "조선인민공화국의 해체" 요구를 결의한 사실이라든지, 중앙인민위원회의 성명 내지 하지 중장에 대한 회답을 전연 몰각한 것이라든지, 이 모든 점에 있어서 하지 중장의 성명은 중장 자신의 주관적 기도가 어디 있던 간에 객관적으로는 민중의 의혹을 유발하며 인심의 혼란을 초래할 것이니 우리는 이에 유감의 뜻을 표명하지 않을 수 없다.

(1945년 12월 13일. <中央人民委員會 文獻> 소수)

6. 하지 중장과 '데모크라씨'

1

 민주주의의 승리로 조선은 해방되었으며 조선문제의 해결도 또한 민주주의적 국제노선에서 구하여지고 있다. 민주주의는 조선의 구주(救主)이며 조선의 지침이다. 이러한 의미에 있어서 우리는 민주주의를 구가하며 민주주의적 발전을 대망하는 것이다.
 일본군국주의 타도에 있어 민주주의 미군의 선봉으로 그 용명을 날리고 조선의 완전독립과 민주주의적 발전을 지원하기 위하여 조선에 진주한 미군의 총사령으로 그 민완을 두르고 있는 하지 중장은 실로 조선민족의 은인이며 민주주의의 사도인 것이다.
 그러나 우리는 불행하게도 하지 중장이 주장하며 실천하고 있는 '데모크라씨'가 진정한 민주주의와는 상거(相距) 요원하거나 때로는 정반대되는 것을 지적하지 않을 수 없는 것이다.

2

 '데모크라씨'는 무질서와 혼란을 의미하는 것이 아니며 자유는 방종과 동의(同義)가 아니다. 우리가 요구하는 '데모크라시'는 조선의 민주주의적 발전을 위하는 것이오, 조선의 파시즘의 양성을 허용하라는 것은 절대로 아니다. '데모크라씨'는 조선 민족통일의 노선으로서 우리에게 부여되는 신성한 무기인 것이오, 민족분열의 비열한 방편으로 용인되는 것은 결코 아니다.
 진보적인 민주주의운동에 대한 간섭 내지는 탄압에는 군정하(軍政下)라는 것이 이유가 되고 반동적인 반민주주의 진영에 대한 '묵인, 용인 내지 조장'에는 '데모크라씨'가 구실이 된다면 우리는 '데모크라씨'의 모독으로 통분하는 것보다는 민주주의 신조선의 장래에 암영이 도는 것을 슬퍼하지 않을 수 없다.
 일일이 매거하기에는 너무도 산적한 실례를 적출하는 비례(非禮)를 우리는 구태여 즐기지 않는다. 그러나 그 과오를 지적 비판하여 반성을 구하지 않고 오로지 원차(怨嗟)에 그치는 것은 또한 하지 중장을 존경하고 아끼는 소이가 아니다.

3

　소위 임정 일파를 선구로 하는 반탁운동은 조선민족의 민족감정과 애국심을 격동시킴으로써 파시즘의 온상을 만들려는 데마고그의 민족분열의 책략이며 민족자멸의 망동이다. 민주주의적 국제노선과 배치되는 이 운동을 허용하는 것이 과연 '데모크라씨'일까? 단순히 묵인이나 허용에 그치지 않고 모든 편의로 조장하는 경향이 보이는 것은 그 이유를 추찰(推察)하기 곤란하다. 그렇다면 10월 18일 시민대회 허가 취소도 또한 '데모크라씨'의 반영일까?

　38도 이남 조선에 있어서는 미군정만이 유일한 정부이라는 것, 그리고 그것을 근거로 인민위원회 내지 인민공화국에 간섭 탄압을 내리어 허다한 불상(不祥) 사건을 야기시켰다. 정부 행세를 하면 "15분간의 존재도 불허한다"는 호언에도 불구하고 '임정'은 소위 내정부(內政部) 포고로 군정관리의 '임정'에의 예속, 경찰기구의 접수를 반탁운동의 조직도구로 쓰고 있지 않는가? 이것도 '데모크라씨'라고는 주장할 수 없으려니와, 이로써 유발되는 인심의 불안과 소란은 그 책임을 나하(奈何)오?

　테러의 백주 공행(公行), 사설 유치장, 납치, 습격, 살인을 공언하며 실행하는 단체가 존재하며 그 물적 증거가 확연함에도 불구하고 치안대책도, 해산명령도 우리는 들어보지 못하였다. 살인을 선전 교사하는 신문이 떳떳이 가두에 돌고 있다. 정당방위로 더구나 MP의 협조로 행동한 국군준비대가 질서문란의 이유로 해산명령을 받게 되니 암흑세계는 더욱 그 어둠이 도를 가하고 있을 뿐이다.

　하지 중장은 우리의 고언에서 반성의 길을 찾아야 할 것이며 이러함으로써만 조선해방의 명장이며, 민주주의의 사도인 그 본분으로 돌아갈 수 있을 것이다.

<인민보(人民報)>, 1946년 1월 15일)

제1장 해설

　제1문 메모란둠은 미국 국민에게 보낸 조선민족의 소리이니 군정과 조선민족의 관계를 중심으로 하여 8·15 이후 3상회의에 이르기까지의 조선건국사의 요령이며, 군정과의 관계의 제1단계를 요약한 것이다.
　제2문은 1945년 11월초 군정청에서 인민공화국을 인민공화당으로 개칭하라고 요구한 것을 계기로 하여 군정과 인민공화국의 병립할 수 있는 정당성을 법이론적으로 정치학적으로 분석하여 일반의 계몽에 공(供)한 것이다.
　제3문은 1945년 10월 3일 중앙인민위원회에서 전국인민대표대회의 소집을 발표하여 그 준비에 착수하자, 10월 10일에 와서 돌연 아놀드 군정장관은 인민공화국을 괴뢰극이라 하고 인민의 지도자를 사기한이라고 한 성명서를 내었다. 이 아놀드 성명에 대하여 그 반인민성을 지적한 논리 정연한 응수이다.
　제4문은 인민공화국의 존재를 위요하여 일어난 눈물겨운 경과, 조선인민의 정당한 권리와 성장하는 민족역량을 수호하는 숭고한 신념을 전국인민위원회 대표자대회를 기하여 천하에 호소하고 성명한 명문이다. 또 그것은 미군정청에 진정으로 협력하는 조선민족의 진정한 충정이 이 글에 집약되었다는 것을 간과할 수 없다.
　제5문은 전국인민위원회 대표자대회가 종료한 후 그 대회를 비판하여 나타난 하지 중장의 왜곡, 오해임을 지적하고 상호간 예의로써 비밀에 부쳤던 교섭경과를 공표하고 자기의 정당성을 당당히 주장한 중앙인민위원회로서의 성명이니, 이 역시 조선건국사를 쓰는 데 뺄 수 없는 중요 문헌이다.
　최후로 제6문은 반탁운동에 기세를 올리며 남조선 전체에 일어난 무수한 파괴, 테로, 살인과 이에 대한 하지 중장의 극도의 반민주주의적 정책에 분개하여 인민보 사설을 통하여 내린 통봉(痛棒)이다. 그래도 우리는 그 속에 미국의 데모크라시를 아끼고, 하지 중장을 반성시키려는 성실한 민주주의자로서의 열렬한 지정(至情)을 또한 엿볼 수 있다.　　— 편집자

제2장 李박사와 임정

　1945년 10월 10일의 아놀드 성명에 대하여 전민족의 여론이 비등하자 곧 뒤를 이어 10월 16일 李承晩박사는 미국 비행기를 타고 동경으로부터 김포 비행장에 내리었다. 이어 11월 24일 전국인민위원회 대표자대회가 종막한 바로 그 다음날 金九씨 일행은 중경으로부터 상해를 거쳐 역시 미국 비행기를 타고 김포 비행장에 내리었다.
　오늘에 와서는 李承晩, 金九 양씨가 조선판 파시즘의 지도자로 되어 있는 사실은 정치를 논하는 조선사람이라면 자타가 공인하는 바이다. 그러나 이러한 본질은 실로 그들이 조선에 나타난 시초부터 내포되어 있었으니, 그들이 그동안 걸어온 경과를 명확하게 파악하고 그 행한 정치적 역할을 옳게 인식함으로써 그들의 금일의 말로를 이해할 수 있는 것이다. 또 이 두 정객의 정치적 본질을 이해함으로써만 조선문제를 옳게 파악할 수 있고 그 장래에 대한 전망을 정당하게 세울 수 있다. 본 장은 이러한 문제에 해답을 줄 것이다.
　그러나 동시에 본장의 제론은 단순히 비판을 위한 비판을 목적하는 것이 아니라 진실로 민족을 파괴의 길에서 구하기 위하여 그릇된 지도자를 비판한 것이고 실로 그렇기 때문에 최대의 겸허한 태도를 가지고 얼마나 저들의 반성을 요구하였고, 얼마나 성의를 다하여 함께 손을 잡고 민족통일을 완성하여 민족 천추의 유한, 자손만대의 수치를 씻어보려고 노력하였는가. 여기에 민족적 열성과 지도자적 성실에 넘치는 민주주의자들의 진면목을 찾을 수 있다. 또 이러한 과정을 통하여 우리는 정치가로서 정적을 비판하는 구체적 방법과 기술을 배울 수 있을 것이다.
— 편집자

1. 李박사와 중앙협의회: 무원칙 통일론의 말로*

1

충천의 기세를 올리던 포학 일본제국주의에 패망의 비운이 돌아오니 참담한 지옥이던 식민지 조선에도 해방의 환희가 찾아왔다. 전후문제의 민주주의적 해결의 일환으로서 조선의 완전 독립이 국제적으로 약속되었다. 3천만 조선민족은 자유해방의 기쁨을 안고서 완전독립이라는 공통된 큰 목표를 향하여 통일의 거보를 내딛었다. 이 민족통일운동의 진전도정에서 李承晩박사는 3천만의 큰 기대와 뜨거운 환영을 혼신에 받으면서 고국의 땅을 다시 밟게 되었다. 李박사가 인민공화국의 주석으로 추대되었던 만큼, 그가 조선독립운동에 전생애를 바쳤다고 생각하였던 만큼, 그에게 대한 민중의 기대는 절대하였으며 환영은 열광적이었다.

그러면 해방조선에 임한 李박사의 포부는 어떠하였으며, 독립조선에 당한 그 수완은 어떠하였던가? 불손(不遜)이라고 비난하려면 하라. 또 속단이라고 책(責)하려면 하라. 李박사에 대한 기대와 열정은 무참하게도 유린되었다는 결론이 슬프나, 그러나 엄연한 객관적 사실이다.

2

조선민족은 조선의 완전독립을 의욕함으로써 통일을 갈망하는 것이다. 민주주의 강령을 엄수하는 원칙 밑에서 친일파 민족반역자를 배제하고 진보적 민주주의 요소를 결집하여 광범 공고한 민족통일전선을 결성하여야 한다는 것은 오늘날 조선에 있어서는 정치의 A B C가 되어 있다. 그러함에도 불구하고 李박사는 귀국 익조(翌朝) 초조한 신문기자회에서 그 무정견한 포부의 편린을 보이었으며, 당야(當夜)의 방송을 통하여 그 정치적 공허를 암시하였으며, 그 포위생활에서 그 무능의 일면을 표명하였다. 심지어 "나에게 맡기시오," "나를 내세우시오," "나를 따라오시오" 등등의 독존적 태도에는 우리는 오직 아연하였을 뿐이다.

그러나 조선의 혁명가는 금도(襟度)가 넓고 조선의 민중은 관대하다. 박사가 조

---

* 원래 이 글은 『人民』 제2권 1호 (1946년 1·2월), 11~15쪽에 실린 것을 전재한 것이다.

선을 떠난 지 30여 년이라 조선의 실정에 통효(通曉)하지 못할 것은 당연한 일일 것이며, 또 그러므로 불순분자의 포위책동을 뚫고 나올 수 있도록 조력하는 것이 정당하다고 우리는 그 방향으로 노력하면서 박사의 명찰을 기대하였던 것이다. 그러나 박사는 불행하게도 친일파 민족반역자의 중위(重圍) 속으로 점점 깊이 들어가 그야말로 곤재핵심(困在核心)에 빠지게 되었으니, 민중이 '천청(天聽)'에 달할 바가 없게 되었다. 이리하여 민중의 동향을 보지 못하며 민중의 소리를 듣지 못하는 박사는 "덮어 놓고 뭉치자," "누가 누구인지 모르겠다," "외국인에게 어떻게 처단을 구하는가," "친일파 민족반역자의 처분은 뒤에 하자" 등등으로 무원칙 통일론을 주장하며 그 실천에 착수하게 되었다.

3

원래 李박사가 조선독립에 기여하며 민족통일운동에 기여할 수 있는 최선의 방도는 한편으로 인민공화국의 주석에 취임하여 민족통일을 획책하면서, 다른 한편 혼란한 민족주의진영을 정비 조직하는 것이었다. 그러나 자기에게 부여된 임무를 심각하게 인식하지 못하고 객관적 현실에 대한 정당한 판단이 없이 박사가 박사 독자(獨自)에 통일운동을 전개하게 된 것은 박사를 위하여 애석한 일이었다. 이 무원칙한 통일운동에 원칙을 세우며, 그것을 옳은 방향으로 이끄는 것이 우리의 사명이라고 생각하였으며, 박사의 성공을 기대하는 것이 우리의 성의라고 우리는 믿었다.

李박사의 통일운동은 10월 23일 독립촉성중앙협의회의 탄생에 발족하였으며, 또 그것이 절정이었다. 李박사 면담을 위하여 자의로 등록한 군소 사이비 정당에까지 대중적 지반을 가진 대정당과 동격으로 참가의 '은전(恩典)'이 내리었으니, 그것은 진지한 통일운동이 아니라 모략적 야합의 획책이었다. 그 대중적 지지의 대소나, 그 구성의 흑백을 불문하고 1단체, 대표 1인, 표결권 1표의 균등으로 11월 2일 천도교당에서 중앙협의회 총회는 개최되었다. 하등 자격의 심사도 없이 따라서 60단체 대표 약 200명이라는 기현상으로 이곳에서 다수결의 원칙이 적용된다면, 그러한 악질의 민주주의는 없을 것이다. 결의안을 강제로 통과시켜 민족통일의 공로를 독점하려는 모략은 만만한 치기(稚氣)로 돌려 오히려 일소에 부치려니와, 반대의견을 진술하는 발언자에게는 퇴장을 명령하거나, 경관을 시켜 잡아내려 하는 추태를 연출하여 언론 불통의 외국 신문기자까지 장내의 공기에 의분을 느끼게 하는데 이르러서는 한심하다고 하지 않을 수 없다.

4

박사의 국제적 시야는 몹시도 협애하다. 그 반소반공의 근본적 태도는 그로 하여금 조선해방의 국제성을 잘못 인식케 하여 조선문제의 해결을 고립적으로 기도케 하였다. 38도선의 존재를 반소 데마에 역용하며, 원자탄의 위력을 빌어 이것을 해결할 수 있을 것 같은 구문(口吻)으로 그 국제정세의 관찰은 상식하적(常識下的) 우론에서 일보를 더 나아가지 못하였을 뿐 아니라, 그 미소 이간은 평화교란의 무서운 귀결을 짓게 된다. 그 국내정세에 대한 문제의 제기와 판단은 극도로 편파하며 독선적이었다. 국내 혁명운동의 필연적 소산이며 민족통일전선의 표현형태인 인민공화국을 부인 내지 말살하고, 조선민중과 거리가 먼 재중경 임시정부를 그대로 영립(迎立)하여 민의를 무시하고, 이것을 조선민족에게 강제하려 하였다. 일본제국주의의 잔존세력을 소탕하지 않고는 조선의 해방이 허명이며, 조선의 독립을 서기(庶幾) 할 수 없다는 천하의 상식에 그는 이목을 가리웠다.

불요불굴 반제반전의 혈투를 계속하여 온 국내의 혁명세력을 전연 무시하고 유아독존적 법통론을 주장하는 것은 그 정치 견식의 심천(深淺)을 표명하는 것이며, 독재적 경향의 맹아를 노출하는 것에 불과하거니와, 그 무원칙한 통일론은 일본제국주의의 연장을 초래하는 결과에 이르며, 민족의 분열을 확대 재생산하는 민족적 자멸책이라는 것을 박사는 인식하지 못하는 모양이다. 국내의 실정을 철저히 조사하여 냉정하고 공정한 판단을 내림으로써 문제 해결의 관건을 찾으려는 성의와 노력이 없이 국내 질서의 혼란과 노동자 농민의 태업을 방송하는 어떤 세력의 아나운서의 역할을 연출하였다. 신문기자대회 석상에서 박사는 조선 사람에게 "Freedom from Labour," 일 안하는 자유가 생겼다고 말하였다. 이러한 원치 않는 자유가 생기는 진인(眞因)을 진지하게 구명함으로써만 조선민중의 생활문제가 해결되는 것이며, 또 그것이 지도자인 박사의 사명일 것이다. 불공평한 제3자적, 방관적 태도는 우리가 희망하는 바 아니다.

5

박사의 "덮어놓고 뭉치자"는 통일운동이 무원칙에서 출발하여 비민주주의적 방법으로 전개되었다는 것은 전술한 바와 같다. 의식적인지 무의식적인지 속단할 수 없거니와, 친일파 민족반역자의 배제를 법적 처단과 혼동하였다. 친일파 민족반역자라는 용어는 대단 막연한 것 같으나, 구체적으로 일일이 지명할 수 있을 만큼 민중의 눈에는 확연하다.

이 일본제국주의 그 자체이며, 그 잔재인 이들을 숭고한 우리 건국 성업에 참획시키지 않음으로써 민족의 완전통일을 기도하자는 주장이며, 조선의 자주독립을 실현하자는 의욕이다. 박사의 협애 편협한 국제 국내정세의 파악과 인식은, 그 무원칙 통일론의 비민주주의적 진전과 아울러 연합국에 전송되었다는 중앙협의회 결의문에 집중적으로 표현되었다. 그 내용은 이미 주지에 속하거니와, 앙양하는 조선민족의 애국열을 역용하여 배타적 국수적으로 조선을 지향시키는 것이 민족적 자멸책임은 물론이거니와, 조선해방의 은인인 연합국에 대한 배은망덕적 태도는 그 배후에 어떤 모략이 잠재하는 것은 고사하고, 예의를 존중하는 조선민족의 치욕이다. 이 결의문은 결코 조선민족의 통일된 소리가 아니다.

박사가 대외적으로 그 통일 성공을 과시하려고 초조하였던 이유는 나변에 존재하는지, 임시정부 절대 지지를 대의명분으로 내세우면서 그 환국 이전에 '하나 무엇'을 만들어 보려는 의도는 과연 무엇을 의미하는 것일지, 우리는 경솔한 추단(推斷)을 피하려 한다. 그 결의문이 수정위원회의 정식 수정도 거치지 않고 타전된 사실을 엄폐하면서 공산당의 반대 주장을 무마하는 방편으로 기초를 朴憲永씨에게 새로 일임하였다는 경과, 朴憲永씨의 초안이 유야무야에 돌아가고 말았다는 진상은 과연 어떻게 설명할 것인가? 정치모략에서 상고적(商賈的) 협잡으로 타락하였다는 이 한심한 결과에 우리는 영욕무언(寧欲無言)이다. 박사의 초당적, 공적(公的) 공정(公正)에 신뢰하여 중앙협의회의 집행위원을 선출할 전형위원 7명을 박사에게 일임 지명케 하였다. 박사의 모든 실패에도 불구하고 그래도 박사를 존경하고 아끼는 조선민중은 이 전형위원 지명에 박사의 초당파적 공정을 암축(暗祝)하면서 중앙협의회의 갱생은 오직 이곳에 있을 것을 기대하였다. 그러나 박사의 시금석이던 이 지명도 11월 말에 이르러 비로소 한국민주당원 5명에 呂運亨, 安在鴻 양씨를 가하는 결과로 세상에 나타났다.

이 전형위원회 구성의 편파성이 지적되자, 황당하게 이것을 유산시키고 수일 후에 다시 대동소이한 구성을 발표하는 실태(失態)를 연출하였다. 이와 같이 조선민족통일전선의 최고 표현형태인 것처럼 전세계에 과시하려 하던 중앙협의회의 말로는 추태 백출한 나머지 처참한 현상에 이르고 있다.

6

3천만 조선민족의 태산 같은 기대와 열광적 환영을 받으면서 민족통일운동의 최고지도자로서 '국부'라는 존칭까지 누리면서 고국에 나타난 노(老)박사는 주관적으로는 불순분자의 포위로 인하여 조선의 현실과는 천리의 상거(相距)를 짓고 조선의 민중과는 유리되고야 말았다. 최고지도자의 천정으로부터 분열 혼란의 책임자라는 나락으로 떨어지고 만 것은 박사를 위하여 한심하고 애석한 일이나, 이 무원칙 통일론의 말로는 우리에게 불원한 은감(殷鑑)이며 산 교훈이다.

　박사는 스스로 민중 속에 들어가 그 총명을 널리 열어보려는 노력을 하지 않았을 뿐 아니라, 민중에의 접근을 의식적으로 거부하였다. 애국열에 불타는 순진하고 씩씩한 청년의 애끓는 열정, 장래 조선을 쌍견(雙肩)에 지려는 이 믿음직한 청년의 성의를 일축하였다는 엄연한 사실은 민중의 눈에는 복마전으로 비치고 있으니 이 어찌 된 일일까?

　히틀러는 "감옥은 호텔이 아니다"라고 말한 일이 있지만, 이와 반대로 "호텔은 감옥이 아니다"라고 우리는 외치고 싶다. 조선민중 속에 깊이 들어가 민중과 같이 호흡하며 민중과 더불어 맥박침으로써 조선민족의 진두에 다시 용감하게 서주기를 노박사를 존경하는 우리는 박사에게 기대하며 희망하여 마지않는다. 이 길만이 박사 자신을 위하는 유일의 길이며, 조선민족의 행복에 기여하는 소이라고 우리는 확신한다.

(1945년 12월 7일. 잡지 『人民』 제2호 소재)

2. 민족통일전선문제*

1

통일전선이란 대체 무엇을 의미하는 것인가?
　근본적 주장이 다르고 궁극의 목적이 틀리는 여러 진영이 당면한 공동 목표에 도달하기 위하여 서로 통일하는 전선이며, 그들이 공동의 적을 타도하기 위하여 취하는 전술이다. 파시즘이 대두할 때 사회민주주의자와 공산주의자와의 사이에 통일전선문제가 제기되었다. 식민지 반식민지에서는 민족주의자와 공산주의자의 반제투쟁을 위한 통일전선이 구현되었었다.
　파시즘의 미만(彌漫), 군국주의의 발호로 제2차 세계대전의 위기가 각각으로 닥쳐올 때 반파시즘, 반전(反戰)의 진보적 모든 요소를 집결하려는 인민전선이 국제적으로 논의되고 그 투쟁이 세계적 범위에서 전개되었던 것이다. 제2차 세계대전에 있어서 소련을 선두로 하는 민주주의 연합국의 공동전선은 독일 파시즘과 일본군국주의에 대한 통일전선의 최고의 형태이며 세계평화를 건설하려는 국제적 인민전선의 광범한 표현인 것이다.

2

　조선해방운동사상에 있어서 통일전선문제는 어떻게 되었었는가? 조선이 강도 일본제국주의에 병탄된 후 조선민족은 그 포학무비한 기반에서 벗어나려고 그 야수적 억압 착취의 지옥에서 해방되려고 불요불굴 꾸준하게도 반제 혈투를 계속하여 왔다. 세계혁명의 조류의 한 표현으로 3·1운동은 전조선민족을 궐기시켜 일본제국주의의 아성을 진감(震撼)시켰다. 그러나 조선의 토착지주와 민족자본가는 일본제국주의로부터 받은 사소한 시혜적 양보를 계기로 민족진영을 배반하고 말았던 것이다.
　조선 내에서 대두하는 계급운동에 전율을 느낀 그들은 감심(甘心)하고 일본제국주의의 품안으로 기어들어 일로 반동의 길을 걸어갔던 것이다.

＊ 원래 이 글은 『人民評論』 창간호 (1946년 3월), 28~32쪽에 실린 것을 전재한 것이다.

이러한 전선의 분열이 있었음에도 불구하고 아니 도리어 그러므로 조선의 근로대중은 공산주의자와 좌익 민족주의자를 중심으로 반제진영에 결집하여 일본제국주의 타도의 기치를 높이 들고 그 영웅적 투쟁을 감행하여 왔다. 일본제국주의는 만주 병탄으로 만족치 않고 나아가 대중(對中) 강탈전을 일으키고 또다시 소위 대동아전으로 돌진하였다. 이 동안 조선민족에 대한 거세 강탈은 그 극도에 달하여 조선민족은 아주 민족적으로 말살되게 되었다.

이 시대에 있어서 일본제국주의의 주구배(走狗輩)는 무엇을 하였던가? '황민'화 운동의 선구가 되어가지고 사상은 물론 언어, 문학 내지 성까지 없애려고 하지 않았던가?

'황도'의 천양(天壤) 무궁을 선양하며 일본제국주의의 강탈전쟁을 '동양민족의 해방을 위한 전쟁'이라고 하며 약탈적 공출을 합리화시키며 조선의 순진한 청년을 전장의 고해로, 탄갱의 지옥으로 채찍질하여 몰지 않았던가? 이들 친일파 민족반역자의 죄악은 그야말로 관천하는 것으로서 아직도 우리 기억에 새롭다.

조선민족해방운동은 토착지주와 민족자본가의 반동으로 인하여 완전한 민족적 통일진영을 형성하지 못하였고 조선의 반제투쟁은 소위 지도자층의 변절로 분열의 고난을 비상(備嘗)하였다. 조선은 일본제국주의의 암이 되어있음에도 불구하고 조선의 반제투쟁은 일본제국주의를 자력으로 붕괴시키지 못하였고 조선민족은 독력으로 해방의 성업을 성취하지 못하였던 것이다.

3

소련을 선구로 하는 민주주의 연합국의 혁혁한 승전으로 만년불패를 자과(自誇)하던 독일 파시즘과 일본군국주의는 선후하여 도괴되고 말았다. 식민지 조선에도 해방의 꽃이 피었으며 독립의 열매가 약속되었다. 자주 완전독립이라는 것이 조선민족에게 부여된 당면의 과업이며 이 임무를 완수하기 위하여서는 조선민족의 통일이 무조건적으로 요청되는 것이다. 일본제국주의의 잔존세력을 소탕함으로써만 조선의 완전독립은 실현되는 것이며 친일파 민족반역자를 숙청하고 진보적 민주주의 요소를 광범 공고히 결집함으로써만 조선민족의 통일전선은 완성되는 것이다.

친일파 민족반역자는 8월 15일 이전의 그 관천의 죄악을 배가하여 8월 15일 이후 신형의 민족반역자로 전화되어 확대 재생산되고 있다. 쓰러져 가는 일본제국주의 관헌과 내통하여 건국준비의 성업을 방해하며, 경제를 교란하여 민중생활을 도탄에 빠지게 하였다. 군정에 아부하여 군정과 조선인민을 이간하며, 38도문제로 미소 양국을 대립시켜 세계평화를 문란케 하려 한다. 이 반역자의 도량은 민족진영을 분열 혼란케 하며, 조선민족의 정치적 자주능력을 부인케 한다.

조선민족의 통일전선이 민주주의 강령을 엄수하는 원칙에서 이러한 친일파 민족반역자를 배제하고 진보적 민주주의 요소를 결집하여야 한다는 것은 이미 천하의 상식이 되었다. 친일파 민족반역자를 민족통일전선에 포용하거나 잠입시키는 것은 통일을 분열로, 정돈을 혼란으로 유도하는 것이며 조선의 자주독립을 위하는 것이 아니라 일본제국주의의 연장을 초래하는 것이다. 그것은 결코 동포애적 아량이 아니라 민족적 자멸책인 것이다.

그러면 진보적 민주주의요소란 무엇일 것인가? 그것은 첫째, 근로대중의 이익을 옹호할 수 있는 민주주의 인민정권의 확립을 위하여 싸우는 것이며 둘째, 친소 친미 국제친선을 도모하는 것이며 셋째, 좌익과 제휴하는 것이 되어야 할 것이다. 장래 조선민족이 가져야 할 정권은 어떤 특권계급의 이익을 대표하는 주권이어서는 안 된다.

그것은 인민을 위한, 인민에 의한, 인민의 주권이어야 할 것이다. 조선해방의 국제적 관련성으로 보아, 또 조선이 갖는 지리적 조건으로 세계평화에 기여할 조선의 역할로 보아, 조선은 배타적 국수적이 되어서는 안 될 것이다. 끝으로 조선해방운동사상 남긴 공적으로 보던지, 조선 완전독립이라는 중대 사명으로 보던지, 조선에 있어서는 좌익진영을 중시하지 않을 수 없는 것이다.

4

서울이라는 곳은 일본제국주의가 식민지 조선을 지배하던 중심이었던 만큼 친일파 민족반역자 본거(本據)이었다. 8월 15일 3천만 조선민족이 해방의 환희에 잠겼을 때 제 지방에서 발을 붙일 수 없는 친일파 민족반역자의 도배는 서울로 구명도생(求命圖生)의 길을 찾았던 것이다. 이리하여 서울은 친일파 민족반역자 소굴로 화하고 말았다.

이면에 있어서의 모략은 고사막론(姑捨莫論)하려니와, 민족주의진영의 불비와 정치 부로커의 발호는 군소정당 난립이라는 현상을 보게 하였다. 이 서울의 표면 현상에 현란되어서 이것을 전국적으로 추론하려는 것은 민중의 동향을 모르는 근시안의 판단에 불과하는 것이다.

8월 15일 이후 조선민족은 건국준비위원회를 중심으로, 다시 발전하여서는 인민위원회의 기치 밑으로 통일되었다. 노동자는 전평으로, 농민은 전농으로, 청년은 청총으로, 부인은 부총으로 통일되어 가지고 문화학술단체에도 통일의 기운이 농숙하여 가고 있다.
 전국인민위원회 대표자대회의 성과에서 우리는 조선민족통일전선의 최고형태의 표현을 보았으며 조선민족통일운동의 신기축을 보았다. 이와 반대로 덮어놓고 뭉치자는 무원칙한 통일론이 진전되는 통일운동을 분열시켜 숙명적으로 실패로 돌아가게 되는 실례를 우리는 李承晩박사를 중심으로 하는 독립촉성중앙협의회 운동에서 볼 수 있다. 이 덮어놓고 뭉치자는 무원칙한 통일운동이 친일파의 정권으로 귀결된다는 것은 상술한 바와 같거니와, 중앙협의회의 비민주주의적 구성, 李박사의 국제문제에 대한 부정당한 파악, 그 반소 반공적 태도, 그 민족 파쇼적 자멸정책은 소위 결의문에서 집중적으로 표현되었다. 이러한 조선민족의 치욕이라고 할 수 있는 결의문은 수정위원회의 수정도 거치지 않고 공산당측의 반대를 무시하고 '조선인민의 통일된 소리'라는 참칭으로 연합 4국에 전송되었다.
 대외적으로 조선민족통일의 성공을 자과한 李박사의 통일운동은 그 무원칙한 출발로 인하여 또 그 비민주주의적 진행에 의하여 드디어 좌절되고 만 것이다. 이 희극은 중앙협의회의 중앙집행위원을 선정할 전형위원 7명-지명 呂運亨, 安在鴻 그리고 한국민주당 5명-에서 그 막을 닫게 되었다. 이리하여 조선민족통일운동의 최고지도자의 천정으로부터 李박사는 불행하게도 분열책임자의 나락으로 떨어지고 만 것이다. 이것은 결코 李박사라는 자연인의 죄과가 아니오, 그 무원칙한 정견에 기인한다는 것을 우리는 명기하여야 한다. 은감(殷鑑)이 불원하니 민족통일전선 결성을 논의할 때 반드시 그곳에는 원칙이 있어야 한다는 것을 우리는 잊어서는 안 된다.

5

 통일전선에는 위로부터의 통일전선과 밑으로부터의 통일전선이 있다. 밑으로부터의 대중의 통일이 제1차적이오, 근본적임은 췌언을 요할 것까지 없다. 조선의 현실이 위로부터의 통일전선을 요청하고 있으나 그러나 그것은 어디까지든지 제2차적 의의를 가질 뿐이다.
 조선에 있어서 통일전선이 밑으로부터서는 활발한 진전을 보이고 있으며 거의 완성의 역에 도달하려 하고 있다. 남아 있는 한 문제는 위로부터의 통일에 있다. 그중에서도 해내 혁명세력과 해외 혁명세력과의 통일에 있다.
 중경 임시정부는 27년이라는 긴 역사를 자랑하며 그 정통성을 주장하나, 그러나 그것은 해외 혁명세력의 일부를 대표하는 데 불과한 것이며 조선민중과 유리되어 있다는 것은 부인할 수 없는 엄연한 사실이다. 인민정부는 그 분분한 포폄에도 불구하고 그것은 조선해방운동의 필연적 소산이며 국내 혁명세력의 표현인 것이다. 그 생사(生史)의 역사가 짧기는 하나 그것은 광범한 통일선(統一線)을 기초로 민중 속에 깊이 뿌리박고 있다. 우리는 솔직하게 그리고 공정하게 내외 세력을 평가하여야 한다.

중경 임시정부가 조선독립운동에 기여한 공헌을 우리는 정당하게 인식하여야 하며 그러므로 金九씨를 중심으로 하는 혁명선배에게 무한의 경의를 표하는 것이다. 임시정부는 그 역사가 긴 만큼 조선 애국자의 동경의 적(的)이 되었으며 관념적으로나마 조선민중 사이에 영향을 가지고 있다는 것을 우리는 부인하려고 하지 않는다. 그러나 그렇다고 하여서 임시정부가 곧 조선인민이 희구하는 정권이 될 수는 없는 것이다.

조선 국내의 혁명운동의 필연적 발전으로 조선인민의 총의로 탄생되고 육성되는 인민위원회 내지 조선인민공화국을 말살하려는 음모배들은 그 엄폐의 방패로 임시정부 지지의 간판을 들고 나왔다. 그러므로 임시정부는 불행하게도 국내의 반동세력 내지 친일파 민족반역자를 통하여 지지를 조선민중에게 요구하는 결과에 이르게 되었다. 이리하여 임시정부는 국내의 혁명세력과 접근이 곤란케 되었으며 조선인민에의 그 호소가 통하지 못하게 되었다.

임시정부는 모름지기 이 국내의 실정을 정당하게 파악하고 한편으로는 자가(自家) 지지라는 이유에 현혹되지 말고 그 주위에 모이는 친일파 민족반역자를 완전히 청소하여야 할 것이다.

이 원칙을 지키는데서만 국내 혁명세력과의 악수가 가능하며 따라서 민중에의 접근이 실현될 것이다. 이리하여서만 위로부터의 통일이 실현될 것이며 그러함으로써만 조선민족통일에 기여할 수 있으며 완전독립 달성에 공헌할 수 있는 것이다. 조선민족의 통일은 3천만 전민족의 통일이며 38도 남북을 통한 통일이다. 조선문제의 해결은 고립적으로 되는 것이 아니라, 국제적으로서만 되는 것이다. 조선민족이 스스로 38도를 국경으로 인식하여 분열이라는 불행을 자초하여서는 안 될 것이다. 38도선을 넘는 통일을 우리는 주장하며, 위로부터의 통일전선 결성에 있어서도 친일파 민족반역자의 배제라는 원칙을 우리는 고수하여야 할 것이다.

이러한 원칙 하에서만 통일은 실현되는 것이며 이러한 통일에서만 완전독립은 달성되는 것이다.

(1945년 12월, 『人民評論』 창간호 소재)

3. 민족통일과 金九 선생에의 기대

1

조선의 완전독립을 위하여서는 순정한 민족통일이 요청되며 신성한 민족통일 전선 결성에서 친일파 민족반역자를 배제하여야 한다는 것은 조선민족이라면 누구나 다 승인할 수 있는 천하의 상식이 되었다.

그러나 이것을 아직도 명료히 이해하지 못하는 층이 있다는 것을 우리는 듣고 있다.

누가 누구인지를 모르겠다든가, 배제와 처단을 혼동하는 것이라든가, 심지어 배제의 선후 동일론(同—論)이라든가, 이러한 인식의 혼란으로 보아 우리는 이곳에서 또다시 이 문제를 분석할 필요가 있다고 생각한다.

적어도 조선민족으로서 일본제국주의의 압박을 받아온 사람이라면 누구나 일본제국주의의 앞잡이가 되어 또는 일본사람보다도 더 악독하게 우리를 억압하던 조선말 하는 왜놈을 보았을 것이며, 또 감각하였을 것이다. 조선민족이라면 다 알 것이며, 조선인민이라면 다 느끼고 있을 것이다. 모른다는 것은 사실로 조선의 실정에 어둡거나 또는 고의로 실정에 눈을 가리는 소위 지도자층에서만 있을 수 있는 일이다. 현명하고 공정한 민중에게 물어보면 구체적으로 누구라는 것까지 지명할 수 있을 것이다.

2

40년간 일본제국주의의 악독 무비한 억압 착취의 지옥에서 신음하며 이 기반을 벗으려고 영웅적 혈투를 꾸준하게 계속하던 조선민족 속에 무서운 좀이 들어 있으며 아직도 그 좀은 파괴작용을 속행하고 있다.

일본제국주의의 주구가 되어 조선독립을 위한 운동, 기도, 언론 심지어 사색까지도 적발하여 일본제국주의에 이것을 밀고함으로써 자기의 명예와 지위를 올리던 자, 일본제국주의의 '천양무궁(天壤無窮)'을 확신하고 적극적 자발적으로 '황민'을 선양하던 도배, 일본제국주의의 침략전쟁으로 하여금 동양민족 해방을 위한 '성전'이라 하여 조선의 청년을 전장으로 탄갱으로 채찍질하여 몰던 소위 '명사,'

'지도자,' 조선의 말과 글을 금하여 내지 성까지 변하게 하는 '황민화'운동의 선구로 자처하던 자, 강탈전쟁에 적극적으로 원조 협력하여 그 덕택으로 거부가 된 무리 등등은 조선민족을 씨(種)까지 없애려던 도당이다.

  8월 15일 조선해방의 역사적 세기적인 날, 3천만 민족이 환희에 넘쳐 뛰던 이 날, 그들 친일파 민족반역자는 자기의 과거를 회고하고 전율을 느끼었을 것이며 사실에 있어서는 쥐구멍을 찾기에 정신이 없었다. 그들 중의 악질분자는 붕괴 일본제국주의의 최후의 반동을 틈타서 또 미군 상륙을 전후하여 최후의 발악을 시작하였다. 쓰러져 가는 일본관헌과 내통하여 건국을 방해하는 행위, 조선민족의 정치적 능력을 부정하고 악선전하여 조선의 자주독립을 천연시키려는 행동, 군정에 아부하여 군정과 민중을 이간하며 중상과 무고로 조선민족진영의 분열을 획책하는 비행 등등, 그들은 '지도자'의 탈을 쓰고 자기의 권익을 위하여 8월 15일 이전의 구악을 배가하고 있다.

3

  이러한 무리는 인종상으로는 조선인이면서도 민족상으로는 조선민족이 아니다. 우리는 이 일본제국주의 그 자체이며 그 잔재인 친일파 민족반역자가 신성한 조선민족통일전선에 잠입하여 위대한 건국사업에 참획하는 것을 용인할 수 없으며, 또 하여서는 안 된다. 이 용인에서 오는 결과는 과거의 '내선일체'의 재현과 다를 것이 없으며, 반역자의 포용은 동포애의 아량이 아니라 스스로 구하는 민족자멸책이다.

  외인 앞에 더러운 것을 내놓고 처단을 바랄 것이 아니라는 론(論)이 있다. 그러나 우리 민족은 썩은 좀을 안고서 멸망하기보다는 더러운 것을 천하에 내어놓고 세기의 심판을 받는 것이 오히려 당당할 것이며 또 행복을 찾는 길일 것이다.

  우리는 지금 당장 반역자의 처단을 운운하는 것이 아니라 그들을 신성하고 숭고한 독립의 영예에 참여시킬 수 없다는 것을 주장하는 것이다. 처단은 외인의 손을 빌어서 하는 것이 아니고, 공명정대한 민중재판을 기다려서 할 것이다. 그대로 우선 한데 뭉치고 처단은 그 뒤에 하자는 무원칙한 통일론이 배제와 처단을 의식적 또 무의식적으로 혼동하는 것이며, 통일을 분열로 정돈을 혼란으로 유도하는 결과에 이르렀다는 것은 이미 천하주지의 사실에 속한다. "먼저 제외하거나 나중에 처단하거나 역시 일반"이라고 생각하는 경향도 있으나 이것도 대동소이한 우론에 불과하다. 진리는 오직 하나밖에 없는 것이다. 먼저 하는 것이 옳다면 뒤에 하는 것은 반드시 그른 것이다.

4

조선의 3천만 민중은 재중경 임시정부 요인들의 환국을 고대하였으며, 11월 24일 金九선생 이하 혁명선배 동지가 개인의 자격으로 환국하자 3천리 강산은 환희의 빛에 넘치고 있다. 이것은 임시정부문제를 떠나서 그들 혁명선배의 조선해방 혈투사에 남긴 공적을 찬양하는 것이며, 지금 당면의 과제가 되어있는 광범하고 공고한 민족통일전선 결성에 있어 신기축을 기대함으로써 이며, 해내해외의 혁명세력의 원만한 통합을 기원함으로써 이다. 선생에 대한 조선민중의 기대와 희망이 막대한 만큼 선생의 계획은 엄밀하여야 하며, 판단은 공정하여야 하며, 행동은 신중하여야 할 것이다. 선생의 지도가 옳을 때에만 민중은 선생을 따를 것이다. 환영 기분에 도취되어 망자존대(妄自尊大)하거나 아부하는 도배에 쌓여 민중의 소리를 듣지 못한다면 조선민중의 기대는 실망으로 돌아갈 것이다. 우리는 쓰라린 경험을 가졌기 때문에 선생을 지도자로서 아끼고 존경하는 충정에서 불손을 무릅쓰고 감히 고언을 드리는 것이다. 은감이 불원하니, 전자의 복철(覆轍)을 다시 밟아서는 안 될 것이다.

(<朝鮮人民報>, 1945년 12월 12일.)

4. 李박사와 보국기금

1

李承晚박사의 "덮어놓고 뭉치자"의 무원칙 통일론은 박사의 주위를 위요하고 있는 불순분자의 책략과 상호 호응하여 통일을 분열로, 정돈을 혼란으로 유도하였다.

독립촉성중앙협의회를 통한 박사의 통일운동이 비민주주의적으로 전개되고 자신의 통일 성공을 세계에 과시하려는 야망은 소위 결의문 발송 경위에서 여지없이 노현(露現)되었다.

정치적 모략에서 상고적(商賈的) 협잡으로 일로 타락의 길을 걸어가는 역력한 전말은 이미 천하주지의 사실에 속한다. 민족통일의 최고지도자로서 심지어 '국부'로서 3천만 전민족이 열광적 환영과 최대의 기대를 혼신에 집중시키던 박사가 불과 일삭(一朔)에 이러한 나락으로 떨어지는 것을 볼 때 박사를 존경하고 아끼는 조선민중은 이 모든 책임을, 박사의 총명을 엄폐하는 박사 주위의 친일파 민족반역자에게 돌리면서 건국성업을 위하여 또 박사 자신을 위하여 통분함을 금치 못하였다. 그리고 박사가 하루라도 속히 이 중위(重圍)를 돌파하고 용감하게 자기비판을 통하여 민족통일운동을 옳은 노선으로 인도하기를 기대하였으며 민족진영에서 민중과 같이 호흡하기를 희망하였다.

2

그러나 이것은 오로지 희망적 관측이었으며, 호의적 해석에 불과한 것으로 모든 것은 도로에 그쳤다. 박사 자신이 이 모든 것을 내포하고 있으며 그것이 발로된 것이라는 것을 우리는 유감이나 지적하지 않을 수 없다. 박사의 국제적 시야는 몹시 협애하고 국내정세 파악은 피상적이며, 그의 포부는 공허하며 정견은 완명(頑冥)하다. 이것은 여러 차례의 회담 방송 등을 통하여 여온(餘蘊) 없이 세상에 폭로되었다. 그 무원칙 통일론의 주장은 일본제국주의의 연장을 의미하는 것이며 민족분열에 귀결되는 것이다. 조선해방의 국제성을 무시하며 조선문제를 고립적으로 해결하려는 그 태도는 국내적으로는 민족자멸책이며, 국제적으로는 세계평화를 교란하는 위험이다.

3

　박사 자신을 규정하는데 있어서 최근 재계 거두로 실행위원회를 조직하여 전개되는 '보국기금' 기채(起債)운동이 산 재료를 제공하고 있다. 이 실행위원회를 구성하는 소위 재계 거두의 대부분이 국제적으로는 전쟁범죄자이오, 민족적으로는 반역자임은 엄폐할 수 없는 엄연한 사실이다. 이러한 분자를 신조선 건설이라는 지숭(至崇) 지엄한 사업에 참획시키는 것은 박사의 무원칙 통일론의 필연적 귀결이려니와, '국내 창고에 적체해 있는 물자의 인수 소화 등'은 근로대중의 희생에서 또다시 그들의 배를 불릴 것이다. '보국기금'을 전국민으로부터 갹출시킨다는 것은 그 계획이야말로 부담은 국민에게 전가시키고 명예와 발언권은 그들이 독점하자는 상투수단인 것이다.

　박사와 '재계 거두'와의 악수 협력은 박사가 주장하는 무원칙 통일론의 정체를 표명하는 구체적 실례이며 박사가 기도하는 장래 정권의 성격을 측정하는 '바로메타'가 될 것이다.

(<朝鮮人民報>, 1945년 12월 10일.)

5. 파시슴의 대두와 李박사

　독일의 나치스와 일본의 군국주의가 붕괴된 것을 보고, 곧 파시즘이 근절되었다고 생각한다면 그것은 위험천만의 망단(妄斷)이며 환상이다. 일본제국주의의 잔존세력이 얼마나 발호하고 있는가는 지금 우리가 일상생활에서 체험하고 있는 바이어니와 이것이 해방 후 앙양되는 애국운동을 악용하며, 무의식 대중 속에 뿌리를 박으려고 기도하며, 애국자의 가면을 교묘하게 장식하고 반동세력을 결집하여 민족통일을 분열시키며, 진보적 진용에 육박하고 있다. 안으로 일본제국주의의 잔학을 추동(追憧)하며 밖으로 세계대전의 참화에 상도(想到)하면 파시즘의 자체와 그 원인이 근멸되지 않았을 뿐 아니라, 또다시 싹트기 시작하는 것을 볼 때 우리는 모골이 송연함을 느끼지 않을 수 없다.
　이와 같이 조선에 있어서 파시즘의 맹아 내지 대두에 직면한 우리는 모름지기 우리의 결의를 새로이 하여 이에 대한 무자비한 투쟁을 전개하여야 하나니, 괴뢰의 호어(豪語)와 대조하여 그 세계적 연관성을 깊이 인식하지 않으면 안 될 것이다.
　李承晩박사의 소위 통일운동이 민족분열로 역행하고 있으며 그가 운동전개를 통하여 애국적 민족지도자의 가면이 벗기어지고 일 老파시스트의 정체를 폭로하게 된 것은 이미 천하주지의 사실에 속한다. 중앙인민위원회는 李박사에 대하여 이미 지난 11월 9일 그와 전연 관계가 없다는 것을 성명하였으나 민족분열 책임자로의 그의 전락, 신형 파시스트로의 그 변환을 통탄하고 경계하며 그 반성을 기대하는 성의를 아끼지 않았다. 이래 李박사의 언동을 주시한 우리는 새로운 위험에 당면하여 李박사의 주도하는 파시즘의 대두를 절대 배격하며 과감하게 투쟁하지 않으면 안 되게 되었다.
　원래 李박사는 국제적 시야의 협애와 국내정세의 몽매에서 "덮어놓고 뭉치자"는 무원칙 통일론을 독단적으로 주장하며 일본제국주의의 연장을 획책한 것이 객관적 사실이다. 인식의 착오로 판단의 공정을 잃은 군정당국의 방침을 비판하며 시정할 성의와 노력이 없이 이에 아부하며 그 충실한 대변자로 자처하여 반동세력의 영수로 추대되는데 만족하였다.

민족적 환영에 도취되어 유아독존적 태도에서 출발한 것은 고사하고 소위 독립촉성중앙협의회의 비민주주의적 구성, 그 독재적 진행, 배타적 망은적인 결의문 발표, 통일 성공을 자과하려는 그 매명적 행동, 보국기금운동을 위요한 그 상고적 협잡, 반동분자를 사주하여 불상 사건을 발생시키는 모략, 테러단과 연락하여 정당한 정치활동을 봉쇄하려는 추태 등 이 모든 사실은 李박사의 본질을 가장 웅변으로 설명하는 것이다.

　이와 같이 그의 태도와 행동은 통일을 분열로, 정돈을 혼란으로 유도한 것이다. 11월 7일 조선인민공화국에 대한 그의 월권적 독단적 판정에서 다시 더 나아가, 11월 20일에는 국내적으로뿐만 아니라 국제적으로까지 좌익을 중상하는 폭론에 이르렀다. 최근 신문이 보도하는 바와 같이 미국무성에로 괴문서를 발송한 것에는 우리는 오직 아연할 뿐이다. 해방에서 온 애국운동의 앙양을 배타주의로 역이용하여 외력에 의한 해방으로 인한 모든 제약에 대하여 일어나는 인민의 불평불만에 국수적 호소를 하면서 "나에게 맡기라," "나만 따르라"고 구호하며, "국토를 먼저 찾자"고 고함치면서 뒷방에서는 대지주 반역자본가와 긴밀하게 야합하며 좌익을 사갈시하는 그의 형모(形貌)는 히틀러, 뭇소리니의 축소 발악을 방불케 한다. 진정한 의미에 있어서 자유 조선의 완전독립을 당면 과제로 하여 세계인류사에서 전쟁의 참화의 근절을 최고 이상으로 하는 조선민족은 과감한 투지와 부동의 태세로 이에 임하여 일본제국주의의 잔존세력과 연락하여 새로이 대두하려는 파시즘을 분쇄 박멸하지 않으면 안 된다.

(1945년 12월 27일, <中央人民委員會 文獻> 소수)

6. 임정의 통일 거부

1945년 12월 31일밤 조선인민공화국 중앙인민위원회 대표 洪南杓, 鄭栢, 洪增植, 李康國 4씨와 대한민국임시정부 대표 崔東旿, 成周寔, 張建相 3씨와 회의석상에서 우리 대표가 조선민족통일을 위하여 통일위원회 구성을 제의하였던 바, 임정대표 3씨는 이 제안을 익일(翌日) 해(該) 국무위원회에 전달하여 토의할 것을 약속하는 동시에 공문으로서의 제안을 요청하였던 것이다. 그러므로 중앙인민위원회는 공문을 1946년 1월 1일 오전 9시에 국무위원 崔東旿씨에게 수교하여 그가 접수하였다는 서명을 받고 성의 있는 회답이 있기를 기대하였던 것이다. 동일 오후 6시에 우 공문이 반환되었는데 뜯어보고 봉환한 것이며, 그 반환하는 이유의 전문은 다음과 같다.

> 進啓者 貴方 來函은 書式上 接受키 難함으로 玆에 返還함.
> 此致
> 洪南杓 귀하
> 　　　　　　대한민국임시정부 비서처 啓

이곳에 洪南杓씨를 통한 것은 洪南杓씨의 주소를 중앙인민위원회에 연락장소로 기입하였던 까닭이며 임정이 중앙인민위원회를 직접 상대하지 않으려는 이유도 있을 것이다. 친애하는 현명한 동포여, 시각을 다투는 급박한 현하 내외정세에 있어서 서식을 운운하는 오만 무성의한 임정의 관료적 태도를 보라. 통일제안 거부의 이유를 서식에서 찾으려고 하는 그 솔직치 못한 태도는 무엇을 의미하는 것인가? 종래 그들과의 회의석상에서도 그들의 무성의한 태도를 우리는 보았으며 심지어 "인민공화국은 우리 안중에 없다," "인민공화국 말만 들어도 구역이 난다"는 등의 폭언까지도 우리는 들었으나 우리는 민족통일을 위한 성의에서 이 모든 것을 참고 교섭을 거듭하여 금차 구체적 제안에까지 도달하였던 것이다.

그러나 그들의 독선적 군림적 관료적 태도에는 미동이 없으며, 객관적 현실의 정확한 파악에서 민족 당면의 과업을 완수하려는 용의가 그들에게는 소호도 없다는 것을 그들은 그들의 행동을 통하여 천하에 폭로하였다. 자파세력을 신장하려는 야욕은 조변석개하는 작금의 그 무책임한 지도에서 충분히 표명되었다. 독선에서 출발하고, 전제로 진행하는 소위 '반탁치 국민총동원위원회,' 무모한 소위 내정부 포고, "탁치 변명은 하지 중장의 농락이다. 우리에게는 오직 새로운 독립운동이 있을 뿐이다" 운운의 金九씨의 발언 등등은 민족분열을 획책하는 음모이다. 민족분열의 최고책임자라는 낙인은 소위 대한민국임시정부 위에 찍히지 않으면 안 되게 되었다.

그들에게는 조선의 완전독립보다는 대한민국임시정부라는 간판이 소망한 것이며 조선민족의 통일보다는 그들의 소위 법통과 체면에 미련이 있는 것이다. 그들은 친일파 민족반역자에게 위요되고 호화로운 환대에 도취되어 망자존대하며 한편 테러단에 입각하면서, 다른 한편 인민의 애국심을 역용하여 대중적 지반을 구하려는 파쇼적 경향을 차차 나타내고 있다. 소위 임정과의 통일을 위하여 우리는 겸허한 성의와 최대의 양보를 아끼지 않았다. 그러나 우리의 노력은 그들의 완명으로 인하여 수포에 돌아갔다. 이제야 우리는 민족분열을 획책하며, 파쇼화하는 임정을 배제하고 배전의 결의와 노력으로 민족통일을 민주주의적으로 완성하는 일로로 매진하려 한다.

(1946년 1월 2일, 중앙인민위원회 담화)

제2장 해설

李 박사는 그 무원칙 통일론이 1945년 11월 2일의 중앙협의회의 실패에 그 제1차의 좌절을 보게 되자 11월 7일밤 방송을 통하여 인민공화국 주석을 거부하고 그 파당성을 여지없이 노출시키자 각성한 민중여론은 패연(沛然) 성우(盛雨)와 같이 그의 본질을 추궁하기 시작하였다.

제1문은 李박사 입국 이래 약 2개월 동안의 그의 행적을 추구하여 소위 '국부'라는 신비 가면을 여지없이 박탈하고 폭로하였으며, 과감 솔직하게 간단명료하게 그 본질을 규정하여 독재적 경향의 맹아를 적출하고 민족분열의 책임을 추궁한 것이며, 비민주주의적 방관적 태도를 규명한 것이다. 또 중앙협의회를 중심한 정치적 모략, 상고적 협잡, 추태로 시종한 '민족통일'의 경과를 다각적 분석과 유유한 풍자로서 지적한 것이다. 또 반역자의 중위(重圍)에 쌓인 무원칙 통일론자의 말로에 경종을 치며 반성을 촉하는 것도 오로지 민족을 사랑하는 성의의 발현일 것이다.

제2문은 민족통일전선에 대한 이론적 분석, 정치학적 규정, 조선민족통일운동의 역사와 그 미완성의 근인(根因), 조선민주주의의 특질과 그 사회적 기초, 조선의 민족통일의 특수성, 위로부터의 통일이 갖는 의의 등을 그 내용으로 한다. 실로 이러한 이론 위에서 씨는 일부 인사의 '임정'을 과소평가하는 오류를 경계하고, 그 응당한 현실적 존재를 긍정하고 그 본질과 동시에 그것이 민중에게 주는 영향, 그리고 그 근거를 정확하게 파악하여 신중하게 민중을 지도하였던 것이다.

제3문에서 우리는 민족통일의 평이한 해명, 민족반역자의 간결한 규정, 그리고 그것을 싸고도는 제 우론(愚論)의 비판, 이 같은 조선현실의 보고를 통하여 아직 현상에 어두운 입국초의 '임정'요인들에게 주는 친절하고도 정녕(叮嚀)한 환영사를 읽을 수 있다.

제4문은 보국기금의 본질을 통하여 민족반역자와 손을 잡고 상고적 협잡의 나락에 떨어져가는 李박사의 뚜렷한 용모를 여실히 폭로한 것이다.

제5문은 씨 자신이 일찍이 1930년 독일 유학시대 몸소 파시즘의 대두와 투쟁하던 경험에 비추어 조선에 대두하는 신형 파시즘의 맹아를 기민하게 포착하고, 때마침 막부에 열린 3국 외상회의를 파괴하려는 국제 파시스트의 일환인 조선 파시스트의 전모를 폭로한 것이니, 우리는 이 전문을 읽고서 李박사의 과거를 깊이 인식하여야 할 것이다.
　막부 3상회의 결정이 발표되어 조선민족의 통일 미완성이 국제적으로 확인되자 중앙인민위원회의 임정에 대한 통일교섭은 일층 열렬하고 강력하였으며, 전인민의 극도의 주시에 쌓여 1945년 12월 31일 제야의 밤은 새었고, 중앙인민위원들은 다만 기대를 가지고 그 결과를 기다리었다. 그러나 임정측의 완명으로 그것이 실패에 돌아가자 제6문과 같은 담화로써 그 경과를 천하에 공표하고 전 민족의 공정한 판단을 기다리었던 것이다.　　— 편집자

제3장 3상회의 결정과 탁치문제

　1945년 12월 27일 막부에서 열린 3국 외상회의가 결의한 조선문제 결정이야말로 조선의 민족해방과 민주주의혁명의 과정에 있어서 실로 역사를 구획하는 거대한 성과이며 위대한 헌장이다. 그것이 국제적으로는 전후문제의 민주주의적 결산의 일환이라는 점에서 그렇고 조선문제가 세계의 평화건설과 안전보장을 위하여서 노는 역할이 일층 증대(增大)한 점에서 그렇다. 또 국내적으로는 조선민족의 독립이 불가동(不可動)의 반석 위에 서고, 그 독립이 민주주의적 방법에 의할 것이 역사적 필연성을 가지고 확고히 세워진 점에서 역사 그렇다. 그러나 이 결정의 역사적 의의가 전 민중에게 완전히 이해되기까지에는 상당한 시일을 요할 것이다. 그것은 한편으로 결정 그 자체가 전후문제의 복잡한 제 조건을 집약하여 나타난 것인 만큼 우리 민중의 아직 소박한 정치의식 정치훈련으로서는 너무도 단순치 않으며, 다른 한편 반탁의 왜곡 역선전은 이것을 발악하며 최후까지 방해하고 엄폐하려 하기 때문이다. 그러므로 3상회의 결정의 내용과 정신을 정당하게 인식하고 그것을 왜곡하여 민중을 혹란(惑亂)시키는 반탁운동의 본질을 집요하게 폭로하여 민중을 친절하게 계몽하는 것은 조선에 정치를 논하는 자의 당연한 임무일 것이다. 본장의 제론은 이러한 계몽과 인식 강화에 일조가 될 것이다. － 편집자

1. 3상회의 결정에 대하야

친애하는 3천만 동포 여러분!

지난 12월 28일에 미국으로부터 우리에게 들어온 통신은 아무런 내용도 없이 다만 3상회의가 조선에 신탁통치를 결정하였다고 전하였습니다. 이 소식을 듣고 전민족이 흥분하고 격앙한 것도 결코 무리가 아니라 생각하며 그 순수한 애국심에 대하여서는 크게 경의를 표하는 바입니다. 중앙인민위원회로서는 당시 정보가 부족한 나머지 흥분한 민중에게 그대로 추수(追隨)하고 말았던 것입니다. 그러나 우리는 점차로 3상회의 내용이 뚜렷하여 지자, 이것을 깊이 분석한 결과 그것이 조선독립을 원조하고 촉진시킨다는 것을 인식하게 되었습니다. 그리하여 중앙인민위원회는 이미 1월 3일 신문지상에 발표한 바와 같이 자기 오류를 솔직하게 시정 청산하는 동시에 3상회의를 지지하는 태도를 표명하게 되었습니다.[1] 우리는 좀더 신속하게 3상회의 내용을 구명하여 그 태도를 명확히 하지 못하고 따라서 민중에게 일시 혼란을 일으키게 한데 대하여 3천만 민중에게 깊이 사과하는 바입니다.

그러나 이제야 중앙인민위원회는 3상회의 결정이 완전히 진보적이오, 조선민족의 행복을 위한 것임을 확신하는 이상, 그 내용을 민중에게 해명하는 동시에 여하한 역선전이 있더라도 끝까지 3상회의 지지의 원칙을 뚜렷이 내세우고 전조선민족과 함께 조선의 완전독립을 확보하고 민주주의 조선의 건설의 일로를 매진하겠다는 것을 다시 한번 천하에 명시하는 바입니다.

친애하는 동포 여러분!

항간에서는 3상회의를 지지하는 것을 마치도 조선독립을 부인하는 것 같이 오

---

[1] 조선인민공화국 중앙인민위원회는 1946년 1월 4일자로 '모스크바 會談의 朝鮮問題에 對한 中央人民委員會의 解釋과 態度'라는 제목의 담화에서 "情報不足으로 因하야 前日에 犯한 誤謬, 反信託의 態度를 率直히 克服하고서 信託反對委員會를 ○○하고 世界 民主主義原則과 合致되는 강력한 民主主義的 民族戰線에 總力量으로 集中하는 한편 모스크바 會談의 決定에 依한 모든 國際的 活動에 積極的으로 參加할 것을 天下에 明示한다"고 밝힌 바 있다. <朝鮮人民報>, 1946년 1월 5일.

해하는 사람이 있습니다. 그러나 그 결정서는 명백하게 제1조에서 "조선을 독립국가로서 재건하기 위하여"라고 하였으며, 다시 제2조에서 "조선의 국가독립을 원조하기 위하여"라고 하였습니다. 그것은 조선독립을 부인하는 것이 아니라 도리어 카이로, 포쓰담 양 선언에서 막연하게 추상적으로 약속한 조선독립을 재확인한 것이며, 나아가서 독립국가 건설의 구체적 방법까지를 명시한 것입니다.

즉 "조선국가를 민주주의적 원칙 위에서 발전할 조건을 만든다"는 것입니다. 우리 민족은 8월 15일 이후 4개월이 경과하였으나 아직도 민주주의가 완전히 승리하지 못하였고 민주주의적으로 국가를 건설할 조건이 완성되지 못한 것이 사실입니다. 일본제국주의는 타도되었다 하더라도 40년 동안 뿌리박은 그 지배의 잔재는 우리의 정치생활, 경제생활, 문화생활, 우리의 두뇌 속, 이러한 모든 방면에 아직도 많이 남아 있으며 패배의 원한을 품고서 다시 살아나 보려고 기회를 노리고 있습니다.

우리 민족이 성실하게 노력하였음에도 불구하고 이와 같이 민주주의의 조건이 아직도 완성되지 못하였으니 연합국은 공동으로 원조하여 이러한 조건을 만들어서 "일본 지배의 장구한 해독을 일소할 목적으로" 조선 사람으로 된 "임시적인 민주주의정부"를 세운다는 것입니다. 이것은 국제 파쇼 군국주의를 최후까지 청소하려는 세계 민주주의 연합국의 공동목적이며 전쟁 후에도 역시 서로 제휴하여 이 신성한 목적을 수행하려는 것입니다. 조선민족으로서 과연 이것에 반대하여야 옳겠습니까?

다음으로 그러면 임시 민주주의정부는 어떠한 방법으로 조직할 것인가? 결정서 제2조는 그것을 규정하였습니다. 즉 우선 미소 양군 대표가 공동위원회를 조직하여 그 위원회가 조선의 민주주의 정당과 모든 사회단체를 초청하여 그와 협의해서 어떠한 의견을 만들어, 다음으로 그것을 4개국 정부에 전달하여 검토를 받아서 최후 결정을 얻게 됩니다. 이러한 방법은 제2차 대전 후 중국, 루마니아, 불가리아 등에서 보는 바와 같이 국내민주주의와 국제민주주의가 결합된 새로운 방법입니다. 여기에서 독재전제가, 폭력주의자, 민족반역자는 제외될 것이니 그 이외의 순정한 조선민족, 즉 민주주의를 사랑하는 조선민족은 다 같이 이것에 찬성할 줄 믿습니다.

그러면 새로운 임시정부가 조직된 다음에 공동위원회와 조선정부 급 조선민중은 어떠한 관계에 서는가?

이것은 결정서 제3조에 의하면 공동위원회는 조선정부 참석 하에 모든 민주주의적 단체를 초청하여 조선독립 완성을 원조하고 협력할 방침을 강구할 것을 위탁받게 되는 것입니다. 이것이 세간에서 말썽 많은 소위 신탁입니다. 그런데 영어로서는 그 형식, 즉 위탁한다는 데에 치중하여 트라스티쉽(Trusteeship) 신탁제도라고 하였는데, 노어로서는 그 내용 즉 원조와 협력에 치중하여 어뾰까(OnEKA) 후견이라고 하여 있습니다. 그 후에 미국측에서도 하지 중장, 번쓰 국무장관, 미국외교정책협의회 등이 조선민중의 오해를 풀기 위하여 그 내용을 설명하고 최근 에몬스 군정고문 부관은 '고문제'라 말하였습니다.

지난 1월 10일에 열린 전국 각도 인민위원회 대표자회의에서는 3상회의의 결정을 신중히 검토한 결과, 이것을 전적으로 지지할 것을 결의하는 동시에 소위 신탁의 내용을 명백히 하고 일반의 오해가 없도록 하기 위하여 남북이 통일적으로 '후원제'라는 용어를 사용하기로 결정하였습니다.

그러면 이렇게 하여 결정된 방침을 누가 실행하느냐? 물론 조선에 새로 수립되는 임시정부가 실행하는 것이니 그것은 제1조에서 당연히 결론되어 나오는 것입니다. 그러므로 주권은 조선인민에게 있는 것이며 공동위원회는 그 주권을 완전 육성시키는 역할을 하는 것입니다. 이점은 하지 중장, 에몬스 부관, 소련군사령관들이 이미 누차 언명한 바이며, 제3조의 '자주정부 Self-Government'라 함도 이 뜻을 표시한 것입니다. 이리하여 이 후원제는 형식이 신탁제도이지만, 그것은 국제헌장 제77조 제1항 즉 "제2차 세계대전의 결과로 인하여 적국으로부터 분리되는 영토(The territories which may be detached from enemy states)에 국제 신탁제를 적용한다"는 조목에 의하여 그런 형식을 취하였을 뿐이지, 내용에 있어서는 제국주의의 침략정책인 위임통치나 을사조약과는 전연 다른 것입니다.

다음으로 이 후원제의 기간은 5년 이내로 하여 우리의 실력 즉 정치, 경제, 문화 등 모든 역량이 급속하게 성장되는데 따라서 얼마든지 5년 이전에 후원제를 철폐하도록 만들었으니 이 점도 역시 완전히 호의적이오, 우의적인 것을 의미하는 것입니다.

최후로 이러한 중대한 발전의 전제조건으로서 당면 긴급문제, 즉 38도 철폐, 남북교류에 관하여 제4조가 규정되었으며 지난 16일부터 이미 미소공동위원회가 서울에서 열리고 있는 것은 여러분이 다 아시는 바와 같습니다.

이상 말씀드린 바와 같이 소위 신탁, 즉 후원제는 전부가 조선의 완전독립을 확보하는 순서 과정이며 그것을 완전히 민주주의적으로 진행하며 그것을 연합국이 공동으로 원조한다는 것입니다.

그러면 여기에 반대하는 사람은 독립을 확보할 필요가 없다는 사람이거나, 조선의 정치가 비민주주의적 독재적으로 되기를 원하는 사람이거나, 연합국의 원조를 배제하는 사람뿐일 것입니다. 조선민족이라면 한사람도 조선정치가 독재적으로 되기를 원하지는 않을 것이니, 우리는 왜 독립을 확보할 필요가 있는가, 따라서 연합국은 왜 우리를 원조할 필요가 있는가를 간단히 말하겠습니다.

    8월 15일 이전에 조선민족은 극소수의 혁명가가 생명을 희생하고 조선의 독립, 민족의 해방을 위하여 투쟁하였음에도 불구하고 우리의 민족적 역량의 집결이 부족한 탓으로 우리의 자력으로써 해방되지 못하고 연합국의 전승 결과로서 해방되었다는 것을 우리는 꿈에도 잊어서는 안 될 것입니다. 그리하여 8월 15일 이후 연합국 군정의 원조 밑에 전민족이 이 수치를 씻기 위하여 주야를 불분(不分)코 독립의 완성에 노력하여 민족을 통일시키고 경제를 부흥시켜 왔습니다. 그러나 민족이 통일되어 가는 반면에 친일파 민족반역자가 다시 살아나서 새로이 준동하였으되, 이것을 막지 못하였고 그와 결탁한 독재전제가의 야욕을 채울 위험을 만들었습니다. 평화산업을 부흥시켰으되 일본제국주의의 착취에 의하여 황폐되고, 일본 패잔병의 파괴가 심한데다가 반동적 자본가의 태업을 막지 못한 탓으로, 공장의 조업은 대부분 곤란하여 경제파탄의 위험을 발생케 하였고, 물가를 교란하는 모리간상배를 청소치 못하여 민중생활은 사선에서 방황케 되었습니다. 이것이 우리 민족의 천추의 유한이지만 엄연한 사실인 것을 부인할 수 없습니다.

    우리는 이 현실 앞에 공연(空然)한 대언장담을 하지 말고 냉정히 자기를 비판하는 민족적 양심을 가져야 될 것입니다. 그리고 연합국은 이러한 현실을 보고서 조선인민에게 주권을 주되, 아직 완전독립을 승인할 수 없으며 확실하고 내용 있는 독립을 완성할 필요가 있다고 보았고, 그 완성이 우리 민족의 힘만 가지고서는 더디고 곤란하겠으니 연합국의 원조를 필요로 한다고 결정하였을 것입니다. 우리가 이러한 확실성이 없이 거저 독립을 얻게 된다고 하더라도 그것은 내용 없는 껍질만의 독립이 되고 말 것입니다. 그것은 50년 전의 대한국 독립이나 1932년 만주국의 독립과 무엇이 다를 데가 있겠습니까?

    그러면 왜 연합국은 우리를 원조하려고 하는가? 조선의 민주주의와 민족통일을 방해하는 민족반역자 독재전제가는 조선만의 것이 아니라, 국제 파시스트의 한 부분이며 세계 각국의 파시스트와 긴밀하게 연결되어 있습니다. 따라서 국제 민주주의는 다른 여러 나라에 있어서와 같이 국제적인 힘으로서 조선의 독재전제가, 친일파, 민족반역자를 박멸할 의무를 가지고 있는 것입니다. 이것은 어디까지나 호의적 정의적 행동이니, 그것은 이제까지의 군정으로부터의 위대한 일보전진인 것입니다. 군정을 반대하지 않고 카이로, 포쓰담 양 선언을 의심하지 않던 우리가 왜 이러한 원조는 의심하고 반대하여야 될까요? 우리는 국제 파쇼의 모략에 걸려서는 안 되겠습니다. 따라서 우리 민족이 이 원조를 받는다는 것은 조선이 세계 민주주의 연합국의 일원이 되는 제1보이며, 신성한 국제적 의무요 권리인 것이니, 그것은 결코 의타주의나 사대주의가 아닌 것입니다.

이상 말씀한 바와 같이 이 후원제는 우리 민족 자신의 역량이 성숙하지 못한데 기인하는 것이요, 이 현실 위에서 결정된 3상회의의 조선문제 해결은 현단계에 있어서 가장 옳은 방법이라고 생각합니다.

3천만 동포 여러분!

우리 민족이 이러한 현실과 국제정세를 이해치 못하고 문구의 말단에 구애되어 3상회의를 반대하고 연합국을 배척하거나, 나아가서는 민주주의로서 아름다웁게 제휴된 연합국 상호간을 이간시킨다면 우리 민족의 정치적 무식을 전세계로부터 조소당할 뿐 아니라 우리 민족의 좀이오, 세계인류의 숙적인 친일파, 민족반역자, 독재전제가, 국제 파시스트에게 역용당하여 국가 백년의 대계를 그르치는 민족자멸책이 되고 말 것입니다. 우리는 12월 29일에 하지 중장이 민간대표자 회견 석상에서 반탁운동을 가르켜서 "너희들이 좋아서 뛰어야 할 일인데 거꾸로 뛴다"고 비판한 말을 깊이 완미할 필요가 있을 줄 생각합니다.

우리 중앙인민위원들은 3·1운동 이래 20여 년간 투옥 학살에도 굴치 않고 조선 독립을 위하여 꾸준히 싸워온 그 정열과 성의를 변치 않고 유지하면서 조선의 완전독립 달성을 위하여 꾸준히 노력할 것을 3천만 동포에게 거듭 맹세하는 바입니다.

(1946년 1월 23일 방송)

2. '파씨슴'과 탁치문제*

1

조선에 있어서도 '파씨슴'이 대두한다고 '파씨슴' 배격의 구호가 여론을 비등시키고 있다. 그러면 '파씨슴'이란 과연 무엇인가?

그리고 조선에도 '파씨슴'이 대두할 기초가 있으며 객관 조건이 존재하는가? 이 제기되는 문제에 대하여 정확한 해답과 명확한 분석을 줌으로써만 우리는 '파씨슴' 위험을 미리 삼제(芟除)할 방도를 찾을 수 있는 것이다.

'파씨슴'에 대한 정확한 규정의 결여는 반'파씨슴'투쟁의 노선과 방법을 오도하는 것이니, 그 역력한 전례를 어디서보다도 독일에서 보고 있다. 독일의 은감을 교훈삼아 이에 논급하여 보는 것이 우리의 앞길을 밝히는 방도의 일조가 되리라고 우리는 믿는다.

'히틀러'의 '나치스'가 욱일승천의 기세로 대중적 기초를 확대하는 1930년 전후에 독일공산당을 사실상 지도하고 있던 노이만 일파는 '파씨슴'을 소시민의 독재라고 규정하였다. 이 규정의 오류는 이미 국제적으로 비판되었으며 역사가 증명하는 바이다. '파씨슴'은 대중적 지반을 먼저 소시민에게 구하는 것이다. 그렇다고 하여서 소부루의 독재를 의미하는 것은 아닌 것이다.

'파씨슴'은 과거 전제정치로의 단순한 환원이 아니다. 그 비민주주의적인 독재의 일면만을 보고 전제정치와의 방불을 생각하는 것은 가장 위험한 혼동이다. '파씨스트'독재는 금융자본독재의 일 변태이며 지배계급이 통상의 민주주의적 통치방법으로는 도저히 자기 자신을 유지 주장할 수 없게 된 때 취하는 독재의 비상형태인 것이다. 그것은 결코 좌익의 약화를 의미하는 것이 아니라 오히려 그 강대를 설명하는 것이다.

2

제1차 세계대전이 영독(英) 양 제국주의의 세계쟁패에서 기인하는 것이며 그 장

---

* 원래 이 글은 『人民科學』 창간호 (1946년 3월), 54~60쪽에 실린 것을 전재한 것이다.

본인이 '윌헤름' 2세인 것은 이미 천하의 상식이거니와, 이 전쟁을 가능케 한 것이 독일사회민주당을 선두로 하는 제2 '인터'의 책임이라는 것도 또한 역사가 소소하게 증명하는 바이다. 제2차 세계대전의 원인은 제1차 세계대전의 전후문제 해결의 제 모순에 있는 것이며 그 범인이 '파씨슴'이며 그 수괴가 '히틀러'인 것은 주지의 사실에 속하거니와 '파씨슴'에 길을 개척하여 준 것은 제2 '인터'이었다.

제1차 세계대전의 종언을 계기로 일어난 서구 제국 혁명이 실패의 고배를 맛보게 된 중대한 원인도 또한 제2 '인터'의 미봉 타협에 있는 것이다. 그들이 가장 민주주의적이라고 자과하는 '봐이마르'헌법에도 제48조 단항(但項)이 준비되어 반동화의 여유가 작작하였으며 '나치스'운동에 대한 관용과 아울러 좀더 적은 악 'Kleineres uebel'을 취한다는 그들의 정책은 '쁘뤼닝' 내각의 지지를 통하여 '히틀러'의 집권을 결정하여 주었다.

1929년 '로트 프론트'에 대한 해산명령은 그 제1보이었으며, 1932년 독일공산당이 사회민주당에 제안한 반 '파씨스트' 공동투쟁을 사회민주당은 일축하였나니 '히틀러'로 하여금 세계무대에 등장케 하여 제2차 세계대전의 참화라는 오점을 인류사에 남기게 한 '제베링' '웰스'를 선두로 하는 독일사회민주당이 마땅히 져야 할 것이다. 그러나 우리에게 교훈을 주는 점은 이러한 것을 분석 구명하는 곳에 있는 것이 아니라 '파씨슴'의 근원이 될 수 있는 문제를 우리가 어떻게 제기하였는가, '파씨슴'에 대하여 우리가 어떻게 투쟁하였는가를 확실히 인식하여 엄정하게 비판하는 곳에 있는 것이다.

제1차 세계대전에서 전승국에 속하면서 패전국과 거의 같은 대우를 받은 것이 이태리이었다. '벨사이유'체제는 아무리 전쟁의 책임자라고 하더라도 어떤 민족이나 감내할 수 없는 부담이며 굴욕이었다. 천문학적 수자로 강요되는 배상액은 고사하더라도 '티롤'지방문제라든가, 파란(波蘭) 복도(覆道)문제와 같은 민족문제는 독일민족으로서 감수할 수 없는 모순이며, 고난이었다. 이 복수 일념에 호소한 것이 '히틀러'의 출발이었나니, '벨사이유'체제의 모순과 민족문제 해결을 원칙적으로 광범하게 제시하는 것에 만족한 것이 독일공산주의자의 숨길 수 없는 과오이었다. '벨사이유'체제 반대투쟁을 과소평가하고 복잡 미묘한 민족문제를 등한시함으로써 '파씨스트'에게 기회를 빼앗긴 것이다.

민족문제 실패의 호례(好例)를 우리는 1934년 3월에 거행된 '사르'지역 귀속결정 투표에서 볼 수 있다. '히틀러'에 대한 증오보다 독일로 귀속하겠다는 '사르'주민의 민족적 감정이 더 강렬하다는 것을 깊이 인식하지 못한 것이 실패의 원인이었다. Status quo(현상유지)라는 표어는 그 정당성에도 불구하고 '사르'주민의 심금을 울리지 못하였다. 신흥한 '나치스'의 폭압에 대한 연상은 독일인의 강렬한 민족적 감정을 누르기에는 너무나 강하였으며, 15년간 체험하여 온 불란서 관헌에 대한 혐오와 맞비기기에는 좀 부족하였다.

Status quo라는 외어로 된 표어는 대중이 이해하기 곤란한 것이었나니, 이 투쟁에 있어서 친절하고도 집요한 계몽이 절대로 필요하였다. 가두집회에서 올리는 기세에 현혹되어 자기 자신을 과대평가하는 과오를 독일공산주의자는 또다시 범하였다. '히틀러' 집권 이전에 있어서 독일공산당의 세력과 영향은 강대한 것이었다. 국회에 있어서의 제3당의 지위는 막론하고서, 일간 기관지수가 38개에 달하였다는 사실이라든가, 백림의 대중적 시위운동이 언제나 백만을 동원할 수 있던 것이라든가, 저간의 사정을 짐작하기에 충분하다.

그러나 이러한 세력과 영향에도 불구하고 또 일면으로는 바로 그러므로 '히틀러'의 등장이 용인되었던 것이며, "가두에서 직장으로"라는 '피아트니쓰키'의 경계와 교훈이 충실하게 실천되지 못하였던 점, 독일공산주의자의 비합법 준비의 결여 등등의 모든 사실은 '꾀링'의 비열한 국회 방화음모와 아울러 독일공산당을 일패도지게 하였다. 진영의 정비에 급급하여 반'나치스'투쟁은 활발하게 전개되지 못하였던 것이 당시의 현실이었다.

국내에 있어서의 반'나치스'투쟁이 '사르'지역의 투표를 좌우하는데 막대한 영향을 주는 것이며, 그 지역 자체에 있어서 "가두에서 직장으로" 대중 속에 깊이 뿌리를 박는 것이 이 투쟁을 결정적 승리로 인도하였을 것은 췌론(贅論)할 여지조차 없는 것이다. 실지로 투표권을 향유하지 못하는 독일 망명객만이 Status quo라는 표어의 어의조차 이해하지 못하고 돌아가는 대중을 모아놓고 그러한 방식으로 기세만 올리는 집회와 시위운동을 조직하던 곳에 이 투쟁 실패의 원인이 횡재(橫在)하는 것이다. 반면에 있어서 '히틀러'가 남미에서까지 투표 유권자를 실어왔다는 사실을 우리는 웃고만 지낼 것이 결코 아니다.

근일 조선에서 빈수(頻數)하게 개최되는 대중집회가 주는 인상은 우리에게 현장의 일시적 기세에 만족하지 않는가 하는 느낌과 우려를 주고 있다. 현실문제를 기민하게 포착하여 계몽과 조직을 통한 집요 진지한 노력으로써 흥분과 기세와 투지를 앙양시키며 체계화하며 강인화하여야 할 것이다.

3

조선민족은 그 과감하고도 집요한 반일제 투쟁에도 불구하고 자력으로써 자기민족을 해방하지 못하였다. 식민지 조선이 일본제국주의의 암이었으면서도 일본제국주의 도괴의 결정력이 되지 못하고 민주주의 연합국의 획기적 전승에서 그 해방의 행복을 향수하였다는 것은 조선민족의 무상의 환희이면서도 조선민족에게는 또 천추의 유한이 아닐 수 없는 것이다.

조선해방의 이러한 국제성은 조선문제 해결에 있어서 모든 국제적 제약을 받게 하는 것이다. 당분간의 군정의 실시도 또한 그 일례로서 필연적으로 정당한 존재이유를 주장하게 되는 것이다. 조선문제의 해결은 언제나 전후문제의 국제적 민주주의적 해결의 일환으로서만 이해할 수 있는 것이며 기대되는 것이다.

그러나 이 모든 국제적 제약은 조선민족의 불평불만의 원인이 될 수 있는 것이며, 조선민족으로 하여금 국수주의적 배타주의적으로 유도되게 할 수 있는 기초를 제공하는 것이다. 해방의 소종래(所從來)를 충분히 이해하지 못한 채, 오로지 그 환희에 도취되고 독립의 소자출(所自出)을 정당하게 파악하지 못한 채, 한갓 독립을 갈망하는 조선의 민중은 그 앙양된 애국열은 자칫하면 '데마고그'에게 역용될 수 있는 충분한 근거를 갖고 있는 것이다.

군정 하에서 받은 모든 제한, 외국군의 주둔으로 일어나는 가지가지의 불행, 38도라는 부자연한 장벽으로 인하여 야기되는 생활상의 불편 등등은 패잔 일본제국주의의 경제적 파괴와 미군정의 속수무책에서 오는 대중생활의 도탄과 아울러 배타주의의 근원이 되며, 반소 '데마고그'로 화하는 온상을 이루고 있다. 李承晩박사의 "38도 책임자는 누구인가" 하는 우문은 단순한 우문이 아니며, 38도 무조건 철폐를 주장하는 반동세력의 의도도 또한 명백한 것이다. 조선해방 내지 독립의 국제성을 무시하고 조선민중의 애국운동을 자기들이 의존하는 외력의 방향으로 이끌기 위하여 배타주의 내지 반소운동으로 전환시키려는 것이니, 이러한 위험에 직면한 우리는 이 문제를 정당하게 제기하며 친절하게 해명함으로써 '파시즘'의 맹아를 근절하지 않으면 안 되는 것이다.

국수주의자는 대중 앞에 가장 열렬한 애국자로 등장하면서 가장 공정한 초계급적 존재로서 가장하는 것이며, 지배계급과 뒷방에서 야합하는 것이다. 외래세력과는 일견 모순되는 것 같으면서 긴밀한 연결을 갖는 것이다. 그들의 표방은 조선국가요, 구호는 반소 반공인 것이다. 신성한 민족적 감정은 그들에게 악용되어 호전적이 되며, 따뜻한 동포애는 골육상쟁으로 변하는 것이다. 세계평화도 국제예의도 그들에게는 폐리(弊履)와 같다.

4

　막사과의 3상회의 결정은 조선의 '파씨슴'에 대두할 호기를 주었다. 그 내용이 어떠한 것이든지, 그 전망이 어떠한 것이든지, 좌우간 즉시 독립이라는 것은 조선민족의 공통한 갈망인 것이다. 이 점에 착안한 '임정'일파는 신탁문제를 기회로 대중적 지반 획득에 광분하게 된 것이다. 신탁이라는 용어가 갖는 개념은 통상 독립과 반대되는 것으로 이해된다. 2개월 전 미국무성 극동부장의 신탁제안은 조선의 여론을 비등시켜 신탁이라는 표현은 조선민중에게 악인상을 주게 되었다.
　3국 외상회의결정에 앞서서 소련이 조선의 신탁을 제안하였다는 보도로 조선의 민중은 그 결정을 기다릴 것까지도 없이, 그 결정내용을 검토할 것까지도 없이 반신탁 반소 반공으로 움직이게 되었나니, 그 배후에는 심원한 음모가 복재(伏在)한 것이다. 막사과회담의 결정이 국제적 배신으로서 표현되고 보도될 때 민중은 실망하고 흥분하였다. 이 민족적 흥분을 격동시킴으로써 반소 반공의 길을 돌려 '파씨슴'의 지반을 닦으려는 우리의 열렬하고도 용감한 '애국자'들은 신탁통치 절대반대, 절대 불합작의 기치를 높이 들고 그 산하로 대중을 모으려고 하였다.
　그러나 그들의 심원한 음모와 주밀한 획책에도 불구하고 국제적 연관성은 그들로 하여금 본의 아닌 모순에 빠지게 하였다.
　반탁운동을 반소 반공운동으로 전환시키려는 그들의 기도는 어느 정도 성공하였으나 그들의 반탁운동은 필연적으로 반연합국운동이 되어 38도 이남에 있어서는 특히 미군정 반대운동으로 화하게 되었다. 이 모순에 봉착한 그들은 신탁은 아직 결정되지 않았다는 구구한 변명으로 충천할 듯 하던 그 기세를 호도하지 않으면 안 되게 되었다.
　조선해방에 있어서 민주주의 연합국의 진보적 역할은 췌론할 필요조차 없다. '카이로' '포쓰담' 선언에 있어서 조선독립이 약속되었으나 그 기한도, 내용도 하등 구체적으로 규정되지 않았다. 막사과회담에 이르러 비로소 5개년이라는 최고기한과 조선의 자주독립을 위한, 조선의 민주주의적 발전을 위한 구체적 방법이 규정된 것이니 막사과회담이 갖는 자체의 진보적 의의는 고사하고 조선문제 해결에 있어서의 그 역사적 의의는 실로 위대한 것이다.
　조선은 무슨 이유로 3상회담의 결정에 반대하며, 무슨 자격으로 국제적 지도와 원조를 거부하는가? 이 반대와 거부는 민족자멸을 의미하는 것이다. 조선문제 해결의 국제성을 정당하게 파악하며 현하의 세계정세를 주도하게 통찰한다면, 조선민족은 당연히 막사과결정을 절대로 지지하여야 한다는 결론에 도달할 것이다.

조선의 정치적 경제적 문화적 건설을 원조하며, 조선에 남겨진 일본제국주의 해독을 청소하고 조선의 민주주의적 발전을 육성하며, 자유 독립 조선으로 하여금 세계 일등 문명국과 비견케 하겠다는 것을 사명으로 하는 이 결정이 과연 조선의 독립과 상치되는 신탁일 것인가? 해답은 아주 간단하다.

민주주의 연합국의 국제신탁에 용의(容疑)하는 것은 조선해방 자체를 부인하는 것이다.

5

조선공산당의 정당한 노선과 민활한 정책은 비등하는 반탁운동을 3상회의결정 지지로 전환시키는데 성공하였다. 유사 이래 조선에서 처음 보는 1월 3일 시위운동은 이 성과를 설명하는데 충분하고도 오히려 남을 것이다. 그러나 우리가 만일 이에 만족한다면 그리고 '파씨슴'이 신탁문제의 온상에서 배양되고 있는 것을 과소평가한다면 우리는 막대한 오류를 범하는 것이며, 해독을 후일에 남기는 위험에 빠질 것이다.

일견 민족감정과 융합되지 않는 신탁, 완전독립과 반대되는 듯한 신탁, "소련이 제창하였으니 공산당이 지지한다"고 오해되는 신탁, 이 미묘한 문제를 적절하게 해명함으로써 반탁에 오도되는 대중을 끌어야 한다. 우리가 최고 5개년이라는 기한의 독립 보장을 얻게 된 것은 국제적 호의이나, 상당한 시일의 지연을 보게 된 소이는 우리의 책임이다. 호의를 무시하고 책임을 전가하는 것은 과오라기보다 죄악이다. 우리 책임의 최대한 것은 민족 불통일에 있나니, 우리는 하루라도 속히 민족통일을 완성하고 이것을 기초로 하여 임시민주주의정부 수립에 적극적으로 참가하게 하는 것이 당면의 임무일 것이다. 이것이 국제신의에 보답하는 소이이다.

신탁문제를 명민하게 처리하며 이 문제를 계기로 하여 싹트는 '파씨슴'의 맹아를 꺾기 위하여 우리는 친절한 계몽과 아울러 집요한 투쟁을 전개하지 않으면 안 될 것이다. 미묘한 민족적 감정의 동향을 예민하게 관찰할 성(誠)과 명(明)을 우리는 구비하여야 한다.

(1946년 1월 5일, 『人民科學』 창간호 소재)

3. 전국도인민위원회 대표대회의 성과

1

　막사과 3상회의의 조선문제에 관한 결정은 조선의 자주독립을 보장하고 민주주의적 발전을 지원하는 점에 있어서, 보장과 지원이 구체적으로 규정되어 있는 점에 있어서 실로 위대한 역사적 의의를 갖는다. 조선해방의 국제성을 인식하고 세계정세를 파악한다면 국제적 민주주의노선을 조선에 현실화하려는 이 3상회의 결정에 대하여 추호의 의심도 품을 여지가 없을 것이다. 민족감정과 애국심을 역용하여 반탁운동으로 국수주의의 온상을 만들려는 '데마고그'의 도량은 소위 대의명분으로 민족자멸을 초치하는 망동이거니와, 문구의 소절(小節)에 구애되어 3상회담 결정 지지를 주저하고 반탁조류에 추수하는 경향도 또한 위험천만의 혼란이다.
　8월 15일 이래 조선의 민족통일운동은 온갖 분열책동에도 불구하고 밑으로부터 착착 진행되어 왔으나, 아직도 완성의 역(域)에는 도달하지 못하였다. 민족통일을 부르짖는 민중의 요망은 날로 커가는 한편, 국제적 압력은 일각의 유예를 불허하는 현상이다. '임정'일파를 중심으로 하는 자가류(自家流) 독선은 민족진영의 분열을 획책하고 있다. 자력으로 자기 자신을 해방하지 못한 민족 천추의 유한을 품은 우리는 민족통일이라는 역사적 과업에 당면하여 타력 의존으로 해결하게 되는 자손만대의 수치를 남기게 되지 않을까?

2

　이 중대한 시국에 당하여 전국도인민위원회 대표대회가 3일간 개최되고 조선민족의 운명을 결정하는 3상회담과 민족통일전선문제를 토의하게 된 것은 시의를 얻은 성거(盛擧)이다. 전국적으로 왜곡 선전되어 민중의 분격을 야기하고 통일운동을 지리멸렬케 하는 불행을 초치하였던, 소위 신탁문제를 분석 검토함으로써 준열한 자기비판에서 정당한 장래 지침을 결론하게 되었음은 경하하여 마지않는 바이다. 이곳에서 전국적으로 미만되어 있는 반탁운동이 각도 대표의 귀임과 아울러 종속(從速)히 시정될 것을 서기(庶幾)할 수 있는 것이다.

조선의 자주독립은 공연한 반탁절규나 '데모'에서 오는 것이 아니라 안으로 민족통일을 완수하며, 밖으로 국제적 민주주의노선을 준수하는 곳에서만 얻어지는 것이다. 미소공동위원회의 구성을 목첩지간(目睫之間)에 둔만큼 민족통일의 완성을 도모하는 필사의 노력이 있는 한편, 분열의 음모도 또한 집요하게 반복되고 있다.

3

이러한 의미에 있어서 민족통일전선 결성의 구체적 내용과 방법이 토의된 이 대회의 역사적 의의도 또한 거대한 바가 있다. 패잔 일본제국주의의 파괴 음모에 기인하며, 미군정당국의 무위 방관으로 조장되는 민중생활의 도탄고(塗炭苦)에 대하여서도 그 적극 대책이 강구된 것은 이 대회에 첨화(添花)하는 중요성이다. 광범한 민족통일전선을 기초로 하는 과도정부 수립문제와 인민공화국 사수문제와의 일견 모순되며 일치되는 관련을 대명(大明)한 것은 오직 이 대회만이 가지는 자랑일 것이다.

(<朝鮮人民報>, 1946년 1월 13일)

제3장 해설

　제1문은 반탁운동의 파도 속에서 3상회의 결정의 진보성을 강조하고 정치를 모르는 일반 시민에게까지 그 결정의 내용을 평이하게 해명키 위하여 축조로 해석 방송한 것이다.
　제2문은 재차 조선 파시즘에 관하여 논한 것이다. 전장에서 본 바 李박사에게 나타난 파시즘의 맹아는 탁치문제에서 더욱 도장(徒長)되어 구체화하였고, 민족감정의 악용에서 히틀러에게 패배당하던 쓰라린 경험을 귀중한 교훈으로 하여 민주주의가 민족문제의 정당한 해결, 민족감정의 중요성, 그리고 민족이성, 정치의식의 함양의 필요에 대한 깊은 인식이 없이는 반탁운동의 반동과 싸울 수 없다는 것을 상세한 실례를 들어 논증하고 경고한다. 우리는 이 논문을 읽고 반민주주의자들이 민족혁명의 완성하는 날까지 민족이성의 발전을 악착하게도 저해하면서 소박한 민족감정을 온상으로 하여 반탁을 간판으로 하고 파시즘을 배양하여 갈 것을 예상케 하며, 얼마나 친절하고도 집요한 계몽이 필요한가를 더욱 느끼게 한다. 파시즘의 일반적 규정에 대한 소시민적 오류, 파시즘을 유도한 사회민주당의 책임 등은 오늘날 조선의 민주주의운동에 귀중한 은감이 될 것이며, 나아가 독일 나치스가 대두하게 되던 과정의 상세한 서술은 실지 경험에 입각한 주옥같은 문헌이며, 모든 현실문제의 해결에 있어 회고할 필요 있는 국제적 교훈이다. 또 진지한 민족적 자기비판, 정적의 세력에 대한 정당한 평가도 역시 정치가적 태도의 교훈이다.
　제3문은 탁치문제라는 곤란 속에서 과감히 반동과 싸운 전국의 각 지방 민주주의자들이 1946년 1월 11일 아직도 반탁 테러가 비등하는 서울 장안 한복판에 모이어, 각기 투쟁경과를 보고하고 상호 비판하여 장래의 대책을 진지하게 토의한 전국도인민위원회 대표대회의 거둔 성과를 평가한 것이다. 오늘날 우리가 조선인민 총의의 공고한 일대 집결로서 세계에 자랑하는 민주주의민족전선도 실로 이 대회를 통하여 지방적 연결의 준비를 가졌음을 생각할 때 민족통일을 분열시킨 반탁에 대항하여, 과감히 또 급속히 전선을 정돈하고 재건 확대한 기원의 하나가 이 대회에 있다고 할 것이다.

― 편집자

제4장 비상국민회의와 민주주의

　李박사와 임정의 반탁운동은 자기모순에 빠지는 한편, 민중의 3상회의 결정에 대한 급속한 계몽으로 인하여 실패의 길을 걷고, 1월 23일 미소 대표단 환영대회를 계기로 민족통일은 또다시 집요하게 또 급속하게 재건 확대되어 민주주의민족전선 결성이 착착 준비되어 갔다. 자기 지반을 과신하고 고집 분열하는 저들 반탁운동자는 자가 붕괴의 당황한 해결책으로 '비상국민회의'를 만들었고, 그것이 어느 결에 구성원 자체도 모르게 군정자문기관인 '남조선 대한국민대표 민주의원'에로 환신(幻身)하여 민중으로부터 더욱더 유리되면서 민중의 통일전선에 대항하게 되었다. 그러나 3상회의 결정이 국제적 압력과 국내의 지지 밑에서 적극적으로 실천에 옮기어지자, 저들은 더욱더 반인민적 최후 발악을 하며 그 반민주주의성을 일층 명료히 하여 갔고 조선 파시즘의 총본부로 화하였다.
　그러면서도 정권의 야욕은 더욱더 강화하여 지면서 군정자문기관과 과도정권 준비라는 자가 모순을 감행하다가, 천연시켜 보려는 미소공동위원회가 성공적 개막에 이르고 미소 양 대표의 명확한 언명이 발표되자, 李박사는 탈퇴하고 金奎植 박사 등장하여 '민주의원'이 군정자문기관임을 부인하고 오로지 정권 참여에 전력할 것을 성명하여, 근거 없는 표변에 자멸의 길을 걸어가게 되었다. 이 과정에 나타난 모든 현상의 본질, 기만의 내용, 이러한 것을 본장은 계속 무진한 필봉을 가지고 천하에 폭로한다.
　　　　　　　　　　　　　　　　　　　　　　　　　　　　　　　　　－ 편집자

1. 비상국민회의의 정체와 그 말로*

1

1945년 10월 16일 李承晩박사는 반민주주의 국제협력의 특파로서 조선에 들어왔으나 30여 년간 해외 독립운동의 지도자로서 국내에 선전된 박사의 환국은 조선민족에게 민족통일의 주축으로 기대되었으며 따라서 열렬하게 환호되었다. 그의 귀국 제1성이 38도 철폐론이었으며, 덮어놓고 뭉치자는 무원칙 통일론이었다. 金九씨 일행의 입국 전에 독력으로 민족을 통일하여 명예를 독점하려는 야망의 충동으로 졸속하게 소위 독립촉성중앙협의회를 강행 조직하였으므로 반동세력의 괴뢰이며 친일파 민족반역자의 포로인 그 정체는 귀국 후 수주일 내에 여탕(餘湯) 없이 폭로되고 말았다. 그러므로 한편으로 국제 반민주주의세력의 배경과, 다른 한편으로 민족적 신망을 토대로 하여 국부의 지위를 독점하고 金九씨 일파의 기선을 제압하려는 李박사는 그 계획의 실좌(失挫)로 인하여 金九씨의 귀국을 기다려 그와 타협할 길을 찾고자 하였다.

27년이라는 역사의 법통을 간판으로 하고 조선민족에게 저의 관념적 영향을 기초로 하는 소위 대한민국임시정부는 金九씨를 선두로 하고 순차 입국하게 되었다. 국내 혁명세력의 총결집인 조선인민공화국의 존재를 말살하려는 조선의 반동세력 내지 친일파 민족반역자의 절대 지지를 향락하면서 이 세력을 통하여 조선민중의 추수를 강요하게 된 것이었다. 수십년 외국에서 유리하면서 공허한 간판이나마 유지한 그들의 고절(孤節)은 가상하지마는 국제적 반동세력의 은총으로 생명을 보존하고 개인의 자격으로나마 환국의 영화를 누리게 된 그들의 본질에 있어서 또 3·1운동의 법통을 주장하며 조선에 있어서의 자파의 독재정부 수립을 꿈꾸는 그들의 야망에 있어서 그들은 李承晩박사와 일호의 차이가 없는 것이다.

반동세력을 통하여 조선을 보게 되는 金九씨 일파의 협애한 시야는 그들로 하여금 어느 정도 망자존대하게 하였다. 대중적 지반에 있어서 다소의 손색을 의식

---

* 이 글은 출처가 밝혀져 있지 않으나, "非常國民會議의 解剖"라는 제목으로 『新世代』 1권 2호 (1946년 5월), 18~23쪽에 실린 것을 전재한 것이다.

하면서 또 그러므로 그들은 대중 전취의 기회를 노리고 기다렸던 것이다. 국제모략과 긴밀하게, 주도하게 준비하고 국제적 반민주주의운동의 일익으로서 그들은 소위 반탁운동을 전개하게 된 것이다. 조선문제의 민주주의적 해결을 결정한 3상회의결정이 그들에게는 다행하게도 '신탁'이라는 표현을 썼던 것이다. 10월의 빈센트 방송은 신탁의 필요를 말하여 조선민중에게 내연(內燃)장치를 준비하여 놓고, 12월 25일경의 소련이 신탁 주장을 한다는 선전은 점화의 작용을 하였다. 결국 신탁의 결정에서 그 의의를 숙려하고 그 내용을 이해하려는 여유도 없이 조선의 무의식 대중은 반탁운동으로 흐르게 되었다. "독립을 원하느냐? 신탁을 원하느냐?" 이보다도 더 용이한 선전선동의 수단은 없을 것이며, "새로 독립을 일으키자! 자력으로 독립하자! 절대 불합작이다." 이보다도 더 떳떳하게 보이는 대의명분은 없을 것이다. 일본제국주의가 수십년 동안 북돋은 반소 반공의 온상은 반탁운동 전개에 있어서 절대한 역할을 연출한 것이었다.

반탁운동으로 민족을 분열시킨 金九씨 일파의 기세는 그 법통 고집을 더욱 완고케 하였으며, 그 독재정권 수립의 환상을 더 크게 하였나니 반탁운동으로 빠진 자가 모순에 당황한 것쯤으로는 인공의 통일제안을 수락할 수 없었던 것이다. 독립보다도 법통, 통일보다도 지위에 미련이 있던 그들이 국제노선을 반민주주의적 방향으로 전환시킬 수 있다는 주관적 희망에서 대중 전취에 절대 성공하였다는 과신에서 종래의 소극적 태도를 일척(一擲)하고 적극적으로 반동의 길을 매진하게 된 것은 또한 당연한 귀결이었다.

2

대중적 기초를 획득하기 위하여 반소 반공을 위하여 그들이 조직한 반탁운동은 필연적으로 반연합국운동으로, 더구나 남부에서는 군정 반대운동으로 전개되는 이 자기 모순을 어떻게 해결할 것인가? 절대 불합작을 표방한 그들의 노심초사는 오로지 이곳에 있었다. 그들의 반탁운동은 탁치에 반대하려는 것이 아니라 조선의 민주주의적 발전을 결정한데 반대하는 것이었으며, 절대 불합작의 구호는 과도정권에의 불참가를 의미하는 것이 아니라, 과도정권을 독점하자는 야망에서 대중을 기만적으로 전취하자는 간판이었다. 3상회의결정에는 찬성이나 신탁에는 반대이라는 것, 반탁은 군정반대가 아니라는 것, 과도정권이 신탁을 수락하지 않을 수 있다는 것, 자율적으로 정권을 수립하면 이 문제는 해결된다는 것, 이것은 金九정부의 확대 강화로써 가능하다는 것, 그 배후에는 국제적 지주가 있다는 것 등등 이것이 그들의 결론이었으며 전망이었다.

1946년 1월 4일 金九씨는 대한민국임시정부 당면정책 제14조의 제6항을 발동시켜 소위 비상정치회의 소집을 성명하였다. 각 혁명세력과 제휴하여 과도정부 수립의 제1단계는 '임시정부'를 확대 강화하자는 것이다. 임시정부를 확대 강화하여 과도정권을 수립하고, 과도정권이 수립되면 임시정부는 해체한다는 기묘한 이론이다.

비상정치회의를 주비하기 위하여 통일되어 나가는 4당회의를 분열시키고 5당회의를 약탈하려고 온갖 음모와 노력이 있었던 것이다. '임정의 비상정치회의 소집은 민족통일의 최후의 기회'라고 한 것이며, "만일 이것이 성공을 못하게 된다면 통일문제는 거의 절망시된다고 하여도 과언이 아닐 줄 안다"고 그 기관지 동아일보가 1월 8일 사설에서 고백한 바와 같이 비상정치회의가 그들이 지칭하는 좌익의 불참가를 예측하였을 만큼 민족통일을 위하여서가 아니라 오히려 민족분열을 위하여 소집된 것이다.

미소 대표회의 개최 중에는 반탁운동을 계속하면서 임정 외교부장 趙素昂씨는 절대 불합작을 즉시 철회하였다고 명언하였음에도 불구하고, 1월 15일 또다시 미소회담으로 조직되는 새 임정엔 참여 않는다는 태도를 표명하고, 비상정치회의에 의하여 자동적으로 과도정권을 수립하겠다고 발표하였다. 민의를 가장하고 과도정권에 참가하려는 계획이며, 그 무대장치로서 비상국민회의를 소집하려는 것이다. 5당에 일임된 비상정치회의 주비회는 인민당 공산당의 불참가대로 1월 20일에 구성되어 전형적 기회주의자 安在鴻씨를 위원장으로 선임하고 의안기초위원으로 李宗鉉, 金朋濬, 徐相日, 柳林, 權泰錫의 5씨를 선출하였다. 이 인적 구성은 이 주비회의 성격을 웅변으로 설명하는 것이다.

비상정치회의 주비회를 구성하는 20개 단체 중에 인민당, 공산당 급 독립동맹은 당초부터 참가하지 않았고 그 반동성을 지적하여 조선민족혁명당과 조선민족해방연맹은 탈퇴하였다. 조선민주당의 대표를 자처하는 서북의 '망명객' 저명한 친일파 민족반역자가 중심을 이루고 있는 것이다.

3

"개인의 자격으로서 임정을 엄호하겠다는 李承晩박사는 종전의 태도에서 일보 전진하여 급전하는 국제정세에 응하여 적극적인 거보를 내딛게 되었다. 그런데 지금 임정에서 열리는 비상정치회의 주비회에는 국제적 요망에 의하여 국민회의의 구성을 가지고 과도정권이 수립될 것이며, 李박사가 중추적인 역할을 하게 될 것같이 보이는데 금후 수일간의 정계는 극히 주목된다"는 동아일보(1월 22일)의 보도는 비상정치회의와 중앙협의회와의 합류를 예고하는 것이며, 과도정권 준비와 자문위원회와의 관련의 복전(伏戰)이었다.

"李承晩박사를 중심하여 각처에 세포조직 되어있는 독립촉성중앙협의회를 비상정치회 주비회에 합류키로 金朋濬, 李宗鉉, 徐相日 3씨의 교섭위원을 파견하여 목적이 동일하므로 이의 없이 합류키로 의견이 일치되었고, 합의의 성능을 국제적으로 표현함에는 전국민적 명의로 함이 일층 효과적이라는 견지에서 회의 명칭을 비상국민회의 주비로 개칭하여 李承晩박사와 金九주석을 영수로 추대키로 의결되었다.

비상국민회의 조직 범위를 각 단체대표, 저명 민중지도자, 임정 의정원, 주비회 회원으로 정하여 지방대표는 재경 각도 독립운동자회의에서, 저명 민중지도자는 주비회의에서, 단체대표는 당해 단체에서 각기 선임하기로 하였다."(동아일보)

비상국민회의는 비상정치회의와 그 성질을 달리할 것이요, 李承晩박사의 기정 계획을 실현시키는데 불과하다는 것이며 '임시정부의 법통으로 보아 비법적'이라는 이유로 퇴상(退床)한 柳林씨의 성명은 비상국민회의를 싸고도는 음모를 여지없이 폭로한 것이었다.

"비상국민회의는 일방으로 반민주주의적 경향에서 소집되는 비원칙적 회합이며, 타방으로 임정 봉대의 정치적 투기적 성격을 가진 음모적 회합이다"라는 이유로 독립동맹, 조선공산당, 전평, 전농, 청총, 부총 등의 민주주의적 세력의 공동 거부는 비상국민회의의 성격을 증시(證示)하는 것이다.

임정 계승의 독재정권 수립의 악몽에서 비상정치회의는 소집된 것이며, 민족통일을 위하여서가 아니라 민족분열의 목적에서 출발한 것이며, 金九 李承晩 양씨의 야합으로 비상국민회의로 발전한 것이다. 친일파 민족반역자가 기밀(機密)에 참획하여 운동하는 것이며, 반민주주의적 국제모략이 조종하는 것이다. 소위 자동적 자율적 과도정권 수립과 하지 중장 자문위원회와의 연락을 긴밀 치묘(緻妙)하게 하기 위하여 또 '국민의 총의'를 가장하기 위하여 '국민회의'는 비상형태로 등장하게 된 것이다. 기정 계획을 지장 없이 진행시키기 위하여 金九 李承晩 양씨를 영수로 추대하여 둔 것이니, 하지 중장의 대명(大命) 하에서 이 양씨의 독재로 조선문제를 해결하려는 것이다.

당초에 소집되기로 심의 결정된 단체수는 61개였으나, 민주주의 제 단체의 거부로 인하여 양적으로 단체수의 증가를 필요로 한 것인 모양인지 순시간에 90개로 폭등되었다. 본래부터 유상(有象) 무상(無象) 간판만의 단체라도 일야지간에 30개를 증가시키는데는 비상한 고심이 있었을 것이다. 무수한 종교단체가 분립 족생(簇生)하고, 자타 공인하는 폭력단이 정치무대에서 발언하게 된 것이다.

4

1946년 2월 1일 오전 10시 종현 천주교당에서 '진통 중의 건국협의'인 비상국민회의는 개막되었다. 그 대의원의 구성은 저명 민중지도자 李承晚 金九 金奎植 權東鎭 吳世昌 金昌淑 曺晩植 洪命熹 등 8씨, 임시정부 정무원 위원 14명, 단체대표 94명, 지방대표 65명, 주비회 18명, 총계 209명(자연인의 중복으로 총원수 201명) 중 34명의 불참가 내지 결석 167명 출석으로 되었다.

정권 수립의 일체 권한을 대한민국임시정부에서 비상국민회의가 계승하게 되었으며, 그 기관으로 13부의 위원을 선출하였으며, 좌익의 합류를 교섭하기 위하여 의장 洪震, 부의장 崔東旿 李克魯 崔凡述 李團 5씨를 선출하였으나 이 회의의 안목은 그곳에 있는 것이 아니다. 權東鎭 吳世昌 등 101명의 연서 제의로 된 긴급결의안 "한국의 자주적 민주주의의 과도정권 수립과 기타 긴급한 제 문제의 해결에 관하여 관계 열국과 절충하며 필요한 제 조치를 행하기 위하여 최고정무위원회를 치(置)하되 그 원수(員數)와 선정은 李承晚박사와 金九선생에게 일임함"을 만장일치로 채택하려는 것이 비상국민회의의 최고 유일의 목적이었든 것이다.

지금까지의 서술로 소위 비상국민회의 정체는 명료하여졌을 것이다. 좀 더 구체적으로 그 성격을 규정하여 본다면 그것은 제1로, 친일파 민족반역자가 중심세력이 되어 조종하는 기구인 것이며 제2로, 그것은 3상회의결정을 절대 반대하고 불합작의 태도를 표명하여 국제 민주주의노선에서 조선을 고립화시키려는 임정 급 기타 반동정당의 야합적 집합이며 제3으로, 임정의 법통계승을 획책하는 것이며 제4로, 민주주의적 제 정당 급 대중단체의 불참가를 불고(不顧)하는 것이며 제5로, 따라서 그것은 노동자 농민 급 일반 근로대중의 대표의 참부(參否)에 관심치 않는 것이며 제6으로, 비례대표제를 부인하는 비민주주의적 구성을 가진 것이다. 1개의 자연인이 의정원 의원으로서, 1인 1당의 대표로서, 주비회 회원으로서, 3표의 결의권을 행사할 수 있는 구성이다.

단체 총수 94개 중 민주주의 제 단체(공산당, 인민당, 독립동맹, 전평, 전농, 청총, 부총 급 문화 학술단체)는 전연 참가를 거부하였으니 참가한 단체는 한민당을 위시하여 종교 제 분립단체, 폭력단 등의 유상 무상이나 지방대표는 각도에 도내 정치계, 문화, 노동, 산업, 기타 일반에 긍하여 각각 1인씩 선발하여서 5인씩의 대표자를 지명 초청한 것으로 되었으나, 그에 지명된 인사는 재경(在京)한 한민당, 국민당 급 그 신한민족당의 간부가 아니면 자기 고향에서 추방된 인물들이었다.

임정 자체의 내부도 이 회의를 계기로 분열되었다나니, 5파의 구성으로 된 임정 내에서 진보적인 조선민족혁명당의 金元鳳 成周寔 제씨와 조선민족해방연맹의 金星淑 張建相씨는 단연 탈퇴하였고 李承晩씨의 세력으로 임정의 법통이 침략되는데 분개하는 柳林씨의 동요가 있었던 것이다.

이것이 국민을 참칭하고 민주주의를 모독하는 비상국민회의의 전모이다. 민주주의적 국제 평화노선을 저해하려는 반민주주의적 국제노선의 범주에 속하는 그 일 표현이며 하지 중장, 李承晩, 金九, 반동세력, 친일파, 민족반역자 이 일련의 연관관계로 출현된 것이 비상국민회의의 정체이다. 일언이폐지하면 비상국민회의는 조선의 자주독립과 민주주의적 발전을 저해하는 것이며 조선민족의 분열을 불사하는, 오히려 촉진하는 것이다.

5

李承晩 金九 양 영수에게 일임되었던 과도정권 수립의 최고정무위원 28명이 2월 13일 하오 3시 비상국민회의 상임위원회를 통과하여 발표되었다.

李承晩 金九 呂運亨 金俊淵 咸台永 李義植 白寬洙 鄭寅普 盆龍煥 金法麟 金度演 金昌淑 金麗植 朴容羲 張勉 趙琬九 黃賢淑 白南薰 白象圭 權東鎭 黃鎭南 元世勳 金善 金朋濬 安在鴻 趙素昻 吳世昌

이러한 구성을 가진 최고정무위원회의 성격과 임무는 비상국민회의 선전 정보부장 嚴恒燮씨의 발표에 의하면 이러하다.

"최고정무위원회의 임무는 한국 각 민주주의 정당과 사회단체로서 구성된 비상국민회의의 의결을 따라서 조국의 독립운동을 위하여 진력할 것은 물론이어니와, 동시에 주한미군사령관과 합작하는 의미 하에서 한국의 자주적 과도정부를 준비하는 노력에 자문자격으로 협조할 것이다. 그리하여 이 위원회는 능력과 노력을 다하며 한국인민의 현상을 개선시키며 한국의 완전독립을 촉성함을 그 임무로 한다. 최고정무위원회를 혹은 과도정권으로 오해하는 사람이 없지 아니하다. 이것은 과도정부 수립에 대한 산파역을 함에 불과하다. 그리고 임시정부는 장래에 자주적 과도정권이 확립할 때까지는 해체되지 않을 것임을 부언한다."

과도정권의 산파역을 임무로 탄생된 최고정무위원회는 일야지간에 남조선 대한국민대표 민주의원이라는 간판으로 등장하는 곡예를 연출하였다. '역사적 결성식'을 2월 14일 오전 10시 군정청 제1회의실에서 거행하였는데, '새 천지에 새 광명의 날'이며 '민족적 영예에 감읍의 순간'이었다고 한다. '비상국민회의의 최고 정무위원회와 이 대한국민대표 민주의원은 이신동체적 성격과 표리일체적 임무로서' 남조선 대한국민대표 민주의원은 탄생한 것으로, '비상국민회의의 최고정무위원 28씨가 선정되었던 바 이는 미군정에 협조하는 자문기관의 성격을 가진 것으로서' 전민족의 민주주의적 총의의 대표기관인 동시에 미군정의 자문기관이라는 표리일체의 성격이다.

이러한 성격의 민주의원이 천래적(天來的)으로 성립되고 의장 부의장이 부지불식간에 임명되고 군사령관의 훈시와 의장의 선서 등 진극(珍劇)이 연출되었다. 부의장 金奎植씨가 낭독한 선언문은 다음과 같다.

선언문

한국의 여러 민주주의 정당과 사회단체에서 피선된 남조선대한국민대표 민주의원의 의원인 우리는 대표회의의 모든 일을 봉행하며 이 땅에 머무른 미군총사령관이 한국의 과도정부 수립을 준비하는 노력에 자문기관으로 협조하기를 동의함.

우리는 우리의 모든 활동을 이 대표회의로서 조정하고 우리의 노력을 경주하여 한국인민의 현상을 개선하며, 그로써 한국의 완전독립을 속히 실현하기에 공헌하기를 기함.

단군기원 4279년 2월14일
대한국민대표 민주의원
　　의　장　李承晩
　　부의장　金奎植
　　　　　　金　九
　　　　(의원 연서)

'한국의 여러 민주주의 정당과 사회단체'가 비상국민회의에 참가 여부는 고사막론하고 비상국민회의에서 남조선 대한국민대표 민주의원을 선임하였다는 것은 너무나 엄청난 논리적 비약이다. 이곳에 '기호지세(騎虎之勢)'라고 비상국민회의로 매진하던 趙素昻씨 왈, '민주의원은 오불관언(吾不關焉)에 오불문언(吾不聞焉)'이라는 이유가 있을 것이다. 하지 중장은 '군정연장의 계획'이라는 이유로 자문위원회 참가를 거부한 공산당은 어찌할 수 없지만은 민생문제에 국한하는 자문기관이라는 조건 하에 참가를 승락한 인민당쯤은 비상국민회의를 통하여 비약 출현한 민주의원에 가입될 줄 믿었던 모양이다.

　동일 목표를 지향하면서 혼선을 이루고 있던 하지 중장의 자문위원회와 비상국민회의는 천재적인 모략과 용감한 논리적 비약으로 국민의 총의를 참칭하고 민주주의를 모독하는 소위 '남조선 대한국민대표 민주의원'이라는 명안(名案)에서 '표리일체와 이신동체'의 통일을 보게 된 것이다. 정권획득에 눈이 어두운 그들 "절대 불합작, 새 독립운동, 최후의 일적(一滴)까지 피 흘리자" 등의 기개는 이금(而今)에 안재재(安在哉)요, 비상국민회의의 소집으로 자동적으로 정권을 수립하겠다는 그들의 포부는 어디서 찾을 것인가? 그들은 민중의 기대와 요망을 배반하고 군정의 자문위원으로 타락하여 군정의 연장을 획책하는 처참한 운명에 빠지고 있는 것이다. 소위 비상국민회의의 목적이 외력에 의함으로써 정권을 독점하자는 것이었으며, 그 필연적 결론으로 말로는 이러한 민의배반이 되지 않을 수 없는 것이다. 남조선의 통일을 과시하여 국제적으로 방송되는 소위 남조선 대한국민대표 민주의원의 정체는 자칭 국민의 총의를 결집하고 반영하였다는 비상국민회의의 사생아인 것이다.

(1946년 2월 20일)

2. 민주의원 성명에 대하야

　비상국민회의가 그 출발에 있어서, 또 그 진행에 있어서 반민주주의적이며 비민족적인 것임은 이곳에서 새삼스럽게 지적할 것까지도 없는 것이다. 친일파 민족반역자를 토대로 하여 반동세력을 독선적 형태로 집결하여 놓고 국민대표를 참칭하며 민족의 총의를 모독하며 내지 민주주의를 가장하여, 특권독재 수립에 광분하는 치기와 야욕은 오히려 가련함에 그치려니와, 그 민족분열의 역사적 죄책은 결코 용대(容貸)할 수 없을 것이다. 더구나 이러한 비상국민회의의 사생아에 불과하는 소위 남조선 대한국민대표 민주의원이 그 군정자문기관인 본질을 넘어서 민족통일을 운운하고 통일정권 수립을 논의하며 심지어 "전민족 총지지 속에……정식정부를 수립하고 전국민의 주권에 의한 신국가를 완성하는 것"으로 자임하는 것은 조선민족에 대한 우롱이 아닐 수 없다.
　절대 불합작의 가상한 독립기개는 정권에 대한 야욕에 희생되어 비상국민회의 최고정무위원회는 군정자문기관으로 환신 탈태하였으며, '국부'로 자처하던 '민족지도자,' 면면한 법통의 존중을 자과하던 '정부의 주석'은 군정고문으로 전락하고 말았으니, 그들은 과연 조선민족의 자유해방과 조국의 완전독립을 위하여 독립운동에 헌신하였다고 그 자칭 혁혁한 과거를 주장할 수 있을까? 권력을 위하여서는 민중에 대한 공약을 폐리와 같이 버리며 지위를 위하여서는 민족적 신망도 여반장(如反掌)으로 배반하는 것이 그들의 숨길 수 없는 정체이다.
　3상회의결정에 순응함으로써만 정권에 참가할 수 있다는 것을 인식함으로써 민주의원을 탄생시키는 변환무쌍한 희극을 연출하면서, 자주정권 수립보다도 군정의 연장을 협조하면서 "다만 모스크바 3상회의에서 운운한 바 탁치문제는 우리의 독립자주에 손상되므로 우리는 시종일관하여 이를 단연 거부함이 가장 정당한 민족총의인 것을 또다시 성명한다"는 염치와 용기에는 우리는 오직 아연할 뿐이다. 이것은 3상회의결정과 탁치문제를 분리할 수 있는 것 같은 환상을 넓힘으로써 자기들의 과오를 엄폐하고 변절을 합리화하려는 음모이다. 조선의 민중은 이에 오래 동안 기만되기에는 너무도 현명하다는 것을 그들은 인식하여야 할 것이다.
　우국애족의 성(誠)이 소호라도 있고 정치적 양심이 아직도 남았다면 그들은 모름지기 자기들의 과오를 민중 앞에 솔직하게 고백하는 자기반성적 태도를 취하지 않으면 안 될 것이다. 엄준한 자기비판이 없이 기만과 우롱을 능사로 삼는다면 그것은 점점 더 과오의 심연 속으로 빠지는 것이며, 묘혈을 자굴(自堀)하는 것이다. 민족분열의 책임과 독립거부의 죄과 - 이 낙인이 그들에게 내리는 인민의 심판이며 춘추의 규정일 것이다.

(1946년 3월 일, 民戰 사무국 담화)

3. 반민주주의 제 악법과 민주의원의 책임

 2월 14일 비상국민회의를 토대로 한 소위 남조선대한국민대표 민주의원이 탄생하여 일방으로 군정의 자문기관인 동시에 타방으로 임시민주주의정부의 산파역으로 자임한 것은 이미 주지의 사실에 속한다. 민주의원이 그 출발, 그 구성 내지 그 진행에 있어서 민의를 참칭하는 것이며, 민주주의를 가장하는 것임도 또한 이곳에서 새삼스럽게 지적할 것까지도 없다. 정권에 눈이 어두워 민중의 기대를 배반하는 것이며, 지위에 현혹되어 절조를 초개 같이 버리는 것이니, 그들의 불의 어찌 이에서 더할 바 있으랴?
 민주의원이 출현된 이래 우리에게는 무엇이 왔는가? 정당등록법을 위시하여 일본인재산 처분문제, 신한공사법 등등 일련의 반민주주의적 악법이 접종(接踵)하고 있다.
 군정의 고문으로서 자임하는 민주의원이 그 책임을 도피할 수 있는가? 이러한 악법은 민주주의국가를 대표하는 미군정당국이 의도할 수 있는 것이 아니라 일본제국주의와 팟쇼 유독(遺毒)의 머리에서만 안출될 수 있는 것이라고 우리는 확신하는 바이다.
 그러므로 민주의원에게는 이 제종 악법에 대하여 다만 자문의 책임뿐만 아니라 기안의 죄과까지 들어가지 않을 수 없는 것이다.
 민생은 바야흐로 도탄의 심연에 빠져 기아선상을 방황하고 있는 이때 민주의원은 이조(李朝)의 고궁을 전전하면서 정명(町名) 개정과 우측통행을 논의하는 한유(閑遊)로, 한편 민중과의 무연(無緣)을 고백하는 동시에 그 대죄를 엄폐하려고 한다. 그러나 민주주의로 결집 발전하는 현명한 조선의 민중은 결코 이에 기만되지 않을 것이며 이것을 단연 용대하지 않을 것이다.

(1946년 3월 일, 民戰 사무국 담화)

4. 李박사의 칭병과 민주의원의 자멸

비상국민회의가 어떻게 출발하여, 어떠한 구성으로, 어떻게 진행되었으며, 민주의원이 어떻게 기상천외의 방식으로 산출되었던가는 이미 세소공지(世所共知)의 사실에 속한다. 일방 미군정의 자문기관으로, 타방 임시정부의 산파기관으로 자임하여 하지 중장 앞에서 선서하였던 것이며 자천 의장 李承晚박사가 누차 이것을 언명한 바 있었다. 민주의원과 비상국민회의, 최고정무위원회와는 표리일체이며 이신동체라는 것이었다. 그러나 비상국민회의 의장 洪震씨는 비상국민회의와 민주의원과의 이러한 관계를 시인하려고 하지 않는다. 그러므로 민주의원은 그나마의 비상국민회의를 토대로 민의를 가장하려 하나, 사생아로서는 그 변변치 않은 유산조차 상속받을 수 없게 된 것이다.

민주의원은 소위 임시 정책 27항을 발표하여 자부하더니, 미소공동위원회 개최 전야에 임하여 그 지주 李承晚박사는 칭병 사임하고 대행의장 金奎植박사는 민주의원이 미군정자문기관임을 부인하였다. 일사(一死) 건국의 결의는 이금(而今)에 안재(安在)며, 칭병 후 불과 수일에 방송은 이 어인 일인가? 선서의 부인은 인간으로서의 파산이 아닌가? 지도자는 민중의 향도이며 정치가에게는 공명정대와 자기비판과 책임이 요청되는 것이다. 기만으로 시종하여 민중을 우롱하는 것은 단불용대(斷不容貸)의 죄악이다. "탁치문제는 이미 해결되었다" 혹은 "탁치문제는 정부 수립 후의 문제이다"라는 것은 무슨 얕은 기만이며, 무책임한 호도인가? 객관적으로는 비상국민회의 의장으로서 민주의원 탄생의 책임을 져야 한다는 것을 우리는 지적하지 않을 수 없다.

국민을 참칭하며 민주주의를 모독하는 정당 단체 내지 개인은 아무리 그 환신술에 자유자재하더라도 엄정한 민주주의의 감시안을 도피할 수 없는 것이니 국제적으로 평화보장에 공헌하고, 국내적으로 민주주의 신조선을 건설하는 것으로 출발하여야 할, 임시정부의 수립에는 발언을 단념하고 자숙, 자신(自愼), 반성에 힘쓸 지어다.

(1946년 3월 22일, 民戰 사무국 담화)

제4장 해설

　제1문은 '비상정치회의'의 음모, 李박사와의 야합에 의한 '비상국민회의'에로의 표변, 민중의 압력에 의한 분열, 그 내막의 자가 폭로, 군정자문과 민의의 가장, 국제모략과의 연관, 분열을 불사하고 전후를 불고(不顧)하며 탈태한 '최고정무위원회'의 내막, 하루살이 같이 파멸하고 하룻밤 사이에 '민주의원'으로 간판을 바꾼 곡예, 그 내막의 자가 폭로, 이러한 것이 세세한 자료의 분석을 통하여 묘사되었다.

　제2문과 제3문은 혹은 야욕에 눈이 어둔 기만성명에 응수하면서, 혹은 건국의 전도를 암담케 하는 악법의 접종을 지적하여 '민주의원'의 죄책을 준열하게 추궁하였으니 인민검사의 추상열일(秋霜烈日) 같은 논고이며, 세기적 심판자의 판결문이다.

　제4문은 민주의원과 李박사의 가련한 말로에 일말의 인간적 동정을 보내며, 최후로 사형언도를 내린 것이다.

　제2, 제3, 제4, 이 세 글은 민주주의민족전선의 위대한 승리의 표현인 것이며 미소공동위원회의 개막에 장식하여 보내는 전민족적 선물일 것이다.

— 편집자

제5장 민주주의민족전선

　세계민주주의의 위대한 성과인 3상회의의 결정은 조선판 파시스트의 왜곡과 역선전에 의하여 반탁운동을 통하여 자가 전제(專制)의 도구로서 교묘하게 역용되었고, 이에 오도된 민중은 귀중한 통일전선에서 분리되는 위험을 만들었다. 그러나 민주주의적 지도자들의 친절하고 집요한 노력과 영웅적 자기희생적 투쟁의 결과, 전선은 점차로 정돈되고 반민주주의진영이 질주하는 반동화의 길에서 민중은 대량적으로 급속하게 이탈되어 민주주의민족전선의 깃발 아래 모이게 되었다.
　1946년 2월 15일 이날이야말로 조선의 사회가 완전히 민주주의진영과 반민주주의진영으로 나뉘었고, 이 두 개의 진영이 세기적 무대에서 심판받은 날이다. '민전'결성대회의 파동 속에 구비치는 인민의 호흡, 민중의 노호는 3천만 민족과 모든 민주주의자의 가슴 속에 감격의 인상을 찍었고, 반민주주의자의 파편을 전율케 하였다. 이 대회가 거둔 성과는 조선민족의 통일전선에 거대한 일보를 그렸고, 민족해방사상에 불멸의 족적을 남기어 놓은 것이다. 이제 '민전'의 결성 준비로부터 대회의 지도, 그리고 대회 후의 모든 투쟁에 중요 역할을 수행한 李씨의 저간 논문은 모두 다 대회 그 자체와 한가지로 역사 위에 남을 것이다. ― 편집자

1. 민전 결성대회에서의 일반정세 보고

〈 갑. 국제정세 〉

1

"제1차 세계대전과 제2차 세계대전과의 사이에는 약간의 차이가 있다. 제2차 세계대전을 일으키기 전에 일(日) 독(獨) 이(伊) 3국은 부르조아 민주주의와 자유의 편린도 이를 완전히 일소하였다. 제2차 대전은 그 초기부터 반파쇼와 민주주의적 자유의 재건을 위한 해방전쟁의 성질을 띠었다."

제2차 세계대전은 스탈린의 이 성격규정을 기다릴 것까지도 없이 국제 파시즘에 대한 민주주의 국가의 전쟁이었고, 이 전쟁은 파시즘의 붕괴와 민주주의의 승리로 그 종막을 고하였다. 민주주의 제국의 승리로 인하여 국제적 세력관계에는 중대한 변화가 재래(齎來)되었나니, 반동적인 파쇼세력과 진보적인 민주주의세력과의 관계에 있어서 그 지위가 결정적으로 전도되고 소련의 국제적 비중과 세계적 영향이 강대하여졌으며, 국제민주주의의 진로는 전개된 것이다.

미, 영, 소 3대 연합국의 국제협조와 그 희생적 투쟁의 결과로서 획득된 이 민주주의의 승리를 우리는 높이 평가하여야 할 것이며, 이 투쟁과 이 승리에 있어서 소련의 결정적 역할을 우리의 주관적 호오를 떠나서 정당하게 인식하며 평가하지 않으면 안 될 것이다. 그것은 대독전에 있어서 독일의 패배가 거의 결정되었을 때 제2전쟁이 실현되었다는 사실과, 대일전에 있어서 수년의 전쟁 계속을 확신하던 일본제국주의로 하여금 소련 참전으로 인하여 무조건 굴복에 나오게 한 사실로 보아 확증되는 것이다.

2

서(西)의 독(獨) 이(伊)와 동(東)의 일본을 중심으로 하는 국제 파시즘이 그 패전으로 말미암아 타도되어 전세계는 그 질곡과 암흑에서 이탈하게 되었으며 구출되었다. 이러한 의미에 있어서 제2차 세계대전은 반파쇼 전쟁인 점에서 진보적 전쟁이었으며, 인류사적 의미를 갖는 것이었다. 민주주의 연합국의 승전은 세계 각국의 민주주의 발전에 길을 열어 주었으며, 식민지해방의 기회를 재래한 것이다. 유고슬라비아, 불가리아, 루마니아, 체코, 폴란드 등 구주 제국에 있어서 전후 민주주의정부가 수립되어 토지문제의 근본적 해결, 8시간 노동제의 실시, 대산업의 국유, 철도 은행 등의 국영 등등 민주주의적 과업이 착착 진행되며 새로운 형태를 취하고 있다. 조선독립의 보장이라든가, 최근 문제된 인도네시아의 신탁문제라든지도 그 호례(好例)이다.

이와 같이 전후의 세계적 방향은 전체적으로 보아 민주주의 발전을 위하여 유리한 조건을 성숙시키고 있다. 이것을 우리는 충분히 인식하여야 하며, 정당하게 평가하지 않으면 안 될 것이다. 이와 반대되는 세력이 또다시 대두할 기회를 엿보고 있다는 사실을 간과한다면 그것은 위험천만의 과오일 것이다. 독일과 일본의 파시즘이 군사적으로는 파괴되었으나, 그 잔존세력이 아직도 완전히 근멸되었다고 볼 수 없는 것이 역력한 현상이며, 국제독점자본이 그 세계 군림을 실현하려고 노력하고 있는 것도 또한 엄폐할 수 없는 사실이다. 영미의 대자본가를 중심으로 하는 국제독점자본 금융자본은 국내의 민주주의에 반대를 할 뿐만 아니라, 국제적으로 파쇼의 잔존세력과 제휴하여 세계를 다시 반민주주의 방향으로 이끌고 나아가 세계지배의 몽상을 실현하려고 하고 있다. 이 방향의 반소운동은 고사 막론하고 서반아의 프랑코정권, 알젠틴, 포도아(葡萄牙) 등 기타 제국의 파쇼세력, 중국의 반동정권, 일본의 현정부, 조선의 반동세력을 지지함으로써 반인민정책을 조장하며 민주주의 국제노선의 진전을 저해하려는 것이 그 기도이다. 상항(桑港)에 있어서 식민지에 대한 독립보장에 반대한 경위라든가, 국제연합회의에의 국제노동조합의 참가를 거부한 사실이라든가, 얄타회담의 선언을 전복시키려는 계획이라든가, 이 모든 일련의 사실은 파쇼적 요소와 경향의 잔존을 증시(證示)하는 것이다.

'아직' 우리가 "국가체제에서 살고 있느니 만큼, 파시즘과 제국주의적 침략의 도배를 아직 이 세상에서 영영 근멸시키지 못한 만큼, 평화를 새로 파괴할 가능성에 대하여 우리의 경계심이 조금이라도 약하여져서는 안 된다. 평화애호의 제국의 협작(協作)을 공고케 하는데 대한 고려는 여전히 우리의 주요한 임무로 된다." 몰로토프의 지적한 바와 같이 파쇼 잔존세력의 소탕이 없이는 세계평화는 보장되지 않는 것이며 따라서 민주주의 발전은 서기할 수 없는 것이다.

막부의 3상회의결정은 반민주주의적 국제모략에 대한 국제협조의 재승리이며, 국제민주주의노선의 거보의 진전이다. 5상회의의 결렬로 의운(疑雲)이 중첩되었던 미묘한 국제관계는 허다한 문제를 성공적으로 해결한 3상회의에 의하여 명랑화하여졌으며, 민주주의 연합국의 협조정신은 일층 공고하여졌으며, 전세계문제를 민주주의적으로 제기한 점에 있어서 3상회의결정은 국제민주주의노선의 발전이며, 그 구체화이다. 구주 제국 즉 이태리, 루마니아, 불가리아, 흉아리(匈牙利), 분란(紛亂) 등 국가와 평화조약 체결에 대한 준비라든가, 우익정당 대표의 정권참가를 전제로 하는 불가리아 정부의 승인이라든가, 일본의 파쇼세력을 완전히 숙청하여 일본을 민주주의국가로 개혁하여 일본민족을 평화애호민족으로 발전시키기 위한 목적으로 4국 관리위원회를 설정한 것이라든가, 중국의 내란을 정지시키기 위하여 또 장(蔣)정권을 민주주의화시키기 위하여 국공합작을 지도하는 것이라든가, 이 모든 결정은 전후 민주주의 세계의 위대한 진전을 의미하는 것이다.

특히 조선문제에 관한 결정에 있어서 최고 5개년의 기한부로 조선의 독립을 보장하였으며, 자주독립국가로서 회복을 지지 원조하는 구체적 방법으로 일본통치의 장기적 해독을 청소하고 민주주의적 정당과 대중단체와 상의하여 민주주의정부를 수립하여 정치 경제 문화 등등 모든 방면의 민주주의적 발전을 지원한다는 것이 결정의 내용이다.

이 결정은 "구라파에 있어서 질서 확립과 민족 경제생활의 개조는 반드시 해방된 인민들이 나치즘과 파시즘의 최후의 흔적까지를 숙청하고 그 인민들 자체가 선택한 민주주의적 기관을 설치하는 그런 방법으로서 달성하여야 한다"고 결정한 크리미아선언의 정신과 일치하는 것이며, 적당한 시기에 적당한 방법으로 조선의 독립을 허여하겠다는 카이로, 포스담 양 선언의 구체화인 것이다. 국제협조의 결정(結晶)으로 되고, 민주주의노선의 거보의 전진을 의미하는 이 3상회의결정에 대하여 조선민족은 모름지기 쌍수를 들어 환영의 뜻을 표하여야 할 것이다. 이 전후 세계문제의 민주주의적 해결을 결정한 노선에 반대하는 반민주주의적 국제모략과 서로 호응하여 야기된 조선의 반탁운동은 국제정세에 대한 몽매에서 나오는 것이며, 민족적 반성이 없이 사소한 민족적 자존심에 구애되는 결과이다. 그러므로 반탁운동은 국제적으로는 민족적 자멸책이며, 국내적으로는 골육상쟁의 민족분열에 불과한 것이다.

탁치문제를 호기로 하여 조선의 반동세력은 대두를 획책하였나니, 그들은 안으로 민중의 자존심과 애국열을 역용하고, 밖으로 반민주주의적 국제모략의 후원을 얻어 자파세력의 대중적 토대 획득에 급급하였으며, 또 어느 정도의 성과를 거두었다. 친일파, 민족반역자, 사이비 애국주의자가 반탁운동의 선구이었다는 점은 이 운동의 성격을 규정하는 것이며, 일본제국주의의 잔재 유독을 완전히 숙청하지 않고서는 조선의 완전독립은 서기할 수 없다는 것을 확증하는 것이다.

3

파쇼 잔재와 반민주주의적 국제모략에도 불구하고 세계는 민주주의노선으로 용감하게 돌진하고 있나니, 이 현실을 우리는 다시 한번 깊이 인식하지 않으면 안 될 것이다. 막연한 반탁구호로 민심의 혼란을 초래할 수 있었으나, 그것으로 국제결정을 번복할 수 있는 것 같은 그들의 정저와(井底蛙)적 희망은 완전히 분쇄되고 말았다.

실전에서의 전우로서 굳게 맺어진 미소 양국의 국제협조는 조선의 반동세력에 의하여 동요되기에는 너무도 공고한 것이다. 민주주의 국제노선은 조선의 사소한 반탁운동쯤은 노상의 일석(一石)으로 고려하지 않는다. 반탁운동에 오도되는 조선의 민중이 민주주의진영의 과감 집요한 투쟁과 친절, 정녕(叮嚀)한 해석 선전으로 3상회의결정의 진의를 이해하기 시작할 때, 때마침 이 결정 제4조의 실행으로서 미소 양군 대표회의가 서울에서 1월 16일부터 개최되었다.

대표회의를 위요하고 그 결렬을 획책하는 음모가 성행하고 데마가 광포(廣布)되고 있었으나, "각 회의는 가장 우호리에 사무적 분위기 속에서 개최되었다." 일반 회의와 분과회의로 거대한 성과를 거두고 2월 6일에 그 종막을 고하였다.

대표회의가 끝난 후 1개월 이내에 조선의 과도정권 수립에 착수하기 위하여 공동위원회를 서울에 설치한다는 것이 결정되었으며 철도, 자동차 급 해운문제, 양지대간의 조선인 여행문제, 통신문제, 전파문제, 경제 급 행정에 관한 협력문제 등등이 구체적으로 결의되었던 것이다.

이 회의의 성공은 그 결렬을 꿈꾸던 조선의 반동세력에게는 실패로 보이었을 것이며, 더구나 민주주의적으로 과도정권 수립에 즉시 착수한다는 것은 군정의 연장을 기대하는 부류에게는 청천의 벽력이었을 것이다. 타의를 내장한 38도 즉시 철폐론자가 이 회의의 구체적 결정에 대하여 공허의 실망을 표명하게 된 것은 당연한 결론일 것이다.

4

"3국의 협조를 의심 혹은 비관하는 자가 있으며, 3국 사이를 이간시키려는 반동분자도 적지 않다. 그러나 3국은 모순과 대립을 내포하고 있으나 공통된 이해관계 해결의 정신 밑에서 3국의 협조는 가능하다." 스탈린의 이 관측은 어그러짐이 없이 미, 영, 소 3국의 협조는 유지되고 강화되고 있다. 국제연합회의는 진보적 중심세력을 갖고 있는 점에서 과거의 국제연맹의 전철을 답습하지 않을 것이다. 희랍문제, 란인(蘭印)문제 등을 중심으로 영소간의 논쟁이 보도되고 있으나, 그리고 허다한 우요곡절(紆繞曲折)을 예측할 수 있으나 3국 협조에 간격을 만들 수는 없을 것이다.

안전보장이사회, 불란서의 정변, 프랑코정권에 대한 태도, 원자 공동관리문제 등등 세계평화의 보장에 기여할 방법이 강구될 것이다. 파쇼 국가에 대한 제재, 식민지해방운동의 귀추, 이것은 세계민주주의 발전의 관건이 동시에 국제평화의 감시대이다.

"제3차 세계대전의 발발을 운운하는 자가 있는데, 이것은 극히 위험한 논의라고 할 것이다.…… 장래 국가평화 교란을 국제적 안전에 대한 음모의 온상이 되려는 사태를 진지하게 감시하지 않을 수 없다."

몰로토프가 강조한 바 평화교란에 대한 세심의 경계와 진지한 감시를 우리는 높이 평가하지 않으면 안 될 것이다. 主恩來씨의 중경국립대학 급 기타 회합에 있어서의 연설을 인용하여 보고의 결론을 삼고자 한다.

"미 영 소 3국은 모두 평화를 애호하는 국가이므로 제3차 세계대전이 발발할 염려는 없다. 여(余)는 원자폭탄이 제3차 대전의 원인이 될 것으로는 생각지 않는다. 원자탄은 과학이 발전된 제국에 있어서 그 비밀을 영원히 지킬 수 없을 것이다. 이것은 반드시 인류의 복리를 위하여 이용될 것이며 파괴의 목적에 사용되지는 않을 것이다. 각 국민은 평화와 민주주의와 진보의 노선을 밟고 있으며, 세계는 바야흐로 민주주의 재건을 향하여 전진하고 있다."

(1946년 2월 15일)

< 을. 국내정세 특히 남부 >

1

현하 조선의 정세는 조선해방의 국제성에 의하여 제약되고 있다. 해방 이래 과도기에 처한 금일 조선의 일반정세는 극히 복잡 미묘하고 험악 혼란하다. 정치적으로 민족통일이 결여되고 있나니, 그것은 무엇보다도 우리 민족 자체의 결함에 의한 것은 물론이어니와, 조선 전체가 공통된 민주주의원칙과 기준에서 문제의 해결을 보고 있지 못한 관계에도 그 원인이 있는 것이라는 것을 우리는 잊어서는 안 된다.

남부는 북부와 원칙으로 다른 방향을 취하고 있다는 곳에 정치적 통일이 결여되고 있으며, 북방에는 정치적 결정이 거의 확실성을 갖게 되는데 비하여, 남방에는 정치적 혼란이 계속되고 있으며 더욱 심각하여 가고 있다. 정치적 혼란은 식량, 연료 등 생활필수품의 결핍으로 인한 국민생활의 위협을 주며, 민중은 불안 초조 중에서 그날그날을 보내고 있고 민중의 도탄은 또다시 혼란을 격화하고 있는 것이 엄폐할 수 없는 현실이다.

남북의 차이는 대개 세 가지 점에서 나타나고 있다. 첫째는 치안유지권, 행정권을 조선인에게 넘겨주는 여부에 있으며, 둘째는 일제 잔존세력 숙청 유무에 있으며, 셋째는 몰수 일제 재산을 조선인의 손에 맡기는 연불연(然不然)에 있다.

일제 잔존세력의 소탕이 실행되고 있기는커녕 일제 통치시대의 법률과 기구가 그대로 계승되고 그 인원이 답습되고 있을 뿐 아니라, 친일파가 더욱 등용되고 있다. 인민의 정치적 권리와 자유에는 해방을 통하여 하등의 질적 변화를 보지 못하고 있다. 일제의 극악한 잔재 유독인 관료주의나 그 락윤(落胤)을 통하여 군정이 실시되고 있으므로 반동세력만이 조장되고 군정과 민중과의 사이에는 거리가 원격하여 갈 뿐이다. 신영객(新迎客)을 급급히 주인으로 모신 노예근성과 아유천부(阿諛天賦)를 구비한 조선의 반동세력은 국제적으로 반민주주의진영과 연결하여 국수주의화하고 있다. 민중기만과 대중쟁취의 수단으로 '급진적' 민주주의 간판을 내걸면서 정당한 정치적 승리에 확신을 잃은 그들은 낙망, 초조의 극도에서 점점 악질화하여 테러적 행동으로 진출하고 있다. 이것은 희랍, 유고, 이태리, 체코 등 제국에서도 우리가 보는 바와 같이 일종의 국제적 현상이다.

친일파 민족반역자와 완전한 결탁, 아니 그것을 토대로 하는 조선의 반동세력은 테러를 준비하며 실행하고 있을 뿐 아니라 자기들이 일시 장악하고 있는 권력을 악용하여 민주주의 제 단체를 습격 점거하며 그 지도자를 검거, 투옥하고 있다.

또 자기들이 접근하고 있는 미군정장관과 헌병에게 무고, 중상하여 이러한 불상사를 야기시키고 있다. 이것은 남부 전체에 미만되고 있는 것이니, 그 예는 일일이 매거할 필요조차 없다. 극단의 대표인 실례는 비무장 평화군중에 대한 발포 내지 기습으로 초래된 남원사건과 학병사건에서 볼 수 있는 것이다. 신문 급 기타 출판물, 심지어 방송을 통하여 세칭 좌익, 즉 민주주의 지도자 급 그 가족의 학살이 공공연하게 방언(放言)되고 있다. 국제결의 반대를 통하여 연합국 배격이 허용되고 있다. 민주주의 발전을 위한 자유는 여지없이 억압되고 반민주주의 도량의 자유는 무제한으로 묵인 내지 조장되는 기형의 데모크라시가 실행되고 있는 것이 남부의 특색이다. 이러한 정치적 혼란 하에 있는 남조선의 경제상태와 민중생활은 파탄이 일언으로 폐지(蔽之)된다. 물자는 일인에게서 몰수한 재고상품으로 추산한다면 그다지 결핍한 것도 아니며, 더구나 식량문제에 있어서는 풍부한 곡창 남조선이다. 그러면 민생의 도탄은 어디서 유래하는가? 군정의 무위 무계획과 그 반민주주의적 반인민 정책에 그 원인이 복재하는 것이다.

물가의 통제가 없이 물자는 투기상 모리배를 통하여 암흑시장으로 나오게 되니 물가는 일로 상승할 뿐이며, 통화와 물가와의 조절이 없으니 인플레션은 더욱 악화하여 가고 있다. 일반 물가의 조정도 없이, 하등의 계획도 없이, 식량배급을 예고하고 공정가격을 결정하였으므로 식량반입이 두절되어 시민은 기아선상에서 방황하고 있다. 막연한 애국심에의 호소는 종교가의 당위는 될지언정, 위정자의 태도는 아니다. 부패한 통역을 통하여 미곡의 밀수출은 성행하고 있으며, 이익과 편의를 위한 식량의 전용 낭비는 계속되고 있다. 경제부흥은 구호뿐으로 공장은 운전되고 있지 않으며, 귀환동포를 기다릴 것도 없이 실업자는 가두에 미만하고 있다. 강도가 횡행하며 폭력단이 유연(悠然)하고 있어 금품의 강탈, 부녀의 능욕, 인명의 살상은 항다반(恒茶飯)의 사실로 치안은 혼란의 극도에 빠지고 민생은 도탄의 나락에 잠기고 있다. 이러한 반면에 이익획득운동에 열중하는 투기 모리배와 간상, 부로커는 요로인(要路人)을 싸고돌아 사교, 미인계, 유흥, 증뢰(贈賂)로 풍기를 문란시키고 있다. 유감스럽게도 또 의아스럽게도 군정이 엄존한 이곳에 이러한 무정부상태의 무질서가 허용되는 기현상을 보는 불행에 우리는 빠져 있는 것이다.

2

　반동세력의 도량은 3상회의결정을 전후하여 악질화의 일로를 취하고 있다. 대중전취의 기회를 엿보고 기다리는 그들은 탁치문제를 호기로 조선민족의 민족감정, 민족적 자존심 내지 막연한 애국열에 호소함으로써 자파 세력 부식에 급급하게 되었다. 전죄독공(前罪讀功), 여명(餘命)연장, 거산(巨産)유지, 열세회복 등등 복잡다단한 동기에서 친일파 민족반역자는 열렬한 애국자, 유일의 독립운동가로 표변하여 가지고 민중 앞에 나타났던 것이다. 반탁운동은 안으로 골육상쟁이라는 민족분열의 불행을 초치하고, 밖으로 배은망의(背恩忘義)와 정세몽매라는 치욕을 남기었다.

　조선해방의 국제성에 비추어 또 현하의 세계정세를 판단하여 결론하여 보면, 조선문제가 고립적으로 해방될 수 없다는 것은 그다지 난해의 문제가 아닐 것이다. 국제적 고립이 민족의 자멸과 동의(同義)이라는 것은 자명한 일이다. 조선의 반동세력은 애국심이나 자존심에서 탁치에 반대한 것은 결코 아니고, 조선문제의 민주주의적 해결에 실망한 때문인 것이다. 조선을 어떤 특권계급의 지배하에 두려는 야망이 3상회의결정에 의하여 분쇄되는 까닭이다. 제2차 세계대전의 성격을 이해한다면, 그리고 전후 국제문제의 해결이 무슨 원칙 하에서, 어떠한 방향으로 진전되고 있는가를 찰지(察知)한다면 그들의 희망이 그들의 최후발악에도 불구하고 한낱 환상에 그칠 것이란 것쯤은 명명백백할 것이다.

　세계를 민주주의적 방향에서 반민주주의적 방향으로 환원시키려는 노력은 국제적으로 긴밀하게 연결되어 있으며, 따라서 조선의 반탁운동도 또한 이 예에서 벗어나지 않는다. 조선의 반탁운동은 반민주주의운동의 세계적 범주에 속하는 것이다. 그 준비는 주도하였고, 그 계획은 치밀하였다. 10월의 탁치문제 방송은 조선민심의 파문을 일으키려는 일 시석(試石)의 투하이었던 것이다. 이것으로서 민심에 어딘지 탁치결정이나 오지 않는가 하는 불안을 내장하여 둔 것이다. 3상회의결정 발표 직전에 회의 경위에 대한 왜곡된 방송은 내연장치가 준비되어 있던 조선민심에 던져진 점화이다. 이곳에서 반탁의 불길이 어디로 향할까는 자명한 일이다.

　이 염화(焰火) 중에 3상회의결정은 발표되었나니, 이미 냉정을 잃은 민중이 결정의 내용을 고려하거나, 그 이해(利害)를 검토할 여유를 갖지 않을 것은 또한 당연한 귀결이다. "탁치를 원하느냐, 독립을 바라느냐" 이러한 순풍에 돛을 달고 절대 불합작, 새로운 독립운동 최후의 일적(一滴)까지 피를 흘리자는 대의명분이 그럴듯한 구호로 반탁운동은 흘러간 것이다.

반탁운동은 필연적으로 반연합국운동으로 화하는 것이며, 특히 남부 조선에서는 미군정 반대로 전환되는 모순을 내포한 것이다. 반탁운동을 묵인, 용허 내지 조장하면서도 이 모순해결에 뇌신(惱神)한 것이며 전환 방지에 노심한 것이다. 3상회의결정을 지지하라고 하면서 탁치는 반대할 수 있다는 애매 몽매한 구문(口吻)은 반탁치운동 지도자에게 적당한 구실을 주고, 반탁운동에 오도되는 군중에게 일루의 희망을 넣어준 것이다. 3상회의결정의 실행의 제1보인 미소 양군 대표회의가 그 종막을 고한 금일에도, 3상회의 경위에 대한 국제적 발표가 있은 지금에도, 책임자의 무책임한 발언으로 탁치 여부를 오리무중에 남기게 하고 있다. 절대 불합작도 성명하여 보았고, 탁치 서사(誓死)반대도 조직하여 보았으나, 과도정권에 참가할 야욕은 영퇴(嬰退)된 것이 아니다. 그 보다도 정권을 독점하기 위하여 대중적 기초를 획득하려고 반탁운동으로 이 순류(順流)를 타본 것이다. 그러나 그들에게 불행하게도 대중 앞에서 자기의 과오를 솔직하게 고백할 양심도 없거니와, 엄정하게 자기를 비판할 용기도 준비되어 있지 않은 것이다. 이 질적인 방향전환을 어떻게 호도하면서 넘어가 볼 까하는 그들의 고심은 추찰하기 어렵지 않다.

이곳에서 비상정치회의의 소집이 주비(籌備)되고, 비상정치회의와 독립촉성중앙협의회와의 합류로 비상국민회의에의 발표가 있었던 것이다. 하지 중장 자문위원회는 자율정권 수립과의 모순에서 최고정무위원회의 형태로 나타나서 미소공동위원회의 자문기관으로 자임하게 되는 것이다. 최고정무위원회는 민주주의를 가장하고 국민회의를 모독한 '통일된 인민의 총의'로 선출된 것 같이 보이는 것이며, 장래 수립될 자칭 자율정권의 전형위원회일 것이다.

3

조선의 완전독립은 민족의 통일을 요청하고, 민족의 통일은 민주주의의 원칙을 전제한다. 이것은 거의 천하의 상식이 되어 있으면서도 통일을 창도하는 나머지 원칙의 무시가 의식적으로 성행하고 있다.

통일에는 밑으로부터의 통일과 위로부터의 통일이 있나니, 밑으로부터의 통일이 원칙이며 제1차적인 것은 물론이나, 조선의 국내 국제적 현실은 위로부터의 통일도 요청하고 있으며, 위로부터의 통일이 성공된다면 완전한 민족적 통일이 용이하게 성취될 처지에 있는 것이다. 이 상층부 통일공작에 대하여서는 별개의 보고가 있겠으므로 이곳에서는 생략하기로 한다.

조선에 있어서 밑으로부터의 통일전선은 불리한 조건에도 불구하고 착착 진전되어 왔다. 민주주의적 제 단체가 전국적 체계에서 결성된 것은 이것을 의미하는 것이며, 이 결성은 통일전선의 기초가 되는 것이다.
1. 조선노동조합전국평의회(60만 회원); 11월 7일 창립. 전국대표 650명 참가.
2. 조선인민공화국 인민위원회대표자대회; 11월 20일~22일 전국대표 670명 참가.
3. 조선농민조합총연맹(400만 회원); 12월 8일 창립. 전국대표 580명 참가.
4. 조선청년총동맹(백만 맹원); 12월 11일 창립. 전국대표 540명 참가.
5. 전국부녀총동맹(90만명); 12월 22일 결성. 전국대표 450명 참가.
6. 조선문화연맹; 2월 17일 결성 예정(문학가대회는 2월 8일에 개최되었다).

조선의 정계는 지금 양대 진영으로 분열되어 있다. 즉 민주주의진영과 반민주주의진영과의 대립이 그것이다. 인민을 위한, 인민으로 된 정권을 세우려는 것이 조선인민공화국 인민정부이며, 3·1운동 이전의 구태 민주주의를 계승하여 특권계급의 독재정권 수립을 꿈꾸는 것이 대한민국임시정부이다. 조선문제를 민중의 토대 위에서 민주주의적으로 해결하려는 것이 민주주의민족전선이며, 친일파 민족반역자의 기초 위에서 정권을 독점하려는 것이 비상국민회의이며 민주의원이다.

민주주의민족전선은 민주주의 원칙 하에서 국제평화노선에 순응하여 진보적 세력을 규합하는 것이다. 민주주의민족전선에서 주장하는 4개의 원칙, 즉
1. 친일파 민족반역자를 제외할 것
2. 3상회의결정의 원칙 하에서 민주주의 독립국가 건립에 노력할 것
3. 기성 정부의 법통을 고집하지 말 것
4. 명실상부한 단체의 비례대표제를 승인할 것

등에 있어서 비상국민회의와 완전히 대립되고 있다. 비상국민회의는 이 4개 원칙을 거부하는 곳에 그 본질적 성격을 표명하고 있는 것이다.

민주주의민족전선은 이 4개 원칙을 엄수하는 조건에서 결성되는 것으로, 인민당 공산당의 국내 진보적 정당과 해외 혁명세력의 대표인 독립동맹을 중심으로 전기 각 대중단체, 문화단체, 학술, 언론, 교육, 체육, 종교, 무소속 명사 등등 각계각층, 각파, 무당무파의 민주주의 요소를 총망라하는 것이다.

그러므로 비상국민회의를 우익의 결집이라고 지칭하는 것은 광범에 지나는 과오인 동시에 민주주의민족전선을 좌익진영이라고 규정하는 것은 협애에 지나는 왜곡이다. 따라서 이 양 진영, 즉 민주주의진영과 반민주주의진영과의 사이에 중간파가 존재할 하등의 이론적 근거도, 용납될 여지도 없는 것이다. 중간파에 소속된 인사의 통일을 위한 성의와 노력은 의심하지 않으나, 그들이 우리의 원칙을 승인하는 이상 이에 용약 참가할 것을 희망하는 바이다. 중간파의 태도결정의 주저

는 그 객관적인 의도와는 정반대로 객관적으로는 반동을 조장하는 역할을 하게 된다는 것을 우리는 지적하지 않을 수 없다.

민족통일과 경제부흥, 이 2대 중심문제가 민주주의민족전선의 과업이니, 우리의 주장은

1. 독립국가에의 부흥
2. 민주주의정권 수립
3. 정권 조직에 민주주의 정당 급 사회단체 참가
4. 일본 잔존세력의 제거
5. 선진국가의 기술적 물질적 원조

에 있다. 3상회의결정과 일치되어 나가는 민주주의민족전선은 민족통일로 민주주의임시정부 조직의 구체적 전제조건을 준비하는 동시에 조선민족의 유일한 대표에서 발언할 것을 주장하는 바이다.

(1946년 2월 15일)

2. 민족통일과 원칙

1

조선의 완전독립은 조선민족의 숙원이며, 이것을 위하여서는 민족통일이 요청되며, 통일에는 원칙이 서야한다는 것은 이미 천하의 상식이 된듯 하면서도 실천에 있어서는 아직도 미운(迷雲)이 떠돌고 있다. 더구나 3상회의결정이 있는 이래 좌우익의 분열을 통분하고 민족의 장래를 개탄하는 곳에 통일을 절호(絶呼)하는 나머지 원칙의 혼란이 나타나고 있다.

조선의 자주독립을 달성하여 조선민족문제의 완전 해결을 도모하며 민족 백년의 대계를 수립하려는 곳에 일정한 노선과 공통된 원칙으로서 통일하여야 한다는 것이 통일이 요구되는 소이이며, 통일의 진정한 정의이다. 통일은 어디까지나 민족의 통일을 의미하는 것이오, 결코 지도층의 일시적 타협을 지칭하는 것은 아니다. 미소공동위원회와 함께 과도정권을 수립하는 곳에만 통일의 사명을 국한하는 경향이 있으며, 그럼으로써 원칙을 무시한 통일에 초조하는 주장이 있는 것을 경계하여야 할 중대한 과오로 지적하지 않을 수 없다. 과도정권에 참여하기 위한 상층부의 야합과 민족통일을 혼동하는 것이 있어서는 안 될 일이며, 있을 수 없는 통념이면서도 의식적 혹은 무의식적으로 아직 성행하고 있다.

2

조선해방의 국제성에 비추어 또 조선문제의 해결이 전후 국제문제의 민주주의적 해결의 일환인 점에서 조선문제를 세계의 조류에서 고립적으로 해결하려는 것은 상상조차 할 수 없는 일이다. 막부 3상회의의 조선문제에 관한 결정이 조선의 자주독립을 보장하며 조선의 민주주의적 발전을 지지하는 곳에 그 위대한 역사적 의의가 있는 것이며, 시기와 방도를 구체적으로 규정한 곳에 '카이로' '포스담' 양 선언에 비하여 거대한 진전이 있는 것이다.

국제정세를 정확하게 파악하며 조선민족의 냉철한 반성이 있다면, 민주주의 국제노선을 떠나서는 조선문제의 진정한 해결을 서기할 수 없다는 것을 충분히 이해할 수 있을 것이다. 결정의 진의를 몰각하고 문구의 말단에 구애되며 공소한 호언장담을 늘어놓아 열렬한 애국자로 독처(獨處)하면서, 예민한 민족감정에 호소하며 독립의 숙원을 역용하여 소위 반탁운동으로 고립적 민족자멸에 들어가며, 진실한 우국애족의 혁명가를 매국적으로 모함함으로써 파괴적 민족분열을 꾀하는 자칭 지도자의 죄악은 사필(史筆)을 기다릴 것도 없이 단불용대(斷不容貸)의 정도이다.

3

반탁운동의 기치 하에 모인 소위 임정과 중협(中協)을 중심으로 하는 '비상국민회의'가 우익의 집결인 것은 엄폐할 수 없는 사실이며, 반탁운동의 용감한 선봉이 애국자로 표변한 친일파 민족반역자의 도배인 것도 또한 부인할 수 없는 현실이다. 그러나 민주주의민족전선을 가르쳐 좌익세력만의 집결이라고 하는 것은 현상에 현혹된 피상적 관찰에 불과하는 것이다.

현실을 솔직하게 승인하며 문제를 구체적으로 제기함으로써만 우리는 문제해결의 일보를 내어 디딜 수 있는 것이다. 민주주의민족전선은 민주주의 국제노선에 순응하면서 조선문제를 자율적으로, 민주주의적으로 해결하기 위하여 민족을 통일하려는 것으로, 이 원칙을 승인하여 준수하는 자는 누구나 참가할 수 있는 것이다. 우익에의 문호가 폐쇄된 것이 아니라, 오히려 우익에 대한 환영이 더욱 열렬할 것이다.

조선민족혁명당과 조선민족해방동맹이 비상국민회의에서 탈퇴한 것은 찬양할 만한 용단이며 쾌거임에 틀림없다. 그러나 민주주의민족전선의 좌익적 편향을 지적하는 주장은 무원칙 대립을 상정하는 것이며, 통일의 의의를 협해(狹解)하는 것이다. 원칙적 대립에는 양보가 있을 수 없는 것이며, 통일은 원칙을 준수하는 곳에만 가능한 것으로 지도층의 타산적 타협이나, 야합을 의미하는 것은 아니다. 옥석을 혼동하는 '공정(公正)'은 기로에서 방황이다.

(<朝鮮人民報>, 1946년 1월 29일)

3. 민주주의민족전선 결성대회의 성과

친애하는 3천만 동포 여러분!

오늘 저녁 여러분 앞에 민주주의민족전선 결성대회의 성과를 이야기하려 하면서 우리는 잊을 수 없는 그날의 감격을 다시금 회상치 않을 수 없습니다. 1946년 2월 15일과 16일 이 두 날은 조선민족해방의 역사 위에 또 조선의 자주독립국가 건설의 진로 위에 빛나는 기록을 새기었다고 우리는 확신하는 바입니다.

오랜 동안 해내 해외에서 조선의 독립과 민족의 통일을 위하여 싸워오던 조선인민당, 독립동맹, 조선공산당의 대의원들 75명을 위시하여 3백만의 노동자계급을 대표하는 노동조합전국평의회, 4백만의 농민을 포옹한 농민조합전국총연맹의 대의원 60명, 그리고 백만의 청년을 조직한 청년총동맹, 2백여만 부인을 가진 부녀총동맹의 대의원 60명, 그 외에 각종 문화단체, 학술단체, 사회단체, 재외동포의 대의원 백여 명, 거기다가 각지에서 참집한 지방 거주자 대표 백여 명, 무소속 개인 약 60명, 도합 5백 명에 가까운 출석자와 내빈, 내외 기자단, 방청자 5백여 명이 일당(一堂)에 모이었습니다. 그것은 문자 그대로 조선을 사랑하고 민주주의를 애호하는 조선민족의 각당, 각파, 각계를 총망라한 일대 민족적 회합이라고 할 수 있습니다. 거기에는 우리는 3천만 민족과 세계 각국의 주시에 쌓이어 조선민족의 진정한 통일체인 민주주의민족전선을 결성하고 조선의 독립을 달성할 구체적 방법을 논의하였던 것입니다.

3천만 동포들이여!

오늘날 우리 민족은 위대한 일보전진 비약적 발전을 할 수 있는 역사적 단계에 처하여 있습니다. 세계 파시즘을 근멸하고 모든 국가와 민족의 자유발전을 보장하려는 국제민주주의는 이번 모스크바 3상회의결정으로서 조선민족에게 확고한 민주주의적 자유독립의 길을 보장하여 주고, 반만년의 민족전통을 부흥할 수 있는 국제적 기본조건을 만들어 준 것입니다. 우리 민족은 다만 이 길을 옳게 걷기 위하여 이 결정을 적극적으로 실천하기 위하여 무엇보다도 민족적인 최대 역량을 집중시켜야 할 의무를 가지고 있는 것입니다.

우리 민족의 선구자들은 갖은 곤란을 무릅쓰고서 조선민족을 분열시키려는 일본제국주의와 싸우면서 민족의 통일에 노력하여 왔고, 또 저 8월 15일 이후 모든 애국자들의 지도하에서 3천만 민중은 밑으로부터의 민족통일을 활발하게 거의 완성에 달하였던 것입니다. 그러나 이와 같이 애국의 성의에 넘치는 민족통일도 소위 지도층의 통일, 즉 위로부터의 통일공작에 있어서는 완명한 봉건전제가, 독재정치가의 반민주주의적 행동에 의하여 난관에 봉착하였던 것입니다.

그럼에도 불구하고 통일을 요구하는 3천만 민중의 민족정열은 더욱더욱 강하여졌고, 조선민족의 진정한 통일의 노력은 결코 굴함이 없었으며, 여하한 곤란이라도 돌파하고 기어이 성공하고야 말 기백이 충천하였던 것입니다. 저들의 완명이 아무리 강하고 분열의 책동이 아무리 교묘하다고 하더라도 수십년의 역사를 가지고 빛나는 전통을 이은 3천만 민중이 건설하여 놓은 밑으로부터의 민주주의적 통일을 허물을 수는 없었던 것입니다.

우리는 그동안의 꾸준한 통일공작의 교훈에 의하여 반민주주의는 민족을 오도하고 민족을 분열시킨다는 것을 잘 알았으며, 오로지 민주주의만이 민족을 진정으로 통일시키는 원동력이 된다는 것을 더욱더 확신할 수가 있었습니다. 그리하여 조선을 다시 봉건시대로 돌리려 하며 새로운 독재를 꿈꾸는 반민주주의적 세력과 단연 인연을 끊고서 민주주의적 제 단체, 개인, 광범한 대중을 총망라하여 민주주의민족전선을 결성하기로 결심하기에 이르른 것입니다.

우리는 이 결성대회를 마치고서 동포 여러분과 한가지로 축하할 수 있는 세 가지 점을 특별히 이 대회의 특징으로서 들 수 있다고 생각합니다.

첫째는 이제까지 소위 비상국민회의에서 탈퇴하였으나, 아직도 중립을 지키고 있던 임시정부의 지도인물인 金元鳳씨, 成周寔씨, 張建相씨, 金星淑씨, 이 네 분이 단연 우리 전선에 참가하시고 결성대회에 출석하신 것입니다. 네 분은 이미 성명하신 바와 같이 소위 비상국민회의를 민주주의민족전선에 결부시키려고 노력하였으나, 그들이 더욱더 고집을 부리고 반민주주의 길을 줄달음치고 있음에 그 이상의 노력의 필요를 느끼지 않고 우리 노선에 가담하신 것입니다. 이 분들은 진정한 민주주의를 이 결성대회에 와서 찾았노라고 말하셨고, 민주주의적 국가 건설을 위하여 다 같이 분투노력할 것을 전대회 출석과 함께 굳게 맹세하였습니다. 이 대회를 화려하게 장식한 이 쾌거로 인하여 우리의 노선이 절대로 정당하다는 것을 3천만 동포는 더욱 깊이 인식하여 주실 줄 믿습니다.

둘째는 소위 정객의 일부가 아직도 완명한 세력에 따르고 있는데 대하여 학술, 교육, 문화단체는 하나도 남김없이 전부가 이 대회에 참가하였다는 것입니다. 더욱이 이제까지 정치의 세찬 파도를 피하려 하고 혹은 중립을 지키던 문화인, 교육가, 학자들까지가 단체로나, 개인으로나 우리의 노선의 정당성을 시인하고 한걸음 더 나아가 이 정치노선 위에서 건국에 적극적으로 힘 있게 이바지할 것을 약속하였습니다. 이것으로써 동포 여러분은 이성을 가진 사람, 문화를 사랑하는 조선사람이라면 우리 민주주의민족전선에 참가치 않을 수 없다는 것을 다시금 인식하실 줄 믿습니다.

셋째로 출석자들이 우리의 제시한 경제대책에 대하여 지극히 큰 관심을 가졌다는 것입니다. 과거의 여러 가지 정치적 회합의 경험으로 보면 정치문제가 극히 활발한데 비하여 경제문제에 관한 보고는 별로 흥미를 끌지 못하였고, 대개 권태를 일으키는 것이 통례였던 것입니다. 그런데 이번 대회의 출석자 방청자들은 경제대책 보고에 깊은 주의를 기울이었고, 활발한 토론을 전개하였으며 구체적 의견을 많이 제출하였습니다. 이것은 물론 민중의 생활문제가 최근에 더욱더 심각화한데도 기인하겠지만, 우리 노선에 대하여 경제문제 해결의 기대가 얼마나 크다는 것을 말하는 것이며, 또 조선민족의 손으로 된 인민의 정부에 의하여서만 진실로 우리의 생활문제가 철저히 해결될 수 있다는 것을 민중이 더욱더욱 깊이 이해하여 가는 증좌라고 생각합니다.

이리하여 우리 민주주의민족전선 결성대회는 조선민족의 진정한 통일의 기초가 되고, 조선독립의 위대한 토대가 된다는 것을 확신을 가지고 자부할 수 있을 줄 압니다.

이러한 통일전선만이 우리 민족의 당면한 모든 생활문제, 경제부흥, 토지문제를 민주주의적으로 해결할 수 있고 고유 조선의 민족문화를 향상 발전하는 사명을 담당할 수 있고, 나아가서 세계민주주의와 손을 잡고 국제평화와 안전을 보장하는데 기여할 수 있다고 생각합니다.

그러므로 우리가 선언으로서 이미 발표한 바와 같이 우리 민주주의민족전선은 미소공동위원회의 조선 임시민주주의정부 조직에 있어서 조선민족의 유일한 단 하나의 정식 대표로서 통일적인 발언권을 행사할 자격을 가졌다는 것을 3천만 동포와 및 전세계 모든 국민으로부터 인정받으리라고 믿습니다.

그러나 그렇다고 해서 우리는 현재 결성된 조직을 가지고서 만족하는 것은 결코 아닙니다. 우리는 선언한 바와 같이 반민주주의적 부분의 전부 혹은 일부가 진실하게 그 반동성을 버리고 우리에게 참가할 의사를 표명할 때는 언제나 기꺼이 그들을 포용할 아량과 용의를 가지고 있는 것입니다. 뿐만 아니라 아직도 사태의 진상을 이해치 못하고 중간에서 방황하거나 환상에 사로잡히어 현혹되고 있는 일부 민중이 하루라도 속히 민주주의민족전선의 깃발 밑에 한사람도 남김없이 참가하기를 호소하는 바입니다. 반동의 진영에서는 우리의 성공적 전도를 바라보고서 민주주의민족전선을 가르쳐 혹은 좌익이다, 공산주의계열이다고 역선전합니다. 그러나 실로 결성대회에 모인 5백명의 대의원 가운데 8할 이상이 공산주의자 이외의 사람이었다는 사실은 그날의 방청자들의 목격한 바와 함께 이 역선전을 깨뜨리고도 남으리라고 생각합니다.

3천만 동포 여러분!

조선사람 자신의 손에 의한 민주주의정부의 수립은 일부 정치가에게만 맡기어질 문제가 아닙니다. 3천만 조선민족이 다 같이 마음과 힘을 합하여 - 돈 있는 사람은 돈을 내고, 노력 있는 사람은 노력을 내고, 기술 있는 사람은 기술을, 지혜 있는 사람은 지혜를, 있는 대로 모아 민족적 총역량을 발휘해야 되는 것입니다. 쌀이 없는 고통, 나무 없는 설움, 직업이 없는 쓰라림 - 모두가 조선사람 자신의 정부, 조선인민의 정부를 진정한 민족통일 위에 세움으로써만 해결되는 것입니다. 정치에 대하여 무관심하고, 나라를 세우는 것을 모르는 척하는 사람이 많으면 많을수록 조선인민의 생활은 더욱더 괴로워가고 조선민족의 운명은 더욱더 뒤늦어 가는 것입니다.

친애하는 동포 여러분!

우리는 다 같이 민주주의민족전선의 깃발 아래로 모여 우수한 민족으로서의 아름다운 통일위에 새나라 우리나라를 건설하고, 3천만 동포가 다 같이 한소리로서 '대한독립 만세'를 전세계에 향하여 우렁차게 부릅시다.

(1946년 2월 24일, 방송 예정 초고)

4. 3·1운동 27주년 기념문

　화려한 3천리 강산과 순량한 조선민족은 일본제국주의의 철제(鐵蹄)하에 무참히도 유린되었다.
　노력의 최대한을 착취하고 인권의 최후까지도 박탈한 야수적 일본제국주의의 기반을 벗으려는 힘은 미약하나마 태동하였다. 1917년 로서아혁명의 성공은 자본주의 제국의 피압박계급과 이울러 식민지 반식민지의 약소민족에게 자유해방의 경종이었나니, 전세계를 풍미한 혁명의 조류는 조선의 천지를 진감(震撼)시키고 민족자결의 전망은 3천만 조선민족을 분기시켰던 것이다.
　3·1운동은 일본제국주의에게 정면으로 반항하는 해방운동의 봉화이었으며, 3천리 방방곡곡에서 일어난 독립만세는 자유를 부르짖는 2천만 민족의 외침이었다. 이것을 지도하고 조직할 주체가 결여되었으며, 민족생활과 요구를 운동에 연락시키지 못하였으므로 3·1운동은 실패에 돌아가고 말았으나, 그러나 조선해방운동에 있어서 역사적 의의는 실로 위대한 것이다.
　문화정치를 표방하는 일본제국주의의 타협은 조선의 토착지주와 민족자본가의 일부를 회유하는데 성공하였던 것이니. 계급운동의 대두에 전율을 느낀 민족 부르조아지는 조선해방운동의 지도적 역할을 포기하였을 뿐 아니라 그 혁명성까지도 상실하였던 것이며, 특히 일본제국주의 침략전쟁 강행 기간을 통하여서 완전히 일본제국주의진영에 투항하고 말았다. 민족의 지도자로 자처하는 부류의 대부분은 지위와 재산을 확대 유지하기 위하여 내선일체론의 주창자로 전락하고 황민화운동의 급선봉으로 표변하였던 것이다. 공산주의자, 좌익 민족주의자를 중심으로 하는 근로대중의 반제 반전운동은 집요한 혈투로 계속되었으나, 조선민족은 자력으로 일본제국주의를 붕괴시키기에는 너무도 그 단결이 미약하였던 것이니, 이곳에 민족 천추의 유한이 남아 있던 것이다.
　민주주의 연합국의 획기적 승전은 민주주의 세계를 재건하고 영구평화를 보장하려 한다. 조선에도 해방이 실현되고 자유독립이 약속되며 민주주의 발전이 조장되게 되었다.
　민주주의 국제평화노선 위에서 오늘날 3천만 조선민중은 민주주의 신조선 건설로 매진하여야 할 것이다. 이곳에서 우리는 3·1운동의 기념의 의의를 찾을 수 있는 것이며, 이러함으로써만 3·1운동의 역사적 의의를 더욱 위대하게 할 수 있을 것이다. 3·1운동은 자유해방의 봉화이었으며 민주주의운동의 효시이었나니, 조선 해방을 위하여 꾸준히 투쟁한 독립운동자를 위시하여 일본제국주의 폐허 위에 인민의 낙원을 건설하려고 노력하는 민주주의진영만이 민중과 함께 해방 후 처음으로 맞는 이 기쁜 날을 기념할 수 있는 것이며, 3·1운동의 위대한 족적을 추억할 수 있는 것이다. 친일파 민족반역자를 토대로 하는 조선의 반민주주의진영은 언제나, 어디서나 민족통일을 저해하여 분열을 촉진하고 있나니, 거룩한 기념일을 자파 세력 부식의 호기로 삼고 민족적 기념사업을 특권독재 수립의 도구로 역용하려 한다. 민족적 수치를 전세계에 넓히고 오욕을 청사에 남기려 한다. 이것은 모름지기 단불용대의 죄악이 아닐 수 없다. 민주주의 요소의 광범 공고한 결집으로 반민주주의 반동진영을 타도하여 인민이 다 같이 행복을 누릴 수 있는 민주주의정권을 수립하고 자유독립 국가를 건설하는 것이 이날을 기념하는 우리에게 지워진 중대한 사명이며, 선열을 추도하여 그 위업을 계승하는 우리의 자부도 또한 이곳에 있는 것이다.

(1946년 3월 1일)

제5장 해설

　제1문은 민전을 성공케 한 국제적, 국내적 객관정세가 종횡무진 다각적 분석 밑에서 규정되어 있다. 제2차 대전의 성질 규정, 민주주의의 전진과정, 파시즘의 잔재와 결부된 국제독점자본의 세계 군림의 기도, 평화파괴의 위험, 3상회의의 위대한 공헌, 미소 양국의 공고한 제휴, 양국 대표회담의 우호적 종막, UNO의 진보성, 세계평화에 대한 전망, 이 모든 것이 세계적 정치가들의 규정의 해설을 통하여 친절하게 구명되어 있다. 국내정세로서는 남선과 북선의 차이, 남선의 '자유방임'의 환상 폭로, 민생도탄의 원인, 반동세력의 악질 모략과 그 말로, 양대 진영에의 분열의 필연성과 중간파 배제 등등, 도도히 흐르는 문류(文流)는 전세계와 3천리 근역(槿域)의 구석구석을 유유히 굽이쳐 흐른다. 우리는 여기에 정치가적 안목의 예리와 종합적 두뇌의 전형을 보는 듯하다.
　제2문은 반탁에 오도되어 통일전선에 생기어 난 신형의 무원칙 통일론의 와중에다가 그 오류의 위험을 지적하여 내어 놓은 원칙의 지적이다.
　제3문은 민전 결성대회의 성과를 평이하게 해명하여 전민중에게 라디오를 통하여 널리 방송함으로써 3천만 동포와 함께 그 감격을 나누고, 인식을 새로이 하려던 것이 불행히 군정청 허가를 얻지 못하여 초고로 남은 것을 발표한 것이다.
　제4문은 해방 후 처음 맞는 3·1운동 기념일에 보내는 민전의 선언문이다. 3·1운동의 역사적 의의의 명확한 규정과 3·1운동의 진정한 계승자인 민주주의진영의 임무와 각오를 뚜렷하게 지시한 점에서 기미선언에 직접 연결되는 제2의 독립선언이라 할 수 있다. 동시에 그것은 3·1운동 기념을 분열에 이끈 반민주주의진영에 대한 선전포고문이다.　　　　— 편집자

제6장 미소공동위원회와 세계평화

　민주주의진영의 혁혁한 승리와 반민주주의진영의 가련한 자멸의 과정 위에서 전민족이 대망하던 미소공동위원회는 국제 국내 파시스트의 방해와 책동에도 불구하고 2월 20일 서울 덕수궁 석조전에서 그 역사적 개막을 보게 되었다. 민주주의를 사랑하는 3천만 동포가 진심으로 이를 축하하고 그 성공을 기대한 것은 물론이지만, 정권에 눈이 어둔 '민주의원'의 누추한 괴멸과 그 당황한 수습책으로서 자기류의 합작에 머리를 부딪치고 있는 현상은 조선 건국사상 또한 일장의 희화가 아닐 수 없다.
　하지 중장의 개회사와 스티코프 대장의 인사에 나타난 단호한 언명은 모든 반민주주의자에게 최후의 숨을 눌렀고, 부동하던 중간층에게 태도를 결정케 하였고, 전민중의 기분을 명랑케 하였다. 우리는 본장의 제 논문을 읽음으로써 동 위원회의 위대한 세기적 의의와 조선민족의 역사적 임무를 한층 깊이 인식하고 동시에 동 위원회의 성공을 위하여 모든 노력을 다하여야 할 것이다.　　― 편집자

1. 미소공동위원회와 우리의 기대

친애하는 3천만 동포 여러분!
우리 3천만이 다 같이 기다리던 미소공동위원회는 드디어 그 역사적인 막을 열게 되었습니다. 미소공동위원회의 성공을 축하하며 위원 제위의 건강을 동포 여러분과 함께 빌고자 하는 바입니다.
우리 3천만 민족은 40년간 일본제국주의 철제 하에서 신음하면서 그 기반을 벗으려고 꾸준히 혈투를 계속하여 왔던 것입니다. 그러나 우리는 우리의 자력으로 일본제국주의의 아성을 무너뜨리지 못하였으며, 따라서 우리 자신을 해방하지 못하였습니다. 이것은 우리 민족이 품는 천추의 유한이 아닐 수 없습니다.
친애하는 3천만 동포 여러분!
민주주의 연합국의 혁혁한 전승으로 말미암아 조선은 해방되었습니다. 그리고 전후 세계문제를 민주주의적으로 해결하려는 국제평화노선에서 조선의 독립은 약속된 것입니다. 일본제국주의에서 해방된 우리 3천만 민족이 해방된 이 땅위에 민주주의 새 조선을 건설하게 됨에 당하여 우리는 냉정한 민주적 자기비판에서 출발하여야 하며, 조선해방의 국제성을 깊이 인식하지 않으면 안 되는 것입니다.
조선문제에 관한 막부 3상회의결정은 조선문제를 민주주의적으로 해결하려는 구체적인 결정입니다. 그것은 조선문제에 관하여서만 보더라도 카이로, 포스담 양 선언에 비하여 거대한 일 진전이었던 것입니다. 조선의 자주독립이 보장되었을 뿐 아니라, 그 보장의 구체적 방법이 규정된 것입니다.
일본제국주의가 장기간에 걸쳐서 조선에 뿌리고 간 그 악질의 잔재 유독을 숙청하고 민주주의적 발전을 조장하며 신조선 건설에 있어 정치적, 경제적, 문화적으로 원조하자는 것을 국제적으로 약속한 것입니다.
친애하는 3천만 동포 여러분!
악독 무비한 일본제국주의가 그 야수적인 철제로 짓밟은 이 폐허 위에 새 국가를 건설하게 된 우리가 이러한 국제적 후원에 감사할지언정, 이에 반대할 이유가 어디 있겠습니까? 신탁반대라든가, 절대 불합작이라든가, 허울 좋은 구호는 언뜻 보기에는 애국적인 것 같으며 민족자주적인 것 같습니다마는 그것은 사실에 있어서 국제적 고립의 민족자멸책이며, 골육상쟁의 민족분열책입니다. 무모한듯 하면서 기만적인 신탁반대운동이 어떠한 결과에 이르렀는가는 이미 동포 여러분이 체험하신 바입니다.

탁치반대라든가, 절대 불합작을 주장하고 그 운동을 지도 조직한 것은 결코 애국심이라든가, 민족적 자존심에서 출발한 것은 아닙니다. 일본제국주의의 잔재 유독을 철저하게 숙청한다는 결정에서 전율을 느끼는 친일파 민족반역자의 최후의 발악입니다. 조선문제를 민주주의적으로 해결한다는 점에서, 조선의 임시정부를 민주주의적으로 수립한다는 곳에서 특권독재를 꿈꾸던 자칭 지도자들이 실망하고 낭패하였던 것이며, 이 기회에 조선민족의 애국심과 민족자존심을 역용하여 자기들의 대중적 토대를 개척하자는 것이었습니다.

3천만 동포 여러분 앞에서 그들은 지금 무엇을 하고 있습니까? 신탁통치 절대 반대! 절대 불합작! 이 호기스럽던 구호는 어디로 갔으며, 그 용감하던 기개는 어디서 찾게 되었습니까? 자기모순을 호도하면서 동포 대중의 눈을 속이려고 하지 않습니까? 그 조변석개의 무절조와 정치적 무책임을 우리는 이곳에서 구태여 추궁하려고 하지 않습니다.

친애하는 3천만 동포 여러분!

우리는 다 같이 냉정하게 최근의 정세추이를 살핍시다. 우리 동포의 순진한 민족감정과 소박한 민족자존심은 친일파 민족반역자를 선봉으로 하는 반탁운동에 여지없이 짓밟히고 말았습니다. 조선의 반동진영이 반탁운동으로 어느 정도 대중적 지반을 획득하는데 성공하였다는 사실을 우리는 솔직하게 승인하지 않으면 안 될 것입니다. 그들의 저간의 실천을 엄격하게 검토하고 추구하여 봅시다. 그리하여 이 이상 더 기만되고 오도되지 맙시다. 민주주의 신조선 건설을 향하여 다 같이 일로 매진합시다.

막부 3상회의결정의 실행 제1보로서 지난 1월 16일부터 미소 양군대표회의가 서울에서 열렸던 것은 아직도 우리 기억에 새롭습니다. 이 회의를 결렬시키려는 음모도 상당하였으며, 회의 개막 후에 그 회의가 수포에 돌아갔다는 선전도 넓게 퍼졌습니다. 그러나 그 회의에서 협정될 구체적인 제 문제는 고사 막론하더라도 조선정부 수립을 위하여 1개월 이내에 미소공동위원회를 개최하겠다는 결정을 볼 때, 우리는 이 회의에 성공의 영예를 돌리지 않을 수 없을 것입니다.

막부 3상회의결정의 실천 제2보로서 전번 대표회의에서 예정하였던 미소공동위원회가 지금 열리고 있습니다. 조선의 자주독립을 실천하기 위하여 민주주의적 임시정부 수립을 원조하려는 것이 이 미소공동위원회의 사명입니다. 조선의 정부가 어떠한 방법으로, 어떠한 인물로 구성되는가는 다만 조선의 장래를 좌우할 뿐만 아니라, 민주주의 세계 재건과 영구평화 보장에 있어서도 또한 지대한 영향을 갖는 것입니다.

친애하는 3천만 동포 여러분!

막부 3상회의결정에 의하여 미소공동위원회는 임시민주주의정부 수립에 있어서 조선의 민주주의 정당 급 사회단체와 협의할 것입니다. 애국을 가장하고 친일파 민족반역자를 토대로 한다든가, 민주주의를 표방하면서 민주주의 국제평화노선에서 일탈하거나 내지 이에 반하는 그러한 정당과 단체는 엄격하게 배제되어야 할 것입니다. 테러를 직업으로 삼는 단체의 존재라든가, 살인을 공공연히 방언하는 기관의 횡행은 조선의 치욕입니다. 이러한 단체가 정치적으로까지 발언하려는 것은 언어도단이 아닐 수 없습니다.

특권독재를 꿈꾸는 영웅들, 정권야욕에 눈이 어두워 절조를 초개시하는 무책임한 지도자들, 연합국에 친소(親疎)를 가리어 그 일국을 반대 공격하는 인물들, 이러한 인사들은 그 개인의 역량 대소를 막론하고 절대로 정부에 참가되어서는 안 될 것입니다. 친일파 민족반역자가 잠입하는 것을 절대로 배격하지 않으면 안 될 것입니다. 근로대중의 이익을 무시하는 층이 들어오는데 우리는 반대하여야 합니다. 조선에서 일본제국주의의 잔재 유독을 철저하게 숙청하고 조선의 민중이 다 같이 행복을 누릴 수 있는 평화의 낙원, 신조선을 건설하려면 그 출발에 있어서 우리는 순결하고도 엄격하여야 합니다. 사대 의타(依他)로 국가의 재원을 예매하는 정치적 모리배를 우리는 끝까지 배격합시다. 조선의 장래 운명은 이 임시정부 구성 여하에 따라서 평탄할 수도 있고, 험난할 수도 있습니다. 조선을 사랑하고 3천만 민족을 아끼며 조선의 해방을 위하여 꾸준히 투쟁하여 온 진정한 애국자, 민주주의적 국제평화노선 위에서 민주주의 신조선을 건설하려고 분투하는 진정한 민주주의자만이 이 임시정부에 참가할 수 있으며 또 참가하여야 합니다. 말로만이 아니라 실천으로 애국운동을 계속하는 지도자, 간판만으로가 아니라 민주주의를 궁행(躬行)하는 인물을 민주주의적으로 선임하여야 할 것입니다. 진정한 애국자와 민주주의자만이 3천만 조선민족을 대표하여 민주주의 임시정부 수립에 관여하고 발언할 수 있는 것입니다. 그럼으로써만 임시정부는 민주주의적인 민중의 정부가 될 수 있는 것이며, 조선의 장래는 평화롭고 행복될 수 있는 것입니다.

친애하는 3천만 동포 여러분!

임시정부의 수립은 조선민족에게 있어서 초미의 급무입니다. 그것은 해방된 우리가 일반적으로 자주정부를 요망하고 있는 이유에서뿐만이 아닙니다. 해결을 기다리는 지엽문제가 산적하여 이 근본문제의 해결을 촉촉하고 있습니다. 민생문제, 치안문제 등의 암담한 현실은 조선의 민중으로 하여금 임시정부 수립을 학수고대케 하고 있습니다. 동포 여러분! 인민을 위한 진정한 민주주의정부가 하루라도 속히 수립되도록 함께 노력합시다.

미소 양국의 협조는 파시즘 타도의 원동력이었으며, 세계평화 재건의 근원입니다. 여러분! 따라서 조선의 해방도 또한 미소 협조의 혜택입니다. 미소의 이간을 획책하고 세계평화를 교란하여 인류를 또다시 전화 속에 몰아넣으려는 음모가 횡행하고 있으며, 민주주의 세계를 전복하려는 조류가 있는 것만은 부인할 수 없는 사실입니다. 그러나 실전에서 피로 서로 맺어진 미소의 협조관계에는 용이하게 균열이 나지 않습니다. 전세계에 팽배하는 민주주의 세력의 발전은 파쇼 잔재와 반민주주의의 도량을 이 이상 용허할 리 없습니다.

긴밀한 미소의 협조는 미소공동위원회로 하여금 성공적으로 그 사명을 완수케 할 것입니다. 동시에 미소공동위원회의 성공은 미소협조를 더욱 공고케 하여 세계평화에 새로운 기여가 될 것입니다. 그러므로 미소공동위원회는 조선의 민주주의 임시정부 수립에서 다만 조선민족의 지대한 관심의 대상일 뿐만 아니라, 국제평화의 일 진경(進境)이라는 견지에서 전세계의 시청을 혼신에 집중하고 있습니다.

이러한 의미에서 미소공동위원회에 지워진 사명은 실로 세계사적인 것입니다. 이와 동시에 이에 임하게 된 3천만 조선민족의 임무도 또한 지대하다는 것을 우리는 한번 더 깊이 인식하여야 할 것입니다.

친애하는 3천만 동포 여러분!

미소공동위원회의 원만한 진전과 완전한 성공을 다 함께 충심으로 빌고자 합니다. 조선민족이 원하는 민주주의 임시정부가 하루라도 속히 수립되어 민주주의 신조선의 장래에 영광이 돌아오기를 축복합니다. 민주주의적이오, 평화애호적인 새 국가를 건설함으로써 3천만 조선민족은 민주주의 세계 재건과 영구평화 보장에 큰 공헌을 할 것을 자부합시다.

끝으로 미소공동위원회 제위의 건강과 민주주의 신조선의 장래를 축복하면서 오랜 시간 경청을 감사하여 마지않습니다.

(1946년 3월 26일 방송)

2. 미소공동위원회 개최와 우리의 주장

3천만 조선민족이 다 같이 갈망하던 미소공동위원회는 막부 3상회의 결정의 이행이라는 그 사명을 완수하기 위하여 드디어 그 역사적인 막을 열게 되었다. 우리는 이에 그 원만한 진전과 완전한 성공을 축복하며 위원 제위에게 충심으로 감사와 경의를 드리는 바이다.

"이 날이야말로 전 조선민족이 조선국가의 장래를 위하여 큰 희망을 가지고 기다려 오던 그날이오, 또 조선 역사상 신기원의 출발로 장래에도 경축할 그날이올시다"한 하지 중장의 개회사에 대하여 우리는 만강(滿腔)의 사의를 표하는 바이다. "공동위원회의 과업은 조선인민들이 자국의 부흥과 민주주의화 실천과업을 능히 실행할 그런 민주주의적 조선임시정부를 창건함에 방조할 것이다. 미래의 민주주의적 조선임시정부는 모스크바 3상회의의 결정을 지지하는 각 민주주의 정당과 사회단체를 망라한 대중국체(大衆國體)의 토대 위에서 창건될 것이다"라는 스티코프 대장의 규정에 대하여 우리는 절대의 경의를 표하며 우리의 평소 주장과 완전히 일치되는데 저윽히 만족을 느낀다. 친일파 민족반역자 그 개인이나, 이를 토대로 한 정당 급 단체가 임시정부 수립에 있어서 엄격하게 배제되어야 할 것은 췌언할 여지도 없거니와, 3상회의결정에 반대하여 반탁운동을 전개한 개인 우(又)는 정당 급 단체도 또한 임시정부 수립에 발언할 수도, 참가할 수도 없다는 것을 우리는 다시 한번 더 주장하는 바이다. 3상회의결정과 신탁문제를 고의로 기계적으로 분리하여 민심을 혼란시킨 무책임한 언동, 반탁운동에서 3상회의결정 지지로 표변하는 무절조, 자문기관으로서의 선서에서 그 부인으로의 전환 등등을 볼 때 우리는 그 개인 우는 정당 단체의 정치적 발언을 절대로 거부하지 않으면 안 된다.

정당등록법에 대하여서는 이미 반대의 의사를 표명한 바 있거니와, 그 제1차 등록에 한하여서는 군정으로서 그 관내의 정치운동정세를 개관할 필요가 있으리라는 것을 우리는 솔직히 승인하고 이에 응하였다. 그러나 제2차 등록이 요청된 이유를 우리는 추호도 인정할 수 없으며, 그것은 대중적 조직에 있어서는 절대로 불가능할 뿐만 아니라 민주주의적 발전을 저해하는 것이므로 우리는 2차 등록을 절대로 거부한다. 동시에 미소공동위원회의 협의상대 규정에 있어서 이 정당등록법에 구애되지 말 것을 우리는 굳게 주장하는 바이다. (1946년 3월 21일, 民戰 사무국 담)

3. 미소공동위원회와 세계평화

1

3천만 조선민족이 갈망하던 미소공동위원회는 드디어 그 역사적인 막을 열게 되었나니, 오직 우리의 기대만이 절대한 바 있을 뿐 아니라, 세계의 시청(視聽)이 또한 이곳에 모이고 있다. 그 거대한 역사적 사명에 비추어 우리는 미소공동위원회의 성공을 축하하며 위원 제공에게 삼가 경의를 표하는 바이다.

이번 미소공동위원회는 3상회의결정을 실천하려는 것이니, 조선에 민주주의적 임시정부를 수립하는데 원조하자는 것이다. 이 임시정부가 어떠한 방법으로 어떻게 구성되는가에 의하여 조선의 장래가 점쳐질 수 있는 만큼 자유조선으로의 이 첫 출발은 조선민족의 운명을 좌우한다고 볼 수 있다. 조선의 자주독립을 보장하며 그 민주주의적 발전을 조장하려는 3상회의결정이 충실하게 실천되는 제1보가 이곳에 있는 것이며, 이것은 다만 조선민족에게만 행복의 길을 열어 주는 것이 아니라, 또한 전인류에게 평화를 보내는 길인 것이다.

2

3상회의결정이 명시한 바와 같이 미소공동위원회는 임시정부 수립에 있어서 민주주의정당 급 사회단체와 협의할 것이다. 그러므로 무엇보다도 중요한 것은 어떠한 것이 진실한 민주주의적인 정당이며 사회단체인가를 검토 규정하는 것이다. 애국을 가장하면서 친일과 민족반역자를 토대로 하거나, 민주주의를 표방하면서 민주주의 국제평화노선에서 일탈 내지 반대하는 사이비 민주주의적 정당 급 단체는 이곳에서 절대로 배제되어야 할 것이다.

임시정부 수립에 중요한 발언권을 점유하자는 원모(遠謀)에서 대중적 기반을 획득하려고 기만적으로 탁치반대와 절대 불합작을 호언하다가, 자기모순과 주장 낭패를 호도하면서 합작태세를 정비하는 소위 지도자군(群)과 그들이 영도하는 유상무상의 정당 급 단체의 정체를 우리는 폭로하지 않으면 안 될 것이다. 이러함으로써만 우리는 위원 제공의 공정한 판단을 기대할 수 있는 것이다.

진실로 민주주의를 실천하는 정당과 단체만이 협의의 상대가 될 수 있는 것이며 진정한 애국자와 민주주의자만이 임시정부에 참가할 수 있다는 것을 우리는 주장하는 바이다.

3

임시정부가 민주주의를 실천궁행하는 인물로써 진실로 민주주의세력을 대표하는 지도자로 민주주의적인 방법에 의하여 구성됨으로써만 3상회의결정의 정신은 살려지는 것이며, 조선의 장래는 축복될 것이다. 이러한 정부의 출현을 조선민중이 갈망하며 고대하는 것은 다만 원대한 전망에서뿐만 아니라 당면한 현실에서 또한 그러한 것이다. 남북의 비교를 우리는 구태여 원하지 않으나, 민생은 도탄에 빠져 기아선상을 방황하며 악법의 접종과 민주주의진영에 가하여지는 탄압은 치안의 혼란과 아울러 장래를 암담케 하고 있나니, 이러한 모든 문제의 해결을 조선민중은 임시정부 수립에서 기대하고 있는 것이다.

미소의 협조는 파쇼 타도의 원동력이었으며, 세계평화의 근원이다. 전선에서 피로써 맺어진 이 협조는 동요와 균극(龜隙)이 없이 민주주의 세계 재건과 영구평화 보장과를 향하여 일로 매진하고 있다. 평화교란의 온갖 모략, 서(西)의 처칠의 광태(狂態), 동(東)의 李박사의 첨어(瞻語), 이 모든 잡음은 웅대한 평화교향악을 결코 방해할 수 없을 것이다.

국제평화노선은 미소공동위원회의 사명을 성공적으로 완수시킬 것이며, 조선문제의 원만한 해결은 또한 미소 협조를 더욱 공고케 하여 세계평화에 새로운 기여가 될 것이니, 미소공동위원회 자체의 사명도 세계사적 의의의 것이려니와, 이에 임한 조선민족의 임무도 또한 세기적인 것이다.

(<朝鮮人民報>, 1946년 3월 20일)

부록 2

각종 기고 및 인터뷰 자료

제1장 당면문제 및 국내정세

1. 당면 긴급문제에 관한 견해

조선인민공화국을 대표하여 李康國, 李承燁, 朴文圭 3인은 7일 기자단과 회견하고 당면한 긴급문제에 대하여 기자단과 회견하다.

문: 미군정청의 인사문제에 대하여 인민공화국은 어떠한 대책이 있는가?
답: 미군정에서는 기정 방침이 있을 것이다. 그런데 우리 전 민중이 특목적(特目的)인 의견을 가지고 있는데, 소위 친일분자가 많이 등장하니 이것은 필연코 임시적인 조치일 것이다.
문: 그것은 희망적 관측이 아닌가?
답: 카이로, 포츠담 선언을 보던지 '하지' 중장이 연합국을 대표하여 조선인민의 행복을 위하여 노력한다고 임명하였으니 신뢰하여도 좋을 것이다. 지금 인사 임명의 대다수가 일본 총독정치시대의 잔존세력이니 이것은 임시적 조치로밖에 볼 수 없다.
문: 呂運亨씨의 군정고문은 인민공화국과 어떠한 관련이 있는가?
답: 呂씨는 건준 위원장 자격으로서 '하지' 중장과 4일 오후에 회견하여 조선을 위하여 일하는 데에 '어드바이서,' 말하자면 협력자라는 것까지 거절할 수 없었습니다. 그런데 바로 옆방에 들어가 문을 척 여니, 金性洙 宋鎭禹씨 등 여러분이 있더랍니다.
문: 그러면 呂씨는 장차 고문으로 있는가?
답: 呂씨 개인의 일이니, 확언까지는 못하겠다. 그러나 呂씨는 이미 사퇴할 뜻을 언명하고 있다.
문: 통일전선이 당면 최대 관심사인데, 여하?
답: 조선에선 좌익분자가 일본제국주의에 맹렬히 투쟁하였으므로 인민공화국

에 약간의 좌익분자가 있는 것은 피치 못할 정당한 일이다. 이 정당(正當)을 무시하고 미군정과 인민공화국과의 틈을 만들어 이간하려는 것은 유감천만의 일일뿐더러 큰 죄악이라 하겠다. 인민공화국이 좌익이 아니라는 것은 그 정강을 보면 잘 알 것이다. 우리는 언제든가 민족적 범죄자인 친일분자만을 제하고는 누구든지 환영한다.

문: 미군정당국과의 연락은?

답: 미군정에서 인민공화국을 정당히 이해한다면 우리의 건국을 방해치 않을 것이며 이것은 오직 시간의 문제다.

문: 38도의 문제는 어떻게 하려는가?

답: 없애야 할 것은 두 말할 필요가 없다. 우리는 우리 손이 미치는 한, 이 경계선 철폐에 노력하고 이 문제를 우리에게 맡기면 언제든지 해결할 대책을 가지고 있다.

<自由新聞>, 1945년 10월 9일)

2. 국내정세 보고*

(1) 서 언

지난 반세기 동안 우리 민족의 해방을 위한 모든 투쟁은 꾸준히 계속되어 왔었다. 그러나 우리 민족해방사상에 있어서 우리들의 역사적 사명이 현단계보다 더 위대한 시기가 없었으며, 우리 인민의 그 가진 바 역사 임무와 책임이 이보다도 더 중대한 모멘트도 없었으리라고 믿는다. 지금 우리들의 역사적 임무인 조선의 완전독립을 위하여서는 조선민족의 통일이 절대적으로 요청되어 있다. 이러한 의미에서 나는 먼저 민족통일운동에 대한 것부터 보고하려 한다.

(2) 민족통일운동

① 민족적 자각의 급속한 성장; 자연발생적 대중운동을 통한 민족통일

지난 8월 15일을 계기로 자유조선, 해방조선, 건설조선에는 위대한 민족적 자각과 반성이 급속히 성장하였다. 건국의 위업은 자연발생적으로 일어나는 인민대중의 건국운동을 통하여 노동자 농민 급 인민대중의 정치적, 경제적, 사회적, 모든 기본적 요구를 실현할 수 있는 진정한 민주주의적 정권 수립에 그리고 일본제국주의의 잔존세력을 완전히 구축하는 동시에 우리의 자주독립을 방해하는 반민주주의적 반민족적 모든 반동세력에 대한 철저한 투쟁을 통하여 전개되어야 하며 우리는 우리의 완전한 자주독립에 전민족적 총역량을 집중시키지 아니하면 안 된다. 과거 36년간 제국주의 일본의 야수적 착취와 억압 하에 신음하여 오던 우리 3천만 인민대중은 자연발생적으로 건국의 깃발 아래 한 덩어리로 뭉치었다.

② 건준의 지도

그 유일한 현실적 형태로서, 실천적 부대로서 나타난 것이 즉 조선건국준비위원회였다. 저 역사적인 8월 15일 정오의 '라디오'와 함께 건국의 체계는 궐연(蹶然)히 그리고 성스럽게 우리 강토 위에 나타나서 건준의 활동은 극히 평온한 가운

---

* 全國人民委員會 書記局, 『全國人民委員會 代表者大會 議事錄』(朝鮮精版社, 1946), 49~63쪽.

데 민족적 격동과 흥분을 신건설의 일로로 이끌었다니, 애국지성에 불타는 전국 청장(靑壯) 노소남녀는 자연적으로 건준의 산하에 운집하여 혹은 단체적으로, 혹은 개인적으로 자진하여 그 부서에 참가하였으며 청년은 치안대 혹은 보안대로, 귀환장병은 국군준비대로, 학병은 학병동맹으로, 근로대중은 직역대(職域隊)로, 이렇게 제각기 집결하여 첫째로, 순진한 민족정세 위에 통일된 민중의 활동은 희생을 무릅쓰고 각 지역과 각 직역을 통하여 국내치안을 확보하는 동시에 중앙에 집결된 치안대 보안대는 시시각각으로 들어오는 정보에 의하여 각지에 별동대를 파견하여 일본패잔병의 준동과 음모를 억압 분쇄하면서 치안과 물자 확보를 위한 각종 대중적 조직의 급속한 결성에 문자 그대로 불면불휴의 노력을 하였다. 서울에서만 약 3만 명의 이러한 대원들이 꾸준히 동원되었던 것이니 참으로 민족적 지성의 발로 그것이었고, 건준은 이 모든 대중운동을 정비 통솔하였음에 불과하였다고 본다.

둘째로, 건준은 지방과 연락을 긴밀히 하는 동시에 건국의 지방조직을 확립하여 중앙과 지방과의 연락을 강화시키었다. 우리 민족해방이 전국에 보고되고 건준 부위원장 安在鴻씨의 건국사업에 대한 성명이 전국에 방송되자, 전국 각지에서는 자연발생적으로 모든 진보적 분자를 규합하여 우리 건준에 대한 협력기관을 조직하게 되었다. 지방에서 경성본부에 연락하기 위하여 찾아오는 사람은 매일 수백명 내지 수천여명에 달하였다. 한편 경성으로부터 지방에 연락하기는 패잔 일본제국주의의 반동으로 말미암아 신문과 '라디오'를 이용할 수 없었기 때문에 8월 20일 전후로부터 극히 곤란한 상태에 빠지게 되었다. 그러나 이러한 곤란은 활발한 지방 파견에 의하여 극복할 수 있었다. 이리하여 8월말까지의 전국적으로 조직된 건준지부는 145개소에 달하였다.

셋째로, 건준은 각종 사회, 경제, 문화 제 단체와의 연락을 강화시키어 이 모든 기관을 통하여 일반 인민대중에게 우리의 새 국가건설이 과거에 일본제국주의와 야합했던 일국(一掬)의 친일파 민족반역자의 이익을 옹호하는 국가와 정권이 아니고 민족의 절대 다수를 형성하고 있는 근로대중을 중심으로 하는 전인민대중의 이익과 행복을 위한 진정한 민주주의 국가의 실현이라는 것을 지시하여 주었고, 이 모든 단체와 강력적 연락 하에 건준은 전국민을 망라한 통일적, 집중적 역량체로서 나날이 성장하여 갔었고 그 활동은 꾸준히 계속되어 드디어 9월 6일에 1천여 명의 전국 혁명적 인민대표대회에서 조선인민공화국이 탄생되었고, 중앙인민위원회가 선출되어 해내 해외 각층각계를 망라한 인민정부가 수립되었으니. 건준의 민족통일운동에 대한 역할은 자못 컸었다.

③ 인민위원회의 지도

인민공화국의 탄생과 중앙인민위원회의 조직이 발표되자 경성 시가는 인민공화국 만세, 중앙인민위원회 절대 지지를 부르짖는 소리로 충만하였었다. 더욱이 9월 12일에 거행된 인민공화국 지지 시위행렬은 유사 이래로 처음 보는 장관이었었다. 특히 노동자가 그 정치적 스로간을 높이 들고 보무 당당하게 그 요구를 대중 앞에 시위한 것은 우리나라에 있어서 실로 획기적 의의를 가진 것이었었다. 한편으로는 전국(38도 이남 이북을 통하여) 각지에서도 급속히 지방인민위원회가 결성되는 동시에, 인민공화국과 중앙인민위원회의 절대 지지를 표명하는 수는 늘어가고 있었으며, 여기에 전국적인 통일은 더욱더 광범하게 유기적으로 강화되어 왔었다. 건준은 발전적으로 해소되고 각종 단체에서는 거개가 우리 인민공화국 지지 결의를 하였다. 일례를 들면 학병동맹, 학도대, 청년단체대표자회의, 조선인민당, 기타 제종(諸宗) 단체 등이 그러하였고 심지어 한국민주당 일부까지 인민공화국 지지를 표명하였나니, 인민공화국을 중심으로 각종 단체의 지지와 통합을 통한 민족통일운동은 실로 인민의 자연스러운 밑으로부터의 통일을 의미하는 것이다. 이러한 정세 하에 중앙인민위원회의 가장 중요한 임무의 하나는 지방조직을 완성하는 것이었다. 북위 38도 이북에서는 이미 지방인민위원회가 결성되었고 사실상 행정사무를 집행하고 있으나 지방인민위원회 상호간의 연락과 도, 군, 면, 리를 통한 체계적인 지방조직이 미완성한 곳이 많았고, 북위 38도 이남에 있어서는 연합군의 진주가 늦었기 때문에 일본인이 남아있는 곳이 많았고 또 미군의 진주지역에 있어서도 군정의 방침이 될 수 있는 대로 급격한 개편과 수정을 피함으로써 혼란을 일으키지 않고 현상을 유지 계속코자 하는 데에 주장을 두기 때문에 사실상 행정사무가 우리 손으로 넘어오지 못한 지방이 많았다. 그러나 우리나라는 결국 우리의 손으로 통치되어야 할 것이며, 진정한 민의를 대표할 수 있는 지방조직이라도 하루라도 빨리 완성되지 않으면 안 된다는 견지에서 중앙인민위원회는 지방인민위원회 조직요강을 결정하고 즉시 활발한 운동을 전개시킨 결과 북위 38도 이북에 있어서는 종적으로 횡적으로 거진 체계 있는 조직이 완성되고 상호 연락이 원활하게 되었다. 38도 이남에 있어서도 인천, 대전, 군산, 광주, 목포, 대구, 부산 등 대도시를 위시하여 거개 인민위원회가 전국적으로 조직되어 지방에 따라서는 일본제국주의 잔재세력을 자주적으로 구축하고 부분적으로 혹은 전체적으로 행정사무에 관계하고 있다. 그러나 이렇게 인민의 자주적, 밑으로부터의 통일이 있는 반면, 일본제국주의의 주구가 되어 조선민족의 착취와 억압을 강화시키던 친일파 민족반역자들은 또다시 조선민족을 희생시킴으로써 저들의 생명

재산을 유지하려고 조선민족진영을 분열시키며 완전독립과 통일정권 수립을 저해하고 있었다. 우후의 죽순 같이 나날이 생기는 수십개의 군소정당 속에는 이러한 분자들의 소굴이 되어있는 곳도 있다. 여기서 비로소 각 정당에 대한 행동통일운동의 제창이 있었던 것이다.

④ 정당통일운동

이와 같이 인민을 떠나서 별개로 정당통일운동이 전개되었으나 일시는 통일병이라 할 만큼 4, 5종의 통일운동을 위한 단체가 족출하였었다. 여기에 그 몇 개를 들어본다면 9월 중순경에 李克魯씨를 중심으로 한 비정치단체의 활동이 있었고, 10월 5일에 梁謹煥씨 개인 주최의 정당통일간담회가 있었고, 10월 상순에 吳夏泳씨 등으로 결성된 정당통일기성회의 활동이 있었고, 또 10월 14일에 열린 행동통일위원회, 기타 각종의 활동이 있었다. 그러나 조선에 있어서도 각 군소정당이라는 것이 대중적 기초가 박약한 것이므로 그 정당인들이 통일된대도 그것으로써 민족통일이라고 볼 수는 없느니만큼 정당하게도 민중은 이 운동에 별다른 주목을 하지 않았다. 그러던 차에 10월 16일에 李承晩박사의 귀국을 계기로 정당통일운동은 아연 활기를 띠어 그중에도 행동통일위원회의 활발한 행동이 있었고, 또 10월 23일에 李박사를 회장으로 한 독립촉성중앙협의회를 구성하자 인민의 시청은 이에 집중되었고 李박사에 대한 신망은 중앙협의회에 대한 기대로 변하였다. 즉 민중은 李박사의 통일이 완전히 민중의 소리를 듣기에 충실하고 민주주의적 방법으로 진전되어, 이미 건설된 민족통일의 선을 확대시켜 가지고 조선민족은 완전히 통일과 독립을 세계에 선포할 수 있기를 절실히 기대하였던 것이다. 그러나 그 뒤 누차 거듭 성명한 李박사의 통일론이 친일파나 민족반역자까지도 함께 싸고도는 무원칙적 이론과 대중과 유리된 비민주주의적 태도에서 일보도 구체적으로 전진치 못할 때, 일반민중은 李박사의 이론 속에 민족반역자나 친일파의 책동이 침입하는 것을 방지하기 위하여, 진보적 각 당에서는 민족통일전선에 있어서의 정당한 원칙(친일파 민족반역자를 제외한 진보적 민주주의 요소의 집결)을 제시하여 李박사의 명석한 판단을 가리는 일말의 암운을 걷기에 가진 노력을 다하여 왔었고, 순정에 불타는 청년들은 각반(各般)으로 노력하여 李박사로 하여금 무원칙한 통일론이 초래할 친일파의 도량과 창궐에 대해서 극력 진언할 길을 취하여 왔으나, 불행이도 李박사는 편파되고 비민주주의적일 뿐 아니라, 일부 당파의 의견에 치중하였기 때문에 드디어 그 성공을 보지 못하고 말았다.

이리하여 민중은 李박사의 정치적 면목을 의심하였고 독립촉성중앙협의회에 대한 관심은 사라지기 시작하였다. 11월 7일 방송에 있어서 李박사의 실태(失態)에 대하여 중앙인민위원회는 담화를 발표하여 그에 대한 태도를 명확히 하였다. 여기서 李박사의 통일운동은 통일을 도리어 분열로, 정돈을 혼란으로 유도하였다. 그래서 일종 희극적 종막을 닫쳤나니, 일반의 기대는 어그러지고 다음 두 가지 점을 명백히 하였다. 첫째로, 李박사의 무조건 통일론이 초당파적 통일론이 아니라 3천만 총의를 무시한 일 당파적 입장의 통일론인 것, 그리고 이러한 통일론은 3천만 인민의 이익과 총의에는 문을 닫는 대신에 친일파와 민족반역자 앞에 광대한 무대를 제공하는 결과를 초래할 위험성이 있는 것, 둘째로, 李박사 자신의 제1성에서 언명하였던 일 평민, 일 시민으로서의 자격 운운도 임시정부의 일 요인이라는 성명에 의하여 일시적 정치기술상 엄폐수단이었던 것을 명백히 한 것이다.

우리는 이미 조선민중의 감격에서 발생한 자연발생적 통일을 경험했고 밑으로부터의 열렬한 대중적 통일의 기운도 보았다. 비록 李박사의 통일운동이나 독립촉성중앙협의회의 통일운동이 실패하였다고 할지라도 결코 조선민족의 통일이 실패한 것은 아니었다. 민족은 반드시 자기네 힘으로 통일을 완성하고야 말리다. 이것은 우리 인민위원회를 중심으로 한 광범한 통일전선 전개운동의 재성숙이 웅변적으로 증명하는 것이다.

(3) 군정, 38도선

① 조선해방의 국제적 성질과 군정의 필요성

오늘의 조선민족의 해방은 우리의 자력에 의하여 된 것이 아니다. 민주주의 연합국의 국제적 군벌파쇼에 대한 승리의 결과임을 우리는 명기하여야 하며, 용감한 연합군에 대하여 감사를 표하여야 한다. 민주주의의 승리에 의하여 우리는 해방되었으며, 국제문제의 민주주의적 전후(戰後) 해결에 의하여 조선의 독립은 약속된 것이다. 즉 연합군이 일본제국주의를 조선으로부터 구축함으로써 조선민족 독립의 기초를 닦았고, 조선민족은 이 민주주의 제국의 국제적 후원에 의하여 완전한 자주독립 국가를 건설할 수 있는 것이다. 조선해방의 국제적 성질이 서상(敍上)함과 같이, 연합국 군정도 또한 필요한 형세였었다. 연합군은 조선에 진주하여 일본군의 무장을 해제하고 그 잔재를 소탕함으로써 조선의 완전독립의 길을 열어주는 것이다. 이것이 군정의 본질이며, 그 사명이요, 또 그들 자신의 책임이라고까지 말하였다.

② 군정의 현실화로서의 38도선

우리는 지금 조선에 두 나라의 군정이 있다는 것을 알아야 한다. 즉 남쪽에 미국군정이 있는 반면에, 북쪽에 소련군정이 있다. 38도선은 즉, 이 두 군정의 현실화로서 생긴 것이다. 우리가 조선에 이 두 가지 군정을 연관적으로 이해하는 것은 대단 중요하다. 중앙인 경성에 미국군정이 서있는 현상에 사로잡혀 조선군정이 즉, 미국군정인 것 같은 감상은 완전히 현실을 전체적으로 파악치 못한 착각에 지나지 않는 것이다. 따라서 국제적으로 조선문제에 대한 발언권은 미소 양군이 동등한 것이다. 인민공화국은 조선민중이 요구하는 단체요, 중앙인민위원회는 남북으로 통일된 조선인민의 민주주의적 통일체라는 것을 잘 인식하는 동시에, 이 두 가지 군정을 항상 연관성 아래서 관찰하는 태도를 가져야 한다. 따라서 현단계에 있어서 조선인민은 한편으로는 반소 친미적인 태도가 불가한 것과 마찬가지로, 반미 친소적인 태도도 역시 반동적인 것이 되며, 이러한 태도는 둘 다 조선을 위한 것이 되지 못하며, 나아가서 연합국 전체를 해롭게 하는 국제적 죄악이요, 해독인 것이다. 그럼에도 불구하고 지금 38도선 운운과 실지회복이라는 구실로 국제분쟁을 양성하려는 악질의 음모배가 있다. 우리는 이러한 음모배의 의도가 어디서 생긴 것이라는 것도 알아야 할 것이며, 그것을 인식하는 것은 38도선을 이해하는데 있어서 중요한 것이다. 이 악질의 의도는 바로 조선의 평화와 민주주의적 건국을 방해하려는 반동세력의 만회 기도에서 생기는 것이며, 민족반역자들의 자기 엄폐술책에서 나오는 것이다. 우리는 38도선과 군정관계를 이해하는 당면문제로 이러한 악질의 의도를 분쇄하여야 할 것이며, 끝까지 대소 대미의 친선에 노력하여야 할 것을 잊어서는 안 될 것이다.

③ 군정의 본질적 사명과 민중의 역사적 사명과의 일치

오늘의 조선해방이 전술한 바와 여(如)히 조선민족의 자력, 조선민족의 민족해방전쟁에서 되지 못하였고 도리어 국제적인 힘에 의하여 즉 연합군의 피투성이의 반파쇼, 반군벌전의 승리에 의하여 획득하게 된 것이라는 것은 우리가 잘 알고 있다. 그러면 그럴수록 우리의 독립이 자주적인 힘의 집결에 의하여서만 완성될 수 있다는 것을 잘 알아야 할 것이다. 만일 카이로회담이나, 포스담선언에 조선독립이 승인되고 약속되지 못한 채로 제국주의 일본이 패배하였더라도 조선민족사에 과거 반세기 동안의 혈투, 그것으로 보아도 우리는 필연적으로 일본제국주의를 타도하고 조선으로부터 구축시킬 역사적 임무를 가진 운명에 처하여 있었다. 그런데 민주주의 연합국의 군대가 우리를 대신하여 피를 흘렸기 때문에 우리는 피 없는 해방을 얻었고, 또 세계평화를 재건 확립시키려는 민주주의 제국의 전후문제 해결에 의하여 조선독립을 약속한 것이다. 여기서 조선독립의 달성은 우리가 자력이 미소(微少)함에 비하여 비교적 속히 달성된 것이다. 그러나 독립은 어디까지든지 자주적이어야 한다.

조선의 완전독립, 독립국가 건설은 물론 국제적 후원도 필요하지만 조선민족의 힘에 의해서만 완성되는 것이다. 조선 완전독립의 이러한 본질을 인식치 못하고 사대주의나 타력 의존사상을 가진 사람이 있다면, 그는 조선민족해방사에 대한 무식을 표명하는데 지나지 않는다. 어제까지 일본제국주의의 주구가 되어 가지고 조선민족의 착취와 억압을 강화시키고 강도적 일본제국주의 전쟁을 동양민족 해방을 위한 '성전'이라 하여 조선 청년, 학생, 전 근로대중을 전장으로, 전장으로 채찍질하던 일본제국주의 잔재세력인 친일파 민족반역자들을 소탕하고 타도하여 매장함으로써만 민족의 통일은 완성되며 완전독립의 기원은 달성될 것이다. 다시 말하면 연합군이 일본제국주의를 조선으로부터 최후적으로 구축함으로써 조선민족해방의 외적 조건을 지었고, 조선민족은 이 민주주의 제국의 국제적 후원에 의하여 완전한 자주독립 국가를 건설할 수 있는 것이다. 이러한 의미에서 조선에 진주한 미소 양군에 대하여 우리는 그 공(功)과 그 노(勞)를 충심으로 감사하는 바이며, 독립국가 건설을 위한 우리의 노력에 성원이 있기를 기대한다. 민주주의를 위하여 용전한 연합국 특히 미소 양군의 진보적 사명이 이곳에 있을 것이며, 그 진력의 유종적(有終的) 임무도 또한 여기서 결실될 것을 우리는 확신한다. 이와 같이 군정은 결코 우리와 대립되는 존재가 아니다. 군정은 우리의 완전독립을 후원할 것이며, 우리의 통일정권 수립을 조성하는데 그 신성한 임무가 있는 것이다. 그러므로 우리는 될 수 있는 대로 속한 기간 내에 연합군이 그 사명을 완수하고 철수할 것을 요구하며 기대하나, 군정 그 자체를 반대하여 이에 대립하여서는 안 된다.

그것은 마치도 군정이 조선의 자주독립의 사업과 모순되지 않고 또 조선의 독립국가 건설을 후원은 할지언정 방해하지 않는다는 군정의 본질적 사명의 이론적 결론에서 그러한 것이다.

그리고 우리 독립국가 건설은 해방된 조선인민에게 부여된 권리이며, 자유다. 이것이 또한 국제헌장의 정신이요, 사명인 이상 연합군의 본질적 사명과도 일치되는 것이다.

④ 38도선에 의한 생활 곤란과 그것을 이용한 민족반역자의 이간행위

미소 양군의 군정의 현실화로서의 38도선은 조선 내에 있어서의 모든 교통 통신 물자유통의 곤란에 의하여 우리 민족의 생활난이 재래(齎來)케 된 것은 사실이

다. 그런데 이것을 이용하여 민족반역자들은 쫓겨나가는 일본제국주의의 여신(餘燼)과 한쪽이 되어 지난날 소련군이 조선민중을 강탈하고 조선독립을 방해한다고 역선전을 하여 조선인민과 소련을 이간하려다가 급기야 그것이 민중의 현실적 폭로에 의하여 실패에 돌아가자, 이제는 인민공화국이 군정을 방해한다고 역선전하여 또 조선인민공화국과 미국 군정부 사이를 이간하려고 하였다. 더욱이 미소 양국의 세계적 친선을 방해하려는 최악질의 음모를 하는 분자도 있는데, 이러한 죄악은 사실상 새로운 전쟁범죄자로서 세계적 심판을 받아야 할 것이다. 이러한 것은 조선민족의 통일을 파괴하고 조선독립을 방해하는 해충적 행위이니, 이러한 악질의 이간책에 빠져 현명한 미소 양 군정이 조선문제 해결을 천연시킨다면 얼마나 놀라운 일인가? 동시에 우리 인민이 또 이러한 모략에 기만되고 동요된다면 유한을 천추에 남길 것이며, 국가 백년지계를 그르치고 말 것이다. 그리고 이러한 민족반역자들의 자기 엄폐술책의 일종으로 쓰는 38도선 무조건 철폐를 제창하는 자들의 가장 용감한 태도는 다못 반동세력 만회 기도의 술책인 외에 아무것도 아니라는 것을 잘 알아야 할 것이다.

⑤ 현재까지의 미군정의 정책

미군정부의 모든 행정적 조치가 가령 일본인 재산의 처리문제라든지, 물가대책이라든지, 인사행정이라든지, 그 어느 것이고 민중의 절대한 관심과 주시의 적(的)이 아닌 것이 없다. 그런데 금일까지의 실천을 통하여 그 방향을 살펴본다면 그중에는 반인민적 정책이 적지 않다. 그것은 과거 제국주의 일본정책 그대로 될 수 있는 대로 급격한 개편과 수정을 피함으로써 혼란을 일으키지 않고 현상을 유지하려는 너무도 미온적이며 방임적이다라고 말할 수 있다. 군정부 전 기구가 전 총독부기구로부터의 하등의 선탈(蟬脫)이 없고 처음에 총독을 존치하려든 것이라든지, 친일파 등용이라든지, 특히 반민주주의적 행정정책이 운용되어 있다는 것은 심히 유감된 바이다. 여기에 일례를 들어 본다면 저 10월 18일의 시민대회의 집회 시위의 금지, 매일신보 정간을 통한 언론의 자유 제한, 또는 수원 경남 전북 등 각지의 인민위원회에 대한 탄압 등은 자칫하면 민족감정이 그 비등점에 달하려 하고 있다.

어제까지 일본제국주의의 주구가 되어있던 자가 교묘하게 가장하고 미군 정부에 들어가 과거 획득 축적한 지위와 재산을 그대로 답습하려 하는 것은 여하한 이유를 불문하고 민족감정이 이것을 용서치 않는다. 더구나 우리를 여지없이 유린하고 착취하던 일본인, 더욱이 그 모든 축적된 재화가 모두 우리로부터의 강탈과 착취의 산물인 이상, 우리는 그 완만한 조치에 불만을 느끼는 바이며, 더구나 그네들의 이간 모략에 빠져 미군정으로 하여금 10월 10일의 '아놀드' 군정장관의 성명서가 발표되었다는 것은 미군정의 정책이 그 주위의 불순분자로 말미암아 반인민적 정책에 흐르게 되었다는 점을 특히 강조하고 싶다.

⑥ 미소 양 군정에 대한 협력책

미소 양군은 조선민족해방과 조선 민주주의 확립과정에 있어서 절대한 역할을 하는 것이오, 이 엄연한 사실을 인식치 못하고 각 지방인민위원회에서는 군정과의 대립을 야기하고 있다는 것은 중앙의 의사에 배치되는 것이다. 우리는 미군정과 긴밀한 협의 밑에 조선 자주독립을 전취하자고 우리 중앙인민위원회에서는 지난 11일 "미군정에 대한 태도 방침"을 발표하여 군정과 협력할 것을 강조하였다. 그럼으로써 여기에는 그 방침에 미루고 간단히

1. 미군정과 대항적 태도를 취치 말고 미군정으로 하여금 인민위원회의 정당성을 인식시키며 인민위원회를 통하여 지방행정을 집행하도록 행정기관의 전면 접수에 기본적으로 노력할 것,
1. 미군정에 대하여 조선사정을 인식시키는 동시에 미군정기관에 적극적으로 참가하여 미군정과 결탁하고 있는 민족반역자의 실체와 그들의 음모를 물적 증거로서 폭로하여 어느 편이 미군정의 익우(益友)가 될 것인가를 인식시킬 것,
1. 미군정과 인민과의 마찰이 될 수 있는 대로 없도록 노력할 것이며, 만일 불행히 이러한 사건이 야기하였을 시에는 극력 조정에 노력할 것 등을 특별히 고조하고 싶다.

(4) 반동세력의 준동

일본제국주의는 8월 15일 呂위원장에게 연합군이 들어올 때까지 국내치안을 자주적으로 유지하고 건국을 준비하기 위한 정치적 활동의 자유를 허(許)했는데, 이것은 일시적 현상에 불과하였다. 패잔 일본제국주의는 연합군이 그후로 곧 경성에 진주할 것으로 예상하였던 것이 연합군의 진주가 그들의 예상한 것보다 훨씬 천연된 것을 알게 되자 그들은 다시금 반동하기 시작했다.

여기에는 우리 민족의 부끄러운 일부가 -그중에도 소위 지도자로서 자처하는 일부가 - 그 배후에 숨어서 가세 방조하였던 것도 숨길 수 없는 사실이었다. 조선의 해방과는 실질에 있어서 하등의 관계도 없는 친일파 민족반역자들이 그들의

과거에 있어서 일본제국주의를 위하여 조선민족의 착취와 억압을 직접으로 원조하면서 가진 아첨을 다해오던 반동분자들이 다. 또 그들은 일본제국주의와 결탁하여 가지고 일본의 대미전을 위하여, 혹은 일본헌병의 '스파이', 혹은 일본의 군속으로 제1선 출진, 혹은 군사시설, 군수공장, 군수광산에 노동 동원을 위하여 조선 근로대중 청년 학도들을 모든 방침과 기만적 술책으로써 동원시키기에 여념이 없었으며, 그들은 또 군수산업을 경영함으로써 소위 전쟁이윤의 분배에 참가할 수 있었으며, 일본 국방기금을 헌납하고 일본 황민화를 부르짖음으로써 그들의 사회적 지위과 명예를 구하였던 것이다. 그들은 일본제국주의 전쟁의 승리를 확신하고 그에 조력함으로써 토착자본의 해외 발전을 꿈꾸었으며, 언론 집회 출판을 통하여 소위 '내선일체'를 주장하던 자들이다. 이러한 조선민족을 희생시키고 착취하던 반동적 지주와 반동적 자본가의 도배가 중심이 되어서 도당을 지어 무슨 당이니, 무슨 단이니 하고 준동하여 우리 건국사업을 방해하기 시작했던 것이다. 그들은 건국의 위업에 협심 동력하기는 우리들의 성의 있는 권고를 거절하고 격동하는 인민의 애국주의적 활동을 수수방관하면서 '중경 임시정부'의 환도 운운의 미명 하에 숨어 그 반동성을 엄폐하여 민중을 기만하고 민족통일을 교란시키었으며, '환영 준비'라는 빛 좋은 첨사(僉使)로써 연합군에 대하여 지은 그들의 죄악을 은폐하려 하였다. 또 무조건 항복을 무시하고 연합군과의 최후의 일전을 준비하는 일본 패잔병 또는 전면적으로 패퇴하는 몰염치한 일본관헌과 내통하여 일편으로는 그들로 하여금 직접 간접으로 우리의 위업을 간섭케 하였고(예 일본 관헌으로 하여금 우리들의 건국사업의 범위는 치안 확보에 그칠 것이니, 건국준비위원회의 '건국' 2호를 버려야 되고 참칭이라고 한 사실), 다른 일편으로는 일본 관헌으로부터 무기를 입수하여 우리 성스러운 조직에 대하여 무력적 습격태세를 정비하고 있었던 것이다. 일본제국주의 패잔병들은 우리나라 경제를 교란시키기 위하여 모든 죄악을 감행하였던 것이다. 각 시설의 파괴, 전쟁을 빙자하고 강탈하여 두었던 식량과 물자의 소각 몰수, 주색을 맛보기 위한 도출(盜出) 투매, 화폐의 의식적 남발 등을 감행하였나니 그럴 때마다 그들 반동분자들은 혼란을 틈타서 직접 간접으로 이에 관하여 거의 강도적으로 제반 모략적 비행을 다하였던 것이다.

그러나 이러한 혼란한 사태에 처하여서도 우리들의 자주적 질서는 확보하기 나날이 강화하여 갔나니, 우리는 그들에 대한 엄중한 감시에 힘써왔었고 국가시설과 물자 확보에 노력하여 왔었다. 여기서 우리는 각 지역 직역의 우리 치안대와 각 직장의 노동자들의 눈물겨운 비상한 지성의 분투에 감시의 의(意)를 표하지 않으면 안 될 것을 부기한다. 연합군 특히 미군의 진주 전의 현상은 대략 이상과 같거니와, 미군 진주와 함께 저들 친일분자들은 그들의 작일까지의 죄악을 은폐하기 위하여 또는 그들의 몰락하여질 역사적 운명을 하루라도 더 지속하기 위하여 우리 민족의 자주통일적 성장을 파괴하기 위하여 파렴치적으로 석일의 친일면(親日面)을 감추어 버리고, 또 다시 친미의 가면을 바꾸어 쓰고서 성의 있는 원조와 희생을 아끼지 않은 원래(元來)의 객인 미군의 주위를 포위하기 시작하여 진보적 혁명적 애국지사의 지성스러운 접근을 고의로 막아 교언영색으로써, 사대주의적 타력 의존으로써, 조선의 현실과 우리의 민의의 소재를 왜곡하여 미군의 성의와 총명으로도 능히 옥석을 취사(取捨)하기에 곤란하게 하였다. 여사(如斯)히 그들은 야비 무근지설로 우리의 지도자를 개인적으로 공격하고 우리 조직 전체를 훼방하였을 뿐 아니라, 무근지(無根之) 사실을 무고함으로써 우리 치안대 내지 조직 전체를 마치 군정을 방해하는 강도단처럼 인식시키기에 노력하였으며, 전연 무근지 사실을 무고하여 MP로 하여금 우리 사무소를 수차 수색케 하였던 것이다. 이러한 반동분자의 반민족적 책동과 음모의 집중적 결과가 즉 10월 10일에 발표된 소위 '아놀드' 군정장관의 괴이한 성명으로 표현되었다고 본다. 미군정의 주위에 친일파가 많이 섞여 있고 혁명적으로 해방운동에 헌신하여 온 인민의 벗들이 미군정에 접근하기를 즐기지 않는 괴이한 사실은 이상의 사실을 이해함으로써만 설명할 수 있을 것이다. 이리하여 한편으로는 우리 민족전선 통일을 거부 방해하여 완전 독립과 진정한 민주주의의 실현을 천연하는 동시에 다른 한편으로는 우리 민족과 연합군 사이를 이간하고 나아가서는 연합군 상호간을 이간시키려 하는 것이니, 그들은 일본제국주의의 전래의 기구를 유지하고 자의(恣意)로써 다시 민족을 억압하고 착취하려 하는 것이니, 통한사(痛恨事)가 이에 더할 바 있으랴. 저 소련군에 대한 패잔 일본군과 반역자들의 반항이나, 李承晩박사를 싸고도는 갖은 음모와 金九씨 환영을 중심으로 한 갖은 모략과 그리고 모든 테러행동 등을 여기에 일일이 보고하기에는 너무 장황하여지기 때문에 여기에 약(略)하나, 저들 친일파와 민족반역자들의 반동세력의 준동이야말로 그들의 처단의 날이 가까워졌음을 초조히 느끼고 최후의 발악으로써만 해석할 수 있고 설명될 수 있는 것이다. 그러나 이 민족반역자들을 배격하고 매장함으로써만 우리 민족의 통일은 완성될 것이며 완전독립의 기원은 성취할 것을 조선인민은 깨달아야 할 것이다. 민족반역자들의 존재와 그 도량을 허용하는 것은 조선민족의 치욕이며, 우리에 가하여 오는 모든 민족적 모욕은 이 도배의 음모로 말미암아 생기는 민족통일의 분열에 기인한다는 것을 명기하자.

(5) 결 어

　조선인민공화국의 탄생은 전국인민의 총의이며, 국제문제의 민주주의적 해결과 세계평화 건설의 일환이다. 전국인민위원회 대표자대회는 완전독립에의 거보이며, 진정한 민주주의원칙에 기(基)한 인민을 위한, 인민의 정부를 수립하려는 우리의 애국정신의 발로이며, 우리 민족통일을 위한 노력이다. 우리 독립국가 건설은 해방된 조선인민에게 부여된 자유이며 권리다. 모든 객관적 정세의 유리한 조건의 이용도, 모든 국내적 분열의 불리한 관련의 극복도 오직 우리들의 신성한 역사적 사명의 수행을 위한 돌진에 달려있다.
　3천만 동포여!
　위대한 건국을 위한 진정한 통일노선으로 집결하여 돌진하자!

3. 중앙 보고

■ **미군정당국과 인민위원회와의 관계**

작년 11월 20일 서울에서 열린 역사적인 위대한 인민의 모임이었던 전국인민위원회 대표자대회 이후 미군사령관 하지 중장의 인민공화국 해체 요구에 불응하였다 하여 인민공화국이 정부로서 행세 안 함을 서약하였는데도 불구하고 인민위원회에 대한 비민주주의적 탄압이 격심하여 가고 있으며, 12월 12일 하지 중장의 성명에 이어 동월 19일에는 CIC를 동원하여 중앙인민위원회의 간판과 문서 등을 압수한 사실이 있으며 근일 경제적 원조 등 물적 증거로 보아 李承晩박사 및 임정과 관계가 있는 소위 건국청년회, 양호단(養虎團) 등 백색 테러가 횡행하는데 군정당국은 거의 무시하고 있는 현상이다. 더욱 소위 '임정'의 환국을 전후하여 탄압의 도가 가중된 것은 군정과 임정과의 관계에 대해서 일련의 추측을 할 수 있다.

■ **임정과의 관계**

임정은 환국 후 침묵을 지키다가 금반의 탁치문제를 통해서 자기의 정치세력을 부식하는 동시에 민중의 애국심에 호소하여 대중적 지반을 획득하려고 음모하고 있다. 더욱 탁치설이 소련의 제안이라는 낭설을 근거 잡아 반소 반공감정을 민중으로 하여금 환기시키려는 의도가 있었던 것으로 보아 임정의 국내적 국제적 모략을 간파할 수 있다. 그러나 3상회의 결정이 카이로와 포스담 회담에서 약속된 조선독립의 구체적 방도와 시기를 구현한 것을 깨달고 반탁운동을 주장 지지한 임정은 자가 모순 봉착에 빠져 난처한 입장에 있다.

임정이 개인 자격으로 입국하였으나 3·1운동 이후의 역사적 법통을 가진 유일한 정부라고 자부하고 있으나 그의 구성 요소와 역사를 고사(姑捨)하고 해외 혁명세력의 일부라는 것은 사실이다.

만일 임정이 유일한 법통을 가진 정부라 하면 국내 혁명세력의 집결체인 인공은 임정보다 월등 정당한 근거가 있는 것이다. 그러나 인공은 민족통일이 시급함에 비추어 임정측에 민주주의조국전선 결성을 제안하였으나 임정의 무성의로 말미암아 거부되었음으로 지난 1월 2일 임정이 통일운동을 천연시킨다는 진상을 발표하였다.

그러다가 1월 5일 이후에는 통일전선 결성을 4정당회담에 위임하자고 임정과 의견이 일치되어 회담이 진행 중에 신한민족당이 참가하여 5당 회담이 연일 계속하고 있는데 임정으로서는 당면정책 제6항에 의한 비상정치회의 소집형식으로 주동성을 가지고 임정을 확대하여 재확인 받으려고 한다. 이와 같이 민족진영 분열의 책임은 임정에 있다는 것이 명백하다고 할 수 있다.

■ 통일전선문제

통일은 원칙적으로 밑으로부터 구성되어야 하는데 하부의 민중조직을 통한 민족통일은 거의 완성되고 있으므로 이 통일전선 완성에 박차를 가하기 위하여 상부의 통일을 정당에게 위탁하려는 것이다.

■ 과도정권과 인공과의 관계

인공이 과도정권으로서 수립되고 승인을 받도록 노력할 것이며 지방인민위원회는 지방자치정권으로서의 근거를 가지고 있으니 이것을 요구할 수 있도록 노력하여야 하겠으나, 인공으로서는 독선적 고집이 민족분열을 초래할 위험이 있는 고로 통일정권 수립에 적극적으로 협조하려고 하며 이 방침은 결코 인공의 진로와 모순되는 것은 아니라고 믿는다.

(<朝鮮人民報>, 1946년 1월 11일)

제2장 반탁과 통일전선

1. 적극적 반탁 전개, 철시는 우리 경제생활의 자멸뿐

조선독립은 카이로선언과 포스담선언에서 약속되었다. 그러나 그것은 그 기간도 방법도 규정되지 않은 추상적인 약속이었다는 것을 우리는 누차 지적하였다. 그러므로 금반 3국 외상회담은 이 독립의 방법과 기간이 구체적으로 결정된 것으로 본다. 그러나 그것은 조선민족이 열망하던 즉시 완전독립은 아니다.

인공 중앙인민위원회는 28일 오후 7시에 긴급회의를 개최하여 신탁통치 반대를 결의하는 동시에 이 문제를 해결하자면 한민, 임시정부와 공동투쟁을 전개하여야 되겠다는 견지에서 29일 오후 2시 崔益翰 李康國 鄭栢 3씨를 파견하여 임시정부 요인 金星淑 金元鳳 趙琬九 趙素昻 제씨와 같이 논의하였다. 우리는 신탁통치의 원인을 탐구하면 그것이 민족통일의 미완성에 있다는 것을 주장하고 인민위원회와 임시정부가 공동보조를 취하여 민족통일전선의 새 출발을 할 것을 제의하였다.

신탁통치가 문제된 근본 원인은 민족통일의 미완성과 경제부흥의 침체의 두 가지에 있다고 본다. 따라서 우리는 신탁통치 반대를 소극적 반대에 끝이지 말고 완전독립을 향하여 민족통일전선 결성운동을 활발히 전개하지 않으면 안 된다.

다음 동일 오후 8시에 다시 회담을 속행하여 민족통일전선 결성에 관하여 좀더 구체적인 안을 솔직하게 제출하였다. 익일 30일 오후 1시 다시 중앙인민위원 제씨와 간담이 있어 교섭은 쌍방의 성의로 진행되고 있다.

일부에서 지도하여 실행하는 것과 같이 대중의 실제생활을 무시하고 무기적(無期的)으로 시장을 철폐하고 총파업을 전개하는 것은 국민경제의 자멸을 의미한다. 경제적으로 자멸하는 것은 신탁통치를 반대하는 방법이 절대로 아니다. 군정 하 우리는 산업부흥을 완성치 못하여 인민이 사선에 방황하고 있으며 실로 탁치가 문제된 원인의 하나이라는 것을 생각할 때 우리는 경제적 부흥을 하루 속히 더욱

더 노력하여야 한다. 그렇지 못한다면 간상(奸商)은 더욱더 발호할 것이며, 인민은 더욱더 기한(飢寒)의 구렁에 떨어지고 말 것이다. 따라서 우리는 하루 속히 공장과 시장을 부흥할 것을 요구하는 바이다.

1945년 12월 31일 조선인민공화국 중앙인민위원회

(<朝鮮人民報>, 1946년 1월 1일)

2. 통일은 밑으로부터

'임정'의 통일 거부는 조선민족 통일 결성에 있어서 커다란 지장이 되는 것이다. 그러나 그것으로서 통일이 절망이라고 생각하는 것은 위험천만한 인식 착오이다. 본래 통일은 밑으로부터의 통일을 원칙으로 하는 것이며, 이것은 인민공화국 기치 하에 착착 진행되어 거의 성(成)의 역(域)에 도달하고 있다. 조선민족의 통일을 촉성하며 안벽(安壁)을 기하기 위하여 부차적 의의를 갖는 우로부터의 통일도 요청되는 것이며 급박한 조선의 현실은 이 요청을 더욱더 긴절케 하는 것이다.

우리가 '임정'과의 제휴를 단념하고 이것을 배격하게 되는 것은 통일을 위한 '임정'의 무성의와 그 파쇼화 경향에 기인하는 것이다. '임정' 산하에 오도되는 대중은 모름지기 '임정'의 태도와 정체를 파악하고 옳은 노선을 찾아야 할 것이다. 우리는 최대의 성의와 아량으로 이들 오도된 대중을 환영하며 이들에게 정당한 방면을 지시함으로써 민족통일 완성의 길을 걸어야하며 또 취하고 있다.

'임정'도 애국 우족의 지성에서 그 태도와 경향을 시정한다면 우리는 언제든지 포용할 용의가 있다.

(<朝鮮人民報>, 1946년 1월 4일)

3. 遷延과 고집에 시종; 정당통일 회합에 임정의 태도

'임시정부'가 중앙인민위원회의 제안을 거부한 이후 양방의 열성자가 개인적으로 절충을 계속하여 수차 회담한 사실이다. 밀접한 관련을 가지게 되는 4당 회합, '임정'계획의 5당 소집 등 그 이면의 연관관계가 정확하게 보도되지 못하였음으로 와전은 추측을 낳아, 혼란과 의혹이 중첩되고 있음은 대단 유감스러운 일이다.

1월 2일 오후 6시경 金若山 金星淑 양씨가 내방하여 '임정'이 중앙인민위원회가 제안하였던 민주주의조국전선 결성에 응할 용의로 대표 4인을 선정하였으니, 당야(當夜)에 회합 토의하기로 요청함에 당하여 본인은 '임정'이 통일을 위한 성의가 있다면 이 태도를 천하에 성명하라 그러기 전에는 정식으로 교섭에 응할 수 없으나 개인 자격으로 일치점을 발견하기에 서로 노력하자고 약속하고 그후 수차 회담한 결과 1월 5일 趙素昻씨 자신의 집필로 다음과 같은 성안을 얻기에 이르렀다.

- 임시정부(과도정권)의 건립 지서(知序)
- 주비회(籌備會)의 조직 급 소집
  초보의 주비회는 양방 협조로 4당의 대표로 조직할 것. 소집은 자행(自行)케 할 것. 제2주비회는 초보 주비회에서 소집할 것.
- 제2보 주비회는 민족통일전선을 내용으로 한 비상정치회의를 소집할 것.
- 통일과도정권의 효력
  과도정권 즉 임시정부가 성립할 시는 현존한 정권형식은 일체로써 신정권에 인도할 것.
- 대립정책
  팟쇼 민족반역도배를 배제하고 민주주의원칙을 철저하게 증진케 할 것.
- 대외정책
  국가독립의 주권 옹호를 원칙으로 하고 연합국의 원조와 우의를 증진케 할 것. 조선문제에 관한 막사과 회의의 결정에 대하여 조선의 완전독립을 보장한 그 진보적 의의를 인정한다.

4당 회합은 이미 발기되어 양방이 초청을 받았음으로 양방이 참석하여 이 4당에게 주비를 일임하기로 할 것이며, 신한민족당을 추가하자는 趙素昻씨의 의견도 4당에게 전달 일임하기로 하였다. 개인 절충에서 도달된 우 성안을 각자가 속한 기구에 양해를 구한 후 익 6일 오전 8시에 재회하기로 약속하였던 것이다. 이 약속에 대하여는 일언반구의 회보가 없이 '임정'은 소위 비상정치회의 주비로 5당을 소집하였던 것이며 독자로 소집을 고집하여 진행되고 있는 4당 회합을 천연 내지 중단시키고 있다. 저간의 경과를 냉철하게 검토하여 본다면 소위 '임정' 일파의 의도가 나변에 있는가를 판단할 수 있을 것이다.

통일을 위한 성의가 있는 것 같이 하고 비밀회담의 내용을 약속을 무시하고 선전하면서 '통일의 보자기'로 자기 자신을 재인식시키자는 책략이다.

(<朝鮮人民報>, 1946년 1월 13일)

제3장 모스크바 3상회의 결정과 미소공위

1. 3상회의 결정과 제 해석론*

1

다소의 회의를 품게 하였던 3상회의 조선문제 결정이 차차 그 전모를 뚜렷이 하고 따라서 그 진보성, 역사적 의의를 정확하게 분석한 지지노선의 정당성이 민중의 앞에 점점 명확하여지자, 이제까지 반탁운동에로 민중을 오도하던 일부 '지도자'와 이 문제에 애매한 태도를 취하던 일부 인사 사이에 일종의 논란이 발생하기 시작했다. 우리는 3상회의 결정의 정확한 파악을 위하여 이것을 검토할 필요를 느끼는 바이다.

그 제1은 원조지지 탁치반대론이다. 즉 "우리의 민주주의적 자주 독립국가 건설을 원조한다고 하는 것은 지지할 바이나 신탁통치를 실시하는 것은 단연 반대한다"(安在鴻씨 담화 기타)는 것이다. 제2는 "반탁운동을 실행한 결과 탁치실시의 가능성을 없앨 수 있고 그 효과가 실현되고 있다"(반탁국민총동원위원회)는 것이다. 끝으로 제3은 "아무리 반탁을 표시하더라도 결국 3국은 그 결정을 실행할 터인데 구태여 지지할 필요가 없다"는 말하자면 지지무용론이다(<중앙신문> 1월 24일이래 게재논문 "민주주의 건국의 노선" 蘇武大).

2

제1의 論은 먼저 3상회의 결정서 제3조의 의의를 정확히 이해하지 못하고 그 전반과 후반을 분리하는데서 출발되었다. 그러면 제3조의 내용은 무엇인가. 그것은 조선에 임시 민주주의정부가 수립된 후 그 정부와 공동위원회와의 관계 즉 공동위원회의 임무를 규정한 것이다. 다시 말하면 공동위원회는 "①조선인민의 정

---

* 『大潮』 제1권 2호 (1946년 4월), 15~20쪽.

치적 경제적 사회적 진보 ②민주주의 자주정부의 수립 ③조선의 국가독립의 지원 이 세 가지에 관한 방안을 강구하는 것"이 그 근본임무이다. 그러나 그 임무의 수행에 대하여 그들은 독단적 독재적으로 하는 것이 아니라 반드시 "임시 조선민주주의정부와 조선 사람의 민주주의 제 정당과 제 사회단체를 참가시켜서" 같이 의논하여 어떠한 제안을 만들어 내는 것이다. 이러한 임무와 그 임무의 수행방법을 공동위원회는 연합국으로부터 위탁받은 것이다. 즉 신탁 = 후견(트러스티쉽 = 어보까)인 것이다.

다음으로 이 전문(前文)에서 결정한 방법으로 작성된 제안은 반드시 공동위원회가 임시 조선정부와 상의한 다음 4국 정부의 검토를 받기 위하여 제출하여 가지고 4국 사이에 최고 5개년간 조선의 4국 신탁 = 후견에 관한 협정이 의결되는 것이다. 이상이 제3조 후문(後文)의 내용이다.

이와 같이 제3조는 그 전반과 후반이 완전히 연결되어 있는 것이며, 다만 전반은 공동위원회의 조선 국내관계에 중점을 두었고, 후반은 4국 정부와의 관계에 중점을 둔 것이다. 따라서 전반과 후반은 상이한 문제를 규정한 것이 아니라 다같이 조선의 신탁 = 후견에 관한 결정인 것이다.

그러므로 후반문의 '신탁에 관한 협정'이라는 것은 혹시나 신탁을 실시할는지 안 할는지 하는 것을 협정하는 것이 아닌가 하는 판단은, 조선문제 결정이 신탁 = 후견이 아니었으면 하는 주관적 전망에서 나오는 환상에 불과한 것이다. 신탁 = 후견제의 실시는 이미 막부회의에서 결정된 것이 사실이다. 다만 그 구체적 내용과 최고 5년의 기간이 우리 민족의 노력에 의하여 얼마든지 우리 민족에게 유리하게 좌우되도록 되어있으며 이 점이 또 본 결정의 진보성을 표시하는 것이다. 이것은 전연 별개 문제이다.

유시관지(由是觀之)컨대 원조는 지지하되 신탁은 반대한다는 론이 얼마나 몰이해한 궤변인지를 알 수 있다. 첫째로 신탁은 원조할 것을 연합국으로부터 공동위원회가 위탁받았기 때문에 그 형식에 있어서 신탁인 것이오, 원조 = 후견은 신탁의 내용인 것을 우리는 전후 양문을 자세히 분석하여 보고 또 막사과(莫斯科)통신과 화성돈(華盛頓)통신을 대조하여 보면 일층 명료하게 이해되는 것이다. 둘째로 국제 민주주의와 국내 민주주의의 결합이 실현에 옮겨지고 이에 대한 민중의 지지가 커 감을 따라 임시민주주의정부 수립의 실현성이 강하여 감을 보고서 한편으로 원조를 지지한다 하여 새로운 정부에 참여할 발언권을 보류(保留)하고 동시에, 한편으로는 반탁을 선동하던 체면과 신탁이라는 불쾌한 용어에 감정적으로 반탁하는 무의식 대중에게 영합하여 그 희미한 환상을 만족시킴으로써 자기의 정치적 지반을 세우려는 양면적 기회주의적 정권욕의 발현과 연결되었다는 것을 간과할 수 없다.

우리는 주관적 희망을 아무리 아름답게 그리더라도 엄연한 객관적 현실과 떨어져서 아전인수적 추론을 희롱하고 있다면 우리는 얼마나 수치스러운 환멸을 경험할 것인가. 현실은 어디까지나 현실 그 자체의 자기운동을 계속하는 것이다. 그러므로 우리는 환상을 가지고 민중을 인도하는 것은 크나큰 죄악임을 알아야 된다. 뿐만 아니라 과학적 인식과 대립되는 모든 역선전은 이러한 무사(無事)한 환상까지를 역용하여 자기의 야욕을 채우고 민중의 두뇌를 좀먹게 하는 것이다. 우리는 아무리 불행한 현실이더라도 그 현실의 존재를 긍정하고 그 현실을 토대로 한 과학적 인식 위에서 행동할 때에만 그 현실을 가장 성공적으로 부정할 수 있는 것이다.

3

제2의 론은 즉 반탁운동의 결과로 인하여 신탁을 실시하지 않을지도 모른다는 발언을 하게 하였다. 또는 미소 양국이 각각 신탁안의 책임을 서로 전가하고 있으니 그 효과가 묘연하다는 것이다.

그러나 신탁 = 후견을 조선에 실시하지 않을지도 모른다는 오해는 전술한바 같은 환상인 동시에 또 한 가지 곡해에 기(基)한다. 즉 결정서 제3조에 "임시조선정부와 상의한 후에(Following the Consultation with the)"라는 문구를 "상의한 후에 신탁 그 자체의 실시 여하를 결정"하는 것 같이 곡해한 것이다. 생각하여 보라! 이러한 론을 내세우는 그 자체는 조선민중이 신탁을 원할 수 있다는 것을 전제한다. 그러나 조선정부가 공동위원회에 신탁 = 후견을 제의하거나 동의한다는 것은 훈정기간론자(訓政期間論者) 이외는 생각할 수 없는 것이다. 문제는 신탁 = 후견은 결정적이고 그 제안 내용을 상의하여 그 제안을 4국 정부에 제출하는 것이다. 따라서 저러한 곡해가 무식에서 나온 환상이 아니라면, 고의의 왜곡이거나 별개의 의도가 있다고 보아야 하며 그러한 견해는 반탁운동의 결과가 아니라 도리어 반탁운동의 기세를 올려주고 이것을 조장하는 원인이 되는 것이다. 뿐만 아니라 반탁운동이 조선민족의 통일을 분열시키고 따라서 통일의 미완성이 신탁결정을 가져온 한 개의 원인일 수 있는 이상 반탁운동이 도리어 신탁 = 후견의 내용을 더욱더 우리 민족에게 나아가서는 세계 민주주의국에 불리(不利)롭게 하는 것은 명약관화한 일이다. 우리는 '하지' 중장, '러취' 소장이 반탁운동은 신탁을 초래한다고 말하게 된 경위를 깊이 연구할 필요가 있다.

다음으로 '타스'통신이 전하여진 후, 신탁 제안의 책임을 상대방에 서로 전가한 다고 본 모양이나 소련정부도 미국정부도 그런 태도를 취한 일이 없다. '타스'통 신에 의하면 동 결정의 원안을 소련이 제안하였다고 명백히 말하였고 다만 그 이 전에 미국안이 있었는데 그것이 결정과 상이하다는 점을 말하였을 따름이오, 미 국 국무성 차관 '에치슨'씨 역시 최초의 신탁 = 후견의 제안자가 미국이요, 그 내 용까지 대체로 부합됨을 긍정 확인하였으니 사실은 일층 명료하여졌다. 왜곡은 오로지 최초의 미국통신과 이것을 역용한 일부 '지도자'의 두뇌 속에만 있다.

책임전가 운운도 조선의 반탁운동자들이 원래 그 제안이 소련에서 된 것이라 하여 그것을 유력한 근거로서 민중을 선동하다가 이제야 그 근거를 상실함에 이 르러 반탁운동의 효과도 견강부회하려는 것에 불과하다. 우리는 그것이 반탁운동 의 효과가 아니라 반탁운동 몰락의 시초로 보는 동시에 타방으로 그러한 역선전 이 민주주의적 친선으로 아름다웁게 제휴된 미소 양국을 이간하려는 새로운 재료 로 악용됨을 경계하여야 할 것이다.

우리는 반탁 = 불합작운동 지도자의 일부가 3상회의 결정의 노선에 어그러져 조선 임시민주주의정부를 비민주주의적으로 수립하려는 어떠한 국제적 계획에 적극적으로 참가하고 있는 것을 볼 때 더욱더 3상회의의 노선을 철저적으로 실행 하도록 민중에게 호소하고 세계 각국에게 조선민중의 진정한 요구를 선포할 필요 를 더욱더 강조한다.

4

제3의 론은 왈, "상식적 결의를 지지 운운도 당연하고 쓸데없는 일"이라 하며, "결의를 지지한다는 표시를 아니 하면, 그들이 민주주의원칙을 버리고 다른 특권 전제적 비민주주의원칙을 적용하여 우(又)는 조선민족 내에 그러한 고세기적 망상 을 용납하여 독립을 승인할 법 싶었든가"(<중앙신문> 1월 26일부 게재 논문)하는 것 이다.

소(蘇)씨는 정치가 정의와 사도(邪道)의 투쟁이라는 것을 망각하였다. 또 정의의 승리는 투쟁에 의하여서만 가능하고 그 투쟁은 민중을 옳게 지도하여 대중운동을 조직함으로써만 성공한다는 것을 무시하였다. 우리는 '카이로' '포쓰담'선언을 당 초에 환영할 필요가 없었고, 미소 양군의 진주 역시 당초에 지지 표명할 필요가 없었고, 다만 묵묵히 그 노선에서 전 민족이 실천 노력하였다. 그러나 그것은 지지 가 불가하여서 그런 것이 아니고 전 민족이 이 노선 자체를 반대함이 없었기 때문 일 것이다. 그러나 우리는 이 노선을 지지하기 때문에 '카이로'선언에 어그러지는 조류가 있을 때 이와 싸웠고, 연합군 진주의 진보적 노선에 어그러지는 경향과 또는 반연합국의 음모가 나올 때 이와 싸워왔던 것이 아닌가. 이럼으로써 우리는 진보적 노선을 지킬 수 있었고 진보적 노선의 강력한, 조속한 승리를 가져올 수 있었던 것이다.

그러나 현재 3상회의 결정은 본질적으로 진보적임에 불구하고 이것을 반대하여 나오는 반동적 조류가 최초부터 일어났고 민중의 일부가 이에 오도될 때 우리는 이것을 지지하는 태도를 뚜렷하게 내세움으로써만 민중을 정당하게 지도할 수 있고 진보적 노선은 조속히 승리할 수 있을 것이다. 씨의 말과 같이 "4국회에 제출한다 하였으니 그 시에 대답하여도 싫건 할 것 아닌가"(전게) 하고 방임한다면 그때까지 민중은 반탁에 오도되어 자멸의 길을 걸어도 좋단 말인가.

다음으로 우리는 국제 민주주의의 옳은 노선이 제시되었을 때 이에 순응하여 국내 민주주의의 승리를 위한 실천이 필요하다. 이러한 실천이 없이 민주주의원칙은 승리하지 못하고 실천되지 못할 것이다. 이러한 민주주의원칙의 실천과정의 일부로서 이 지지의 표명은 절대로 필요할 것이다.

소(蘇)씨는 다음으로 그러한 지지 표명이 "결과에 있어 미증유의 분열을 초래하였다"(전게)고 하였다. 그러나 3상회의의 내용을 왜곡하고 민중을 오도하여 반민주주의적 방법으로 이제까지 건설하여 온 민족통일에 새로운 분열을 일으킬 때 이러한 왜곡에 추종하는 민중을 방임하고 따라서 민족분열의 뒤를 따르는 것이 민족통일 달성의 길일 것인가. 그것은 국제 민주주의노선에서 이그러지는 것이오, 반탁운동에 합류하는 길이며 나아가서는 무조건 통일론에 통하는 길이다. 우리는 민중이 오해하면 할수록 정당한 노선을 뚜렷하게 제시하고 그 노선에로 민중을 지도하는 것이 민중에게 대한 의무일 뿐만 아니라 국제 민주주의에 대한 의무인 것이다. 우리는 일시적 혼란을 피하기 위하여 진리를 은폐하거나 멸살하고 원칙적 차이를 그대로 안고서 영원한 민족자멸을 초래할 수는 절대로 없다. 진실로 현실은 소위 "미증유의 분열"이 아니라 정당한 통일노선 민주주의민족전선의 거류(巨流) 속에로 민중은 도도하게 통일되어 가고 있는 사실은 이것을 증명하고 있다.

소(蘇)씨의 지지무용론은 지지 상조론(尙早論)을 거쳐 계엄적 입장론에로 넘어갔다. 즉 3상회의결정을 "계엄적 입장에서 다각적으로 검토하건대 조선의 복리만이 아니라 '그들의 소망' '그들의 파국을 면'키 위하여 된 것이니까 따라서 해(該)민족의 복리본위로서만 해결되면서 있다고는 단언키 어려운 정세가 비일비재할 터인즉 막부에서 정의군(正義軍) 3국 3상의 결의한 것이라 하여 덮어놓고 전면적 지지를 할 수 있는 정의의 결의일 것이라고 단언하고 지지함은 한 개의 경망한 기계적 취급방법이라 않을 수 없다"(전게)고 하였다. 물론 기계적 취급이면 잘못이다. 그러나 우리는 이미 3상회의 지지를 표명한 노선에서 누차 상세한 분석과 해명을 붙이어 지지한 것을 보았고, 그 중에서 한 개도 그것이 막부에서 된 것이라거나, 정의군 3국의 결의라는 것을 이유로 든 것을 보지 못하였다. 그 전부가 해결정서의 내용을 분석하여 이것이 진보적이오, 정당한 것으로 인정하고 지지한 것이 너무도 명백한 이상 기계적 취급방법의 실례를 구체적으로 제시하는 친절을 보여주었으면 씨의 설을 이해하는데 많은 도움이 될까 한다. 다음으로 우리는 '조선의 복리'가 조선민주주의의 이익과 합치되도록, 또 세계민주주의가 '조선의 복리'와 합치되도록 노력하여야 할 것이며 또 반드시 합치될 것을 확신한다. 이러한 노력의 일 표현이 강력하고 명백한 지지, 3상회의 결정의 적극적 실천이라고 믿는 바이다.

계엄적 입장론은 나아가서 전면적 지지를 '外上 지지'라 하여 배격하고, "철병은 어느 때 한다고 들어서 국민에게 전달할 책임을 잃어버렸는가," "국부를 … 어떠한 방법으로 우리 임시 주권에 인계한다는 언명을 한번 구체적으로 들어서 국민의 불안을 없애게 할 책임을 잊었는가"(<중앙신문> 27일 게재 논문)고 힐문한다. 그러나 이러한 문제는 실로 3상회의 결정의 실천 도정에서 제기할 문제가 아닌가. 즉 철병은 우리 민족 자신의 활동능력에 의할 것이오, 국부 인계 역시 임시 민주주의정부 수립과 아울러 조선민족의 경제적 능력의 발휘에서 결정될 것이니 연합국에게 약속을 요구한대도 막연한 대답밖에 나오지 않을 것은 명백한 사실이다. 이 같은 질문은 어떠한 선물이나 상품을 주는 사람에게 그 선물, 상품에 대한 감상력이 없으니 그것을 사용하여 본 후에 감사의 인사를 하겠다, 대가를 치르겠다 하는 것과 마찬가지 흥정이니 이것이야말로 '외상'이 아닌가. 이러한 흥정은 '카이로' '포쓰담'선언을 듣고서 언제 독립시켜 줄런지 대답하지 않으면 받지 못하겠다고 조르는 것과 같은 졸렬한 행동이다. 우리는 하루빨리 우리 민족의 정치적 수준을 비약적으로 향상시킬 필요는 없을지언정 정치적 우매를 폭로하고 싶지는 않다.

최후로 소(蘇)씨는 타일의 '부분적 항쟁'을 예상하고 '국민의 행렬 정리'를 염려한다. 그러나 우리는 3상회의의 원칙이 정당하기 때문에 그것을 전면적으로 지지하고 그 원칙 밑에서 실천함으로써만 그 원칙의 구체화가 그 원칙에서 어그러질 때 우리는 그 왜곡화와 강렬하게 싸울 수 있을 것이다. 이 원칙의 구체화는 우리 자신에게 있고 전체적으로 긴밀하게 연결된 해 결정을 부분적으로 지지한다면 어떻게 그 원칙을 정당하게 실행할 수 있을까. 부분적 지지 그 자체가 이미 이 원칙의 왜곡화인 것이다. 실로 씨의 계엄적 입장, 지지무용론은 급기야 "탁치 제안의 결의쯤은 쉽사리 수정시킬 수 있다"(前述 29일분)하여 전술의 제(諸) 논자와 통하는 것을 우리는 주목할 바이라고 생각한다.

  이 모든 이론은 세계정세에 대한 몽매에서 온 것이거나 혹은 자기의 오해를 솔직하게 자기비판할 성의와 용기가 없이 오히려 이것을 합리화시키려는 도박에 불과하는 것이다.

(1946년 1월 30일)

2. 3상회의 결정을 엇지하야 지지하는가!: 미소공동위원회 속개를 위하야*

1

조선문제에 관한 막부 3상결정은 전후 국제문제 해결에 있어서 민주주의 재건과 평화보장과를 원칙으로 하여 주안으로 삼는 국제협조의 일 표현으로서 그 진보적 의의는 실로 세계사적일 것이다. 카이로, 포쓰담 양 선언에 있어서 일찍이 조선의 독립은 약속된 바 있으나, 그것은 추상적인 일반적 규정에 불과한 것이었다. 적당한 시기에, 적당한 방법으로 독립을 허여하겠다는 막연한 약속이었으니, 만일 막부 3상회의의 결정이 없었다면, 조선의 독립은 백년하청을 기다리는 것과 같을 것이다. 3상결정에 반대하는 자, 즉시독립을 요구하는 근거로 언필칭 카이로, 포쓰담 양 선언을 들고 나와 국제적 배신을 문책하려는 것은 그들의 무지몰식(無智沒識)을 여실히 고백하는 밖에 아무것도 아니다.

3상회의의 결정은 조선의 자주독립을 보장하고 그 민주주의적 발전을 국제적으로 원조하기 위하여 최고 5개년의 기한부로 후견제(신탁)의 형식을 취한다는 것이다. 조선의 자주독립이 실현되는 시기와 방법에 대한 구체적 규정으로서 그 내용을 명명백백 추호도 용의(容疑)할 여지가 없는 것이다. 민족적 자존심에서 나오는 불만, 기우에서 생기는 의구, 이러한 것은 세계정세에 대한 인식을 깊게 하고 3상회의 결정의 진의를 해명함으로써 족히 운소무산(雲消霧散)시킬 수 있는 정도의 것이다. 분열과 혼란은 오로지 반동세력을 대표하는 데마고그들의 왜곡선전과 악질선동에 유래하는 것이며, 국제적으로 무책임하게 발언된 독자적인 속류적 해석에 의하여 박차를 가하게 된 것이다.

3상회의 결정의 내용을 분석하여 보기 전에 우리는 조선의 해방이 어떻게 실현되었으며, 조선의 자주독립은 과연 어떻게 진전되고 있는가를 냉철하게 관찰하고 심각하게 인식하지 않으면 안 될 것이다. 일본제국주의의 붕괴가 없이는 조선의 해방은 있을 수 없는 것이며, 일본제국주의의 구축과 그 잔존세력의 철저한 숙청

---

* 『新天地』 1권 7호(1946년 8월), 64~71쪽.

이 있지 않고서는 조선의 자주독립은 절대로 무망한 것이다. 이것은 누구나 부인할 수 없는 엄연한 사실이며, 아무나 이해할 수 있는 평범한 진실이다.

일본제국주의는 그러면 어떻게 붕괴되었으며, 조선에서 구축되었는가? 일본 자체의 혁명에 기인하는 것도 아니며, 조선의 민족해방운동에 의해서도 아닌 것이다. 민주주의 연합국의 혁혁한 승전으로 일본제국주의의 아성은 무너진 것이며, 미소 양군의 진주 내원(來援)으로 일본제국주의는 조선에서 구축된 것이다. 조선민족은 과거 40년간 일본제국주의 기반에서 이탈하려고 혈투를 꾸준하게 계속하여 왔으나 자력으로 자신을 해방하지 못하였다. 이곳에 조선해방의 국제성이 존재하는 것이며, 이러므로 조선의 자주독립에는 국제적 제약이 수반하게 되는 것이다.

반팟쇼의 제2차 세계대전은 민주주의를 수호하고 평화를 재건하려는 미소 양국의 공고한 협조를 기초로 하여 승전을 결과하였으며, 전후 세계문제의 해결도 또한 이 민주주의와 평화를 원칙으로 하는 통일전선 위에서 그 관건을 찾는 것이다. 조선문제도 또한 이 세계적인 연관의 일환으로서 제기되고 해결되는 것이니, 그 고립성은 절대로 용인되지 않는 것이다.

2

카이로, 포쓰담의 양 선언이 조선문제에 논급하여 적당한 시기에 적당한 순서로 그 독립 허여를 예약한 것은 전후 국제문제 처리의 방향 지시의 일 표현이다. 적당한 시기와 순서에 관한 구체적 규정이 국제적 협약을 새로 요청하는 것은 필연의 귀결이다. 이곳에 3상회의 결정의 유래가 있는 것이며, 조선문제에 있어서 거보의 진전을 보이게 된 것이다.

그러면 3상회의 결정은 조선문제에 관하여 어떻게 규정하였는가? 카이로, 포쓰담의 양 선언에서 유래된 조선의 독립을 재확인하였을 뿐만 아니라 독립국가 건설의 구체적 방법과 그에 필요한 국제적 원조를 명시하고 보장한 것이다. 그 내용을 축조 분석하여 보면, 제1조에는 민주주의 임시정부의 창설이 규정되고 그 목적으로서

(1) 독립국가로서의 부흥
(2) 민주주의적 발전
(3) 일본통치 해독의 신속한 청소
(4) 산업, 운수, 농업, 민족문화 발전의 제 조건 창조가 명시되었다.

제2조에서는 임시정부의 조직에 협력하며, 이에 적응한 방책을 예비 작성하기

위하여 미소공동위원회가 구성될 것을 규정하였으며, 미소공동위원회는 그 제안 작성에 있어서 반드시 조선의 민주주의 정당 급 사회단체와 협의하게 되었다.

제3조에서는 후견, 혹은 신탁이라고 표현되는 원조 협력이 규정되었다. 미소공동위원회는 조선의 민주주의 임시정부의 참가 하에서 민주주의 정당 급 사회단체를 초청하여 조선민족의 정치적 경제적 사회적 진보와 민주주의적 자치 발전과 또는 조선 국가독립의 확립을 원조 협력(후견 혹은 신탁)하는 제 방책을 작성한다. 이렇게 작성된 공동위원회의 제안은 임시정부와 협의 후 미·소·영·중 4개국 정부의 심의를 받게 되는데, 이것은 최고 5개년을 기한으로 하는 조선에 대한 4개국 후견(신탁)의 협정을 작성하기 위하여서이다.

제4조에서는 끝으로 남북 조선간의 긴급한 제 문제의 심의와 양군간의 일상 문제 조정을 위하여 2주일 이내에 양군 대표회의를 소집한다는 것을 규정하였다.

3상회의 결정은 이와 같이 조선을 독립국가로서 부흥시키며 건설하는 정신으로써 일관되어 있으며, 조선의 민주주의적 발전을 육성하려는 성의에 넘치고 있다. 자주독립의 조선국가가 창건되려면 그곳에 요청되는 선결조건은 일본제국주의 잔재 유독(遺毒)의 신속 차(且) 철저한 청소이다. 일본제국주의는 과연 붕괴되고 조선에서 패퇴하였으나, 그러나 40년간 식민지통치를 통하여 일본제국주의가 조선에 뿌리박은 세력은 집요하게 잔존하고 있는 것이며, 남긴 해독은 골수에 젖어 있는 것이다. 이 잔재 유독의 숙청은 일조일석에 심상한 수단으로 기대될 수 없을 만큼 크고 또 깊은 것이다. 40년 동안 일본제국주의의 식민지통치 하에서 우리는 정치 경제 문화 사회 모든 방면에 있어서 심지어 일상생활에 있어서까지 일본적(日本的)이 강요되었으며, 일본화가 권행(勸行)되었던 것이니, 3천리 강산은 회복하나 모두 일본색(日本色)이었으며, 3천만의 머리를 두드려도 도무지 일본성(日本聲)이었다. 조선 어문의 사용이 금제되고, 신사에의 예배가 강제되고, 창씨개명이 강요되었던 이 기막힌 그러나 엄연한 사실을 뉘 어찌 부인할 수 있으며, 그 영향을 어떻게 과행(過行) 평가할 수 있으랴?

이 일본통치의 해독을 신속하게 또 철저하게 소청함으로써만 조선의 정치 경제 민족문화의 발전을 위한 모든 조건이 창조될 수 있는 것이니, 이렇지 않고서는 조선의 자주독립국가로서의 부흥이 있을 수 없는 것이며, 더구나 조선의 민주주의적 발전이란 것은 서기(庶幾) 할 수 없는 것이다. 이 궁극의 목적을 달성하고 이 중대한 과업을 수행하려면 우리는 무엇보다도 민주주의 임시정부를 수립하지 않으면 안 되는 것이다. 3상회의 결정은 그 제1조가 명시하는 바와 같이 조선의 민주주의와 자주독립을 목적으로 출발하는 것이며, 그 수단으로서 민주주의 임시정부의 수립을 규정한 것이다. 이 정신을 우리는 깊이 인식함으로써 그 의도의 소재를 정확하게 파악하지 않으면 안 될 것이다. 신탁문제를 조상(俎上)에 올리는 것은 이 정신을 옳게 체득하지 못하는데서 유래하는 이 결정의 곡해이다.

3

그러면 조선의 민주주의 임시정부는 어떻게 수립될 것인가? 3상회의 결정 제3조는 이것을 규정하였다. 정부수립에 협력하고 그에 적응한 예편(豫編) 작성하기 위하여 미소 양군 대표로써 미소공동위원회가 조직되는 것은 미소 양군 진주 하에 있는 조선의 현실에서나, 국제문제의 양국의 지도적 역할로 보나 당연한 순서이다. 미소공동위원회가 그 제안 작성에 있어서 조선의 민주주의 정당 급 사회단체와 반드시 협의하여야 한다는 제한은 조선문제를 민주주의적으로 해결하자는 정신의 소산으로서 그 진보적 의의가 거대하다. 일반선거를 행할 수 없는, 또 이것을 시행할 주체가 없는, 조선에 있어서 인민의 요구를 묻고 민의의 소재를 탐지하는 방법은 이밖에 없으며 또 이것으로 충분한 것이다. 그뿐 아니라 일본제국주의 잔존세력이 발호하고 있으며, 민중의 민주주의적 교양과 훈련이 없는 현재에 있어서 일반투표는 결코 민의를 반영할 수 없다. 미소공동위원회의 제안이 미·소·영·중 4개국의 심의를 받아야 한다는 규정은 국제적 승인의 수단으로서 당연한 순서에 속할 것이다.

전후문제 처리에 있어서 구라파 제국에서 우리가 보는 전례도 또한 그러하려니와, 그리고 제2차 세계대전의 역사적 의의로 보더라도, 한걸음 더 나아가 3상회의 결정의 전 정신에서나, 그 구체적 규정에서나, 우리는 조선의 민주주의 임시정부 수립에 있어서 친일파 민족반역자는 물론 친팟쇼분자 테러리스트 등의 일체 비민주주의적 요소가 절대로 배제된다는 것을 결론할 수 있을 것이다. 민주주의 임시정부가 이렇게 하여서 수립되기만 하면 족할 것인가? 조선인민의 정치적 경제적 사회적 진보와 민주주의적 자치 발전과 또는 조선 국가독립의 확립을 위하여서는 원조 협력이 요청되는 것이니, 이 원조 협력이 후견 우(又)는 신탁으로 호칭되는 것이다. 이 원조 협력의 제 방책을 작성하는데 있어서 미소공동위원회는 조선 민주주의 임시정부의 참가와 조선 민주주의 제 단체의 열석(列席)을 필요로 하는 것이다. 공동위원회의 이 제안은 조선 임시정부와 협의 후 미·소·영·중 제국 정부의 심의를 받게 되는데 그것은 조선에 대한 최고 5개년의 4개국 후견의 협정을 작성하기 위하여서이다. 이것이 문제 다단한 제3조의 전 내용이다.

조선에 민주주의 임시정부가 수립됨으로써만 조선문제가 해결되는 것이 아니라 조선인민의 정치적 경제적 사회적 진보가 약속되려면, 그리고 조선의 자주독립이 보장되려면 이곳에는 국제적 원조 협력을 필요로 한다는 것이다. 이 국제적 원조 협력이 후견 우(又)는 신탁의 문구로 표현되는 것이다. 이 후견에 관한 미소공동위원회의 제안은 그 작성에 있어서 조선의 임시정부 급 민주주의 제 단체의 참가를 요청하는 것이며, 작성된 제안은 4개국 심의에 부치기 전에 임시정부와의 협의를 필요로 하는 것이다. 그리고 이 제안은 4개국의 심의를 거친다면 이에 최고 5개년을 기한으로 하는 조선에 대한 4개국 후견의 협정이 성립되는 것이다.

이곳에서 문제가 야기되고 의운(疑雲)이 덮일 여지를 찾을 수 없을 만큼 제3조의 규정은 명명백백하다. 그러함에도 불구하고 국제적으로 책임자의 무책임한 발언과 국내적으로는 반동정객의 왜곡선전 내지 악질선동으로 인하여 조선에는 혼란과 분열이 유발되었으며, 이것으로 드디어 미소공동위원회의 휴회라는 불행이 초래된 것이다. 3상회의 결정의 정신을 몰각하는 악의, 국제정세에 대한 몽매, 조선현실에 대한 무지, 문구 말단에 구애되는 편협, 결정문의 전후단 관련의 기계적 내지 고의적으로 분리시키는 우론(愚論), 이 모든 것이 의문의 출발이며 혼란의 원천인 것이다.

조선인민의 생활을 진보 향상시키기 위하여, 조선의 민주주의화를 위하여, 조선의 자주독립을 보장하기 위하여 그러면 우리는 국제적 원조 협력을 의미하는 후견(신탁)은 조선의 자주독립에의 진로이냐, 그렇지 않으면 자주독립과 배치되는 길이냐? 조선의 민주주의 임시정부는 후견을 거부할 수 있는가, 또는 없는가? 이 문제를 우리는 축차 해명함으로써 반탁운동의 이론적 근거를 논파하고 그 반동성을 폭로하지 않으면 안 될 것이다.

4

조선은 월세계의 존재도 아니려니와, 또한 화성의 일부도 아닌 것이다. 조선문제는 언제나 세계문제와의 관련에서만 제기되는 것이며, 그 일환으로서만 해결될 수 있는 것이다. 더구나 조선의 해방이 조선민족의 자력으로써 달성되지 못한 만큼 그 국제성은 더욱 농후하며, 그 세계적 관련성은 한층 더 긴밀한 것이다. 조선민족이 자기 자신의 힘으로 일본제국주의를 타도하고 그 기반 하에서 해방되었다고 하더라도 조선이 이 세계의 일부분을 구성하고 있는 만큼 허다한 국제적 제약을 받게 되겠거든, 하물며 연합국의 승전을 기다려 비로소 해방되는 조선이 제 문제를 고립적으로 해결할 수 있으랴? 광범하게 세계정세를 내다보고 냉정하게 자기 자신을 돌이켜 본다면 누구나 얼른 수긍할 수 있는 평범한 진리이며, 엄연한 현실이다.

종래의 국제적 관례나 전쟁사로 본다면, 조선문제의 해결은 연합국과 패전국 일본과의 강화회의를 기다리지 않으면 안 될 것이다. 그러나 전승을 예측한 연합국은 전쟁 중에 있어서 이미 전후 세계문제 처리에 대하여 그 진로를 규정한 바 있었고, 이 규정에 있어서 조선은 다행하게도 그 독립이 약속되게 된 것이며, 일본에의 항복조건 제시에 있어서 조선이 일본으로부터의 분리가 포함되게 된 것이다. 이것이 카이로선언인 것이며, 포쓰담선언인 것이다. 일본제국주의가 무조건 항복을 표명한 순간에 조선은 일본제국주의의 질곡에서 이탈되어 조선의 주권은 조선인민의 손으로 귀속되게 된 것이다. 조선의 독립은 이리하여 적당한 시기와 적당한 방법의 구체적인 결정을 기다리게 된 것이며, 이 임무를 완수한 것이 막부 3상회의이 결정인 것이다.

조선의 독립이 전쟁 진행 중에 이미 약속되고 그 문제의 해결이 전후 세계문제의 전체적 처리에 앞서서 평화회의를 기다림이 없이 귀착을 보게 된 것은 조선의 특전이며, 또 조선민족의 행복인 것이니, 이점에 있어서 우리는 연합국의 호의와 지원에 대하여 감사하여야 할 것이다. 나아가서 조선의 자주독립만을 생각하는 것이 아니라, 조선의 민주주의적 발전을 육성하기 위하여, 또 조선의 자주독립을 원조하고 촉진하며 보장하기 위하여 최고 5개년의 국제적 원조를 약속하기까지에 이르른 것이다. 그렇다면 조선민족 된 자, 모름지기 이 홍대(鴻大)하다고 볼 수 있는 국제적 호의에 감명하면서 3상결정의 내용과 그 진의를 이해하고 파악하여야 할 것이다.

조선이 독립국가로서 부흥되려면, 또 민주주의 신조선이 건설되고 발전되려면, 그 전제조건은 3상회의 결정의 명시를 기다릴 것까지도 없이 일본제국주의의 식민지통치가 과거 40년 동안 조선에 남기고 간 해독을 철저하게 소청하는 것이며, 그리하여 조선의 정치 경제 문화의 발전을 위한 제 조건을 창조하는 곳에 있다. 이 중대하고도 곤란한 임무를 수행하는데 있어서 국제적 원조 협력이 절대로 요청되리라는 것은 조선의 현실에 대하여 맹목이 아니라고 하면, 그리고 총파탄에 임하고 있는 조선경제가 외력에 의존하지 않으면 안 된다는 현실을 파악한다면, 한걸음 더 나아가서 경제적 의존이 반(半)식민지화의 위험을 내포한다는 필연성을 시인한다면, 후견제의 국제적 보장과 상호견제가 가지는 묘미에 우리는 오직 찬탄할 뿐일 것이다.

후견제의 의도는 이곳에 있는 것이면, 그 내용은 조선인민의 정치적 경제적 사회적 진보와 민주주의적 자유 발전과 조선 국가독립의 보장에 있는 것이다. 국제적 원조 협력을 의미하는, 아니 그 자체인 후견제가 조선 자주독립에의 첩경인 것이며, 가장 안전한 보루인 것이다. 자주독립을 지연시키거나, 또는 그와 배치되는 길이 아니라, 오히려 그와 반대로 자주독립의 유일 정당한 길이다. 후견제가 그 용어에 있어서 국제헌장의 그것과 일치된다고 하여 후견제의 정신이 명확하고 그 내용이 구체적으로 명시되어 있음에도 불구하고 구태여 혼동을 꾀하여 분란을 야기하는 것은 무지와 몽매가 아니면 의식적인 견강부회이다.

5

후견제가 조선의 민주주의적 발전을 육성하는 길이며 조선의 자주독립을 보장하는 방벽이라면, 그러면 3상회의 결정에 의하여 수립되는 조선의 민주주의 임시정부가 그 결정에 반대할 수 있으며 또 조선의 인민이 그 자주독립에의 필수조건인 국제적 원조 협력을 거부할 필요가 있겠는가? 해답은 간단하고도 명료할 것이다.

3상회의 결정은 철칙이 아니라고 주장하는 론(論)이 없지 않아 있으나, 물론 그 결정이 자연법칙이 아닌 이상, 그러한 의미에 있어서는 철칙일 수도 없는 것이며 조선문제 해결을 위한 결정이므로 조선인민의 질곡으로 화하여서는 안 될 것이다. 그러나 이 결정이 조선의 자주독립을 위하여 현하 국제정세와 조선 국내의 실정에 비추어 최선의 방책이라는 것은 재론할 필요조차 없거니와, 이 국제협약은 번복되거나 폐기되지 않는 한에 있어서는 3국을 구속할 뿐만 아니라, 조선에 있어서는 최고 조직법으로서의 효력을 갖게 되는 것이다. 3국의 지도적 역할을 부인한다거나, 조선의 해방 내지 독립에 있어서의 연관성을 거부하는 것은 상식 이하의 우론에 불과하는 것이다.

3상회의 결정에 의하여 미소공동위원회를 통하여 비로소 수립되는 조선의 민주주의 임시정부가 이 결정에 반대할 수도 없으려니와, 또 반대할 이유도 조건도 필요도 없는 것이다. 만일 3상회의 결정이 조선인민의 민주주의적 발전과 향상에 방해되는 내용이라면, 그리고 조선의 자주독립과 배치되는 길이라면, 아무리 조선 해방이 국제적으로 해결된 것이라고 하더라도 조선민족은 이 새 질곡과 제약에 반대하며 투쟁하는 것이 당연할 것이다. 그러나 그 정신을 왜곡하고 그 내용을 오해케 하여, 역선전과 악선동으로 민심의 혼란과 민족의 분열을 초래하는 것은 표변 내지 가장(假裝)애국자의 망국 멸족적 망동으로서 용대(容貸)할 수 없는 관천(貫天)의 죄악이 아닐 수 없다.

조선이 자주독립국가로서 건설되고 조선민족이 정치적 경제적 문화적으로 향상 발전되려면, 연합국의 원조 협력이 절대로 필요한 것이며, 이 원조 협력이 어느 일개 국에 의존한다면 조선독립의 장래에 위구가 있을 수 있으므로 그 만전의 대책으로 4개국의 공동 원조를 규정하여 한편으로 조선문제를 중심으로 하는 국제적 협조를 앙양시키며, 다른 한편으로 조선의 독립을 국제적으로 보장하자는 것이다. 이러한 정세판단에서 출발하여 3대 지도국가의 합의로써 결정된 것이 조선에 대한 4개국 후견제이다. 그러므로 후견제는 조선에 민주주의 임시정부가 수립된 후에 비로소 결정되는 문제가 아니다. 미소공동위원회가 작성하는 후견제에 관한 제안은 단순히 후견의 기간과 구체적 내용 방법에 대한 것이다. 따라서 조선정부는 이 기간과 내용에 관하여 미소공동위원회의 협의에 응하는 것이오, 후견 그 자체에 대하여 락부(諾否)를 결정하게 되는 것은 아니다.

형식적으로 본다면 조선에 대한 후견제의 결정은 미소공동위원회의 제안이 4개국 정부의 공동 심의를 거침으로써 4개국과 조선정부와의 사이에 협정으로 성립되는 것이다. 그러므로 이러한 의미에 있어서 뺀스 국무장관이나, 하지 중장의 해석과 같이 "신탁은 아직 결정된 것이 아니다"라는 것은 정당하다고 할 수도 있으나, 그러나 미소공동위원회가 비로소 후견문제를 제안하는 것이 아님은 물론, 조선정부가 후견 그 자체에 반대할 수 있는 것은 아니다. 조선정부는 오직 그 기간과 내용 방법에 관하여 미소공동위원회와 협의할 수 있을 뿐이다. 조선의 정부가 또는 조선의 인민이 이에 반대하면 국제결정을 번복할 수 있다고 생각하는 것은, 또 정당한 결정을 폐기하려고 기도하는 것은 한낱 환상이며, 망동이다. 하지 중장은 일찍이 "조선인민이 원하지 않으면 국제적 원조를 안 받을 수도 있다"고 해석한 일이 있으나, 그러나 그것은 불필요한 가정이며 무책임한 발언이다. 왜 그러냐 하면 조선인민은 국제적 원조를 원하고 있기 때문이다. 왜? 조선민족은 자주독립을 의욕하고 있으며, 그 자주독립에는 국제적 원조가 필요하다는 것을 깊이 인식하고 있는 까닭이다. 조선의 인민은 현명하다는 것을 우리는 강조하는 바이며, 조선에는 조선의 자주독립과 조선민족의 행복을 위하여 감투(敢鬪)하는 우국애족의 지도자가 분분하다는 것을 자랑하는 바이다. 그 독자적인 이해관계에서나 또는 그 자파 세력 부식을 위하여 의식적으로 3상회의 결정을 왜곡하고 기만적으로 반탁운동을 전개하는 조선의 반동 거두에게 일부의 인민이 오도되고, 일시 우롱되었다 하더라도, 또 일보 더 나아가서 조선인민 전체가 무지몽매하여 그 자주독립에의 정당한 노선을 파악하지 못한다고 가정하더라도, 조선인민을 친절하게 계몽하여 옳은 길로 인도하는 것이 지도국가의 책임일 것이다.

3. 공동위원회 진전, 반동분자는 회담결렬을 획책

3상회의 결정에 반대하는 조선의 반민주주의진영은 아무리 그 표방이 그럴듯하고 변환이 교묘하다고 하여도 그 실천에 있어서 미소공동위원회의 결렬을 희망하고 또 획책하는 것이 객관적으로 엄연한 사실이며, 임시정부 수립을 천연시키며 군정을 연장시키려는 그 기도 또한 엄폐할 수 없다. 임시정부 수립을 위하여 1개월 이내에 미소공동위원회를 개최하기로 결정한 과반의 미소 양군대표협의회가 수포로 돌아갔다는 선전의 진의는 과연 그곳에 있는 것이다.

미소공동위원회가 개회되고 스티코프 장군의 함축 있는 원칙 주장이 발표되자, 반동진영은 필설을 총동원하여 혹은 사설로, 혹은 담화로, 혹은 방송으로, "조선의 현실을 아는지 모르는지 심히 답답한 바 있다"고 하며, "이번 정식회담에 대하여서도 기대를 가지기 어려운 예감을 가진다"고 하며 "전면적으로 원조하겠다는 의도가 아니요, 민족의 내부를 자의로 분석한다" 등등 그들은 민주주의적 원칙이 실천되는데 전율을 느끼고 있는 것이며, 미소공동위원회의 성공적 진전을 저사(抵死)하고 저해하고 있는 것이다.

미소공동위원회의 제3차 공동성명은 이 제종의 반동적 선전을 아연하고 민주주의원칙 수행에 있어서 구체적인 거보의 진전을 보이였다. 민주주의민족전선은 3상회의 결정이 구현될 수 있는 토대를 쌓았다는 공적을 자부하는 바이며, 민심을 현혹시키며 민중을 오도하는 반동분자의 일체 모략을 분쇄함으로써 민주주의적 임시정부 수립을 촉진시키는 사명을 자임하는 바이다.

(<朝鮮人民報>, 1946년 4월 2일)

4. 반탁 과오 청산하라

미소공동위원회 제3호 공동성명은 민주주의 성공의 새로운 선포이다. 미소공동위원회 개회 이래 조선의 반민주주의진영은 자기의 죄과를 엄폐하고 추파를 교작(巧作)하기에 그 거조(擧措) 심히 당황한 바 있다. 민주의원인 군정 자문기관인 자기를 부인하면서 탁치문제는 정부 수립 후라도 운운이며 교언으로써 민중을 현혹시키는가 하면, 미소공동위원회의 실패 예언자들이 제3호 공동성명에서는 안도의 느낌을 얻고, ⋯⋯ 아직도 3상회의 결정과 신탁문제를 고의로 또 어리석게 분리함으로써 그들의 반탁운동을 합리화하려 하며 한걸음 더 나아가 반탁총동원위원회 위원장 安在鴻씨는 "누구의 특별한 사주도 선동도 아니었던 것을 인식하여야 한다"고 반탁운동 지도조직의 책임을 도피하려 한다.

3상회의 결정과 신탁문제가 분리될 수 없는 것임이 아동주졸(兒童走卒)에게까지 이미 명료하게 된 오늘날에 있어서도 오히려 그 운운을 고집하여 민심의 혼란을 책동하려는 심사는 고사하고 3상회의 결정은 지지한다고 한 일이 과연 있었던가? 4당 공동콤뮤니케를 무절조 무책임하게 번복하는 창황망조(倉皇妄措)는 무엇을 의미하였던가?

3상회의 결정에 반대하면 정부 수립에 발언권이 없고, 반탁운동의 과오를 청산하자니 민중 앞에 나설 면목이 없다. 이러한 딜레마에 빠진 그들의 정경은 가긍타 하려니와, 정치를 논의하고 민족을 운위하는 자 마땅히 공명정대하여야 하나니, 자기반성과 자기비판의 성(誠)과 용(勇)을 갖추고 가다듬어 속죄의 길을 걸어가는 것이 당연할 것이다.

(<朝鮮人民報>, 1946년 4월 4일)

5. 5호 성명에 감사

3상회의 결정과 제5호 콤뮤니케에 대한 하지 중장의 성명은 일부 정객의 야욕에 오도된 민중에게 성의와 친절에 넘치는 해석 설명이며, 연합국의 태도와 3상회의 결정의 진의를 석연(釋然)케 하는 것으로 우리는 장군의 열의에 충심으로 감사하는 동시에 그 숙독 음미를 권장하는 바이다.

그러나 하지 중장의 성명을 자기변명에 이용하여 종래의 책임을 호도하는데 급급한 정객이 아직도 존재한다는 것은 유감이라기보다도 차라리 우리의 치욕이다. 설명상 필요로 제기된 가정이라든가, 어귀의 말단에서 자기합리화의 길을 찾으려는 악습을 대담하게 청산하고 공명정대하게 자기비판에 나오지 않으면 장군의 후의를 또한 저버리는 것이 될 것이다.

원조와 '신탁'이 동의(同意)라는 것이 충분히 해명된 오늘에 있어서도 오히려 '신탁'이라는 표현에 목을 걸고 '반탁운동'의 과오를 합리화하려는 비양심적 지도자의 정체는 폭로되었나니, 제5호 콤뮤니케를 위요한 반탁진영의 당황과 지리멸렬은 그 진영의 비참한 말로인 것이다.

(<朝鮮人民報>, 1946년 4월 26일)

6. 정권욕이 난 궤변

제5호 공동성명서가 발표되자, 선언서 서명 여부를 위요하고 소위 반탁진영에서는 동요와 당황을 노정하였다. 우리는 그들에게서 자기비판의 성의를 기대하면서 그들의 귀추를 정관하였던 것이다. 그러나 그들은 기만으로 일관하고 궤변으로 시종하고 있다.

선언서 서명의 합리화를 위하여 그 근거를 구하기에 언필칭 자주라는 그들이 면자(面子)를 세워주는 언질을 요청한다는 것은 민중에의 방패를 찾는 비겁 이외에 아무것도 아니다. 그들은 지금에 이르러 3상회의의 진의를 이해할 수 있었다는 것인가. 5호 성명서 발표를 보고 "애국자에게는 통절사(痛切事), 매국노에게는 희소식"이라 하던 것은 무엇을 의미하며 '반탁 수령 제씨'의 반대의사 표명은 단순한 경솔이었던가?

"제5호 성명에 대해서는 신탁통치반대를 주장하던 전 민주주의진영에서 모두 의구의 우려를 하였다" 하면서 선언서 서명이 "임시정부 수립에 참가하여 신탁통치를 반대할 수 있는 계기"라고 하는 것은 무슨 졸렬한 궤변인가? 모씨는 "탁치문제는 해소되었으리라"고 호언한 일은 건망(健忘)에 돌리고 '서명은 참가란 뜻'이라고 하면서 권토중래를 암시하고 있다. "국제결정에 대하여는 회의하는 것을 명예로 생각한다"고 자과(自誇)하는 정객이 개인의 성명은 절대로 신뢰하게 되니, 그 근거가 추찰할 길이 없다.

"3상회의 지지는 탁치 지지를 엄호하려는 양피(羊皮)의 차용"이기 때문에 반탁하기 위하여 '3상회의 결정'에 반대하여 왔다는 것인가? 절대 불합작은 경거(輕擧)이었으며, 4당 공동콤뮤니케 번복은 망동이었다는 것인가? 아무리 합리화의 근거를 찾아도, 궤변을 농하여도, 반탁운동을 한 것도 정권욕에서이요, 서명을 하게 되는 것도 또한 정권욕에서이라는 그 정체는 도저히 엄폐할 수 없을 것이다.

<朝鮮人民報>, 1946년 5월 5일)

7. 미소공위 휴회에 대하야

미소공동위원회의 휴회는 우리에게는 유감이라기보다는 또한 불행이 아닐 수 없다. 민주주의 임시정부의 수립이 하루라도 지연되는 것이며 조선의 현실은 일각삼추로 정부 수립을 대망하고 있는 까닭이다. 그러함에도 불구하고 휴회를 예기하였든 것 같이 또는 고대하였든 것 같이 백귀(百鬼)가 주행(晝行)하는 것은 무엇을 의미하는 것인가?

미소공동위원회의 성공적 진전에 지장이 생기어 휴회를 보게 된 것은 유령단체의 간판 밑에서 망량(魍魎)이 백주에 출몰하는 사실에 기인하는 것이며 국제정세에 암매한 도배가 세계사의 방향에서 수행하려는 무모한 책동에 시종하는 까닭이며 3상회의 결정 반대와 선언서 서명과의 모순을 궤변으로 호도하면서 정권에의 야욕을 기만적 수법으로 채우려 하기 때문이다.

미소공동위원회에 적극적으로 협력하여 민주주의 임시정부를 종속(從速) 실현케 하는 것은 조선민족에게 지워진 거룩한 당면임무이며 장래 조선에 행복과 평화를 재래(齎來)케 하는 출발이겠거늘 그리고 이것만이 국제호의와 원조에의 보답이겠거늘 갖은 앙탈로 공동위원회 사업 진전에 지장을 일으키고 그 휴회에 환희작약하니 그들의 의도와 정체는 이것으로써 여지없이 폭로되는 것이다.

미소 양국 대표의 의견에 다소의 차이가 있다고 하여도 미소 양국의 아름답고도 공고한 협조정신은 이것을 극복하고야 말 것이며 조선의 반동세력이 선전하는 것 같은 균열은 결코 생기지 않을 것이다. 이러한 확신 밑에서 우리는 미소공동위원회의 종속 속회를 기대하는 것이며 그 방향으로 노력하지 않으면 안 될 것이다. 작소금생(昨消今生)하는 단체의 유령적 진상을 백일하에 폭로하고 조삼모사하는 정객의 망량적 본질을 대중 앞에 전시함으로써 이들에게 현혹되고 오도되는 대중으로 하여금 조선의 민주주의적 진로를 밟게 하지 않으면 안 된다.

(<解放日報>, 1946년 5월 11일)

8. 어느 편이 3상 결정 준수; 공위 휴회 양국 견해의 판단

전일 하지 중장의 성명과 이스베스챠 논평을 통하여 미소공동위원회 정회(停會)의 경위는 판명되고 있으며, 양자의 견해에 커다란 경정(逕庭)이 있음도 명확히 드러나고 있다.

미소공동위원회는 3상 결정의 국제적인 구속 밑에서 진행될 성질의 것이니, 우리는 조선민족 된 권리로서 이 양자 간에 어느 편이 3상 결정의 원칙을 준수한 것인가를 판단하여 미소공동위원회의 재개를 요청할 수 있을 것이다. 우리 민전은 앞으로 양개 성명을 비교 검토하여 발표할 것이다. 일부에서는 일방적인 발표만을 보고 쓸모없는 흥분에 쌓여 민족으로서 있을 수 없는 중대한 과오를 범하고 있음은 심히 유감으로 생각한다.

우리는 양국의 우리 민족의 위대한 해방자임을 확신시키는 원조 협력의 방법에 있어 견해의 대립이 있을 뿐이니, 타 일방을 공격하거나 타도한다고 떠드는 경거망동이 있어서는 결코 안 될 것이다. 오직 3상 결정의 충실한 실천자만이 정당하다는 것을 우리는 재삼 강조해 둔다.

(<朝鮮人民報>, 1946년 5월 18일)

9. 自族전쟁 방지하라: 하 중장·러 장관에 제언

민전 의장 許憲 金元鳳 부의장 張建相 사무국장 李康國 4씨는 5월 29일 군정청에 러취 군정장관을 방문하고 요담하였다 함은 昨報한 바 있거니와 30일 민전 의장단에서는 다음과 같은 제언을 하지 군사령관 및 러취 군정장관에게 수교하고 여기에 관하여 진지한 의견을 교환하였다고 발표하였다.

조선의 조국 재건운동은 8·15 이래의 최대 우울기에 직면하고 있다. 미소공위의 휴회는 양국 대표의 관찰의 차이도 있었겠지만 실재적 원인은 조선민족의 분열이며 따라서 공위의 속개와 성공을 위하여서는 이 실재적 분열상태를 개변하여 제휴와 통일에로 인도함이 근본적 문제가 아닐 수 없는 것이다.

1. 그런데 이 분열은 최근에 와서 종래보다 그 성격을 달리하게 되었으니 첫째로, 종래의 분열이 평화적 분열이었다면 최근의 그것은 공포적 폭력적 상태로 변하고 다시 그것은 대규모의 민족전쟁 준비체제를 가지게 되었으니 이 상태가 계속 진행되면 민족적 불행은 각양으로 증대할 뿐이요 미소공위도 예기의 성공을 거두기 어려운 상태에 들어갈 위험이 불무한 것이며,
1. 그런데 이러한 사태의 격화는 李承晩과 그 친근 정객들이 내외정세에 대한 관찰과 거기에 처방책을 그릇한데서 일어나는 것이니,
    (1) 신탁통치 - 후견제는 조선의 4국의 식민지화시키려는 것이라는 해석,
    (2) 그런데 미국은 즉시 독립을 시킬 대책을 확집(確執)하였고 조선인만 호응하면 실질적 즉시 독립이 가능하다고 하는 것,
    (3) 외(外)로는 소련을 배척 단교하고도 독립할 수 있다는 것,
    (4) 내(內)로는 좌익을 타도하고 우익만의 정권수립으로 독립달성을 할 수 있다는 것,
    (5) 그리하기 위하여는 부대(部隊)적 폭력으로써 좌익을 타도할 수 있고, 38 이북에 대하여는 전쟁으로써 현존정권을 타도할 수 있다고 생각하는 것

등이 그것이니 이러한 망상과 망동은 독립전취대회 이래 각계각층과 각 지방에서 각양의 형태로 유행중이며, 38 이북에서 온 각종 불평분자와 친일분자의 전면적 합류 도량은 더욱 활기를 띠게 되었다. 그러나 민전으로서는 모든 산하단체

에 대하여 우익 망동에는 절대로 완력적 대립을 하지 말게 할 방침을 견지하여 왔기로 우익은 무인지경으로 가는 폭풍의 세력과 같이 폭행을 다하고 있다.
1. 그러나 이러한 부대적 폭행도 결코 민전 세력을 근멸하는데 성공하지 못할 것이요, 오직 건국을 위한 중대 요건인 대내 연립과 대외 협조만 파괴하여 건국을 지연할 뿐이고 그동안 군정에 대한 일반인민의 인식이 달라지게 될 수밖에 없는 것이니 사태의 실질적 경과가 파쇼 일제 당시에
   (1) 구타 망명 투옥되었던 항일민주주의자가 구타 망명 투옥되고,
   (2) 일제 당시에 친일 발호자가 자유 유세 난무하고 있기 때문이다.

이에 우리는 귀관들과 우려를 같이 하면서 대내 통일과 대외 협조의 실(實)을 위하여 공위의 속개와 임시정부 수립의 보장을 위하여 우선 그 전제조건으로서 좌기 각 항에 대하여 귀관의 열의 있는 협력과 알선이 있기를 바라는 바이다.
1. 반소 반연합국의 언론유세를 제재할 것.
2. 개인적 집단적 급 부대적 폭행과 테러를 금지할 것.
3. 민전측 단체 급 성원에 대한 불법 억압을 즉시 취소하고 불법 검거자 즉시 석방할 것.
4. 후견제는 조선에 대한 주권침략이나 식민지화가 아니요, 조선의 자유 독립을 원조하는 것을 명백히 해석하여 반탁운동의 모략선동을 방지할 것.
5. 민주의원은 본질대로 귀 사령관의 자문단으로 그 행사를 제약하고 정부의 전신(前身)연 하는 기만적 행동을 금지할 것.
6. 민전측 기관과 지도자에 대한 안전을 보장할 것.

(<朝鮮人民報>, 1946년 5월 31일)

제4장 민주주의민족전선과 정부 수립방안

1. 민전 의장단 외신기자 회견

민주주의민족전선 의장단은 9일 오전 11시부터 시내 인사동 민전 사무국에서 외국인기자단과 만나 일문일답을 하였는데, 의장단에서는 許憲, 朴憲永, 金若山, 洪南杓, 李康國, 張建相, 李如星과 외국인기자는 AP의 '탈스바크,' UP의 '호이트,' 뉴욕 타임스의 '존스톤'이 출석하였다.

기자: 민주의원이 비민주주의적이라는 이유는?
답: 첫째, 민주의원은 국제 민주주의노선을 반대하고 있다. 다음, 민주주의 단체가 들어있지 않았다. 셋째, 의장 선출, 진행방식 등이 비민주주의적이다. 넷째, 민주의원의 토대가 되는 비상국민회의의 구성분자 중에 친일파와 민족반역자가 있어서 불순하니까 비민주주의적이다.
문: 친일파 민족반역자는 누구냐?
답: 한민당 기타 우익단체 중에 포함되어 있다. 구체적으로는 지금 민전에서 조사 중이다.
문: 민주의원 중에도 친일파와 민족반역자가 있느냐?
답: 3상회의 결정의 민주주의노선을 반대하는 반민주주의자가 많다.
문: 그건 누구냐?
답: 그대들이 조선문제를 연구하였으니까 잘 알 것이다. 너무 추궁하여 싸움붙일 필요는 없지 않느냐?
문: 민전은 민주의원에 참가치 않았으니 앞으로 金日成씨의 북조선임시인민위원회와 연락하겠는가?
답: 아직 결정하지 않았다.
문: 북조선인민위원회와 민전이 각기 인민위원회를 토대로 하였으니, 연결되리라고 보았다.

답: 그것은 북조선임시인민위원회의 원칙과 조직방법을 심사한 후에 결정될 것이다. 북조선의 것은 행정기관의 하나이다.
문: 북조선임시인민위원회와 민전은 성질이 같은 것으로 보인다.
답: 비교해서 심사해 보지 않았다.
문: 북조선임시인민위원회와 민주의원이 합작하여 정부를 수립하는 경우에 협력하겠는가?
답: 반대이다. 남조선에서 민주주의를 대표하는 것은 민전이다.

이에 의장단에서는 외국인기자단에게 민주의원을 민주주의적으로 보느냐 하는 반문에 대하여 외국인기자단은 민주주의적이지만 대표라고는 보지 않는다고 대답하자, 민주주의적이지만 대표가 아니라는 것은 모순이 아니냐고 재차 물으니, 외국인기자는 웃으며 민주의원에는 아직 공석이 있으니 완전한 대표라고는 할 수 없지 않느냐 하였다.

(<朝鮮日報>, 1946년 3월 9일)

2. 민전의 신정부 설계(1): 주권은 인민에게

1. 임시민주주의정부는 어떠한 방법으로 수립되며, 어떻게 구성되며, 어떠한 형태를 취하며, 어떠한 정책을 실시하여야 할 것인가? 민주주의 국제평화노선인 3상회의 결정을 지지하고 실천하는 진정한 민주주의 정당 급 단체만이 임시정부 수립에 있어서 미소공동위원회의 협의상대가 될 수 있는 것이니, 언사나 강령뿐만이 아니라 실천으로써 진정한 애국자 민주주의자만이 조선민족을 대표하여 임시민주주의정부 수립에 관여하여 참가하여야 한다. 친일파 민족반역자는 물론 일체 반민주주의자, 파쇼분자의 정부 참가를 우리는 절대로 거부한다.

2. 신조선의 주권은 오로지 조선인민의 손에 있다. 주권의 형태로서는 우리는 인민위원회를 주장한다. 조선혁명의 필연적 소산으로서 조선민족이 자기 손으로 만들어 낸 이 인민위원회가 주권형태로 계승될 역사적 이유와 현실적 근거를 충분히 가지고 있다.

3. 수립되는 임시민주주의정부의 당면한 임무 중 가장 중요한 것은 ① 정치, 경제, 문화, 사회 모든 방면에 있어서 뿌리 깊게 남아있는 일본제국주의의 잔재 유독을 철저하게 숙청하는 것이며 ② 토지를 무상몰수하여 이것을 토지 적은 농민에게 무상으로 분여함으로써 소작관계의 봉건적 유제를 근저로부터 타파하고 농민의 생활을 향상시키며 농업생산을 증진시킬 것이며 ③ 중소기업을 보호하고 조장하며 통화안정, 물가조정, 생산확충으로 급속히 경제를 부흥하여 민중의 생활을 안정시키고 향상시키며 ④ 8시간 노동제, 생활보장의 최저임금제, 실업 건강보험제 등으로 노동자의 생활을 보장 향상시킬 것이며 ⑤ 언론, 집회, 결사, 출판, 신앙 등의 자유를 보장하여 인민의 민주주의적 훈련 발전을 촉성할 것이며 ⑥ 국가부담의 의무교육제 실시, 교육기관의 확충, 미신 급 봉건인습 타파, 문맹퇴치, 제종 문화시설 등등으로 민주주의적인 민족문화를 건설할 것이며 ⑦ 남녀동권, 청소년의 보호를 실시하여야 할 것이다. 그리고 끝으로 임시정부는 사대의타의 괴뢰가 되지 않고 국제친선적이며 평화애호적인 정부가 되며, 보선(普選)에 의한 정식 정부 수립으로 매진하는 성과 열을 구비하여야 한다.

(<朝鮮人民報>, 1946년 4월 1일)

3. 중요 정책에 대한 보고

토지농업정책

(1) 토지정책

농촌에 있어서의 봉건적 토지소유관계를 청소하고 반농노적 고용관계의 철폐를 단행한다. 이것은 민주주의 조선 건설의 기본과업이다(요령 略).

(2) 농업정책

긴급한 식량 급 공업원료품의 확보를 위한 증산운동과 농민생활의 급진적 향상이 당면의 주요 목표이다.

① 증산대책
㉮ 생산책임제의 실시 (이하 6항 略)
② 일반대책
㉮ 협동조합원의 전국적 체계화
㉯ 특수작물에 있어서의 보상제 실시
③ 산업대책

각종 용재, 철도침목, 제지 급 펄프자원의 확보와 수원(水源) 함양이 주요 목표이다(요령 略).

④ 수산정책

수산은 국내 식료 원료 급 비료 등의 공급면에 있어서 중요할 뿐 아니라 앞으로의 대외 수출상품으로서 점할 지위도 또한 거대한 것이니 그 적극적 진흥을 도(圖)한다.

요령

* 소규모 어업에 있어서의 봉건적 고리대 착취관계 철폐
* 대어장의 국유화와 수산 트러스트에 의한 원양어업 급 대규모 근해어업의 국영
* 어촌 협동조합의 보급에 의한 자재 구입
* 소규모 재제염 이외의 제염사업 급 동 부대사업의 국영

일반 경제대책

(1) 경제체제 수립 요강

자주적 조선경제의 급속한 민주주의적 발전은 농촌에 있어서의 반봉건적 토지소유제의 청소, 반농노적 고용제의 철폐를 제일의 전제조건으로 한다. 이 기초위에서만 농업의 발달이 보장될 것이며 나아가서는 공업의 비약적 발달이 약속될 것이다.

과거 조선은 식민지적 경제대책에 종속되어 공업의 발달이 극히 미약하였을 뿐 아니라 그 미약한 공업조차도 일부 군수공업을 중심으로 극히 기형적 발달을 하여 왔다. 따라서 금후 조선에 있어서는 야금 제강 기계공업을 발달시켜 급속한 기간 내에 경제적 자립을 도모하지 않으면 안 될 것이며, 불필요한 군수산업을 인민생활의 향상을 위하여 평화산업으로 급속 전환시켜야 할 것이다.

조선의 경제체제로서는 전인민의 소유이오, 전인민의 재산인 국영사업을 중심으로 하는 가장 진보적인 민주주의체제를 채용하여야 한다(略).

중소산업에 대해서 그 생산과정이 사회화되지 못한 점을 고려하여 혹은 조합경영 혹은 개인경영으로 허락하여 그 자유 발달을 보호 조장한다(4항 略).

(2) 경제건설 대책 요강

① 금융대책

(略)중앙집권적 국영 금융체제를 확립하고 자금 급 신용의 동원과 운용을 계획적으로 유도할 것을 방침으로 함(요령 10항 略).

② 화폐대책

조은권(朝銀券)의 악성 인푸레에 의한 경제계의 혼란에 감(鑑)하여 응급대책으로 신폐를 발행하고 부동 휴화폐를 흡수하여 자금화하는 방도를 강구함(요령 10항 略)

③ 재정대책

(략)신국가의 재정체계에는 당연히 종합적인 자금계획(국민자금 흡수와 국가자금 창출)이 포함된다(略).

(3) 세제대책

세제에 있어서의 봉건성 청소, 제일 누진소득세를 중심으로 한 세제의 근본적 개정을 기본방향으로 하되 금년은 응급대책으로 대체로 가혹한 대중 과세를 폐하는 바 …(下略)

(이하 7항 略)

(4) 공업대책 (5) 광업대책 (6) 전력대책 (7) 교통 운수대책 (이상 전부 略)

(8) 상업무역대책

합리적 유통기구의 재건은 국내 경제건설에 있어서 불가결의 전제조건이며, 국영기업 상호간, 국영기업 대 사기업, 국영기업 급 사기업 대 일반 소비자, 도시 대 농촌 간의 대사기능을 체계화하여 생산의 능률 증진과 국민소비생활의 안정과 공평을 도모한다. 대외무역은 금후 활발히 전개될 것이다. 경제 부흥을 위하여서는 막대한 자재를 수입할 필요가 있고, 또 수입을 위하여는 수출을 여행(勵行)하여야 한다. 그러나 이 무역을 어디까지나 자주경제 건설을 방해하지 않아야 할 것이며 대외무역에 있어서는 자주경제 건설의 계획적 수행을 위하여 국영 또는 국가통제를 원칙으로 하고 대외 위체(爲替)는 일체 국가에서 관리한다(요령 5항 略).

(9) 노동대책

과거의 식민지 노예노동의 형태를 진정한 민주주의적 노동형태로 발달시키어 노동생산력을 증진하고 근로대중의 물질적 정신적 생산향상을 도모함에 목표가 있다. 일방 기술자 급 기술공의 대량 양성은 목하 초미의 급무이다(실업자대책 급 13항 略).

(10) 보건대책 (전부 略)

(<解放日報>, 1946년 4월 22일)

4. 중요 정책 보고

20일 이강국씨의 중요정책 보고 중 경제체제 수립, 경제건설(부흥) 대책 요강의 요점은 다음과 같다.

(1) 경제체제 수립 요강

자주적 조선경제의 급속한 민주주의적 발전은 농촌에 있어서의 반봉건적 토지 소유제의 청소, 반농노적 고용제의 철폐를 제일의 전제조건으로 한다. 이 기초 우에서만 농업의 발달이 보장될 것이며, 나아가서는 공업의 비약적 발전이 약속될 것이다. 공업에 있어서는 야금 제강 기계공업을 중심으로 기초공업을 발전시켜 급속한 기간 내에 경제적 자립을 도모하지 않으면 안 될 것이며 불필요한 군수산업은 인민의 생활향상을 위하여 평화산업으로 급속 전환시켜야 할 것이다. 조선의 경제체제로서는 전인민의 소유요, 전인민의 재산인 국영사업을 중심으로 하는 가장 진보적인 민주주의체제를 채용하여야 한다. 동시에 종합적 계획성은 자주경제 수립과정을 능률적으로 촉성할 것이다. 중소산업에 대하여는 조합경영 혹은 개인경영을 허락하여 그 자유 발전을 보호 조장한다.

(2) 경제건설(부흥)대책 요강

㉮ 금융대책

자주경제를 급속 원활히 부흥 건설하기 위하여 중앙집권적 국영 금융체제를 확립하고 자금 급 신용의 동원과 운용을 계획적으로 유도할 것을 방침으로 함.

㉯ 화폐대책

조선은행권의 악성적 팽창에 의한 경제계의 혼란에 감(鑑)하여 응급대책으로 신폐를 발행하고 부동 유휴화폐를 흡수하여 자금화하는 방도를 강구함.

㉰ 재정대책

신국가의 재정체계에는 당연히 종합적인 자금계획 국민자금 흡수와 국가자금 창출이 포함된다. 일체 금융기관의 국유화는 재정계획의 실시에 있어서 불가결의 전제이니 이 기초 위에서만 자주경제 수립을 위한 재정력의 발휘에 만전을 기할 수 있다.

㉣ 공업대책

식민지경제의 파행성을 극복하고 자주경제체제를 확립함에 있다. 이 과정은 공업건설의 과정이나 그것은 야금, 제강, 기계공업을 중심으로 한 기간산업의 건설로부터 시작되어 소비재 생산공업의 확립으로써 종결된다.

㉤ 철강대책

조선이 자주공업국으로 발전하기에는 양질의 자원이 부족하다. 즉 양질의 철강, 점결성 유연탄 급 유전의 결여, 철광의 빈곤은 중대한 애로이다. 따라서 이 애로를 대내적 또는 대외적으로 합리적으로 타개하는데 중점이 있다.

㉥ 전력대책

조선은 전력자원이 풍부하여 현재에도 상당한 여잉 전력이 있다. 이 전력을 유효히 사용함으로써 조선 공업화의 제 문제는 유리히 해결될 수 있다.

㉦ 교통·운수대책

교통운수기관이 경제건설의 대동맥인 점에 감하여 현유 시설의 적극적 보수 활용과 신규 건설에 적극 주력한다.

㉧ 상업·무역대책

합리적 유통기구의 재건은 국내 경제건설의 전제조건이니 국영기업 상호간, 국영기업 사기업 국영 급 사기업 대 일반 소비자, 도시 대 농촌 간의 대사기능을 체계화하여 생산의 능률 증진과 국민소비생활의 안정과 공평을 도모한다.

대외교역은 금후 활발히 전개될 것이다. 경제부흥을 위하여서는 막대한 자료를 수입할 필요가 있고 또 수입을 위하여서는 수출을 려행(勵行)하여야 한다. 그러나 이 무역은 어디까지나 자주경제 건설을 방해하지 않아야 할 것이니 대외무역에 있어서는 자주경제 건설의 계획적 수행을 위하여 국영 또는 국가통제를 원칙으로 하고 대외 위체(爲替)는 일체 국가에서 관리한다.

㉨ 노동대책

과거의 식민지 노예노동의 형태를 진정한 민주주의 노동형태 즉, 자유로운 창조적 노동형태로 발전시켜 노동생산력을 증진하고 근로대중의 물질적 정신적 생활향상을 도모함에 목표가 있다. 일방 기술자 급 기술공의 대량 양성은 목하 초미의 급무이다.

㉩ 보건대책

국가의 행정력과 근로인민의 합리적 노동환경 급 조건의 창출 보장을 목적으로 한다.

(<朝鮮人民報>, 1946년 4월 22일)

5. 통일 민주정부냐, 분열 전제정부냐

지난 12일 서울운동장에서 열린 소위 국민대회는 개회 전일부터 반소, 반공, 반민주의 선전선동을 전주로 하고 개회 후 일체 언설(言說)을 이 점에 집중시켜 테러를 직접 선동하였다. 그러는 중 특히 우리로 하여금 민족적 전율을 느끼게 한 것은 金奎植박사의 남조선 단독정부 수립계획의 발표이었다. 우리 민족은 오직 통일정부 수립을 절망하고 있으므로 민중이 무서워서 감히 이런 음모를 전면에 내세우지 못하던 것이 이제는 정면으로 이러한 음모를 내세우게 된 것은 조선에 있어 친일파 민족반역자 대지주 자본가의 이익을 '테러'로 옹위하면서 민족분열을 내분으로 인도하고 극소수의 이익을 위한 정권이라도 세워보려는 가공(可恐) 가증(可憎)의 음모이다. 지금이야 우리 민족은 통일된 민주정부를 세워서 공존 번영을 누리느냐? 분열된 전제정부를 세워 상잔(相殘) 상학(相虐)의 비운에 빠지느냐? 하는 기로에 서있다. 우리 인민은 가장 냉철하게 이 두 가지 중의 하나를 취해야 할 것이다.

(<朝鮮人民報>, 1946년 5월 15일)

6. 反動陣의 獨裁夢

李박사는 작(昨) 3일 정읍 환영회 석상에서 남조선 단독정부 수립계획을 명언하여, 지금까지 엄폐하여 오던 마각을 드디어 나타내고 말았다. 박사를 선두로 하는 조선의 반동진영은 가지가지의 모략으로써 미소공동위원회로 하여금 무기 휴회에 이르게 하였다.

이래 남조선 단독정부 내지 위장 통일정부를 수립하여 민족의 분열을 영구화하고 자주독립을 무망에 빠뜨리며, 음모와 책략을 온갖 형태로 계속하고 있다. 반소 선전, 전쟁 도발적 선동, 테러 등등 그들의 소행은 무소불위요, 부지기소지(不知其所止)다. 러취 군정장관도 일찍이 남조선 단독정부 수립설을 거부한 바 있거니와, 아놀드 소장도 3상회의 결정만이 조선정부 수립의 법칙임을 증명하여 미소공동위원회의 재개에서만 민주주의 임시정부 수립이 있을 수 있다는 점을 천명한 바 있었다. 조선문제의 민주주의적 해결, 그 자주독립에의 거보, 민주주의에의 출발, 이곳에서 일본제국주의 잔존세력은 최후의 발악으로 반항하고 나오는 것이며 이 세력을 토대로 하는 李박사 일련의 반동진영은 독재몽(獨裁夢)의 실현을 위하여 사투를 감행하여 오던 것이다.

남조선 단독정부 내지 위장 통일정부의 수립음모가 폭로될 때만 李박사는 그것을 부인하고 미소공동위원회의 재개를 운운하지 않았던가? 불과 기일(幾日)에 그 정체는 여지없이 폭로되고 말았다.

우리는 인민의 힘으로서 이 민족상잔을 유도하고 자주독립을 방해하는 모략을 철저히 분쇄하여야 하는 것이며, 나아가서 미소공동위원회의 재개를 요망 촉진하여 조선의 통일적인 민주주의 임시정부가 수립되도록 노력하지 않으면 안 되는 것이다.

(<朝鮮人民報>, 1946년 6월 5일)

7. 위장 통일정부설을 분쇄

6·10운동은 조선 민족해방운동 사상에서 차지하는 정치적 의의는 실로 거대한 것이다.

그 의의를 심각하게 인식하고 그 정신과 교훈을 우리의 실천에 몸소 살릴 때 비로소 우리는 우리의 목적인 조선의 자주독립을 완수할 수 있는 것이니, 그러면 우리에게 지워진 당면의 임무는 무엇이겠는가?

1. 이 운동의 반일제정신을 계승하여 일본제국주의 잔존세력을 철저하게 숙청할 것.
2. 3상회의 결정의 진의를 천명 선전하여 3상회의 결정 지지운동을 전국적으로 전개하며 반탁운동을 단호 배격할 것.
3. 미소공동위원회 속개를 요망 촉진하는 운동을 강력하게 전개할 것.
4. 반연합국적 언동, 반소 선전, 전쟁 도발적 선동을 방지할 것.
5. 남조선 단독정부 내지 위장 통일정부 수립의 음모를 철저하게 분쇄할 것.
6. 테러와 반동 언론의 도량을 인민의 힘으로 봉쇄할 것.

이러한 임무를 수행함으로써 우리는 비로소 6·10운동을 의의 있게 기념할 수 있는 것이다.

<朝鮮人民報>, 1946년 5월 10일)

8. 李박사의 전쟁 도발은 동포상잔의 대죄악

　미군당국의 최고 책임자인 하지 중장, 러취 장관, 아놀드 소장은 서로 전후하여 미소공동위원회의 속개로만 조선의 정부는 수립될 수 있다는 것을 거듭 성명하였으며, 조선인민은 통일적인 민주 임시정부의 수립을 위하여 공위의 속개를 요망, 그 촉진운동을 전개하여 조선민족의 숙원을 표명하고 있다. 그럼에도 불구하고 李承晩박사는 남조선 단독정부 수립을 공언하며 북벌을 선동하고 있다.
　대한독립촉성회의 소위 전국대회 석상에서 적반하장으로 공산주의자에 대한 폭언을 한 것은 민족상잔의 선동이요, 피로써 남북을 통일하려는 광태는 동포살육의 권장이다. 뿐만 아니라 연합국 상호간을 중상 이간하여 조선을 전쟁터로 몰아넣으려는 전쟁 도발적 언동은 우준(愚蠢)으로선 묵과할 수 없는 일대 죄악으로 민족적으로 용대할 수 없을 뿐 아니라 국제적으로 처벌되지 않으면 아니 될 것이다. "나만 살테니 당신들은 저 구렁에 빠져 죽어라"는 李 박사의 장래의 명령(?)으로 가정되었지만, '대한민국임시정부'도 '金九주석'도 잊어버리고 金九선생으로 타락되어 3천만의 1인으로서의 자격까지도 상실한 李박사에 진충(盡忠)을 맹세하고 추앙하는 金九선생의 추모(醜貌)는 오히려 가련타 아니치 못하겠다. 李·金 양노(兩老)의 우거와 난행은 민주주의 사도 미국이 용허할 리 없으며, 민주 조선 건설을 사명으로 하는 미군정당국이 묵인할 수 없으리라고 우리는 확신한다.

(<朝鮮人民報>, 1946년 6월 13일)

제5장 정판사 위조지폐사건

1. 지폐사건 철저 규명

일본제국주의 잔존세력을 토대로 하는 조선의 반동진영이 그 지식과 지위, 아첨과 모함으로 민원의 대상이 되어 있는 것은 일일이 예증할 것까지도 없다. 미소공동위원회 중지의 원인을 야기하고 휴회를 계기로 반동의 음모는 체계화되어 가고 있다. 이것은 우익 반동진영이 파시스트의 국제적 고지(故智)를 본받아 조선에 있어서의 그 구체적 적용이 점점 노골화하고 있다.

지금 세간에 선전되고 있는 지폐위조사건은 우리가 이것을 냉정하게 관찰하고 과학적으로 분석하여 본다면 그 진실을 논단할 수 있을 것이다. 조선의 해방을 위하여 일본제국주의와 가장 용감하게 혈투하여 온 영예의 역사를 자랑하며 조선의 자주독립과 민주주의 건설을 위하여 언제나 선두에서 충실하게 투쟁을 전개하고 있는 조선공산당으로서는 지폐위조에 관련될 수 없다는 것은 정치상식상 용의(容疑)할 여지가 없는 것이다. 우리는 민주주의민족전선 산하의 가장 중요한 정당인 조선공산당에 대한 이러한 사건은 우리 민주주의진영 전체에 대한 무상(無傷)적 공격으로 인정하지 않으면 안 될 것이다.

우리는 민주주의진영의 명예에서 이 사건의 진상을 철저히 구명하여 이 사건 배후에 숨어 있는 반동음모를 분쇄하여야 한다.

(<朝鮮人民報>, 1946년 5월 20일)

2. 발포를 합리화하고 오히려 推奬하다니

7월 29일 소위 정판사 위폐사건공판을 개정하려 한 사법당국의 태도는 참으로 이해키 곤란하다. 조선공산당은 22일 하지 중장에게 이 사건에 대하여 8개 조건의 요구를 제출한 바 있었으나, 이 요구에 대한 회답이 있기 전에 공판은 개정되었다. 만일 26일 러취 장관에게 보낸 하지 중장의 서한이 공산당에 대한 회답이라면 우리는 그 모순에 더욱 놀라지 않을 수 없다. 19일 검사국 발표에 의하면 "우 전원이 공모하여 공산당비……에 사용하기 위하여……조선은행권 백원권 천2백만원을 위조하여 조선공산당 본부 재정부장 李觀述에게 교부 행사케 하여써 경제를 교란케 하고……"라 하여 전민족과 전세계에 조선공산당이 이 위폐사건에 관련될 뿐만 아니라 그 범죄자가 조선공산당이라는 것을 명시하였다.

그러나 하지 중장은 그 서신중에서 "그것은 조선공산당이 확실히 착오된 생각을 가지고 있다는 것을 표시한 것으로 대규모의 위폐사건에 관한 피고의 재판을 공산당의 재판으로 만들려고 하는 의도라고 보는 것입니다"라고 하여 공산당에 대한 재판이 아니라고 하였다. 이 논리를 어찌 이해할 수 있으며 이 모순을 어찌 긍정할 수 있으랴?

설사 공산당의 요구조건을 거부한다 하더라도 국내 변호인에게 기록열람과 방어준비의 여유를 주지 않고 개정하는 이유는 나변에 있는가? 70여 일이나 장기간 경찰에서 만든 사건을 10일 내에 공판하여야 할 근거를 우리는 발견할 수 없다. 더욱 당일 공판 공개를 요구하는 평화군중에게 발포하여 살상을 내고 대량 검거하여 군정재판에 회부하는 불상사의 책임은 어떻게 할 것인가? 검사가 경찰에 출장 취조한 사실과 아울러 중세기적 암흑재판을 연상케 하는 당일 공판정의 광경은 조선공산당의 8개 조건 요구와 변호인의 재판장 기피를 정당화하고도 오히려 남음이 있다. 엄정하고 신성하다고 주장하는 재판소 구내에서 유혈의 불상사를 야기하고도 당국자는 애도와 유감의 뜻을 표하기는커녕 책임회피에 급급하여 적수공권의 평화군중을 폭도로 몰고 방청 요구를 사법행정 방해라 하여 발포를 합리화할 뿐만 아니라 오히려 이것을 추장(推奬)하고 있는 것은 언어도단이 아닐 수 없다. 일제시대에도 우리는 이러한 것을 일찍이 경험하지 못하였으니 해방조선에 있어서 민주 독립국가 건설도정에 있어서 결코 용대될 수 없는 일이다.

<朝鮮人民報>, 1946년 8월 3일)

제6장 좌우합작

1. 합작회담 결과에 대한 문답

14일 金奎植, 呂運亨, 元世勳, 許憲 4씨의 회합에서 좌우합작의 원칙론에 있어 의견이 합치되었다는 元世勳의 담화발표는 정계에 던진 파문이 적지 않은데, 20일 상오 11시 민전 사무국장 李康國은 기자단과의 회견 석상에서 다음과 같은 일문일답을 하였다.

문: 지난 14일 좌우 요인들이 회담하였다는데, 그 내용 여하.
답: 呂運亨, 許憲 金奎植, 元世勳 4씨가 개인의 자격으로 만난 일이 있다. 그러나 그것은 항간에서 떠드는 바와 같이 미소공동위원회를 떠나 자율적 정부 수립을 위한 것이 아니라 우리는 6·10투쟁기념일을 기하여 공동위원회 속개 촉진 시민대회를 열었는데, 이 대회에서 결정된 정신에 기하여 공동위원회 속개 촉진을 위한 국내통일을 기하려는 생각으로 수차 회견하였는데, 첫 회견에는 金·元 양씨가 종래의 고집을 버리지 않으므로 무위로 헤어졌으며, 다음번 즉 14일 회견에는 그분들이 태도의 접근을 위한 성의를 보이므로 회담은 계속하였고, 이 회견에서 여러 가지 의견이 나왔으며 아직 하등의 결정은 없었으나, 許憲씨는 3상결정 무조건 지지에서 출발하자는 의견이었다.
문: 元世勳씨는 이 회담에서 원칙적인 일치를 본 듯이 발표하였는데?
답: 그것은 元世勳씨의 개인의 의견을 진술한 것으로 회담에서 결정된 것은 아니다. 그리고 남북통일 좌우합작에 있어서는 그보다도 선결되어야 할 원칙문제가 있다.
문: 그러면 남북통일 좌우합작의 원칙은 무엇인가?
답: 남북통일 좌우합작의 원칙은 3상결정의 지지다. 조선의 자주독립이 '카이로' '포츠담'의 국제적 결정으로 약속된 것과 같이 조선의 임시정부 수립은

'모스크바' 3상결정에 의한 미소공동위원회에서만 실현될 것임으로써 이다. 이 원칙이 승인되지 않는 한 공위의 속개를 위한 국내통일은 의미가 없다. 공동위원회가 속개되지 않는 한 임시민주주의정부는 수립되지 못할 것이다.

문: 일부에서는 북조선인민위원회를 좌익 단독정부라고 보는데 귀견(貴見) 여하?

답: 북조선인민위원회는 오늘의 실정 하에서는 최선의 민주적 방법에 의하여 각층 각파를 망라해서 이루어졌으며, 결코 좌익만으로 되어진 것은 아니다. 그리고 그것은 조선인민에 부여된 행정권과 사법권을 운영하지 않으면 안 될 필요에서 생겨진 임시조치로서 남북통일정부가 수립되면 자연 해소될 성질의 것이니, 남부 조선의 일부 반동정객들이 획책하는 의미의 단독정부라고는 할 수가 없다.

문: 그러면 14일 회견에서는 의견일치를 보지 못했는가?

답: 아직 하등의 일치점을 발견치 못하였다. 그러나 우리는 이 회견으로서 좌우합작이 실패라고는 보지 않는다. 앞으로 계속해서 일치점을 발견할 때까지 최대의 노력을 다하겠다.

문: 좌우합작의 묘안은?

답: 전번 발표한 4당 코뮤니케를 살리는데서만 합작은 가능할 것이다.

(<朝鮮日報>, 1946년 6월 21일)

2-1. 편당적 조치에 반성 요청

민전 사무국장 李康國씨는 27일 오전 11시 기자단과 정례회견에서 지방 민주진영에 대한 테러와 관청의 간섭문제를 비롯하여 좌우합작문제, 재일동포의 재산에 대한 대책, 기타에 대하여 다음과 같은 일문일답을 하였는데, 씨는 특히 지방적으로 민주주의 지도자의 검거 투옥이 성행됨에 대하여 당국의 반성을 요청하였으며, 좌우합작은 3상지지의 원칙하에 미소공위 속개 촉진의 방향으로 통일적으로 활동하여야 할 것을 강조하였다.

문: 재일동포의 재산문제에 대하여 민전으로서 적극적 대책은?
답: 재일동포의 재산은 우리 조선 민전이 적국민이 아닌 이상 그리고 개별적으로 전범자가 아닌 한에 있어서 우리는 우리의 정당한 주장을 할 수 있다. 그에 대한 적극적 대책은 재일조선인연맹과 협력하여 강구하고 있다.
문: 좌우합작에 대하여 우익의 태도와 민전측의 요망은 무엇인가?
답: 우익의 태도는 일정하지 않다고 본다. 좌우익 합작에 있어서 우리는 우익은 먼저 자기들의 통일이 있어야 할 것이다. 좌우익 합작에 있어서는 우리는 3상회의 결정을 전면적 지지를 원칙으로 하고 미소공위의 속개를 촉진하는 방향으로 통일적으로 활동하여야 한다.
문: 개인적인 합작공작이라 하지만 만약 합작공작이 실패에 돌아간다면, 그 책임을 좌익에 전가시킬 위험성이 있다고 보지 않는가?
답: 우리는 합작에의 성의를 믿고 싶다. 합작이 실패한다는 것은 원칙의 일치를 보지 못하는 데에만 있을 일이니까, 책임 전가는 문제가 아니다.
문: 지방에서는 민주주의진영에 대한 테러와 관청당국의 간섭이 상당히 있다고 들었는데.
답: 범위와 정도의 차이는 있으나, 이러한 사건이 발생하지 않는 지방이 거의 없는 지경이다. 치안당국이 이렇게 자행되는 습격, 파괴, 폭행을 묵인, 방임, 심한 데는 가세하는 편당적 경향에 흐르는 것은 조선의 건국을 위하여 심히 유감이다. 더구나 무고, 중상을 근거로 민주주의 지도자의 검거, 투옥이 성행되었으니 당국의 반성과 공정한 태도를 요청하여 마지않는다.

(<獨立新報>, 1946년 6월 28일)

2-2. 3상 결정의 전면적 지지만이 좌우합작 부동의 원칙이다.

문: 지방에서는 민주주의진영에 대한 테러와 간섭이 상당히 있다고 들었는데, 그에 대한 민전으로서의 구체적인 대책은 없는가?

답: 범위와 정도의 차이는 있으나 이러한 사건이 발생하지 않는 지방이 거의 없는 지경이다. 치안당국이 이렇게 자행되는 습격, 파괴, 폭행을 묵인 방임이 심한 데는 가세하는 편당적 경향에 흐르는 것은 조선의 건설을 위하여 심히 유감이다. 더구나 무고 중상을 근거로 민주주의의 지도자 검거 투옥이 성행되었으니, 당국의 반성과 공정한 태도를 요청하여 마지않는다. 우리는 폭행을 폭행으로 대하거나, 보답하려 하지 않는다. 그 구체적 대책은 세우고 있으나 발표할 성질의 것은 아니다.

문: 좌우합작에 대하여 우익의 태도와 민전측의 요망은 무엇인가?

답: 우익의 태도는 일정하지 않다고 본다. 좌우익 합작에 있어서는 우익은 먼저 자기들의 통일이 있어야 할 것이다. 좌우익 합작에 있어서는 우리는 3상회의 결정을 전면적 지지를 원칙으로 하고, 미소공위의 속개를 촉진하는 방향으로 통일적으로 행동하여야 한다.

문: 개인적인 합작공작이라 하지만 만일 합작공작이 실패에 돌아간다면 그 책임을 좌익에 전가시킬 위험성이 있다고 보지 않는가? 그렇다면 분열정책의 발전물로 볼 수 있지 않는가?

답: 그것은 지나친 추측이다. 우리는 합작에의 성의를 믿고 싶다. 합작이 실패한다는 것은 원칙의 일치를 보지 못하는 데에만 있을 일이니까, 책임전가는 문제가 아니다. 책임은 민중이 판단할 것이며 역사가 증명할 것이 아닌가?

문: 재일동포의 재산문제에 대하여 민전으로서 적극적 대책을 수립하지 않을 터인가?

답: 재일동포의 재산은 우리 조선민족이 적국민이 아닌 이상, 그리고 개별적으로 전범자가 아닌 한에 있어서 우리는 우리의 정당한 주장을 할 수 있다. 그에 대하여 적극적 대책은 재일조선인연맹과 협력하여 강구하고 있다.

문: 대서양헌장의 의사표시의 자유원칙과 반탁과는 어떠한 관계가 있는가?

답: 의사표시의 자유가 보장되어야 할 것은 물론이다. 그러나 의사표시의 자유라고 하여 긍정과 부정의 의사를 동시에 표시할 수 없는 것이다. 5호 코뮤니케에 서명해 놓고 또 반탁은 하겠다는 것은 찬성과 반대를 동시에 표하는 것이니, 이러한 데는 의사표시 자유의 원칙이 적용될 수 없다고 생각한다.

(<青年 解放日報>, 1946년 6월 28일)

3. 민족통일총본부는 민족분열 초래

민주주의민족전선 사무국장 李康國은 민족통일총본부 설치를 비판하고 다음과 같이 말하였다.

李박사 金九를 중심으로 하고 민족통일 운운은 민족분열을 초래한 것 외의 아무것도 아닐 것이다. 李박사나 金九는 자신을 위해서나 민족을 위해서나 당연히 물러나 앉아야 할 것이다.

(<서울신문>, 1946년 6월 30일)

4. 통일 참칭 모략은 극우 반동세력 집결에 불과

그 선언에 의하면 민족통일총본부의 성립으로써 "대한 민족이 다시 통일"되었다고 호언하나 李박사의 성명을 분석하여 보면 결국 독립촉성국민회로 합류되어 공체(空體)가 된 중앙협의회를 재현하여 퇴세를 만회하자는 기도인 것이 명백하다. 민주의원과 비상국민회의를 예외시하는 곳에서 우리는 '민족통일'의 기칭(欺稱)은 고사하고 우익통일에 있어서도 미묘한 관계의 내존(內存)을 촌탁(忖度)할 수 있는 것이며, 그 구성요소로 판단하여 소위 '민족통일총본부'라는 것은 李박사를 중심으로 하는 극우 반동세력의 집결에 틀림없는 것이다.

李박사와 金九선생을 영수로 추대하는 통일운동은 이에 허다한 우여곡절을 지나 시험제(試驗濟)에 속하는 것으로 민족적 분열과 국제적 고립 이외에 아무것도 결과하지 못하였다는 것이 역력한 이때에 동족단결과 우방협력의 가공(架空)함으로 민중을 다시 현혹케 하려는 것은 용대(容貸)할 수 없는 일이다.

미소공위의 속개를 위하여 그 국내적 조건을 성숙시키려는 운동이 활발하게 전개되고 있는 이러한 방면에서 이 과업을 완수하려는 좌우의 합작이 논의되는 순간에 한민(韓民)과 독촉(獨促)을 중심으로 하는 통일의 참칭은 분열공작에 불과한 것이다. 李박사와 金九선생은 자애(自愛)하는 의미에서 또 조선민족의 장래를 위하는 관점에 있어서도 은퇴하는 것이 당연한 것이다. 이것이 조선의 민의라는 것을 깨달으라.

(<朝鮮人民報>, 1946년 7월 1일)

5. 의사규정 위반 아니다

민전에서 합작 5원칙을 발표함에 대하여 좌익측에서 합작 의사규정을 위반하였다고 27일 기자단에 발표한 元世勳씨의 담화는 자가 모순을 표시하는 것이다. 합작위원회의 의사규정과 정당 및 사회단체의 그것과는 하등의 관련이 없으므로 민전에서 합작에 대한 여하한 의사를 발표했다 해도 합작위원의 의사규정을 위반함이 아니다.

합작원칙은 신경(神經)의 조작에서 나오는 것이 아니고, 조선의 현단계에 놓여 있는 노선에서 규정된 원칙이니만치 민전의 원칙과 합작위원의 원칙이 동일할 경우라도 그 내용이 동일하다 할 뿐이지, 의견 발표기관이 동일한 것은 아니라는 것을 알아야 한다.

(<朝鮮人民報>, 1946년 7월 28일)

6. 민의·비상국민회의 상대 아니다

1. 좌우합작이란 민주독립 달성을 위한 행동의 통일이며, 따라서 그것은 무원칙 타협이 되어서는 아니 되는 것이니 민주주의원칙이 전제적 필수조건으로 요청하는 것이다. 그러므로 우리는 좌우합작에 대하여 5원칙을 주장한 바 있었거니와 이 원칙은 단순히 말로만의 승인으로서가 아니라 즉시 실천에 옮겨지지 않으면 안 되는 것이다. 지방 각지에 있어서의 불상사는 고사하고 작 29일 서울 시내에서도 경찰이 평화 군중에게 발포하여 사상(死傷)의 희생을 내였다. 이러한 현실에 직면한 우리는 5원칙의 즉시 실천을 굳게 주장하는 바이며, 이것이 없이 민주주의를 위하여 자주독립을 논의하는 것은 기만인 공론에 불과한 것이다.
2. 조선의 우익은 과거 1년간에 일로 반동의 길을 걸어 테러화 하고 있다. 그러므로 좌우합작이라는 것은 우익 전체를 상대로 할 수 없는 것은 물론 우리가 의도하는 것도 반동화 테러화 한 우익에게 오해되고 있는 대중을 민주주의 노선으로 향도하자는 것이다. 우익 중에서도 우리의 주장하는 5원칙을 승인하며 실천하는 진보적인 민주주의자들은 성의로 환영하여 민주주의를 위한 투쟁에 같이 싸우자는 것이지, 결코 민의(民議) 혹은 비상국민회의를 상대로 하고 그들의 대표를 문제시 하는 것은 아니다. 민의는 군정 고문기관이며, 비상국민회의는 비민주주의적 단체인 것이며, 독촉은 테러의 총본산인 것이니, 우리는 그 기관 내지 단체를 상대로 하고 좌우합작에 출발한 것은 아니다.

(<朝鮮人民報>, 1946년 7월 31일)

7. 우익의 합작 8원칙은 반동성 고백에 불과

우익에서 제시한 합작 기본대책의 8개 조건에는 행동통일의 원칙이 표명되어 있다고 볼 수 없다. 그러나 그렇다고 해서 우익에 원칙이 없는 것은 아니다. 그 원칙은 감히 대중 앞에 공공연히 내놓을 수 없으므로 은연하게 자기의 태도만을 표시한 것이다. 즉 그들은 민주주의 정책에 대하여 열성이 없을 뿐 아니라 인민을 위한 진보적 개혁을 태업하고 방해하려는 반동적 기도를 이번 8개 조건에서 명시한 것이다.

남조선의 우익은 일로 반동의 길을 걸어 군정을 배경으로 하고 친일파 민족반역자를 토대로 하여 테러화하고 있다. 그들은 남조선에서 당연히 수행하여야 할 민주주의 과업을 포기하고 현재의 반동세력을 그대로 유지 발전시켜서 그 기초 위에 반동정부를 수립하려는 것이다.

8개 조건의 합작대책은 李承晩박사의 반동정치노선에서 일보도 전진하지 못한 것으로 우익 자체의 반동성을 고백한데 불과하다. 그중 가장 주목을 끌 수 있는 것은 제7조에 균등사회 건설을 목표로 하는 정치 경제 교육의 모든 제도 법령을 지금 실시하려는 것이 아니라 장래의 국민회의에서 결정하자는 것과 제8조에 친일파 민족반역자 징치는 정부 수립 후에 행하자는 의견으로 그들이 한편에 있어서 민주주의적 개혁을 태업함으로써 반동정책을 지지하는 것이며, 다른 한편에 있어서는 친일파 민족반역자의 정치적 배제와 법적 처단과를 고의로 혼동함으로써 친일파 민족반역자의 숙청을 방해하여 그 토대 위에서 반동정부를 수립하려는 것이다.

문제의 3상 결정 전적 지지의 조건도 없을 뿐 아니라 정부 조직 후에 신탁문제로써 그 국제결정을 말소하자는 종래의 주장이 그대로 지속되어 있다. 토지개혁, 노동법령, 정치적 자유, 인민자치기관(인민위원회)에의 정권 이양 등 우리 동포의 가장 시급한 사활문제에 관한 개혁은 그대로 덮어두자는 것이다. 그들이 잠정하는 것은 외세의 압력 하에서 좌우합작을 우익에 유리하게 진전시킴으로써 좌익을 분열 약화하고 반동 우익정객들이 앞으로 조직될 정부의 주도권을 장악하려는 것이며, 남조선에서 반동정치를 속행함은 물론 심지어 북조선에서 이미 실시된 토지개혁, 노동법령, 중요 산업 국유화, 인민정권 등을 수정 내지 전복하려는 것이다.

이와 같이 모든 문제의 해결을 정부 수립 후로 미루고 정부 수립에만 급급하는 것 같이 보이며, 일견 민중의 요청에 근합(近合)한 듯하나 이 8개 조건은 상술한 바와 같은 의도를 내포한 반동적 강령이다. 민중의 냉철한 심판이 있기를 우리는 믿고 바라는 바이다.

(<朝鮮人民報>, 1946년 8월 1일)

8. 좌우 원칙 상반이나 결렬 속단은 금물

1일 민전 사무국장 李康國씨는 당면문제에 관하여 기자단과 다음과 같은 일문일답을 하였다.

문: 군정청 주최의 8·15 기념에 대하여 어떻게 생각하는가?
답: 미군과 조선인과 같이 축하하는 것은 찬성이다. 그러나 민전의 기념방침은 이미 결정 발표한 원칙에 의하여 거행하겠다. 같이 할 수 없는 사람을 한자리에 모아 억지로 하라고 관권을 가지고 간섭하는 데는 반대다. 조선 사람이 해방된 날을 즐기는 우리 민족의 축하의 자유는 인민에게 맡겨야 한다.
문: 북조선의 共·新 양당의 합당과 남조선에 있어서의 합당문제를 어찌 생각하는가?
답: 남조선에서도 있을 수 있는 것이며, 나 개인으로는 찬성이지만 실제문제는 각 당의 의견을 들어야 할 것이다.
문: 벌써 합당에 관한 준비가 있는 듯한데?
답: 각 당 내부에 여론이 비등하고 있는 것만은 사실이다.
문: 좌우합작원칙 제시로 인하여 합작의 결렬을 인상 주는데?
답: 양측이 발표한 원칙이 상반된다고 해서 반드시 결렬이라고 속단해서는 안된다.
문: 이번 금요일 회담은 어찌 되는가?
답: 呂선생의 용태가 매우 중태이니까 되지 않을 것이다.

(<朝鮮人民報>, 1946년 8월 2일)

9. 5원칙 떠난 좌익 지도자는 존재할 수 없다

좌우합작은 본래 무원칙한 타협을 의미하는 것이 아니라 민주주의 건국과 완전 자주독립을 달성키 위한 행동의 통일이다. 그러므로 우리는 민주주의의 표방에만 그칠 것이 아니라 민주개혁을 실천함으로써 민주건국의 토대를 구축하여야 할 것이며, 완전 자주독립에의 길을 개척하여야 할 것이다.

이러한 의미에 있어서 우리가 제시한 합작 5원칙은 결코 좌익의 독점적 고집이 아니요, 완전 자주독립을 위한 민족 최대의 요구이며 민주건국을 위한 최소한의 조건이다. 그러함에도 불구하고 우익에서 제시한 8개 조항에는 이에 대한 고려와 성의가 반영되어 있지 않을 뿐 아니라, 함께 배격한다는 李박사의 정치노선을 그대로 답습하였던 것이다.

이러한 조건 하에서 좌우합작위원회의 속회(續會)는 하등 의미가 없는 것이며 소호(小毫)의 성과도 기대할 수 없으면서 인민대중에게 환상과 혼란을 줄 뿐이다. 그러므로 우리는 좌우 대표단의 이 점에 대한 재고삼사(再考三思)를 기대하였던 것이다. 그뿐만 아니라, 점점 악화하여 가는 정세는 우리에게 안심하고 합작공작에 치구(馳驅)할 환경을 허여하지 않는다.

합작공작 진행 중 그 선창자인 呂運亨씨에 대한 암살 미수를 위시하여 이래 우리 민주진영에 대한 간섭 탄압 중상 폭력 등은 계속될 뿐 아니라, 더욱 가중되고 있다. 검거 투옥 추적은 증대 일로이며, 민전 의장단에 대한 고소까지 있어 갖은 형태로 탄압과 모욕은 가하여지고 있다. 이러한 악조건으로 한 환경을 만들면서 간섭과 탄압 밑에서 좌우합작을 강요하는 것은 합작의 본의가 될 수 없을 뿐 아니라 또한 인민이 열망하는 합작이 아닌 것이다.

좌우 대표단의 우국애족의 고지(高志)와 좌우합작의 열성에 대하여 우리는 추호의 의념(疑念)을 포회하지 않으며 오히려 최대의 경의를 표하는 바이다. 그러나 그것이 객관적으로 표현되지 않고 주관적으로 정지(靜止)되고 있는 한 정치적으로는 하등 의미가 없는 것이다. 좌우합작을 성의껏 진전시켜 유종의 미를 거두려면 먼저 군정을 하여금 검거 투옥된 민주주의 애국자를 즉시 석방케 하며, 명랑한 환경과 공평한 조건을 준비하는데 노력하여야 할 것이다. 이렇게 함으로써 우방(右方) 대표단은 그 열의와 공정을 비로소 실증할 수 있을 것이다.

이러한 노력과 실천이 없이 좌우합작의 성의를 독점하는 듯 선전하는 것은 무성의의 고백 이외에 아무것도 아니다. '일방의 지령이나 사주' 운운에 이르러서는 일거일동을 심지어 그 표현까지 '지령'에 의하는 백기(白旗) 폭로이다. 좌우합작을 사실상 포기하면서 장래 좌우합작을 가장할 의도를 보이고 있으나, 5원칙을 떠난 좌익 지도자는 존재할 수 없다는 것을 말하여 둔다.

(<朝鮮人民報>, 1946년 8월 24일)

제7장 3당 합당

1. 모략을 분쇄

민전 사무국장 李康國씨는 8일 오전 11시 출입기자단과 회견하고 다음과 같은 일문일답을 하였다.

문: 합당으로 인한 민전의 역량에 변화는 없을 것인가?
답: 3당이 합동되면 민전의 참가단체로서 수는 적어졌다 할는지 모르나, 질적으로는 강화된다고 생각한다. 3당 합동은 민주주의 정당으로서 반동측의 모략과 이간을 봉쇄하고 투쟁의 기동성을 가지려는 데서 출발한 것으로 이로 인해서 민주진영은 질적으로 비약적 발전을 보게 될 것이며, 따라서 그것은 우리 민전에 있어서도 활발한 기동성을 부여하게 될 것이다. 더욱이 3당 합동이 실현되면, 우리 민전은 인적 확충을 할 수 있을 것으로 기대된다.

문: 좌우합작에 있어 민전의 5원칙에 대립하여 보수진영의 8원칙이 제출되었는데, 회담은 계속할 의도가 있는가?
답: 우리 민전 5원칙은 민주 조선의 건설을 위한 기초이라고 본다. 이에 비해서 보수진영의 소위 8원칙은 李承晩씨의 "덮어놓고 뭉치자"식의 반복에 불과한 것으로, 원칙으로서 인정할 수 없다. 그들이 우리의 원칙에 대해서 성의 있는 고려가 없는 한, 회담은 거의 무의미하다고 할 것이다. 더욱이 보수진은 합작이 개시된 이래 테러들을 더욱 강화하고 있는데, 이것은 합작에 무성의 내지 의식적 파괴공작이라고 우리는 해석한다. 이에 대한 변화가 없는 한 회담을 계속키 곤란할 것이다.

문: 민주진영과 경찰과의 마찰이 날로 심해 가는데 그 해결책 여하.
답: 우리는 경찰의 민주화를 주장해 왔다. 그리고 민주진영의 탄압이 심할 때에도 우리는 서로 마찰을 피키 위해서 억울하게도 참아왔다. 그러나 이러한

경찰의 행위가 건국에 있어 일대 지장이 되는 것을 오늘의 경찰은 반성해야 할 것이다. 우리는 앞으로 부당한 간섭 탄압이 있을 때마다 그들의 비민주성을 인민대중 앞에 폭로하려 한다.

문: 이왕(李王) 근(垠)의 발언은 시기로 보아 간과할 수 없다고 보는데 민전의 견해 여하.

답: 이미 일본 황족이 된 이왕은 이 조선문제에 대해서 발언한다는 것은 주제넘은 일이다. 그런데 그의 발언을 모(某)신문은 '톱'기사로 취급하고 있으며, 일부에서는 그것을 무슨 중대한 견해인 것처럼 떠받드는 것은 반동이 심한 이때에 또 한 개의 반동세력이 대두하려는 현상을 묵과할 수 없다. 그러나 인민대중은 유교를 국교로 하자는 그 세상모르는 선언에 귀를 기울이기에는 너무 현명해졌다고 생각한다.

(<朝鮮人民報>, 1946년 8월 9일)

2. 민전의 절대한 발전

민전 산하 3대 정당의 합동문제는 8·15해방 기념을 계기로 하여 활발한 전개를 보이고 있으며 미구에 완전한 실현을 보이게 될 것이다. 이것은 민주진영의 위대한 발전을 의미하는 것이니 민주역량의 급격한 성장에서 공포를 느끼는 반동진영에서는 갖은 음모와 술책을 다하여 우리 민주진영 내부 교란을 책동하고 있는 것이다.

그러나 역사는 발전하고 있으며 민주정당들의 합동문제는 세계적으로 민주주의 역량 집결의 가장 적당한 방법임을 표시하고 있다. 국제독점자본의 주구노릇을 하는 친파쇼 반동분자들과 민족반역자들을 철저히 숙청하고 우리 민족의 완전 자주 민주정부를 수립함에는 민주주의 역량의 총집결은 절대로 요청되는 바이니, 3당 합동은 비단 합동하는 3당을 위하여 경하스러울 뿐 아니라 우리 민전의 절대한 발전을 의미하는 것으로 우리는 인민들과 더불어 그 급속한 실현을 위하여 마지않는 바이다.

(<朝鮮人民報>, 1946년 8월 18일)

3. 합당 촉성에 매진

29일 민전 사무국장 李康國씨는 출입기자단과 회견하고 시국문제에 대하여 다음과 같은 일문일답을 하였다.

문: 러취 장관은 9월중에 입법기관을 완성하리라고 하는데 이 문제를 어떻게 보는가?

답: 이 문제에 대해서는 이미 여러 번 성명한 바 있으며 또 좌우합작 5원칙에서도 우리의 태도가 표명되어 있다. 입법기관 창설을 목표로 지금 또다시 좌우합작이 논의되는 것은 옳지 못하다. 우익에서는 좌우합작에 성의를 독점한 듯이 선전하고 있으나, 그 세력에 아부하는 사대적 태도로 보아 자주합작의 정신이 결여되어 있다. 또 좌익에서 어떤 개인이 5원칙을 떠나서 좌우합작에 응한다면, 그는 좌익을 대표할 수 없으며 따라서 인민의 지지를 받을 수 없을 것이다. 정권을 군정이 인민에게 넘겨주어야 할 이때에 군정의 확대 강화 연장을 기도하는 입법기관의 창설은 그 자체가 부당할 뿐 아니라, 그 진행으로 보아 민주의원의 재판(再版)밖에 될 수 없을 것이다.

문: 미소 양군 사령관의 서한 교환으로 보아 공위 속개의 전망 여하?

답: 교환 서한의 발표시기가 입법기관 완성기(完成期) 발표 및 좌우합작론 재연(再燃), 呂 金 양씨에의 하지 중장의 서한 등과 서로 전후하는 것으로 보아 우연한 일이 아니라고 추측된다. 교환 서한을 보니, 양시쌍비론(兩是双非論)을 들고 공위 속개를 촉진하려 함은 옳지 못하다. 서한의 교환으로 보아, 공위가 불구(不久)에 속개될 것은 예측되나, 속개에 앞서 그 시비를 판단하여 공위 휴회의 진인(眞因)을 배제하지 않으면 안 될 것이다.

문: 합당문제에 대하여 민전 산하단체의 동향이 어떠한가?

답: 합당이 필요할 뿐 아니라 시급하다는 것을 민전 산하단체는 깊이 인식하고 합당을 지지할 뿐 아니라, 이것을 촉진시키고 있다. 합동하는 3당 내부에는 약간의 동요가 있는 것은 부인할 수 없는 사실이며, 가두에는 잡음이 매우 소란한 듯 하나 그다지 큰 문제는 아니다. 기본부대는 동요도 주저도 없이 합당 촉성에 매진하고 있다.

(<朝鮮人民報>, 1946년 8월 30일)

제8장 해방 1주년

1. 해방 1주년 기념행사는 거족적으로

8·15해방 기념행사는 본시 원칙적으로 거족적으로 성대히 거행하지 않으면 안 되는 것이다. 때마침 미소공동위원회 속개 촉진을 위한 좌우합작공작이 전개되고 있는 차제에 우리는 좌우합작을 입으로만 부르짖을 것이 아니라, 좌우합작의 실천 제1보로서 이 8·15기념행사를 좌우합작으로 통일해서 거행하여야 할 것을 주장한다.

좌우합작이란 원래 실천을 통해서 맺어져야 하는 것이다. 그 방법으로서는 좌우 양편에서 교섭위원 같은 것을 선정하여 해방기념행사 준비위원회(가칭)를 구성할 것을 제안하는 바, 이는 현재 진척 중에 있는 좌우합작교섭위원들에게 일임하는 것이 가장 좋을까 한다.

(<서울신문>, 1946년 7월 17일)

2. 독립을 전취하자

민전 사무국장 李康國씨는 14일 오전 기자단과 회견하고 8·15해방 1주년을 맞이하여 다음과 같은 감상을 말하였다.

우리가 외국혁명사를 읽으면 흔히 발견할 수 있는 것은 신흥혁명세력이 일조에 구세력을 타도하고 통쾌한 주권 장악은 하였다가도 다시 반동세력의 대두로 인하여 전복되는 경우를 보게 된다. 반드시 이런 대목에는 어째서 그렇게 되는가를 ∞ 의심케 하였던 것은 미숙한 나의 주관이었으나, 우리가 1년 전 8·15를 계기로 해방된 후 건준, 인민공화국, 민전 등 직접 정치적 활동을 통하여 경험하고 체험한 1년간의 실천적 교훈은 참으로 구체적인 생생한 실체적 해답을 주었다고 본다.

사실 작년 8·15해방의 감격한 마당에서는 우리의 정치적 전망이 막연하였다. 그후 국제적인 민주주의노선과 아울러 국내적으로 북조선의 민주 자주독립을 기저로 한 인민정권의 확립 발전을 보게 되고, 남조선에 있어서의 민주주의민족전선의 꾸준한 발전을 보게 된 때에 우리의 정치적 전망이 가일층 뚜렷해졌다는 것이다.

그러나 작년 8·15해방 시는 우리의 반일투사 애국자들이 옥문을 열어 해방되었으나, 1주년을 맞이하는 오늘 남조선에서는 그분들이 다시 닫쳐진 감옥에 갇혔다는 것으로 보아 작년 8·15가 해방에 대한 감격의 날이라면 이번 8·15는 민주독립을 위한 결의의 날이다.

(<獨立新報>, 1946년 8월 15일)

3. 감격과 흥분의 첫돌, 독립의 결의 선양

우리 민족 해방의 날 8월 15일의 첫돌은 돌아왔다. 작년 이날 우리는 얼마나 감격과 흥분으로 맞이하였던가. 그러나 1년을 경과한 오늘 우리의 심경은 과연 어떠한가. 국제민주의노선은 우리 민족에게 자유와 독립의 길을 열어주었음에도 불구하고 우리의 임시정부는 아직도 수립되지 못하고 있다.

국제독점자본과 결탁한 친일파 민족반역자와 친파쇼 반동분자들은 우리 민족의 완전 자주독립을 방해하고 인민대중의 희생에서 그들 반동분자들의 전제정권을 몽상하고 있는 것이다. 우리는 모든 민주주의 애국자의 힘을 합하여 일체 반동세력을 분쇄하여야 할 것이다. 오늘 8월 15일은 우리 민족에게 새로운 감격의 날인 동시에 새로운 결의의 날이어야 할 것이다.

시민 여러분은 금일 오전 7시에 서울운동장으로!

해방 기념대회에 적극 참가하여 완전 자주독립의 결의를 선양하자!

(<朝鮮人民報>, 1946년 8월 15일)

4. 8·15 성과는 완전독립 염원 표현

8·15해방 기념은 끝났다. 동포들이여! 우리는 이날에 새롭게 한 감격과 결의를 영구히 보존하면서 우리 민족의 완전 자주독립에 일로 매진하여야 할 것이다. 해방 기념을 방해하려는 친일파 민족반역자와 그들을 토대로 한 친파쇼 반동분자들은 갖은 모략과 음모에도 불구하고 작일(昨日) 해방 기념은 우리가 일찍 보지 못한 대성과를 거두었다. 이것은 시민 여러분의 완전 자주독립에 대한 염원의 표현이며 우리 민족의 완전해방과 민주독립은 오직 민주주의진영에 부하된 사명이라는 것을 표현한 것이다.

친일파 민족반역자와 우익 반동거두들은 지금 군정을 배경으로 하여 그들 특권계급전제를 몽상하고 있으며, 우리나라를 다시금 외래 독점자본국가의 식민지화를 꾀하고 있는 것이다.

우리는 앞으로 이러한 반동세력과 더욱 더욱 과감한 투쟁을 전개하여야 한다. 모든 반동세력을 철저히 분쇄하여 버리는 날이 우리 민족의 완전 자주 민주독립과 인민정부 수립의 날이라는 것을 알아야 할 것이다.

(<朝鮮人民報>, 1946년 8월 17일)

5. 해방기념 경과와 그 의의

1

　미군정이 인민의 지지를 받은 듯 과시하려는 목적으로 위협과 회유의 양양(兩樣) 수단을 병행하면서 좌우합작을 강행하던 것은 이미 주지에 속하는 사실이다. 첫째로 입법기관에 좌익요인을 참가시킴으로써 형해화한 민주의원을 부활하려는 것이며 둘째로, 조선인민의 총의를 위장하는 동시에 군정 실정의 책임을 조선인에게 전가하려는 것이며 셋째, 우익 영도 하에 반동적 민족통일을 강행시킴으로써 미국의 발언권을 강화하려는 것이며 넷째, 呂運亨 許憲씨와 같은 지도자를 회유 매수하여 민전을 분열시키자는 것이며 다섯째, 탄압 중상 모해 등 수단과 병행하여 공산당을 고립시키려는 것이다. 그러나 민전은 분열되지 않았으며, 좌우합작의 5원칙이 민전의 주장으로서 제시되었다. 이에 좌우합작이 그 소기의 방향으로 운행되지 못할 것을 인식한 군정은 초조한 나머지 우선 8·15해방 기념일의 합작을 계획하게 되었으며, 민족적 행사를 가장하며 군정의 통일적 영도를 과시하려고 음으로 양으로 모든 수단을 다하였던 것이다.
　8·15기념에 대하여 민전은 좌우합작 5원칙 발표 후에 이어서 8·15의 의의를 천명하고 이 기념에 있어서는 민전이 당연히 그 주체가 되어 민주주의 정당 단체급 개인의 참가를 요청하여 친일파, 민족반역자, 반동분자, 테러단 등을 배제하자는 원칙을 내세웠다.
　이에 낭패한 군정은 민전의 독자적 기념행사를 말살하기 위하여 조선해방기념 행사를 계획하였던 것이며, 즉 군정이 주체가 되어 행사를 단행하고 민간의 행사는 일체 일체 금지하려는 방침이었다. 이에 대하여 우리는 해방기념의 자유를 요구하여 한편 여론을 환기하며 다른 한편 군정에 엄중 항의, 강담판(强談判)을 꾸준하게 계속하였다. 하지 중장은 웨를린 대장(代將)을 기념행사 책임자로 하고, 윌스언트 ○○ 양씨를 그 보좌로 하여 그 계획을 실행하려고 하였다. 이 3인의 지도하에 吳世昌을 회장으로 하고 군정 고관, 좌우 양측 요인을 회원으로 하는 준비위원회를 조직하려 하였으며, 핍스 소좌(러취 군정장관의 비서)는 이 목적을 달성하기 위하여 민전에 누차 교섭하면서 다른 한편으로는 운동장 사용금지, 집회 불허가로써 민전의 독자적 행사를 불가능케 하는 수단에 나왔다. 그러나 웨를린 대장과의 강담판은 계속되어 드디어 8월 9일에는 하지 중장의 승인이 내리고 8월 10일로부터 12일에까지 걸쳐 정식으로 허가를 쟁취하게 되었으나, 이 허가는 서울에서만 있은 일이요, 지방에서는 대부분 그렇지 못하였다.

8·15를 계기로 좌익에서는 폭동을 일으킨다는 모략선전으로 첫째, 집회와 시위를 금지케 한 것이며 둘째, 기념투쟁의 활동부대를 대량으로 검거케 하였으며 삼엄한 경계로 민심을 소란케 하여 동원을 방해하였던 것이다. 서대문형무소를 파괴할 계획이었다 하여 5백 명의 무장경찰관으로 형무소를 방비하였다는 우스운 희극이 연출되었던 것이다.

2

8월 15일 오전 7시부터 서울운동장은 인산인해를 이루었다. 노동자, 농민, 청년, 부녀, 지식층, 소시민, 그리고 근교에서 멀리 평택, 안성, 개성, 인천에서 몰려온 농민을 중심으로 하는 군중, 대회에의 참가인원은 30만을 헤이게 되어 서울 초유의 대회이었다. 지방에서 상경하는 대중은 승차를 거부당하고 밤새도록 도보로 경계를 피하기 위하여 산길을 넘은 것이 대부분이다. 중로에서 MP와 경관에게 제지되어 분산한 민중은 무수하였던 것이다. 이러한 제약과 방해가 없었다면 또 군정행사에의 강제 동원이 행하여 지지 않았다면 서울운동장은 민중을 포용할 수 없었을 것이다. 어린 손자를 손에 이끄는 갓 쓴 노인, 유아를 등에 업은 부인의 점철(點綴)은 동원이 얼마나 광범하였는가를 설명하는 것이며 철야(徹夜), 원로(遠路), 염천(炎天)의 모든 악조건을 극복하는 열성과 의지, 민주독립을 위한 충천하는 투지는 회장에 넘쳤으며 인민의 절실한 요구를 구체적으로 표현하는 가지가지의 표어와 프래카드는 회장을 아로새겼다. 간섭, 탄압, 허위, 모략의 온갖 수단으로 오는 반동의 공세에 대하여 민주진영의 건재를 호령하는 것이며, 역공세를 넉넉히 취할 수 있다는 기초와 결의를 자랑하는 것이다.

노투사의 굳은 투지를 표명하는 許憲의 개회사, 민주독립을 위한 과업을 규정하는 朴憲永동지의 기념사는 만장을 용동(湧動)시켰던 것이다. 과거 1년간의 민주주의사업 보고에 뒤이어 결의문과 스탈린 대원수와 미국국민에게 보내는 메시지는 만장의 환호와 박수로 통과되어 어떠한 곤란이라도 극복하고 아무러한 형벌이라도 돌파하겠다는 인민의 결의가 표명되었다. 오전 11시부터 남산공원까지 이르는 시위행진이 계속되었다. 전평을 선두로 하고 민청을 후진으로 하는 장엄한 행렬에는 실수(實數) 20만에 이르는 대중이 참가하였다. 가두에는 행렬에서 부르는 표어에 호응하여 만세로써 성원하는 시민행렬과 병진하면서 끝없는 행렬의 진용, 충천하는 기개, 정숙한 규율에 감탄하는 관중도 또한 수십만을 세이게 되었다. 프래카드에 쓰여진 가지가지의 표어는 인민의 절실한 요구 아닌 것이 없으며, 적기가, 해방의 노래와 어울려 고함되는 구호는 모두 민중의 폐부를 찌르는 것이었다.

그중에서도 가장 중요하고도 중심이 된 표어이며 민중의 갈채로 환호되는 구호는 "정권을 군정으로부터 인민위원회로 넘기라," "쌀과 나무를 다오!" "민주주의 애국자를 석방하라," "반동 경찰 타도!" "언론 출판 집회 결사 시위 파업 신앙의 자유를 확보하라!" "군정을 철폐하라!" "무상몰수 무상분여의 토지개혁을 실시하라!" "8시간 노동제 사회보험제 등을 근간으로 하는 노동법령을 실시하라!" "남녀평등법령을 실시하라!" "3당 합당을 추진하자!" 등으로서 민중에게 최대의 관심을 주는 것은 정권문제이며 민주개혁이라는 것이 뚜렷하여졌다. "밀가루는 싫다!" "강냉이는 싫다!"라는 부르짖음은 민중의 요구를 여실하게 드러낸 것으로, 이 시위행진이 무엇을 요구하며 누구의 이익을 대변하는가를 단적으로 설명하는 것으로, 이 행렬과는 관계없는 듯이 무관심하게 원경(遠景)으로 바라보는 노인들로 하여금 감루(感淚)에 넘치게 하여 물통을 들고 달음질하여 행렬의 피곤을 위로하고 격려하는 정다운 광경을 보이게 하였다.

3

인민의 절실한 요구를 관철하려는 투지, 민주독립에로의 생명의 약동이 이렇게 표명되고 진행하는 다른 한편에는 그와 호대조(好對照)가 폭로되었으니, 그것은 경성역전에서 군정청 앞으로의 행진이었다. 실크해트 예복의 군정고관을 선두로 하고 은행 회사원을 주력부대로 하는 행렬은 일본의 진동야와 약광고를 연상케 하는 단조 무미 저급의 악취(惡趣)인 장식 자동차 수백대와 머리를 숙이고 두 팔을 축 느린 만여 군중의 행진이었다. 구호가 없는 행렬에 활기가 있을 리 없으며, 강제 동원된 군중에게 감격이 있을 수 없다. 그것은 마치 서투른 인형극의 일 막이었으며, 번화하게 차린 장식(葬式)의 행렬이었으며, 도살장에의 우보(牛步)와 같았다. 한편에는 투쟁에의 의지와 생명의 약동, 다른 한편에는 추종의 비굴과 빈사의 무기력, 이것을 통하여 민주주의의 전진과 반동의 역행, 진보와 보수, 투쟁과 굴욕, 혁명과 타협, 이러한 대조가 민중의 안전에 여실히 폭로되었다.

이것은 우리의 관찰에서가 아니라, 가두에서 흘러나오는 일반시민의 소리를 종합한 결론이다. 조선의 소위 우익은 군정에 묵종하는 것이며, 외국세력의 주구로 화하였다는 것을 민중 앞에 고백한 것이며, 조선의 민주독립을 위하여 투쟁하며 민중의 이익을 옹호하는 것은 오직 민전 깃발 밑에 결집된 진보적 세력이라는 것을 인민은 통절히 느끼었으며 깊이 인식하게 되었다.

지방에 있어서는 관제 기념만이 강행되었으나, 금지의 총칼을 무릅쓰고 시위행진을 감행한 실례를 우리는 하나, 광주의 경과를 간단히 보고하려 한다. 그 외 대구와 대전에서 독자적 행사가 있었다. 강제로 광주 신사 앞에 모아놓고 행사를 거행하던 순간에 광주의 시민과, 근읍(近邑)에서 미군과 경찰의 전차와 기관총의 저해를 돌파하고 참집한 화순탄광의 노동자를 선두로 하는 농민을 합하여 3만의 군중은 시위행진을 강행하였으며, 이 행진이 신사 앞에 당도하자 관제행사에 참열하였던 군중도 이에 호응 참가하게 되어, 그 행사는 수백의 적막한 참열로 거행되는 결과를 이루었다. 이 시위행진을 전후하여 권총 발사, 총칼 난자, 기마경관의 마제(馬蹄)살상이 자행되었다. 지금까지 판명된 것으로 즉사 1명, 중태 30명, 경상은 무수, 그 외에 미병(美兵)에게 납치되어 생사를 모르는 자도 상당히 다수에 달하고 있다.

대구에서는 좌우합작을 조건으로 집회를 허가한다고 하였으나, 우리는 독자적으로 행사와 시위를 거행할 것을 요구하여 이것을 관철하였다. 같은 장소에서 좌우로 나누어 집회가 있었는데, 우익은 천여명의 군중이 모이었다가 흐지부지 해산하였고, 우리 편에는 5만 대중이 참집하여 기념식을 거행하고 "미군정을 철폐하고 정권을 인민위원회에 넘겨주라!" "미군은 속히 물러가라!" 등의 종전에 없던 구호를 들고 시위행진을 단행하였다. 진행중 경관은 무기로 협박하면서 소련국기와 공산당기를 탈취하려 하는 비행에 나왔다. 연합국 기에 대한 무례와 민주세력의 중심인 공산당의 당기에 가하여지는 모욕은 민중의 분격을 사서 무장경관과의 충돌을 일으켰다.

4

8·15 해방기념투쟁을 통하여 우리에게 주어진 성과와 교훈의 몇 가지를 중요한 점을 들어 이 해방기념의 의의를 천명하려 한다.

첫째, 타협은 굴종을 결과하고 투쟁은 승리를 결과하게 하는 것이다. 만일 우리가 군정의 위협에 공포를 느끼고 회유에 매수되어 실제 행사에 타협 참가하였다면, 그 결과는 군정의 실패를 합리화시키고 우리의 군중을 몰아 우익의 영도에 내맡기는 결과를 초래하였을 것이며, 인민대중의 투쟁의식을 마비케 하였을 것이며, 전투력을 거세시켰을 것이다. 타협을 거부함으로써 해방기념의 자유라는 우리의 정당한 주장을 관철하여 민중의 요구에 응하게 된 것이다.

둘째, 우리 진영이 이 투쟁을 통하여 자신을 얻었다는 것이다. 집회 불허가, 운동장 사용금지에 대하여서도 단념이나 실망이 없이 최후까지 정당한 요구를 내걸고 투쟁한 결과 독자적 기념의 자유를 획득한 것이다. 불요불굴의 투쟁만이 승리를 약속한다는 것을 배웠으며 싸우면 이긴다는 확신을 굳게 하였다.

셋째, 우익의 군정 추종, 외력 의존을 여실히 폭로하였다. 우리 민주주의진영만이 조선 민주독립을 담당한다는 것을 표명한 것이며 사실로써 증시(證示)하였다.

넷째, 악환경과 불리한 조건에도 불구하고 민주주의운동이 거대하게 성장하고 발전하였다는 것을 실증하였다. 과거 1년 동안 투쟁의 성과를 전시하였으며, 장래 발전을 약속하는 것이었다.

다섯째, 이 민주세력의 위관(偉觀)은 좌우합작에 환상을 그리고 군정과의 타협에 미련을 품는 기회주의적 지도자로 하여금 민중의 요구와 세력에 대한 정확한 판단을 얻게 하였다.

여섯째, 민중은 이이상 탄압을 감수할 수 없으며 반동의 공세에 감내할 수 없어, 역공세로 용감하게 진출하겠다는 결의와 기개를 명시하였다. 투쟁의식이 앙양되고 요구관철의 결의가 공고하여 낙오하는 지도자를 밟고 넘으려 한다.

일곱째, 민주개혁 자주독립에의 열망과 식민지화에의 위험을 배제하려는 결의가 뚜렷하게 노정되었다. 누가 민주독립을 원조하며, 누가 식민지화를 의도하는가를 분명히 제정(制定)하고, 나아갈 방향을 명확하게 인식하였다. 북조선의 인민정권과 민주개혁에 호응하여 이에 고무되어 남조선도 북조선과 같은 길을 걸어 조선의 민주독립을 완수하겠다는 의식은 앙양되었으며, 결의도 공고하여졌다.

이 대회에 더구나 시위행진에 참가한 대중은 주로 의식대중이며 조직대중이었으나, 이들의 투지와 결의, 그 희생적 정신과 동포애적 열정은 무의식대중과 미조직군중에게 이 기회에 널리 반영되고 깊게 침투되어 가고 있다.

(<朝鮮人民報>, 1946년 8월 22일, 23일, 25일, 26일)

제9장 차관 도입

1. 정부도 수립되기 전에 차관 설정은 불가

　미정부가 우리 조선에 '크레딧트'를 설정하였다는 것은 진실로 우리 조선의 자주독립을 위하여 유감되는 일이다. 완전한 자주독립은 다만 명목만의 독립이 아니라 경제적 독립이 있어야 하는 것은 세계사가 증명하고 있는 바이어니와 우리 조선에는 아직 정부도 수립되지 못하고 있거늘 어찌 '크레딧트' 설정이 있을 수 있으랴.
　3상회의 결정은 우리 조선에서 민주주의 임시정부를 수립하고 일제 잔재를 완전히 숙청하고 허물어진 산업경제를 부흥하는데 원조 협력한다고 하였거늘, 연합국으로서는 당연히 3상 결정의 충실한 실행에서 하루빨리 우리의 임시정부를 수립하고 우리 정부로 더불어 협의 후 우리 민족의 힘에 적당한 범위에서 원조 협력이 결정되어야 할 것이다.
　그럼에도 불구하고 우리 남조선에서는 반동세력의 도량은 날이 갈수록 심하여 가고 그들은 국제독점자본과 완전한 결탁 하에 정부수립을 천연하고 우리 조선을 반(半)식민지화하려 하고 있다. 이번 '크레딧트' 문제는 이미 한 국제독점자본의 반식민지화정책에 대한 한 개의 구체적 표현임을 우리는 간파할 수 있는 것이니, 우리는 이에 대하여 절대 반대하지 않으면 안 될 것이다.
　외국무역과 '크레딧트'에 의하여 이익을 얻는 자는 다만 민족반역도배와 지주자본가 모리배뿐 임을 우리는 알아야 하며, 그로 인하여 우리 민족의 자주독립은 고사하고 결국 국제독점자본에 예속되고 말 것을 우리는 명확히 인식하여야 할 것이다.

(<朝鮮人民報>, 1946년 8월 11일)

2. 朝美 차관 설정 일방적 결정 부당

朝美간 2천 5백만불 크레딧트 운운은 우리 정부가 수립되기 전에는 논의될 수 없는 것이며 이와 같은 중대한 문제를 군정이 일방적으로 결정한다는 것은 우리 조선에 대한 외국 독점자본의 식민지화로의 제일보를 의미하는 것임은 우리가 누차 지적한 바이어니와 17일 민주의원 정례회의가 李박사 주재 하에 이것을 심의 가결하였다 함은 실로 가소로운 일이다. 민주의원이 조선 인민들과는 하등 관계 없는 군정의 자문기관이며 조선민족을 사랑하고 민주주의 건국을 염원하는 애국자들은 이것을 인정하지 않을 것이다.

토지문제의 평민적 해결, 중요산업의 국유화, 민주주의적 노동법령과 남녀평등권법령 시행 등 허다한 민주주의 과업의 즉시 실천이 요청되고 있는 이때에 이것은 실시 않고 응당히 정부수립 후에 인민의 의사에 따라 결정되어야 할 대외무역과 크레딧트 문제 등 우리 민족 존망에 지대한 관계를 가진 중요 문제가 군정 및 기타에 의하여 일방적으로 결정된다는 것은 현하 미군정과 그를 배경으로 하는 친파쇼 반동분자들이 결국 누구의 이익을 위하고 있는가를 명백히 증명하는 것이다.

그들은 국제적으로는 우리 민족을 외국 독점자본의 노예화 식민지화하려는 것이며, 국내적으로는 인민대중의 희생에서 지주 자본가들의 전제를 실현하려는 것이다. 우리는 이러한 식민지화정책을 절대 반대하는 동시에 이러한 매국노를 즉시 국외로 추방하기를 주장하는 바이다.

(<朝鮮人民報>, 1946년 8월 20일)

3. 하 중장 성명에 답함(하): 인민정치의 대원칙 '인위'만이 뚜렷한 成案

우리는 입법기관과 인민위원회에 대하여 또 한마디 아니할 수 없다. 만약 미군정 1년간의 통치가 90억(億)의 외채를 우리 국가에 부담시키고, 그리고 인민 속에서는 아사자가 나고, 생산은 조금도 부흥이 도무지 전진되지 못한다면 그 정치를 어느 인민이 찬성하겠는가. 이러한 정치기관은 민족이 싫어할 것은 명백하고도 필연적인 사태가 아닌가. 이러한 정치기관이, 군정의 강화기관인 입법기관을 군정 그 자신은 원할는지 모르되, 인민들은 찬성치 아니할 것이 아닌가.

또한 이 정치적 책임은 미국인뿐 아니라 미국인의 심부름꾼으로 현 군정을 실제로 운용하는 우익 반동파가 그 책임을 져야 될 것이 아닌가. 그리고 이러한 민족의 운명을 진실로 근심하고 참으로 민주독립의 구체적이고 뚜렷한 성안과 정책을 가지고 있는 부분에게 그 정권을 넘기라 함은 필연이고, 또 당연하지 아니한가. 그것은 누구인가. 인민의 대표로 성립되고 진실한 민주적 원칙 위에서 우리 독립을 확립할 수 있는 인민위원회인 것이다.

그러면 그 성안과 정책은 무엇인가. 대산업의 국유화, 토지개혁, 전 인민의 경제적 정치적 자유의 보장, 외국무역의 국가 관리 등등에 의한 인민 민주경제와 인민 민주정치 수립의 대원칙에 입각한 것이다. 이러한 인민위원회를 어찌 '소수당의 통할조직체'라는 얼토당토아니한 언구로서 비방 중상할 수 있는가. 인민위원회에 정권을 넘기라 함이 3상 결정 조문에 없느니 있느니 함은 더욱 옳지 못하다. 3상 결정의 기본정신이 급속히 조선민주 독립국가 건설에 있다 하면, 이것을 달성하는 가장 옳고 가장 인민이 원하는 방책을 취함이 그 결정을 실천하는 길이 아닌가. 조문이 있느냐 없느냐 하면, 문제는 다만 형식만 존중하는 것이요, 그 실체는 무시한다는 가장 좋지 못한 인상을 전 민족에게 줄 것이다.

하지 중장은 다시 하곡수집에 대하여 기괴 천만한 '말씀'을 하였다. 도대체 하곡수집이란 어째서 하는 것인가. 하곡이란 조선이 원래에 전작(田作)이 부족하여 그 수량이 절대 다수의 농민들이 춘궁기 5월달을 넘어서서 추수기까지 그 생명을 유지함에 한 보충적 역할밖에 못하는 것이다. 하곡이란 이 농민층에 있어서는 불가결의 식량으로 되는 것이다. 그러므로 일제가 만주침략 후 10여 년간 갖은 공출을 다 시켜도 이 하곡만은 농민에게 그대로 남겨두었던 것이다. 이것을 마저 농민에게서 뺏어낸다는 것은 도대체 무슨 정책인가.

또한 하지 장군은 "자기에게 필요한 곡속(穀屬)을 역력히 남겨두고 매매시에는 합리적이오, 충분한 대가를 주는" 것이라 한다. 이 얼마나 사실과 상위되는 일인가. 하지 장군이 일차 농촌을 그 앞잡이에게 맡기지 말고 장군의 마음대로 몇 개소만 선택하여 그 수집의 실태를 농민들에게 아무 위협을 아니 주고 자유로 그 진상을 진술할 수 있는 조건으로 조사하여 보라.

하곡을 엄청난 수량으로 각 촌에 배당하고, 이것을 촌에서는 다시 각인에게 배당하여, 이 배당은 '자기에게 필요한 곡속'은 고사하고 그 전량 내지 부족량을 구타 검거의 방법으로 집을 팔아서라도 내놓는 이러한 천고 미증유의 폭압이 장군이 사랑하고 신뢰하는 경찰을 통하여 행하고 있음을 쉽사리 알게 될 것이다.

이 얼마나 우스꽝스러운 일인가. 공정가격으로 팔고 수십배의 높은 시장가격으로 사먹음이 대가(代價)인가. 도대체 강도 일제도 아니하던 악착한 일을 어째서 하지 장군 시대에 하는가. 또 이러한 잔인한 일을 농민조합이 반대한 것은 필연이 아닌가. 농민조합은 진실하게 농민의 이익을 위하므로

하지 장군은 우리에게 반문할 것이다. 그러면 백오십만의 전재민과 도시인구 식량대책은? 우리의 대답은 한가지뿐이며, 아주 단순하다. 지금 당장이라도 장군의 휘하로부터 인민대표에게 수집 배급의 전 권력을 넘기라는 것이다. 그리하면 식량문제는 급속히 또는 원만히 해결될 것이다. 어째서? 지주와 모리배의 은닉미는 아직도 우리가 먹고도 남을 양이 있는 까닭으로서이다!

다음으로 하지 장군이 미국장병에 대하여 감사의 뜻을 표치 않는다고 어떤 단체를 비난했다. 이것도 사실과 상위된다. 누가 일제 타도와 우리 민족해방에 있어 미 장병의 공로를 거부하였으며, 거부할 것이냐. 어떠한 집회의 결의문 보고서를 자세히 보면 이 감사의 뜻이 포함 아니 된 곳이 없다. 이러한 장군의 발표는 정(正)히 우리 민족과 미국민의 우의를 일부러 허물 잡아 소원(疏遠)시키려는 의도처럼 해석된다. 우리가 미 장병의 조선 주둔과 미군정을 1년간 받아온 것, 그 자체가 우선 미군의 공적을 감사하는 때문이다.

그렇다고 해서 장군이나 미군정의 잘못된 정책을, 곧 우리 민족의 민주독립을 유리케 아니 하는 정책에 대하여까지 아무 비판이나 요구도 못하라는 그러한 억압은 있을 수 없다고 주장한다.

다음 경찰을 공격함을 가리켜 범법자의 노리는 것이라 지적하였다. 하지 장군은 그 휘하의 경찰이 얼마나 우리 민족의 이익을 위하여 충실하다고 주장할 근거

부록 2 각종 기고 및 인터뷰 자료__419

가 있는가. 세기적 대고문, 대모략사건인 소위 정판사 위폐사건의 일례로도 경찰의 본질이 천하에 폭로된 것이다. 좀 더 신중하게 모든 문제를 취급하기를 바라는 바이다.

끝으로 우리는 솔직하고 충실한 우의에 입각하여 한마디로써 결론하려 한다. 미군과 미군정은 조선민족의 이익을 표준하여 모든 정책을 행하여야 된다는 것이다. 이 원칙에 입각한 정권을 하루 속히 인민의 대표 인민위원회에 넘기고 조선으로부터 미군의 철퇴를 단행할 것이 아닌가?

<朝鮮人民報>, 1946년 9월 5일)

제10장 기 타

1. 『지도자론』 서문*

　외우(畏友) 金午星동지의 지도자론이 상재되게 되니, 논진의 쾌거로 경하하여 마지않는 바이다. 혹은 정치운동의 제1선에서, 혹은 소위 편집국장의 자리에서 김군의 활동은 실로 동배(同輩) 후학으로 하여금 찬탄 불이(不已)케 할 만큼 눈부신 바가 있다. 연단에 나서면 웅변가, 펜을 들면 일세를 비예(睥睨)하는 평론가, 군의 천부(天賦)는 흠선(欽羨)의 대상이려니와, 절륜한 군의 정력도 또한 범인의 추수를 불허한다.
　본서에 묶여진 제편 중 지도자론과 여운형론은 이미 발표되어 호평으로 맞이되었으나, 또 다시 겸허하게 친우의 의견을 용납하고 신중하게 검토하여 새로 가필한 것이며, 기타 제편은 이 양론과 관련하여 한숨에 집필한 것이다. 지도자의 원칙론에서 구체적인 인물론으로 진정한 지도자는 어떻게 산출되며 성장하는 것인가? 사이비 지도자는 과연 어떠한 자인가? 일독(一讀)에 요연(瞭然)할 것이다. 세계사의 방향에서 아니, 세계사의 일혈(一頁)을 창조하는 지도자의 위력, 세계사와 역행하는 영웅의 말로가 정연한 논리, 유려한 문장으로 흥미진진하게 논파되어 나갔을 뿐 아니라, 세계사의 옳은 방향을 뚜렷하게 지시하는 이 일서의 가치와 의의는 높이 평가하여야 할 것이다. 이러한 의미에 있어서 아무러한 과장도 없이 추천될 수 있는 교재라고 나는 확신한다.
　김군과 같은 일터에서 날마다 일을 서로 의논하며, 밤으로 의견을 교환할 수 있는 친우를 큰 행복으로 생각하는 나는 이제 또 졸문으로써 이 책에 서(序)를 부치는 영광을 스스로 기뻐하면서 군의 자신(自愼)과 발전을 충심으로 비는 바이다.

(1946년 4월 2일)

---

* 金午星, 『指導者論』(朝鮮人民報 厚生部, 1946), 1~2쪽.

2. 지도자군상(1): 呂運亨론

조선에 있어서 呂運亨선생의 존재는 거대한 의의를 갖는다.

거대한 존재인 만큼 그에 대한 포폄도 또한 구구하다. 금일 조선의 민주주의진영의 선두에 서있으므로 선생에 대한 반동진영의 총공격은 중상을 위한 중상이며, 모함을 위한 모함에 불과한 것이니 괘려(掛慮)할 여지도 없는 것이다. 그러함에도 불구하고 선생은 항시 그러한 기회마다 자기반성에 잠념(潛念)하나니, 그 겸허한 태도와 자기비판적 성의에 우리는 오직 머리를 숙일 뿐이다.

선생은 의지의 인(人)이라 하기보다는 정열의 인이다. 세계사의 방향에 대한 단호한 신념, 고매한 정치적 견식, 풍부한 국제적 지식, 청중을 웃기며 울릴 수 있는 현하(懸河)의 웅변, 정치가로서 요청되는 모든 조건을 선생은 구비하고 있는 것이다. 그러나 이 모든 조건의 완비보다는 선생에 있어서의 귀중한 보패는 선생이 청년을 지극히 사랑하는 것이며, 청년과 함께 맥박치며 호흡함으로써 만년 청춘의 선생일 수 있는 점이다. 환력(還曆)의 선생이 아직도 장자(壯者)를 능가하는 기개와 청신(淸新)을 주위에 풍길 수 있다는 것은 그 선천적으로 월인(越人)하게 풍미하고 우수한 육체적 조건보다도, 그 후천적인 스포츠 애호보다도, 그 생활이 언제나 청년 속에서 움직이고 있는 때문이다.

선생의 위대한 점을 나는 무엇보다도 그 광활한 포옹력에서 찾고자 한다. 지도자에게서는 언제나 이것이 절대로 요청되는 조건이지만, 현단계에 있어서는 그 요청이 더욱 통절한 바 있다. 이곳에서 오히려 선생의 장점이면서도 단점이라는 논평을 끌어내는 경향이 혹 있으나, 그것은 지도자로서의 요건과 조선 현단계의 다단성(多端性)을 충분히 이해하지 못하는 것이다.

그러나 선생에게 망촉(望蜀)의 희망을 감언할 수 있다면, 좀 더 지인(知人)의 명(明)이 있어 달라고 나는 느낀다.

일본제국주의의 포학한 위협, 교묘한 회유, 그 속에서 능히 권위와 절조를 유지하면서 지상 신사로, 지하의 투사로의 그 생활을 겸영(兼營)한 자, 과연 있는가? 이에 대답할 수 있는 것은 오직 선생뿐이다. 수양산의 고사(高士)는 선생의 생활을 비루하다 할 것이며, 총극(叢棘)의 맹장은 선생을 가르쳐 타협이라 하였으리라. 그러나 선생이 이중생활의 고심에서 조선해방운동에 기여한 공헌은 실로 막대한 것이다. 선생의 처지에 있어서 이러한 것이 가능하였다는 것은 임기응변, 출몰자재의 그 천재적 전술에서이다.

선생이 그 전략의 심각한 파악과 그 노선의 충실한 준수에도 불구하고 기회주의에 흐른다는 비난을 받는 것은 그 능란한 전술에 대한 시기에서일 것이다. 선생에게 좀 더 박력이 있었으면 하는 것이 우리의 기원이다.

(<朝鮮人民報>, 1946년 4월 10일)

3. 민심 현혹시키는 진퇴, 李박사와 민주의원의 무절조

李박사가 신양(身恙)을 이유로 민주의원 의장을 사임한다는 재익일(再翌日)에는 대독이라는 전례를 깨뜨리고 친히 마이크 앞에 서더니 신양이 쾌유되어 다시 의장으로 집무한다고 발표한 익일에는 복직을 낭설이라고 언명하니, 도대체 그 진퇴는 실로 종잡을 수 없다. 신양으로 휴직하였다는 것이 사실이라면, 복직도 할 수 없는 건강으로 남조선 순회는 또 어떻게 가능한가? 정치적으로 무정견이오, 무절조할는지도 모르나, 민심을 현혹케 하는 자 이보다 심한 것이 없다.

탁치반대에서 3상회의 결정 지지로, 38도 철폐주장에서 남조선 단독정부 수립으로, 애국자에서 친일파 이익 대변자로 전환하는 그들의 거취는 정권욕을 위하여서는 무소불위요, 부지기소지(不知其所止)라는 것을 고백하는 것이다. 민중을 자기들의 정권도구로 우롱하며 이용하는 자에게는 엄준한 민중의 심판이 나릴 것이니, 공명정대는 다만 정치가에게서만 요청되는 것이 아니라 인간으로서의 인격적 조건임을 깨달아야 할 것이다.

(<朝鮮人民報>, 1946년 4월 15일)

4. 포레 사절 견해에 감사

미국 배상사절 포레씨는 지난 17일 기자단과 회합석상에서 조선 내에 있는 일본재산은 "조선의 번영과 조선경제의 윤택과 조선인의 생활향상을 위하여 사용할 것이다"라고 말하여 조선 내에 있는 일본재산 처분문제에 대하여 가장 정당하고 당연한 견해를 발표하였다. 우리는 이것이 미국정부의 의견인 동시에 또 우리 민족을 해방시켜준 민주주의 연합국의 공통된 의견이라고 믿는다.

우리 민족은 비록 전승국은 아니나, 과거 36년 동안 일제로부터 받아온 압박과 착취는 결코 일제의 도전으로 말미암아 연합국이 입은 손해에 못지않은 것이다. 조선 내에 있는 일본재산은 그 전부가 우리 민족의 고혈로써 이루어진 것이니 그것을 우리 민족에게 돌려주는 것은 당연한 일이라 하지 않을 수 없다. 우리는 포레씨의 사명과 지위에 감(鑑)하여 동씨의 정당한 의견에 감사를 드려 마지않는다.

(<獨立新報>, 1946년 5월 21일)

5. 언론의 도덕성

언론기관이 사회적 공기(公器)로서 또 그 본령으로서의 사명을 저버릴 때, 그것은 자기의 부인이며, 불편부당을 표방하면서 시비판단을 불원하고 추세(趨勢) 편파할 때 그것은 자기의 모독이 아닐 수 없다. 총독부 기관지 이외의 존재가 불허되던 이 땅에 해방의 기쁨과 아울러 언론기관의 족생(簇生) 발전은 경하하여 마지않을 일이다.

그러나 일반적으로 언론기관 그 자체에 있어서나, 특수적으로 민주주의 신조선 건설에 임하여서나, 오늘날 조선의 언론기관에 지워진 사명은 실로 중차대한 것이다. 정확한 보도로 공정한 여론을 환기하고 이것을 옳은 방향으로 이끌어 진정한 여론을 반영하여 민중의 충실한 공복이 됨으로써만 조선의 민주주의화와 자주독립 완수에 기여할 수 있는 것이다.

테러 권장과 살인 교사의 선동기관으로의 전락은 그 극단의 일례이려니와, 허구 날조의 기사로 중상 모함을 시사(是事)하며, 심지어는 동업(同業)도덕에도 개의치 않는 데까지 이른 것은 분발과 통탄에만 그칠 수 없는 현상이다. 조선 건국에 해독을 끼치는 이러한 사이비 언론기관을 우리는 절대로 배격하는 동시에 언론기관은 결코 음모의 본원(本源)이 아니며, 데마의 도구가 아님을 냉철하게 반성하고 그 본연의 사명에 충실하여 신조선 건설에 공헌이 있기를 우리는 기대하여 마지않는다.

<朝鮮人民報>, 1946년 5월 28일)

6. 시대역행적 착취, 2모작 소작료 징수 배격

북조선에서는 이미 토지개혁이 실시되었고, 남조선에 있어서도 이 문제의 민주적 해결이 시급히 요청되고 있다. 그럼에도 불구하고 일부 악덕지주와 반동적 정객들은 갖은 수단을 다하여 이 문제의 옳은 해결을 방해하고 있다. 땅이 있으면 지주가 있어야 하고, 지주가 있으면 소작인이 있어야 한다는 李박사의 주장은 악덕지주들에게 구명수(救命水)가 되었다. 그들은 머지않은 하곡추수기를 앞두고 종래에 없던 이작(裏作), 간작(間作)과 연작(連作), 전작(田作)에까지 총 수확물의 3·1제를 강요하고 있다고 한다.

이것은 작년 추수기에 군정청에서 발표한 3·1제의 기본정신과도 배치될 뿐 아니라, 토지문제의 평민적 해결이 요망되고 있는 이때에 정히 시대역행적이요, 악덕지주들의 자기이익 중심의 반동행동이라고 단정하지 않을 수 없다. 더욱이 군정청의 특수회사인 신한공사에서까지 이것을 실시하려 하고 있다는 것은 놀라지 아니할 수 없다. 우리는 이러한 악덕지주들과 반동정객들의 시대역행적, 반동적 착취행위를 단호 배격하고 진정한 민주주의 조선 건설에 매진하지 않으면 안 된다.

(<朝鮮人民報>, 1946년 6월 2일)

7. 재화동포 귀환에 재산몰수는 부당

귀 중화민국은 전승국으로서, 연합국의 일원으로서, 잔학한 일본제국주의를 타도하여 우리 조선민족을 해방시켜 주었습니다. 우리 민족은 귀국의 이 은의(恩義)에 대하여 무한한 감사의 념(念)을 가지고 있습니다. 그런데 최근 귀국으로부터 귀환하는 우리 동포들에 의하면 우리 교민의 일체 재산은 귀국의 관리가 몰수하고 공수(空手)로서 돌려보낸다는 것입니다.

우리는 우리 동포 가운데 일본제국주의의 앞잡이가 되어가지고 귀국 및 귀국 국민에게 무한한 악죄를 진 전범자 친일파가 섞여있음을 잘 알고 있습니다. 이들에 대한 귀국의 엄준 가혹한 처단을 우리는 요망하는 바입니다. 그러나 우리 동포의 다대수는 일본의 학정으로 인해서 국내에서 생활근거를 잃고 생활의 도(途)를 찾아 귀국에 간 것이며, 그리하여 각고면려로서 축재한 사람들입니다. 이들의 재산을 몰수함은 인도 상으로도 부당할 뿐 아니라, 귀국을 위대한 해방자의 일원으로서 그 은의를 감사하고 있는 우리 민족에게 민족적인 우호를 손상시킬 우려도 불무합니다.

그러므로 본 민전은 전범자 친일파를 제외한 조선동포의 일체 재산은 접수치 말 것이며 이미 접수한 것은 엄밀히 조사해서 다시 반환하기를 귀국에 요망하는 바입니다. 이것은 앞으로 조중(朝中) 양국 민족의 영구한 우호를 위해서도 절대로 필요하다고 생각합니다.

(<朝鮮人民報>, 1946년 6월 2일)

8. 대학 합동문제와 문교정책

경성대학 의학부와 경성의전의 합동계획은 그 확부(確否)는 단언할 수 없으나, 학문의 실천과 일반사회의 여론을 통하여 합동문제의 중대성을 느끼지 않을 수 없다. 필자는 또한 경성대학의 동창회원의 일인으로서 특히 경성대학의 운명에 관하여 깊은 관심과 적지 않은 책임을 갖는다. 오늘날 조선의 보건 의료시설의 현상에서 의사의 대량 생산이 절대로 요청된다는 것은 상식 이하의 사실이며, 그러므로 의학교육기관의 증설 확대가 해결되어야 할 문제로서 제기될지언정, 설비에 비하여 학생수의 다소가 합동의 근거로서 고려될 수 없는 것은 너무도 평범한 현실이다.

본래 일본인의 교육을 위하여 설시(設施)되었던 조선의 전문대학이 일본인이 퇴각한 오늘날 설비와 학생수의 불균형은 과도적 현상으로서 불가피한 것일 것이며, 이 문제는 학생의 증모(增募)로써 해결할 수 있는 간단한 문제일 것이다. 이곳에서 이것을 이유로 합동에 문제되는 것은 어찌 된 일일까? 나는 이것을 문교정책 일반의 일 표현으로 보며, 오늘날 문제되어 있는 학원의 민주주의화, 입학자치 등과 긴밀한 관련이 있는 것이라고 생각한다.

만일 신조선 건설과 자주독립 완수에 있어서 일본제국주의 잔재 유독의 숙청이 선결적으로 요청되는 것이라면 이 임무의 수행은 어느 곳에서보다도 먼저 학원에서 실천되어야 할 것이다. 왜 그러냐 하면 첫째, 학원은 장래 조선건설의 일꾼을 양성하는 곳이기 때문이며 둘째로, 학원이 일본적 해독을 가장 심하게 받아왔기 때문이다. 학원에 있어서 만일 비판의 정신이 몰각되고 사상의 자유가 금제되며 연구의 자유가 보장되지 않는다면, 씩씩하고 활발하여야 할 조선의 신건설을 서기 할 수 없을 뿐만 아니라 일본적 운명의 계승을 고려하지 않을 수 없는 것이다.

대학자치는 일본제국주의도 최후 순간인 전쟁 강행에 이르는 직전까지 보장하였던 자유이다. 문교 관료의 일빈(一嚬) 일소(一笑)에 그 진퇴가 달려있어서야 연구의 자유가 어찌 보장되며, 연구의 자유가 없는 곳에 학문의 발전이 있을 수 있으랴? 사물을 비판적으로 조사하면 비국민이라고 규탄되었고, 사상의 자유가 요구되면 불령선인(不逞鮮人)으로 탄압되었던 우리의 과거를 회고하면서 오늘날 해방

조선에 있어서 좌익교수 적색학생이라는 표현으로 학원의 자유가 유린되는 현실에 상도(想到)할 때 나는 일본적 해독(害毒)에 전율을 느끼지 않을 수 없다.

대학자치의 부인, 都교수의 파면, 趙부장 전횡을 위요하는 법문학부문제, 숙전(淑專)문제 등과 관련되어 대학 의학부 합동문제도 또한 문교정책 일반의 일환으로서 이해하여야 하는 것이며, 비민주주의의 일 요소로서 배격되어야 하는 것이다.

(<朝鮮人民報>, 1946년 7월 9일)

9. 民主主義와 外交*

1

조선민족해방운동의 역사는 20세기 정치의 심각한 국제성을 단적으로 표현하고 있다. 저 빛나는 3·1운동의 순국의 선혈로써도 독립을 쟁취하지 못한 근본 원인의 하나는 당시에 일본제국주의는 제1차 세계대전의 전승국으로서 그 세력이 일단 강화되고 있었으며, 미·영등의 열강은 일본과 연합국으로서의 관계에 있었고, 윌슨의 민족자결주의는 패전국 독·오 등의 영토를 재분할하기 위한 한낱 공허한 구호에 불과하였으며, 우리들과 함께 반제국주의 공동전선을 전개할 제국주의 열국 내의 피압박 인민대중과 식민지 반식민지의 피압박민족들은 정치적 각성과 조직적 역량이 아직 미약하였으며, 특히 레닌의 진정한 민족자결주의를 충실히 실천하는 쏘베트 사회주의공화국연방은 내외의 반쏘 제국주의통일전선을 격파하기에 여력이 없었던 그러한 불리한 국제적 환경이었다.

이와 반대로 일본제국주의 기반으로부터의 8·15 민족해방은……사회주의건설에 세기적 승리를 거두고 있는 위대한 민주선봉 쏘베트연방의 영도 및 결정적 역할 아래 전세계 반팟쇼국가 제 민족의 인민대중의 앙양되고 통일된 민주역량으로써 완강한 일본제국주의를 타도하여 버린 그러한 유리한 국제적 환경의 산물인 것이다. 8·15 이후의 조선은 남북의 두 부분으로 갈리었다.

남조선에 있어서는 8·15 '해방'은 오직 일본제국주의 예속으로부터의 '해방'을 의미할 뿐이요, 일본제국주의의 잔재는 봉건유제와 함께 그대로 유지 발전되고 있는 것이다. 친일파 민족반역자 친팟쇼분자들은 국제반동에 연결하고 의거하여 반인민적 반민주적인 '민주의원' '입법의원' 등의 인형극을 꾸며 가면서 인민을 농락하려 하며 억압과 착취를 강화하려 한다. 성장하는 남조선 인민대중의 민주주의적 민족해방운동은 일본제국주의 하에서도 일찍이 보지 못하던 공공연한 테로 수단으로써 피비린내 나는 탄압을 당하고 있다. 이에 대한 인민의 공분은 마침

---

*『人民』2권 3호 (1947년 4월); 國史編纂委員會,『北韓關係史料集』XIII (1992) 385~391쪽에서 재인용.

내 저 영웅적인 인민항쟁으로써 폭발하였던 것이다.

이와 반대로 북조선에 있어서는 인민대중이 정권을 장악하고 친일파 민족반역자의 무리들을 철저히 숙청하였으며 선진 자본주의 제국의 인민들조차 수십년 수세기 간의 꾸준한 투쟁과 막대한 희생에도 불구하고 능히 전취하지 못한 진보적 민주주의 제도를 불과 1년 동안에 확립하여 부강한 조선인민공화국의 기초를 튼튼히 세워 놓았다. 이 공간에 빛나는 위업은 실로 위대한 쓰딸린 대원수 지도하에 전세계 인민의 자유와 평화를 옹호하며 약소민족의 해방을 옹호하기 위하여 영웅적으로 투쟁하는 쏘베트 군대가 주둔해 있다는 유리한 국제적 조건의 덕택인 것이다.

실로 38선은 조선민족 해방의 국제적 관련성을 상징하는 것이며, 조선인민의 주체적 역량의 부족함을 표현하는 것이며, 조선의 민주주의적 자주 독립국가를 건설함에 있어서 쏘련을 비롯한 민주주의 연합국들의 국제적 협력과 원조가 절대적으로 요청된다는 엄연한 현실을 말하는 것으로서 앞으로 조선인민의 국제무대에 있어서의 활동에 촉망하는 바 참으로 거대한 것이다.

조선을 국제적으로 완전히 봉쇄하고 있던 일본제국주의 기반에서 벗어나자 조선인민은 해방의 환희를 가슴에 안고 용약 국제무대에 진출하여 국제직업연맹, 국제민주여성총연맹, 국제민주청년총동맹에 각각 가맹하는 등 자유와 평화를 옹호하는 국제민주전선의 일익을 담당하여 씩씩하게 싸우고 있다. 8·15 해방은 조선민족으로 하여금 민주주의와 평화의 국제무대에 등장할 길을 열어 주었고, 이 국제적 진출은 또한 조선민족의 완전한 해방에 이바지할 것이며, 부강한 통일 조선인민공화국의 건설과 발전을 촉진할 것이다.

2

현하 국제무대에 있어서는 심각하게 상호 대립되는 양 개의 세력과 양 개의 노선이 첨예한 투쟁을 전개하고 있으며, 그 귀추는 전세계 인민과 함께 우리 조선민족에게도 사활적인 관심사가 아닐 수 없다. 처칠 및 그의 친우를 비롯한 제국주의 세력들과 팟시스트 잔재 요소들의 반동진영은 약소민족의 침략과 제3차 세계전쟁의 도발을 그들의 노선으로 삼고 있는 반면에, 쓰딸린 대원수 지도하의 쏘련을 선봉으로 하는 민주진영은 약소민족의 완전해방과 견실하고 장구한 국제평화의 노선으로 나아가고 있는 것이다.

이 두 개의 노선은 파리 외상회의, 파리 평화대회, 국제연합기구 총회 등에 있어서 트리에스트문제. 두나브강문제, 균등한 가능성의 문제, 그리고 부인권(否認

權)문제, 군비축소문제 등등을 에워싸고 정면으로 대립되었던 것이다.

지난 2월 22일 안전보장이사회의 원자력문제회의 재개에 앞서 유엔 소련대표 그로미코씨가 중대 성명을 발표하여 쏘련에 현존하고 있는 것이다. 장래 건설을 하는 것을 불문하고 쏘련 원자력공장 일체에 대한 국제관리와 운영을 무조건으로 수락한다는 방침을 명백히 한 사실은 자신만만한 쏘련의 평화외교의 빛나는 일례가 되고 있다.

그리고 중국, 월남, 인도네시야, 비율빈, 희랍 등의 인민들이 아직도 자유와 독립을 전취하기 위하여 침략자와 그 앞재비들에 대한 피의 항전을 하지 않으면 아니 된다는 현실과 대비하여 유고슬라비야, 불가리야, 루마니야, 항가리야, 체코슬로바키야, 알바니야, 폴랜드 등 쏘련군이 해방시킨 여러 나라들에 있어서는 모두 인민정권 및 신민주주의 제도가 확립되었으며, 독립 평화 번영을 자랑하고 있는 현실을 볼 때 전세계 인민 특히 약소민족의 인민들은 침략적 제국주의적 노선에 대한 불타는 적개심을 누를 수 없는 동시에 쓰딸린-몰로또프 외교에 나타난 쏘련의 철두철미한 민주평화정책에 대하여 무한한 신뢰와 찬양을 보내게 되는 것이다.

조선인민도 또한 모스크바 3상회의 경과, 쏘미공동위원회 사업 기타 남북이 서로 다른 실천을 통하여 우리 민족의 진정한 벗이 누구인가를 명백히 인식하게 되었나니 "쓰딸린 대원수 만세" "한쏘 인민친선 만세"의 환호소리가 전 조선 방방곡곡에서 들려나오고 있는 것은 결코 우연한 일이 아니다.

오직 극소수의 친일파 민족반역자 친팟쇼의 도배들만이 자기의 생명과 권익을 유지 연장시키기 위해서 李承晩. 金九 등을 수괴로 하고 외부 침략세력의 반동 외교노선에 호응하여 '반탁' '반쏘' '반연합국'의 구호 아래 조선민족의 내부적 분열과 국제적 고립, 그리고 쏘미 양국의 이간을 책동함으로써 민주주의적 자주독립국가 건설을 방해하고 조선민족을 팔아먹을 뿐더러 전세계의 인민을 다시금 전쟁의 참화로 몰아넣으려는 매국적 전쟁방화적 외교노선에 온갖 파렴치한 음모를 계속하고 있는 것이다.

우리 민족의 영명한 영도자 金日成장군을 중심으로 철석같이 뭉친 전국 인민은 그 억센 인민의 주먹으로 이러한 반인민적 반민족적 세력의 음모술수적 외교를 분쇄할 것이며, 쏘련을 선봉으로 통일된 국제 민주역량의 협력 특히 쏘·미·영·중국 4개국의 열성적 후견을 획득함으로써 우리가 갈망하는 민주 독립 평화를 달성할 것이며, 나아가서는 자유와 평화와 번영의 세계를 건설함에 불후의 공헌을 할 것이다.

이에 우리 최고 정권기관 북조선인민회의 강령은 "자유를 애호하는 모든 민주주의적 국가와 그의 인민들과의 우의와 협조를 강화할 것"을 중외에 선포하고 있는 것이다.

3

남조선의 항쟁이나, 북조선의 건설이나 그 지향하는 바는 오직 하나 - 조선민족의 유일의 해방노선인 "조선에 관한 모스크바 3상회의의 결정을 정확히 실천하는 기초에서 민주주의적 조선임시정부를 수립하는 방법으로써 남북통일을 촉진할 것"이며, 나아가서 "부강한 민주주의적 독립국가 즉 인민공화국을 수립할 것"이니 북조선 인민의 모든 역량이 오로지 이 방향으로 집중 동원되고 있으며, 민주외교의 목적하는 바 또한 여기에 있는 것이다.

그러면 인민의 이익을 위하여 민주주의 건설을 위하는 우리 인민외교는 그 원동력을 어디서 구할 것인가? 그것은 오직 단결한 인민의 힘이며 충실한 민주 국력인 것이다. 그것은 오직 강력한 인민정권이며, 풍부한 인민경제이며, 고상한 인민문화이며, 철벽같은 민주통일인 것이다.

작년 11월 3일 북조선의 도·시·군 인민위원회위원 선거 금년 2월 27일부터의 북조선 도·시·군 인민위원회대회의 개최와 토지개혁을 비롯하여 과거 1년간에 단행한 민주개혁의 제반 법령 승인, 그리고 북조선인민회의의 수립과 북조선인민위원회, 북조선최고재판소, 북조선검찰소의 구성, 2월 25일의 리(동)인민위원회위원 선거, 3월 5일의 면 인민위원회위원 선거, 이 모든 민주과업을 통하여 북조선의 인민정권 및 민주주의제도는 상부로부터 하부 말단에 이르기까지 완전히 인간적이요, 법적인 기초 위에 확립되었으며 정비 강화되었다.

한걸음 더 나아가서 북조선 도·시·군 인민위원회대회에서 통과된 1947년도 북조선 인민경제 부흥 발전에 관한 계획은 전년도에 비하여 공업생산량의 92% 증가, 곡물 수확량의 18.6% 증가, 철도운수의 화물 취급수에 있어서 약 3배로 향상 등을 예견하는 것으로서 북조선의 인민적 신민주주의제도의 물질적 토대가 비약적으로 공고화할 것이며, 인민의 생활수준은 급진적으로 향상될 것이다.

북조선민주주의민족통일전선 산하의 민주주의적 - 애국적인 모든 정당 및 사회단체 노동자 농민 인텔리겐챠 및 상공업자는 열렬한 동포애와 불굴의 건국정신으로써 굳게 뭉치어 통일 자유조선의 기초가 되는 북조선의 인민정권을 가일층 강화하기 위해서 그 물질적 토대인 인민경제를 급속히 부흥 발전시키기 위해서 그 역량을 총동원하여 매진하고 있는 것이다.

우리 민족의 영명한 영도자 金日成장군 영도 하에 사상적으로 정치적으로 튼튼하게 결속된 우리 인민의 정치적 경제적 문화적 총역량을 그 근거로부터 강유력하게 전개되는 우리 인민외교는 일체의 반동세력을 소탕함에 있어서, 북조선인민공화국을 창건함에 있어서, 나아가서는 전세계 인민에게 영원한 자유와 평화와 번영을 보장함에 있어서 거대한 역할을 담당할 것이다.

4

조선인민의 민주외교는 조선문제에 관한 민주주의적 국제노선인 모스크바 결정을 실천하기 위해서 즉 "조선을 독립국으로 부흥시키고 조선이 민주주의원칙 위에서 발전하게 하며 장기간에 궁(亘)한 일본통치의 악독한 결과를 신속히 청산할 제 조건을 창조할 목적으로 조선 민주주의 임시정부"를 창설하며 "조선정부는 조선의 산업 운수 농촌경제와 및 조선인민의 민족문화의 발전을 위하여 모든 필요한 방책을 강구"하도록 하기 위해서 (모스크바 3상회의 조선에 관한 결정 제1조) 총역량을 집중할 것이다.

그러기 위하여 우리는 우선 거반 북조선 도·군 인민위원회대회에서 쏘련정부와 미국정부에 보낸 요청서에도 역설한 바와 같이 쏘미 양국 정부가 우리의 자유스러운 민주주의적 독립국가의 복리와 융성을 보장할 조선의 민주주의적 쏘미공동위원회의 사업을 속개하기 위해서 쏘미공동위원회 사업을 속개하기를 기대하는 것이다. 이와 동시에 우리는 가까운 시일 내에 통일적인 민주주의 임시정부를 가지게 될 것이며, 멀지 않아서 민주주의적 완전 자주독립이 달성될 것을 확신하며 요망하고 또한 이를 위하여 최대의 협력을 하여야 할 것이다.

이에 있어서 북조선 도·시·군 인민위원회대회에 쏘련 몰로또브 외상의 축전은 "연합국이 조선을 일본의 식민지적 예속으로부터 해방시킨 후 단기간을 경과하는 동안에 북조선 인민들은 국가의 민주화와 민족의 경제 및 문화 부흥에 거대한 사업을 실행하였으며, 역사적 의의를 가진 제반 민주주의적 개혁을 단행하였습니다. 쏘련 인민은 조선인민의 생활에서 진행되는 모든 사업들을 신중하게 살피고 있으며 귀 국가 부흥을 위한 여러분들의 거대한 사업을 원조하며 또 앞으로도 각 방면으로 원조하여 도울 용의가 있습니다.

조선이 아직까지 통일되지 못하였으며 조선에 관한 모스크바 3상회의 결정에 규정된 자기의 민주정부를 수립하지 못하였기 때문에 여러분들에게 난관들이 발생되나 그는 반드시 극복될 것이며 또 가까운 장래에 조선인민은 자기 정부를 가질 것을 나는 감히 확언하는 바입니다.

모스크바 3상결정에 근거하여 조선은 민주주의 노선으로 발전될 것이며 민주주의 독립국가로 될 것이며, 또 평화를 애호하는 인민들의 대열에 동등권 있는 일원으로 참가할 것입니다.

쏘련정부는 조선에 관한 모스크바 3상회의결정을 신속히 실현하기 위하여 쏘련으로서는 가능한 한 모든 방책을 성의껏 강구 실행하여 왔으며 또 앞으로도 전력을 다하여 최선을 기할 것입니다"라고 말함으로써 조선민족의 완전한 해방과 영원한 흥륭을 위하여 싸우고 있는 전 조선인민에게 신념과 희망과 용기의 무한한 원천이 되고 있는 것이다.

여기에 있어서 "우리 앞에 가로놓인 허다한 난관을 극복하면서 조선인민은 모스크바 3상회의 결정을 과감하게 실천하며 민주주의 완전 독립국가를 창설할 것이며 한걸음 더 나아가서 평화애호 인민들의 대열에 참가하여 민주주의 세계 재건과 영구평화 수립에 공헌할 것을 맹세하며 또다시 결의를 새롭게" 하고 있나니 (북조선인민회의의 답전) 기필코 1947년은 통일된 민주주의 조선임시정부의 수립으로써 역사에 길이 빛날 것이다.

부록 3

이강국 관련 자료

1. 성대 교수 미야케 시카노스케(三宅鹿之助)를 중심으로 한 조선 적화공작사건 검거에 관한 건*

京高特秘第 2410號
1934년 8월 31일
경기도지사

　관내 경성 서대문경찰서에서 검거 송치된 조선공산당 재건동맹사건에 관한 수사를 하던 중, 뜻밖에 이 사건과는 별개의 계통의 사실을 알게 되었다. 즉 上海국제공산당 遠東部員 金丹冶의 지령을 받고 조선의 적화공작을 벌이던 중, 작년 7월 本道에서 검거/송치된 金炯善과 긴밀한 관계를 유지하면서 활동하던 제4차 공산당사건관계 출옥자 李載裕 일당의 잔당이 각 학교와 공장에 마수를 뻗쳐 조직에 전념하고, 한편으로 카네보(鍾紡) 서울 고무공장 등의 파업을 지도하고 있다는 사실이 판명되었다. 이에 관내의 각 경찰서를 독려하여 그 지도자 李載裕의 체포에 전력을 기울인 결과, 금년 1월 21일 체포하게 되었다. 그러나 완강하게 취조를 거부하고, 한마디 대답하지 않았다. 그리하여 취조의 기술상 그리고 지병인 肺患脚氣症의 악화 등을 고려하여 경성 서대문경찰서 訓授室에 급히 병실을 설치하고 격리수용하여 한 동안 반성을 촉구했으나, 李載裕는 4월 14일 간수가 소홀히 한 틈을 타 도주하기에 이르렀다.
　그리하여 그후 수사의 사정상 李載裕를 중심으로 한 사건은 當部에서 총괄하여 수사하기로 하고 4월 21일 관계자들의 신병을 인계받아 취조하게 되었다. 그리고 관계자에 대한 제2차 검거에서 경성제국대학 조교(助手) 鄭泰植를 체포하게 되었다. 그에 대한 취조에서, 李載裕와는 별개로 모스크바 쿠토베(東洋共産主義勞動大學) 속성과를 졸업한 咸鏡南道 洪原 출신 權榮台라는 자가 프로핀테른(profintern)의 지령을 받고 조선에 들어와 활동하고 있다는 사실이 판명되었다. 또한 관내 경성 동대문경찰서에서도 금년 4월 30일 용산 다가와(田川)공작소에 뿌려진 노동절 관

---

* 朝鮮總督府 京城地方法院檢事局, "城大敎授 三宅鹿之助ヲ中心トスル鮮內赤化工作事件檢擧ノ件," 金俊燁·金昌順, 『韓國共産主義運動史; 資料篇 Ⅱ』(高麗大學校出版部, 1980), 717~718쪽 및 752~757쪽.

련 삐라사건을 수사한 결과 權榮台의 소행이라는 것이 판명되었고, 마침내 5월 19일 그를 체포하게 되었다. 한편, 앞서 當部에서 체포한 鄭泰植을 취조한 결과, 사상적으로 소문이 있어 미리 행동을 예의 주시하고 있던 경성제국대학 재정학 담당교수 미야케 시카노스케가 權榮台 및 鄭泰植을 지도하고 있다는 것이 판명되었다. 權榮台의 진술도 이와 일치하여 사실을 의심할 여지가 없었다. 그러나 그것은 최고학부인 경성제국대학 교수가 관계된 사건이었기에, 경찰부장 자신이 신중히 취조를 하여, 마침내 확신을 갖게되었다. 그리하여 담당 檢事正(지방검찰청장)과 상부의 의견을 듣고, 5월 21일 아침, 경성지방법원 사상검사의 지휘하에 本道 고등과장 등을 미야케의 자택이 있는 경성부 동숭동 25번지의 대학관사에 파견하여 수색을 벌이고, 미야케를 연행하여 취조했다. 미야케는 처음에는 입을 다물고 말을 하지 않았으나, 그날 저녁에 마침내 위의 사실을 자백하였다. 다음날 22일에는 앞서 경성 서대문경찰서에서 도주한 李載裕를 자신의 집 마루 밑에 자유롭게 움직일 수 있도록 커다란 웅덩이를 파고 숨겨주었다는 사실도 진술했다. 그러나 이미 李載裕는 도주하여 소재를 감추고 있었다.

관할검사국의 지시에 따라 미야케는 다른 피의자와 분리하여 밤낮으로 취조를 벌여, 5월 24일 치안유지법과 출판법 위반 및 범인은닉죄로 기소의견을 붙여 송치했다. 그밖의 용의자에 대해서는 그후 계속하여 취조를 진행했다. 그 결과, 李載裕는 전술한 바와 같이 1932년 12월 만기출옥한 후, 상해의 金丹冶에 의해 파견된 金炯善과 연락을 취하며 활동했다. 그러던 중, 작년 7월 金炯善이 체포되자 교묘하게 도망쳐, 계속하여 金炯善의 뜻을 이어받아 경성을 중심으로 공장과 학교 등에 손을 써, 赤勞 및 반제국주의동맹 결성에 전념했다. 또 영등포, 인천에는 赤勞를, 양평·여주군 내에는 赤農조직을 결성하여 착착 공작을 진행시켜 나갔다. 한편, 1933년 12월말 경성대 조교 鄭泰植을 통하여 경성대학 교수 미야케 시카노스케와 연락하고, 장래의 운동방침을 수립하기 위해 광범위한 각종 정세와 과거의 운동에 대한 토론 및 과거의 운동에 대한 비판 등을 해나갔다. 그러는 사이에 1934년 1월21일 李載裕가 검거되기에 이르렀다. 이에 미야케는 鄭泰植에게 李載裕검거의 사실여부와 그가 공작해 놓은 잔당을 수습하도록 지시했다. 그러나 뜻밖에 前記의 별개의 權榮台의 조직과 충돌하게 되었다. 鄭泰植은 權榮台가 공산대학을 졸업한 후 프로핀테른의 지시를 받고 1933년 1월 경성에 들어와 赤勞조직에 암약중이라는 것을 알게되었다. 그리하여 鄭泰植은 權榮台를 미야케에게 소개하고, 미야케는 權榮台와 제휴하여 적화공작에 협력할 것을 약속했다. 그후 여러 차례에 걸쳐 회합하고 대책을 논의하는 한편, 삐라 팜플렛 등을 만들어 뿌리거나 동지들에게 배포하는 등 활발한 활동을 전개했다. 그러는 동안 금년 4월 14일 李載裕가 경성 서대문경찰서를 탈출하여 미야케의 집으로 피신하게 되었다. 그리하여 미야케는 李載裕와 權榮台 사이에서 이들의 제휴를 획책한 결과, 가까운 시일 내에 둘이 만나 직접 교섭을 갖기에 이르렀다. 그러나 그 직전에 일당을 검거하게 되었다. 그리하여 각 피의자는 각자의 죄질에 따라 별지와 같은 상당 의견을 붙여 치안유지법과 출판법으로 權榮台 중심은 7월 9일, 李載裕 중심(양평, 여주 제외)은 7월 27일, 양평·여주의 적농관계는 7월 31일 각각 사건을 송치했다. 취조의 상황은 左記와 같이 통보(통답)한다.

또한, 본 사건에 대해서는 신문게재를 금지하고, 이미 기소되어 예심 계류중인 것에 대하여 첨부한다.

1. 미야케 시카노스케의 경력 및 독일 유학중의 독일공산당 가타야마 센 (片山潛)과의 관계

미야케 시카노스케는 타이완 타이페이중학교를 졸업한 후, 제8고등학교(名古屋)를 거쳐, 1924년에 동경제국대학 경제학부를 졸업하고, 법정대학 경제학부 강사가 되었다. 약 1년후인 1926년 4월 경성제국대학 조교수로 취임하였고, 1932년 3월 교수로 승진했다. 그 사이 1929년 2월부터 외국에 대한 연구를 위해 독일, 프랑스, 영국, 미국 등을 돌아본 후 1931년 4월 조선으로 돌아와 경성제국대학 법문학부에 근무하면서 재정을 담당하게 되었다. 제8고등학교 재학중 가와카미(河上) 박사의 『社會問題硏究』가 발간되자 이를 구독하면서 상당한 자극을 받게 되었다. 그후로도 계속하여 北種방면의 연구에 열중했고, 한편으로는 가정의 경제상의 어려움도 있고 하여 결국 완전히 공산주의에 共鳴하게 되었다. 당시 세계대전후의 급격한 사회정세의 변화를 바라보면서 반드시 공산사회는 실현될 것이라고 믿고, 독일 遊學중에는 주로 공산주의운동에 관한 문헌을 섭렵하는 한편, 독일공산당의 데모나 집회에 참석하여 체험을 쌓아나갔다. 이에 따라 이론과 실천은 변증법적으로 엄격히 통일되어야 한다는 굳은 신념을 가지게 되었고, 독일 적색救援會에 가입했다. 한편, 당시 在外 연구중 독일공산당에 관계했다 파면된 前 동경제국대학 조교수 구니자키 데이도우(國埼定洞) 등 수명과 함께 在베를린 일본인 혁명적 인텔겐치아 그룹을 조직하여 독일공산당의 지시를 받으며 일본과 조선의 객관적 정세, 공산운동의 현황 등을 독일공산당 기관지에 게재하는 등 긴밀한 관계를 유지했다. 1930년 독일공산당 대회 때에는 코민테른(국제공산당) 집행위원 가타야마

센이 독일을 방문하자, 가타야마를 자택에 초대하여 간담하고 장래를 약속하는 등, 미야케가 이번의 실천운동에 관련되기에 이른 것은 우연이 아님에 틀림없다.

2. 본 사건의 중심인물인 미야케, 權榮台, 李載裕, 鄭泰植과의 관계

李載裕는 경성을 중심으로 활동하던 중, 鄭泰植(경성제국대학 조교)의 정부(情婦) 金月玉이 상당한 의식분자로서 뛰어난 활약을 하고 있다는 말을 듣고 1933년 10월경 金月玉을 찾아갔다. 거기서 우연히 鄭泰植과 만나 알게 되었고, 그후 제휴하여 조선의 적화공작에 종사할 것을 약속하기에 이르렀다. 鄭泰植은 미야케 교수가 이론과 실천은 통일되어야 한다는 주장을 하고 그 실천운동에 참여할 용의가 있다는 것을 알고 있었다. 이에 鄭泰植은 李載裕를 미야케에게 소개하기로 하고, 먼저 李載裕의 의향을 물어보았다. 그러자 李載裕는

(1) 미야케 교수는 모든 프로레타리아운동과의 관계에 있어서 실천운동에 참여할 수 있는가

(2) 다른 운동과 관계를 가지고 있는가

라는 2가지 사항을 알아본 후 소개하는 것이 좋을 듯 하다고 했다. 그리하여 1933년 12월말 미야케에게 이 2가지 사항에 대해 물은 후, 李載裕와의 만남을 요청하자, 즉시 승낙하였다. 며칠 후 李載裕를 동행하여 모임을 갖게 되었고, 그후 미야케와 李載裕는 완전한 제휴관계를 맺었다. 둘은 현단계에 있어서의 조선공산운동의 근본적 대책을 마련하고자 내외정세와 과거의 운동에 대한 비판 및 장래의 운동방침 수립 등에 대하여 여러 차례 모임과 토의를 거듭했다. 그러나 그것이 완성되지 못한 상황에서 금년 1월 21일 李載裕는 체포되게 되었다.

이리하여 미야케는 李載裕의 체포에 관한 사실 여부를 확인하는 한편, 李載裕의 지도를 받은 잔당을 수습하여 운동을 계속하고자 鄭泰植에게 지시하여 조직을 확인하도록 했다. 그러던 중, 우연히 李載裕의 공작과는 다른 세력으로, 프로핀테른 극동부의 지령을 받고 1933년 1월 이후 경성을 중심으로 적색노동조합조직에 열중하고 있던 쿠토베 속성과 졸업생 權榮台의 조직과 충돌하게 되었다. 이를 계기로 鄭泰植은 權榮台를 알게 되었고, 그 내용을 미야케에게 보고하게 되었으며, 미야케의 요청에 의해 두 사람이 만나게 되었다. 鄭泰植은 權榮台가 프로핀테른의 지령에 근거한 정통이라는 것은 알고 權榮台와도 제휴하게 되었다. 그후 미야케는 지도적 입장에서 문화부를 담당하여 활동하던 중, 4월 14일 경성 서대문경찰서에 검거되었던 李載裕가 탈출하여 갑자기 찾아오게 됨으로 그를 피신시켜주게

되었다. 미야케와 鄭泰植은 李載裕와 權榮台를 제휴케 하여 두 조직을 통합하고자 하였다. 그 결과 점차 접근하여 5월 19일 경성의학전문학교 문 앞에서 둘이 만나기로 되었다. 그러나 그 직전인 17일 鄭泰植이 체포됨으로써 아직 완전한 제휴가 성립되지는 않은 상황에 있다.

3. 미야케 교수 검거에 이르기까지의 경과 및 취조 상황

(1) 검거의 경위

미야케 교수가 해외 유학에서 조선에 돌아온 이후의 움직임에 대해서는 일찍부터 소문이 있었으나, 구체적인 사실을 발견할 수는 없었다. 그래서 그의 움직임에 엄중한 주의를 기울이던 중, 우연히 금년 5월 17일 경성제국대학 조교 鄭泰植을 체포하게 되었다. 鄭泰植은 체포/연행 과정에서 경찰부 형사에게 5천圓을 주면서 풀어달라고 부탁한 사실이 있었다. 또 그 다음 날인 5월 18일 경성부내의 관훈동 33번지 鄭泰植의 집에 경성제국대학 법문학부 미야케 교수가 학교 직원에게 부탁하여 전달한 "잡지를 정리해야 하니 즉시 출근할 것"이라는 편지를 가지고 있었다. 또 본 건과 전후하여 관내 경성 동대문경찰서에서 불온삐라 주모자로 체포된 權榮台가 소지하고 있던 코민테른 집행위원회 제13회 프레남 테제의 원고는, 이 테제의 인쇄가 權榮台 및 鄭泰植과 깊이 관련되어 있음에도 불구하고, 그 필적은 두 사람 것이 아닐 뿐만 아니라, 조선인의 번역이라고 볼 수 없는 등 몇 가지 수긍할 수 없는 점이 있어, 미야케의 혐의는 짙어졌다. 이에 대한 취조에 주력한 결과, 5월 20일 鄭泰植은 드디어 사실을 은폐할 수 없음을 깨닫고, 그 테제의 원고는 미야케가 번역하여 鄭泰植을 통하여 權榮台에게 전달했고, 또 그 인쇄비로 35圓이 鄭泰植을 통하여 權榮台에게 전달되었다는 사실 등을 진술하기에 이르렀다. 한편, 權榮台도 역시 이러한 사실을 인정하는 한편, 鄭泰植의 소개로 미야케와 여러 차례 모임을 갖고 운동에 관한 협의를 거듭한 후, 가까운 시일 내에 조직될 경성공산주의자 그룹의 문화부 및 자금부를 담당하여 활동한다는 약속을 받았다는 사실 등을 진술했다. 이리하여 이제 사실을 의심할 여지가 없는 상황에 이르렀다. 그러나 그렇다고 하더라도 대학교수가 관계된 사건이었기에 철야로 경찰부장이 직접 權榮台와 鄭泰植을 취조하여 마침내 확신을 얻게 되었다. 그리하여 20일 밤, 관할 경성지방법원 검사정과 상부에 보고하고, 협의를 거쳐 검거절차를 결정했다. 그리고 5월 21일 아침 관할 검사국 사상검사 지도하에 本道 고등과장 등이 미야케의 집이 있는 경성부 동숭동 25번지 대학관사에 대한 임의 가택수색을 하고, 미야케를 연행하여 취조했다. 처음에는 애매모호한 대답을 하면서 사실을 자백하지 않았으나, 그날 밤에 앞에서 설명한 범죄사실을 진술하기에 이르렀다. 다음날 22일 저녁무렵에는 서대문경찰서를 탈출한 李載裕를 자택 응접실 마루 밑에 숨기고 있었다는 사실을 진술했다.

그리하여 미야케의 신병에 관해서는 검사국으로부터의 지시에 따라 5월 24일까지 송치하기 위해 거의 철야로 취조를 계속했다. 그러나 단시일 동안에 모든 것을 규명했다고는 할 수 없으나, 대체적인 내용은 다음과 같이 판명되었다(부재중의 행동은 이미 설명하였기에 생략)

(2) 조선에 돌아온 후의 행동

미야케는 前述한 바와 같이 독일에 유학할 때부터 실천운동에 대한 결의를 굳히고 있었다. 조선으로 돌아온 후로는 오로지 그 기초준비에 전념하고, 자신의 지도하에 있는 경성제국대학 조교나 졸업생인 崔容達, 朴文圭, 李康國 등에게 지시하여 조선내의 정세자료를 수집하게 하거나 이것을 在독일 공산당원 구니자키를 통하여 국제공산당 및 독일공산당에 보고했다. 1932년 2월 제자인 李康國이 베를린에 유학하고자 했을 때, 구니자키와의 연락 및 국외정세에 관한 자료를 수집하여 보내줄 것을 요청했다. 그후 연락이 계속되어, 앞에서 설명한 코민테른 제13회 집행위원회 프레남 테제와 같은 것도 李康國으로부터 발송되어 왔고, 스위스발행 잡지 『룬도시야프』에 게재하게 되었다.

(3) 李載裕와의 관계 범죄

미야케는 조선에 돌아온 후, 자기의 지도하에 있는 鄭泰植, 崔容達, 朴文圭 등에게 여러 차례에 걸쳐 "이론과 실천은 통일되어야 한다"고 주장했다. 이로 인하여 鄭泰植 같은 자는 별도로 기술하는 바와 같이 몰래 각 학교에 잠입하여 독서회 등을 조직하고 지도했다. 전술한 바와 같이 1933년 10월 우연히 李載裕와 鄭泰植은 서로 알게 되었다. 그리고 鄭泰植을 통하여 같은 해 12월 미야케와 李載裕가 만나게 되어 의견의 일치를 보고, 마침내 미야케의 실천운동을 시작하려고 하는 단계까지 진전되었다. 그후 여러 차례에 걸쳐 미야케의 집에서 모임을 갖게 되었고, 그사이 12월말 마침 공판중에 있던 간도공산당사건 관계자에 대한 구원금으로 李載裕를 통하여 20圓을 제공하고, 조선 적화운동방침 수립을 위해 별지 제1호와 같은 광범위한 국제정보와 조선내의 정세 등을 토의 결정했다. 그리고 마지막으로 운동방침 수립에 대하여 토의하려고 하는 순간, 해결을 보지 못한 채 1월 21

일 李載裕는 경성 서대문경찰서에 검거되었다. 그래서 미야케는 앞서 토의 결정된 각종 정세에 관한 내용을 적은 것(별지 1호)이 타는 것을 막기 위해 접시로 덮어 화로 밑에 매장 은닉했다. 한편 李載裕 체포에 관한 사실여부를 확인하고 또 李載裕가 공작한 조직의 잔당을 수습하기 위해 鄭泰植으로 하여금 방안을 모색하게 했다. 그러는 사이 權榮台의 조직과 충돌하게 되었는데, 이것도 지도해 나갔다. 그 후 4월 14일 李載裕가 탈출하여 미야케의 집을 찾아와 당분간 숨겨줄 것을 요청하자, 미야케는 즉시 鄭泰植을 불러 셋이서 협의한 결과, 미야케의 집에서 보호하게 되었다. 이틀간은 응접실에서 기거하였으나, 마침 春期 淸潔法의 시행에 관한 통지가 있어 경찰의 검사를 받게 되자, 발각될 것을 우려하여 李載裕에게 移植用 작은 삽을 주어 마루 밑에 숨도록 했다. 李載裕는 이 삽으로 응접실 마루밑에 세로 5척8촌(약176cm), 가로 3척7촌(약112cm), 깊이 3척4촌(약103cm)의 커다란 웅덩이를 파고 기거하게 되었다. 또 응접실 판자에 송곳을 사용하여 작은 콩알만 한 크기의 구멍을 뚫고 통신문을 가늘게 접어 그 구멍을 통하여 서로 연락을 주고받았다(연락이 끝나면, 그 구멍을 작은 나무로 막아 발각되는 것을 예방했다). 그 동안 미야케 부부는 일상적인 식료품은 물론 침구 등 일체의 생활용구를 제공하고, 비상시 도주 여비로 30원과 갈아입을 옷 및 금도금이 된 회중시계 한 개를 주어 5월 21일까지 숨겨주었다. 그러나 미야케는 當部에 연행되어 취조를 받을 때도 李載裕가 잠복하고 있다는 것이 발견되지 않았다는 것을 눈치채고 범죄사실이 분명해졌음에도 불구하고 애매모호한 말을 하면서 진실을 자백하지 않았다. 시간을 끌어 도주의 기회를 만들어, 결국 李載裕가 도주할 수 있게 했다.

(4) 權榮台와의 관계범죄

前記한 바와 같이 미야케는 鄭泰植으로 하여금 李載裕가 공작한 잔당을 찾던 중, 금년 3월 중순에 우연히 權榮台의 조직과 충돌하게 되었고, 그후 서로 알고 지내게 되어, 의견을 나눈 결과 서로 일치점을 발견하고 제휴하여 조선 적화에 진력할 것을 약속하게 되었다. 이리하여 미야케는 곧 조직될 경성공산주의자 그룹의 한 부문을 담당하게 되었다. 그러나 지위 관계상 제1선에 나서는 것을 자제하여 각종 번역 및 출판 등 소위 문화부 및 자금부를 담당하고, 사실상 배후에서 權榮台를 지도했다. 그리고 당시 독일 체재 중이던 李康國으로부터 발송되어 오는 『룬도시야프』에 게재되었거나, 코민테른 제13회 집행위원회 프레남 테제를 번역하여 넘기기도 했다.

그후 權榮台로부터 權榮台 등이 작성에 관여한 '메이데이'의 '선전물'(4월 30일

京高特秘 제1184호로 통보했기에 생략)을 미야케에게 전하고, 메이데이의 투쟁자금으로 100圓을 요청하자 이를 약속했다. 이리하여 둘의 왕래 연락은 점차 빈번해졌다. 그러는 동안 전기 테제의 번역문을 權榮台에게 넘겨주고, 權榮台로부터는 權榮台 등이 새로이 발행한『프롤레타리아』라는 제목의 2장짜리 기관지를 받았다. 이어서 앞에서 한 약속에 따라 메이데이 투쟁자금으로 미야케로부터 鄭泰植을 통하여 35圓을 받고, 權榮台로부터는 前記 테제에 대한 인쇄물을 받았다. 權榮台로부터 받은 인쇄물은 읽은 후 마루 밑에 있는 李載裕나 朴文圭 등에게 넘겨주었다.

(5) 그밖의 범죄

전라남도에서 검거 송치된 衡平社 회원의 치안유지법 위반사건 관계자 李南鐵은 잡지 이로츠타社를 경영하던 중, 여러 차례에 걸쳐 투고를 요청한 적도 있고 하여 미야케와는 일찍부터 알고 지내는 사이였다. 1933년 3월경 일본공산당에 대한 1932년 테제의 강연요청이 있어 승낙했는데, 그달 某日에 사전 약속 없이 趙松熙 외 1명의 조선인을 동반하고 찾아온 적이 있다. 이후 미야케와 趙松熙는 서로 알게 되어, 금년 4월경까지 연락은 주고 받았다. 그동안 작년 12월초경 趙松熙로부터 자신은 이미 전남북 쪽에 상당한 조직을 결성하고 있으므로, 일본공산당과의 연락을 알선해 달라는 요청을 받았다. 그러나 여러 가지 사정이 있어 이를 승낙하지 않은 사실이 있다.

4. 미야케의 실천운동에 대한 장래의 포부

마르크스 이론에 근거한다면, 세계 경제공황은 날이 갈수록 심각해져 가는 한편, 세계 각국의 무력적 대립은 점점 노골화되었다. 특히 일본은 다가올 1935, 36년의 위기를 앞두고 대소관계는 累卵과 같은 위험한 시점에 있었다. 이러한 시점에 프롤레타리아의 조국 소련의 옹호 및 조선의 적화혁명의 실현을 위해 당의 결성은 무엇보다도 시급한 일이었다. 이러한 의미에서 李載裕 일파와 權榮台 일파를 통일 병합하고, 자신의 영향력 하에 있는 朴文圭, 鄭泰植, 崔容達, 李明新, 白南雲, 孫初岳 등을 동원하여 하나의 견고한 당조직을 만들어 금년 6월경까지는 조선지부로서 정식으로 국제공산당의 승인을 받아, 제7회 대회에는 정식대표를 파견할 것을 계획하고 있었다. 만일 불행히 실현이 불가능하게 되었을 때는, 독일에 유학중인 李康國을 옵서버로 파견할 생각으로 權榮台 鄭泰植 崔容達 등과 협의를 계속했다.

2. 함경남도 원산부(元山府)를 중심으로 한 조선민족해방전선 결성 및 지나(支那)사변 후 후방 교란사건의 개요*

제1.

1938년 10월 18일을 기해 함경남도 원산경찰서가 중심이 되어 일제 검거를 단행한 제목과 같은 사건은 여러 의미에서 반도에 있어 근래 가장 주목할 만한 공산주의운동사건이었다. 반도에서 좌익운동은 누차의 탄압과 사상정화공작의 전개 및 그와 병행한 만주사변의 발발을 계기로 하여 도도한 낙조(落潮) 일로를 걷고 있으며, 특히 금번 지나사변(支那事變) 발발에 즈음하여서는 현저하게 국민정신의 앙양을 보여 전 조선적으로 열렬한 총후(銃後)애국운동이 전개되고, 사상 전향자가 속출하며, 반도 사상계의 호전은 전적으로 격세지감을 나타낼 정도에 이르렀다. 이와 같은 정세 하에서 일반 좌익 특히 비전향 사상 전과자의 무리들은 시국의 중압에 눌려 어쩔 수 없이 침묵 내지 정관하며 적극적으로 준동을 피하는 것으로 관찰되기 일쑤였는데, 이 사건의 검거는 보기 좋게 그 관찰을 배반한 것이라고 할 수 있다. 그들의 견해를 요약하면, 지나사변은 당연히 일소(日蘇) 개전으로까지 진전되어 일본은 경제적 파탄으로부터 필연적으로 패전에 이를 것이라는 견지에서 "전쟁을 내전으로"라는 슬로건에 기초하여 반전반군사상의 선전에 노력하며, 대중을 획득하여 반일인민전선의 결성에 의거해서 일본을 패전으로 이끌 기운이 성숙해지면 무장봉기 후방교란의 수단에 나서 일거에 일본제국주의를 타도하고 민족의 해방 및 소비에트정권을 수립한다는 목적을 달성하려고 한 것이었는데, 그 전술은 전적으로 코민테른 제7회 대회에서 채용한 인민전선운동방침에 기초한 것이었다. 지나사변 발발 후에 있어 인민전선운동방침에 의한 우리 후방 교란사건으로서는 목하 함흥지방법원 예심계에서 심리중인 소위 혜산사건이 있고, 그 검거는 당시 반도를 뒤흔든 바 있는데, 원산사건은 현재까지의 취조 정황에 의하면 위 혜산사건과는 전혀 별개의 계통에 속하며, 혜산사건이 전적으로 중국공산

---

* 朝鮮總督府 高等法院檢事局思想部, "咸鏡南道元山府を中心とせる朝鮮民族解放統一戰線結成 並支那事變後方攪亂事件の槪要," 『思想彙報』 第 21號 (1939年 12月), 179~192쪽.

당 만주성위의 영도 하에 있는 운동인데 반해, 원산사건은 동 사건과 같은 인민전선운동에 의존하고 우리 후방 교란을 목적으로는 하고 있으나 코민테른, 중국공산당 또는 일본공산당 등과는 하등 연락도 없이 전부 사상전과자 무리에 의한 적색노동조합 조직운동을 기초로 하여 밑으로부터 고조된 운동인 점에서 현저한 특색을 보이고 있다. 본 사건은 혜산사건처럼 테러행위로까지 발전하지는 않고 있으나, 수뇌부의 공산주의 의식의 깊이, 인민전선전술의 정확한 파악, 그 운동 전개의 교묘한 점 특히 대중 획득을 위한 적극적인 문서활동의 전개 등은 혜산사건에 비할 바 아니며, 그 대상이 국경 산악지대의 의식수준이 낮은 농민과 원산처럼 수준 높은 노동자의 차이가 있으며, 현저하게 운동이 첨예화되어 있다는 점 등이 주목할 만한 것이라고 생각한다. 원산은 소위 원산총파업사건 이래 반도에서 적색노동조합운동의 아성이고, 조선요업이 위치한 흥남과 함께 전부터 프로핀테른의 거점이었음은 주지하는 바이고, 여기에서 본 사건의 검거 총수는 합계 110명에 달하여, 그중 피의자로서 송국된 것은 77명으로 목하 함흥지방법원 예심계에서 심리중이다(1939년 8월 31일 기소). 검사 처분 내역은

  기소처분   44명
  기소유예   2명
  무　혐의   12명
  기소중지   12명

이다. 이미 본건의 검거에서 단서를 찾아 함경남도 평야지대인 영흥, 문천, 정평, 홍원 등의 각 군내에 적색농민조합 재건조직운동을 중심으로 인민전선운동에 의거하여 우리 후방 교란운동이 전개 중에 있는 것이 발각되어 목하 검거 취조 중(정평 관계의 것만 송국 완료)에 있고, 그 총수 300명을 넘는 상황이다. 위 함남 평야지대에서의 운동은 본 원산사건과 밀접한 연락이 있는 것으로 추측되는데, 주모자 미검거 등의 이유 때문에 그간의 사정은 아직 충분히 규명되지 않고 있기에 마침내 원산사건만 취조의 편의상 분리하여 송국하는 것이다. 이미 함북 청진방면에서 적색노조 조직이 있는 것도 발각되어 이것도 함남의 사건과 병합하여 수사 중에 있다. 함북의 적색노조사건도 결국 원산사건과 유기적 연계가 있는 것으로 상상하지 않으면 안 되나 이것이 아직은 명확하지 않다. 원산사건 및 이와 관련하여 검거된 정평 이하 각 군에서의 사건 그리고 함북 청진사건 등의 주모자는 거의 전부가 사상전과자이고 그중에는 보호관찰처분을 받은 자도 다수 섞여있어 표면적으로 전향을 위장하며 암약하고 있음은 장래 가장 경계를 요하는 점이라고 생각된다.

독소불가침조약 체결 이후 소련방은 노골적인 적색제국주의침략을 발휘하며, 이것이 일심동체의 코민테른전술에 어떠한 변화를 미칠 것인지, 전세계의 주목의 대상이 되어있는데, 이미 코민테른의 간부는 고도 자본주의국가에 대하여는 계급투쟁의 격화로써 적화방침을 삼아야 할 것, 식민지 및 반식민지에 대해서는 의연 인민전선운동방침은 변경시킬 것은 아니라는 견해를 표명한 것처럼 전해지고 있다. 여하튼 코민테른이 인민전선운동을 유효적절한 전술이라고 간주하는 한 이를 포기할 리가 없고, 당분간 코민테른의 인민전선운동이론이 반도 사상운동을 리드하여 가리라고 생각하는 것이 좋지 않을까 한다. 이런 의미에서 본건은 중대한 시사를 포함하고 있다고 할 수 있다.

제2. 주모자의 경력

1. 李舟河 (별명 李世民, 무직, 당 35세)
본적 : 원산부 상리 1동 101번지
주거 : 원산부 신흥리 71번지

함남 북청군 신포의 빈농의 2남으로 출생, 다섯 살 때 부모를 따라 원산으로 이주하여 빈곤하게 성장하고, 사립 보통학교 졸업 후에는 사립 휘문고등보통학교를 3학년 중도 퇴학하고, 1924년 일본으로 도항하여 일본대학 전문부 사회과 동 문예과 혹은 외국어학교 등등으로 전전하며 재학했는데 학비 부족 및 병 때문에 중도에 퇴학하지 않을 수 없게 되어 1928년 5월 귀국하였다. 동경 유학 중 좌익문헌류를 탐독한 결과 공산주의를 신봉하기에 이르렀고, 귀국 후 원산에서 노동에 종사하는 한편 원산총파업에 의해 괴멸된 원산노동조합의 재건에 노력하던 중 1930년 5월 프로핀테른으로부터 파견된 김호반(金鎬盤)의 지도하에 들어가 적색노동조합조직운동(소위 제1차 太勞사건)에 광분 중 검거되어 1933년 3월 13일 함흥지방법원에서 치안유지법위반죄로 징역 5년(미결 구 400일 통산)에 처해졌다가 1936년 2월 25일 복역을 종료하고 출옥했는데도 의연히 전향하지 않고 재 거사의 기회를 노리고 있다.(미검거)

2. 方龍弼 (원산철도사무소 기관구 난방수, 당 23세)
본적 : 원산부 명석동 173번지
주거 : 원산부 명석동 172번지의 1

함남 안변군 단곡면의 부유한 농가에서 출생하여 여섯 살 때 부모를 따라 원산으로 이주했고 공립보통학교 졸업 후에는 원산공립상업학교에 입학했다. 실형(實

兄이 운수업에 실패하여 가산을 탕진했기 때문에 동교 1학년 종료와 동시에 퇴학하고 1933년 5월 원산철도 기관구고 내수(內手)가 되어 기관조수 견습, 기관조수, 난방수 등등이 되다가, 1938년 10월 퇴직하였다. 집안의 몰락 때문에 현사회제도에 대한 반감과 좌익문헌류를 탐독한 결과 공산주의를 신봉하기에 이르렀고 실천운동의 기회를 엿보고 있던 자이다.

3. 崔容達 (사립 경성 보성전문학교 교수, 당 37세)
　본적 : 강원도 양양군 양양면 화천리 120번지
　주거 : 경성부 돈암정 471번지의 55
　본적지 중류 농가의 장남으로 출생하여, 함흥공립고등보통학교, 경성제국대학 예과를 거쳐 1930년 3월 동 대학교 법문학부를 우수한 성적으로 졸업함과 동시에 동 학부 조수로 임명되었다. 1932년 3월에는 이를 사직하고 같은 해 4월 사립 경성 보성전문학교 강사로, 1937년 4월에는 동교 교수로 임명되었다. 대학 재학 중부터 동 대학교 교수이며 공산주의자인 미야케 시카노스케 등의 지도하에 있으면서 공산주의를 연구하던 중에 이를 신봉하기에 이르렀는데, 동 교수에 대해 운동자금을 제공했기 때문에 1934년 7월 19일 경성지방법원 검사국에서 치안유지법 위반죄로 기소유예 처분을 받았음에도 불구하고 의연히 전향하지 않고 실천운동에 나설 기회를 엿보고 있던 자이다.

4. 李康國 (증권회사 중역, 당 35세)
　본적 : 경성부 사직동 65번지
　주거 : 경성부 명륜정 3정목 154번지
　지방 봉건적 양반의 2남으로 출생하여 경성 사립 보성고등보통학교, 경성제국대학 예과를 거쳐 1930년 3월 동 대학 법문학부 졸업과 동시에 동 학부 조수로 임명되어 1932년 사직했고, 사비를 갖고 독일에 유학하여 백림대학에서 공부하다가 1935년 10월 귀국했다. 경성제대 재학 때부터 앞서 말한 미야케 시카노스케 등의 지도하에 있으면서 崔容達 등과 함께 공산주의를 연구하다가 이를 신봉하기에 이르렀고 독일 유학 중에도 독일공산당원과 접촉하며 공산주의 연구에 노력했다. 앞서 말한 미야케 또는 최용달 등에 대해 좌익문헌류를 우송했기 때문에 귀국 직후인 1935년 12월 28일 경성지방법원 검사국에서 치안유지법위반죄로 인해 기소유예 처분을 받았음에도 불구하고 아직 전향하지 않고 실천운동의 기회를 엿보고 있던 자이다.

5. **鄭鎭泰** (경성제국대학 법문학부 조수, 당 25세)
본적 : 전라북도 정읍군 태인면 태흥리 516번지
주거 : 경성부 돈암정 417번지의 77

본적지 중류 농가의 장남으로 출생하여 경성 제일고등보통학교, 경성제국대학 예과를 거쳐 1937년 동 대학 법문학부를 졸업함과 동시에 동 학부 조수로 채용되어 현재 국제법연구실에 근무하고 있다. 고등보통학교 재학 때부터 광주학생사건에 자극되어 민족의식을 각성한 이래 공산주의 연구에 노력하고 이를 신봉하기에 이른 자이다.

제3.

본 사건의 발단은 지나사변 발발 전으로 소급된다. 앞서 말한 바와 같이 소위 제1차 태로사건에 연좌되어 징역 5년에 처해진 이주하가 형의 집행을 끝내고 고향인 원산에 돌아온 것이 1936년 2월이었다. 그는 표면적으로는 병을 정양하는 중이라고 칭하고 근신하는 척하며 위장하고 있었는데, 그 본심은 적색노동조합조직운동을 계속하는 동지와의 연락에 노력하고 있었다. 그러던 중 마침 같은 해 4월 제2차 태로사건에 연좌되어 징역 2년 6월의 형을 마친 全台範이란 자가 원산에 왔었는데, 곧바로 동인과 연락하여 적노(赤勞)조직 준비의 협의를 진전시켰고, 이에 재운동(再運動)의 제일보를 내딛은 것이다. 이리하여 동인의 소개에 의해 원산 철도기관구 조수 겸습 石彪源 및 동인의 친구인 方龍弼, 羅彰彬(철도종업원) 등을 차례로 획득하여 교양을 위한 준비를 해나갔고, 동년 10월 상순 경 위의 方, 羅, 石 세 사람을 자기 집으로 불러 자기를 총책임으로 하는 적노조직 준비기관인 무명 비밀결사의 조직을 완료하고 실천운동 전개의 기초를 구축했다. 당시 이주하가 지녔던 운동이론은 소위 태로 10월 서신의 직역(直譯)을 한걸음도 벗어나지 않았으며 위의 준비기관을 지도기관으로 하여 밑으로부터 위에로의 이론에 기초하여 적노반, 직장위원회, 산업별위원회의 결성을 통해 지역적 적노위원회로 발전시켜 이를 통합하여 전 조선적인 좌익 적노조합조직의 완성에로 영도하려 하고 있었다. 동인은 이미 프로핀테른으로부터 파견된 金鎬盤의 지도하에서 운동하고 있었는데, 이번에도 코민테른과 연락을 갖고 있는 유력한 오르그의 파견을 구해 그 지도하에서 이론의 오류를 피하고 정통 노선상의 운동을 전개하려고 기도하여 동년 10월부터 1938년 9월까지의 사이에 자기 또는 方龍弼이 획득한 동지 申在英, 金軫星, 金光寅, 車得煥을 계속해서 소련방에 잠입시켰으나, 소기의 목적 즉 오르그의 획득은 이루지 못한 모양이다(그중에서도 차득환은 함북 웅기까지 갔으나 경계가 엄중하여 도중에 돌아왔다). 위와 같이 이주하는 코민테른과의 연락에 노력하는 한편 '이론'의 공급자인 유력한 동지를 물색하는 중이었다가 우연히 최용달, 이강국 두 사람과 서로 제휴하여 '이론'과 함께 '자금'의 공급을 받게되어 이주하의 활동은 과연 활발하게 되기에 이르렀다.

제4.

최용달은 앞서와 같이 미야케 교수사건에 연좌되어 기소유예 처분을 받은 후 동 교수의 처 미야케 히데에게 금품을 증여하는 등 구원사업을 벌이고 있었는데, 1935년 11월 학우 이강국이 독일로부터 귀국하자 동인으로부터 코민테른 제7회 대회에서 결정된 인민전선운동에 관한 결의 내용을 청취하고 공명하여, 동인과 제휴하여 該 신운동방침에 기초한 운동을 전개할 것을 서로 서약하기에 이르렀다. 한편 최용달은 마찬가지로 미야케 교수사건으로 연좌하여 투옥된 鄭泰植의 정부로 최용달과도 친교가 있는 金玉月이란 여자가 고향인 원산으로 귀환하는 도중에 옛 친구 李禮分의 소개에 의해 그녀의 실형인 이주하와 서로 알게 되어 동인과 연애관계를 맺기에 이르렀다. 그리하여 최용달이 때마침 1936년 7월 하순 폐병 요양 때문에 원산에 가게 되었을 때 이를 안 김옥월이 동인에게 이주하를 소개했고, 이에 처음으로 본건 두 거두의 악수가 성립되었다. 최용달은 이주하의 투쟁경력과 그 확고한 신념을 높이 평가했고, 李는 崔의 이론을 존중해서 상호 제휴하여 운동을 전개할 것을 서약하기에 이른 것이다. 그후 최용달은 李에 대해 김옥월을 통해 레닌의 저작 기타 좌익문헌 및 운동자금 1백원을 교부해 왔는데, 1937년 6월 이주하가 최용달과 연락을 위해 상경했을 때 한강 모래사장에서 崔, 이주하, 이강국 3명이 회동하여 崔로부터 이강국을 소개하여 의견의 교환을 했다. 그때 이강국으로부터 독일 유학 중 알게 된 인민전선운동의 신이론이 설명되었고 이 노선에 따라 반파쇼운동을 전개하며 이것을 통해 조선민족해방의 전선을 통일해야 할 것이라는 요지가 역설되어 일동의 찬동을 얻고, 최용달 이강국 두 사람은 공동 지도자로서 앞의 제3항에 기재된 적노조합준비기관에 가입한 이주하와 협력하게 되었다. 그때 최용달 및 이강국은 주위 환경상 직접운동의 표면에 부상하는 것을 피하고 이주하를 표면으로 세워 실천운동을 시키고, 그에게 좌익문헌 및 자금의 제공 그리고 출판물 원고작성 등의 측면적 원조를 하기로 협정했다. 그 결과 이강국은 1937년 7월 및 동년 10월 2회에 걸쳐 이주하에게 최용달을 통해 2천 2백원을 교부했고(이강국의 처가는 자산 3백만원의 부호였다), 활발한 출판활동을 한 것 외에도 독일공산당원 안나라는 자가 우송해주어 받은 좌익문헌류 다수를 번역하여 이주하에게 우송했다(코민테른 제7회 대회 결의, 에르고리 전쟁문제 등). 최용달도 역시 자필 원고를 작성하여 교부했고, 이것들은 모두 지도기관의 기관지 <노동자신문> 그밖의 불온출판물의 자료가 되었다. 또한 이강국은 사변 발발 후인 1937년 11월 원산 송도원에서 이주하를 회견하고 동인에 대해 사변 하에서 반전투쟁의 중요성을 지적하고 그것의 확대강화를 강조했으며, 다시 동년 12월 최용달은 이주하가 있는 곳을 방문하여 조선공산당 행동강령을 수교함과 동시에 조선지원병제도 반대운동의 필요성을 역설하는 외에, 1938년 3월, 동년 6월, 동년 10월 3회에 걸쳐 서울에서 최용달, 이주하, 이강국 3명의 지도자회동을 개최하고 반전반군을 슬로건으로 하고 시국에 대응한 인민전선운동 전개방침에 대하여 여러 가지의 협의를 한 것이다.

제5.

이주하는 앞서 말한 바와 같이 이강국으로부터 인민전선운동에 관한 설명을 청취하고 이에 공명하고 원산으로 돌아가자마자 지나사변의 발발에 맞추어 방용필에 대해 운동방침의 변경에 관한 새로운 지령을 내렸다. 그 내용은 전적으로 코민테른의 인민전선운동방침을 옮겨 놓은 것에 불과하지만, 본 사건의 성질을 아는 자료로서 그 요지를 적어 보면 다음과 같다.

조선에 있어 혁명운동은 일본제국주의에 의한 조선침략 이후 국가적 자주성을 상실한 이래 완전히 일본제국주의 식민지로서 자본주의 발전이 저지되어 반봉건적인 형태로 기형적으로 성장했다. 조선 부르조아지는 3·1운동에 있어 반동 이후 일본제국주의에 규합하고 조선에서 자기의 계급적 임무까지를 포기했다. 조선의 노동자계급은 원산총파업 이래 혁명적으로 성장하여 조선에서 자기문제 해결을 위해 자본민주주의혁명의 제창자로서 태어났다. 조선의 농민은 봉건적 지주의 착취와 일본제국주의의 착취에 의해 노동자의 혁명적 성장과 함께 그 부족한 정치적 역량을 보조하는 층으로서 성장했다. 조선의 전인민은 일본제국주의의 기반(羈絆)으로부터 벗어나 자기 민족에 의한 국가의 성장을 위하여 3·1운동을 계기로 하여 민족해방을 기도했으나, 일본제국주의의 폭력에 의해 모두 좌절 실패했다. 그러나 조선의 전 민족 가운데에는 조선민족의 조선을 위해 일본제국주의 반대의 잠재의식이 전체적으로 공통의 것으로 되어 있다.

일본제국주의가 아시아 침략과정에 있어서 중국민중의 무장항전 하에 일어난 지나사변인 전쟁은 필연적인 것으로 되고, 이에 덧붙여 자국에 있어 경제적 정치적 파멸의 위기의 증대에 의해 약화되는 정세는 조선의 혁명운동의 과정에 있어 일본제국주의 세력을 조선으로부터 구축하는 것을 당면의 과제로 함과 동시에 그 수행을 용이하게 한 것이다. 따라서 조선의 공산주의자는 조선에 있어 반일적 제 요소를 규합하고, 광범한 조선민중에 의한 민족해방전선 결성을 급무로 하는 것이다. 조선의 민족해방전선은 극동에 있어 공동의 목적을 갖는 일본제국주의 세력을 식민지 반식민지로부터 구축하는 모양으로 통일행동을 하지 않으면 안 되는 것이다. 또한 일본제국주의는 중국에 대한 침략전쟁으로 자기의 썩어가는 생명을 유지해 보려고 하는 야망을 노골화하고 자기의 최후의 운명을 결정할 시기를 촉진해가고 있는 것이다.

조선의 혁명적 노동자는 이 혁명적 위기가 성숙해 가는 정세 하에서 일본제국주의를 결정적으로 타도하고 자기 권력을 수립하기 위해 과감하고도 희생적인 투쟁을 준비 수행하지 않으면 안 된다. 이 투쟁의 결정적 수행 및 승리를 보장하는 것은 혁명적 조직의 사수 및 확대 강화와 진실로 올바른 정책 하에서 종합적 전략전술의 성공적 실천에 있는 것이다. 혁명적 노동자들은 이 정세를 올바로 파악하고, 각자 자기에 부과된 계급적 임무를 인식하고 자기 영역에 있어서 혁명적 활동을 활발히 전개하는 것을 요구하는 것이다.

혁명적 노동자들은 그 조직을 일본제국주의의 결정적 공업, 산업의 결정적 공장 직장 속에 근거를 내리고, 늘 부단한 투쟁활동을 통해서 직접 간접으로 일본제국주의의 힘을 약화시켜 중국에 대한 침략전쟁을 패전으로 이끌어 중국민족해방투쟁혁명의 성공적 전진과 연달아 조선에 있어 혁명을 보장하는 민족성 해방투쟁을 결정적으로 수행하는 준비투쟁을 하지 않으면 안 된다. 그것을 위해서는 일본제국주의의 중국침략의 파괴성을 광범한 대중 가운데 폭로하고, 이를 이 전쟁에 의한 직접 간접의 이해관계를 충분히 여론화하고, 그것을 반전여론으로 집중시켜야 할 것이다. 이 반동적 약탈전쟁의 희생을 일본제국주의 타도 민족해방투쟁으로 전환시키기 위해 선동하고, 혁명적 전략전술 및 우리들의 제 정책을 대중 가운데 명료하게 하고, 그 승리에 대한 확신을 불러일으키도록 선전하고, 행동을 요구하는 모양으로 호소활동에 노력해야 할 것이다. 조선의 혁명적 노동자들은 각자의 전선에 있어 혁명적 조직을 강화하고, 노동자 대중을 그 주위에 집결시켜 부단한 정력적 활동에 의하여 그 임무를 다하지 않으면 안 된다.

그러므로 과거 우리들의 적색노동조합원의 대중생활에 조합원층에만 국한하지 말고 각 산업부문에 있어 우리들은 일상의 불평불만을 모아 선전선동으로써 계급투쟁을 강화하고, 이 투쟁을 통해 적색노동조합원의 획득에 주력하는 것이

현금 세계제국주의 국가에 있어 파시즘의 대두, 특히 중국 및 조선에 있어 일본제국주의의 위기 절박에 수반하는 파시즘의 급진적 대두의 정세에 비추어 우리들에게 이에 대처하고 타도해야 할 코민테른 제7회 대회에서 결의된 인민전선운동의 방침에 기초하여 앞의 민족해방통일전선을 결성 강화해야 할 것이다. 이를 위해 우리들은 종래의 적색노동조합조직의 확대 강화의 방침에로 일보 전진하고, 우리들 공산주의자에게 조선민족해방통일전선의 공동목표인 "일본제국주의 타도"의 슬로건을 높이 들고, 이 공동목표 아래서 노동자계급만이 아닌 농민, 소부르조아, 학생, 인테리겐챠, 각종 종교단체 기타 제 계층 민족개량주의 및 각종 반동단체들의 가운데까지 침투하고, 그들 사이에 일상적으로 부단히 일어나는 제 문제를 개별적으로 취급하여 가장 적절하고 타당한 방식으로 그들의 이익 옹호를 위해 우리들 공산주의자는 최전선에 서서 투쟁하며, 그 투쟁 가운데서 그들의 신임을 얻고 그리하여 이들 제층 민족대중을 지도하고 계급 없고, 성별 없고, 직업 구별 없고, 정당 구별 없는 초당파적 통일기관을 설치하고, 이를 중심으로 해서 민족해방통일전선을 결성할 결정적 시기에 도래하면 공산주의적 제 조직의 영도 하에 통일전선을 반일폭동전선으로 동원시킴으로써 지나사변을 내란으로 이끌고 우선 조선독립의 목적을 달성할 것이다.

그러므로 이 사이에 우리 공산주의자들은 민족해방통일전선 조직의 영도권을 확보함과 동시에 공산주의적 제 조직의 확대 강화를 게을리 하지 않고, 그리고 그 조직의 확대 강화가 고도화되는데 따라서 민족해방통일전선의 최고 지도자인 공산당의 결성으로까지 이르러야 할 것이다.

그리고 또 민족해방투쟁의 결정적 시기에 있어 무장봉기의 수단 방법은 ①민족해방전선의 전국적 조직과 지도인식의 강화 ②객관적 정세의 성숙에 의한 결정적 시기의 선택 ③부단한 직접 간접의 투쟁을 경험하고 결정적 투쟁에 참가하는 대중의 적극성의 증대와 결의의 강화 ④강인한 지도기관에 의한 통일적 계획과 준비의 완성 등 주관적 객관적 정세 및 조건의 성숙의 구비를 전제로 한다.

때문에 ①경향과 조직의 여하를 불문하고 항일의식이 있는 인민으로 광범한 전국적 민족해방통일전선을 결성하고, 이것이 통일적 지도기관을 설치하고 일본제국주의 세력을 조선으로부터 구축하며 민족을 전체적으로 향상시키기 위한 투쟁에 궐기하도록 부단한 선전선동을 하지 않으면 안 된다. ②일본제국주의의 세력을 약화시키기 위해 광범위한 투쟁을 의식적 계획적으로 격발시키며, 그 투쟁을 보다 높은 단계로 이끌어 일본제국주의의 약화와 조선민족의 결정적 투쟁 참가를 증대시키는 것과 더불어 부분적 투쟁을 전체적 투쟁으로 광범위하게 확대시킴으로써 투쟁전략의 공세를 멈추어서는 안 된다. ③조선민족투쟁의 지도기관은 이 투쟁을 통해서 전선을 바로 평가하고 정세를 유리하게 전환시켜, 부단한 투쟁과정에 있어 최정수분자를 중심으로 하는 자위단조직 등과 같은 행동대를 조직하고 여하한 투쟁에 있어서도 활발한 투쟁을 전개하고 훈련하지 않으면 안 된다.

다시 이 지도기관은 무장봉기를 위해 적의 주력에 결정적 타격을 주고 힘을 분산시켜서 전투력을 짓부수며, 자기의 주력 공격을 강화하기 위해 일본제국주의의 정치, 군사, 경제, 문화 기타의 주요 거점을 점령 수탈하기 위해 충분한 계획을 미리 수립하고 각자의 공격목표에 대해 정치(精緻)하고 그리고 가장 첨예한 행동대를 배치하지 않으면 안 된다.

결정적인 무장봉기는 충분한 준비활동과 투쟁을 통해 총체적인 여론을 결정적 투쟁에 집중시키고 완전한 계획 하에 행하지 않으면 안 된다. 그 전략전술은 ①조선민족 해방을 목적으로 하는 지도적 투쟁조직을 전위로 하고, 노동자 빈농민을 중심으로 하는 조선민족의 해방전선(특히 행동대 조직을 핵심으로 하는)을 주력군으로 하고, 일본의 혁명전선 및 중국의 민족해방투쟁전선과의 완전한 연결 그리고 소비에트동맹의 지지를 예비군으로 하며 ②적의 주요 거점을 점령하고 그 통일을 파괴하며 적의 주력을 분산시키고, 이 투쟁의 성과로써 적을 고립시키고 중심행동조직을 일거에 박멸하는 양상으로 행동해야 할 것이다. 특히 이 투쟁은 기민하고 또 단시간 내에 행하여 완전히 일거행동에 가깝게 하는 것에 의해서만 승리를 보장할 수 있다. 민족해방군에 의해 점령된 각 거점에 민족해방군을 점차 충실화하는 군사적 장비를 증강하고 공세력을 완전히 유지하여 적의 궤멸을 위해 전력을 집중시키지 않으면 안 된다. 점령지 내에 있어 제 기관은 완전히 민족해방전선에 의해 운영 통제하고 이것의 확보와 강화는 특히 정력적으로 하지 않으면 안 된다.

이 때문에 조선민족은 국가적 자주성 상실과 식민지 민족화 때문에 군사적 교련이 일반화되지 않은 특수성으로 인하여 일본제국주의군대와 같은 훈련이 있는 군대조직은 불가능하다고 하더라도 적의 군사적 제 시설과 군사적 제 정책에 의해 필연적으로 성장하는 조선인 중의 군사적 제 요소의 존재를 부정해서는 안 된다. 조선민족해방군의 행동대에 의거하여 적의 군사적 제 시설, 제 기관의 점령에 기타 조선민족해방군의 군사적 제 행동과 그 조직적 활동을 보장한다. 다시 일본의 혁명전선, 중국민족해방전선, 소련방은 일본 파쇼군대의 자기분열과 조선민족해방군과의 행동통일을 보장한다. 그렇기 때문에 조선민족해방 무장봉기에 경찰서, 헌병대, 병참부 기타 군사적 제 시설을 일거에 기습적 공격으로써 점령하고 그 성과로써 일본 부르조아 정규군의 수뇌부를 섬멸시키고 군대의 무장해제, 해방, 개편을 행하고 정치적 경제적 제 기관 및 문화기관 특히 선전 선동적 역할이 큰 시설을 점령함으로써 결정적 승리에로 투쟁을 진전시켜야 할 것이다.

라고 되어 있고 이 지령에 기초하여 그후 이주하 지도하에서 종래 적색노동조합 조직운동과 병행적으로 조선민족해방통일전선 결성 그리고 지나사변 후방 교란계획이 전개되게 된 것이다.

제6.

앞서 제3항에 기재된 조직준비기관 결성 후의 활동상황은 다음과 같다. 즉 동 기관은 앞서와 같이 1936년 10월 상순 결성되었는데, 우선 원산 내에 있는 3대 산업 즉 철도, 금속(주로 철공장 방면), 화학(주로 조선석유 원산공장 방면)의 세 부문에서 각각 산업별위원회를 조직하고 그 하부조직인 적노반의 결성에 착수한 것이다. 우선 철도부문에 있어서 전적으로 방용필의 활동에 의해 착착 철도종업원 중에서 동지의 획득에 성공했고, 1936년 말경부터 하부조직인 적노반의 결성에 성공했으며, 1937년 4월 이주하의 지령에 의해 방용필을 지도자로 하고 유유록(劉柳綠)을 책임으로 하는 적노 원산철도위원회를 결성하고, 이를 중심으로 하여 더욱더 적노반의 결성 증가를 위해 노력했다. 그 사이 지나사변의 발발에 때 맞추어 이주하로부터 방용필에 대해 인민전선운동방침에 의한 전술 변경의 지령이 있었던 것은 앞서 기재한 바와 같다. 한편 화학부문에서는 앞에 언급한 김태범이 중심이 되어 1937년 10월 이영훈(李永勳)을 책임자로 하는 조선석유 원산공장 적노반의 결성에 성공했으나, 금속부문에서는 책임자인 김여섭(金麗燮)의 의식수준이 낮아 방용필의 독려에도 불구하고 적노반의 결성은 지지부진하게 진행되고 있는 상황이다. 이렇게 적노 하부조직의 진전과 반일대중단체 결성의 기운이 양성된 것을 간취한 방용필은 적노 지방중앙기관 조직의 기운이 무르익었다고 보고, 이주하의 지휘를 받아 1938년 4월 동인을 지도자로 하고 방용필을 책임자로 하는 적색노동조합 원산좌익위원회의 결성을 완료한 것이다. 동 위원회는 적노조직 겸 민족해방통일전선 결성운동의 지방적 중앙지도기관이었고 유유록이 철도책임, 김여섭이 금속책임, 방용필이 화학책임을 겸무하게 되었다(동년 7월이 이르러 이영훈이 화학책임이 되었다). 동 위원회는 1938년 10월경까지의 사이에 차재영(車載永) 외 수명의 가입을 보았고 진영의 정비에 노력했다. 각 부문에 있어서 구체적 인민전선운동을 개관하면, 우선 화학부문에서는 이영훈의 활동에 의해 조선석유 원산공장에

1938년 6월 친목회가 조직되어 회원 26명을 획득했고, 금속부문에서는 김여섭의 활동에 의해 그즈음 스포츠단 및 친목계의 조직에 성공하여 수십명의 철공소 직공을 획득할 수가 있었다. 다시 철도부문에서는 방용필의 활동에 의해 동년 7월 5일을 기해 원산철도사무소 내 종업원 수십명을 망라한 철우회라는 대중친목단체의 결성에 성공했다. 이상의 각 친목 또는 스포츠단체는 지도자에 있어 표면으로는 친목을 가장하고 이면으로는 반전반군사상을 선전하며 반일인민전선의 일익으로서 활약할 것을 기도하는 조직인 것인데, 대부분의 회원은 최초 그 뜻을 알지 못하고 가입한 것이었지만, 각각 임금인상투쟁 등의 일상문제를 파악하고 활발한 활동을 전개하고 있었고, 이중 가장 유력하고 또 조직적인 활동을 한 것은 철도종업원에 의해 조직된 철우회였다. 동회는 회원도 많고 비합법적인『신호기』라는 기관지를 갖고 매호 70부 정도를 제6호까지 발간해서 회원에 대해 반전반군사상을 주입하기에 광분했다. 이상과 같이 지나사변 발발 후에 전개된 인민전선운동은 상당히 뿌리 깊고 광범한 것인데, 전해 듣는 바에 의하면 방용필 및 유유록은 검거되었을 때 이번의 검거가 지연되고 앞으로 1, 2년간 운동이 계속된다면 원산철도사무소 관내 2천 수백명에 달하는 종업원은 물론, 원산에 있는 금속 및 화학부문 방면의 노동자를 대부분 획득하고, 어느 때고 무장봉기에 동원할 수 있는 준비가 완료될 것이라고 전망해도 충분할 것이라고 한 바, 금번의 검거에 실패했다면 유감스럽다고 탄식했을 것이다.

제7.

활동 중 가장 주목할 만한 것은 출판활동인데 앞서 언급한 <신호기> 외에도 지도기관 기관지로서 1936년 11월 11일부터 1938년 10월에 이르기까지 <노동자신문>을 매호 30부 정도로 36호까지 발행(<노동자신문< 제9호의 일부는 사상휘보 제18호에 소개)하는 외에도 "지원병제 실시에 저항하라"라는 제목 등 10종의 팜프렛을 발행했다. 아무튼 불온문서임시취제령에 위반되는 불온문서였고, 원고는 주로 이주하, 최용달, 이강국, 방용필, 김태범 등의 집필과 관계가 있는 것이다. 출판책임은 최초에는 김진성이었으나 동인이 소련으로 간 후에는 송별립(宋別立)이 이를 담당했고, 1937년 12월 이후는 김재갑(金在甲)이 담당했다. 위의 김재갑은 신의주공립고등보통학교 경성제국대학 예과를 거쳐 동 대학 법문학부에 입학했으나 대학교육은 노예교육이라고 하여 1937년 7월 자발적으로 퇴학했고, 최용달의 소개에 의해, 이주하의 지도하에 들어가 실천운동에 종사한 자이다.

제8.

본건에 파생하여 발각된 것에 경성제국대학 내의 독서회사건이 있다. 정진태 및 김재갑은 경성제국대학 법문학부 재학 중에 서로 주의적 교유를 지속했고 1937년 동 학부 학생 조동개(趙東凱) 외 수명을 권유하여 비합법적 적색 독서회를 결성하고 마르크스 자본론 등을 교과서로 하여 수시로 집회를 개최하고 공산주의의 연구에 몰두해 오다가 1938년 1월 회원 중 예과생을 분리하여 본과그룹과 예과그룹으로 개조했다. 이 독서회는 정진태의 지도하에 있었는데 1937년 12월 중 동인과 최용달과의 사이에 연락이 생긴 이래 최용달의 영향 아래 들어가 앞서 말한 본과·예과별 조직 개조와 같은 것은 崔의 진언에 의한 것이었다.

3. 제국주의전쟁에서 전투적 노동자의 임무*

본문은 함남 원산부 내에서 발견된 비밀출판물인 <노동자신문> 제5호에 게재된 불온문서로 지나사변을 기회로 하여 공산주의자의 오르그들이 지나사변을 어떻게 보고 있는가, 운동방침을 어떻게 전개하려고 생각하고 있는가를 아는 데 충분한 재료라고 생각하기에 이에 게재한다. 집필자는 불명이다.

전쟁은 왜 하는가?
전쟁은 사회가 계급으로 즉 착취자와 피착취자로 분열되어 있기 때문에 일어나는 것이다. 자본주의와 전쟁은 분리될 수가 없다. 자본주의가 존속하는 날까지 전쟁은 반드시 추종하는 것이다. 전쟁은 인간의 악성(惡性)으로부터 생기는 것이 아니며, 또 정부의 악정(惡政)으로부터 생기는 것도 아니다. 생산수단을 사유하고 자유경쟁과 착취를 기본으로 하는 자본주의의 직접적인 결과이다.
자본주의의 독점적 단계인 제국주의는 자본주의의 모든 모순을 더욱 첨예화하여 지구상에는 프롤레타리아 독재국가인 소련을 제외하고는 몇 몇 제국주의 국가의 손아귀에 독점되어 있다. 이 몇 개의 강도들 사이에는 정치적으로도 경제적으로도 발전이 동등하지 않기에 상호간에 먹이를 재분할하려고 하고, 이 때문에 이 식민지 반식민지 분할을 위한 제국주의전쟁을 하는 것이다. …… 수억만에 달하는 프롤레타리아트와 식민지 노예를 착취하기 위하여 피로 물든 억압전쟁으로써 현상을 유지하고 있다. 그러므로 전쟁은 자본주의 여러 나라와는 떼려고 하여도 뗄 수 없는 것이다. 무수한 인민을 학살하고 인류문화를 파탄시키는 이 침략적 전쟁은 억압으로써 유지되는 자본주의 사회를 파괴하여 프롤레타리아 독재, 사회주의의 건설과 계급을 없애는 것에 의해서만 가능하다.

지금의 전쟁에는 어떠한 것들이 있는가?
1. 제국주의 상호간의 전쟁.

---
* 朝鮮總督府 高等法院檢事局思想部, "帝國主義戰爭にあって戰鬪的勞動者の任務,"『思想彙報』第 18號 (1939년 3월), 209~220쪽.

2. 프롤레타리아 혁명 또는 사회주의가 건설된 나라에 대한 제국주의적 반혁명전쟁.

3. 식민지제국에 대한 제국주의자의 억압과 관련된, 특히 다음과 같은 여러 나라들의 반제국주의적 민족혁명전쟁.

첫째는 1914~1918년까지 있었던 제1차 제국주의전쟁이 그것이다. 그들은 반동적인 제국주의전쟁을 식민지, 반식민지 재분할을 위해 싸운 것이다.

둘째는 소비에트연맹에 대한 간섭전쟁이 그것이다. 1918~1921년 일본의 시베리아 출병이 그것이다. 이 반동적 전쟁은 혁명을 파탄하려고 하는 제국주의자에 대해서만 적용된다. 프롤레타리아트의 독재는 사회주의를 위해, 세계 프롤레타리아트의 이익을 위한 혁명적 전쟁을 하는 것으로 된다.

셋째는 지금처럼 일본제국주의가 중국 전 인민의 민족해방혁명에 대해서 하는 강도적 침략전쟁이다. 제국주의에 대한 피압박민족의 민족해방전쟁은 자유와 해방을 위해 궐기한 정당한 전쟁으로, 이는 혁명적 또는 프롤레타리아 세계혁명의 일환이다.

이들 모든 전쟁 중에 프롤레타리아는 어떻게 행동해야 하는가?

1. 제국주의 상호간에 전쟁에 있어서는 자국정부의 패배와 제국주의전쟁을 내란으로 전환시키라는 강령을 들고 투쟁한다. 제1차 제국주의전쟁에 있어 러시아 볼쉐비키는 이대로 혁명적으로 싸워 혁명에 승리한 것이다.

2. 제국주의전쟁이 소동맹을 진공하는 전쟁에는, 물론 자국정부의 패배로써 제국주의전쟁을 내란으로 전환시키지 않으면 안 된다. 이리하여 각국의 프롤레타리아트는 전세계의 프롤레타리아트의 조국인 소동맹을 존속시키고 사수하지 않으면 안 된다.

3. 물론 민족해방전쟁에도 제국주의 여러 나라의 프롤레타리아트는 모두 동일한 원칙적 태도를 취해야 한다. 그와 동시에 프롤레타리아트는 민족전쟁과 제국주의에 대한 사회주의전쟁을 지지 수행하고, 민족혁명과 프롤레타리아트의 독재국가를 옹호하지 않으면 안 된다. 그런데 여기에서 어느 편이 먼저 도전할 것인가 하는 것을 비상히 그 옹호자들은 문제로 삼는다. 요즈음 북중국의 충돌은 물론 침략자 일본제국주의가 약탈하기 위해 도발한 것인데, 만약에 이것이 일본제국주의가 말하는 것처럼 책임이 중국에 있다고 치자. 그러나 그 정당한 것은 처음으로 군사적 공격을 한 편이 반드시 부당한 전쟁을 한 것은 아니다. 민족혁명 또는 프롤레타리아혁명에 대해서 반동혁명, 착취 제국주의를 대표하는 자의 편에 있는 구실은 무어라고 해도 침략과 침탈을 위해 북중국을 점령한 일본제국주의가 강도

이며, 침략자의 억압과 착취로부터 자유와 해방을 위해 일어선 중국인민은 생존하려고 하므로, 아무래도 다른 방법이 없는 반항이다. 여기에 시비곡직은 분명하다. 일본제국주의와 그 무리들은 조국옹호와 횡포한 중국군대 및 공산당 국민당 응징이라는 기만적인 선전을 하여 프롤레타리아 청년과 농민청년을 전선으로 내세우고, 근로대중을 제국주의전쟁 지지로 내몰고 있기에, 프롤레타리아트는 제국주의 반대투쟁에서 침략자 제국주의자를 착취하는 것만으로 중국의 살려고 하는 인민을 획득하는 것 외에는 달리 아무것도 없다. 전세계 노동자 농민 근로대중은 사회주의적 조국을 착취하는 것 외에는 아무것도 없는 부르주아지와 그 정권을 타도하지 않으면 안 된다.

　프롤레타리아트는 제국주의전쟁에 반대하여 투쟁하고 있다. 부르주아지의 지배가 지속되는 한 제국주의전쟁을 피할 수는 없다. 그러나 공산주의자는 제국주의전쟁 때문에 가장 쓰라린 희생을 맛보므로, 노동자대중과 일체의 노동자를 위해 모든 힘을 다하여 제국주의전쟁을 반대하고, 프롤레타리아혁명으로써 이 전쟁을 저지하려고 싸우고 있다. 이러한 양상의 전쟁으로부터 그들은 대중을 그 주위에 결집시키고 일단 전쟁이 시작될 때에는 이 전쟁을 내란으로 전환시켜야 한다.

제국주의전쟁이 일어나기 전의 제국주의 반대투쟁

1. 우선 부르주아지가 전쟁을 준비하기 위해 펴는 연막을 적발하여 광범한 대중 앞에서 폭로하지 않으면 안 된다. 자본주의 지배를 존속시키는 '군축회의,' '부전조약' 등으로 전쟁을 방지할 수 있다든지, 자본주의의 좌익 조수(제2 인터내셔널) 등의 평화를 가장한 관제 평화주의라든지, 전쟁을 확장하고 또 제국주의전쟁을 내란으로 바꾸는 것이 가능하지 않다든지, 종교적인 평화주의 등의 가면을 폭로하고, 이들 사기꾼들에게 기만당하고 있는 광범한 노동자대중의 반동적 기분을 잘 알고서 그들의 잘못을 계몽하고, 그들을 전쟁반대로 참가시키는 동시에 사기꾼들에 대한 무자비한 투쟁과 폭로를 하지 않으면 안 된다.

　A. 제국주의전쟁 반대투쟁에 있어 근본적 선전선동의 임무

　① 부르주아지와 그 보조자들의 전쟁의 정당화에 사용되는 궤변과 표어를 반복 폭로할 것. 우선 조국옹호의 슬로건이다. 일본제국주의가 '생명 재산의 보호' '기득권 옹호' 등은 일본 부르주아지 옹호 외에 무엇이 있는가. 唐沽정전협정, 梅津何應欽협정은 일본 부르주아지의 중국 노동자 농민 근로대중 수탈과 중국민족의 노예화 외에 무엇을 의미하는가, 이 조국옹호는 부르주아지의 수탈권 옹호이다. 여기에 프롤레타리아트 농민이 싸움터에서 죽지 않으면 안 되며, 전장에서 가

혹하게 착취당하는 의무 외에는 없다.

② 프롤레타리아트는 과거 제국주의전쟁의 참담한 사실과 거기에서 받은 프롤레타리아트의 참담한 희생을 재생산하여 광범한 대중 앞에 내놓지 않으면 안 된다. 일본의 노동자 농민이 과거의 침략전쟁으로부터 받은 유산은 죽음과 아사와 기아, 노예화 외에 어린아이들의 장난감 같은 훈장 말고는 무엇을 받았는가?

③ 과거의 제국주의전쟁에서 러시아의 볼쉐비키는 과감하게도 "제국주의전쟁을 내란으로" 전환시키는데 성공하여 그들은 소비에트 정권을 수립하고 사회주의 건설을 성공적으로 하고 있다. "제국주의전쟁을 내란으로!"라는 슬로건은 전쟁 중에 실현한 것이 정말로 사실이다. 전쟁이 나면 대개의 조직은 아무런 쓸모도 없게 된다. 그러나 그들은 이러한 조직적인 사업을 수행하지 않으면 안 된다.

B. 이 선동선전의 활동은 대중 사이에 있어 일상의 혁명적 활동과 긴밀히 결합하지 않으면 안 된다.

① 무엇보다도 우선 동원과 전쟁수행에 결정적인 중요 산업, 금속공업, 화학공업, 운수업에 활동의 중심을 두지 않으면 안 된다. 이중에서도 프롤레타리아적 통일전선전술을 교묘하게 적용하여 광범한 대중을 투쟁에 참가시키고, 그 성과를 조직적으로 확보하지 않으면 안 된다.

② 농민이 군대의 중요한 대중이 되기 때문에 농민 사이에 반전활동을 전개하지 않으면 안 된다.

③ 중국의 민족해방전쟁과 긴밀히 결합하지 않으면 안 된다. 민족해방을 위한 타도 일본제국주의의 전쟁은 농민혁명과 민족혁명을 전개시키기 위한 봉건적 잔재와 민족 억압에 대한 투쟁이다.

④ 청년 특히 노동청년 가운데 활동하는 것이 중요하다. 전투적 노동자는 스포츠, 파시스트적 동맹, 군사훈련소 가운데에서도 활동하지 않으면 안 된다. 또 그 가운데서도 노동자청년을 계몽하여 부르주아 군사조직을 파괴하기 위한 활동을 전개하지 않으면 안 된다. 그렇지만 모든 노동청년이 전부 여기에 들어간다는 것은 아니다. 노동청년은 노동계급의 자충적인 조직에 참가하지 않으면 안 된다. 최근 노동청년은 전선에 징발되어 총을 잡고 또 만세를 부르면서 송별을 하고 국방헌금을 내지 않으면 안 된다. 공장에서는 가혹한 착취의 대상이 되고 있다. 그들 가운데서 일본제국주의의 침략전쟁의 정체를 폭로하고, 부르주아지의 이익을 위해 목숨을 바치고, 전쟁의 부담을 예상하고, 공장에서 더욱 가혹하게 착취당하는 사실을 들어 침략전쟁을 즉시 정지할 것 및 제국주의 침략전쟁을 내란으로 전환시키기 위한 활동을 하지 않으면 안 된다.

⑤ 부인 사이에서의 활동, 특히 노동부인 사이에서의 활동을 적극화하지 않으면 안 된다. 부인은 자신의 남편과 아들을 전쟁으로 보내는 것을 우려하고 있으나, 반동적 군국사상에 사로잡혀 마음에도 없이 아들과 남편의 전사를 시인하는 것이다. 부르주아지의 약탈 때문에 자기의 아들이 죽고, 남편이 죽는 것이 어찌 본뜻이겠는가!

그들 가운데 그동안 잘못된 것을 계몽하고 전쟁을 제지하기 위한 활동에 끌어들이지 않으면 안 된다. 국방부인회의 활동, 정거장 전송 등의 활동을 제지하고 전쟁을 없애기 위한 활동에 끌어들이지 않으면 안 된다.

C. 전쟁 발발 후에 혁명적 활동을 하는 것이 가능한 유일한 수단은 비합법적 조직을 하는 것이다. 혁명적 조직의 공장세포를 정리하고 공장주와 경찰의 테러를 방지하는 방책을 수립하지 않으면 안 된다. 혁명적 조직의 지도기관, 연락기관, 기관지를 가장 엄중한 비합법 하에서도 기능을 발휘하도록 하지 않으면 안 된다.

전쟁 전후에 노동자의 작은 일상투쟁도 투쟁에서 직접 내세운 요구의 실현을 초월하여, 의식적으로 제국주의적 전쟁을 방해 저지하는 기회로 삼지 않으면 안 된다.

이 전쟁으로 혁명적 조직은 그 힘을 냉정히 평가하며 대담하고 단호하게 대중의 선두에 서지 않으면 안 된다.

제국주의전쟁 중의 투쟁

A. 일본제국주의의 중국침탈에 대한 우리들의 정치적 강령은 레닌 동지의 지도 아래 볼쉐비키당이 제1차 제국주의전쟁에 대한 그 영웅적 투쟁에서 작성하고 실천한 그것이다.

① 이 전쟁에서 조국옹호·거부전쟁의 반동적 성질을 노동자 가운데 폭로할 것, 이 전쟁을 제국주의 부르주아지에 대한 내란으로 전환시켜야 한다는 목표로써 계급투쟁을 첨예화시키고 억압전쟁에 대해 투쟁할 것, 일본제국주의와 그 군대의 패배주의적 전쟁을 용서 없이 역용하여 피억압국 승리를 위해 그 군대 지지를 위한 투쟁.

② 입으로만 국제주의를 말할 것이 아니라, 싸움터에서 일본제국주의의 병사와 중국군대 사이의 교란과 제국주의 병사의 민족혁명군으로 단체적 참가의 촉진.

③ 제국주의전쟁을 부르주아지에 대한 프롤레타리아트의 내란으로 전환시킬 것, 독재수립과 사회주의 실현, 그 수단으로서 후방에서 대중행동과 전선과의 교란.

④ 진정한 평화는 전쟁을 일으키는 제국주의 타도와 프롤레타리아트의 권력획득에서만 생긴다.

⑤ 무엇보다도 혁명적 대중행동으로써 제국주의자의 북중국으로 군대 파견·군수품 수송에 대한 투쟁, 반식민지 전쟁을 위한 근무시간 연장 반대투쟁, 전시예산 증대의 반대, 사회민주주의자는 북중국 침략전쟁 예산 4억 원을 쌍수를 들어 찬성했다. 중국 전인민의 민족해방과 자유를 유린하기 위한 침략전쟁에 인터내셔날을 주창하는 무리들이 부르주아 조국옹호로 타락했다. 제1차 제국주의전쟁에서도 사회민주주의자는 결정적 시기에 반대했다.

⑥ 제국주의자가 식민지, 반식민지에서 하고 있는 대량학살 반대투쟁.

B. 제국주의전쟁을 내란으로 전환시키기 위해서는 무엇보다도 혁명적 대중운동이 필요한데, 부르주아지 전복을 위한 전선과 후방에서 노동자 및 근로대중의 혁명적 대중행동만이 유일의 정당한 투쟁수단이고, 다른 일체의 수단은 그에 종속되지 않으면 안 된다. 그 때문에 대중행동에 유해한 개인행동과 투쟁하고, 전투적 노동자를 제국주의전쟁에 대한 투쟁에서 혁명적 영웅주의를 발휘할 때까지 교육시키지 않으면 안 된다.

C. 전쟁 중에 바로 총파업을 하지 않으면 안 된다는 슬로건을 내거는 경향이 있다. 우리들은 이를 거부한다. 그렇다고 해서 대중행동의 최고 형태로서의 총파업은 무장봉기의 과도기적인 것이고, 제국주의를 내란으로 전환시키는 하나의 단계라는 것을 거부하는 것은 아니다. 총파업을 하는 데는 그것을 하기에 가능한 정세, 대중행동을 수행해야 하는 프롤레타리아트의 능력이 없으면 안 되는데, 그것은 전쟁 경과 중에 처음으로 가능한 것이다. 그것은 시위운동이든가, 부분적 파업의 앙양된 결과로서, 또 그리고 전투적 노동자의 끈기 있는 희생적 준비의 결과인 것이다.

전쟁 중에 전투적 노동자는 추상적 총파업의 슬로건에 현혹되지 않고 전과 마찬가지로 공장에서 혁명적 소활동을 끈기 있게 하며 노동자의 경제적 요구를 지도 옹호하고, 혁명적 공장위원회 기타 대중적 행동위원회를 조직 지도하며, 혁명적 조직을 확대 강화하고, 모든 개량주의적 극좌적 경향을 극복하며, 공고한 지도부를 만들면서 부분적으로 파업을 조직 지도하고 강화하지 않으면 안 된다.

그러한 경우에 혁명적 프롤레타리아트는 만일 총파업이 시작되면, 정당한 조건이 구비되는 때에 이 총파업을 무장봉기로 전환시키는 방향으로 단호하게 나아가는 쪽으로 준비하지 않으면 안 된다.

D. 병역대상자에 대해 동원령에 응하라고 말하는 급진적 평화주의자는, 좌익

사회민주주의자가 군무거부의 사상은 "전쟁에는 총파업으로써 응수하라"고 말하는 것과 같이 환상적이다. 만일 이와 같은 대중적 보이콧이 성공한다고 하더라도 사실 우리들이 본 것처럼 하등의 대비도 없이 동원령에 응하고 있다. 가장 계급의식이 있는 노동자는 군대밖에 있는 것이다. 그렇다고 해서 우리들은 노동자들에게 군대에 들어가라고 말하는 것은 아니다. 프롤레타리아트는 무기의 사용을 즐기고, 군대 가운데서 혁명적 활동을 수행하고, 총궐기해야 할 시기에는 그 무기를 부르주아지에게 향하지 않으면 안 된다. 군무거부는 투쟁수단으로서는 불충분한 것일 뿐만 아니라, 제국주의전쟁을 내란으로 전환시키는 것이 제국주의전쟁 반대투쟁의 유일한 정당한 방법이다. 그것은 부르주아 군대 내와 중요한 산업에 있어서 혁명적 활동이 없고서는 불가능한 것이다.

군대 내에 있어서도 중요 산업에 있어서도 전투적 노동자들은 기회가 있을 때마다 교련을 게을리하지 않고 전쟁을 없애기 위해 대중활동을 전개하지 않으면 안 된다.

부르주아지에 대한 프롤레타리아트 내란

A. 1914~1918년 제1차 제국주의전쟁에 있어 로서아의 프롤레타리아트는 이 전쟁을 내란으로 전환시켜 10월혁명을 승리했다. 이것은

① 전쟁 중에 부르주아지는 노동자에게 무기를 작동시키나, 전황이 위험한 때나 패배한 경우에 부르주아지는 군대의 대중을 지배하는 힘을 잃는다는 것.

② 제국주의 침략전쟁에 대한 유일하고 철저한 전쟁은 병사대중을 혁명시킬 것, 즉 내란을 준비하는 것.

③ 내란은 반드시 프롤레타리아트, 그 당의 철저한 준비를 무조건적으로 필요로 한다는 것이다.

B. 무장봉기의 전제조건은 혁명적 정세의 존재, 예를 들면 군사적 패배의 결과로서 지배계급에 위기가 오면 대중궁핍과 억압의 도가 점점 증가하여 혁명적 대중의 행동으로써 정부를 전복시킬 수 있는 대중의 적극성과 능력이 크게 된다는 것, 시련을 받은 공산당이 프롤레타리아트의 결정적 대중에 영향을 주는 것을 필요로 한다.

C. 무장봉기의 준비에는 - 무장봉기를 지도하는 당만을 기초로 하지 않으면 안 된다. 그것은 노동자계급의 광범한 대중을 기초로 하지 않으면 안 된다.

① 프롤레타리아적 대중조직 적색노동조합의 활동, 그러한 조직의 적극적 참가, 대중에 뿌리를 내린 기관의 창설 등이다.

② 무장봉기는 전 노동대중, 그리고 반(反)프롤레타리아트와 빈농의 혁명적 계획을 기초로 하지 않으면 안 된다.

③ 부르주아지 군대 내의 철저적인 파괴운동이 필요하다. 이 활동은 무장봉기 하는 때에 군대를 획득하는 활동으로 나아간다.

④ 무장봉기의 조직화와 군사적 교육은 프롤레타리아 대중 사이에 식민지 및 반식민지 활동에 중요한 지위를 점하는 것이 된다.

⑤ 무장봉기 시기의 선택은 - 무장봉기를 소홀히 해서는 안 된다. 일단 봉기하기로 했으면, 적을 궤멸하는 데까지 시종 공세적으로 나아가지 않으면 안 된다. 동요와 불결단성은 모든 무장봉기의 죽음을 의미한다. 적의 주력에 향해 우리들의 주력을 집중시키지 않으면 안 된다. 결정적 순간에 결정적 지점에서 프롤레타리아트가 우세하도록 노력하여, 이루어지는 즉시 광범한 영역에서 무장투쟁을 확대해야 할 것이다. 무장봉기는 기술이다. 그러나 그것은 단순한 군사문제가 아니라, 무엇보다도 우선 정치문제이다. 무장봉기는 혁명적 당이 이를 지도하여 봉기의 순간에 당은 전 활동을 군사투쟁에의 필요에 종속시키지 않으면 안 된다.

프롤레타리아트는 제국주의에 대항하여 소동맹(蘇同盟)을 사수한다.

소동맹에 대한 제국주의자의 도전은 프롤레타리아트로서는 부르주아지의 명백한 반혁명적 계급전쟁이다. 일본제국주의는 독일, 이태리 파시스트정부와 소위 방공협정을 맺고 소동맹을 몇 번이고 분열시키려고 자국의 혁명적 프롤레타리아트운동을 진압하고 있다. 프롤레타리아트의 독재를 전복시켜, 만국의 프롤레타리아트 근로대중을 백색 테러 지배 아래 두려고 한다.

일본제국주의가 소동맹을 공격할 때에

① 프롤레타리아트는 자국 정부의 패배를 위해 투쟁할 뿐만 아니라, 소비에트 정부의 승리를 확보하기 위해 적극적으로 투쟁하지 않으면 안 된다.

② 적군(赤軍)은 적의 군대가 아니라, 국제 프롤레타리아트의 군대이다. 일본제국주의가 아무리 조국에 대한 배반이라고 부르짖어도 적군을 지지하지 않으면 안 된다.

③ 제국주의자의 조국을 옹호해서는 안 된다. 그러나 프롤레타리아 독재국가의 옹호는 우리들의 의무이다. 11월혁명의 승리는 전 세계 노동자에게 사회주의의 조국, 즉 소비에트동맹을 준 것이고, 국제 부르조아지에 대항하여 소비에트 동맹을 사수하는 것은 국제 프롤레타리아트의 적극적 이익이고, 명예 있는 의무이다.

전 세계 프롤레타리아트는 우리들의 조국 소동맹을 사수하지 않으면 안 된다.

제국주의국가에서 군대에 대한 프롤레타리아트의 태도

군대는 여하한 조직형태를 갖더라도 부르주아지 국가기구의 일부분으로, 프롤레타리아트혁명에서 군대를 혁명화하지 않고는 파괴할 수 없다. 일본제국주의는 중국침략과 소동맹 공격에 대한 기만적 군국사상을 고취하고 전 인민을 직접 간접으로 포용하여 군사화하는데 전력을 기울이고 있다. 국민무장, 부인의 군사화와 소위 총후의 지지, 청년의 군사교육 등등. 그러나 부르주아지와 프롤레타리아트 사이의 계급대립이 군대에서는, 사관과의 대립으로 재생산된다. 이 때문에 전투적 노동자들은 부르주아 군대를 보이콧해서는 안 된다. 그들은 그 가운데 들어가 그 객관적 붕괴과정에서 혁명적 지도를 하지 않으면 안 된다.

노동자를 군사화하고 무기사용법을 가르치는 것에 의해 제국주의는 동시에 내란에서 프롤레타리아트 승리의 조건을 지어주는 것이다. 우리들은 혁명을 위해, 사회주의를 위해 싸운다. 때문에 무기를 쥐는 것을 거부하지 않는다. 우리들은 제국주의적 군사화에 반대하여 프롤레타리아트의 무기만을 요구한다.

프롤레타리아트는 부르주아적 군대에 반대하는 것이고, 거기서 노동자 농민, 근로대중의 병사들을 일률적으로 보는 것은 아니다. 그들은 제국주의가 고취하는 군국사상에 이끌려 싸움터에 선 청년들이다. 장교들과 달리 그들 가운데는 제국주의 약탈전쟁의 정체를 폭로하고, 정세가 필요한 때에는 그들을 결정적 투쟁에 세우지 않으면 안 된다.

전쟁에 대한 이 원칙을 깊이 토론하고 구체적 정세에 실천 적용하여, 우리들의 혁명적 임무를 다하지 않으면 안 된다.

4. 李康國론*

1

이촌(耳村) 李康國씨는 해방 조선의 정치적 현실이 낳아 놓은 경이적 존재다. 그것은 아마도 그의 탁월한 정치적 견식과 불굴의 투쟁적 경력과 그의 인간적인 박력에서일 것이다.

×   ×

李康國씨가 오늘의 정치적 방향을 취하게 된 것은 아마도 1927년 경성대학의 법학생으로서 저 三宅사건으로서 유명한 三宅교수를 만난 데서 결정된 것이리라. 씨는 사족(士族)의 후예로서 태어났으나, 가빈(家貧)으로 보성고보와 성대 예과를 간신히 마치었으며, 어려운 집 자식이 흔히 가지기 쉬운 자모감(自侮感)이 없이 한낱 귀공자와 같은 소년시절을 지내온 것은 씨의 인간적인 타고난 특성이라 할 것이다. 그러다가 이 온실 속에서 자라난 무색의 화초에 세계사적인 색채가 감염되자, 그는 그 강렬한 감수성을 가지고 이 세계사적 조류를 마음껏 흡수하였던 것이다. 그리하여 三宅 중심의 성대 학생 독서회에서 그는 오늘의 정치가적 소지를 닦기 시작했던 것이다. 1930년 씨는 성대를 졸업하고, 눌러 대학원에 있으면서 崔容達 朴文圭씨 등과 더불어 조선사회실정연구소란 것을 조직해 가지고, 한편으로는 조선의 정치 경제 문화의 각 부면에 긍한 과학적인 연구를 진행하는 동시에 다른 한편으로는 대중층에 연락하여 근로대중의 조직 훈련에 힘써온 것이다.

1932년에 씨는 독일로 유학하였다. 독일에 입국하자, 씨는 곧 독일공산당에 가담하여 가지고, 한편으로는 조선의 실정을 독일 인민 및 세계 인민에게 소개하기에 노력하였고, 다른 한편으로는 독일공산당의 출판활동과 외국과의 연락을 맡아서 활약하였다. 때는 나치스가 발호하여 파시즘적 탄압이 흑조(黑潮)처럼 몰려들던 시절이라, 붕멸(崩滅)의 위기에 당면한 독일공산당을 붙들어 주려고 씨는 무한한 고투를 계속한 것이다. 외국인이란 다소의 특전을 이용해서 독일과 외국과의

---

* 金午星, 『指導者群像』(大成出版社, 1946), 155~165쪽.

기계적인 연락과 문서교환의 임무를 맡아 그 위험한 경계망을 돌파하면서 씨는 일차도 실패한 일이 없었던 것이다.

이 시절에 씨는 시리아 출생의 모 여자와 동지애에서 출발한 격렬한 연애가 있었으니, 이것은 씨의 청춘을 장식하는 한낱 기념이 될 것이다.

1934년 국내에서는 오랜 동안 계속해 오던 성대 학생 독서회의 정체가 탄로되어 이른바 三宅교수사건이 생겨, 鄭泰植 등 동지가 검거됨에 씨는 일시 귀국을 주저하였으나, 나치스의 탄압과 일본영사관의 박해로 인하여 도저히 배겨날 수가 없으므로 할 수 없이 익 35년 11월에 귀국하였다.

아니나 다를까. 귀국하자, 경찰은 당장 씨를 체포하여 예심에 부치었다. 더욱이 三宅교수가 씨의 외국 체류만 믿고, "나는 李康國으로 하여금 국제적 연락을 취하고 있었다"는 술회가 씨를 불리케 하였다. 그러나 약 1개년의 예심에서 고문과 취조를 받다가 내종(乃終)에는 다행으로 증거 불충분의 이유로서 집행유예로 석방되었다.

그후 씨는 표면으로는 주식시장에 관계하여 일종의 브로커를 가장하면서, 이면으로는 李舟河 崔容達씨 등과 함께 원산에서 적색 노동조합을 조직하고 항일투쟁을 계획하다가 발각되었으니, 이것이 저 유명한 1937년의 원산 철도국사건이란 것이다. 그는 만 1년여를 예심에서 무서운 고문과 취조를 받던 끝에 드디어 신체가 극도로 쇠약해져 1940년에 보석되었으며, 42년에 제1심에서 징역 2개년의 언도를 받았으나 공소(控訴)하여 1943년에 역시 증거 불충분으로 5개년간의 집행유예로서 판결된 것이다.

그러는 동안에 씨는 쇠약해진 몸을 충분히 쉬일 시간도 없이 崔容達 등과 함께 학생층에 손을 뻗어 그들의 훈련과 조직에 힘썼으며, 건국동맹을 조직하고 있던 呂運亨씨와도 연락하여 항일운동을 준비하고 있었다. 만기 출옥한 金台俊씨가 다시 운동을 전개하다가 체포령이 내려 해외로 탈출하였고, 동지 崔容達이 또한 체포되어 그 화가 李康國씨에게 미쳐올 우려가 불무하였으나, 그는 주식시장의 역인(役人)이란 직함을 이용하여 교묘하게 그 화를 면하였다.

2

8·15. 그 잔학하던 일제가 패망하자 李康國씨는 몽양 呂運亨선생과 함께 인민의 전면에 나서서 건국준비위원회를 조직하고, 혹은 서기장으로서, 혹은 조직부장으로서 열과 성을 다해서 그 민완을 발휘하였다. 그후 건준이 발전적으로 해소하고 중앙인민위원회로 나타나자, 씨는 서기국장으로서 그 운영의 중추적 역할을

다하였을 뿐 아니라, 중위의 유력한 대변자로서 그 종횡무진한 지능과 수단을 우리에게 보여 주었다.

李康國씨의 정치가로서의 존재가 확인되기는 아마도 작 1945년 11월에 열린 전국인민대표대회에서 일 것이다. 그는 국내 국제의 호한(豪悍)한 정세보고에서 자기의 정치가적 견식을 충분히 보여주어 보고 강연의 권위자로 인정되었으며, 또한 당시 하지 중장의 '인민공화국' 취소의 요청이 있어 대표들의 감정이 극도로 격앙되어 있을 때, 그는 의장의 한사람으로서 그 분위기에 휩쓸리지 않고, 침착 정연한 태도로써 의사를 진행시켜 또한 명의장으로서의 관록을 지은 것이다. 인민대표대회는 조선의 건국공작에 있어, 한낱 획기적인 수확을 거두었지만, 이 대회는 李康國씨의 정치가적 존재를 증명하는 기회로 되었던 것이다.

그 뒤 金九 등 망명정객들이 입국하여 인민의 조직력을 궤멸하고 민족을 분열시키려 들 때, 李康國씨의 논봉은 참으로 예리하였던 것이니, 중앙인민위원회의 발표문과 개인 서명의 논문들이 그 뒤에 편집 출판되어 『민주주의 조선의 건설』이란 책으로 독자의 손에 이미 분포되어 있거니와, 이것도 우리 인민의 정권을 옹호하려는 투쟁과정에 있어서의 위대한 공적의 하나라 할 것이다.

민족통일공작을 위해서 필자는 씨와 함께 여러 번 소위 우익정객들과 회합한 일이 있거니와, 정적 앞에 앉은 李씨의 태도는 참으로 침중 건실하여서 앞으로 대성할 정치가임을 인상 주었다. 그는 언제나 적확한 논거로서 정적을 압복하려 하였고, 어떤 기교적인 언설로써 현실을 미봉하려 들지 않았다. 그리하여 정적으로서도 그의 인격만은 인정하려는 경향을 나는 엿보았다. 당당한 논거로서 적을 공격하면서도 공격받는 적에게 악인상을 주지 않기란 그리 용이한 일이 아니다. 여기서는 인격의 덕과 높은 교양이 있지 않으면 안 되는 것이다.

통일공작에 성과를 보지 못한 우리는 역사를 역행하려는 반동정객을 배제한 진정한 민주주의자들만이 민족적인 통일의 실(實)을 거둘 수 있다고 단정하고 민주주의민족전선의 결성에 착수하였거니와, 이 민전의 탄생에 있어 가장 중대한 역할을 한 사람은 역시 李康國씨였다. 씨는 지금 사무국장이란 최고 집행기관의 기관수의 지위에 있어 자기의 정치가적 천분을 마음대로 발휘하고 있다. 필자도 사무국 내의 일 부서를 맡아 그를 돕고 있거니와, 사무국장으로서의 李康國씨의 수완은 참으로 경이적인 것이다. 그는 무엇보다도 범인이 추종할 수 없는 정력으로써 사무를 건설적으로 추진시키고 있으며, 그러면서도 소속 부서의 사업영역을 충분히 살리어, 동료들의 정치적 영지(領地)를 보장해 주는 것이다. 민전이 비교적 소수의 인원으로서 가장 활발한 활동을 보여주고 있음은 李康國씨의 정치가적 수

완에서 많이 유래되고 있음은 부인할 수 없는 것이다.

3

정치가로서의 李康國씨의 존재는 날로 확고해지고 있다. 그것은 아마도 인간 李康國씨의 독자성에서 일 것이다.

첫째, 李康國씨는 타인의 추종을 불허하는 박력을 소유하고 있다. 그렇게 보기 싫을 정도는 아니나, 부대하다고 할 만한 체격에 교양인으로서의 세련을 쌓은 듯한 제스츄어는 누구나 거의 무조건적인 신뢰를 갖게 한다. 그가 민전 사무국의 중앙에 놓인 의자에 벌리고 앉았을 때, 저만한 사내라면 능히 민족전선의 운영을 맡겨도 안심된다는 신뢰가 스스로 가는 것이다. 나는 呂運亨씨의 지도자적 지위가 그 육체적 조건에 힘입음이 많음을 논단한 일이 있거니와, 李康國씨도 조금도 빈약해 보이지 않는 그 믿음직한 육체적 조건에 무진의 박력을 담게 하는 것이며, 대하는 사람에게 신뢰감을 주는 것이라고 믿는다. 어떤 곤란한 사태 앞에서도 뒤가 캥겨 안절부절 하지 않고 태연자약하게 밀고 나아가려는 박력! 레일 위를 달리는 기관차와 같은 박진력(迫眞力)이 없이는 오늘과 같은 혼란기에 있어 인민을 옳은 방향에로 인도하는 지도자가 될 수 없을 것이다. 지도자의 박력! 이것은 민족의 박력이요, 인민의 박력이 되는 것이다. 우리가 이촌 李康國씨에게서 기대하는 바는 지도자로서의 무진의 박력을 가진 점이다. 씨가 이 박진력을 참으로 정당하게 추진시킨다면 씨의 정치가로서의 앞날은 참으로 찬연할 것이다.

둘째, 李康國씨는 위대한 겸허성과 포용력을 갖고 있다. 솔직히 평한다면 씨의 인격은 아직도 미숙한 점이 있어 간혹 불쾌스러울 때는 그것을 당장 면모에 드러내, 처음 보는 사람에게는 대단히 오만한 사내와 같은 인상을 주는 모양이다. 그러나 그것은 그의 가식 없는 감정의 표현으로써 결코 오만한 심정에서 유래됨이 아닌 것이니, 그를 늘 대하는 우리에게는 교동(驕童)으로 자라난 외아들의 응석과 같아, 그것이 오히려 씨의 매력을 돕는 특징으로밖에 생각되지 않는다. 언뜻 보면 좀 우둔해 보이는 얼굴이 방금 노기를 띠었다가도 그 과분(過分)히 퍼졌던 홍조가 사라지면서 소 웃음처럼 히죽이 웃을 때 그 얼굴에는 무구한 겸허와 무한대의 포용심이 그대로 드러나는 것이다. 그는 정당하다고 생각하는 자기의 신념에 대해서는 일보의 양보도 없으나, 자기의 견해보다 더 좋은 의견이 나올 때, 부득부득 자기 고집을 포기치 않으려는 그러한 태도는 일찍이 찾아보지 못하였다. 그는 동지의 의견에는 언제나 경청할 용의를 갖고 있다. 그리하여 같은 의견일 때에는 그것을 동지의 의견으로서 내세우려는 겸허와 아량을 갖고 있는 것이다.

겸허와 포용! 이것은 인격의 가장 숭고한 덕이다. 인격이 덕이 없이 높아질 수 없는 것이니, 이러한 숭고한 인격자로서의 덕이 없이 지도자가 될 수 없음은 물론이다. 李康國씨는 좀 더 연령과 경험이 축적됨에 따라서 이러한 겸허성과 포용력이 세련되며 함축성을 갖게 될 것이니, 지도자로서의 장래는 거대할 것이다.

셋째, 李康國씨는 정치가로서의 온갖 조건을 구비하고 있다. 무엇을 맡기든지 감당할 능력을 소유하고 있다. 그러나 어디까지나 실제적이어서, 사무적인 것을 총할(總轄) 운영하는 데는 막힐 데가 없는 것이다. 그는 학식으로서도 조선의 최고 학부를 나왔고 또 독일에까지 유학하였으며, 그뿐 아니라 정치가로서 가질 온갖 지혜를 갖춰가지고 있다. 씨는 정치평론으로서도 제1류에 속하며, 정세에 대한 통찰도 추종을 불허할 만한 천재적인 예단력을 갖고 있는 것이다. 그리고 외교적 공작에 있어서나, 많은 대중에게 넓은 영향력을 갖고 있는 점에서 정치가적 민완을 소유하고 있는 것이다.

세간에서는 소위 성대파(成大派)란 탁명(卓名)을 듣고 있는 집단 아닌 한 집단이 있거니와, 이 집단이 주로 崔容達 朴文圭와 아울러 李康國씨의 영향 밑에 있음도 李씨의 정치가적 장래를 추상(推想)하기에 좋은 자료가 될 것이다. 씨 등이 학생시절에 뿌린 씨가 이제 결실이 되어, 상당수의 진보적인 지식인들이 각 방면에서 활약하고 있는 것이니, 이 집단이 앞으로 李씨의 정치가적 성장에 커다란 박력을 가해 줄 것도 씨만이 가진 행운이라 할 것이다.

×　　　　　×

우리들은 한낱 희담으로서 李康國을 "10년 후 대통령"이라고 부른다. 그가 10년 후에 대통령이 될는지, 또 좀 더 후에 될는지, 아주 안 될는지는 누구나 예단할 수 없는 일일 것이다. 그러나 이 희담 속에 씨에 대한 우리들의 기대와 촉망이 깃들어 있음을 씨는 알아야 할 것이다. 씨는 이 희담에 언제나 미소를 섞어서 "그놈의 10년 후가 언제나 계속되면 어떻게 되나?"고 대답한다. '언제나 10년'이 아니라. 매년 줄어갈 수 있게 하는 데는 씨의 노력 여하에 있을 것이다.

李康國씨의 정치가로서의 장래는 참으로 크게 촉망된다. 그는 마치 비옥한 토지에 깊이 뿌리박은 나무 같아서 얼마든지 성장하고 발전할 가능성을 갖고 있다. 얼마든지 토양의 영양을 섭취할 수 있는 성능을 가졌고, 그리하여 하늘 높이 성장하고, 마음껏 가지 뻗을 수 있는 인간이다. 우리는 李康國씨에게 대정치가로서의 기대를 가져 실패가 없을 것이다. 그러나 이러한 기대가 씨에게 조금이라도 만심을 길러, 어쩌다 태만하여 지면 안 될 것이다. 씨의 분투 노력을 기대하는 바이다.

5. 이강국 재판기록*

* 증인 리강국에 대한 신문

재판장은 증인 리강국에게 박헌영의 범죄사실에 대하여 아는 바 사실을 진술하라고 한 바 증인 리강국은 다음과 같이 진술하였다.

박헌영은 자기의 정치적 야욕을 충족시키기 위하여 미군이 상륙하기 전에 '조선인민공화국' 조작을 기도하여 왔습니다. 박헌영은 우선 정권을 수립하기 위하여 당을 조직해야 한다고 하면서 공산당을 자기 수중에 장악하였던 것입니다.
미군 상륙 후 박헌영은 사령관 하지와 접촉하면서 미군정에 아첨하는 길로 나갔습니다.
1945년 11월에 남조선 각지의 인민위원회 대표자대회를 소집한 일이 있었는데, 하지의 지령을 받은 박헌영은 이를 강제로 해산하려고 한 사실도 있었습니다.
그 다음 1946년 9월 박헌영으로부터 미군정의 정치적 모략인 미국 500만 딸라 강제 차관 반대성명서를 민전 명의로 발표하라는 지시를 받고 그렇게 한 결과 박헌영과 저를 비롯한 10여 명의 공산당과 민전 간부들에 대한 체포령이 내렸습니다. 저는 은신하여 있으면서 박헌영에게 밀서로써 어떻게 하면 좋겠는가를 문의한즉 입북하라는 지령을 줍디다. 나는 뻐트와 만나 입북할 데 대한 담화를 교환하는 과정에서 그것이 박헌영과 미군 간에 꾸며진 정치적 모략인 것을 더욱 똑똑히 알았습니다. 제가 평양에 들어온 후 곧 뒤따라 박헌영도 평양에 도착하였는데 이 시기부터 나는 박헌영은 미군과 관계를 가지고 있다는 것을 판단하게 되였습니다.
그후 저는 박헌영의 비호 보장에 의하여 북조선인민위원회 외무국장으로 등용되어 간첩활동을 계속하였습니다. 저의 범죄 수행에 있어서 일체 유리한 조건은 박헌영이가 지어준 것입니다.
박헌영은 저의 범죄활동에 대하여 유리한 조건만 지어준 것이 아니라 간첩자

---

* 조선민주주의인민공화국 최고재판소, 『미제국주의 고용간첩 박헌영 리승엽 도당의 조선민주주의인민공화국 정권 전복음모와 간첩사건 공판문헌』(국립출판사, 1956)에서 이강국 부분만 발췌.

료로 할 수 있는 비밀정보도 알려 주었습니다. 례를 들면 당의 중요한 기밀이라든가 또는 정권기관에 관한 매우 중요한 기밀들(그것은 외무국장인 저도 알 수 없었던 기밀들입니다)을 말하여 주었기 때문에 나는 그것을 두 차례 쎄트에게 간첩자료로 제공했습니다.

저는 박헌영의 지시에 의하여 해주 제일인쇄소 지도책임을 맡아 보면서 박헌영이가 희망하는 방향에서 출판사업을 하도록 한 사실도 있고 박헌영과 담화할 때 당과 정부에 대한 불평, 불만, 비방, 중상을 교환하여 온 일도 있습니다.

1948년 9월 제가 외무국장을 그만두게 되면서부터 박헌영과의 관계가 일시 단절되였댔습니다.

그후 1950년 봄부터 박헌영이 입북시킨 미국 간첩 현 애리스와 관계를 가지고 두 번 그에게 군사기밀을 탐지하여 제공했습니다.

재판장은 피소자 박헌영에게 증인 리강국의 진술에 대하여 질문할 것이나 론박할 것 혹은 부정확한 점이 있다고 생각하면 말하라고 한 바 피소자는 증인 리강국의 진술이 틀림없기에 말할 것이 없다고 하였다.

재판장은 검사총장과 재판 성원들에게 증인 리강국의 진술에 대하여 물을 것이 없는가고 한 바 검사총장과 재판 성원들은 각각 신문할 것이 없다고 대답하였다.

재판장은 증인 리강국을 착석시킨 후 동일 18시 휴정을 선언하였다.

* 기소장

피심자 리강국은 신문에서 자기가 리승엽 도당의 반역적 간첩활동에 가담하였음을 고백하였다.

그는 벌써 1935년 미국 뉴욕에서 미국 정탐부의 일원인 크로리에 의하여 그들의 주구로서 활동할 것을 서약하고 조선에 귀국한 미제의 전형적인 고용 간첩으로서 8·15해방 후 미국 정탐기관과 다시금 련결을 맺게 된 경위에 대하여 다음과 같이 진술하였다.

"…… 나는 1935년 10월 독일로부터 귀국할 때 미국 뉴욕에서 크로리를 만나 앞으로 그와 련계 밑에 조선에 귀국한 후 활동할 것을 약속하고 그로부터 장차 나와 같이 조선에서 사업할 사람으로 뉴욕 조선인 로동자 구락부에서 현 피타와

리 윌리암을 소개받았습니다. …… 귀국 후 나는 크로리로부터 받은 과업을 실행할 목적으로 그와 련결을 가지기 위하여 1942년 2월경부터 서울에서 미국 선교사의 후원으로 서울 리화 여자전문학교를 졸업하고 미국인이 경영하는 세브란스 병원 간호사로 있던 김수임과 련애관계를 맺으면서 그를 통하여 크로리와 련계를 가지려고 계속 8·15해방까지 노력하여 왔습니다.

8·15해방 후에는 나의 이러한 숙망을 실현하기 위하여 미군이 남조선에 상륙하자 크로리를 만나려고 하였으나 그가 오지 않았으므로 나는 미국기관과 련계를 맺을 목적으로 1945년 9월부터 나의 애인 김수임을 조선 주둔 미군사령부에서 당시 사무실로 사용하던 반도호텔에 안내인으로 취직시켜 미국 24군단 헌병사령관 미군 대좌 빼트와 접근시키면서 그를 통하여 1946년 6월 처음으로 빼트를 소개받고 그와 앞으로 련계 밑에 협력할 것을 약속하고 그후 동년 9월 월북과 관련하여 그의 간첩으로 가담하였습니다. ……"(기록 제4권 196-198 페지)

어데까지나 자기 상전에 충실하였던 리강국은 미국 탐정기관의 신임을 얻어 1946년 9월에는 군정청이 조작한 체포령에 의하여 애국자의 복면을 쓰고 북반부에 잠입하였다.

피심자 리강국은 자기의 월북목적에 대하여 진술하기를 "…… 나는 미군 24군단 헌병사령관 빼트로부터 월북하면 자기의 정체를 음폐하고 인민정권기관 내의 지도적 지위에 잠입하여 가지고 북조선의 정치 군사 경제에 관한 중요 기밀을 탐지하여 제공하며 미국기관에서 파견하는 정탐들의 신변을 보장하여 줄 것과 당 및 정권기관 내에 동료들을 규합하여 국가기관의 정상적인 활동을 파괴 문란시킬데 대한 지령을 받았습니다.……"(기록 제4권 101 페지)

이와 같은 미군 탐정기관의 지령을 받고 월북한 피심자 리강국은 1947년 1월부터 북조선인민위원회 외무국장의 책임적 직위에 잠입하여 자기의 상전인 미제의 지령 실행에 착수하였으며 그후 계속적으로 공화국에 대한 군사 정치 경제 등 각 분야의 중요 정보 재료들을 수집 제공하였다.(기록 제4권 103-110 페지)

그후 리강국은 1948년 9월 공화국 창립과 관련하여 외무국장의 직위에서 해임됨으로써 종전과 같이 그 직위를 리용하여 간첩활동을 용이하게 할 수 없었으나 1950년 5월 미국 정탐기관의 지령에 의하여 미국에서 직접 파견된 간첩 현 애리스와 리 위리암을 평양 자기 집에서 2차에 걸쳐 만나 간첩활동 련계를 맺을 데 대하여 밀담하였다.(기록 제4권 172-174 페지)

한편 리강국은 노블의 지시에 의하여 활동하고 있는 피심자 리승엽과 련결을 가지기 위하여 노력하면서 1946년 12월에는 뻐트의 지시에 의하여 과거의 자기의 애인이며 당시 뻐트의 애첩인 간첩 김수임을 남로당에 침투시키기 위하여 리승엽에게 김수임을 당에서 리용할 것을 소개하였다.(기록 제1권 228 페지 및 제4권 102 페지)

이에 대하여 피심자 리승엽은 자기가 1946년 12월경 입북하였다가 월남할 때에 리강국으로부터 소개받은 김수임을 서울에 나가서 상면하였다는 것과 그는 벌써 이 시기에 리강국이 미제 앞잡이로 활동하고 있다는 것을 감촉하게 되였으므로 그를 자기들의 간첩활동에 인입하였다고 진술하였다.

이와 같은 경위로 리승엽 도당들의 간첩활동에 가담한 리강국은 그후 1952년 10월까지 수집되었던 군사기밀을 비롯하여 4차에 걸쳐 당 및 정부의 중요 비밀을 수집하여 림화를 통하여 리승엽에게 제공하였다.(기록 제1권 233 페지 및 제2권 124-128 페지)

림화는 자기 진술에서 정보 재료들을 리강국과 리승엽 간에 련락한 데 대하여 이것은 리승엽 및 그의 공모자들의 정체를 음폐하여 주기 위한 목적이였다고 진술하였다.(기록 제5권 121-122 페지)

* **피심자 각 개인의 죄명**

리강국 전 북조선인민위원회 외무국장 그리고 체포 직전에는 무역성 일반 제품 수입상사 사장

그는 공산주의의 탈락자로서 1935년 독일 백림 독일 백림대학을 마치고 조선에 귀국할 때 미국 뉴욕에서 미국 정탐기관의 지도자 크로리를 만나 앞으로 그와 범죄적 련계를 가질 것을 밀약하였던 자로(기록 제4권 196-197 페지)

ㄱ. 1946년 9월 미국 정탐기관에 간첩활동을 서약한 후 1947년 1월부터 북조선인민위원회 외무국장의 직위에 잠입하여 1948년 8월까지 5차에 걸쳐 북조선 지역의 정치 군사 경제적 제 부문에 대한 비밀 등을 수집하여 계통적으로 미국 정탐기관에 제공하였으며(기록 제4권 103페지 및 113페지) 1950년 5월경에는 미국에서 직접 파견한 간첩분자 현 에리스와 리 월리암과 공화국에 대한 간첩행위를 감행할 것을 약속하였다.(기록 제4권 126-128 페지)

1951년 7월부터는 리승엽의 지도 하에 있는 간첩망과 련계를 맺고 1952년 10월까지 4차에 걸쳐 공화국의 군사 정치적 비밀을 수집 제공하였다.(기록 제4권

126-128 페지)

ㄴ. 조선을 미제국주의자들에게 예속시킴으로써 자기의 정치적 야망을 실현하려는 목적에서 미국 정탐기관의 지도 밑에 리승엽과 결탁하여 계속 력량 확대와 조선인민의 통일을 약화시키며 민족을 분렬시키려는 등의 정치적 모략활동을 감행하여 왔다.(기록 제4권 158-179 페지, 제4권 114-123 페지)

리강국 1906년 2월 7일생.
주소 : 평양특별시
직업 : 무역성 일반 제품 수입상사 전 사장

미국 정탐기관의 간첩으로서 국가기밀에 속하는 정치 군사 경제 정보를 수집하여 미국 정탐기관에 제공하였으며 그리고 리승엽 등의 간첩망에 가담하여 활동한 리유로 그리고 리승엽 등과 같이 정치적 모략활동을 강행한 리유로 이는 형법 제78조, 제68조, 제76조 2항에 해당한다.

* 공판심리
피소자 : 리강국
본적 : 서울시 사직동
주소 : 평양시 기림리
직업 : 조선민주주의인민공화국 무역성 조선 일반 제품 수입상사 전 사장

재판장: 공판심리를 계속하겠습니다. 리강국! 자기의 경력을 말하시오
리강국: 저는 1906년 2월 경기도 양주군의 지주 리기태의 2남으로 출생하였고 제가 3세시에 토지 일부를 팔아 가지고 부친이 서울에 가서 살았고 차츰 파산지경에 이르러 충남 례산을 비롯한 자기의 친척집에서 생활을 하였습니다. 그후 보성중학교에 편입하여 특대 면비생으로 공부하였습니다. 여기서 민족주의사상이 배양되고 반일감정이 폭발되기 시작하였습니다. 1930년 경성대학을 졸업하였습니다. 이 대학에서 일본인 교수 미야께로부터 맑스 레닌주의를 배웠습니다. 교내에서 합법적 맑스 레닌주의 써클을 만들고 연구하였으나 이것은 제가 진정한 맑스 레닌주의자였기 때문에 그런 것이 아니고 당시 맑스 레닌주의는 학계를 풍미하였기 때문에 일종의 호기심과 공명심에서입니다. 동 대학 연구실에서 2년간 공부하고 1932년 처남 조준호의 경제적 원조에 의하여 독일 백림대학에서 3년간 공부하게 되었습니다. 제가 대학에서 공부한 것이 독일 계통이고 독일은 사회주의운동

이 강하였고 미야께가 독일에서 돌아왔기에 제가 독일로 류학가게 되였던 것입니다. 1932년 5월 독일에 도착하여 재독일 공산주의자를 만나 지도를 받았습니다. 여기서 프로레타리아 과학동맹에 가담하였고 혁명적 아세아인 회의에도 참가하였습니다. 1932년 10월 독일공산당에 가입하여 일본인 그루빠 책임자로 있었습니다. 1935년까지 공산주의 실천활동을 전개하다가 3년반으로 약속한 학비관계도 있고 또 본국에 가서 운동하겠다는 데서 1935년 11월말 귀국하였습니다. 미야께 교수사건 관계자라는 리유로 귀국 즉시 일제 경찰에 체포되었으나 기소유예로 석방되였습니다. 그후 처남 조준호가 경영하는 증권회사의 사무원으로 있으면서 부화한 생활을 계속하였습니다.

　1936년 4월 리주하와 같이 원산 적색노조와 관계를 맺고 1938년 10월 원산사건이 발각되였는데 이때 저는 지하로 들어가야 하겠음에도 불구하고 그러지 않고 피신생활을 하다가 동년 12월 체포되였습니다. 1941년 5월까지 감옥생활을 하면서 동지를 팔지 않았습니다. 1941년 5월 예심 종결이 되자 "공산주의 실천운동에서 손을 뗀다. 그러나 맑스주의는 포기할 수 없다"라는 전향문을 쓰고 보석으로 석방되였습니다. 1941년 5월에 출옥하였다가 다시 체포되어 1942년 5월에 2년 징역을, 5년간 집행 유예한다는 판결을 받고 석방되여 1942년 5월부터 8·15까지 대화숙 회의에 참가하거나 신궁 참배를 한 일도 없습니다. 그러면서 술, 마작으로 세월을 보냈습니다. 일제시대에는 변절은 했으나 일제에 협력은 말자고 맹세하였던 것입니다. 조준호의 경제적 원조는 나의 부화한 생활을 조성하였으나 타방 제가 적극적 친일파로 안 된 요인으로 됩니다. 일제 말기에는 최용달과 같이 해방을 맞이할 태세를 갖추었습니다. 8·15와 동시에 저는 민주주의진영에 나섰습니다. 그 리유는 ① 자기의 과거생활을 비판할 여지도 없이 맹목적으로 정치활동에 나선 것, ② 세계정세를 약간 알았기에 민주진영이 반드시 승리한다는 점을 리해하고 민주주의자로 가장하였고 자기의 정치적 야욕 달성의 수단으로 일시적으로 미제와 련계를 가지려고 하였던 것입니다. 려운형의 지도 밑에 건국준비위원회 사업에 참가하였고 박헌영의 공산당 조직에도 참가하였습니다. 저는 철저하지는 못하나 속죄의 정신에서 민주주의를 위하여 열성을 발휘하려고 하였습니다.

　1945년 9월 소위 인민공화국 조직에 참가하여 서기장이 되였고 1946년 2월부터 민전 사무국장으로 사업하면서 1946년 9월 하지의 정책을 폭로 규탄하는 선언서를 발표한 관계로 체포령이 내리자 박헌영의 지시로 입북하였습니다. 입북 후 박헌영의 신변인으로서 1946년 10월부터 1947년 초까지 사업을 하였습니다. 1947년 북조선 림시인민위원회 외무국장으로 있다가 1948년 9월부터 상업성 법규국장으로 있었고 1950년 12월 이후 인민군 제69호 병원 원장으로 사업하다가 1951년 11월부터 무역성 일반 제품 수입상사 사장으로 체포되기 전까지 사업하였습니다.

재판장: 미국 간첩과 련계를 맺게 된 경위와 그후 간첩활동 정형을 말하시오

리강국: 공동 피소자들이 불가피적으로 미제 간첩으로 전락되였다면 저는 자원적인 미제의 주구입니다. 그러므로 더 악질적이라고 자인합니다. 미제의 주구로 된 원인은 제가 세계주의 영향을 많이 받았고 부르죠아적 자유주의사상 잔재가 농후한데서 미국을 높이 평가하였고 미국세력에 의한 조선해방을 몽상하여 왔다는 데 있습니다. 독일 류학시 미국인 크로리를 알게 되어 크로리와 담화 중에 그는 조선문제에 관심을 가지고 있었으며 맑스주의에 동정함을 느끼고 그와 련계를 맺게 되였습니다. 1935년 귀국시에 미국에서 그를 만났는데 그는 조선해방에 관심을 둔다고 하기에 호상 련계를 가지게 되였습니다. 귀국 후 련락할 것을 약속하였는데 이때 크로리가 첩보기관에 관련 있는 사람이라는 것을 느꼈습니다. 저는 미국인 공산주의자라는 사람 2명까지 만나 담화하였습니다. 귀국 직후 일제의 탄압과 나의 안일을 위하여 운동을 적극적으로 못하고 미국인과의 련계를 맺지 못하고 있었습니다. 8·15해방 후 저는 남조선이 미제에 강점된 데로부터 더욱 미제와 련계를 맺을 것을 희망하였습니다. 그러나 적당한 기회가 없어 하지 뻐취와는 다만 공적인 관계만 맺었던 것입니다. 저는 미국인과 련계를 맺으려는 데서 김수임이가 반도호텔에 취직하는데 동의하였고 1946년 6월 김수임이는 나에게 헌병 사령관 뻐트와의 련계가 되였다는 것을 알려지므로 즉시로 뻐트와 상면하고 호상 협력을 약속하였던 것입니다. 그러나 이때는 군정을 비판한 때이기에 은밀히 미군정청을 지지하는 태도로 나섰습니다. 그후 남에서는 기회는 없었으나 1946년 6월 미제가 획책한 좌우합작공작에 순응하였고 8월-9월 3당 합당문제가 제기되자 미군정은 이를 방해하였는데 이때 저는 표면적으로는 3당합당을 적극 지지하였으나 내막으로는 이 사업을 지연시켰습니다. 1946년 9월 체포령이 내렸습니다. 그 리유는 저 자신은 미제의 세력을 나의 정치적 야욕에 리용한다고 생각하고 있으면서 미군 간첩과 련계를 맺고 있었으나 당시 표면상 민전 서기국장으로 있으면서 미군정의 정책을 규탄하는 선언서를 발표하였기 때문입니다. 체포령이 내리자 당에서 숨으라는 지시에 의하여 김수임의 집에 숨었다가 박헌영의 지시로 입북하게 되였는데 저는 입북하고도 미제와 련계를 취하기 위하여서와 또 38선까지 힐하게 오는 수단으로 뻐트를 만났더니 뻐트는 체포령은 하지의 명령이니 할 수 없었다고 하면서 입북한 후에도 협력하자고 하며 그의 요구는 ① 김수임을 민주진영과 련계를 지어줄 것, ② 미군이 이북에 잠입시키는 자들을 옹호하여 줄 것, ③

우리의 필요한 자료를 보내줄 것 등이였습니다.
　1946년 9월 13일 뻐트가 소개한 미국인 차로 서울에서 개성까지 와서 개성에서 최만용의 안내로 입북하였습니다. 입북 후 저는 미국인 차를 타고 왔다는 것을 박헌영에게 말하니 박헌영은 그런 말을 하면 의심을 받으니 말할 필요 없다고 하였습니다. 입북 후 친우를 물색하였는바 즉 남조선 출신 불평분자를 중심으로 하되 권오직, 한병옥, 장시우, 박승원, 림화 등과 친교를 맺고 입북 후 뻐트의 요구를 실천키 위하여 1946년 10월 서득은에게 김수임을 리용하라고 권고하였고 또 1946년 12월에는 리승엽에게 김수임을 소개하는 방법을 획책하였으며 1947년 1월부터 1948년 5월까지 5차 정보를 제공하였는데 그 방법은 당 연락원으로서 나의 비서인 신태희를 리용하여 그 편에 정보자료를 주어 월남시켜 김수임에게 보내여 김수임이가 뻐트에게 전달하였는데 그 내용을 본다면 1차는 1947년 3, 4월경인데 1947년 인민경제발전계획서, 2차는 1947년 8월에 쏘미공동위원회에 대한 쏘련측과 북조선측의 태도와 북조선인민위원회 기구표, 3차는 1947년 12월경 평양학원 금강학원을 견학하고 그 무장상태 훈련 등이 정규군과 같다는 세밀한 내용, 4차는 1948년 3월 1947년 인민경제계획 실천 정형, 5차는 1948년 8월인데 8·25총선거를 위한 문건들과 간부 책벌 결정을 위시한 1948년도 북조선인민위원회 결정 등과 아울러 이외에 날조문건 2건이 있는바 ① 쏘련군사령부의 간섭이 있다는 것, ② 화폐개혁으로 소시민들의 재산을 강탈하였기에 인민들의 불평이 많다는 것입니다. 제 행위의 정체는 일조일석에 나타나는 것이 아니므로 저는 미제와 련계 밑에 수집된 자료를 용이하게 제공할 수 있었습니다. 1948년 8월 이후에는 련계를 가지지 못했습니다. 그 이후에는 공작이 중단되였으나 이것은 제가 개심한 것이 아니고 정치적 실각으로부터 위축된 까닭입니다. 1948년 8월 미군 간첩이 파견한 현애리스와 리 윌리암이 래방한 일이 있었고 1950년 이자들이 재차 와서 내가 미군과 련계를 취하는 것을 안다는 듯이 표시하면서 자기들은 미군 간첩이라는 것을 말하고 협력을 요구하므로 저는 충분히 생각해서 후일 만나자고 하였는데 그 후는 그들이 안 오므로 간첩 련계는 맺지 못했습니다.
　1951년 6월 당 간부부에 갔다가 리승엽을 만나니 리승엽은 나와 종종 만나는 것은 좋지 못하니 전달할 자료가 있으면 림화를 통해 달라고 하므로 저는 여기서 전달할 자료라고 하는 것은 간첩자료를 말하는 것이라고 직감하고 이를 응락하였습니다. 제가 간첩자료라고 직감한 리유는 ① 리승엽에게 김수임을 소개한 후 리승엽은 김수임을 인입했다고 말한 바 있고, ② 1948년 8월 후는 김수임으로부터 련락이 없기에 김수임은 나와는 련계를 끊고 리승엽과 직접 련계를 맺는다고 생각한 것과 ③ 리승엽은 나에게 신변을 주의하라는 충고를 준 일이 있었고, ④ 리승엽은 저를 등용하려고 노력하는 점 등에서입니다.

리승엽의 요구에 대하여 저는 그리 큰 기밀을 요구하는 것은 아니라고 생각하였습니다. 그런데 리승엽이가 간첩이라는 나의 추측에 있어서 리승엽이가 미제의 주구라는 점에서는 반은 맞고 리승엽은 제가 김수임을 소개하기 이미 전부터 미제의 간첩이였다는 점에서 반은 틀렸습니다. 저는 때로 제가 리승엽을 김수임에게 소개했기 때문에 리승엽이가 간첩이 된 것인가고 고민한 적도 있습니다. 저는 일반적인 여론을 알리면 되리라고 생각하고 일체 제가 보고 듣고 느끼는 것을 림화에게 말하여 그 중에서 림화가 자료를 취사하여 리승엽에게 제공케 하였습니다. 제가 림화에게 전한 내용은 림화의 진술과 동일합니다.

재판장: 검사 신문하시오

검 사: 피소자가 진술한 리력에서 보는 바와 같이 피소자가 걸어온 길과 실지 행동과는 모순되지 않는가.

리강국: 모순됩니다.

검 사: 류학한 목적과 공산주의 크릅에 참가한 리유는 어데 있는가.

리강국: 맑스주의를 연구하려고도 했으나 그후 활동을 비판해 본다면 저는 계급적 리해라든가 조선혁명을 위해서가 아니라 일종 류행식 맑스주의 조류에 인입되여 일종의 공명심 출세주의에서 이루어진 것입니다.

검 사: 1941년 5월 리주하와 같이 로동조합사건에 가담한 목적은 무엇인가.

리강국: 혁명을 위해서가 아니고 공명심, 정치적 야망에서였습니다.

검 사: 해방 직후 박헌영의 테제인 "현정세와 우리의 임무"를 지지한 리유는 어데 있는가.

리강국: 이는 나의 변절적 기회주의적 이데올로기와 이와 같은데서 8·15 후 명확한 테제를 파악치 못한 데서였고 한편으로는 박헌영과 협력하면 나의 출세주의적 숙망이 달성될 것을 예견하였기 때문에 그 테제의 내용이 반당적이고 기회주의적이고 당을 소부르죠아 정당화하는 그러한 로선이란 것을 알면서 무조건 지지하였습니다.

검 사: 박헌영의 테제를 어떻게 평가했는가.

리강국: 테제 초안을 토의할 때부터 나는 참가했는데 그 테제는 공공연하게 우경적 종파주의적 반당적이라는 것을 느꼈고 또 그렇게 나는 평가했습니다. 그러나 이를 지지한 것은 나의 출세주의적 욕망이 혁명의 리익보다 컸기 때문에 그를 달성하기 위하여 박헌영의 비위에 맞추자는 데서 이루어진 것입니다.

검 사: (재판장에게) 리승엽에게 좀 신문하겠습니다.
재판장: 리승엽!
검 사: 리강국에게 림화를 통하여 간첩자료를 내라고 한 사실을 승인하는가.
리승엽: 네 승인합니다.
검 사: 리강국이가 보낸 자료를 몇 번이나 받았는가.
리승엽: 림화를 통해 네 번 받았습니다.
검 사: 리승엽에 대한 신문은 끝났습니다.
재판장: 리승엽! 앉으시오.
검 사: 입북 후 박헌영에게 보고한 내용을 말하시오.
리강국: 제가 남반부에서 한 행동 전부를 다 보고하지는 않았고 다만 몇 개의 사실들과 친한 녀자의 알선으로 미국 자동차를 타고 왔다는 것을 말한 즉 박헌영은 그런 말은 다른데서는 절대로 하지 말 것을 충고하면서 그 녀자란 어떤 녀자인가고 묻기에 저는 당내에서 일반적으로 리용할 수 있는 그런 녀자라고 대답하였습니다.
검 사: 언제부터 리승엽이가 간첩 두목이라는 것을 알았는가.
리강국: 1948년 9월부터 그가 미국 간첩에 걸렸으리라고 생각은 했으나 1951년 7월에 와서 그로부터 정보수집에 대한 지시를 받았을 적에 비로소 간첩이라는 것을 정확히 알았습니다.
검 사: 피소자는 자발적으로 미제에 가담했다고 했는데 다른 피소자와 다른 점은 무엇인가.
리강국: 저는 사상적으로 다른 피소자들보다 더 나쁘고 더욱 악질적이고 해방 전부터 계속된 간첩이라는 것입니다.
검 사: 당신은 국제간첩과 련계를 맺었다는 것을 승인하는가.
리강국: 네 승인합니다.
검 사: 김수임의 소식을 그후 들었는가.
리강국: 들었는데 그 내용은 김수임이가 1950년 미국 놈들에게 학살되였다는 것을 알았습니다.
검 사: 한병옥, 장시우 기타 등등의 사람들로부터 간첩자료를 제공받은 일이 있는가.
리강국: 그것은 직접 제공받은 것이 아니라 그들과 담화과정에서 내가 수집한 것입니다.
검 사: 수집한 자료를 리승엽에게 넘긴 리유는.

리강국: 그것은 미제에게 제공하기 위해서입니다.
검 사: 신문이 끝났습니다.
재판장: 변호인 신문하시오.
변호인 길병옥: 뻬트와 련계를 맺고 남반부에서는 정보자료를 제공한 것이 없습니까.
리강국: 그때는 없었습니다.
변호인: 김수임을 리승엽에게 소개한 리유는 무엇입니까.
리강국: 뻬트의 요구대로 김수임을 남로당에 련결시켜 주려는 데서입니다.
변호인: 신문이 끝났습니다.
재판장: 뻬트로부터 받은 임무를 입북하여 수행하였는가.
리강국: 수행하였습니다.
재판장: 모략행위는 일상적으로 하였다는 기소사실을 승인하는가.
리강국: 네 승인합니다. 그 대상은 박헌영의 직계 졸도들인 이원조, 박승원, 한병옥, 권오직 등입니다.
재판장: 피소자의 정체의 본질은 무엇인가.
리강국: 미제의 전형적 주구입니다.
판사 박경호: 김수임은 피소자의 처인가.
리강국: 처는 아니고 다만 애인입니다.
판 사: 크로리, 현 애리스, 리 윌리암 등의 정체는.
리강국: 그들은 모두 미국의 간첩들입니다.
판 사: 당신의 모략행동의 배경은 누구인가.
리강국: 박헌영입니다. 그는 저에게 미제의 주구가 되라고 직접 말한 일은 없으나 그는 우리를 불순한 방향으로 지도하고 불순분자를 리용하여 자기 주위에 집결시키려고 한 점이라든가 또는 종파행동에 대한 비판 검토는 없고 무조건 신임하라는 것이 그의 도리로 되었다는 것이라든가 리승엽, 조일명이 서울에서 1946년 초에 체포되였을 적에 이들에 대한 석방 항의를 박헌영이가 하고도 그들이 석방된 후 하등의 검토도 없는 것으로 보아 그는 저희들의 간첩행위의 보장자라고 말할 수 있습니다.
재판장: (리승엽 림화에게) 리강국이가 진술한데 대하여 딴 의견이 없습니까.
리승엽 림화: 없습니다.
재판장: 30분간 휴정을 선언합니다. (6시 30분)

* 국가 검사의 론고. 피소자 리강국에 대하여

우선 그는 대지주의 출신이며 벌써 일제시대부터 미제국주의 고용 간첩으로 활동하였다는 것이 증명되였습니다. 즉 그는 1935년 독일에서 대학을 졸업하고 귀국할 때에 뉴욕에 들려 미국 탐정기관 지도자 크로리를 만나 앞으로 범죄적인 련계를 가질 것을 약속함으로써 미국에 등록된 국제간첩으로 되였으며 8·15해방 후 그는 즉시 자기의 정치적 야망을 달성할 목적으로 공산주의자로 가장하고 조선로동당 중앙위원회 전 부위원장 겸 내각 부수상 박헌영에 의하여 중요한 직위를 차지하게 되였다는 것이 또한 확인되였습니다.

남반부에 미군이 진주하자 그는 자기의 애첩 김수임을 당시 미국 정탐배 뻐트의 애첩으로 넘겨주어 미국 간첩으로 만들어 주었으며 그후 38선까지 교묘한 방법으로 미국인 뻐트의 자동차로써 공화국 북반부에 잠입하였다는 것이 판명되였습니다.

그는 북조선인민위원회 외무국장의 요직에 있으면서 수차에 걸쳐서 주요한 간첩자료들을 미국 정탐기관에 넘겨 주었으며 특히 리승엽의 간첩단에 가담하여 조국해방전쟁 시기에도 수차에 걸쳐 주요한 간첩자료를 제공하였으며 반국가적인 선전선동과 조선인민의 정치적 통일을 약화시키는 등 모략적 행위를 감행하였습니다. 그리고 소위 "새 정부" 구성에 있어서 "외무상"의 직위를 획득하였다는 사실이 심리에서 판명되였습니다.

* 피소자 리강국에 대한 변호인 길병옥의 변론

재판장과 판사 동지들.
연 3일에 걸친 피소자들에 대한 공판 심리에서 피소자들의 범죄사실이 남김없이 심리되였으며 지금은 피소자들에 대한 판결 언도가 남았을 뿐입니다.
공판에 참가한 나는 피소자 리승엽을 비롯하여 수명의 피소자들이 조직적으로 수행한 범죄는 그 성격에 있어서나 그 사회적 위험성 정도에 있어서 엄중한 범죄라는 것을 느끼게 되였습니다.
나는 피소자 리강국, 맹종호 두 피소자의 변호를 담당한 변호인으로서 다음과 같이 변론하려 합니다.
첫째로 피소자 리강국은 당 공판 심리에서 명백히 나타난 바와 같이 1935년에 독일 백림대학을 마치고 조선에 귀국할 때 벌써 미국 뉴욕에서 미국 정탐기관의 소위 지도자 크로리라는 자로부터 미제국주의자들의 간첩 사명을 받은 자로서 우리 조선이 쏘련 군대의 결정적 역할에 의하여 일제의 기반으로부터 해방되자 1946년 9월 미국 정탐기관에 간첩으로서 활동할 것을 서약한 후 미제의 지시를 받고 공화국 북반부에 입북하여 자기를 애국자로 가장하여 중요한 국가 지위를 차지하고 공화국의 정치 군사 경제적 비밀을 자기 상전인 미제에게 계통적으로 제공하는 한편 1950년 5월경에는 미국에서 직접 파견한 현 애리스와 리 윌리암과 결탁하여 간첩 파괴행위를 감행할 것을 약속하였고 1951년 5월부터는 간첩 두목 박헌영, 리승엽 등의 간첩망과 련계를 맺고 이 사실이 적발 폭로될 때까지 미제국주의자들의 심복으로 조국과 인민을 반역하는 비렬하고 추악한 범죄행위를 감행하였습니다.

피소자 리강국의 이러한 범죄행위는 예심 기록과 당 공판정에서 심리된 사실에서 명백히 나타났으며 증인들의 진술과 기타 증거 문건에 의하여 확증되였습니다. 때문에 소추 사실과 법조 적용에 대하여는 론의할 근거가 없다고 인정하면서 다만 피소자의 범죄행위에 대한 량형상 고려할 몇 가지 점에 대하여 말하려 합니다.

우선 피소자가 이러한 범죄를 범하게 된 중요한 요인의 하나는 그의 사상적 관점 그의 리지를 형성하게 된 환경에서 찾아 볼 수 있습니다.

피소자 리강국은 일본제국주의자들이 조선침략을 개시한 시기인 1906년에 출생하여 그후 민족의 고유한 력사와 문화를 폐기하며 배타주의사상으로 조선인민을 마취시키려던 소위 일제의 황민화 노예교육을 받았습니다. 더 나아가서 피소자는 지주의 아들로서 자본가의 딸과 결혼하여 그 도움에 의하여 독일 백림대학에 류학하게 되였는데 당시 독일의 형편은 히틀러가 정권을 장악하고 팟쇼화 정책에 발광하던 그 시기였습니다.

이와 같이 피소자의 출생 당시의 가정환경과 그가 장성한 사회적 환경 및 교육 등은 피소자로 하여금 부르죠아적 리념과 감정에 젖어 있게 하였으며 그리하여 결국에 있어서 그는 개인 영웅주의와 탐위주의로 인하여 나중에는 조국과 민족을 팔아먹는 길로 전락되지 않을 수 없었습니다.

피소자는 공판에서 진술하기를 "맑스 레닌주의를 연구하느라고 하였지만 그것이 계급적 의식에서 출발되지 못하였으므로 자기의 사상을 개변시키는 데로 지향하지 못하고 다만 지식으로 소유한데 불과하였습니다"라고 하였습니다.

바로 이와 같은 사실은 피소자로 하여금 자기에게 형성된 반동적 본성을 버릴 수 없게 하였으며 조국과 인민을 반역하는 범죄를 량심적 가책이 없이 용이하게 수행할 수 있게 하였다고 보아집니다.
　피소자가 이러한 범죄를 감행하게 된 또 하나의 요인은 미제국주의자들이 우리 조국의 남반부에 상륙한 후 남조선을 자기의 식민지로 만들려는 침략정책과 련결된다는 것입니다.
　미제국주의자들은 상륙한 첫날부터 조선인민을 자기들의 식민지 노예로 만들기 위하여 지주 자본가 친미파 반역자 등 반동집단을 규합하여 자기들에 충실한 리승만 통치기구를 조작하고 남조선 인민들에 대한 팟쇼 통치를 강요하는 한편 해방 후 북반부 인민들이 창조적 조직에 의하여 달성한 강력한 민주건설의 제반 성과를 파괴하며 나아가서는 조선민주주의인민공화국을 전복하기 위하여 광분하였습니다.
　미제는 우리 조선로동당과 공화국정부를 내부로부터 와해 약화시키려는 목적으로 민족분렬을 책동하며 간첩 파괴분자들을 공화국 북반부에 파견하여 파괴행위를 감행하는 한편 침략전쟁을 도발하는 데까지 이르렀습니다. 그러나 조국해방전쟁은 조선인민들의 영웅적 투쟁에 의하여 미제는 수치스러운 참패를 당하고 부득이 정전협정에 조인을 하지 않을 수 없었습니다.
　이 공판을 통한 본 피소사건의 전 면모에서 미제의 침략적 본질은 다시 한번 적라라하게 폭로되였습니다. 공판 심리과정에서 공동 피소자 백형복의 진술에서 미국 정탐기관의 지도자 니콜스란 자가 백형복에게 "조선은 그 령토상 가치의 중요성보다 특히 쏘련 및 중국에 대한 정탐기지로서 중요하다"라고 하였다는 사실로서 그들의 파렴치한 야망을 알 수 있는 것입니다.
　이와 같이 미제의 침략전쟁은 피소자들의 개인 리기주의와 탐위적인 사상을 리용하여 피소자들로 하여금 그들의 졸개로 될 수 있는 환경과 조건을 더욱 조성하였다고 생각하는 것입니다.
　그것은 피소자가 1935년에 이미 미제의 정탐기관에 가담되였었으나 직접적인 반역행위에로 나선 것은 미제가 피 묻은 마수를 조선에 뻗친 후 더욱 로골화된 것으로써 알 수 있습니다.
　이와 같이 피소자는 개인 리기주의, 탐위주의로부터 미제의 잔악한 정책에 리용되여 당 공판정에서 나타난 바와 같이 엄중한 죄악을 범하게 되였다고 생각하는 바입니다.

* 리강국의 최후진술

저는 조국과 인민을 배반한 극악한 죄인인임에도 불구하고 당과 조국의 특별한 배려에 의하여 예심과 공판 심리를 통한 자기비판의 기회를 준 데 대하여 감사를 드립니다. 조국과 인민이 주는 벌을 감수하겠습니다.

죽기 전에 자기의 죄과를 인민 앞에 자비함으로써 옳은 사람이 되여 죽을 수 있는 기회를 준 데 대하여 조국과 인민 앞에 다시금 감사를 드립니다.

* 판결

리강국 1906년 2월 7일생. 남자, 서울시 사직동에 본적을 두고 평양시 기림리에 거주하며 직업을 조선민주주의인민공화국 무역성 조선 일반제품 수입상사 전 사장.

피소자 리강국은 벌써 1935년에 미국 뉴욕에서 미국 정탐부의 주구로 활동할 것을 서약하였다.

피소자 리강국은 8·15 해방 후 미국 간첩기관의 련계를 맺기 위하여 1946년 6월 자기의 첩인 김수임으로 하여금 미군 24사단 헌병사령관 미군 대좌 빼트의 첩생활을 하게 하는 수단으로써 빼트와 련계를 맺고 미군 간첩으로 된 후 1946년 9월 미군정청이 조작한 체포령에 의하여 애국자의 가면을 쓰고 공화국 북반부에 잠입하였다. 피소자 리강국은 입북 직전 빼트로부터 인민정권기관 내의 주요 직위에 잠입하여 국가기관의 정상적인 활동을 파괴 문란시키며 북조선의 군사, 정치, 경제에 관한 중요 기밀을 탐지하여 제공하는 한편, 미 정탐기관에서 파견하는 간첩들을 지도 보호하여 줄 데 대한 지령을 받고 그 실천을 맹약하였다. 그리하여 피소자 리강국은 1947년 1월부터 북조선인민위원회 외무국장의 요직에 잠입하여 있으면서 계속 공화국 인민정권을 파괴 약화시키기 위한 갖은 모략행위와 병행하여 군사, 정치, 경제의 각 분야에 걸친 중요 기밀을 탐지하여 제공하였다.

피소자 리강국은 조국해방전쟁 발발 후인 1950년 7월 미국 정탐기관에서 파견된 군사간첩 현 애리스와 리 윌리암을 전후 2차에 걸쳐 평양 자기 집에서 상면하고 군사 간첩활동 실행에 관한 협의를 하였다.

리승엽, 조일명, 박승원, 림화 도당들의 간첩활동에 가담한 피소자 리강국은 그 후 1952년 10월까지의 기간 군사기밀을 비롯하여 전후 4차에 걸쳐 당과 정부의 중요 기밀을 림화를 통하여 피소자 리승엽에게 제공하였다.

본건 예심 및 공판 심리과정에서 판명된 바와 같이 리승엽을 비롯한 매국도당들은 미 정탐기관의 지령에 의하여 간첩으로 활동하는 일방 미제의 소위 전시 '후방 숙청'이라는 흉책에 발맞추어 남로당을 파괴하려는 데 협력하는 동시에 자기들이 이미 저질러 놓은 반당적 반인민적 범죄들을 은폐하기 위하여 수많은 당 간부들과 민주인사들을 살해함으로써 공화국의 민주력량을 파괴 약화시키는 죄행을 범하였다.

.....

피소자 리강국 전 북조선인민위원회 외무국장, 체포 직전에는 무역성 조선 일반제품 수입상사 사장, 그는 1935년 백림대학을 졸업하고 귀국 도중 미국 뉴욕에서 미국 정탐기관과 간첩 련계를 가질 것을 약속한 자로서

ㄱ. 1946년 9월 서울에서 미군 정탐기관의 간첩으로 가담한 후 1947년 2월부터 북조선인민위원회 외무국장의 직위에 잠입하여 1948년 8월까지 전후 5차에 걸쳐 북조선 지역의 정치, 군사, 경제의 각 분야에 관한 중요 비밀을 수집하여 미군 정탐기관에 제공하였으며 조국해방전쟁 발발 후인 1950년 7월에는 미국에서 직접 파견된 간첩분자 현 애리스와 리 윌리암에게 공화국의 군사기밀을 탐지하여 제공할 데 대한 토의를 하였다. 1951년 7월부터는 공동 피소자 리승엽의 통솔 하에 있는 간첩망과 련계를 맺고 1952년 10월까지 전후 4차에 걸쳐 공화국의 군사 정치적 비밀을 수집 제공하였다.

ㄴ. 조선을 미제국주의자들에게 예속시키고 자기의 정치적 야욕을 실행하려는 곡절에서 미국 정탐기관의 지령 하에 공동 피소자 리승엽과 결탁하고 조선인민의 통일을 방해하며 민족분렬을 기도한 정치적 모략과 활동을 계속 감행하여 왔다.

* 주 문

피소자 리강국에 대하여
형법 제68조에 사형, 형법 제76조 2항에 의하여 사형을 각각 량정하고 형법 제50조 1항에 의하여 형법 제68조의 사형에 처한다. 그에게 속하는 전부의 재산을 몰수한다.

이강국 연구

제2쇄 찍은날: 2006년 6월 20일

지은이: 심 지 연
펴낸이: 김 철 미
펴낸곳: 백산서당

등록: 제10-42(1979.12.29)
주소 서울 서대문구 홍제동 330-288

전화: 02) 2268-0012(代)
팩스 02) 2268-0048
이메일: bshj@chol.com

값 24,000원

ⓒ 심지연 2006

ISBN 89-7327-382-5 03340